LeGuideVert

Alpes du Sud

Hautes-Alpes, Alpes-Maritimes, Alpes-de-Haute-Provence

DÉCOUPAGE GÉOGRAPHIQUE DU GUIDE SUR LA CARTE CI-CONTRE

L'équipe du Guide Vert Michelin, de gauche à droite : Camille Bouvet, Denis Rasse, Natacha Brumard, Amaury de Valroger, Lucie Fontaine, Philippe Orain, Florence Dyan, Catherine Guégan, Hervé Dubois, Julie Duhourcau, Hélène Payelle, Marie-Pierre Renier, Éric Boucher, Véronique Aissani, Marie Simonet, Carole Diascorn, Camille Therville, Marion Capéra, Pascal Grougon, Dominique Auclair.

Édito

Voyager en France, c'est partir à la découverte d'un patrimoine culturel et naturel extraordinaire. C'est également un moment privilégié pour rencontrer les femmes et les hommes qui font vivre ce patrimoine, mais aussi ses fêtes, ses arts, ses traditions, sa gastronomie, sa culture au sens large. Autant d'expériences incontournables ou insolites, de lieux connus ou confidentiels, que nos équipes ont dénichés au cours de leurs innombrables tournées sur le terrain.

Dans cette nouvelle édition du Guide Michelin Voyage et Cultures Alpes du sud, en complément des sites étoilés ★★★, nos auteurs partagent leurs itinéraires, leurs bonnes adresses ainsi que leurs plus beaux souvenirs de voyage. Sans oublier leurs coups de cœur pour des établissements engagés dans une démarche écoresponsable, signalés au fil des pages par le symbole ⌀.

Nous en sommes convaincus, chaque destination mérite que l'on s'y attarde, chaque rencontre est digne d'intérêt, chaque culture a le pouvoir d'enrichir la nôtre.

Afin de redonner du sens au voyage, ralentissons le pas pour nous imprégner en profondeur de la richesse des lieux que nous traversons et des gens que nous croisons. Soyons curieux de tout ce qui se trouve sous nos yeux, en ville ou à la campagne, sur un chemin de traverse, loin de chez nous ou juste au bout de la rue.

Alors, avec ce Guide Michelin Voyage et Cultures, à votre tour de faire le plein de beau, de bon et de rencontres.

Philippe Orain, Directeur du Guide Michelin Voyage & Cultures

Sommaire

COMPRENDRE LES ALPES DU SUD

Razvan/Getty Images Plus

J. Kruse/age fotostock

ORGANISER SON VOYAGE

📍 **Retrouvez nos carnets d'adresses à la fin de chaque chapitre**

Nos incontournables

★★

Briançon

Au carrefour de cinq vallées, la fière citadelle de Vauban veille pour l'éternité sur les ruelles médiévales… et sur la télécabine du Prorel qui les relie directement aux pistes de ski de Serre Chevalier ! **Voir p. 34**

JackF/Getty Images Plus

★★★

Gorges du Cians

Rouge ! La couleur intense de la roche sublime la beauté sauvage de ces gorges qui fendent le Mercantour plein sud. Impressionnant ! **Voir p. 391**

Rudolf Ernst/Getty Images Plus

btrenkel/Getty Images Plus

★★★

Grand Canyon du Verdon

Le parc naturel régional du Verdon a son propre canyon, le plus haut d'Europe avec ses vertigineuses falaises. Sensations fortes et vertige garantis! **Voir p. 292**

★★★

Cime de la Bonette

Mettez les Alpes du Sud à vos pieds avec l'étourdissant panorama de ce sommet du Mercantour aisément accessible! **Voir p. 415**

Andrew_Mayovskyy/Getty Images Plus

★★

Moustiers-Ste-Marie

Dans ce village de carte postale aux hautes maisons de pierre adossées à la montagne, l'art faïencier reste tout feu tout flamme dans le secret des ateliers. **Voir p. 320**

bdsklo/Getty Images Plus

Nos incontournables

★★
St-Véran

Le village le plus haut d'Europe tutoie les étoiles à 2000 m d'altitude, au cœur du Parc naturel régional du Queyras et des quatre vallées superbement préservées, entre la France et l'Italie. **Voir p. 136**

francois-roux/Getty Images Plus

★★
Lac de Ste-Croix

Sa couleur turquoise est un appel à la baignade et au farniente. Si toutefois vous réussissez à vous éloigner de ses plages, la beauté des villages et de la nature alentour a aussi de quoi vous attirer. **Voir p. 325**

romrodinka/Getty Images Plus

MicheleVacchiano/Getty Images Plus

★★★

Glaciers de la Meije

La majesté de la haute montagne pour tous, grâce au téléphérique qui vous hisse à 3 200 m d'altitude, pour une vue inoubliable sur les plus beaux glaciers de France. **Voir p. 56**

★

N.-D.-de-la-Salette

Voici le Lourdes des Alpes du Sud, avec sa basilique près des nuages, où défilent chaque année plus de 150 000 pèlerins. **Voir p. 179**

P. Jacques/hemis.fr

★★

Mont-Dauphin

La citadelle de Vauban garde l'entrée du Queyras… Et vous garderez longtemps le souvenir d'une promenade dans ses élégantes ruelles tirées au cordeau. **Voir p. 108**

H. Lenain/hemis.fr

TOP 5
Villages perchés

1. Bargème (p. 338)
2. Montbrun-les-Bains (p. 210)
3. Roubion (p. 398)
4. Lurs (p. 236)
5. Serres (p. 203)

Promenade dans les rues de Lurs.
Flavio Vallenari/Getty Images Plus

❤ **Oser le canyoning dans les eaux vives** du vallon du Fournel, dans le Briançonnais, l'un des parcours les plus accessibles aux débutants. Après quelques minutes d'adaptation à cet univers d'eau et de roche, on se laisse gagner par une joie presque enfantine, plongeant, nageant, glissant et sautant de cascades en rochers, avant de se laisser porter par les courants… Rafraîchissant ! **Voir p. 78**

❤ **Faire son marché sous les façades colorées** de Gap, où les étals reflètent la diversité de la région. Entre spécialités de montagne, fruits et légumes de Provence et la promesse d'un savoureux pique-nique. **Voir p. 170**

❤ **Se perdre jusqu'aux confins du Val d'Entraunes,** et s'émerveiller devant ce coin de nature sauvage oublié au cœur du Parc national du Mercantour, lors d'une randonnée qui vous entraînera de lac en lac. **Voir p. 375**

❤ **Se faire une fleur au col du Lautaret**, le temps d'une randonnée sur ses sévères pentes égayées par l'été, quand s'épanouissent les narcisses, anémones et autres rhododendrons. Avec un peu de chance, vous pourrez même admirer l'edelweiss. Sans la cueillir, bien sûr ! **Voir p. 52**

Jardin alpin du Lautaret.
H. Lenain/hemis.fr

Nos coups de cœur

La citadelle de Sisteron, modifiée au fil des conquêtes et des époques.
Flavio Vallenari/Getty Images Plus

❤ Humer les premiers parfums de Provence à
Montmaur, l'un des plus jolis villages du Buëch. Encore méconnues, ces petites vallées montagnardes à l'accent déjà provençal sont l'un des secrets les mieux gardés des Alpes du Sud. **Voir p. 200**

❤ Faire ses provisions de tilleul à Buis-les-Baronnies,
l'une des capitales de la tisanerie française. Venez de préférence entre mi-juin et mi-juillet, quand la cueillette à l'ancienne – à la main et à l'échelle ! – bat son plein et pour l'événement Tilleul en fête, début juillet. **Voir p. 213 et 218**

❤ Mettre ses pas dans ceux de Napoléon, sur la route
qui porte son nom entre Castellane et Sisteron, celle de son retour de l'île d'Elbe. Faire une pause à Ventavon pour profiter de la douceur du Gapençais, celle que l'Empereur n'a pas savourée, trop pressé de prendre le pouvoir à Paris. Cent-Jours plus tard, il prendra le chemin de Ste-Hélène. Mais c'est une autre histoire... **Voir p. 171 et 283**

Récolte du tilleul dans le pays de Buis.
Michel VIARD/Getty Images Plus

Maison de Jean Giono, à Manosque.
G. Lansard/hemis.fr

TOP 5
Spots de canyoning

1. Clue du Riolan (p. 340)
2. Vallon du Fournel (p. 78)
3. Gorges du Verdon (p. 305)
4. Ravin de la Blache (p. 357)
5. Canyon de Tines (p. 234)

Canyoning.
EXTREME-PHOTOGRAPHER/Getty Images Plus

❤ **Vibrer panoramique à la citadelle de Sisteron**, le temps d'un opéra ou un concert dans le théâtre de verdure adossé aux remparts. C'est là que se tient le festival « Nuits de la citadelle », l'un des plus anciens de France, face à un merveilleux point de vue sur la haute Provence. **Voir p. 225**

❤ **Marcher avec Jean Giono** à Manosque, où il est né et où il a vécu, en visitant sa maison et en suivant l'une des randonnées littéraires sur les traces de l'écrivain qui a le mieux célébré la beauté lumineuse du Midi. **Voir p. 259**

❤ **Guetter les bouquetins et les vautours fauves** en randonnant au fond du cirque d'Archiane, en Diois, avec vue sur les falaises dressées sur l'horizon. Préférez l'après-midi, pour profiter des reflets du couchant, qui parent la roche d'un magnifique voile doré. Et surtout, n'oubliez pas les jumelles ! **Voir p. 190**

Nos coups de cœur

Marmottes des Alpes.
mauribo/Getty Images Plus

♥ **Skier bilingue à Montgenèvre** où les pistes de descente slaloment entre France et Italie. Le domaine propose aussi des pistes de ski de fond et une impressionnante descente en luge sur monorail, la plus longue de France. *Mama mia !* **Voir p. 68**

♥ **Jouer à cache-cache avec les marmottes**, pas farouches pour un sou, lors d'une randonnée en famille en haute montagne, comme celle du col Lacroix, à la frontière entre le Queyras et l'Italie, flirtant avec les 3 000 m d'altitude. **Voir p. 142**

Ski à Montgenèvre.
M. D'Ottavio/Alamy/hemis.fr

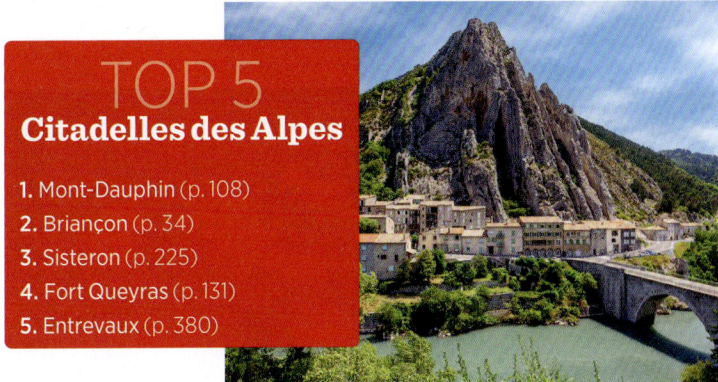

Sisteron.
Remedios/Getty Images Plus

❤ **Défier le vertige sur la via ferrata** des Vigneaux, près du village du même nom. Orientée plein sud et accessible aux débutants, elle offre des vues spectaculaires. Rançon du succès : il faudra venir tôt pour éviter la queue ! **Voir p. 80**

❤ **Faire la descente intégrale des gorges du Verdon**, enfin presque, en assistant à la spectaculaire projection 3D qui en explore les moindres recoins, à Gréoux-les-Bains. Sensations garanties sans bouger de son fauteuil ! **Voir p. 307**

❤ **Se promettre de ne rien acheter**, et bien sûr ne pas y arriver, en arpentant le labyrinthe de papier dessiné par les rayonnages de la plus grande librairie rurale de France, Le Bleuet, posée au cœur du village de Banon. **Voir p. 253**

❤ **Ramer sur le lac d'Esparron** en canoë-kayak, le meilleur moyen de rejoindre l'une des criques isolées où bronzer en toute sérénité. Le bonus : la vue sur les oliviers qui tapissent les vallons. **Voir p. 328**

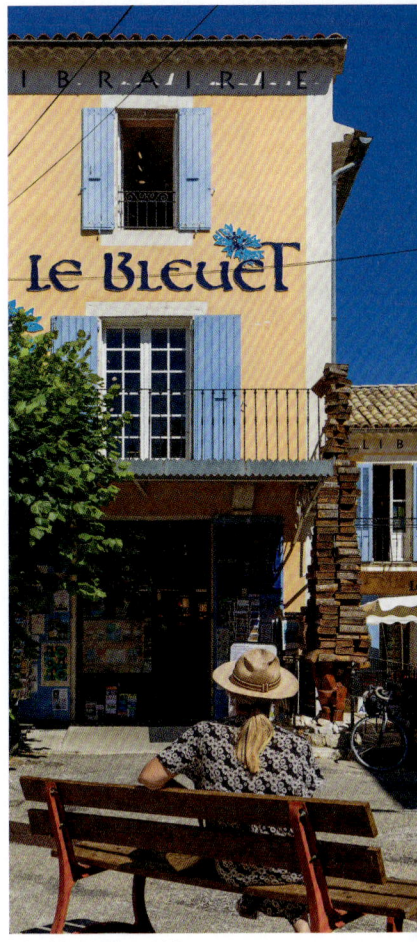

Librairie Le Bleuet à Banon.
F. Chaput/hemis.fr

Nos coups de cœur

La villa mexicaine La Sapinière, à Barcelonnette.
S. Descamps/hemis.fr

❤ **Choisir son parfum sur le plateau de Valensole :** lavandin l'été quand les champs déroulent leurs immensités mauves, amande au printemps quand les arbres se parent de fleurs blanches, pur et nature le reste du temps. **Voir p. 311**

❤ **Tester la randonnée en raquettes à neige** sur l'un des quatre circuits du Sauze 1700. Comme bien d'autres, cette petite station familiale de l'Ubaye varie les plaisirs en proposant de nombreuses activités pour ceux qui ne souhaitent pas skier. **Voir p. 348**

❤ **Mettre un peu de piment** dans ses vacances en apprenant la folle histoire des « Barcelonnettes », partis faire fortune au Mexique, au début du 20e s. Les étonnantes villas édifiées dans leur ville natale témoignent encore de cette saga romanesque. **Voir p. 359**

❤ **Revivre les palpitantes aventures** de l'exploratrice Alexandra David-Neel, la première femme occidentale à être entrée dans Lhassa en 1924. Pour cela, il faut visiter sa maison-musée à Digne-les-Bains. **Voir p. 266**

Pont L'Estellier au-dessus du Verdon
sur le sentier Blanc Martel.
marako85/Getty Images Plus

TOP 5
Randonnées

1. Glaciers de la Meije (p. 56)
2. Sentier Blanc-Martel (p. 303)
3. Mont Pelat (p. 367)
4. Col Lacroix (p. 142)
5. Cirque d'Archiane (p. 190)

Champ de lavande sur le plateau de Valensole.
photosimysia/Getty Images Plus

Et vous, quels sont vos plus beaux souvenirs de voyage ?

Partagez-les nous sur Instagram ! Vous serez peut-être
sélectionnés pour une publication dans une prochaine édition
en mentionnant le # : **#coupsdecoeurGuideVertMichelin**

Nos itinéraires

2 jours

Les gorges du Verdon

En bref : 120 km, de villages perchés en belvédères.

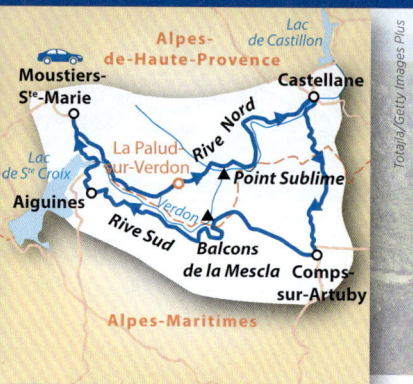

Rive nord   J-1

Consacrez la matinée à Moustiers-Ste-Marie, réputé pour son site adossé à la montagne, mais aussi pour ses ateliers de faïence (**p. 320**). Après une pause déjeuner, engagez-vous sur la D 952, jalonnée de belvédères (panoramas assurés), vers La Palud-sur-Verdon (**p. 298**). Poursuivez votre route jusqu'au Point Sublime (**p. 300**). Votre journée s'achève à Castellane, où vous pourrez visiter la Maison nature et patrimoines (**p. 332**).

Conseil : pas envie de vous promener seul ? La Maison des guides du Verdon (p. 305) organise des sorties randonnée, escalade et canyoning accompagnées.

Rive sud   J-2

Rejoignez Comps-sur-Artuby (**p. 338**), ancienne seigneurie templière. De nouveau au bord des falaises, vous assistez à l'impressionnante rencontre des eaux du Verdon avec celles de son affluent l'Artuby, du haut des balcons de la Mescla (**p. 295**). Plus loin, la Corniche Sublime (**p. 293**) donne accès aux plus impressionnants points de vue sur le canyon. Avant de rejoindre Moustiers, faites une pause à Aiguines, village serein qui voit passer la rivière au débouché de ses gorges (**p. 297**).

Conseil : vous pouvez prolonger votre séjour d'une journée si vous souhaitez faire la descente des gorges en canoë ou en rafting.

Aiguines et son château.
clodio/Getty Images Plus

4 jours

La Route Napoléon

En bref : 205 km sur les traces d'un empereur sur le retour.

Castellane-Barrême   J-1

Matinée à Castellane (**p. 332**) avant de prendre la route pour Senez (**p. 284**), l'un des plus anciens évêchés de France. Ensuite, cap sur Barrême (**p. 284**) et son musée de la Distillerie, ainsi que sa collection privée de fossiles exposée à la mairie.

Tallard-Corps   J-4

Arrêtez-vous à Gap (**p. 167**) pour sa vieille ville et le musée départemental, avant de rejoindre Corps (**p. 178**) et goûter au charme de ses ruelles médiévales, sans oublier N.-D.-de-la-Salette, important lieu de pèlerinage (**p. 179**).

Barrême-Sisteron   J-2

Visitez Digne-les-Bains (**p. 263**), puis traversez la vallée de la Bléone pour rejoindre le château de Malijai (**p. 285**), où Napoléon passa une nuit, puis Château-Arnoux-St-Auban (**p. 285**) pour y découvrir notamment la chapelle St-Jean (beau panorama sur la montagne de Lure). Gagnez Sisteron (**p. 224**) en fin de journée pour y faire étape.

Sisteron-Tallard   J-3

Restez la matinée à Sisteron pour vous balader dans les ruelles et explorer la citadelle, puis passez l'après-midi dans le village médiéval de Tallard (**p. 172**).

Guérite de la citadelle de Sisteron.
thierry64/Getty Images Plus

Nos itinéraires

5 jours

Briançonnais, Queyras et Vallouise

En bref : 230 km à saute-vallées, à travers cols, pâturages et villages.

françois-roux/Getty Images Plus

Conseil : les cadrans solaires haut-alpins ornent bien des façades : levez le nez lors de vos promenades !

Conseil : l'hiver, les télécabines du Prorel mènent aux pistes, pratique pour aller skier une journée de plus !

Briançon   J-1

Le matin, promenez-vous dans la citadelle de Briançon, édifiée par Vauban (**p. 34**). L'après-midi, randonnez jusqu'à la Croix de Toulouse (**p. 39**) ou au sommet de Prorel (**p. 40**), ce dernier accessible par télécabine, pour apprécier la vue sur la cité fortifiée.

Vallée de la Clarée   J-2

Ressourcez-vous dans la vallée de la Clarée, la plus séduisante du Briançonnais (**p. 64**). Admirez les fresques des églises et chapelles de Val-des-Prés, puis de la chapelle N.-D.-des-Grâces à Plampinet. Poursuivez jusqu'à Névache (**p. 65**) et visitez l'église St-Marcellin, avant de revenir à Briançon.

Briançon.
SteveAllenPhoto/Getty Images Plus

Conseil : vous pouvez prolonger le séjour pour profiter des nombreuses randonnées au départ de Névache.

Le Queyras **J-3**

Dirigez-vous vers le col d'Izoard (**p. 118**). Redescendez par Arvieux (**p. 118**) et Château-Ville-Vieille (**p. 131**), dominé par sa fière citadelle. Grimpez ensuite en voiture jusqu'à St-Véran (**p. 136**), le plus haut village de France. Quittez cette région en traversant la combe du Queyras, passage qui l'a longtemps isolée du monde, jusqu'à Guillestre (**p. 113**).

Mont-Dauphin **J-4**

En partant de Guillestre, ménagez-vous une première halte à la place forte de Mont-Dauphin (**p. 108**), puis dirigez-vous vers L'Argentière-la-Bessée (**p. 76**). Finissez la journée dans la vallée de la Vallouise (**p. 79**).

Conseil : Mont-Dauphin est un village vivant en saison, avec de nombreux ateliers d'artisans.

La Vallouise **J-5**

De bon matin, faites une randonnée au départ du Pré de Madame Carle, site splendide (**p. 82**). En revenant vers la N 94, effectuez une échappée jusqu'aux Vigneaux (**p. 80**), dont l'église abrite des fresques, et à Villard-St-Pancrace (**p. 61**), sur la route qui vous ramènera à Briançon.

Conseil : à Vigneaux, profitez également de la fameuse via ferrata !

Fresque de la chapelle Notre-Dame-des-Grâces à Plampinet.
H. Lenain/hemis.fr

Nos itinéraires

5 jours

La Route des Grandes Alpes

En bref : 250 km, de gorges profondes en villages perchés.

Andrew_Mayovskyy/Getty Images Plus

Conseil : vérifiez les ouvertures des cols et, l'hiver, prévoyez des équipements spéciaux, devenus obligatoires en hiver en montagne.

Le Queyras   J-1

Quittez Briançon (**p. 34**) et prenez la route du col d'Izoard pour entrer dans le Parc naturel régional du Queyras. Après Château-Ville-Vieille (**p. 131**), les forêts de mélèzes laissent la place au paysage escarpé des gorges du Guil qui annonce Guillestre (**p. 113**).

Conseil : si vous faites étape à Guillestre un lundi, ne manquez pas son marché, l'un des plus importants du Queyras.

Vars et son col   J-2

En partant de Guillestre, rejoignez Vars sans oublier de vous attarder dans la Réserve naturelle du Val d'Escreins (**p. 146**) ; empruntez ensuite la route du col de Vars (**p. 144**) afin de rejoindre Jausiers (**p. 351**).

L'Ubaye   J-3

Entre Jausiers et Barcelonnette (**p. 348**), en plein cœur de l'Ubaye, des paysages grandioses s'offrent à vous ; faites étape à Barcelonnette, notamment pour admirer ses villas « mexicaines » (**p. 358**).

La Casse Déserte au col d'Izoard.
Rudolf Ernst/Getty Images Plus

Val d'Entraunes   J-4

Au sud de l'Ubaye, la montée vers le col de la Cayolle donne accès au Parc national du Mercantour (**p. 366**). Les randonneurs peuvent opter pour le Circuit des lacs (**p. 378**) avant de poursuivre la route plus au sud *via* le val d'Entraunes (**p. 375**). Rejoignez Guillaumes (**p. 376**).

Vallée de la Tinée   J-5

Après Guillaumes, l'itinéraire prend de l'altitude pour atteindre la station de ski de Valberg et le village perché de Beuil (**p. 393**) ; viennent ensuite le col de la Couillole, puis la magnifique descente vers la vallée de la Tinée (**p. 403**) qui, laisse apercevoir de très beaux panoramas sur les sommets du Mercantour.

Le col de Vars.
Andrew_Mayovskyy/Getty Images Plus

Parc national du Mercantour du côté de Valberg.
Rudolf Ernst/Getty Images Plus

Nos itinéraires

Entre Valensole et Verdon

En bref : 110 km en boucle au départ de Manosque.

S. Vinet/Michelin

De Manosque à Riez   45 km

La sortie de Manosque est assez « sportive » dans le sens où pistes et voies cyclables qui contournent le centre alternent en discontinu avec des portions de routes fréquentées. Ne vous étonnez pas de longer le canal EDF avant de rejoindre l'incontournable D 907 pour franchir la Durance, puis la D 6 en direction de Valensole, que vous quitterez pour le chemin du Riou. Soit une quinzaine de kilomètres avant de rouler, enfin, à travers champs...

de lavandin ! Mais pas seulement : étendues de blé, amandiers et oliviers ponctuent le paysage de ce plateau agricole. (**p. 311**) Quant à la diversité des plantes aromatiques, elle fait le miel des abeilles ! La saison débute au printemps avec le romarin et atteint son apogée fin juin dans l'explosion des champs de lavandin. Le plateau se peuple alors de milliers de ruches, appartenant à des apiculteurs venus des contrées voisines. De Valensole à Riez, vous suivez la Route de la Lavande balisée. La calme D 56 monte en continu de Valensole à

Infos pratiques

BON À SAVOIR
Dans certains villages, fontaine où remplir votre gourde.
Borne de rechargement pour les VAE à Ste-Croix-du-Verdon.

LOCATION DE VÉLOS
À Manosque : Bachelas Bike – *Voir p. 262.*

OÙ DORMIR ?
Maison d'hôte l'Hôtel des Colonnes – *Riez - voir p. 319.*

🌿 **Hôtel Le Moulin du Château** – *99 chemin d'Albiosc - St-Laurent-du-Verdon -* 📞 *04 92 74 02 47 - www.moulin-du-chateau. com - 10 ch. 118/177 € -* 🍽 *12/16 € -* 🍴 *sur réserv. 31/35 €.*

Hôtel Les Alpes – *19 av. des Alpes - Gréoux-les-Bains -* 📞 *04 92 74 24 24 - www.hoteldesalpes04.fr -* 🏊 *- fermé déc.-janv. - 26 ch. 92/152 € -* 🍴 *17 € -* 🍴

Pour télécharger le tracé GPX du circuit, flashez ce QR code. Ouvrez le fichier téléchargé à partir d'une application GPX et laissez-vous guider !

Puimoisson. À la sortie de ce village, vous roulez en toute tranquillité sur le chemin de Riez avant de rejoindre la D 953, en descente jusqu'à Riez (**p. 316**).

Conseil : pour la pause déjeuner, arrêtez-vous à Valensole à La Maison de Marius (p. 316) ; vous y trouverez tous les produits en vue d'un savoureux pique-nique.

De Riez à St-Laurent-du-Verdon 32 km

Vous quittez Riez par la petite route de Montagnac et poursuivez sur le chemin de Bel Air en montée, qui évite de rouler sur la D 11, que vous emprunterez cependant sur 3 km jusqu'à l'embranchement d'un chemin plat le long de l'aérodrome pour rejoindre la C 4 (route de Moustiers). Avant d'amorcer la descente vers le village de Ste-Croix, vous vous arrêterez, comme tout le monde, pour la splendide vue sur le lac depuis le belvédère où se trouve une table d'orientation (**p. 325**). De retour sur la D 11 en direction de Montpezat (apercevant au loin le village perché de Montagnac), vous descendez ensuite à St-Laurent-du-Verdon par la C 1 longeant le lac.

De St-Laurent-du-Verdon à Gréoux-les-Bains 33 km

Poursuivant les basses gorges du Verdon, la route sine en balcon à travers les chênes. Après 8 km, vous poserez pied à terre au barrage de Gréoux pour contempler du haut de la colline la très belle vue sur la retenue d'eau. De Gréoux, rejoignez Manosque.

Lac de Sainte-Croix.
V. Trillaud/age fotostock

Nos spots en famille

Musée de Préhistoire des gorges du Verdon.

Musée de Préhistoire des gorges du Verdon (Quinson).

☺ *Nous avons fait le choix de ne pas mentionner ici les stations de montagne, qui sont pour la plupart labellisées « Famille Plus » et proposent de nombreuses activités pour les enfants.*

▶ Randonnée avec un âne dans le Queyras.
Demeurée hors du temps, cette superbe vallée est le paradis des marcheurs. Pour soulager et motiver les randonneurs en herbe, partez en compagnie d'un âne de bât qui porte à l'occasion bagages ou enfants. Les âniers vous indiqueront les sentiers les plus adaptés. **Voir p. 130.**

▶ Luge Monty Express à Montgenèvre.
Pour les amateurs de glisse, la plus longue piste de luge de France (1400 m), accessible par la télécabine du Chalvet, se dévale été comme hiver grâce à un système de nacelle fixée sur un monorail. Pour goûter à de nouvelles sensations en toute saison ! **Voir p. 70.**

▶ Ateliers de découverte du Parc national des Écrins.
En préambule à toute randonnée – des circuits ludiques sont même conçus pour les enfants –, la visite des Maisons du Parc est l'occasion d'une bonne approche de l'espace protégé. Sans compter les ateliers de création et de découverte (sur réserv.), organisés pour nos chères têtes blondes toute l'année. **Voir p. 81.**

> **Tout au long du guide, ce symbole vous aidera à repérer les sites ou activités qui intéresseront les enfants.**

▶ Initiation à la via ferrata de fort Queyras.
Peu physique, cette jolie via ferrata, tracée entre 5 et 10 m seulement au-dessus du Guil, est particulièrement adaptée aux enfants et se révèle idéale pour initier en douceur les ferratistes débutants. Ponts de singe et pont népalais surplombant le torrent... et deux échappatoires sur le parcours en cas de petit coup de mou. **Voir p. 135.**

☺ *Une activité à envisager avec les enfants de plus 1m25.*

▶ La tête dans les étoiles à St-Véran.
Il n'y a pas que les astronomes avertis qui se passionneront pour les animations de ce centre scientifique dédié au soleil. Observation, expériences ludiques et ateliers thématiques pour tout savoir sur notre étoile et ses nombreuses relations avec notre planète. En été, on peut prolonger le plaisir de la découverte en passant une nuit à l'observatoire. **Voir p. 138.**

☺ *Privilégiez la visite guidée pour ne rien manquer de tout ce que les médiateurs ont à vous apprendre.*

▶ Loisirs nautiques sur le lac de Serre-Ponçon.
Avec sa dizaine de ports de plaisance, ses neuf plages aménagées et ses criques sauvages baignées d'eaux turquoise, le deuxième plus grand

lac artificiel d'Europe prend toute sa dimension aux beaux jours ! Des bases nautiques et de loisirs permettent de pratiquer toutes sortes d'activités : pédalo, paddle, canoë, bouée tractée, ski nautique, voile… De quoi se rafraîchir au cœur de l'été ! **Voir p. 160.**

▶ Spéléologie dans la vallée d'Agnielles.

Dûment équipé – combinaison, gants, casque et baudrier – on joue les explorateurs en famille pour une véritable aventure souterraine. On crapahute de mains courantes en passerelles ou ponts de singe, on grimpe, on rampe, on glisse… L'aventure n'est pas que sportive puisqu'on en profite pour glaner plein d'explications sur la géologie, l'hydrologie, l'archéologie et la faune cavernicole… **Voir p. 202.**

😊 *Plusieurs parcours encadrés selon l'âge des enfants : circuit découverte à partir de 5 ans ou exploration sportive à partir de 10 ans.*

▶ Jeu de piste sur la route des Rochers-qui-Parlent.

On dirait le titre d'un livre… et c'est bien d'histoires qu'il s'agit. Ce jeu de piste, alternant circuits en voiture et petites balades d'approche, invite à une escapade insolite, entre villages et sites naturels, afin de résoudre les énigmes que vous délivreront (grâce à un dispositif sonore original) les rochers artificiels qui jalonnent le parcours. **Voir p. 231.**

😊 *Prévoyez la journée, une carte routière et un pique-nique.*

▶ Voyage dans le temps au musée de Préhistoire des gorges du Verdon.

Découvrir une grotte et des scènes de la vie quotidienne reconstituées, se mesurer à d'impressionnants animaux préhistoriques, apprendre à faire du feu, à tailler le silex, à chasser avec une sagaie ou un arc… Les enfants trouveront forcément leur compte dans ce musée aussi attrayant qu'instructif. **Voir p. 327.**

😊 *Visite guidée, grotte et animations sur réservation.*

▶ À toute vapeur à bord du train des Pignes.

En saison, la gare de Puget-Théniers s'anime au départ du train touristique qui emprunte l'ancienne ligne de chemin de fer Digne-Nice pour une belle échappée jusqu'à Annot. Cerise sur le gâteau, on peut parfois monter dans la belle locomotive à vapeur : gare à la fumée ! **Voir p. 389.**

Vous avez vécu une super expérience en famille ?

Partagez-la nous sur Instagram ! Vous serez peut-être sélectionnés pour une publication dans une prochaine édition en mentionnant le # : **#enfamilleGuideVertMichelin**

Luge Monty Express à Montgenèvre.
Luge Monty Express

Gorges du Verdon.
mammuth/Getty Images Plus

DÉCOUVRIR
LES ALPES
DU SUD

Randonnée vers le lac Laramon dans la vallée de la Clarée.
M. Cavalier/hemis.fr

1

Briançon et le Briançonnais

CARTE MICHELIN DÉPARTEMENTS 334 – HAUTES-ALPES (05)

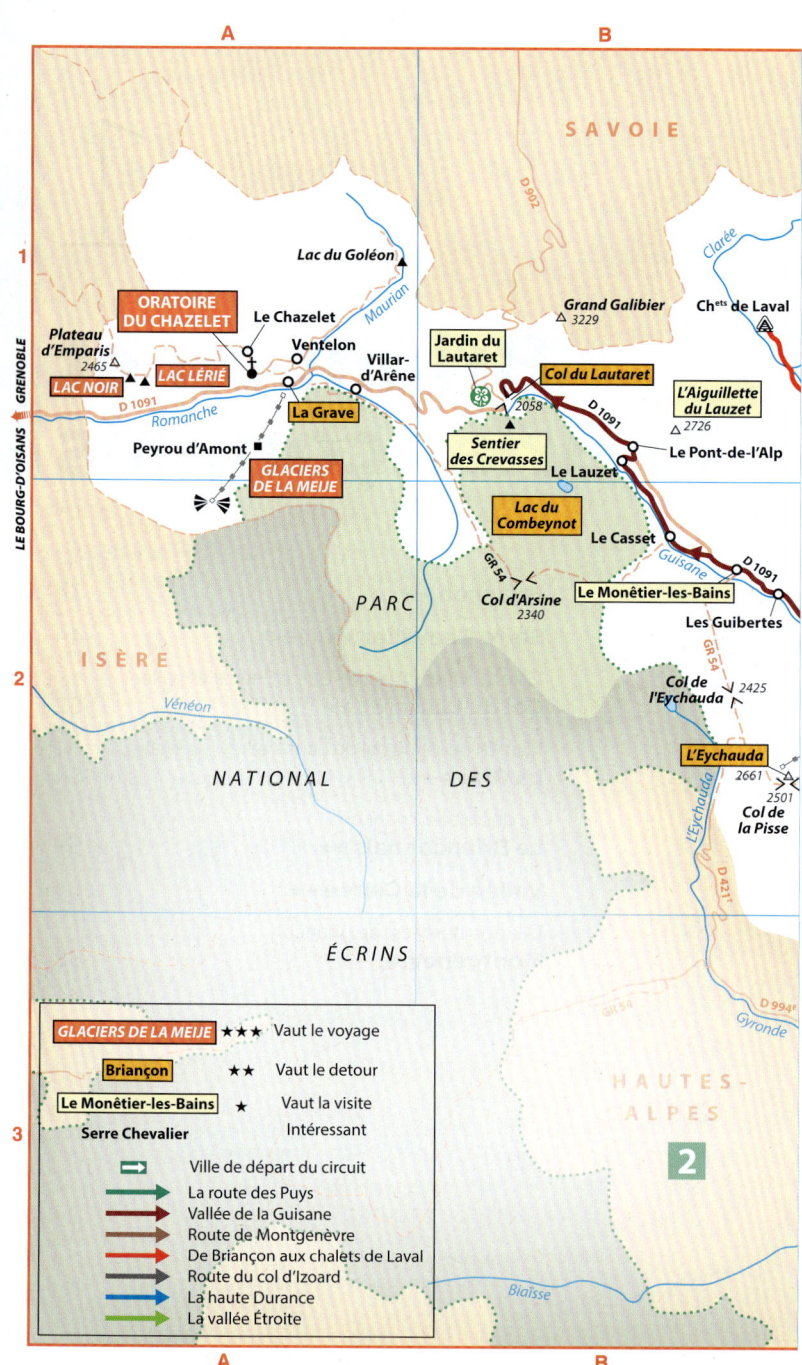

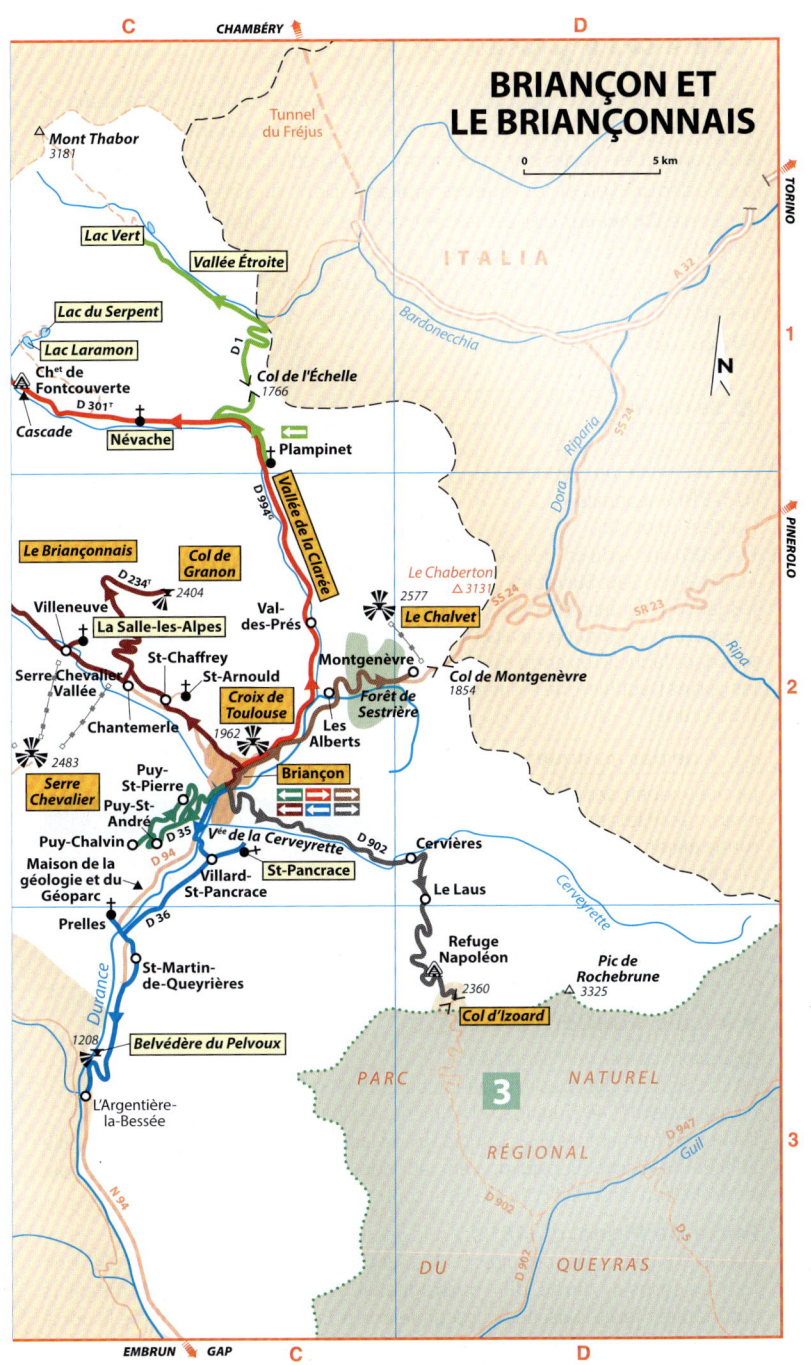

BRIANÇON ET LE BRIANÇONNAIS

0 ——— 5 km

CHAMBÉRY

△ Mont Thabor
3181

Lac Vert

Vallée Étroite

Lac du Serpent

Lac Laramon

Ch⁰ᵗ de Fontcouverte

D 301ᵀ

Cascade

Névache

ITALIA

Bardonecchia

Col de l'Échelle
1766

Plampinet

Vallée de la Clarée

D 994ᵍ

D 1

Le Briançonnais

Col de Granon

D 234ᵀ
△ 2404

Villeneuve

La Salle-les-Alpes

St-Chaffrey

Serre Chevalier Vallée

St-Arnould

Chantemerle

△ 2483

Serre Chevalier

Puy-St-Pierre

Puy-St-André

Val-des-Prés

Le Chaberton
△ 3131
2577

Le Chalvet

Montgenèvre

Col de Montgenèvre
1854

Croix de Toulouse
1962

Forêt de Sestrière

Les Alberts

Briançon

Vᵉᵉ de la Cerveyrette

D 902

Cervières

D 35

Puy-Chalvin

D 94

Maison de la géologie et du Géoparc

Villard-St-Pancrace

St-Pancrace

Le Laus

Prelles

D 36

St-Martin-de-Queyrières

Refuge Napoléon
△ 2360

Pic de Rochebrune
△ 3325

1208

Belvédère du Pelvoux

Col d'Izoard

L'Argentière-la-Bessée

PARC   NATUREL

3

RÉGIONAL

D 947

Guil

N 94

Durance

DU   QUEYRAS

D 902

D 5

EMBRUN   GAP

TORINO

PINEROLO

Dora   Riparia

SS 24

SR 23

Ripa

Cerveyrette

C   D

Briançon ★★

Idéalement située, au carrefour des cinq vallées du Briançonnais et sous le col de Montgenèvre qui mène en Italie, Briançon a toujours été convoitée : jadis par les soldats, aujourd'hui, plus pacifiquement, par les touristes et les skieurs, qui accèdent directement aux pistes de Serre Chevalier depuis le centre-ville. À mille lieues de toute cette effervescence, la cité Vauban, auréolée de ses fortifications classées au Patrimoine mondial, conserve une délicieuse allure de village médiéval, avec son dédale de ruelles étroites et ses jardinets pimpants à 1326 m d'altitude.

▶ Se repérer

**CARTE P. 32-33 (C2),
PLANS DE BRIANÇON P. 36 ET 37**
10 875 Briançonnais – Hautes-Alpes (05)
La D 1091 arrive du col du Lautaret et la N 94 de Gap. Suivez les panneaux « Briançon, Vauban, Dauphin, Pignerol et Embrun » pour parvenir à la vieille ville dans laquelle on entre à pied par les portes Dauphine, de Pignerol et d'Embrun.

☺ À ne pas manquer

La cité Vauban, ses rues pleines de charme, son fort et son chemin de ronde qui offre de belles vues sur la ville et les montagnes environnantes ; ces dernières sont également visibles depuis l'arrière de la collégiale N.-D.-et-St-Nicolas ; encore plus haut, encore plus beau, le panorama de la Croix de Toulouse.

◷ Organiser son temps

2h de visite pour la cité Vauban.

❧ En famille

La Maison du Parc national des Écrins ; le parc de loisirs de la ville, les sports de montagne et d'eaux vives (voir « Activités » dans « Nos adresses ») ; la Maison de la géologie et du Géoparc au Clos du Vas.

ⓘ Carnet pratique p. 41

⦿ Nos adresses p. 41

Se promener

PLANS P. 36 ET 37

★★ Cité Vauban PLAN P. 37

▶ *Circuit tracé en vert sur le plan.*
☺ Les plaques des rues expliquent leur nom et des panneaux d'information se trouvent devant les principaux bâtiments et sites.
Deux rues forment les axes principaux de la cité Vauban : la Grande-Gargouille et la Petite-Gargouille, qui doivent leur nom à l'eau qui dévale dans une rigole centrale, autrefois réservée à la lutte contre l'incendie.

Porte de Pignerol (18e s.) D1

Sur l'avant-porte, reconstruite au 19e s., une inscription commémore le siège de 1815. Le **corps de garde, dit « d'Artagnan »**, précède des dispositifs défensifs autonomes : pont-levis, herse, seconde porte. Le bâtiment à droite de la porte abrite le Service du Patrimoine (voir « Carnet pratique »).
Prenez la rue qui monte à gauche.

Rue de Briançon.
Xantana/Getty Images Plus

★ **Chemin de ronde supérieur** D1-2

Il domine les toits de la cité Vauban. Sous le chemin de ronde, un rustique cloche-ton abrite la cloche du **Som du Serre**, qui servait de tocsin.

Poursuivez rue Haute-de-Castres en direction du pont d'Asfeld.

Fort du château – ☎ *04 92 20 29 49 - www.ville-briancon.fr - visite guidée (1h) juil.-oct. (dates sur le site Internet, possibilité de réserv. en ligne) - 7,50 €.* Cette ancienne forteresse médiévale fut adaptée pour l'artillerie au milieu du 19ᵉ s. Sur la terrasse du fort trône une statue de Bourdelle, **La France★** (D2). Non loin, une **table d'orientation** permet de nommer les sommets aux quatre vents.

En poursuivant le chemin, on redescend vers la ville.

De la terrasse de la **porte de la Durance (D2)**, très belle **vue★** sur la rivière en contrebas. Ce ravin est franchi, à 56 m de hauteur, par une grande arche de 40 m de long, le **pont d'Asfeld★ (PLAN I B2)**, qui relie Briançon aux forts des Têtes et du Randouillet.

Poursuivez par la rue du Pont-d'Asfeld.

Vous pénétrez dans le quartier religieux de la ville. Le joli clocher restauré de la **chapelle des Pénitents (D2)** se profile, mais un incendie a endommagé le reste du bâtiment en 1988. Vous passez devant le **couvent des Récollets** (D2 – *ne se visite pas*).

Prenez à gauche vers la Grande-Gargouille.

★ **Grande-Gargouille (ou Grande-Rue)** C1-2

En remontant sur la droite, sous une voûte, se trouve la **fontaine des Soupirs** : soupirs que poussèrent les deux commerçants qui durent la payer à la suite d'un procès.

En face, au nᵒ 37, la **maison Prat** présente une magnifique façade reconstruite en 1692, ornée de deux anges entourant saint Jean et d'un blason avec les armes du propriétaire, Jean Prat.

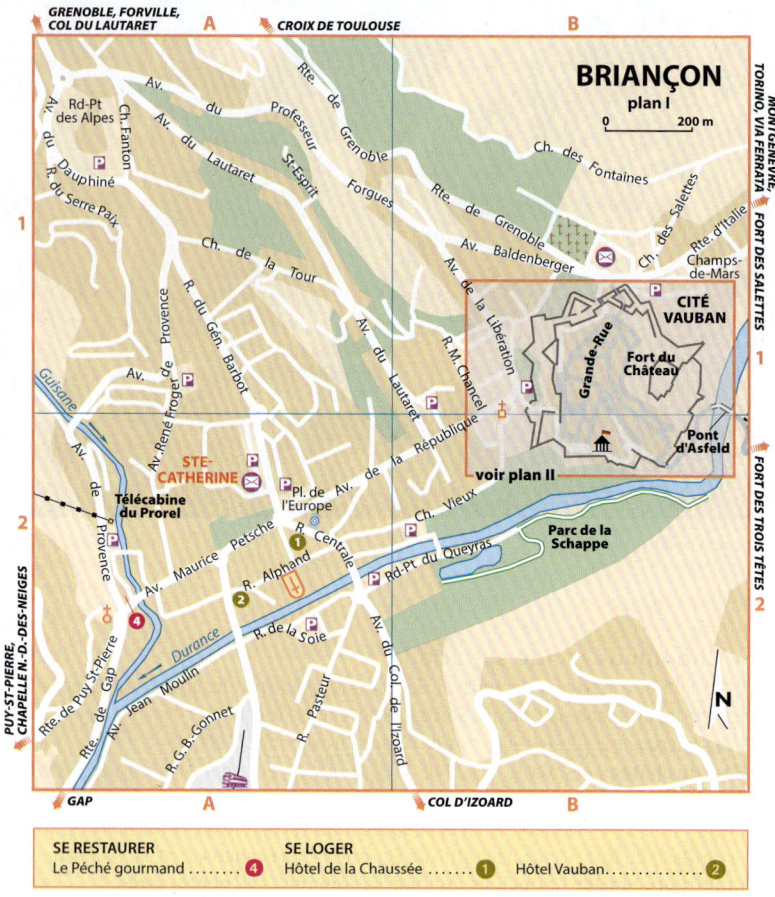

Au n° 13, la très curieuse **maison des Têtes** : au début du 20e s., le propriétaire y avait fait sculpter dans du marbre blanc les portraits des membres de sa famille proche, représentés en costumes régionaux.

Redescendez la Grande-Gargouille.

Place d'Armes C2

Ses façades repeintes dans de chauds coloris, ses terrasses de cafés, que surplombent deux **cadrans solaires**, lui donnent déjà un petit air de Provence.

Au centre, Vauban avait fait creuser un puits qui permit de soutenir le blocus de 1815. La rotonde du puits, détruite en 1858, a été reconstituée à l'identique ainsi qu'un auvent abritant autrefois les soldats du corps de garde de la place.

Les anciennes prisons du palais de justice abritent aujourd'hui un **centre d'art contemporain** qui présente plusieurs expositions par an.

Plus bas à gauche, une rue mène à l'**église des Cordeliers** (D2 – *en restauration*) qui renferme des peintures murales (15e-17e s.).

Revenez à la Grande-Gargouille.

Dans la maison du **n° 64** (ancien hôpital civil), le Directoire retint prisonnier le pape Pie VI en juin 1799. Cette maison présente un très beau portail daté de 1714 ;

SE RESTAURER		SE LOGER
Pâtisserie Turin **1**	Au Plaisir Ambré **3**	Auberge de
Le Rustique **2**		la Paix **3**

au fronton figurent les deux saints protecteurs de la peste, saint Roch et saint Sébastien. Le blason du pape orne également la façade.

On atteint la place du Médecin-Gén.-Blanchard.

Maison du Parc national des Écrins C2

Pl. du Médecin-Gén.-Blanchard - ☏ 04 92 21 42 15 - www.ecrins-parcnational. fr - de mi-fév. à mi-mars : 10h-18h ; reste de l'année : lun.-jeu. 10h30-18h - gratuit.

👥 C'est d'abord l'heureux mariage architectural d'un hôpital militaire du 18e s. et d'une verrière moderne qui diffuse la lumière. Tout aussi innovante, la présentation de la vie de la nature, des hommes et des animaux du parc a fait le pari d'une pédagogie dépoussiérée. On peut notamment y voir l'exposition « Faune d'altitude » qui montre l'adaptation des animaux de la région au fil des saisons.

Descendez vers la porte d'Embrun et prenez à droite.

★ Petite-Gargouille (ou rue de Mercerie) C2

Plus étroite que la Grande et moins commerçante, elle n'en est pas moins tout aussi charmante avec ses hautes façades sévères et ses escaliers menant à des portes bardées de ferronneries. Souci du détail, même les coffrages extérieurs des compteurs sont en sapin verni.

Collégiale Notre-Dame-et-St-Nicolas C1

L'architecte ayant disparu avec les plans, sa construction dura de 1703 à 1726. Sur la tour de gauche, le **cadran solaire** est l'un des plus beaux des Alpes. À l'entrée du porche, à l'intérieur, deux lions de pierre, vestiges de l'église médiévale. Derrière la collégiale, vous découvrez les trois étages de **fortifications** adaptés au relief, les quartiers modernes et, au-delà, le cadre montagneux du bassin de Briançon ; à l'est, le col de Montgenèvre.

Briançon, cité Vauban

Le 29 mai 1343, le dauphin Humbert II, très dépensier, signait la Grande Charte afin de renflouer ses caisses. Conservée à la mairie de la ville, cette charte accordait privilèges et libertés à 51 communautés du Briançonnais en échange du versement d'une petite fortune : 12 000 florins d'or au comptant, puis une rente annuelle de 4 000 ducats d'or ! Si tous les rois de France la confirmèrent, c'est bien qu'ils en avaient remarqué l'intérêt.

La capitale des escartons

En contrepartie, l'un des droits les plus importants permettait aux Briançonnais de répartir (*escarter* en ancien français) les impôts entre les différentes communes, les **escartons**. Ces communes formaient une sorte de république dont Briançon était la capitale. Trente-deux d'entre elles furent rattachées à l'Italie en 1713 par le Traité d'Utrecht. Parmi les impôts que les Briançonnais fixèrent, il y avait le 17ᵉ du vin, qui servait à entretenir les remparts.

Une ville-sentinelle

Fortifier le rocher qui domine la **Durance** fut le passe-temps favori des Celtes et des Romains, des gens du Moyen Âge, puis de Lesdiguières en 1590, et, cent ans plus tard, des habitants contre les barbets, protestants belliqueux. Après l'incendie de 1692, alors que la France et la Savoie entraient en guerre, de quoi Louis XIV chargea-t-il **Vauban** ? De reconstruire les fortifications (*voir « Mont-Dauphin », p. 108*).

Le projet Vauban

Le grand ingénieur engagea les travaux : épaississement de courtines, aménagement d'embrasures, complément de terrassements, construction de la porte de Pignerol, création du front d'Embrun. En 1700, Vauban fit une inspection pour apprécier l'avancée du chantier. Ce fut à cette occasion que, surpris des difficultés d'une position dominée de toutes parts, il fit le projet d'aménager les hauteurs de la ville ; des forts furent construits entre 1709 et 1734 (Têtes, Dauphin, Salettes, Randouillet). Lors de cette même visite, la décision de redonner à la ville une paroisse fut prise : ce sera la collégiale. La ceinture de forts voulue par Vauban est complétée en 1875 par ceux de l'Infernet, du Janus, des Gondrans qui couronnent ainsi les hauteurs.

Après Waterloo, d'août à novembre 1815, une armée austro-sarde fit en vain le blocus de cette ville imprenable. 70 canonniers, 500 fantassins et le général Éberlé la défendirent à eux seuls, justifiant sa devise : « Petite ville, grand renom ».

Briançon à l'Unesco

Parmi les 160 sites où Vauban est intervenu, Briançon tient une place de premier plan. Rien d'étonnant dès lors à ce qu'il figure dans le réseau des **12 sites majeurs** de Vauban, comme Mont-Dauphin, inscrits depuis juillet 2008 sur la liste du Patrimoine mondial de l'Unesco !
☎ *www.sites-vauban.org*

Centre-ville PLAN P. 37

C'est autour de l'église Ste-Catherine que vous trouverez commerces, théâtre et cinéma, ainsi que le départ de la **télécabine du Prorel** *(voir « Randonnées »)* qui conduit au domaine de Serre Chevalier. Entre les deux parties de la ville, sur la rive gauche de la Durance, s'étend le **parc de la Schappe** où l'on vient se détendre en famille *(voir « Activités » dans « Nos adresses »)*. Vous pourrez aussi y découvrir un verger et parcourir un sentier de découverte sylvicole (🐾 *1h*).

À proximité

CARTE P. 32-33

Maison de la géologie et du Géoparc

▶ *5,5 km au sud de Briançon. Rte de Gap (N 94) - Le Clos du Vas - ☎ 04 92 20 56 55 - www.maisondelageologie.fr - les merc. des petites vac. scol. : 14h-17h - gratuit.*

👥 Ce lieu créé en 1985 par un professeur de SVT à la retraite raconte l'histoire géologique du Briançonnais. Il s'organise autour de trois espaces : à l'intérieur, un petit **musée** revient sur la géologie de la région à travers des écrans interactifs, des maquettes et divers objets ; un **planétarium** propose une immersion de 55mn pour explorer des thématiques qui changent régulièrement (géologie, astronomie…). À l'extérieur, un musée en plein air, le **géodrome**, permet de compléter la découverte dans le bois qui jouxte le bâtiment.

★★ Croix de Toulouse C2

▶ *8,5 km. Quittez Briançon par la route de Grenoble au nord, et tournez à droite sur la D 232^T.*

La route étroite s'élève en lacet parmi les pins. Laissez la voiture à la fin de la partie goudronnée et continuez à pied (🐾 *env. 20mn*).

😊 Il est également possible d'y accéder à pied depuis le fort des Salettes. Un sentier bien tracé serpente au flanc de la falaise (🐾 *2h AR*).

La Croix de Toulouse (alt. 1962 m), éperon sud d'une crête séparant les vallées de la Guisane et de la Clarée, domine la ville de Briançon. Du belvédère, on est saisi par la **vue** verticale sur le système des fortifications de Briançon ; au-delà, panorama sur les vallées de la Durance et de la Guisane, jusqu'au col du Lautaret.

Randonnées

PLAN P. 36

★ Fort des Salettes B1 EN DIRECTION

🐾 *45mn AR. Départ du Champ-de-Mars, par le chemin des Salettes. ☎ 04 92 20 29 49 - www.ville-briancon.fr - visite guidée (2h) : se rens. pour les horaires - 7,50 €.*
Gardant l'accès à Briançon depuis l'Italie, ce petit fort – inscrit au Patrimoine mondial, à l'instar des fortifications de la ville haute de Briançon – possède des passages creusés dans le roc. La **vue★** qui se dégage sur la ville haute, les forts des Têtes et du Randouillet, permet ensuite aux plus guerriers de méditer une attaque surprise.

★ Pont d'Asfeld et fort des Trois Têtes B2 EN DIRECTION

🐾 *Boucle de 2h30. De la porte de la Durance, par le chemin du fort des Trois Têtes, puis le pont d'Asfeld et les chemins de Fontchristiane et de la Croix-du-Frêne jusqu'au parc de la Schappe.*
Le **pont d'Asfeld★**, achevé en 1731, permet de relier Briançon aux forts Dauphin, des Têtes et du Randouillet. Son arche de 40 m de long franchit la Durance.

Le **fort des Trois Têtes★** *(ne se visite pas)* constitue le cœur du système des for-tifications à la Vauban. Il est plus grand à lui seul que la vieille ville. Il est protégé à l'est par le fort Dauphin et au sud-ouest par celui du Randouillet. Le fort et le pont sont inscrits au Patrimoine mondial.

★ **Télécabine du Prorel** A2

◖ *Départ gare de la télécabine, bas Briançon.* ℘ *04 92 25 55 00 - www.serre-chevalier.com - 9h30-16h30 - 10,50/19 €. Le trajet s'effectue en 2 tronçons : on peut n'en faire qu'une partie ou opter pour l'aller simple.*
À la montée, superbes vues sur la ville haute de Briançon et la vallée de la Guisane. À partir du sommet (alt. 2 566 m), nombreuses promenades possibles sur les hau-teurs environnantes qui offrent de magnifiques **panoramas★★**.
▰➤ Descente vers Chantemerle *(direction téléski du Prorel)* ou vers Puy-St-Pierre *(par la chapelle N.-D.-des-Neiges).*

Chapelle N.-D.-des-Neiges A2 EN DIRECTION

▰➤ *15mn de la station haute de la télécabine du Prorel. On peut redescendre sur Briançon par le sentier balisé qui dévale les alpages en 2h30 environ.*
Depuis cette chapelle décorée d'ex-voto (alt. 2 292 m), jolie vue sur la vallée de Serre Chevalier.

Via ferrata de la Croix de Toulouse A1 EN DIRECTION

▰➤ *Départ du Champ-de-Mars. Prenez une ruelle face au parking. En 15mn, on rejoint la base de la paroi équipée. Durée de l'escalade : env. 4h AR - dénivelé de 400 m. L'arrivée s'effectue juste à l'est de la Croix de Toulouse.*
Vous pouvez redescendre par le sentier du fort des Salettes *(se rens. au bureau des guides, voir « Activités » dans « Nos adresses »).* Intérêt du site : superbes vues aériennes sur la vieille ville de Briançon et sur les fortifications des alentours.

Circuit conseillé

CARTE P. 32-33

La route des Puys C2

◖ *Circuit en boucle de 15 km, au départ de Briançon, tracé en vert foncé sur la carte. Quittez Briançon au sud-ouest par la route de Puy-St-Pierre.*
La route en corniche domine très vite la vallée de la Durance.
Après **Puy-St-André**, vues sur le massif de la Condamine et, pointant derrière, les sommets des Écrins.
Garez-vous au bas de Puy-Chalvin et poursuivez à pied.

Puy-Chalvin

Perchée en haut de ce minuscule village, la très discrète **chapelle Ste-Lucie** (16e s.) est décorée de peintures murales. Sur la façade, dans l'entrelacs central, une Vierge de Pitié et, à ses côtés, Marie-Madeleine portant un vase d'aromates ; derrière, des diables emportent les âmes des deux larrons...
Redescendez vers Puy-St-André et prenez à gauche pour gagner Puy-St-Pierre par la D 335.

Puy-St-Pierre

L'église, qui abrite un musée d'Art populaire et religieux, est bâtie sur un à-pic : **panorama★★** magnifique. Le soir, depuis le quartier Ste-Catherine à Briançon, on aperçoit le clocher illuminé qui se détache des reliefs.
Continuez sur la D 335 pour rejoindre la D 35 et Briançon.

ℹ Carnet pratique

S'informer

Office de tourisme – *1 pl. du Temple - Briançon -* ℘ *04 92 24 98 98 - www.serre-chevalier.com.*

Service du Patrimoine de Briançon – *Porte de Pignerol (voir p. 34) -* ℘ *04 92 20 29 49 - www. ville-briancon.fr.* Il organise des visites guidées de la ville dans le cadre du label Villes et Pays d'art et d'histoire. Réservation obligatoire.

Arriver/partir

Train – TER depuis Valence, Grenoble (avec changement à Gap) et Marseille. Train de nuit depuis Paris-Austerlitz.

Se garer – Parking payant (gratuit 30mn) sur le Champ-de-Mars.

Se déplacer

Transports urbains – Toute personne s'acquittant de la taxe de séjour reçoit de son hébergeur la **Carte d'hôtes** qui donne un accès gratuit au réseau de transports urbains de Briançon.

Agenda

Mondial de l'escalade – *3ᵉ sem. de juil. - www.mondial-escalade. fr.* Une semaine au rythme de l'escalade et de la montagne, avec des manifestations gratuites et une étape de coupe du monde IFSC.

Fête médiévale des Escartons Briançon – *Dernier w.-end de juin - www.medievale-briancon. fr.* Briançon se met à l'heure médiévale durant 3 jours : animations, spectacles, marchés.

1

📍 Nos adresses

PLANS P. 36 ET 37

Restauration

Premier prix

❶ **Pâtisserie Turin** – PLAN II C1 - *25 Grande Rue -* ℘ *04 92 21 14 00 - www.patisserieturin.com - fermé soir et merc. - moins de 15 €.* Dans le tout petit salon de thé aménagé à l'arrière de la boutique, les habitués viennent déguster les plats de pâtes, salades et assiettes de charcuterie composés par le chef Italien. Les produits provenant bien sûr d'Italie sont un vrai bonheur en bouche. Café, pâtisseries et glaces sont délicieux.

Pour se faire plaisir

❷ **Le Rustique** – PLAN II D2 - *36 r. du Pont-d'Asfeld -* ℘ *04 92 21 00 10 - www.restolerustique.fr - fermé lun. - menus 38,50/45 €.* Cette jolie maison à la façade colorée porte bien son nom :

vénérable plancher, objets paysans traditionnels et traîneau ancien personnalisent la salle à manger voûtée. Spécialités savoyardes, fondue aux morilles, pavé de bœuf et truite, de source locale.

❸ **Au Plaisir Ambré** – PLAN II C1 - *26 Grande Rue -* ℘ *04 92 52 63 46 - www.auplaisirambre.com - fermé jeu. (sf juil.-août) et merc. - menus 37/65 €.* Dans la cité Vauban, cette ancienne boucherie reste vouée aux bons produits. Fraîcheur : tel est le maître mot du chef, habile cuisinier qui sait révéler les meilleures saveurs. En salle, son épouse assure un accueil des plus souriants. Vous avez dit plaisir ?

❹ **Le Péché gourmand** – PLAN I A2 - *2 rte de Gap -* ℘ *04 92 21 33 21 - www.peche-gourmand. com -* 🅿 *- fermé sam. midi et dim.-lun. - plats 30/38 € - menus 41/80 €.* Charme et gourmandise au bord de la Guisane dans cet ancien moulin converti en restaurant, tenu par un couple franco-australien amoureux de gastronomie. Sharon concocte une agréable cuisine de saison et Jimmy veille sur la salle et... le vin.

À Puy-St-Pierre

Budget moyen

La Maison de Catherine – *Chemin des Blés - 4,5 km à l'ouest - ☎ 04 86 99 55 87 - lamaisondecatherine.fr - fermé dim. soir et lun. - menus 28/42 €.* Une adresse idéale pour faire une pause sur la route des puys. Cette sympathique maison sert une cuisine élaborée à partir de produits frais et locaux. Également des fondues, raclettes et pizzas. Quelques coquettes chambres.

Petite pause

Mastro Gelataio – *3 r. Pasteur - Rd-pt du Col-d'Izoard - ☎ 04 92 21 03 20 - www.mastro-gelataio. com - 14h-18h30.* Ici les glaces sont faites maison, dans la plus pure tradition italienne. Grand choix de parfums, parfois insolites (sauge, lavande, mélèze...). Dommage que la boutique ne soit pas dans la vieille ville.

Shopping

Marché – *Marché couvert Hangar Zéro, rue Gén.-Colaud - merc. et dim. mat.* Producteurs locaux et artisanat.

Le Panier alpin – *48-50 Grande Rue - ☎ 04 86 99 57 13 - tlj.* Cette épicerie fine vend les produits d'une cinquantaine d'artisans locaux : charcuteries de montagne, fromages fermiers, bière de Briançon, vins, liqueurs de plantes, sirops et vinaigres de Provence, miels, confitures à la louche, biscuits et plats cuisinés. Également des couteaux et de la vaisselle.

Maison d'artisans des Hautes-Alpes – *Rte d'Italie - ZA Mallefosse - dir. Montgenèvre - ☎ 04 92 52 67 17 - www.artis05.fr - ouv. l'apr.-midi - fermé dim.-lun.* Elle expose du mobilier et des objets de décoration conçus par une quarantaine d'artisans locaux. Une belle occasion de découvrir leur savoir-faire.

En soirée

Circus Casino Briançon – *7 av. Maurice-Petsche - ☎ 04 92 20 66 66 - www.circuscasino.fr - 10h-2h (vend.-sam. 3h).* Bar, restaurant, machines à sous, jeux de table, animations diverses.

Activités

Bureau des guides et accompagnateurs – *24 r. Centrale - ☎ 04 92 20 15 73 - www.guides-briancon.com - sur réserv.* Les guides de Briançon proposent des randonnées accompagnées (classique ou avec un lama), mais également de l'alpinisme, de l'escalade, de la via ferrata (notamment celle de la Croix de Toulouse - *75 €/pers.* – *voir p. 39*), du canyoning, du parapente et des sports d'eaux vives.

Parcs de loisirs

Parc de la Schappe - Grimp'in Forest – *1 chemin Schappe - ☎ 04 92 46 16 91 - www. grimpinforest.fr - juil.-août : 10h-19h; reste de l'année : se rens. - pass journée 49 €.* Sur l'ancien site de fabrication de la schappe, fil de soie peignée traditionnel ayant laissé son nom au parc, vous pourrez profiter des sentiers de découverte, du plan d'eau et des jeux ou varier les plaisirs entre accrobranche, paintball, via ferrata, laser game... Chalet-buvette.

Centre aquatique de Briançon – *37 r. Bermont-Gonnet - ☎ 04 92 20 04 04 - www.ville-briancon.fr - horaires variables, se rens. - piscine 6 €.* Ce parc de loisirs de 12 ha comprend un grand bassin extérieur et un intérieur (25 m), un espace aquatique équipé de toboggans, cascades, rivières, des buses massantes, deux saunas, un hammam et un Jacuzzi.

Eaux vives

👥 **Eaurigine** – *Av. René-Froger - ☎ 07 87 46 98 37 - www.eaurigine. net - mai-sept. : horaires, se rens. ; reste de l'année sur réserv. - rafting sportif 55 €.* Rafraîchissez-vous tout en découvrant la région grâce aux parcours proposés par ce prestataire spécialisé en eaux vives. Que vous soyez profane ou initié, adulte ou enfant, vous trouverez sans aucun doute la formule qu'il vous faut.

Cyclisme

Izoard, Lautaret, Galibier, Montgenèvre, les cols prestigieux alentour font de Briançon une ville-étape idéale à vélo. En été, les cols sont fermés à la circulation et réservés aux cyclistes à certaines dates, le matin. Une bonne séance de grimpette en perspective ! Pour connaître les jours de fermeture, consultez le site Internet de l'office de tourisme.

Randonnée et VTT

Sur le site www.serre-chevalier.com, dans la rubrique « Brochures », vous pouvez consulter et télécharger les guides de vélo et de rando qui proposent des itinéraires.

Autour de Briançon – Nombreux parcours pédestres et VTT. Guides et topoguides en vente à l'office de tourisme. Des sorties accompagnées en raquettes (hiver) ou à VTT (été) sont organisées autour des fortifications de Vauban par le Service du Patrimoine de Briançon *(voir p. 41)*.

Saut à l'élastique

Adrenaline Bungee – *Pont d'Asfeld - cité Vauban - ☎ 06 03 80 21 76 - www.adrenaline-bungee.fr - juin-oct. : sur réserv.* Saut à élastique, du haut du pont d'Asfeld, pour voir la citadelle de Vauban la tête à l'envers !

Sports d'hiver

Briançon fait partie du complexe de **Serre Chevalier Vallée** *(voir p. 44)* grâce à la télécabine du Prorel.
Montgenèvre – *Voir p. 68.*

Hébergement

Budget moyen

1 **Hôtel de la Chaussée** – PLAN I A2 - *4 r. Centrale - ☎ 04 92 21 10 37 - www.hotel-de-la-chaussee. com -* 🅿 *- 16 ch. 131/178 € - ☕ 14 € -* 🍴. D'emblée, on se sent bien dans cet hôtel familial transformé en « refuge montagnard » : vieux meubles, objets anciens, chambres coquettes et douillettes, belles salles de bains. Harmonie parfaite entre le décor du restaurant et la cuisine, typiquement locale.

3 **Auberge de la Paix** – PLAN II C2 - *3 r. Porte-Méane - ☎ 04 92 53 84 43 - www.hotel-aubergedelapaix.com - 15 ch. 98/110 € - ☕ 14 € -* 🍴. Dans la vieille ville, ce petit établissement propose des chambres à la décoration moderne et élégante, dans une bâtisse de caractère. Restaurant avec terrasse en saison.

2 **Hôtel Vauban** – PLAN I A2 - *13 av. du Gén.-de-Gaulle - ☎ 04 92 21 12 11 - www.hotel-vauban-briancon. com - 40 ch - 98/138 € - ☕ 16,50 €.* À dix minutes à pied de la gare, cet établissement à la façade moderne cache des chambres au confort contemporain et sobre. À moins de 300 m des remontées mécaniques (télécabine du Prorel).

1

Serre Chevalier Vallée

Les saisons passent, le soleil reste! Au centre d'un bassin entouré de montagnes qui font écran aux perturbations, la station jouit d'un micro-climat exceptionnel. « Serre Che », c'est tout un petit pays qui a su se développer sans trop bétonner, en répartissant les hébergements tout le long de la vallée de la Guisane, pour devenir la plus grande station des Alpes du Sud.

La Salle-les-Alpes.
francois-roux/Getty Images Plus

▶ Se repérer

CARTE P. 32-33 (C2)
Hautes-Alpes (05).
Trois communes, St-Chaffrey, La Salle-les-Alpes et Le Monêtier-les-Bains, regroupent 13 villages ou hameaux situés le long de la D 1091.

☺ À ne pas manquer

La montée en téléphérique au sommet de Serre Chevalier où vous attend un superbe panorama.

⏱ Organiser son temps

Généralement, on séjourne à Serre Chevalier pour profiter du domaine skiable, mais on peut aussi flâner dans les villages *(voir le circuit « Vallée de la Guisane », p. 61)*.

👪 En famille

Le Serre Che Aventure de La Salle-les-Alpes ; le ranch du Monêtier ; le lac de Pontillas à La-Salle-les-Alpes *(voir « Activités » dans « Nos adresses »).*

ℹ Carnet pratique p. 49

📍 Nos adresses p. 49

Séjourner

Serre Chevalier se compose de 4 secteurs : **Briançon** *(voir p. 34),* relié au domaine skiable par la télécabine du Prorel, **Chantemerle** (Chantemerle/St-Chaffrey), **Villeneuve** (Villeneuve/La Salle-les-Alpes) et **Le Monêtier-les-Bains**. Chacun d'eux a accès au vaste domaine skiable mais possède sa propre ambiance : Chantemerle est la station chic, avec de belles boutiques,

L'enfant sacré du pays

Né à Briançon en 1965, **Luc Alphand** est devenu l'une des grandes figures locales en remportant la Coupe du monde de descente à ski en 1995, 1996 et 1997. Reconverti en pilote automobile, il a remporté le Dakar 2006 puis s'est lancé dans la navigation en participant à la Transat Jacques-Vabre en 2011.

Briançon apparaît comme la plus citadine, Villeneuve est appréciée des jeunes pour son côté sportif et festif, tandis que Le Monêtier reste familiale. Côté architecture, des bâtisses anciennes serrées autour des clochers de pierre du 15e s. et du 18e s. alternent avec des constructions modernes.

Sports d'hiver

L'ensemble du domaine réunit, sur 410 ha, **80 pistes** reliées par 59 remontées mécaniques. Pour la pause déjeuner, 16 restaurants d'altitude sont à votre disposition, ainsi que trois aires avec barbecues en libre-service (secteurs Prorel, Villeneuve et Chantemerle). La **nouvelle glisse** est aussi à l'honneur avec cinq espaces ludiques dont un snowpark à Villeneuve et un boardercross à Chantemerle. Des parcours sont aménagés pour les **raquettes** en haut du domaine et les amateurs de **ski de fond** apprécieront les **45 km** de circuits entre St-Chaffrey et le Lautaret. Les enfants profiteront des **espaces luges**, situés au pied des pistes, à Villeneuve et au Monêtier-les-Bains et d'une **piste de luge**, la Deval Bob (Villeneuve). Mais il est aussi possible de profiter simplement de la nature en longeant la Guisane à pied sur 25 km de sentiers. Ski jöering, scooter des neiges, Mountain Kart (Chantemerle) et balades en chiens de traîneau complètent l'offre. Et après une bonne journée d'efforts, la piscine de Villeneuve vous accueillera pour un moment de détente et « Les Bains » de Monêtier seront une source de relaxation *(voir l'encadré vert p. 47).*

Activités en été

La belle saison est aussi très animée, avec une gamme variée d'activités : VTT (bike park de 9 pistes vertes à noires, espace BMX, vélo à assistance électrique), eaux vives sur la Guisane, randonnée à cheval, parapente et delta-plane, tir à l'arc, trampoline (Villeneuve et Chantemerle) et même trottinerbe (Chantemerle), escalade, via ferrata, parc aventure, trail, baignades bio… Une promesse de grandes émotions sportives, sans parler des nombreuses randonnées *(voir « Nos adresses »).*

Découvrir CARTE P. 32-33

Les villages de la vallée BC2

La vallée comporte un certain nombre de chapelles et églises à fresques, témoins précieux de la volonté de l'église catholique de reprendre ses droits face aux vaudois, puis aux protestants qui furent nombreux ici. Les **fresques** sont visibles uniquement lors des visites commentées offertes par l'office du tourisme de Serre Chevalier Vallée Briançon.

ⓘ ☏ *04 92 24 98 98 (office de tourisme) - www.serre-chevalier.com - ♿ - visite guidée de mi-juin à mi-sept. et de mi-déc. à mi-avr. : vend. 10h-12h (horaires variables, se rens.).*

St-Chaffrey C2

👣 Suivez la rue qui monte sur le côté de l'église paroissiale et prenez à droite le chemin St-Arnould pour arriver à la **chapelle St-Arnould**, qui abrite de belles fresques du 15ᵉ s. illustrant la vie de saint Sébastien. C'est le plus vieil édifice religieux du Briançonnais (11ᵉ s.).

Revenez sur vos pas. En continuant la montée, un autre chemin sur la droite mène à la **cascade de la Pisse** *(30mn)*.

★ La Salle-les-Alpes C2

Chapelle St-Barthélemy – *Visite : voir l'office de tourisme ci-dessus.* À l'intérieur de cette chapelle du 15ᵉ s., les peintures murales montrent sainte Marthe en action : son plus célèbre exploit fut la capture de la tarasque, animal fabuleux qui vivait sur les rives du Rhône. De la terrasse, belle **vue**★ sur la vallée.
Poursuivez sur le chemin.

★ **Église St-Marcellin** – *Pl. de l'Église - visite : voir l'office de tourisme ci-dessus.* Sur la façade sud, le porche est soutenu par trois colonnes reposant l'une sur un lion, les deux autres sur des bénitiers. On entre à l'intérieur par une minuscule porte à la jolie ferronnerie. Sous vitrine, un petit trésor, dont un coffre roman. Chapiteaux sculptés de motifs naïfs, masques rieurs. Retable en bois doré du 17ᵉ s. décoré d'une Vierge à l'Enfant, encadré par un ensemble baroque orné de colonnes torses et de niches abritant de fines statues de saintes.

Villeneuve C2

Musée Autrefois mon village – *R. de la Guisane -* ☏ *04 92 25 54 00 - de déb. juil. à fin août : tlj sf sam. 16h-19h ; reste de l'année : se rens. - gratuit.* Installé dans la **chapelle Ste-Luce**, mobilier, objets et vêtements, accompagnés de nombreuses explications écrites, racontent la vie paysanne de jadis, ainsi que l'activité des fermes et des mines.

👣 *20mn AR.* De la chapelle Ste-Luce, montez à pied à **La Salle**. Le sentier emprunte une partie du circuit *(1h10)* permettant de découvrir les alentours *(brochure du circuit à l'office de tourisme ou au musée de Villeneuve.).*

Les Guibertes B2

La ravissante **église** de ce hameau renferme un mobilier baroque surprenant en regard de son aspect extérieur très sobre *(visite : voir l'office de tourisme ci-dessus).*

★ Le Monêtier-les-Bains B2

Son nom vient d'un ancien prieuré bénédictin (« monêtier » signifie monastère) et de ses **eaux chaudes naturelles**, déjà connues des Romains, qui jaillissent à une température de 44 °C. Leurs vertus curatives seraient à l'origine du nom de la Guisane nommée jadis l'Aquisana (« l'eau qui guérit »). Face au développement des sports d'hiver, l'activité thermale, qui avait décliné, s'est renforcée avec la création des **Grands Bains** *(voir l'encadré vert ci-contre).* Le village a su préserver son **architecture traditionnelle** et ses charmants jardinets. L'**église** présente un style roman lombard caractéristique avec ses bandes verticales, les lésènes (pilastres de faible épaisseur), reliées entre elles par une frise d'arcatures en plein cintre, et son clocher à baies géminées.

On vous emmène prendre un bain au Monêtier

Non loin du front de neige, les Grands Bains invitent à la relaxation. Du bassin extérieur, on voit s'échapper la fumée de ses eaux naturellement chaudes. Ce sont les Romains, qui s'y connaissaient en thermalisme, qui ont construit ces bains dès le 4ᵉ s. au sud du village, près de la source de Font-Chaude et au nord, près de la source de la Rotonde. Le village s'appelait alors Stabatio, « lieu propice à la guérison ». Les eaux de surface, mélange de pluie et de neige, s'infiltrent dans le sol et se réchauffent au contact d'une structure magmatique souterraine pour sortir à 44 °C. En remontant par infiltrations, elles se chargent en minéraux. La nature est magique...
Dans la rotonde vitrée, le bassin intérieur, le jacuzzi, les lames d'eau, les cols-de-cygne, les geysers et autres jets tonifiants délassent incroyablement ! Et pour un saut à l'époque des romains, on se fait la trilogie frigidarium-tepidarium-caldarium suivi de quelques instants détox dans le hammam pour parfaire la séance... Le plaisir des sens se prolonge néanmoins dans la grotte musicale où musique, couleurs et eau chaude s'emploient à détendre corps et esprit. Et pour le plaisir des yeux, ce sera le parcours extérieur : la vue panoramique sur les montagnes est tout simplement sublime.
↻ « Nos adresses », p. 50.

Musée d'Art sacré – *R. St-Pierre -* ℘ *04 92 24 40 04 - www.monetier.com - de juil. à déb. sept. et vac. de la Toussaint : mar. et jeu. 15h-18h30 ; de mi-déc. à déb. mai : mar. et jeu. 15h-18h - gratuit.* Aménagé dans la chapelle St-Pierre, il rassemble le patrimoine religieux issu de trente chapelles et églises de la commune du Monêtier-les-Bains. Deux chapelles renferment des **peintures murales**, à découvrir dans le cadre d'une visite guidée *(voir l'office de tourisme ci-contre)*.

Le Casset B2

Là encore, le contraste est saisissant : au milieu de champs minuscules cernés de murets, ce hameau semble bien chétif, surplombé qu'il est par son glacier dont le corps arrondi, étonnamment lisse et argenté, évoque celui d'un dragon mena-çant. Dans le village, église avec un clocher à l'impériale (18ᵉ s.), sur le modèle de celui de la collégiale à Briançon. Un **moulin hydraulique** du 19ᵉ s. a été rénové et se visite *(de juin à mi-sept. - se rens. à l'office du tourisme du Monêtier-les-Bains - voir p. 49)*. En saison hivernale, Le Casset est un spot pour le ski de fond.

Circuit conseillé   CARTE P. 32-33

★ Vallée de la Guisane BC1-2

▶ *Circuit de 32 km, de Briançon au col du Lautaret, tracé en rouge foncé sur la carte. Voir p. 59.*

Randonnées   CARTE P. 32-33

★★ Sommet de Serre Chevalier C2

▶ *De Chantemerle, accès par la télécabine Ratier puis par le téléphérique Serre Chevalier.* ℘ *04 92 24 98 98 - www.serre-chevalier.com - de mi-juil. à fin août - 19 €.*
🔌 alt. 2 483 m. De la plate-forme terminale, montez à la table d'orientation. Superbe **panorama**★★ sur l'Oisans (Pelvoux et les Agneaux) à l'ouest, les aiguilles

d'Arves et le pic du Galibier au nord-ouest, la Vanoise (dent Parrachée) au nord et le Queyras (pic de Rochebrune) à l'est. Les plus courageux pourront s'élancer de la **tyrolienne géante** longue de 1100 m *(sur réserv. - www.serre-chevalier.com)*.

★★ Tour de l'Eychauda B2

👣 *4h de marche présentant peu de montées. Départ du sommet de Serre Chevalier (voir ci-dessus). L'itinéraire aboutit au Monêtier-les-Bains. Le retour à Chantemerle se fait en autocar : horaires disponibles dans les offices de tourisme. Procurez-vous une carte au 1/25 000.*

De la table d'orientation, descendez sur les crêtes une dizaine de mètres en direction du col de Serre Chevalier, et repérez à droite des traces qui permettent de gagner le sentier du tour de l'Eychauda. Après une partie assez plane, vous montez au **col de la Pisse** (alt. 2501 m). Le sentier évolue ensuite à flanc de montagne et offre de belles **vues★★** sur la cuvette du lac de l'Eychauda, le pic de Clouzis et surtout le massif du Pelvoux. Avant d'atteindre le télésiège de la Cucumelle, il présente quelques passages vertigineux. Vous parvenez au **col de l'Eychauda**, encadré par le rocher de l'Yret et la pointe de la Cucumelle, et dominant la route du Lautaret. Un large chemin descend le long des pistes du Monêtier et conduit à un restaurant d'altitude. De là, allez à gauche et quittez le chemin, en légère montée, pour prendre un sentier à droite, qui descend en contrebas des départs des télésièges. C'est le **GR 54**, balisé en rouge et blanc. Il longe le torrent, puis le traverse pour s'enfoncer dans une agréable forêt de mélèzes. Vous passez devant une chapelle : continuez tout droit jusqu'à une petite route, que vous prenez à gauche. Parvenu à une aire de jeux sur une place, prenez à droite, traversez un petit pont et remontez la rue de la Grande-Turière. À l'arrivée sur la route nationale, dirigez-vous à droite et rejoignez l'arrêt du car, juste avant la poste.

★★ Lac du Combeynot B2

👣 *5h AR au départ des Boussardes, 200 m au sud du Lauzet. Balisage bleu.*

😊 La randonnée pénètre dans la zone centrale du **Parc national des Écrins**. Les chiens et la cueillette des fleurs sont interdits. Si vous voyez des animaux sauvages, restez sur le sentier, ne les dérangez pas.

Nombreuses possibilités, notamment à la sortie de la forêt, d'apercevoir d'assez près des chamois. Le sentier remonte le vallon de Fontenil jusqu'au lac. Ce superbe lac glaciaire (alt. 2555 m), dominé à l'ouest par la Tête du Vallon (alt. 3059 m), est profond de 16 m.

Sentier du belvédère de la montagne C2

👣 *4h30. Départ de Bez (hameau de Villeneuve).*

Prenez la direction du hameau de Fréjus, puis suivez le sentier qui s'élève vers le clos de la Salette et domine le site de l'école d'escalade ; à la bifurcation, prenez à droite la direction du Monêtier (celle de gauche va vers le clos de la Salette). Le belvédère procure de belles vues sur la vallée de la Guisane, qui maintient ses traditions paysannes, et le versant à l'ubac. La descente se poursuit jusqu'au torrent de Chanteloube ; on rejoint enfin la vallée du Monêtier.

★ Via ferrata de l'aiguillette du Lauzet B1

Ces hautes falaises de calcaire fracturé sont un haut lieu de l'escalade briançonnaise. Le site est très fréquenté comme en témoigne l'encombrement des lieux de stationnement au **Pont-de-l'Alp**.

ℹ Carnet pratique

S'informer

Office du tourisme de Serre Chevalier – *Centre Commercial Pré Long* - ☏ *04 92 24 98 98* - *www.serre-chevalier.com.*
Office du tourisme du Monêtier-les-Bains – *D 91* – ☏ *04 92 24 98 98 - www.serre-chevalier.com - ouv. en saison (hiver et été).*

Arriver/partir

Car – La LER Briançon-Grenoble dessert les villages de Serre Chevalier Vallée à Briançon. Plan du réseau et horaires sur zou. maregionsud.fr.

Agenda

Foire aux bestiaux – *2e sam. de sept. au Monêtier-les-Bains.* Elle témoigne de la tradition d'élevage de bestiaux destinés à la revente.

📍 Nos adresses

Restauration

Au Monêtier-les-Bains

Budget moyen

L'Aquisana – *Rte de Grenoble -* ☏ *04 92 24 10 10 - www.aquisana-serre-chevalier.fr - fermé dim. - menus 25/37 €.* Dans une belle cave voûtée, dégustez une cuisine savoureuse composée de plats traditionnels des Hautes-Alpes avec, parfois, une tonalité scandinave. Le patron vous réservera un accueil chaleureux.

Pour se faire plaisir

🌿 **Auberge du Choucas** – *17 r. de la Fruitière -* ☏ *04 92 24 42 73 - www. aubergeduchoucas.com - ouv. soir (w.-end midi aussi) - plats 25/42 € - 12 ch. 110/210 €.* Une belle salle voûtée où crépite un feu, un cadre élégant... Cette table a bien du cachet ! Et l'on s'y régale d'une jolie cuisine traditionnelle concoctée avec de produits frais, bio pour certains, ainsi que de plats plus sophistiqués, dans l'air du temps.

Une folie

La Table du Chazal – *Les Guibertes - 2,5 km au sud-est du Monêtier-les-Bains -* ☏ *04 92 24 45 54 - www.restaurant-chazal.fr - ouv. soir (dim. midi aussi) - fermé lun. - menus 56/86 €.* Un charmant hameau, une ancienne grange, deux salles voûtées, aux murs couverts de chaux... Le cadre reposant accueille la cuisine goûteuse d'un jeune chef ayant grandi à Briançon, au parcours solide, et qui travaille les produits régionaux qu'il aime.

À Chantemerle

Pour se faire plaisir

Les Planches – *Grand Hôtel - pl. du Téléphérique –* ☏ *04 92 24 15 16 – www.grandhotel.fr - fermé de mi-avr. à fin juin, de déb. sept. à mi-déc. et le midi - menus 32/48 €.* Ce restaurant en met plein les yeux, sans oublier les papilles : le chef propose un menu-carte à base de produits régionaux, signé parfois d'une griffe originale.

Shopping

À St-Chaffrey

🌿 **Longo Maï** – *Filature de Chantemerle -* ☏ *04 92 24 04 43 - filature-longomai.org - 15h-19h (parfois 9h30-12h30 en haute sais.) - fermé dim.-lun.* Cette filature autogérée réalise depuis 1976 des produits en pure laine aux couleurs naturelles : pulls, couvertures, bonnets, etc.
Ambiance des Cimes – *N 91 - Les Chapelets -* ☏ *04 92 22*

1

30 65 - ambiance-des-cimes.
fr - fermé dim. hors vac. scol.
Une boutique rassemblant du
mobilier, des objets décoratifs, du
linge de maison et des arts de la
table dans un esprit montagne et
contemporain.

À La Salle-les-Alpes
La boutique by D4F – *6 r. de la
Guisane - ☏ 06 83 93 56 64 - www.
distilleriedes4freres.com - tlj.* La
distillerie des Boussardes au pied
du Lautaret, reprise par quatre
frères du pays en 2020, a été
incendiée en 2021. Seul l'ancestral
alambic a été sauvé des flammes
permettant de poursuivre la
fabrication artisanale des liqueurs
et eaux-de-vie à base de végétaux
et fruits de production locale, en
vente dans cette nouvelle boutique.

En soirée

À La Salle-les-Alpes
Cocoon Café – *1 rte Prélong -
☏ 04 92 24 92 25 - 9h-21h.* Au
diapason des saisons, ce café
adopte en hiver une carte riche
en cafés, en thés et en bières,
tandis qu'en été les cocktails et
une terrasse très bien exposée se
taillent la part du lion. L'intérieur
conjugue chaleur et discrétion.
Le 1420 – *Centre commercial Pré
Long - ☏ 04 92 55 41 10 - 15h-
2h; de juin à mi-sept. : 16h-2h.*
À 1420 m d'altitude, offrez-vous
un remontant ! Ici, on savoure
un verre de vin accompagné
d'une assiette de fromage ou de
charcuterie ou bien on déguste
une liqueur ou autre eau-de-vie en
écoutant de la musique.

Activités

**Bureau des guides de Serre
Chevalier** – *Centre commercial
Pré Long - hall de l'office de
tourisme - La Salle-les-Alpes -
☏ 04 92 24 75 90 - www.guides-
serrechevalier.com - 9h30-12h,*

14h-19h, jeu. 17h-19h, vend.-sam.
14h-19h. *Des activités en toutes
saisons : randonnée, via ferrata,
escalade, VTT, parapente, canyon,
raquettes...*
Tyrolienne géante – *Accès depuis
le téléphérique de Serre Chevalier -
10h-16h (horaires variables, se
rens.) - Pass activité 42 € (accès
aux remontées mécaniques et
au téléphérique inclus).* Située
au sommet de Serre Chevalier, à
2 491 m d'altitude, cette tyrolienne
géante de 1100 m, à tester seul ou à
deux, promet quelques sensations
fortes.

Activités aquatiques
⌀ **Les Grands Bains du
Monêtier** – *Le Monêtier-les-
Bains - au bord de la Guisane dans
le village - ☏ 04 92 40 00 00 -
lesgrandsbainsdumonetier.fr - 10h-
20h30 (vend. 22h30) - à partir de
30 €/soin.* Voir l'encadré vert p. 47.
⌀ **Baignade bio de Chantemerle** –
*Parc des Colombiers - St-Chaffrey -
☏ 04 92 21 19 42 - www.serre-
chevalier.com - de mi-juin à
déb. sept. : 10h-19h - 5,50 € - accès
limité en nombre de pers.* Espace
de baignade alimenté en eau pure,
traitée et filtrée par les plantes, et
une grande plage de verdure et de
jardins aquatiques avec vue sur
la montagne.
⌀ 👥 **Plan d'eau Biotope** –
*Le Pontillas - La Salle-les-Alpes -
☏ 04 92 45 41 58 - juil.-août :
11h-19h - 6 €.* Baignade surveillée
dans un plan d'eau drainée par des
plantes. Pelouse et installations
en bois.

Parc de loisirs
👥 **Serre Che Aventure** – *Chemin
des Préras - sous le Rocher du Bez -
La Salle-les-Alpes - ☏ 04 92 24
90 57 - www.serrecheaventure.fr -
juil.-août : tlj sf sam. 10h-18h (caisse
fermée à 16h); reste de l'année : sur
réserv. - fermé oct.-mars - 25/30 €,
pack aventure 40 €/pers.* Pont de
rondins, pont de singe, tyroliennes,

échelle de perroquet, tonneaux, filet... plus d'une centaine de jeux vous attendent dans ce parc ludique et sportif.

Balade en raquettes

🌿 **Raquettes et Yourte** – *Chantemerle - St-Chaffrey - ℰ 06 24 40 58 11 - lespiedssurterre-rando.fr - déc.-avr. - 49 €.* Balade facile en raquettes en fin d'après-midi suivie d'un apéro dînatoire dans une yourte mongole. Également des sorties nocturnes suivies d'une soupe bio, dégustée dans la yourte, et d'un cours de yoga.

Randonnée et VTT

Guide des itinéraires pédestres en vente dans les offices de tourisme et plan des itinéraires en téléchargement sur le site Internet de Serre Chevalier.

Télésièges estivaux – *ℰ 04 92 24 98 98 - juil.-août : 9h30-16h30.* À Villeneuve et au Monêtier-les-Bains, les télésièges de la Casse-du-Bœuf et du Bachas vous emportent en 10mn à plus de 2 000 m d'altitude. À l'arrivée, randonneurs et vététistes redescendront par les sentiers aménagés. Les autres feront quelques pas jusqu'au restaurant et pourront repartir en télésiège.

Vélo Nature – *Le Monêtier-les-Bains - base de loisirs du Gros-Moutas - ℰ 06 70 24 03 14 - www.velonature.com - avr.-nov. - à partir de 55 €/j.* Location de vélos à assistance électrique et de VTT

traditionnels. Sorties encadrées dans les environs.

👥 **Ranch du Grand Aigle** – *Le Lauzet - Le Monêtier-les-Bains - ℰ 04 92 43 01 52 ou 06 08 93 52 87 - juil.-août : 9h-12h, 14h-19h; reste de l'année : se rens. - balade (1h30) 30 €.* Randonnées avec des ânes ou des chevaux, ski-joering (ski tracté par un cheval) ou encore sortie en traîneau ou calèche.

Hébergement

Au Monêtier-les-Bains

Pour se faire plaisir

🌿 **Alliey & Spa Appart-Hôtel** – *320 Rte de Grenoble - ℰ 04 92 24 40 02 - www.alliey.com - 🏊 - de juin à mi-sept. et de mi-déc. à mi-avr. - 15 appart. (2-6 pers.) 162/481 €.* Cette maison de village propose un hébergement de charme à l'ambiance chaleureuse. Les appartements à la déco montagnarde peuvent accueillir 2 à 6 personnes. Accès gratuit au bel espace balnéo avec spa, piscine, hammam et salle de massage.

À Villeneuve-la-Salle

Budget moyen

Hôtel Christiania – *23 rte de Briançon - ℰ 04 92 24 76 33 - www.le-christiania.com - 🅿 - de mi-juin à mi-sept. (hiver, se rens.) - 26 ch. 141/222 € - 🍽 15 €.* Accueil familial, bar-salon rustique réchauffé par une cheminée et chambres montagnardes caractérisent cet hôtel au bord de la Guisane. Le spa propose modelages et soins.

1

Col du Lautaret ★★

Ça va, ça vient sur ce col qui ne part jamais en vacances. Pourtant, son altitude relativement élevée (2 057 m) et le manteau de neige qui le recouvre tout l'hiver auraient pu le préserver du flot automobile. N'en croyez rien, on prend des mesures pour le déneiger ! De juin à début août, ce site sévère revêt une capeline colorée, s'égayant d'immenses champs de narcisses, anémones, lys, gentianes, rhododendrons et même, parfois, d'edelweiss… On comprend alors pleinement son succès !

▶ Se repérer

CARTE P. 32-33 (B1)
Hautes-Alpes (05).
Franchi par la D 1091, grand axe de communication nord-sud des Alpes françaises, le col du Lautaret, situé 28 km seulement au nord-ouest de Briançon, est la porte des Alpes méridionales.

◷ Organiser son temps

Une petite demi-heure suffit pour admirer le paysage, mais comptez au moins une heure si vous voulez vous promener dans le Jardin du Lautaret.

Découvrir

▶ **Accès au col** – ☏ 04 65 03 00 05 - www.inforoute.05.fr.
Une table d'orientation est érigée sur une éminence, en amont du Jardin du Lautaret. De là, le **panorama**★★ est saisissant sur le massif de la Meije et ses glaciers, dont le glacier de l'Homme.

★ Jardin du Lautaret

☏ 04 92 24 41 62 - www.jardindulautaret.com - ♿ - juin-déb. sept. : 10h-18h - 8 €.
Créé en 1899 à 2 056 m d'altitude, ce grand jardin, très réputé, d'environ 2 ha est dû à l'initiative commune du Touring Club de France et de l'université de Grenoble. Il comprend des massifs de rocaille où poussent plus de 2 000 espèces de plantes sauvages groupées d'après leur origine géographique ainsi que des plantes médicinales. Le visiteur, au gré de ses pas, partira pour un tour du monde botanique en découvrant la flore des Pyrénées, des Carpates, des Balkans, du Caucase, de l'Himalaya, du Japon et des montagnes Rocheuses.
Depuis l'été 2019, un espace d'interprétation et un parcours « Découverte et Sciences » invitent à se questionner sur les changements climatiques, agricoles et touristiques à travers neuf panneaux d'information liés aux paysages environnants.
☺ Le jardin du Lautaret est aussi un lieu de recherche et de partage des savoirs. Un chalet-laboratoire est réservé à la recherche scientifique. En juillet et en août, le site propose des conférences destinées au grand public et des visites guidées (10h30, 14h30 et 16h).

Refuge Napoléon

Dans l'ancien hospice du col du Lautaret dit « Refuge Napoléon », le **Parc national des Écrins** (voir p. 98) a installé un centre d'information et y organise des expositions sur la faune, la flore, la géologie, etc.

Le jardin alpin du Lautaret avec le Combeynot en arrière-plan.
H. Lenain/hemis.fr

Circuit conseillé

CARTE P. 32-33

★ Vallée de la Guisane BC1-2

▶ *Circuit de 32 km, de Briançon au col du Lautaret, tracé en rouge foncé sur la carte. Voir p. 59.*

Randonnée

CARTE P. 32-33

★ Sentier des crevasses B1

Au moins 7h, avec nécessité d'être repris en voiture au Casset. Randonnée sans difficulté, mais déconseillée aux marcheurs peu endurants ou sensibles au vertige, ainsi que les jours de pluie ou après des chutes de neige. Départ du refuge Napoléon au col du Lautaret.

Allez plein ouest après avoir franchi la D 1091, et engagez-vous sur le sentier des Crevasses *(balisé)*. Le circuit, qui chemine dans le Parc national des Écrins *(réglementation à respecter)*, va contourner par l'ouest le pic du Lac de Combeynot pour reprendre au **col d'Arsine** le tracé du **GR 54** jusqu'au Casset. La montée en pente douce jusqu'au refuge de l'Alpe de Villar-d'Arêne réserve moult points de vue sur la Romanche et permet d'admirer la flore d'altitude, les buissons d'aulne vert notamment, qui abritent de nombreux oiseaux, du mouchet au tétras-lyre. Le sentier tracé plein sud permet de voir le refuge, non loin duquel se dresse une station météo. Après une pause *(restauration sur place)*, courage, il faut continuer jusqu'au col d'Arsine : en récompense, magnifique panorama sur les vallées glaciaires, le pic de Neige Cordier (alt. 3 613 m) et sur le glacier d'Arsine descendant du pic des Agneaux. Après les chalets d'Arsine, le sentier s'approche du superbe cadre du lac de la Douche, dominé par le glacier du Casset, avant d'atteindre la vallée de la Guisane *(voir p. 59)* par le vallon du Petit Trabuc.

La Grave ★★

Au creux d'une vallée profonde, La Grave fait face à la Meije, la plus célèbre des cimes du massif des Écrins. Elle attire ainsi les passionnés d'alpinisme et de ski hors-piste séduits par le vaste choix de courses qui s'offrent à eux. Les simples visiteurs peuvent y contempler le spectacle de la haute montagne dans l'un de ses cadres les plus grandioses. Le village est classé parmi les plus beaux villages de France.

Village de la Grave.
H. Payelle/Michelin

▶ Se repérer

CARTE P. 32-33 (A1)

487 Gravarots – Hautes-Alpes (05). 28 km à l'est du Bourg-d'Oisans par la D 1091, La Grave et Villar-d'Arêne sont les derniers villages avant le col du Lautaret (11 km), qui vous fera basculer dans la vallée de la Guisane *(voir p. 59).*

☺ À ne pas manquer

Une excursion en téléphérique au sommet des glaciers de la Meije.

⏱ Organiser son temps

Les possibilités d'excursions en moyenne et haute montagne sont exceptionnelles. Il convient en été de consacrer au moins quatre jours à l'exploration des environs de La Grave.

ℹ Carnet pratique p. 57

📍 Nos adresses p. 57

Le saviez-vous ?

Comme plusieurs autres lieux homonymes, La Grave provient du terme celtique *grava*, désignant un terrain caillouteux (d'où également « gravier »). Les Gravarots se réunissent à l'orée de l'hiver avec les Faranchins (habitants de Villar-d'Arêne) pour préparer au four banal le *« pô bulli »*, pain de seigle bouilli, une occasion de perpétuer des traditions communautaires essentielles à ces pays rudes.

Se promener

Malgré leur intérêt touristique, La Grave et ses hameaux charmants n'ont jamais fait l'objet de grands projets immobiliers. Elle est restée une petite station familiale et sportive, à l'habitat traditionnel. Outre la Meije, les deux communes de La Grave et de Villar-d'Arêne ne comptent pas moins de 50 sommets entre 3 000 et 4 000 m.

Église

Se dressant au milieu de son petit cimetière où reposent plusieurs victimes de la montagne, la fruste silhouette de style lombard de la ravissante église romane du 12e s. s'intègre joliment au site de la station. Elle renferme une cuve baptismale du 15e s. En sortant, remarquez sur le mur de l'église un grand panneau de bois où sont accrochés des cœurs en métal : à cause de l'exiguïté du cimetière, les sépultures ne durent que trente ans ; à l'issue de cette période, on accroche un cœur, gravé du nom du défunt, sur le panneau, en mémoire de la personne. Autre particularité, la forme des croix : un triangle (la Sainte Trinité) abrite un cercle (unicité du Père, du Fils et du Saint-Esprit), lui-même englobant la croix traditionnelle.

Chapelle des Pénitents

À côté de l'église, cette chapelle du 17e s. abrite un plafond couvert de fresques.

Le domaine skiable

Le domaine impressionne plus par son dénivelé (2 150 m entre le dôme de la Lauze et La Grave) que par le nombre de remontées mécaniques et de pistes. Le ski alpin se pratique en hors-piste dans les vallons de la Meije et, plus modestement, sur les pistes de la station familiale du Chazelet, face aux sommets et aux glaciers. Les fondeurs se retrouvent, quant à eux, sur les pistes de Villar-d'Arêne (3 boucles de 3, 7 et 10 km), en bordure du Parc national des Écrins. Le domaine compte aussi un itinéraire raquettes (11 km). Enfin, les possibilités de ski de randonnée sont considérables *(rens. auprès du bureau des guides, voir « Activités » dans « Nos adresses »)*. Cet espace de haute montagne, qui n'a d'égal que la vallée de Chamonix, nécessite un bon niveau de ski. Au-dessus du téléphérique, sur le glacier de la Girose, une piste est accessible aux skieurs amateurs.

À proximité

CARTE P. 32-33

Villar-d'Arêne A1

▶ *3 km à l'est.*

Ici, pas de chalets. La rareté du bois et les incendies ont incité les habitants à construire en pierre, avec des blocs de tuf ou de schiste liés par un mortier à base de terre. Les toits à deux pans sont couverts de lauzes. Construites sur la roche, les maisons sont disposées en gradins face à la montagne ; les « trabucs », rues escarpées, les relient.

1

La vallée de la Haute-Romanche borde le massif de l'Oisans. Sur la rive gauche, une barrière de sommets, dont la Meije, masque le ciel. À droite, les flancs du Galibier et du plateau d'Emparis adoucissent le rude aspect du paysage.

Randonnées

CARTE P. 32-33

Les principales randonnées pédestres mènent au **plateau d'Emparis** (au départ du Chazelet), au **col d'Arsine** (au départ du Pied-du-Col) et au **lac du Goléon** (accessible du hameau des Hières).

Par ailleurs, La Grave constitue une base idéale pour découvrir l'ensemble de la vallée de la Romanche, les cols du Lautaret et du Galibier, et les stations des Deux-Alpes et de Serre Chevalier.

★★★ Glaciers de la Meije et grotte de glace A1-2

▶ *Accès par téléphérique, pl. du Téléphérique - ℘ 04 76 79 91 09 - www.lagrave-lameije.com - de mi-déc. à avr. : 9h-16h30 ; de mi-juin à août : 8h30-16h30 ; 1res quinz. de juin et de sept. : jeu.-dim. 8h30-16h30 - 31 € AR - balade glacier 29 € - à l'arrivée, un restaurant d'altitude fait face au panorama grandiose. Prévoyez la journée pour découvrir le site (1h10 de télécabine AR).*

😊 Vêtements chauds et chaussures adaptées à la neige et à la marche indispensables, même en été. Le bureau des guides *(voir « Activités » dans « Nos adresses »)*, organise des randonnées et balades glaciaires.

Le trajet permet d'atteindre d'abord le plateau du Peyrou d'Amont (alt. 2 400 m), puis aboutit au col des Ruillans (alt. 3 200 m) sur le flanc nord-ouest du Râteau, avec des vues inoubliables sur les glaciers de la Meije, du Râteau et de la Girose. De la plate-forme d'arrivée, on découvre face à soi les aiguilles d'Arves. Sur leur droite, remarquer en arrière-plan le mont Blanc, puis les massifs de la Vanoise (Péclet-Polset, Grande Casse, glaciers de la Vanoise, dent Parrachée…) et du Thabor. À gauche des aiguilles d'Arves se dressent les chaînes de Belledonne et des Grandes Rousses…

Grotte de glace – ℘ *04 76 79 91 09 - www.grottedeglace.com - de mi-juin à mi-sept. : 10h30-15h30 - 6 € (-18 ans 5 €).* 👪 Au col des Ruillans, un accès facile conduit à cette grotte, creusée dans le glacier de la Girose et décorée de nombreuses sculptures originales en glace.

⚐ À partir du **Peyrou d'Amont**, des circuits de randonnée balisés sont praticables à la journée ou à la demi-journée. En hiver, on peut emprunter le téléski de la **Lauze**, d'où l'on bénéficie d'un **panorama★★★** exceptionnel, à 3 550 m d'altitude, sur les Grandes Jorasses et le Grand Combin suisse.

Au départ du Chazelet A1

★★★ Oratoire du Chazelet

▶ *6 km par la D 33A qui se détache de la route du Lautaret à la sortie du premier tunnel. On traverse le hameau des Terrasses.*

De l'oratoire du Chazelet, qui se situe à gauche dans un virage, splendide **point de vue** sur le massif de la Meije *(table d'orientation en contre-haut, à 1834 m d'alt. et passerelle au-dessus du vide)*.

Pousser jusqu'au hameau du **Chazelet**, réputé pour ses maisons à balcons. En redescendant vers la vallée, on peut poursuivre jusqu'à la chapelle de **Ventelon**, autre point de vue sur la Meije, avec son banc ensoleillé.

★★★ Lac Lérié et lac Noir

5h AR - dénivelé 700 m. Laissez la voiture à l'entrée du village du Chazelet. Rejoignez à l'autre extrémité du village les remontées mécaniques. Traversez le petit pont et empruntez à gauche le GR 54.

Après une heure de montée régulière, le sentier parvient au plateau d'Emparis. Le circuit devient facile et des vues se dégagent sur le massif de la Meije. Une heure de marche supplémentaire et on atteint la cote 2 300 où l'on tourne à gauche du panneau vers le lac Lérié. **Vue** splendide sur la route du Lautaret, le Râteau et les vastes glaciers de la Girose et de Mont-de-Lans.

Longez le lac pour admirer les reflets des montagnes dans l'eau et découvrir, à son extrémité, une vue impressionnante vers l'aval et la vallée de la Romanche. *Montez ensuite à droite au lac Noir.*

Un splendide spectacle s'offre à vous dans un site sauvage égayé de gentianes et d'edelweiss.

ⓘ Carnet pratique

S'informer

Office de tourisme – *D 1091 - La Grave - ☏ 04 76 79 90 05 - www.hautesvallees.com.*

Agenda

Festival Olivier Messiaen – *10 j. fin juil. - www.festivalmessiaen.com.* Pour explorer à chaque édition un thème du compositeur dans un décor à sa dimension (églises de La Grave et des environs).

Transhum' en fête – *Fin mai - www. lagrave-lameije.com.* Journée de partage et de découverte autour de la montée en alpage d'un troupeau de vaches. Repas champêtre, combats de vaches...

La Grave y Cîmes – *Dernier ou av.-dernier w.-end de juin - www.ffme.fr - inscription en ligne.* Rassemblement avec ateliers d'alpinisme.

Fête de la montagne et fête des guides – *2 j. autour du 15 août.* Événement incontournable pour les villages de La Grave et de Villar-d'Arène, pour mettre à l'honneur les guides de haute montagne et leur passion de la montagne.

Le Derby de la Meije – *Déb. avr. - www.derbydelameije.com.* Un grand événement du monde de la glisse, dans l'esprit léger mais compétitif des *freeriders*.

Trail de la Meije – *31 août-1ᵉʳ sept. - www.lagrave-lameije.com.* Course conviviale dans un environnement exceptionnel. Quatre parcours.

⚲ Nos adresses

Restauration

Budget moyen

Les Glaciers – *Centre du village sur la D 1091 - ☏ 04 76 79 90 07 - www. restaurant-les-glaciers.com - fermé de mi-avr. à déb. sept., merc. et dim. soir - plats env. 20/30 €.* Ambiance rétro dans ce petit restaurant, dans le plus ancien café de La Grave. Des plats montagnards simples entièrement maison et des crêpes salées et sucrées.

1

Au Vieux Guide – *Centre du village, en contrebas de la D 1091 - ✆ 04 76 79 90 75 - www.au-vieux-guide-grave.fr - fermé le midi en sem. en hiver - menus 26/28 €.* Les classiques spécialités fromagères et une cuisine un peu plus élaborée sont au menu. Ambiance montagnarde.

Shopping

Legend'Enhaut – *D 1091 - ✆ 04 76 79 99 07 - www.legend-enhaut.com - fermé w.-end.* C'est à La Grave que sont fabriquées les étoffes Jacquard de cette marque qui habille nombre d'hôtels et de restaurants des Alpes. Dans la boutique, on trouve du tissu au mètre, des coussins, des plaids et autres nappes et chemins de table. L'inspiration est sans conteste montagnarde, mais traitée de manière très actuelle, transformant les motifs traditionnels en véritables créations design.

Ferme du Lautaret – *Les Cours - ✆ 06 62 41 74 48 - fermé dim. apr.-midi.* Julie et Sylvain Protière se sont installés sous le col du Lautaret pour fabriquer des tommes et autres fromages de montagne. Leurs vaches de race hérens broutent l'herbe en altitude tout l'été. Vente à la ferme hors saison et au marché des producteurs, à Arsine, le dimanche matin de juillet à septembre.

Marché

Ferme Maraîchère Le Jardin du Moulin – *Moulin Vieux, Le Pied du Col - Villar-d'Arêne - juil.-sept. : dim. matin.* Petit marché de producteurs et d'artisans : légumes locaux, fromages, paniers en osier, miel, bières locales...

Activités

Bureau des guides de La Grave – *À proximité du téléphérique de la Meije - ✆ 04 76 79 90 21 - www.guidelagrave.com - cascade de glace à partir de 115 €/j.* Les guides de La Grave proposent de vous accompagner dans vos activités sportives de haute montagne : escalade, randonnée glaciaire, VTT, etc. C'est également le point info indispensable avant de s'aventurer en haute montagne (météo, état de l'enneigement, risques d'avalanches, etc.).

Via ferrata des mines du Grand Clôt – *✆ 04 76 79 90 05 - www.hautesvallees.com - mai-oct. - durée : 5h30.* Elle présente le double intérêt d'être longue et de parcourir le site d'anciennes mines argentifères.

Visite

Four et moulin de Villar-d'Arêne – *✆ 06 07 99 07 68 - sur réserv. -juin-août : mar. et jeu. à 17h et 18h30 - participation libre.*

Hébergement

Budget moyen

Le Faranchin – *Villar-d'Arêne - ✆ 04 76 79 90 01 - www.lefaranchin.com - ♿ - fermé de mi-avr. à fin mai et de déb. oct. à fin déc. - 20 ch. à partir de 85 € - ☕ 12 € - ✕.* Ambiance chaleureuse et familiale dans cet hôtel qui a été rénové en 2018. Le chef concocte une cuisine de terroir avec des plats traditionnels du pays.

Pour se faire plaisir

Panoramic Village – *Le Nouveau Village - La Grave - ✆ 04 76 79 97 97 - www.panoramic-village.com - P - 🏊 (chauffée) - ♿ - fermé de mi-avr. à fin mai et de mi-sept. à mi-déc. - 15 ch. 113/165 € (3 nuits mini.).* Une superbe situation face aux Écrins et au glacier de la Meije ! Plusieurs formules au choix : hôtel, appart-hôtel ou chalet-hôtel dans ce village de chalets reliés par de petits chemins piétonniers. Un peu comme si l'on vivait dans la vallée... Magnifique panorama également depuis l'espace bien-être.

Le Briançonnais ★★

« Des montagnes qui touchent aux nues et des vallées qui descendent aux abîmes » : Vauban était aux anges en découvrant ce bassin. Pas moins de cinq vallées y convergent (Guisane, Clarée, Durance, Ayes et Cerveyrette), avec des cols qui taquinent les 2 000 m. Les beautés intimidantes de ces massifs varient selon l'étage alpin, des alpages riants aux cimes décharnées en passant par les mélézins. En outre, la relative aisance des « escartons » (communes) a marqué l'architecture des vallées. Robustes et vastes, les maisons de pierre s'ornent d'arcades et de colonnes.

▶ Se repérer

CARTE P. 32-33

Hautes-Alpes (05).
D'appréciables efforts sont faits pour déneiger les cols du Lautaret et de Montgenèvre, l'hiver. Mais d'octobre à juin, vers l'Izoard ou la vallée de la Clarée, prudence ! Vous risquez vite de buter sur une barrière de neige.

☺ À ne pas manquer

La route du col d'Izoard en priorité… mais le reste vaut aussi le coup d'œil !

⏱ Organiser son temps

Inimaginable d'enchaîner dans la journée les cinq circuits que nous vous proposons, même si mathématiquement on pourrait le penser en additionnant les temps de trajet, car c'est sans compter les arrêts ! Et vous passeriez à côté de bien des choses. Plus raisonnablement, consacrez au moins deux à trois jours au Briançonnais.

📍 Nos adresses p. 63

1

Circuits conseillés

CARTE P. 32-33

★ Vallée de la Guisane BC1-2

▶ *Circuit de 32 km, de Briançon au col de Lautaret, tracé en rouge foncé sur la carte. Quittez Briançon au sud par la D 1091.*
Cette large vallée est l'axe majeur entre les Hautes-Alpes et l'Isère. Aride, fleurie ou bâtie, elle change de visage selon l'altitude et accueille les aménagements des stations formant le complexe de **Serre Chevalier Vallée** *(voir p. 44)*.
Après St-Chaffrey, en direction du Villard-Laté, prenez à droite la D 234^T.

★★ Col de Granon C2

Après les baraquements militaires, laissez la voiture pour grimper, à droite du col (alt. 2 404 m), jusqu'à une table d'orientation. Vous découvrez un vaste **panorama** sur les montagnes du Briançonnais et le haut massif des Écrins.
Revenez à la D 1091.
Vous traversez les villages et stations de Serre Chevalier Vallée : **Chantemerle**, **La Salle-les-Alpes**, **Villeneuve**, **Le Monêtier-les-Bains**.
Après Le Monêtier, prenez à gauche la D 300.
Cette charmante petite route serpente à travers les champs de la vallée avant de traverser le village du **Casset** *(voir p. 47)*.

En continuant sur la D 300, vous rejoignez **Le Lauzet**, le plus haut village de la vallée. Magnifique point de vue sur l'aiguillette du Lauzet, pic dentelé du massif des Cerces. Imaginez dans quelles conditions, là-haut, à 2 800 m d'altitude, les habitants devaient exploiter au début du 20e s. une mine de graphite, l'une des nombreuses mines paysannes du Briançonnais.

Bientôt le « doigt de Dieu » vous indique le chemin ! En effet, c'est le nom de la pointe rocheuse à gauche du sommet de la Meije vu du **col du Lautaret**.

En montant vers le col apparaît l'impressionnante masse des glaciers de la Meije. La route serpente sous les flancs ravagés du **Grand Galibier** (alt. 3 229 m). Les arbres font des efforts dérisoires pour s'accrocher aux pentes pierreuses.

★★ **Col du Lautaret** B1 *Voir p. 52*

Route de Montgenèvre CD2

▶ *Circuit de 12 km tracé en marron sur la carte. Quittez Briançon par le nord-est.* La N 94 domine le lit encaissé de la Durance. Elle laisse sur la gauche la route qui remonte la vallée de la Clarée, puis s'élève rapidement. Vous apercevez alors, à travers les pins, des échappées sur le bassin de Briançon et sur la vallée de la Clarée. Non loin de Montgenèvre, les pins cèdent la place aux mélèzes de la **forêt de Sestrière**.

Montgenèvre D2 *Voir p. 68*

De Briançon aux chalets de Laval BC1-2

▶ *Circuit de 30 km tracé en rouge sur la carte.* *Voir p. 64.*

★★ Route du col d'Izoard CD2-3

▶ *Circuit de 27 km, de Briançon au col d'Izoard, tracé en gris sur la carte.*
😊 Le col d'Izoard est fermé l'hiver.
La route sinue au-dessus des **gorges de la Cerveyrette**.

Cervières D2

1944 : des obus allemands détruisent le village. On le reconstruisit de l'autre côté du torrent, autour des fermes épargnées.

★ **Maison Faure-Vincent-Dubois** – *2 r. de la Mairie -* ☎ *04 92 21 07 59 - vac. hiver et juil.-août : tlj sf lun.-mar. 15h18h - 5 €.* Dans cette haute et belle maison (18e s.), la propriétaire en personne raconte la vie d'antan et l'usage des très nombreux objets anciens rassemblés, de l'écurie à la grange en passant par la cuisine et le cellier.

Maison des bêtes à laine – *Montez vers la 2e église du village -* ☎ *06 75 97 82 77 - www.lamaisondesbetesalaine.com - présentation et conduite du troupeau (1h15) - visite sur demande oct.-mai : lun.-mar. et jeu.-vend. à 16h, merc. à 14h30 - 6 €.* Autre patrimoine à découvrir à Cervières, le pastoralisme auquel est consacrée cette ferme pédagogique. Venez plutôt la visiter en hiver car en été, point de bête à laine... Les brebis sont parties dans les alpages ! Vous ferez connaissance avec les métiers de berger et d'éleveur, ainsi qu'avec le travail de la laine, de la tonte au tissage ou au feutrage dans les ateliers.

Sur le versant opposé, la charmante **vallée de la Cerveyrette** est parcourue par une route de 10 km en fond de vallée. Parmi bois de mélèzes et alpages se succèdent des hameaux aux authentiques chalets de pierre et de bois couverts de bardeaux de mélèze. À voir : site remarquable du massif du Chenaillet et marais du Bourget. *Reprenez la route.*

Vue sur la vallée et sur le sommet enneigé du Pelvoux depuis le bévédère du Pelvoux.
Andrew_Mayovskyy/Getty Images Plus

Une fois passé **Le Laus** et ses admirables maisons paysannes, le **grand pic de Rochebrune**, star pyramidale du Briançonnais, semble très proche vu de la route. Celle-ci serpente bientôt dans une pinède clairsemée, où la lumière et la pelouse fleurie lancent un vibrant appel au pique-nique. Vous pouvez également vous promener sur le sentier botanique du Laus de Cervières.

Refuge Napoléon D3

Reconnaissant de l'accueil enthousiaste reçu à Gap pendant les Cent-Jours, Napoléon Ier légua au département une somme destinée à la construction de refuges sur les cols les plus difficiles en hiver. Mais ce n'est que quarante ans plus tard qu'on bâtit des refuges aux cols de Manse, du Lautaret, de Vars, du Noyer, d'Agnel et de la Croix. Le **refuge de l'Izoard** fut érigé en 1858. Ceux des cols d'Agnel et de la Croix sont en ruine, celui du col du Noyer a été remplacé par un hôtel.

★★ Col d'Izoard D3 *Voir p. 119*

La Haute Durance C2-3

▶ *Circuit de 17 km, de Briançon à L'Argentière-la-Bessée, tracé en bleu sur la carte. Quittez Briançon par la N 94, puis tournez à gauche et traversez la Durance.*

Villard-St-Pancrace C2

Fait rarissime, l'**église** porte la signature d'un artiste, sur le piédroit gauche du portail de droite : « 1542 Jihoanes Ristolani ». Un cadran solaire rappelle, en latin : « Toutes blessent, la dernière tue. C'est peut-être la tienne. » Il s'agit des heures, bien entendu. En montant la rue à côté de l'église, vous arriverez au point de départ d'un **sentier botanique** (👣 *2h*).
Le village est aussi un **site nordique** qui offre 36 km de pistes de ski de fond et 10 km de sentiers pour les randonneurs à raquettes et les promeneurs.
Reprenez la voiture pour remonter la rue vers la mairie et prenez à gauche.

Traversez le pont, suivez la rue du Mélézin, la rue de la Croix à droite, et garez-vous au pied du discret chemin St-Pancrace.

★ **Chapelle St-Pancrace** – ✆ 04 92 21 05 27 - www.villard-st-pancrace.com - visite guidée en juil.-août : se rens. - 10 €. En 5mn, vous atteindrez une colline, au milieu des fleurs, des champs et des monts, où se dresse cette chapelle qui conserve des peintures murales du 15e s. Dans un macaron au plafond, une date peinte à l'envers, à vous de la déchiffrer...

Retraversez Villard-St-Pancrace et prenez la D 36. Tournez à droite à Villaret, puis à gauche sur la N 94.

Prelles C3

Chapelle St-Jacques – ✆ 04 92 21 04 06 - www.saintmartindequeyrieres.com - se rens. pour la visite. Elle se tient le long de la N 94 (à droite). L'intérieur est couvert de **peintures murales★** du 15e s. À côté du Christ, le lion de saint Marc fait une vraie tête d'enterrement. Mais ne manquez pas le châtiment des méchants torturés par des diables noirs. Superbe et cruel.

Reprenez la N 94 vers le sud.

La route domine les gorges de la Durance dans un paysage sauvage et minéral, typique des Hautes-Alpes. À **St-Martin-de-Queyrières**, remarquez la belle église au haut clocher de type embrunais.

★ Belvédère du Pelvoux C3

Près de la route, une table d'orientation indique les principaux sommets des Écrins, visibles par la trouée de la basse Vallouise.

L'Argentière-la-Bessée C3 *Voir p. 76*

📍 Nos adresses

Restauration

Au col d'Izoard

Budget moyen

Refuge Napoléon du Col d'Izoard – *Col d'Izoard -* 📞 *04 92 21 17 42 - www.refuge-napoleon-col-izoard.fr - fermé oct.-mi-déc. et avr.-mai - plats 20/27 € - 6 ch.* Les amateurs de spécialités montagnardes et de tartes aux myrtilles se régaleront à cette table. De la terrasse, une vue à couper le souffle.

À Cervières

Budget moyen

La Taque – *Les Chalps -* 📞 *04 92 20 42 50 - tlj en juil.-août et quelques w.-ends de sept. - fermé soir - menu 25 €.* Rustique n'est ici pas qu'un mot : c'est aux lueurs des lampes à pétrole et sans électricité que vous dégusterez ce repas d'auberge d'autrefois en admirant la vallée, sauvage et majestueuse, des alentours. Le gigot est cuit sur les braises de la cheminée. Une soirée hors du temps !

Activités

Sports d'hiver

Le Briançonnais compte deux domaines skiables notables : celui de **Serre Chevalier Vallée** *(voir p. 44)* et celui de **Montgenèvre** *(voir p. 68)*, ainsi que plusieurs domaines nordiques, dont ceux de Villar-St-Pancrace et Cervières. 📞 www.envie-de-brianconnais.com

Hébergement

À Cervières

Budget moyen

Auberge l'Arpelin – *Rte du col de l'Izoard - Le Laus de l'Izoard -* 📞 *06 61 76 72 19 - 9 ch. 85 €* ☕ *-* 🍴 Au pied du col d'Izoard, ce beau chalet propose des chambres très simples mais bien tenues. Au restaurant, bons produits régionaux (tourtons, jambon de pays, tartes maison) dont leur spécialité : le gigot cuit à la cheminée. Panier pique-nique sur demande.

À Villard-St-Pancrace

Premier prix

Chambre d'hôte La Ferme de la Tour – *38 r. du Mélezin -* 📞 *06 73 69 90 20 - www.hebergement brianconfermedelatour.fr -* 📧 🅿 ♿ *- 8 ch. 78/92 €* ☕ *- 2 nuits mini en haute sais.* Ces chambres d'hôte perchées sur les hauteurs de Briançon se situent en pleine campagne, tout en restant rapidement accessibles du centre-ville. Vous vous sentirez comme chez vous dans cette ancienne ferme du 15ᵉ s. restaurée.

À St-Martin-de-Queyrières

Budget moyen

Chambre d'hôte Le Jardin des Écrins – *Villard-Meyer -* 📞 *07 86 71 09 65 - www.lejardindesecrins. com -* 🛁 *- 5 ch. 85 € -* ☕ *9 €.* Le lieu vaut surtout pour le calme et la vue splendide sur le massif des Écrins. Cerise sur le gâteau, la piscine intérieure chauffée s'ouvre par de larges baies sur la montagne.

1

Vallée de la Clarée ★★

Au cœur des Hautes-Alpes, à la frontière franco-italienne, cette vallée de 20 000 ha a été particulièrement préservée et renferme de nombreux trésors : hameaux, chapelles décorées de fresques, cadrans solaires… Deux jolies communes authentiques, Val-des-Prés et Névache, et de grands espaces rendront inoubliable une escapade dans la plus séduisante vallée du Briançonnais !

▶ Se repérer

CARTE P. 32-33 (C1-2)
Hautes-Alpes (05).
Située entre 1 400 et 2 000 m, la vallée, très enneigée l'hiver, se compose d'un patchwork d'alpages et de forêts de mélèzes. La route est sublime mais étroite, restez vigilant.

☺ À ne pas manquer

Les charmants villages de Val-des-Prés et de Névache ; les randonnées hors saison pour éviter la surfréquentation.

⏱ Organiser son temps

Comptez au moins une demi-journée pour les deux circuits ; avec une randonnée, prévoyez la journée.

⬤ Nos adresses p. 67

Circuits conseillés

CARTE P. 32-33

De Briançon aux chalets de Laval BC1-2

▶ *Circuit de 30 km tracé en rouge sur la carte. Quittez Briançon par la N 94 vers Montgenèvre. À la Vachette, prenez à gauche la D 994^G.*
Au pont des Amoureux, 1,5 km après la sortie de La Vachette, vous arrivez à hauteur du confluent de la Durance et de la Clarée. La grande rivière des Alpes du Sud fait ici bien piètre figure en comparaison de son affluent descendu par la large vallée que vous allez longer.

Val-des-Prés C2

Visite audioguidée des cadrans solaires 2 € (✆ 04 92 20 02 20 - office de tourisme à Névache).
La maison aux arcades est ancienne celle d'Émilie Carles (1900-1979). L'**église St-Claude** abrite un décor de plâtre et de stuc et des retables baroques. Le village possède de nombreux **cadrans solaires**, datés du 19e au 21e s., ainsi qu'un cadran d'horloge peint à fresque sur le clocher de l'église.
La route longe agréablement la Clarée au milieu des pins.

> ## « Des moutons, pas des camions »
>
> Née à Val-des-Prés en 1900, **Émilie Carles**, institutrice de la vallée, s'illustra au début des années 1970 en luttant activement contre un projet de voie rapide qui devait traverser la Clarée, à l'aide de slogans qui firent mouche (« Des moutons, pas des camions » ; « La vallée de la Clarée aux paysans », etc.). En 1978, elle publia son autobiographie, toujours disponible, *Une soupe aux herbes sauvages,* qui passionna la France entière.

Le lac Long.
M. Cavalier/hemis.fr

Plampinet C1

Ne manquez pas les superbes **peintures murales★** Dans les deux sanctuaires du hameau. Rendez-vous d'abord dans l'**église St-Sébastien**, en haut du village. C'est à des artistes italiens que l'on doit cette vivacité des détails et la chaleur des ocres, des grenats et des bruns.

Chapelle N.-D.-des-Grâces – *☏ 04 92 20 02 20 (office de tourisme) - www. hautesvallees.com - visites guidées l'été, se rens. - 5 €.* Vous y verrez peints sur les murs les Sept Péchés capitaux enchaînés par le cou... Retrouvez le vôtre : la Paresse montée sur un âne, l'Envie sur un lévrier, la Colère sur un léopard, la Luxure sur un bouc, la Gourmandise sur un renard, l'Avarice sur un blaireau, l'Orgueil sur un lion. Les Vertus sont symbolisées par des femmes agenouillées. On aura aussi un regard pour sainte Odile, portant un calice dans lequel apparaissent ses yeux qu'elle montre à son père le duc d'Alsace, et pour une Maternité où Jésus se gratte le pied. Ces tableaux sont l'œuvre d'Hippolyte Laurençon, peintre natif du village (1754-1827).

Après Plampinet, la vallée fait un coude et s'ouvre en un large berceau où s'égrènent les hameaux de Névache.

★ Névache - Ville-Haute C1

🛈 *Ville-Haute - ☏ 04 92 20 02 20 - www.hautesvallees.com.*
Étagé entre 1482 m et 1594 m d'altitude, le village de Névache est composé de huit hameaux qui s'étendent le long de la Clarée. Plampinet *(voir p. 67)* est le premier, viennent ensuite Roubion, Sallé, Fortville, Le Cros, Ville-Basse et enfin Ville-Haute, chef-lieu dans lequel on trouve la mairie, l'office de tourisme et l'église. Le 8e hameau est situé en Vallée Étroite. Ville-Haute étale à l'adret ses maisons de bois et de pierres.

★ Église St-Marcellin – *Ville-Haute - vac. scol. : tlj ; reste de l'année : w.-end.* Le portail de la façade ouest, en marbre vert et rose, s'orne d'une Annonciation au tympan. À l'intérieur, le beau **retable** baroque en bois de mélèze, doré à la feuille, comporte 15 statues. La tribune en bois sculpté date du 16e s.

😊 De mi-juil. à mi-août, la route après Névache est **interdite aux véhicules**. Laissez votre voiture au parking de Roubion et empruntez la navette *(terminus Laval - payant - www.hautesvallees.com)*.

Après Névache, la vallée se rétrécit et offre ses plus beaux paysages. La Clarée bondit en cascatelles parmi les bois de mélèzes avec à sa gauche le massif des Cerces. Merveilleux endroit pour se promener à pied, dans les prairies « mille fleurs » du début de l'été.

Chalets de Fontcouverte BC1

À 1857 m d'altitude, ce petit hameau composé de chalets d'alpages était autrefois le lieu d'estive des habitants de la vallée. L'auberge La **Fruitière**, restaurant d'alpage, est le témoin de l'activité laitière d'autrefois : on y collectait le lait de toute la collectivité pour le transformer en beurre, gruyère et tomme *(voir « Nos adresses » ci-contre)*. Une jolie **chapelle** (17ᵉ s.) s'élève dans un beau cadre montagneux.

À la **cascade de Fontcouverte**, la Clarée franchit un important verrou glaciaire. La route continue jusqu'aux **chalets de Laval**, à 2030 m.

Du refuge de Laval partent plusieurs excursions, dont une vers le joli **lac Long** et une autre vers le **mont Thabor** *(alt. 3178 m - 👣 5h de montée)*, sommet emblématique de la vallée de la Clarée.

★ La Vallée Étroite C1

▶ *Circuit de 17 km tracé en vert clair sur la carte, au départ de Plampinet. Entre Plampinet et Névache, prenez à droite la D 1 vers le col de l'Échelle.*

Par l'enfilade de la basse vallée de la Clarée, vous découvrirez bientôt au loin la pyramide du **Grand Pic de Rochebrune** (alt. 3320 m, sommet culminant entre Briançonnais et Queyras).

Col de l'Échelle

😊 Col fermé à la circulation de mi-nov. à fin avr.

À 1762 m, c'est le plus bas des cols frontières des Alpes occidentales. Côté italien, la route descend vers la vallée de Bardonecchia, l'ancien Bardonnèche qui faisait partie de la « république des escartons » *(voir p. 38)*.

★ Vallée Étroite

Du traité d'Utrecht en 1713 jusqu'en 1947, cette vallée était italienne (elle a conservé sa signalisation en italien). Elle fait aujourd'hui partie de la commune de Névache, une des plus étendues des Hautes-Alpes (près de 20 000 ha). C'est la vallée de la Clarée en modèle réduit : elle est tapissée de mélèzes qui gravissent ses versants parmi les éboulis. Tout au bout, le mont Thabor dresse sa silhouette insolite (👣 *accès depuis le hameau des Granges en 4h30*).

Le retour à Briançon peut se faire par l'Italie : prenez la route plus aisée passant par Oulx, puis Cesana, où l'on rejoint par Clavière la route du col de Montgenèvre.

Randonnées

CARTE P. 32-33

★ Lac Laramon et lac du Serpent C1

👣 *3h30 AR - 502 m de dénivelé pour le lac Laramon et 591 m pour celui du Serpent. Départ de Névache. De la Ville-Haute, suivez la D 301 jusqu'au lieu-dit Foncouverte.*

Le sentier s'élève agréablement au-dessus d'une forêt jusqu'au cadre enchanteur du refuge de Ricou, entouré de petits chalets. Empruntez le sentier qui amorce une succession de lacets derrière le refuge, puis coupez le tracé du GR 57ᴬ pour atteindre le lac Laramon (alt. 2 359 m). Des bords du lac, abondamment fleuris à la fin du printemps, remarquable **panorama★★** sur le massif des Écrins, où domine le Pelvoux, et celui des Cerces. Continuez plein est vers le lac du Serpent (alt. 2 448 m).

★ Lac Vert C1

🥾 *2h AR. De Névache, rejoignez les Granges de la vallée Étroite par le col de l'Échelle. Empruntez ensuite la piste qui passe dans le hameau jusqu'au panneau « Lago verde », puis suivez le sentier.*

Dans un écrin de mélèzes apparaît soudain, telle une pierre précieuse, un petit lac. Les algues recouvrent d'une eau glacée et limpide lui donnent une coloration d'un vert phosphorescent, d'où son nom.

📍 Nos adresses

Restauration

Premier prix

La Table du petit randonneur – *Pra du Pont - Plampinet - 📞 06 32 13 04 30 - fermé soir et lun. et de mi-sept. à mai - plats 19/27 € - réserv. obligatoire.* Créé en 2020, ce restaurant propose une cuisine familiale maison à base de produits locaux et de saison. Les plats sont préparés dans la cuisine ouverte et les viandes grillées dans la cheminée.

La Fruitière de Névache – *Chalets de Fontcouverte - Névache - 📞 04 92 21 01 35 - 🖅 - fermé soir sf en été - réserv. recommandée - menu 25 €, plats 13/17 €.* Cette ancienne coopérative laitière est devenue une sympathique auberge sans prétention au milieu des alpages. Venez déguster leur fameuse soupe au pois cassés en hiver, ainsi que leur fondue aux fromages. Belle terrasse.

Activités

Randonnée – Plus de 250 km de sentiers, 7 refuges et des sommets à plus de 3 000 m accessibles à tous.

VTT – 7 circuits VTT dans la vallée de la Clarée et la vallée Étroite. Carte des circuits à l'office de tourisme à Névache.

Sports d'hiver – *Plan des pistes en téléchargement sur www. hautesvallees.com.* À Névache, 45 km de pistes de ski de fond, 51 km de circuits pour les raquettes dont une partie partagée avec les piétons et piste de luge. Espace Nordique Val-des-Prés/Les Alberts, 25 km damés.

Hébergement

Une folie

Hôtel Le Chalet d'En Hô – *Hameau des Chazals - Névache - 📞 04 92 20 12 29 - www.chaletdenho.fr - 🅿 ♿ - des vac. de Noël à fin mars et juin-mi-sept. - 14 ch. 169 € - ☕ 16 € - ✕.* Ce chalet cossu en bois de mélèze se niche dans un site naturel privilégié. Les chambres sont coquettes et bien tenues. Sauna, Jacuzzi et massages vous sont proposés pendant votre séjour. La coquette salle à manger est décorée d'objets anciens et dans l'assiette, les produits sont du terroir.

Montgenèvre

Montgenèvre doit son nom à la majestueuse montagne qui la domine au sud, le mont Janus, baptisée en l'honneur du dieu romain gardien des portes. Lieu de passage depuis l'Antiquité, Montgenèvre a vu défiler les siècles et les armées. Après avoir accueilli, en 1907, les premiers essais de ski en France, et attiré quelques célébrités, tels Colette, Mistinguett ou Jean Gabin, au Grand Hôtel, elle est devenue aujourd'hui l'une des plus grandes stations de sports d'hiver du Briançonnais.

⏵ Se repérer

CARTE P. 32-33 (D2)

470 Montgervas – Hautes-Alpes (05). Entre Briançon et l'Italie, le col de Montgenèvre est un site superbe dominé par le Chaberton (alt. 3131 m) et autres sommets approchant 3 000 m.

☺ À ne pas manquer

Les hauts sites du Chalvet et des Gondrans d'où se dégagent de splendides panoramas (accès par remontée mécanique).

👪 En famille

La luge Monty Express, l'espace balnéoludique Durancia, une initiation au parapente. La station est labellisée Famille Plus

ℹ Carnet pratique p. 70

📍 Nos adresses p. 70

Séjourner

Village

En aval, le village des **Alberts** (alt. 1 365 m) avec son four banal et ses cadrans solaires conserve une architecture traditionnelle. Sur le clocher (11e s.) de l'église St-Maurice (18e s.), une curieuse lanterne accrochée à une potence servait de « phare » à tous les colporteurs et pèlerins (*via Domitia* menant à Rome) qui franchissaient le col de Montgenèvre par mauvais temps.

Station

Elle présente la particularité de se développer sur la longue section plane du **col de Montgenèvre** (alt. 1 850 m) qui est ouvert toute l'année. L'**obélisque**, qui se dresse quelques mètres au-delà de la douane française, rappelle que la route a été rendue carrossable dès le Premier Empire (en 1807).

Domaine skiable

Montgenèvre est intégré au domaine franco-italien de la **Voie Lactée**, comprenant Clavière, Cesana, Sansicario, Sestrières et Sauze d'Oulx, qui compte plus de 400 km de pistes reliées par 70 remontées mécaniques. Le domaine de Montgenèvre/Mont de la Lune offre à lui seul 110 km de pistes bien enneigées en saison et une trentaine de remontées mécaniques. Les bons skieurs dévaleront les 15 pistes noires, et les amateurs de sensations apprécieront la zone de *freeride*. Enfin, 23 km sont balisés pour la pratique du ski de fond, complétés par 60 km au départ du village des Alberts (vallée de la Clarée). Snowpark sur le secteur

Le ski prend du galon

Le 20ᵉ s. commence à peine qu'un jeune officier en garnison à Briançon, le **capitaine Clerc**, équipe de skis sept de ses hommes. À ses frais ! En 1901, un aréopage d'experts militaires vient les voir évoluer sur les pentes du col de Montgenèvre. Essai transformé deux ans plus tard : le ministère de la Guerre équipe tous les chasseurs alpins et ouvre une école. Et les Briançonnais en profitent, car, pour eux, skis et cours sont gratuits. Le matériel évolue parallèlement : fixations métalliques en 1904, passage du bâton unique aux 2 bâtons en bambou. En 1907, c'est la consécration avec le 1ᵉʳ Concours militaire international de Montgenèvre, organisé à l'initiative du Club alpin français. Il comprenait deux épreuves : le saut et la course de fond. Toute la région se mobilisa pour accueillir participants et public. Les maisons étaient bondées, le succès fut immense.

du Chalvet. En été, outre les randonnées à pied et à VTT ou à VTT électrique, de multiples activités sont proposées : luge d'été, piscine, tennis, parcours acrobatique en forêt, parapente, etc.

Enfin, une exceptionnelle **piste de luge** sur monorail permet de goûter à l'ivresse de la vitesse en toute sécurité, hiver comme été *(voir « Activités » dans « Nos adresses »)*.

Panoramas accessibles par télécabine

Au départ de Montgenèvre. Toujours s'assurer auprès des pisteurs qu'il n'y a pas de risque d'avalanche.

★★ **Le Chalvet** – ☎ 04 92 21 52 52 - de mi-déc. à avr. : 9h15-18h30 ; été : 11h-18h30 ; reste de l'année : se rens. - 9 €. 👣 En été, accès en 4h15 de marche AR. Montez à la table d'orientation. Alt. 2 577 m. **Panorama**★★ splendide à l'ouest ; vous pouvez admirer la plupart des sommets de l'Oisans, dont la barre des Écrins, les Agneaux et la Meije. Au nord, le Thabor et les aiguilles d'Arves. Au sud se déploie le domaine de Montgenèvre, dominé par le Janus et le Chenaillet. En arrière-plan, vous reconnaîtrez le pic de la Font-Sancte, celui bien identifiable de Rochebrune et le Viso. Enfin, le regard porte sur les Alpes italiennes toutes proches à l'est. **Télécabine des Chalmettes** – ☎ 04 92 21 52 52 - juil.-août et hiver : 9h30-16h30 - 9 € - 12,50 € billet combiné avec le télésiège des Gondrans (juil.-août : 9h15-16h15). Alt. 2 200 m. **Vue** au nord sur le Chalvet et le Chaberton, au sud sur les Anges et le Janus.

Circuit conseillé

CARTE P. 32-33

Route de Montgenèvre C2

▶ *Circuit de 12 km, de Briançon à Montgenèvre, tracé en marron sur la carte. Voir p. 60.*

ⓘ Carnet pratique

S'informer

Office de tourisme – *Espace Prarial - 320 rte d'Italie - Montgenèvre -* 📞 *04 92 21 52 52 - montgenevre.com.*

Arriver/partir

Se garer – Parking dans le centre, payant en hiver, gratuit en été ; parking aux extrémités de la station gratuit en hiver et en été.

📍 Nos adresses

Restauration

Premier prix

Le Capitaine – *La Praya -* 📞 *04 92 21 89 84 - fermé mar. et de fin avr. à déb. juin, de fin sept. à déb. nov. - pizzas 12/17 € - plats env. 15/25 €.* C'est le « ristorante pizzeria cafe » de Montgenèvre où l'on est sûr de manger « comme de l'autre côté de la frontière ». Il ne paie pas de mine, mais les pizzas y sont délicieuses.

Shopping

Planète blanche – *Av. de Briançon -* 📞 *04 92 21 92 96 - tlj.* Au cœur du village historique, cette boutique propose matériel, accessoires, sportswear et vêtements plus tendance, le tout dans une ambiance conviviale et conseillé par un personnel accueillant.

Activités

Multipass activités – *www. montgenevre.com - juil.- août - 100 € la sem.* Ce pass inclut un grand nombre d'activités : golf, luge, accès aux remontées mécaniques, cinéma, accrobranche, etc.

👥 **Luge Monty Express** – *Au départ de la télécabine du Chalvet -* 📞 *04 92 21 91 73 - fin déc.-fin avr. ;* reste de l'année se rens. - 12 €. Cette piste de luge sur monorail de 1,4 km est la plus longue de France et dévale 300 m de dénivelé. Frissons et vitesse garantis !

👥 **Durancia** – *N 94 -* 📞 *04 92 20 67 70 - www.durancia.com - de mi-déc. à fin avr. : 11h-20h ; reste de l'année se rens. - espace balnéo 31 €/j.* Espace balnéoludique avec lits bouillonnants, rivière à courant, lagune, aquabike, hammam, sauna et Jacuzzi. Également un espace bien-être, un spa Nuxe et une salle de fitness.

Randonnée et VTT

100 km de sentiers pédestres et VTT. L'office de tourisme propose un programme de randonnées hebdomadaires en compagnie d'un guide.

Randonnée géologique – 📞 *06 45 83 61 28 - visites guidées sur réserv., mai-oct. - 12,50 €.* Partez à la découverte du massif du Chenaillet en compagnie d'un géologue qui vous dévoilera la richesse de cette ancienne croûte océanique. Dénivelé important (800 m).

VTT Bike Park – Le Bike Park de Montgenèvre comprend une dizaine de pistes de descente, de différents niveaux. Les départs sont accessibles depuis les sommets (2 450 m) et desservis par trois remontées mécaniques (différents forfaits VTT).

Pistes de ski près de Montgenèvre.
S. Hovaguimian/ZOONAR GMBH LBRF/age fotostock

Golf

Golf – *Rte d'Italie - ℰ 04 92 21 94 23 - de mi-mai à mi-sept : 8h-19h.* Niché à 1850 m d'altitude, ce 18 trous transfrontalier vous balade en haute montagne, à la conquête de *fairways* escarpés souvent très techniques. 9 trous sur un parcours de 3 km.

Parapente

👥 **Origin'air Parapente** – *Télécabine du Chalvet - ℰ 06 37 76 68 74 - www.origin-air.com - baptême découverte 110 €.* Et si vous profitiez de vos vacances pour voler au-dessus de la vallée en parapente ? Dès l'âge de 6 ans, les enfants peuvent eux aussi découvrir la sensation de liberté que procure un vol.

Hébergement

Budget moyen

Chalet Hôtel St-Bernard – *R. de l'Église - ℰ 04 92 21 90 17 - hotelchaletsaintbernard.com -*

10 ch. 122/232 € ☐. Le tout premier refuge existant à Montgenèvre (début du 20e s.) est aujourd'hui un petit hôtel familial dont les propriétaires ont réaménagé les chambres avec goût et simplicité. Belle terrasse donnant sur le domaine skiable.

Hôtel Alpis Cottia – *Rte d'Italie - ℰ 04 92 21 50 00 - www. hotelalpiscottia.com - ℙ - 17 ch. 78/118 € ☐ - ✗ à midi tte l'année et le soir en juil.-août.* Cet hôtel se trouve au centre de la station. Ambiance montagnarde dans les chambres confortables aux murs lambrissés et beau mobilier en bois massif. L'hôtel étant géré en partie par le propriétaire du Graal Café, le petit-déjeuner se prend là-bas en été.

1

Cascade du Casset dans la vallée de Valgaudemar.
Ludwig Degufroy/Getty Images Plus

2

Pays des Écrins, Champsaur et Valgaudemar

CARTE MICHELIN DÉPARTEMENTS 334 – HAUTES-ALPES (05)

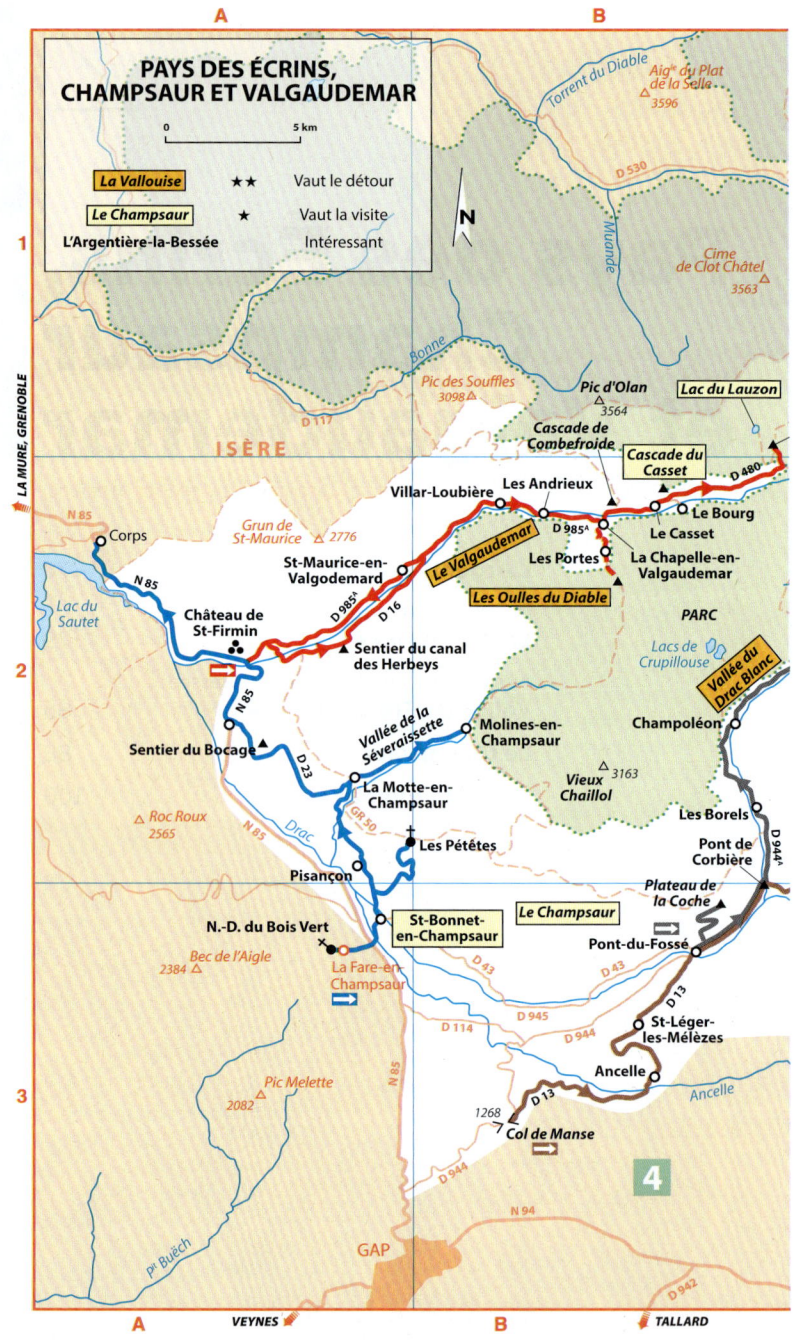

PAYS DES ÉCRINS, CHAMPSAUR ET VALGAUDEMAR

0 — 5 km

La Vallouise ★★ Vaut le détour
Le Champsaur ★ Vaut la visite
L'Argentière-la-Bessée Intéressant

N

A B

Torrent du Diable
Aig.e du Plat de la Selle 3596

1

Cime de Clot Châtel 3563

Miliande
D 530

LA MURE, GRENOBLE

Bonne

Pic des Souffles 3098△
Pic d'Olan △ 3564
Lac du Lauzon

Cascade de Combefroide
Cascade du Casset
D 480

ISÈRE
D 117

N 85 Corps
N 85
Lac du Sautet

Grun de St-Maurice △ 2776

Villar-Loubière
Les Andrieux
Le Valgaudemar
Le Bourg
Le Casset
La Chapelle-en-Valgaudemar
D 985A
Les Portes

St-Maurice-en-Valgodemard
D 985A
D 16
Les Oulles du Diable

Château de St-Firmin
PARC
Lacs de Crupillouse
Vallée du Drac Blanc

2

▲ Sentier du canal des Herbeys

Vallée de la Séveraissette
Molines-en-Champsaur
Champoléon

Sentier du Bocage ▲

Vieux Chaillol △ 3163

△ Roc Roux 2565
N 85
D 23
Drac
GR 50

La Motte-en-Champsaur
Les Borels
Pont de Corbière
D 944A

▲ Les Pétêtes

Pisançon

Plateau de la Coche

N.-D. du Bois Vert
Bec de l'Aigle 2384 △
La Fare-en-Champsaur

St-Bonnet-en-Champsaur
Le Champsaur
Pont-du-Fossé
D 43
D 43
D 13

D 945
D 114
D 944
St-Léger-les-Mélèzes
Ancelle
Ancelle

3

△ Pic Melette 2082
N 85

1268
Col de Manse
D 13

4

D 944

P.te Buëch

N 94

GAP

D 942

A B

VEYNES *TALLARD*

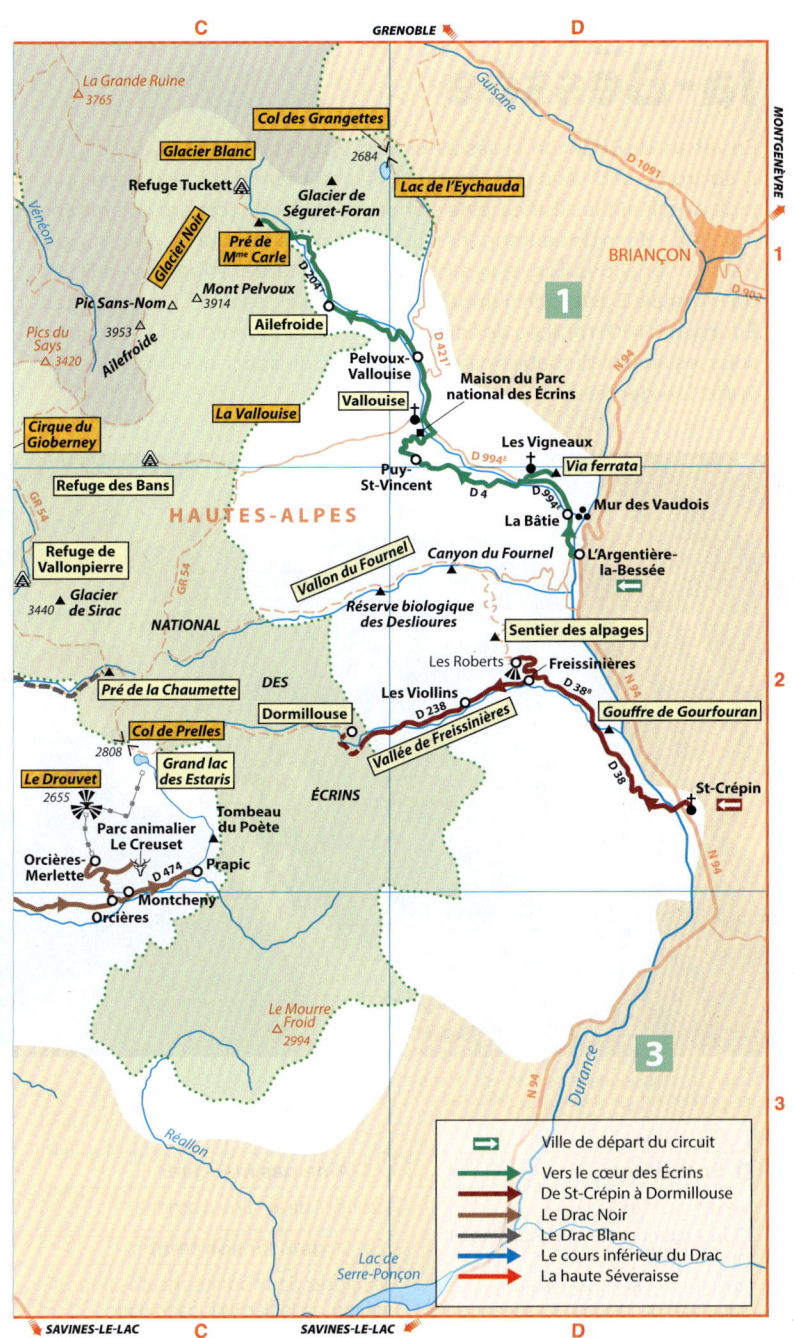

GRENOBLE

MONTGENÈVRE

C

D

La Grande Ruine
△ 3765

Col des Grangettes

Glacier Blanc

Refuge Tuckett

Glacier de
Séguret-Foran

2684

Lac de l'Eychauda

Guisane

D 1091

BRIANÇON

Pré de Mme Carle

Glacier Noir

Mont Pelvoux
△ 3914

Ailefroide

Pic Sans-Nom △

Pics du Says
△ 3420

3953 △
Ailefroide

Cirque du Gioberney

La Vallouise

Pelvoux-Vallouise

Vallouise

Maison du Parc national des Écrins

Les Vigneaux

Via ferrata

Puy-St-Vincent

La Bâtie

Mur des Vaudois

Refuge des Bans

HAUTES-ALPES

Refuge de Vallonpierre

Glacier de Sirac
3440 ▲

NATIONAL

Vallon du Fournel

Canyon du Fournel

L'Argentière-la-Bessée

Réserve biologique des Deslioures

Sentier des alpages

DES

Pré de la Chaumette

Les Roberts

Freissinières

Gouffre de Gourfouran

Col de Prelles

2808

Dormillouse

Les Viollins

D 238

Vallée de Freissinières

D 38e

Le Drouvet
2655

Grand lac des Estaris

ÉCRINS

Tombeau du Poète

St-Crépin

Parc animalier
Le Creuset

Orcières-Merlette

Prapic

D 474

Montcheny

Orcières

Le Mourre Froid
△ 2994

Durance

Réallon

Lac de Serre-Ponçon

	Ville de départ du circuit
→	Vers le cœur des Écrins
→	De St-Crépin à Dormillouse
→	Le Drac Noir
→	Le Drac Blanc
→	Le cours inférieur du Drac
→	La haute Séveraisse

L'Argentière-la-Bessée

En venant de Briançon, la descente vers L'Argentière offre deux visages. D'abord celui de son passé industriel, commandé par la grosse horloge dominant les usines, et le siphon, invraisemblable arc enjambant la vallée à 98 m de hauteur... Ensuite celui d'une des portes d'entrée du Parc national des Écrins, symbolisée par la statue, érigée sur la N 94, de l'Anglais Edward Whymper qui, le premier, escalada la barre des Écrins (alt. 4 101 m), il y a de cela plus de cent cinquante ans. C'est donc sous les signes du patrimoine industriel et du sport que vous découvrirez L'Argentière.

Galerie de l'ancienne mine d'argent, accessible depuis le musée des Mines.
Bruno Ancel/Mine d'argent de l'Argentière-la Bessée

▶ Se repérer

CARTE P. 74-75 (D2)
2 334 Argentiérois – Hautes-Alpes (05).
L'Argentière est la porte de la Vallouise.

☺ À ne pas manquer

La visite de la mine d'argent.

◷ Organiser son temps

Comptez deux bonnes heures pour découvrir le patrimoine minier.

◉ Nos adresses p. 78

Se promener

🛈 *23 r. de la République - 🕿 04 92 23 03 11 - www.paysdesecrins.com.*

Chapelle St-Jean

La chapelle (12ᵉ s.), l'un des rares édifices romans des Hautes-Alpes, fut élevée par les hospitaliers de St-Jean-de-Jérusalem *(voir « ABC d'architecture » p. 453)*.

Église St-Apollinaire

La porte est ornée d'un magnifique verrou à tête de chimère du 16ᵉ s. À l'extérieur, **fresques** (1516) des Vertus, des Vices et des Châtiments.

Mine d'argent

Château St-Jean - 🕿 04 92 23 02 94 - www.mines-argent-fournel.com - visite guidée « L'incontournable » sur réserv. (2h30) juin-août : 9h-18h ; vac. scol. d'hiver : lun.-vend. à 13h30 ; reste de l'année : se rens. - à partir de 16 € - plusieurs formules, se rens. - 5 ans mini - visite déconseillée aux personnes de santé fragile - prévoir chaussures et vêtements adaptés (10 °C) - escape games toute l'année.

Vous découvrirez d'abord le **musée des Mines**, qui présente les techniques et l'histoire de l'exploitation de ces excavations, du 12ᵉ au 19ᵉ s. Exposition d'objets trouvés au cours des fouilles, de minéraux et film (20mn).

La visite se prolonge avec celle de l'**ancienne mine d'argent**, située dans le vallon du Fournel *(navette à partir du musée en sais., puis 10mn à pied sur un sentier pentu)*. Le chemin permet de rejoindre le fond des gorges du vallon du Fournel. L'exploitation du gisement remonte au Moyen Âge, époque à laquelle l'argent était expédié vers les ateliers monétaires d'Embrun, de Cesana et de Grenoble. Le filon est redécouvert au 18ᵉ s., à nouveau abandonné, puis réexploité au 19ᵉ s. où son essor entraîne l'édification de nombreux bâtiments, dont la maison du directeur, aujourd'hui totalement ruinés. Après des crues catastrophiques, la mine ferme en 1908.

Sur le parcours souterrain qui s'ouvre au pied des falaises, vous marcherez sur les pas des mineurs d'antan, casque à lampe frontale bien vissé sur la tête.

On vous emmène observer la faune et la flore

Pour observer les oiseaux, la recette est simple : prenez une bonne paire de jumelles, des vêtements neutres qui peuvent se fondre dans l'environnement, évitez les gestes vifs et laissez reposer tout cela pendant 30mn sur un versant à l'adret, de préférence juste après le lever du soleil ou juste avant son coucher. D'avril à fin juillet, vous pourrez vous délecter du spectacle du merle de roche, du bruant fou ou de la pie-qui-chante. Après ce régal ornithologique, enfilez vos chaussures de randonnée pour aller arpenter la **réserve biologique des Deslioures**, dans le vallon du Fournel *(voir p. 78 – départ du parking de la Salce. De là, traversez le pont et pensez à bien refermer le portillon pour empêcher les moutons de grignoter les fleurs - boucle de 2h - facile)*, qui se couvre de chardons bleus durant la 2ᵉ quinzaine de juillet *(cueillette interdite)*. Au cours de la balade sur le sentier de découverte, vous ne manquerez pas de faire la connaissance de Musclor, un mélèze géant connu de tous les enfants du coin. Il doit son nom à son tronc d'1,50 m de diamètre qui ressemble à un gros bras musclé.

2

À proximité

CARTE P. 74-75

★ **Vallon du Fournel** CD2

▶ *Sortir de L'Argentière par la D 423 qui remonte l'étroite vallée du Fournel. Accès interdit en hiver.*

Gagnez les hauteurs de L'Argentière jusqu'à l'Eychaillon, d'où vous aurez un joli point de vue sur les gorges du Fournel et les ruines du château médiéval. Les gorges sont parcourues par les amateurs de canyoning ainsi que par les visiteurs de l'ancienne mine d'argent. La **réserve biologique des Deslioures** *(voir l'encadré vert p. 77)*, au fond de la vallée, est un sanctuaire européen des chardons bleus.

⚲ Nos adresses

Restauration

Premier prix

🌿 **Autour du Four** – *8 r. de Portin - suivre les panneaux Musée des Mines, puis continuer sur 200 m -* ☎ *04 92 23 00 69 - menu 20 € - sur réserv.* Ici, on se croirait presque invité chez des amis tant la salle est petite (20 couverts !)... Au menu, un plat unique à base de produits frais de saison composé avec imagination. C'est simple et bon. Un « mimi-resto », comme dit la patronne !

Activités

👥 **Roc Aventure** – *Chemin des Vaudois -* ☎ *06 07 28 24 50 - www.roc-aventure.com - en sais. : 9h-18h - 45 €/pers. la journée.* Ce parc de loisirs compte 5 via ferrata (dont une destinée aux enfants et débutants), une passerelle au-dessus de la Durance et 3 tyroliennes géantes, accessibles à partir de 4 ans. La traversée à 5 m au-dessus de la Durance offrira à coup sûr son lot de sensations à toute la famille ! Quant au snack, approvisionné en produits du terroir, il vous permettra de reprendre des forces entre deux activités.

Hébergement

Premier prix

Hôtel de la Gare – *Av. Charles-de-Gaulle -* ☎ *04 92 23 10 02 -* 🅿 *- fermé 1 sem. fin août - 8 ch. 65/76 € -* ☕ *7,50 € -* 🍴. Au pied de la tour de l'horloge des Hermes, ce petit hôtel propose des chambres modestes. Cependant, c'est propre, lumineux, pas cher, proche du centre et accueillant.

Budget moyen

🌿 **La Maison Abeil** – *14 r. de Serre -* ☎ *06 75 23 98 66 - www.maisonabeil.fr - 3 ch. (2 nuits mini) 128/146 €* ☕. Nichée dans un hameau rural, cette jolie maison d'hôte a pris place dans une ancienne ferme entièrement restaurée. Le rez-de-chaussée et l'étage accueillent trois belles chambres à la déco sobre et soignée. Produits bio et locaux au petit-déjeuner.

La Vallouise ★★

Avec ses trois petites routes s'enfonçant au cœur des Écrins, la Vallouise a un faux air de vallée perdue. Perdue ? Pas pour les amateurs d'authenticité les plus exigeants, qui trouvent dans ce berceau de l'alpinisme un séduisant compromis entre une fraîcheur de paysages presque savoyarde et une luminosité de ciel déjà méridionale. Sans oublier l'architecture traditionnelle, avec ses hautes maisons à galeries, qui fait le charme des villages de Vallouise, de Puy-St-Vincent ou des Vigneaux.

▶ Se repérer

CARTE P. 74-75 (CD1-2),
CARTE DE LA VALLOUISE P. 83
Hautes-Alpes (05).
À L'Argentière, quittez la N 94 qui relie Gap à Briançon, traversez la Durance et prenez la D 994 qui dessert les quatre communes de la vallée.

☺ À ne pas manquer

Les peintures murales de l'église des Vigneaux ; le paysage sauvage du Pré de Madame Carle.

⏱ Organiser son temps

Venez pour la journée : le circuit vous prendra 3h et vous ne résisterez pas à une petite course en montagne.

👪 En famille

La Maison du Parc national des Écrins ; la Maison du miel à Puy-St-Vincent (*voir « Shopping » dans « Nos adresses »*).

📍 Nos adresses p. 84

2

Séjourner

CARTES P. 74-75 ET 83

Puy-St-Vincent 1600

La station moderne, protégée des vents par le Pelvoux, dresse ses immeubles face aux pistes de ski. Un télésiège permet été comme hiver d'accéder au sommet du domaine, au pied de la Pendine (alt. 2 748 m).

Domaine skiable – S'étageant entre 1400 et 2 750 m, il compte 35 pistes de tous niveaux, deux boardercross, un snowpark et trois pistes de luge. Les fondeurs disposent de 30 km de boucles, en particulier sur le plateau de Tournoux à 1800 m. Également 2 itinéraires de ski de randonnée.

Tout près du **Parc national des Écrins** *(voir p. 98)*, la vallée de la Vallouise offre en été plusieurs départs de courses en haute montagne. Quant aux promeneurs, le vallon champêtre de Narreyroux leur tend les bras. Parmi les autres **activités estivales**, VTT et sports d'eaux vives sur la Durance et le Gyr.

Le refuge des vaudois

Pendant des siècles, la vallée a servi d'asile aux vaudois. Disciples du Lyonnais **Pierre Valdo**, excommunié en 1184, les vaudois (déclarés hérétiques en 1214) se firent oublier dans les vallées écartées du Pelvoux et du Briançonnais. En 1478, lorsque Louis XI interdit la persécution des vaudois, la vallée, reconnaissante, prit alors son nom actuel, *Val Louyse*. Ralliés à la Réforme en 1532, ils reçurent le coup final au 17e s., après la révocation de l'édit de Nantes. Huit mille hommes de troupe viennent faire le vide en Vallouise.

Pelvoux-Vallouise

ⓘ *Station (hiver seulement) -* ☏ *09 63 53 61 67 - www.paysdesecrins.com.*
Dans cette station, le domaine de ski familial (alt. 1 250-2 300 m) compte 18 pistes de ski alpin sur 1 050 m de dénivelé et une piste de luge. Un circuit hors piste de 5 km est réservé aux surfeurs et aux bons skieurs. Et les fondeurs se régaleront sur 25 km balisés.

L'été, les centres d'intérêt aux alentours de la station se déclinent en randonnées vers les lacs ou les glaciers *(voir p. 82)*, escalade et via ferrata, notamment du côté d'Ailefroide, parapente sans oublier le VTT (en dehors du cœur du Parc national des Écrins où il est interdit). Dans un fabuleux décor où certains sommets restent enneigés toute l'année, Pelvoux-Vallouise constitue un agréable terrain de jeux pour les sports de pleine nature en tous genres.

Circuit conseillé CARTE P. 83

Vers le cœur des Écrins CD1-2

▶ *Circuit de 38 km, de L'Argentière-la-Bessée au Pré de Mme Carle, tracé en vert sur la carte. Quittez l'Argentière par la D 994ᴱ, route de la Vallouise.*
Bientôt se profile, sur la droite, une conduite en siphon dont l'arche spectaculaire enjambe les gorges de la Durance : captées, domptées, les remuantes eaux de la Gyronde (mélange du Gyr et de l'Onde confluant à Vallouise) travaillent pour l'usine de L'Argentière. En contrebas, vous verrez les ruines du **mur dit « des Vaudois »**, en fait une fortification du 14ᵉ s. destinée à contrer les pillards, ou peut-être une clôture de protection contre la peste. Après **La Bâtie**, ralentissez ! La vallée vous joue le grand jeu avec ses jumelles, les cimes du Pelvoux, la pointe de Puiseux et le Signal.
Tournez à droite vers Les Vigneaux.

Les Vigneaux

L'**église** présente des **peintures murales** sur le thème indémodable des Vices et de leurs Châtiments. La Luxure est représentée par une jeune femme blonde montée sur un bouc, se mirant tristement dans un miroir.

★ **Via ferrata des Vigneaux** – *Au bout du village, sur la D 4 vers Prelles. Laissez la voiture avant l'entrée du village. Durée : env. 3h AR - dénivelé de 400 m dont 200 m à la verticale du village.* Exposée plein sud, c'est la via ferrata la plus fréquentée de la région, car elle procure les vues aériennes les plus impressionnantes. De niveau facile à moyen, elle comporte en réalité deux voies : celle de gauche (de la Balme) est plus facile, mais procure quelques passages spectaculaires. Rançon de son succès : évitez de vous présenter au départ en milieu de matinée ou en début d'après-midi (l'attente en plein soleil risque d'être longue !) ; préférez la matinée avant 10h ou la fin de journée lorsque la falaise retrouve son calme.
Au pont des Vigneaux, prenez vers Puy-St-Vincent.
La route de Puy-St-Vincent s'élève en corniche à travers les mélèzes, face aux beaux escarpements colorés des Têtes d'Aval et d'Amont. Le panorama se dégage : entre les sommets du Pelvoux et la crête de Clouzis apparaît un moment la langue du **glacier Blanc**, dominée au fond par le pic de Neige Cordier.

Puy-St-Vincent

ⓘ *Hameau Les Alberts -* ☏ *04 92 23 35 80 - www.paysdesecrins.com.*
Ce village traditionnel se compose de trois hameaux – Les Alberts (où se trouve l'office de tourisme), Le Puy, Les Prés (station 1400) – et de la station 1600 construite

---

Une architecture intelligente

Les activités dans les **maisons traditionnelles** se répartissent sur trois niveaux : le rez-de-chaussée voûté abrite les étables ; tout en haut, le *baouti* est une grange ouverte où sèchent et s'aèrent les récoltes ; bien au chaud en sandwich entre les deux, l'étage d'habitation est bordé de balustrades en mélèze ornées de fleurs, et parfois même doté d'une série de voûtes (loggias).

---

en 1974. Puy-St-Vincent 1400 concentre les principaux hôtels du site. Un télésiège mène au **domaine skiable** de Puy-St-Vincent 1600 *(voir p. 79)*.

Chapelle St-Roch – À l'entrée du hameau des Prés, elle abrite une exposition : « La peste et les pénitents ».

★ **Point de vue de l'église** – Belvédère sur la Vallouise et son cadre montagneux : Pelvoux, glacier Blanc, pic de Clouzis au nord, sommet des Bans fermant le vallon de l'Onde et pic de Peyre Eyraute sur le défilé de L'Argentière.

Chapelle St-Vincent – *Prenez la direction de Puy-St-Vincent 1600 et stationnez à la bifurcation avec le vallon de Narreyoux (à gauche en amont du camping). Montez à pied.* Elle est consacrée au missionnaire dominicain **saint Vincent Ferrier**, qui tenta en vain, en 1401, de convertir les vaudois.

De Puy-St-Vincent, redescendez vers Vallouise.

Maison du Parc national des Écrins

☎ 04 92 23 58 08 - www.ecrins-parcnational.fr - ♿ *- juil.-août et vac. d'hiver : 10h-12h, 13h-17h ; reste de l'année : mar.-vend. 10h-12h, 13h-17h - gratuit.*

👨‍👧 Elle s'est offert un sacré coup de jeune, ce qui ne déplaira pas à vos enfants : expositions ludiques sur la nature et l'architecture ainsi que manipulations interactives permettant d'en apprendre beaucoup sur le massif des Écrins, à cheval sur deux départements et deux régions. Animations, ateliers, films sur le Parc et, pour les jours de pluie, un agréable coin lecture.

🚶 *30mn.* Un **sentier de découverte** permet de s'initier au milieu naturel.

★ Vallouise

ℹ *R. des Urties - 04 92 23 36 12 – www.paysdesecrins.com.*

Ses rues étroites sont d'une grande richesse architecturale. Au pied du clocher de l'**église St-Étienne★**, remarquez les mesures à grain (l'émine et son quart) et des mesures de longueur (la toise et l'aune). La porte, aux vantaux de bois sculptés d'entrelacs gothiques et de draperies, se ferme par un **verrou★** à tête de chimère, comme à L'Argentière. À l'intérieur, remarquez une Pietà en bois polychrome. À droite de l'entrée, la chapelle peinte à fresque abrite des expositions en été.

Reprenez la D 994ᵀ. Après Le Poët-en-Pelvoux, à l'entrée du Fangeas, prenez à droite la route des Choulières.

Cette route offre au cours de sa montée en lacet des **vues★★** rapprochées sur la Grande Sagne, les pointes du Pelvoux, le pic Sans Nom et l'Ailefroide.

Faites demi-tour aux Choulières et revenez sur la D 994ᵀ.

Pelvoux-Vallouise *Voir p. 80*

★ Ailefroide

Sous la pyramide sacrée du Pelvoux, cet important **centre d'alpinisme** est le dernier hameau avant le domaine des dieux et baigne déjà dans l'atmosphère vibrante d'un camp de base. À droite se profilent, tout proches, les clochetons aigus de la crête de Clouzis.

La D 204^T continue à monter, on se demande jusqu'où ! Elle escalade une vallée farouche où des fleurs multicolores et fragiles caressent de terribles rochers détachés des montagnes.

★★ Pré de Madame Carle

Parking interdit aux camping-cars la nuit.

☺ *En saison, un service de navette quotidien (payant) « L'Argentière-Vallouise/ Puy-St-Viencent » dessert le Pré de Madame Carle.*

Toute une légende ! De retour de la guerre, un riche seigneur se découvrant cocu ourdit une vengeance machiavélique ! Son épouse adorait chevaucher sur le pré d'Ailefroide. Alors il priva d'eau la monture, qui, assoiffée, se rua dans le torrent à la sortie suivante, noyant sa cavalière. Le **paysage★★** est si sauvage, malgré quelques mélèzes et un chalet-refuge, que même après la fonte des derniers névés, le panneau « Risque d'avalanche » fait frémir.

Randonnées
CARTE CI-CONTRE

En Vallouise, 250 km de sentiers narguent vos mollets. C'est l'une des rares vallées des Alpes du Sud à offrir toute l'année un spectacle gratuit de hautes montagnes enneigées et de glaciers, à regorger de chamois et de fleurs. Elles ne nécessitent toutefois aucune technique particulière tant qu'on ne va pas sur les glaciers. Mais l'équipement classique s'impose : bonnes chaussures de marche, vêtements chauds, lunettes de soleil, etc.

☺ Au cœur du **Parc national**, les randonnées ci-après répondent à une réglementation particulière : www.ecrins-parcnational.fr/reglementation.

★★ Glacier Blanc

🥾 *4h AR - 716 m de dénivelé. Circuit balisé au départ du Pré de Madame Carle.*
Après avoir franchi le torrent, le sentier s'élève dans la moraine latérale du glacier. Laissez sur la gauche le sentier qui mène au glacier Noir pour parvenir, après des marches en béton, en vue du glacier Blanc. L'eau de fonte circulant sous le glacier émerge soudain en un torrent impétueux. Poursuivez jusqu'au refuge en empruntant le chemin sur la rive gauche du glacier. Sur un replat à droite se trouve l'ancien **refuge Tuckett**, aménagé en petit musée de l'Alpinisme. C'est sans doute un des plus hauts de France, à 2 438 m ! En juillet 1862, l'Anglais Francis Fox Tuckett, accompagné des guides Michel Croz et Perren, bivouaqua en ce lieu avant de tenter l'ascension des Écrins. Du refuge, **vue★★** admirable sur les premiers séracs du glacier et le flanc nord du Pelvoux.

★★ Glacier Noir

🥾 *3h AR - 513 m de dénivelé. Départ du Pré de Madame Carle. Déconseillé aux personnes sensibles au vertige.*

Le combat de la glace et du soleil

Vestiges de l'ère glaciaire, les **glaciers Noir** et **Blanc** témoignent de l'évolution du climat alpin. À l'époque des vaudois, leur langue venait lécher le refuge des Serres (1 700 m). En 1820, leur réunion au niveau du Pré de Mme Carle formait encore une petite « mer de glace ». Depuis le début du 20e s., ils ne reculent pas à la même vitesse : exposé au soleil, le glacier Blanc joue les peaux de chagrin ; sous une carapace de pierre provenant des éboulis, son voisin, lui, fond moins rapidement.

Même circuit que pour le glacier Blanc, puis bifurquez à gauche pour longer le glacier Noir, caché par une couche de cailloux. Face à vous, un fabuleux cadre de haute montagne, avec successivement, à gauche, l'**Ailefroide**, le pic du Coup-de-Sabre, le **pic Sans-Nom** et le **Pelvoux**.

★ Refuge des Bans

▶ *Dans Vallouise, prenez la D 504 jusqu'au lieu-dit Entre-les-Aigues (alt. 1615 m).*

3h30 AR - dénivelé 540 m.

Alt. 2076 m. Du parking, le sommet des Bans est déjà visible. Le circuit traverse un jardin extraordinaire (églantiers des Alpes, joubarbes, etc.), longe le torrent des Bans et franchit l'escarpement rocheux où est situé le refuge. Au cœur d'un cirque grandiose, celui-ci offre une **vue★** sur le glacier des Bruyères, le pic et le glacier de Bonvoisin...

★★ Lac de l'Eychauda

▶ *De Vallouise, prenez la D 994ᵀ vers Ailefroide. Au Sarret, prenez à droite la D 421ᵀ, jusqu'au bout. Garez-vous sur le parking face à la buvette.*

2h30 de montée et 1h45 de descente. Partez très tôt le matin car la montée très raide peut devenir éprouvante en plein soleil. Après l'effort, la récompense ne se découvre qu'au dernier moment : le lac dans toute sa splendeur ! Retenu à 2514 m par un verrou de granit, il est entouré par les crêtes des Grangettes et les pics de l'Eychauda. Pour découvrir le glacier de **Séguret Foran**, dont la fonte alimente le lac, longez celui-ci par la droite, en direction du **col des Grangettes★★**, que vous pourrez gagner en 45mn : de là, superbe **panorama★★**.

📍 Nos adresses

Restauration

À Vallouise-Pelvoux

Budget moyen

La Table de Nany – *Rière Pont -
📞 04 92 21 84 32 - fermé sam.
midi et dim. - plats 19,50/30 €.*
Pour découvrir les spécialités de la
région, rien de tel que de s'attabler
dans ce restaurant sans prétention.
Au menu : oreilles d'ânes, jailles
(plat local à base de porc) et une
belle déclinaison de boîtes chaudes
aux fromages des Hautes-Alpes
dont une boîte au brebis frotté au
génépi.

Auberge St-Antoine – *Quartier
St-Antoine - 📞 04 92 58 59 38 -
www.aubergesaintantoine.fr -
fermé lun. midi et vend. midi -
menu du jour 22 € - 5 ch.* Cette
auberge douillette se situe à 400 m
de la station de ski de Vallouise-
Pelvoux. Elle abrite un restaurant
où les produits locaux sont mis à
l'honneur et un bar-glacier ouvert
toute la journée.

Shopping

⊘ 👥 **La Maison du miel** – *Rte
du camping - Puy-St-Vincent -
📞 06 15 55 61 03 - lamaisondumiel-
psv.fr - juil.-août et vac. scol. : tlj.*
Bienvenue au royaume des abeilles !
Ici le produit des ruches se trouve
sous toutes ses formes, du miel
aux bougies en cire, en passant
l'hydromel ou le pain d'épices. Vous
pourrez aussi goûter chez Juliana
et Jérémy, apiculteurs récoltants en
bio, sur la terrasse au vert ou dans
le chalet au chaud. Visites pour les
enfants *(sur inscription - 5 €).*

Antoine Olivi Forgeron coutelier –
*ZA Les Clots Vallouise - Vallouise-
Pelvoux - 📞 06 65 56 71 48 -
Facebook.* Antoine Olivi forge ses
couteaux au charbon de bois, avec
de l'acier de récupération. Chaque
pièce est unique et d'excellente
qualité. De quoi vous rééquiper en
couteaux de table ou de cuisine,
tous très esthétiques (ce qui ne
gâche rien).

Hébergement

À Puy-St-Vincent

Premier prix

Hôtel La Pendine – *Les Prés -
1 km à l'est de Puy-St-Vincent -
📞 04 79 20 25 58 - www.lapendine.
com -* 🅿 *- de mi-juin à mi-sept. et
de déb. janv. à déb.-avr. - 23 ch. à
partir de 72 € -* 🛏 *15 € -* 🍴. Perché
sur les hauteurs, cet hôtel habillé
de bois abrite des chambres à la
décoration montagnarde, certaines
avec balcon. Au restaurant, on
déguste des plats traditionnels en
admirant le panorama sur la vallée
de la Vallouise et le massif des
Écrins. Spa.

Pour se faire plaisir

L'Aiglière – *Clos St-Romain -
📞 04 92 23 30 59 - www.hotel-
aigliere.com - 11 ch. à partir de
137/190 €* 🛏 *-* 🍴. Cet hôtel avec
piscine chauffée, jardin et spa est le
lieu idéal pour séjourner. On peut
partir à la découverte des saveurs
locales au restaurant qui propose
notamment des truites du vivier.

Vallée de Freissinières ★

Elle est méconnue des voyageurs pressés qui ignorent qu'une haute vallée typiquement alpine se cache derrière un paysage d'allure méditerranéenne. Il faut dépasser le gouffre de Gourfouran, ses murailles ocre piquetées de genévriers thurifères et de lavande, pour explorer ces 13 hameaux préservés et les paysages grandioses des Écrins.

▶ Se repérer

CARTE P. 74-75 (CD2)
Hautes-Alpes (05).
St-Crépin est situé 11 km au sud
de L'Argentière-la-Bessée et 14 km
au nord de Guillestre, porte du
Queyras.

⏱ Organiser son temps

Comptez environ une demi-journée,
voire une journée si vous montez à
Dormillouse (sachant que ce village
est accessible uniquement à pied).

📍 **Nos adresses p. 86**

Circuit conseillé   CARTE P. 74-75

De St-Crépin à Dormillouse

▶ *Circuit de 25 km tracé en violet sur la carte.*

St-Crépin D2

Ce village, organisé en coquille d'escargot, s'élève sur un rocher de marbre rose qui barre la vallée de la Durance. **Église** avec un beau portail : les chapiteaux composent une frise.
Traversez la Durance pour prendre la D 38.
La route s'élève sur un versant pierreux dans un paysage assez méditerranéen : on ne soupçonne pas la vallée glaciaire tapie derrière... Les murets de pierre témoignent des efforts inouïs des paysans pour cultiver ces versants.
Vue sur le bassin de Guillestre, l'éperon de Mont-Dauphin et, au sud-est, sur les sommets du massif de la Font Sancte.

★ Gouffre de Gourfouran D2

🥾 *30mn AR. Garez-vous dans le chemin sur la droite, 500 m après le hameau du Chambon (attention, l'accès au gouffre n'est pas signalé). Suivez le chemin jusqu'à une sorte d'enceinte délimitée par des tas de pierrailles. De là, gagnez à travers champs le belvédère rocheux qui domine le gouffre.*
Cette gorge profonde d'une centaine de mètres relie la Biaisse, le torrent de Freissinières, à la Durance. Parois abruptes aux colorations rougeâtres.
À Freissinières, prenez à droite la montée vers les hameaux de l'adret jusqu'aux Roberts.
De là, très bonne vue sur la vallée barrée par le **verrou rocheux de Pallon**.
Revenez sur la D 238 et poursuivez vers le fond de la vallée.
Après Freissinières, la vallée se rétrécit. La route passe par le hameau des **Viollins** qui conserve un temple protestant, puis s'arrête au fond de la vallée où plusieurs cascades rebondissent pour former la Biaisse.

Randonnées

CARTE P. 74-75

★ Dormillouse C2

👣 *1h45 AR. Du parking du fond de la vallée, suivez le « sentier des cascades » qui chemine sous bois, le long de la rivière.*

Seul hameau habité dans le cœur du Parc national des Écrins, il s'étage sur 3 niveaux à flanc de montagne dans un cadre superbe *(le sentier continue vers le col de Freissinières).* Belle cascade. Dormillouse fut un haut lieu de la vie spirituelle. Au 16e s., les **vaudois** *(voir encadré p. 79)* se confondent avec les huguenots ; après la révocation de l'édit de Nantes, ils trouvent naturellement refuge dans le plus haut village de la vallée ; l'église du Désert fait de nombreux adeptes. En 1825, **Félix Neff**, jeune pasteur genevois, y créera une école normale d'instituteurs.

★ Sentier des alpages D2

👣 *5h sans difficulté majeure, plusieurs points d'eau en cours de route. Départ du « Champs-Queyras », juste avant le hameau des Aujards (alt. 1568 m). Arrivée à Dormillouse (possibilité d'hébergement, voir ci-contre). Prévoyez un véhicule pour le retour, une fois descendu à pied au parking du sentier des cascades (voir ci-dessus).*

Sur les traces des bergers, vous parcourez les anciens sentiers dominant par un superbe balcon la vallée de Freissinières. Montez vers les chalets des Garcines, puis franchissez plusieurs petits torrents qui séparent pelouses et bosquets de mélèzes, à la limite supérieure de la forêt. Après le hameau des Allibrands, le sentier domine les chalets de la Got avant d'atteindre Dormillouse. Avec un peu de chance, vous pourrez admirer marmottes, faucons, rouges-queues noirs dans les pierriers, et peut-être même un aigle royal. Mais, à coup sûr, de spectaculaires phénomènes géologiques : on marche ici sur les fonds de la mer alpine ! La surrection des Alpes a porté ces roches à près de 3 000 m d'altitude, et, à hauteur des Allibrands, on distingue ces plissements impressionnants.

📍 Nos adresses

Restauration

À St-Crépin

Pour se faire plaisir

Les Tables de Gaspard – *R. Principale -* 📞 *04 92 24 85 28 - www.lestablesdegaspard. com - fermé mar.-merc. et jeu. midi - menus env. 40/80 €.* Bienvenue dans l'ancien logis de Gaspard de Rame, châtelain de St-Crépin ! Dans la salle voûtée du 16e s., point de festin digne de la Renaissance, mais une savoureuse cuisine orchestrée désormais par Virginie et Sébastien, qui met en valeur les produits du terroir. À l'étage, d'agréables chambres d'hôte ont été aménagées ; elles sont idéales pour une étape.

À Freissinières

Budget moyen

🍃 **Le Relais des Vaudois** – *Les Ribes -* 📞 *04 92 20 93 01 - www. relais-vaudois.com - fermeture, se rens. - menus 25/28 € - 11 ch.* On sert une délicieuse cuisine de pays dans cette auberge de montagne où l'on déguste son repas dans l'ancienne bergerie voûtée. Au menu : terrine au genièvre, lapin au basilic, crème à l'hysope...

Shopping

🌿 **Les élixirs d'Isabelle** – *Freissinières - 📞 06 81 50 22 19 - www.leselixirsdisabelle.fr.* Isabelle part cueillir dans son jardin ou en montagne des plantes pour en faire des élixirs sans pesticide, conservateurs ou concentrés. Rien que du bon et du naturel. Elle ouvre à la visite (guidée) son jardin *(juin-sept. - réserv. obligatoire - 10 €)* et son caveau *(avec dégustation - gratuit).*

Activités

Via ferrata de Freissinières – *Parking dans le hameau des Roberts situé après Freissinières - 3h AR - mai-nov. - se rens. au 📞 04 92 23 03 11.* La plus ancienne via ferrata de France. Elle dispose d'un équipement qui rassurera les débutants. Passages vertigineux et vues aériennes pour les amateurs de vide en toute sécurité.

👥 **Lac de La Roche-de-Rame** – *5 km au nord de St-Crépin par la N 94 - www.larochederame.fr; aquaparc et base nautique : www.aquaparcdelaroche.com.* Vous baigner dans un lac d'origine glaciaire en contemplant le paysage, ça vous tente ? Vous pourrez aussi voguer dans ce cadre superbe en louant un pédalo ou un paddle à la base nautique, tandis que les bambins s'amuseront sur les structures gonflables sous la surveillance d'un maître nageur.

Hébergement

À La Roche-de-Rame

Premier prix

Camping du Lac – *La Roche-de-Rame, entrée par la N 94, juste après le lac - 📞 04 92 20 90 31 - www.camping-du-lac-05.fr - de mi-avr. à mi-sept. - 70 empl. 23 €.* Ce joli camping bénéficie de la proximité du lac et d'un bel ombrage. Des pods, des caravanes et des petits chalets en bois peuvent être loués à la semaine en été *(à partir de 65 €/nuit).*

À Freissinières

Budget moyen

Les 5 Saisons – *208 rte de la Grioure, lieu-dit Les Meyries - 📞 04 92 23 64 78 - www.les5saisons.com - 11 ch. 92/127 € - ☕ 14 €.* Cet ancien garage à bus a été habilement transformé en un hôtel-restaurant. Les chambres bénéficient d'une belle vue sur la vallée. La terrasse ensoleillée est propice à la détente. Côté resto, des produits sourcés et bio autant que possible. À noter que l'établissement compte aussi des studios avec kitchenette.

À Dormillouse

Budget moyen

Le Refuge d'Oncle Émile – *📞 06 16 30 72 45 - refuge-dormillouse.fr - ch. à partir de 79 € ☕ - 🍴 soir sur réserv.* Dans le hameau de Dormillouse, à 1727 m d'altitude, au cœur du Parc national des Écrins, venez vous réfugier dans cette maison douillette, réhabilité avec goût. Pour vous récompenser de votre heure de marche pour rejoindre le refuge, on vous servira raclette, tartiflette ou fondue, à déguster au coin du feu ou en extérieur aux beaux jours, face à un paysage de rêve. Déconnexion garantie, d'autant que le Wifi est inexistant...

2

Le Champsaur ★

Le bocage à plus de 1000 m! C'est en quittant le Dévoluy par la magnifique descente du col du Noyer que vous aurez les vues les plus impressionnantes sur la fertile vallée du Champsaur, littéralement « champ doré » en latin. À une altitude dépassant celle de Chamonix, le Champsaur recèle des paysages verdoyants totalement inconnus dans les Alpes du Nord. Et pour les sports d'hiver, outre Orcières-Merlette, cinq stations-villages n'attendent plus que vous.

Saint-Bonnet-en-Champsaur.
L. Montico/hemis.fr

▶ Se repérer

CARTE P. 74-75 (BC2-3), CARTE DU CHAMPSAUR ET DU VALGAUDEMAR P. 91
Hautes-Alpes (05).
Le Champsaur est desservi par la N 85 (Route Napoléon) entre Grenoble et Gap, puis la D 944.

😀 À ne pas manquer

Les paysages à admirer en suivant le cours du Drac Noir et du Drac Blanc ; les ruelles médiévales de St-Bonnet-en-Champsaur.

🕐 Organiser son temps

Comptez au moins une journée pour faire les circuits avec des arrêts contemplatifs, et deux jours (ou plus) pour les sentiers de randonnée.

👥 En famille

L'Écomusée de la faune à St-Léger-les-Mélèzes et le parc animalier du Creuset à Orcières ; les bases de loisirs en été *(voir « Activités » dans « Nos adresses »)*.

ℹ Carnet pratique p. 95

📍 Nos adresses p. 95

Séjourner CARTE P. 74-75

Orcières-Merlette 1850 C2

ℹ️ *1 r. des Écrins - ☎ 04 92 55 89 89 - www.orcieres.com.*

Station

Au milieu des grandioses sommets des Écrins, et située sur un balcon naturel, Orcières domine la vallée du Champsaur, qui s'étire à ses pieds. Cette station, labellisée Famille Plus, est l'une des mieux équipées des Hautes-Alpes avec son complexe de loisirs et de détente tout en verre et ses 100 km de pistes. Elle mise aussi sur le plaisir de l'après-ski et les événements qui rythment la saison.

👫 Le **complexe de loisirs et de détente** propose ses 3 bassins pour faire des longueurs, ou la cascade et le grand toboggan pour s'amuser avec les enfants. À la patinoire, à l'espace détente et au bowling s'ajoute, en été, une **base de loisirs** *(voir « Activités » dans « Nos adresses »)* sur les bords du Drac.

Les amateurs de sensations apprécieront une des plus longues tyroliennes d'Europe *(voir « Nos adresses »)* et les 3 télémix desservant 11 pistes de **descente à VTT** et 5 itinéraires enduro. Porte sud du **Parc national des Écrins** *(voir p. 98)*, la station est aussi un camp de base idéal pour de nombreuses randonnées.

Territoire des ours, les forêts alentour étaient des oursières. L'animal ayant disparu en 1895, vous avez plus de chance de rencontrer quelques chamois ou, si vous êtes patient et observateur, les très discrets lagopèdes alpins !

Domaine skiable

Ses deux importants points de départ (Le Drouvet et Rocherousse) et ses 900 m de dénivelé font la joie des skieurs alpins, qui pourront dévaler ses 51 pistes, et des surfeurs, grâce au **snowpark** d'altitude. À 2 300 m, le plateau de Rocherousse offre de nombreuses possibilités pour les skieurs et non skieurs (sentiers raquettes, chiens de traîneau, restaurant d'altitude…). En outre, deux espaces de repos, les plateformes labell'Aire, ont été aménagés sur le domaine skiable : une pause bien méritée devant un panorama à couper le souffle.

À 1 350 m (base de loisirs d'Orcières), le domaine de **ski de fond** du Haut Champsaur (incluant aussi Champoléon et Pont-du-Fossé) s'étend sur 45 km de pistes damées. Quand l'enneigement le permet, les fondeurs peuvent sillonner les balcons du Champsaur, avec 100 km de liaisons intervallées.

Deux parcours de ski de randonnée sont balisés depuis la station.

★★ Le Drouvet

▶ *Accès par les Télémix du Drouvet I et II - ☎ 04 92 55 89 80 - www.orcieres. com - vac. de fév. : 9h-17h ; de mi-déc. à mi-avr. (hors vac. scol.) : 9h-16h30 ; juil.- août : 9h-16h30 - 8,50/11 €.*

Alt. 2 655 m. De la table d'orientation, **panorama★★** remarquable sur l'Olan, le Sirac et l'Ailefroide au nord, le Vieux Chaillol, le pic de Bure et le Gapençais à l'ouest, la Grande Autane au sud, et le Grand Pinier et la Font Sancte à l'est.

★ Grand lac des Estaris

🥾 *1h de marche du sommet du Drouvet.* Alt. 2 558 m. Très beau lac, dont il est agréable de faire le tour. Vous redescendrez sur Merlette en 1h30, sans compter les pauses. En 45mn à partir du lac des Estaris, les bons marcheurs pousseront jusqu'au col de Freissinières ou au **col de Prelles★★** (alt. 2 808 m). Très belle **vue★★** sur le massif du Pelvoux, le pic Sans Nom et l'Ailefroide.

Les stations-villages du Champsaur CARTE CI-CONTRE

Ancelle
Alt. 1340-1800 m, 20 pistes de ski alpin (13 remontées mécaniques), un stade de slalom, un jardin des neiges, 18 km de pistes de ski de fond tracées dans la vallée de Roanne et 4 itinéraires balisés pour les raquettes.

St-Léger-les-Mélèzes
Alt. 1260-2000 m, 16 pistes de ski alpin, 2 télésièges et 7 téléskis, un jardin des neiges, 2,5 km de piste nordique et 3 itinéraires balisés pour les raquettes à neige.

Chaillol
Alt. 1600-2000 m. Un cadre ensoleillé en balcon sur le Champsaur, 13 pistes de ski alpin (8 remontées mécaniques) et 4 itinéraires balisés pour les raquettes.

Serre-Eyraud
Alt. 1450-2100 m, à 10 km d'Orcières, 9 pistes de ski alpin (3 remontées mécaniques), un domaine de *freeride*.

Laye
Alt. 1300-1950 m. L'une des plus petites stations-villages, proche de Gap, compte 8 pistes de ski alpin, un jardin des neiges, un espace ludique et 5 itinéraires balisés pour les raquettes.

Circuits conseillés CARTE CI-CONTRE

★ Le Drac Noir

▶ *Circuit de 66 km, du col de Manse à Prapic, tracé en marron sur la carte.*
Au **col de Manse** vous verrez un **refuge Napoléon**.
Prenez la D 13.
Vous traversez d'agréables alpages, avec de jolis aperçus sur la haute vallée du Drac, puis la station-village d'**Ancelle** *(voir ci-dessus)*, avant de rejoindre le fond de la vallée à travers de beaux sous-bois de mélèzes.

St-Léger-les-Mélèzes
Écomusée de la faune – ✆ 04 92 21 47 78 - ♿ - *juil.-août et hiver : tlj sf dim.-lun. 14h30-18h ; reste de l'année : tlj sf vend.-dim. 14h-17h - 3,50 € - ateliers pédagogiques et sorties en juil.-août.* 👥 Près des téléskis de la station-village de St-Léger-les-Mélèzes se trouve ce site du réseau culturel des écomusées, qui présente de façon ludique des collections d'animaux naturalisés sur le thème de la montagne et de la biodiversité.

Pont-du-Fossé
★ **Musée du Moulin** – *Derrière la mairie, dans l'ancien moulin de Pont-du-Fossé - ✆ 04 92 55 91 19 - ecole-dautrefois.fr - tlj sf w.-end 14h-17h - 4 €.* Ce riche musée permet de découvrir sur 400 m² les objets quotidiens, les outils et les travaux des paysans et paysannes d'autrefois.
En face du musée, jetez un œil aux plafonds peints de la **chapelle des Patarons**, secte qui contestait le concile de Paris signé en 1811 par Pie VII et Napoléon.
Poursuivez à droite sur la D 944.
Après le **pont de Corbière**, vous suivez la riante vallée du Drac Noir dans une atmosphère montagnarde plus accentuée.

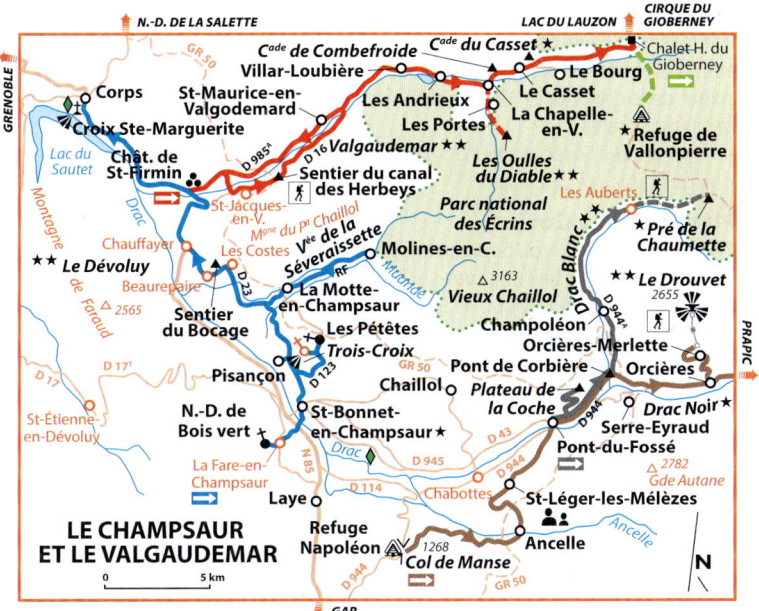

LE CHAMPSAUR ET LE VALGAUDEMAR

Orcières

Ce village est le point de départ de promenades dans les forêts environnantes. Dans le hameau limitrophe de **Montcheny** les maisons sont très caractéristiques du Champsaur avec leurs façades ornées de « pétêtes », décorations murales en forme de tête.

Suivre la D 76 sur 1 km.

Parc animalier du Creuset – ℘ 06 87 94 23 81 - www.parcducreuset.fr - *de juil. à fin août : 10h-19h ; de mi-déc. à mi-avr. : tlj sf lun. 10h-17h ; reste de l'année, se rens.* - 8,70 € - l'hiver visite en raquettes. Vous passerez un bon moment en compagnie des animaux des alpages (bouquetins, chamois), mais aussi des daims, des yacks, des lamas et des rennes. Les **marmottes**, qu'on ne se lasse pas d'observer, sortent en général de leur hibernation la première quinzaine de mars.

En continuant sur la D 76, vous arriverez à **Orcières-Merlette 1850** *(voir p. 89)*. *Suivez à l'est la D 474. Parking en amont de Prapic.*

Prapic

Situé au fond de la vallée dans un magnifique cirque de montagnes, ce hameau a conservé un habitat traditionnel.

Musée de la Casse – ℘ 04 92 55 62 58 - www.prapic.com - *de mi-juin à mi-sept. : tlj (horaires, se rens.) ; reste de l'année sur réserv.* - 2,50 €. Situé à l'entrée du hameau, il reconstitue un intérieur ancien (meubles, vêtements, outils, etc.).

Prapic est le point de départ de randonnées. La promenade au **tombeau du Poète** (*1h AR - facile*) mène dans un beau vallon jusqu'à un rocher sous lequel est enterré un poète local, **Joseph Reymond** (1847-1918).

★★ Le Drac Blanc

Circuit de 30 km, de Pont-du-Fossé au pré de la Chaumette, tracé en gris sur la carte.

Le torrent est connu pour ses crues cruelles et subites, comme celle qui, en 1928, emporta entièrement le hameau des Auberts, point de départ de la randonnée au pré de la Chaumette. Voici la rude montagne, avec ses sites sauvages et ses zones pastorales.

Après Pont-du-Fossé, prenez à gauche la D 481 puis suivez la piste jusqu'au parking du plateau de la Coche.

Plateau de la Coche

Ce plateau ensoleillé, où paissent les moutons, se couvre de fleurs sauvages à la belle saison. Il offre une belle **vue** sur la confluence du Drac Blanc et du Drac Noir ainsi que sur la petite station de **Serre-Eyraud** et la vallée de Champoléon, sur la gauche. Il est le point de départ de plusieurs randonnées notamment pour **col du Palastre** puis au sommet du même nom que l'on atteint en longeant une crête vertigineuse (alt. 2 280 m - 🥾 *3h30 AR - 780 m de dénivelé*).

Revenez jusqu'à la D 481 et la D 944 où vous vous engagez sur la gauche. Au pont de Corbière, prenez la D 944ᴬ jusqu'aux Borels en direction de Champoléon.

Champoléon

La Maison du berger - Centre d'interprétation des cultures pastorales alpines – *Les Borels -* 📞 *04 92 49 61 85 - maisonduberger.com - juil.-août : tlj sf lun. 15h-19h ; vac. de Noël et d'hiver : mar.-vend. 14h-17h ; reste de l'année : merc. 14h-17h - fermé de mi-nov. à mi-déc. - 4,50 €.* Cette ancienne maison de famille a été transformée en lieu d'exposition et de découverte du pastoralisme et de ses métiers. On y apprend tout sur l'activité des bergers qui peuplent les montagnes locales depuis 5 000 ans, la vie des éleveurs mais aussi sur le chien de conduite, incontournable compagnon de travail, les moutons… Des animations et des expositions donnent vie à cet espace.

🥾 *45mn AR - départ du parking du hameau des Borrels, à côté de la rivière - facile.* Une fois le pont traversé, une jolie promenade permet de remonter le Drac jusqu'au hameau des Fermonds. L'hiver, le chemin se prête parfaitement à une balade en raquettes.

Continuez votre route sur la D 472 qui part vers le nord jusqu'aux Auberts. Garez-vous au bout de la route au pont des Auberts. Prenez le sentier juste avant le deuxième pont.

★ Pré de la Chaumette

🥾 *3h30 AR par le GR « Tour du Vieux Chaillol » - dénivelé 340 m.*

Voilà une très agréable promenade accessible à tous. Vous remontez le vallon, dominé par les parois abruptes d'où tombent des cascades, au milieu d'une végétation de bouleaux et de mélèzes, puis vous parvenez au pré de la Chaumette. Vous pouvez redescendre jusqu'au parking par le large chemin situé sur l'autre rive.

Le cours inférieur du Drac

▶ *Circuit de 61,5 km, de La Fare-en-Champsaur à Corps, tracé en bleu sur la carte. Prenez la D 217ᴬ qui monte vers N.-D. de Bois Vert.*

N.-D. de Bois Vert

Entourée d'une forêt de mélèzes à 1 200 m d'altitude, cette **chapelle**, dont le toit en tuiles écailles est caractéristique du Champsaur, est un lieu de pèlerinage ancien. La source St-Clair, toute proche, est réputée pour guérir les maladies des yeux. Le site offre un beau **panorama** sur le bocage *(voir l'encadré vert ci-contre)* et constitue un lieu idéal de pique-nique.

Revenez sur vos pas jusqu'à la D 1ᴬ que vous prenez à droite. Tournez à gauche sur la N 85, puis rapidement à droite sur la D 945.

★ St-Bonnet-en-Champsaur

Cette petite ville (capitale du Champsaur), dont le marché attire du monde le lundi matin, a gardé son aspect médiéval avec son dédale de ruelles étroites. Halles anciennes du 16ᵉ s., **place Grenette** (où se trouve l'office de tourisme).

👣 *1h.* En suivant le circuit 1 du parcours thématique **« Découvrir le Champsaur avec les photos de Vivian Maier »**, mis en place par l'Association Vivian Maier et le Champsaur, qui compte en tout 5 circuits *(en téléchargement sur www. association-vivian-maier-et-le-champsaur.fr)*, vous pourrez comparer le village actuel avec celui saisi dans les années 1950, avant de vous rendre à Pisançon *(voir p. 94)* pour découvrir d'autres clichés de cette photographe.

De St-Bonnet, prenez la D 23 vers Bénévent, tournez à droite (sur la D 123), puis à gauche au panneau « Cimetière ».

Vous arrivez à une chapelle entourée de son cimetière et au **belvédère des Trois-Croix** d'où l'on a une **vue★** étendue sur la vallée de St-Bonnet et le Dévoluy en face. *Poursuivez la route jusqu'à L'Auberie.*

Chapelle des Pétêtes

📞 *04 92 55 95 72 - visites guidées durant la période estivale.*

En patois, les « pétêtes » sont des poupées. La façade de la chapelle est percée de petites niches d'où vous observez des statuettes naïves en pierre, sculptées par **Jacques Pascal** de 1730 à 1741 à qui l'on doit également la chapelle. Le contraste est frappant entre ces visages expressifs et la grossièreté des bustes. Parfois, une inscription est gravée sur une pierre de couleur différente. Les yeux et les boutons des vêtements sont en fer. C'est l'un des rares exemples d'art populaire de la région. À l'intérieur, l'autel recouvert de cuir repoussé de Cordoue vient de la chapelle de l'ancien château des Lesdiguières. La croix, datée de 1741, qui fait face à la chapelle, serait également l'œuvre de Jacques Pascal.

Revenez sur la D 23.

> ### On vous emmène sur le sentier du Bocage
>
> Depuis le belvédère des Trois-Croix, la vue panoramique sur le bocage est admirable. Ce paysage aux multiples parcelles délimitées par les haies titille notre curiosité. On n'a alors qu'une idée en tête, celle de suivre le sentier de découverte (👣 *boucle de 2,7 km - 45mn*) qui, nous promet-on, va nous plonger en immersion totale dans cet espace naturel quasiment unique en Europe. S'étageant entre 800 et 1 350 m d'altitude, il présente une grande variété de haies et des canaux d'irrigation, aménagements qui ont pratiquement disparu en France depuis le remembrement rural initié dans les années 1960. Traditionnellement, ces haies servaient à faire du bois et du fourrage, qui manquait cruellement dans la vallée. Pour « faire la feuille », les paysans coupaient les branches qu'ils regroupaient en fagots et mettaient à sécher. Ces fagots servaient à nourrir les animaux et à allumer le feu. Rien ne se perdait ! Un vrai modèle d'exploitation durable… Aujourd'hui, les haies ont une fonction paysagère, touristique, et jouent le rôle de corridor écologique. Et c'est tant mieux ! Pour comprendre ce drôle de paysage, on passe de panneau en panneau, et on apprend ce qu'on y cultivait ou encore comment la collectivité tout entière s'emploie encore aujourd'hui à entretenir les canaux.

2

Pisançon

Maison de la photographie Vivian Maier – *℘ 04 92 44 09 61 - www.champsaur-valgaudemar.com -* &. *- juil.-août : tlj sf lun. 14h-18h ; 1re sem. de mars : 14h-17h ; reste de l'année, se rens. - 3 €.* Un lieu aussi improbable que l'histoire de **Vivian Maier** (1926-2009) ! En effet, au rez-de-chaussée de cette ancienne ferme traditionnelle sont présentés des clichés de paysages du Champsaur et des portraits de ses habitants pris dans les années 1950 par cette Américaine ayant des origines familiales dans la région. Photographe autodidacte et inconnue de son vivant, ses clichés et pellicules ont été découverts par hasard en 2013. Depuis, son œuvre est exposée et sa notoriété croissante, elle est comparée aux plus grands photographes de son époque.

L'étage accueille des expositions temporaires dédiées à des photographes contemporains.

La Motte-en-Champsaur

Ce pittoresque village agricole recèle de belles maisons en pierre aux toits de tuiles en écailles.

Prenez la route forestière qui mène à Molines-en-Champsaur.

Vallée de la Séveraissette

Longeant le torrent entre des versants redressés, la route aboutit à **Molines**, aux portes du **Parc national des Écrins** *(voir p. 98)* et au confluent de deux vallons, au pied des escarpements du Vieux Chaillol. À l'entrée du hameau *(parking en amont)*, petite exposition sur l'histoire de Molines.

Revenez à La Motte-en-Champsaur et rejoignez la D 23. À Beaurepaire, entre Les Costes et Chauffayer, garez-vous sur le bas-côté au niveau de la signalisation.

Sentier du Bocage A2

Voir l'encadré vert p. 93.

Entre Chauffayer et Le Motty, la Route Napoléon fait un crochet dans la basse vallée de la Séveraisse dont les ruines du **château de St-Firmin** (15ᵉ s.) ornent l'entrée. On découvre, au fond du bas Valgaudemar, la pyramide de l'**Olan** (alt. 3 564 m). Puis, la vue plonge sur le lac artificiel du Sautet, dans un paysage sur lequel règne le sommet de l'Obiou, épaulé de puissants ressauts escarpés. Au nord-ouest, les crêtes du Vercors barrent l'horizon. À la **croix Ste-Marguerite**, vue époustouflante sur le lac du Sautet et l'Obiou. La route rejoint enfin **Corps** *(voir p. 178)*.

★★ La Haute Séveraisse

▶ *Circuit de 28 km, de la Route Napoléon à la cascade du Casset, tracé en rouge sur la carte. Voir p. 100.*

ℹ Carnet pratique

S'informer

Office de tourisme – *N 85 - La Fare-en-Champsaur - 𝄋 04 92 49 09 35 - www.*

champsaur-valgaudemar.com. Bureaux d'information à Ancelle, St-Michel-de-Chaillol, St-Léger-les-Mélèzes, Pont-du-Fossé, St-Bonnet-en-Champsaur.

📍 Nos adresses

😊 La marque « Esprit Parc national » est attribuée aux hébergements, sorties accompagnées, produits artisanaux et du terroir respectueux des territoires des parcs nationaux (*www.espritparcnational.com*).

Restauration

Budget moyen

🍽 **Auberge Gaillard** – *𝄋 04 92 43 40 99 - La Motte-en-Champsaur - www.auberge-gaillard.fr - fermé lun. (et mar. hors sais.) - formule déj. 25 € - menu 32 € - sur réserv. - 6 ch.* Ce « Bistrot de pays » est niché dans un hameau du bout du monde. Menu composé selon les produits du potager et des alentours. Jardin fleuri et arboré, bâtisse très bien restaurée et accueil joyeux.

Le Vieux Chaillol – *87 montée de l'Église - St-Michel-de-Chaillol - 𝄋 04 92 50 48 35 - www. levieuxchaillol.com - fermé midi - formule 24 € - réserv. obligatoire - 9 ch.* Dans cet hôtel-restaurant ne sont cuisinés que de bons produits du terroir et sourcés : fromages, agneau, charcuterie, glaces, bières... Tous les jeudis, fondue champsaurine.

Les Gardettes – *Rte des Baniols - Orcières-Merlette 1850 - 𝄋 04 92 55 71 11 - www.gardettes. com - de mi-déc. à fin avr. et juil.-août - sur réserv. - fermé le midi - plats 19/28,50 € - menu 39 € - 15 ch.* Dans cet hôtel-restaurant créé par ses parents dans la ferme familiale, le chef porte haut la continuité, autour de bons produits du terroir : pommes de terre du jardin, tourtons, ravioles... Côté chambres, beaucoup de simplicité et de savoureuses confitures maison au petit-déjeuner.

🍽 **La Laiterie du Col Bayard** – *Les Grands Prés - Laye - 𝄋 04 92 50 50 06 - www.laiterie-col-bayard.com - fermé lun. et de mi-nov. à mi-déc. - plats 17/28 € - menus fromage 40/60 €.* Une étape incontournable pour les amateurs de fromage. Associé à une laiterie et à une belle boutique de produits régionaux, tout près du col Bayard, le restaurant joue la carte de la qualité version affinage. Au menu, fondues, raclettes, gratins et un plateau de plus de 60 fromages, la plupart des Alpes.

Le Temps des Mets – *2 r. Chaillol - St-Bonnet-en-Champsaur - 𝄋 04 92 50 04 30 - www. letempsdesmets.net - fermé lun.-mar. - plats 16,50/28 €.* Dans une ambiance tout en sobriété, vous savourerez des plats traditionnels faits maison composés en partie de produits du cru (volailles, œufs, fromages) et sourcés pour les autres. Terrasse.

Shopping

Spécialités – Goûtez (comme nous !) aux **tourtons** (sucrés ou salés) et aux **ravioles** que vous pourrez acheter à la boutique Le Tourton du Champsaur, à Chabottes (*tourtons.com*) ou sur les marchés de la vallée.

2

Marchés de producteurs – *Lun. mat. à St-Bonnet-en-Champsaur et mar. à Pont-du-Fossé.* Incontournable pour retrouver la saveur des produits locaux « nature », bio pour certains, issus de petites exploitations, et s'approvisionner en prévision d'un pique-nique (pain, fromages, salaisons, fruits et légumes de saison).

Alti-Flore – *1205 rte d'Orcières - Les Esteves - Chabottes - 10 km au sud-est de St-Bonnet-en-Champsaur - ℘ 04 92 50 75 46 - www.altiflore.com - tlj sf w.-end.* Ce petit établissement fabrique des produits à partir des baies d'argousier et présente les qualités de ces fruits cultivés à plus de 1000 m d'altitude. Laissez-vous tenter par un véritable cocktail de vitamines (A, C, E) décliné en jus, confiture et sorbets labellisés « bio ». Et vous pourrez même y goûter en vous attablant au bar à glaces ouvert à côté *(le-petit-randonneur.fr).*

Fromagerie Ebrard – *Rte d'Orcières - Chabottes - ℘ 04 92 22 39 76 - www.fromagerie-ebrard. com - tlj.* Fromages de la ferme, mais aussi miel des apiculteurs de la vallée, confitures et autres produits locaux de bouche et artisanaux. Les visiteurs se pressent dans cette boutique, pour rapporter de bons souvenirs à la maison.

Fromagerie du Champsaur – *Les Barraques - La Fare-en-Champsaur - en face du supermarché après le rd-point en dir. de St-Bonnet - ℘ 04 92 57 86 91 - tlj sf dim.* Une petite boutique réunissant la production de quatre éleveurs et une fromagère transformant le lait en délicieuses tommes plus ou moins affinées, faisselles... Des œufs frais aussi et une petite gamme d'autres produits issus de circuits courts. Et si c'est fermé, il y a un distributeur à l'extérieur : pratique !

Brasserie Walpine – *4 r. de l'Estripa - Pont-du-Fossé - St-Jean-St-Nicolas - www.walpine.fr - fermé dim.-mar. et merc.-vend. matins.* La brasserie fabrique quatre bières bio et très locales, brassées avec de l'eau de montagne. Un gage de qualité ! Vous pouvez vous les procurer en click & collect sur le site Internet.

Brasserie d'Ancelle – *Chemin Bellevue - Ancelle - ℘ 04 92 52 31 62 - www.brasserieancelle.fr - tlj.* Ici, on brasse une bière locale, la VO, qui se décline en blonde, blanche, ambrée et brune. Elle est également distribuée dans les magasins des environs, à commencer par la supérette d'Ancelle.

Activités

👥 Avec les enfants

Base de loisirs du plan d'eau du Champsaur – *St-Julien-en-Champsaur - ℘ 04 88 03 82 28 - 10h-18h - 5 €/véhicule léger - restauration sur place.* Dans ce très beau site, vous pourrez vous baigner, vous initier au paddle ou au kayak sur le plan d'eau, avant de vous confronter aux eaux vives du Drac, qui longe le plan d'eau. Terrain omnisports, parcours aventure pour enfants et adultes, piste de roller, de skateboard et de ski-roue autour du lac.

Base de loisirs de la Gravière – *Orcières - ℘ 07 61 13 02 20 - certaines activités sont payantes.* À 1280 m d'altitude, dans les arbres et au bord du Drac, cette base dispose d'un plan d'eau de baignade. On s'y adonne aux loisirs nautiques et aquatiques, mais aussi à l'équitation, au minigolf, au karting électrique, au paintball... Parc aventure.

Jungle Laye – *Station de Laye - ℘ 06 87 80 29 66 - www.jungle-aventure.com - juil.-août : 10h-19h (17h dernier départ);*

mai-juin et sept.-oct. (réserv. conseillée) : w.-end 14h-18h (15h dernier départ) ; reste de l'année : sur RV - 14/26 €. Le plus grand parc aventure des Hautes-Alpes ! Aménagé en pleine forêt est grandiose, il comprend 11 parcours équipés de 240 ateliers : passerelles, ponts himalayens, tonneaux, tyroliennes, etc.

Roll'Air Câble – *Sommet du Drouvet - Orcières -* 📞 *06 84 44 88 10 - www.rollaircable.com - de mi-déc. à mi-avr. et de fin juin à fin août : 9h30-15h - 40 €.* Frissons garantis sur l'une des plus longues tyroliennes d'Europe : on dévale près de 2 km de câble avec des pointes allant jusqu'à 140 km/h !

Randonnée

Trois cartoguides – Champsaur, Haut Champsaur et Valgaudemar – sont en vente dans les différents points d'accueil des vallées.

VTT

Le Champsaur et le Valgaudemar, sites labellisés FFC, offrent plus de 420 km de parcours variés et de nombreux circuits VTT de tous niveaux.

Hébergement

Budget moyen

Les Autanes – *Pl. du village - Ancelle -* 📞 *04 92 50 82 82 - www.hotel-les-autanes.com -* ♿ *- 20 ch. 138/158 € -* 🍽 *16 € -* 🍴. Une affaire de famille à l'orée du Parc des Écrins ! Cet établissement a été fondé par l'aïeul des actuels propriétaires, qui a aussi œuvré à la création de la station de ski. Tout près des pistes, il est chaleureux, mêlant décor montagnard, espace bien-être et restaurant traditionnel. Un cadre agréable.

Chambre d'hôte La Combe Fleurie – *43 rte de Chaillol - St-Bonnet-en-Champsaur -* 📞 *04 92 50 53 97 ou 06 79 74 79 79 - www.lacombefleurie.com -*
🅿 *- 5 ch. 106/221 € -* 🍽 *12 € - 4 appart. (2-4 pers.) -* 🍴 *sur réserv.* Des chambres confortables, lumineuses et impeccablement tenues installées dans cette bâtisse récente. Le petit-déjeuner, composé de produits de la ferme et de pâtisseries maison, est gargantuesque. Coin cheminée pour apprécier les longues soirées d'hiver. Possibilité de panier-repas.

Chambre d'hôte Les Chemins Verts – *200 chemin du Serre - Buissard - St-Julien-en-Champsaur -* 📞 *06 84 15 46 21 - Facebook -* 🍽 🅿 🛏 *- 4 ch. 85 €* 🍽 *-* 🍴 *20 € sur réserv.* Cette coquette ferme restaurée culmine à 1200 m donne sur la vallée du Drac et les montagnes. Salon agréable, terrasse et piscine chauffée panoramiques, et accueil attentif. Également un gîte (5 pers.).

Pour se faire plaisir

La Grange des Écrins– *Chemin du Fangeasson - Chabottes -* 📞 *06 76 46 88 15 - www. lagrangedesecrins.fr -* 🅿 🛏 *- 5 ch. 135/160 €* 🍽 *-* 🍴 *table d'hôte 40 € - 2 nuits mini.* Meg et Jean ont repris cette ferme restaurée du 14e s. Au fil des années, ils ont su la transformer en lieu accueillant. L'été, la belle terrasse et la piscine avec vue sur la vallée se prêtent à des séances de farniente, quand le calme de la maison invite à se plonger dans les nombreux livres d'alpinisme en libre accès, bercé par le ronronnement de Crunch, le chat. Jean ne manque jamais de livrer ses précieux conseils pour découvrir le Champsaur et ses randos. Côté table, cuisine de montagne et influences asiatiques s'entremêlent. Un étonnant mélange qui s'explique par les origines chinoises de Meg.

2

Le Parc national des Écrins

Créé en 1973, il s'est vu sacrer Parc européen de la haute montagne par le Conseil de l'Europe. Ce n'est pas un hasard. Ses 93 000 ha de zone protégée (252 600 ha avec l'aire d'adhésion) en font l'un des plus vastes parcs nationaux métropolitains. Entaillé par de profondes vallées à l'identité forte, ce vivier minéral, végétal et animal est la rencontre des Alpes du Nord et du Sud. Ce guide décrit la partie du parc dans les Hautes-Alpes (Briançonnais, Vallouise, Valgaudemar, Champsaur, Embrunais).

PARC NATIONAL DES ÉCRINS

0   10 km

Le Parc et son aire d'adhésion décrits dans le guide

Le Parc et son aire d'adhésion non décrits dans le guide

Maison du Parc

Principaux refuges gardés

M Musée ou exposition

Principaux sentiers

Une faune et une flore exceptionnelles

De l'edelweiss à la lavande, de la renoncule des glaciers à la pivoine officinale, beautés venues du froid et belles méditerranéennes se partagent alpages et rocailles, versants de l'ombre et versants du soleil. La faune sauvage offre elle aussi un excellent modèle de cohabitation, à des étages différents, il est vrai : des milliers de chamois, des aigles royaux, de vautours fauves et même des gypaètes barbus voient quelque 40 000 moutons arriver en estive dans le cœur du parc. En octobre, ils les regardent de haut quitter les alpages et fêter cela en fraternisant avec les hommes, aux foires du Champoléon et de La Chapelle.

Le guetteur des alpages

Un cri strident retentit dans la montagne et tout ce qui vit alentour est en alerte : un intrus a pénétré sur le territoire de dame **marmotte** alors qu'elle s'adonnait à son passe-temps favori : se « soleiller ». Si un seul cri signale aux congénères la présence d'un aigle royal ou d'un oiseau prédateur, une série de cris ininterrompus annonce l'arrivée d'un prédateur terrestre, comme un renard ou un chien.

Le Champsaur, abrite une importante colonie de marmottes. Leur vie de famille est harmonieuse et bien réglée. Les membres de la colonie se reconnaissent à leur odeur, selon un rite qui consiste à se renifler au niveau des joues. Chaque groupe possède, entre 1 000 et 3 000 m d'altitude, un territoire équipé de pistes, de postes de guet et de terriers communiquant avec ceux des voisins. Les galeries peuvent atteindre 10 m et sont reconnues par les marmottes grâce à leurs longues moustaches, les vibrisses. Début octobre, serrées en boule les unes contre les autres, elles s'endorment. Pendant les six mois d'hibernation, leur température s'abaisse à 4 °C et elles perdent la moitié de leur poids. Cette vie au ralenti n'est interrompue que par de courts réveils pour aller faire pipi. Fin avril, début mai, c'est la saison des amours, et un bon mois plus tard, 3 à 4 marmottons voient le jour dans chaque couple.

Escalader, marcher, s'informer

Les « conquérants de l'inutile » ne sauront plus où donner du piolet Entre Gap et Briançon. Plus de 150 sommets dépassent les 3 000 m, dont la Meije, le Pelvoux et l'Olan. Point le plus élevé, la barre des Écrins atteint même 4 102 m. Un peu plus de 7 000 ha de **glaciers** résistent encore au réchauffement de la Terre, dont le glacier Blanc de la Vallouise : chefs d'œuvre en péril à contempler avant qu'ils n'aient fondu.

En contrebas, de cirques en vallons suspendus, c'est à d'autres vertiges, moins risqués mais non moins exaltants, qu'on s'adonne pas à pas, le long des sentiers. Plus de 750 km sont aménagés, dont le **GR 54** « Tour de l'Oisans et des Écrins » ; à la périphérie du parc, on parcourt le « Tour du Vieux Chaillol » dans le Champsaur, et le Tour du Combeynot dans le Briançonnais (*www.grand-tour-ecrins.fr*). Plusieurs stations de sports d'hiver sont situées dans l'aire d'adhésion. Sept **maisons du Parc**, lieux d'accueil du public et d'expositions, sont installées à Briançon, Vallouise, Châteauroux-les-Alpes, St-Jean-St-Nicolas, La Chapelle-en-Valgaudemar, Entraigues et Le Bourg-d'Oisans – chacune correspondant à des grandes vallées des Écrins. Vous trouverez également à Gap un riche centre de documentation au siège du parc, ainsi que des centres d'information temporaires sur certains sites pendant l'été.

☏ *www.ecrins-parcnational.fr*

Le Valgaudemar ★★

Parmi toutes les vallées des Écrins, il en est une plus profonde qui, le long d'un torrent aux eaux claires, s'enfonce jusqu'au cœur même du massif : c'est la vallée de la Séveraisse, que les alpinistes remontent à l'assaut des Bans, de l'Olan et d'autres « plus de 3 000 » de légende. Même sans aller aussi haut, la montagne grandiose est ici à portée de main ; ses forteresses de pierre « himalayennes » cernent de tous côtés les parcelles de fauche. Tout est si sauvage que, dans les alpages de Prentic ou dans les petits hameaux oubliés, la présence de l'homme en devient touchante.

▶ Se repérer

CARTES P. 74-75 (AB1-2), CARTE DU CHAMPSAUR ET DU VALGAUDEMAR P. 91
Hautes-Alpes (05).
À 30 km de Gap, la D 985^A remonte la vallée de la Séveraisse.

◔ Organiser son temps

Tant de beautés vous retiendront au moins une journée. Sous le charme, vous vous y attarderez probablement.

ⓘ Carnet pratique p. 103

◉ Nos adresses p. 103

Circuit conseillé

CARTE P. 91

★★ La Haute Séveraisse

▶ *Circuit de 28 km, de la Route Napoléon à la cascade du Casset, tracé en rouge sur la carte. Quittez la N 85 à 3 km au nord de Chauffayer, par la première route à droite après le pont enjambant la Séveraisse, au lieu-dit Le Pont- des-Richards.* 😊 Soyez prévoyant en remontant la vallée, car au-delà de **St-Firmin** vous ne pourrez plus retirer d'argent.
Dans St-Firmin, prenez à droite et traversez la Séveraisse pour rejoindre la D 16 étroite et sinueuse, agréablement ombragée, qui traverse plusieurs petits villages.

Sentier du canal des Herbeys

🥾 *1h AR. Au départ du Séchier.* Vous cheminerez sous bois le long de ce canal construit à la fin du 18e s., qui participait du système d'irrigation et alimentait les moulins.
Au village de l'Ubac, franchissez la Séveraisse et tournez à droite.

Villar-Loubière

Dans ce village accroché au flanc d'un rocher subsiste le dernier **moulin** à roue horizontale et au toit couvert de chaume du Valgaudemar. Construit en 1838, il est en état de marche. On y broyait grain, noix et noisettes pour leur huile. Vous traversez **Les Andrieux**, hameau installé au pied de l'aiguille du Midi-des-Andrieux. Cette montagne le prive de soleil cent jours par an, de novembre à février.

Le saviez-vous ?

Le Valgaudemar (qui s'écrit aussi Valgodemard) est le val de Godemar, l'un des derniers rois des Burgondes.

Lac du Lauzon.
francois-roux/Getty Images Plus

La Chapelle-en-Valgaudemar

Parking à la sortie du village, en direction du Casset.

Dans ce centre d'alpinisme, bien situé au pied du pic d'Olan, se trouve également une **Maison du Parc national des Écrins** où vous pourrez vous informer *(voir p. 102)*. Dans le village, vous verrez des **tounes**, grands porches voûtés protégeant l'entrée des maisons et de l'étable, typiques du Champsaur- Valgaudemar.

★★ Les Oulles du Diable

1h30 AR. De La Chapelle-en-Valgaudemar, marchez jusqu'au hameau des **Portes** qui a conservé quelques jolies maisons. Belle **vue★** sur le pic d'Olan à gauche et la cime du Vallon. Après le hameau, un chemin descend vers un ravissant **pont de pierre** (l'un des rares de la vallée à n'avoir pas été emporté par les crues de 1928), dont l'unique arche voûtée est jetée sur les **Oulles du Diable**, succession de marmites de géants creusées par l'érosion, où tourbillonnent avec une force diabolique les eaux de la Navette.

Revenez sur la D 480 et continuez en direction du Casset.

Route des cascades

Après la **cascade de Combefroide** *(à droite)*, puis un chaos rocheux, vous débouchez dans la partie la plus sauvage de la vallée.

Au **Casset** *(casset* signifie « lieu couvert d'éboulis »), une ferme ancienne a conservé son toit de chaume *(au fond de la ruelle principale)*. Vous passez ensuite devant la bondissante **cascade du Casset★**.

Passé l'embranchement menant au hameau du **Bourg**, la route, très escarpée et sinueuse, remonte la vallée du Gioberney en offrant des échappées sur les sommets. Elle aboutit au **chalet-hôtel du Gioberney** (alt. 1700 m).

★★ Cirque du Gioberney B1

Ce vaste amphithéâtre rocheux est l'empreinte géante des glaciers de vallée disparus. C'est aussi le point de départ pour rejoindre les hauts sommets du Sirac ou des Rouies, sans oublier le fameux lac du Lauzon *(voir « Randonnées » ci-après)*.

Face au chalet-hôtel, la **cascade du Voile de la Mariée**★ doit son nom à la longueur, la blancheur et la légèreté de sa chute.

Revenez vers St-Firmin par la D 985ᴬ.

En cours de route, remarquez l'église romane de **St-Maurice-en-Valgodemard** (A2), installée à l'ombre d'un tilleul « Sully ». Ainsi appelle-t-on les tilleuls plantés sous le règne d'Henri IV en hommage au duc de Sully (1559-1641), ministre et ami du roi, qui protégea l'agriculture.

Randonnées

CARTES P. 74-75 ET 91

★ Lac du Lauzon B1

👣 *3h AR. Au départ du Gioberney en amont du chalet, à gauche.*

Du lac (alt. 2 200 m), **vue**★★ magnifique sur l'ensemble du cirque glaciaire qui ferme le Valgaudemar : massifs des Bans, du Pigeonnier et des Rouies.

★ Refuge de Vallonpierre C2

👣 *3h jusqu'au refuge de Vallonpierre par la voie directe (voir carte p. 91) - dénivelé 650 m. L'accès au-delà du refuge exige la maîtrise des techniques de randonnée en haute montagne sur vires, éboulis et névés.*

Alt. 2 280 m. Ce circuit, aisé jusqu'au refuge, permet d'approcher le magnifique **glacier de Sirac**, un des géants du massif des Écrins. Prenez le « sentier du Ministre » qui rejoint le GR 542. Ce dernier s'élève en lacet jusqu'au lac de Vallonpierre au bord duquel le refuge semble accroché. En été, il offre du réconfort dans un agréable cadre de haute montagne.

> ## Beauté fragile
>
> Ni végétaux ni matières en suspension : par beau temps, les eaux d'un **lac d'altitude**, véritable miroir, deviennent turquoise. Mais attention ! En l'absence d'oxygène, la dégradation des déchets que l'on y jette peut prendre plusieurs années. Un lac d'altitude est donc très vulnérable aux agressions.

ℹ Carnet pratique

S'informer

Bureau d'accueil touristique et Maison du Parc national des Écrins – *Maison du parc -*

La Chapelle-en-Valgaudemar - ☎ 04 92 57 11 11 - www.champsaur-valgaudemar.com, www.ecrins-parcnational.fr.

📍 Nos adresses

Restauration/Hébergement

À St-Maurice-en-Valgodemar

Budget moyen

Le Val des Sources – *Les Barangeards -* ☎ 04 92 55 23 75 - www.levaldessources.com - 🅿 🏊 ♿ *- 16 ch. 84/113 € - ☞ en sus -* 🍴 *menus 27/45 €.* Dans la vallée de la Séveraisse, cet hôtel-restaurant familial montagnard est un havre de paix. Grand connaisseur de la région, Claude vous livre ses conseils pour randonner en fonction de la météo. En cuisine, Colette concocte de bons plats et d'excellents desserts en privilégiant la filière courte pour le choix des produits. Mention spéciale pour la truite du vivier en croûte de noisettes. Chambres spacieuses aux couleurs chatoyantes.

À St-Jacques-en-Valgaudemar

Budget moyen

🌿 **Ferme-auberge Les Clarines** – *Entrepierre - 1 km au sud du village -* ☎ 04 92 55 20 31 - www.auberge-clarines.com - 🅿 ♿ *- 7 ch. 90/140 € - ☞ en sus -* 🍴 *table d'hôte 30 €.* Les amateurs de calme et de nature seront séduits par cette ferme de montagne rénovée. Pour l'hébergement, vous aurez le choix entre un gîte (2 pers.) et des chambres simples et bien tenues (dont une avec balnéothérapie), avec vue sur les sommets. Vous pourrez en tout cas découvrir la vie à la ferme. Côté cuisine, du régional préparé avec les produits maison. Un régal.

À Chauffayer

Budget moyen

🌿 **Au-delà des nuages** – *La Pierre -* ☎ 04 92 21 40 98 - audeladesnuages.fr - 4 ch. 122/133 € ☞ -* 🍴 *table d'hôte env. 30 €.* Une maison d'hôte tout en bois, ronde et qui tourne ! Découvrez l'art de vivre dans un chalet écologique original. Et à table, Isabelle vous régale de ses plats régionaux à base de plantes sauvages. Hervé, accompagnateur en montagne, vous fait partager sa passion pour la faune et l'histoire locales. Jacuzzi.

Shopping

🌿 **Maison de Pays du Valgaudemar** – *Route Napoléon (N 85) - St-Firmin -* ☎ 04 92 23 60 39 - maisondepays.fr - fermé lun.-mar. d'oct. à avr.* Elle rassemble un grand nombre de productions locales, allant de l'artisanat aux cosmétiques, en passant par les produits de bouche (fromages, pains, salaisons, confitures...) et les boissons.

Boulangerie-pâtisserie Dumas – *Le Roux - St-Maurice-en-Valgaudemar -* ☎ 04 92 55 23 69 - Facebook - fermé lun., mar. apr.-midi et jeu. apr.-midi.* Dans la plus pure tradition, Maxime réalise les fameuses tartes du Valgaudemar (recette de 1955) à la crème ou à la confiture. Large gamme de pains.

2

Randonneurs dans le Parc naturel régional du Queyras.
pj giroux/Getty Images Plus

3

Le Queyras

CARTE MICHELIN DÉPARTEMENTS 334 – HAUTES-ALPES (05)

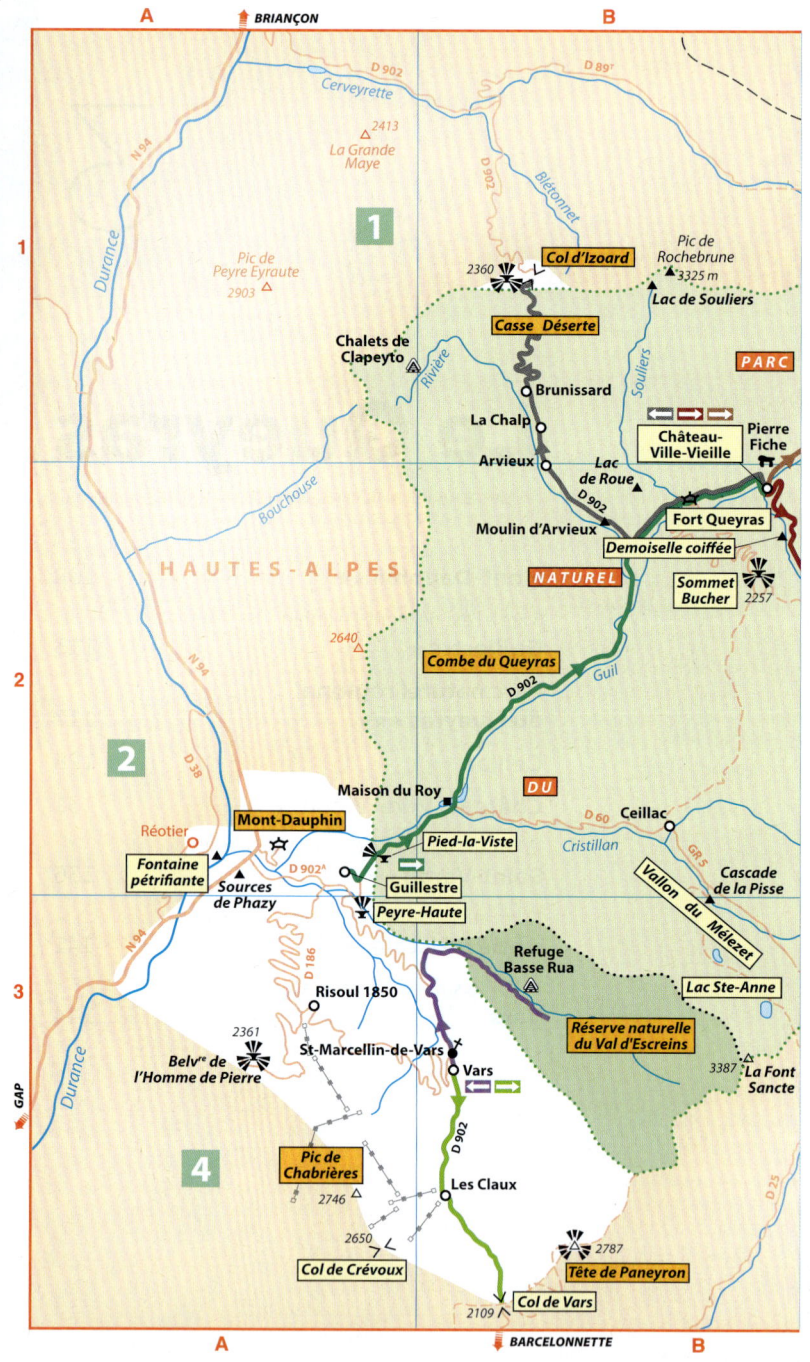

BRIANÇON

A **B**

D 902
Cerveyrette

D 89ᵗ

△ 2413
La Grande
Maye

N 94

D 902

Blétonnet

1

Pic de
Peyre Eyraute
2903 △

2360 ✶ **Col d'Izoard** ⋁

Pic de
Rochebrune
▲ 3325 m

Lac de Souliers

1

Chalets de
Clapeyto

Casse Déserte

Rivière

Souliers

PARC

Durance

Brunissard

Bouchouse

La Chalp

Arvieux

Lac
de Roue ▲

D 902

**Château-
Ville-Vieille**

Pierre
Fiche

H A U T E S - A L P E S

Moulin d'Arvieux

Demoiselle coiffée

Fort Queyras

2640 △

NATUREL

Sommet
Bucher
2257

✶

2

Combe du Queyras

D 902

Guil

DU

2

D 38

Maison du Roy

D 60

Ceillac

Réotier ○

Mont-Dauphin

Pied-la-Viste

Cristillan

GR 5

Cascade
de la Pisse

**Fontaine
pétrifiante**

D 902ᴬ

○ **Guillestre**

Sources
de Phazy ▲

✶ **Peyre-Haute**

Vallon du Mélezet

N 94

D 186

Risoul 1850 ○

**Refuge
Basse Rua**

Lac Ste-Anne

3

2361 ✶

**Réserve naturelle
du Val d'Escreins**

3387 △ **La Font
Sancte**

GAP

**Belvⁿᵉ de
l'Homme de Pierre**

St-Marcellin-de-Vars

✕ Vars

Durance

**Pic de
Chabrières**

2746 △

D 902

Les Claux

4

2650
Col de Crévoux

✶ 2787

D 25

Tête de Paneyron

2109 **Col de Vars**

A BARCELONNETTE **B**

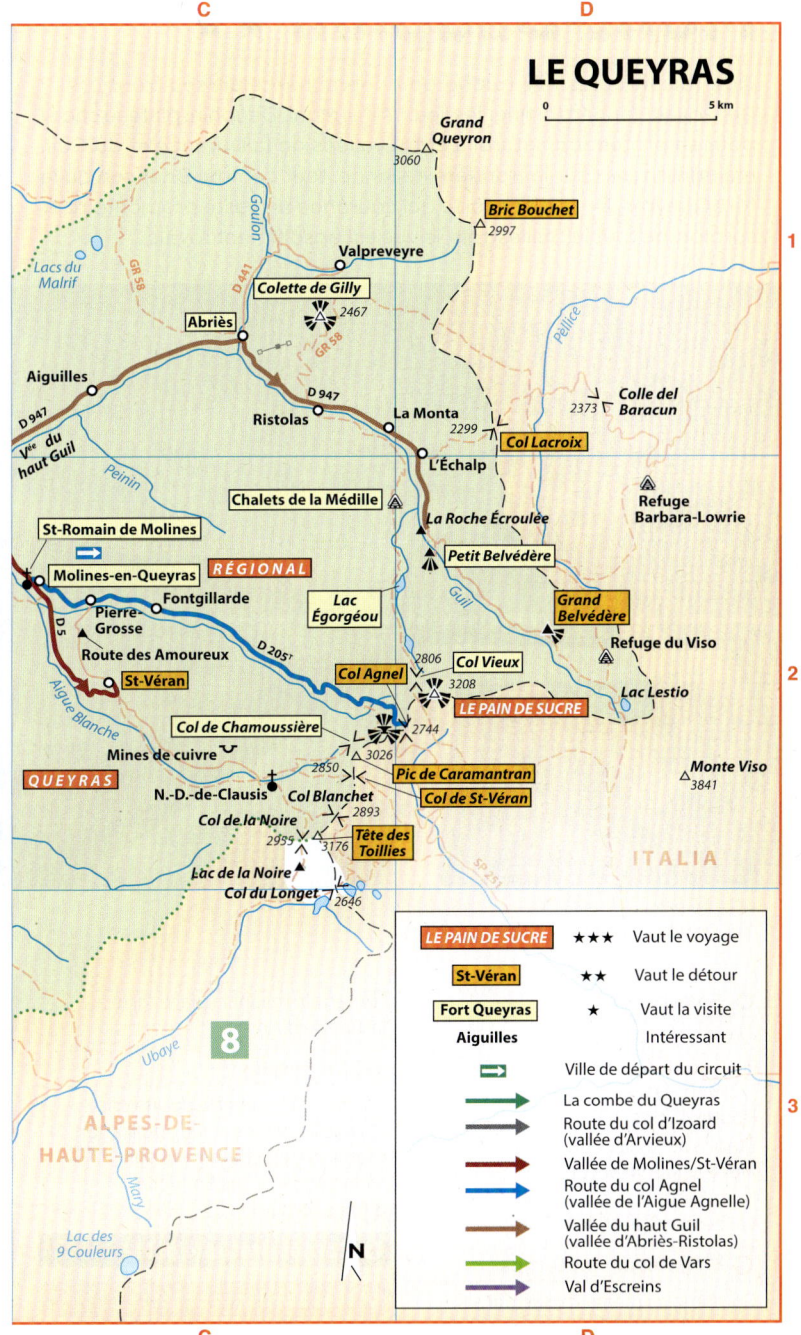

LE QUEYRAS

0   5 km

Grand Queyron
3060

Bric Bouchet
2997

Valpreveyre

Colette de Gilly
2467

Abriès

Aiguilles

D 947

Ristolas

D 947

La Monta
2299

Colle del Baracun
2373

Col Lacroix

L'Échalp

Chalets de la Médille

Refuge Barbara-Lowrie

St-Romain de Molines

La Roche Écroulée

Molines-en-Queyras

RÉGIONAL

Petit Belvédère

Fontgillarde

Pierre-Grosse

Lac Égorgéou

Grand Belvédère

Refuge du Viso

Route des Amoureux

St-Véran

D 205т

Col Agnel

Col Vieux
2806
3208

Lac Lestio

LE PAIN DE SUCRE

Col de Chamoussière

2744

Mines de cuivre

3026

Monte Viso
3841

QUEYRAS

N.-D.-de-Clausis

2850

Pic de Caramantran

Col Blanchet
2893

Col de St-Véran

Col de la Noire
2935

3176

Tête des Toillies

ITALIA

Lac de la Noire

Col du Longet
2646

8

ALPES-DE-HAUTE-PROVENCE

Ubaye

Lac des 9 Couleurs

N

Lacs du Malrif

Goulon

Pelinin

Vје du haut Guil

D 5

Aigue Blanche

Guil

Pelice

LE PAIN DE SUCRE	★★★	Vaut le voyage
St-Véran	★★	Vaut le détour
Fort Queyras	★	Vaut la visite
Aiguilles		Intéressant
→		Ville de départ du circuit
→		La combe du Queyras
→		Route du col d'Izoard (vallée d'Arvieux)
→		Vallée de Molines/St-Véran
→		Route du col Agnel (vallée de l'Aigue Agnelle)
→		Vallée du haut Guil (vallée d'Abriès-Ristolas)
→		Route du col de Vars
→		Val d'Escreins

Mont-Dauphin ★★

Que faisait Louis XIV quand un ennemi harcelait ses frontières ? Il envoyait Vauban fortifier les lieux. Ainsi Mont-Dauphin, plateau choisi pour sa protection naturelle entre vallées de la Durance et du Guil, maintint la paix sur la frontière italienne, tout comme Briançon ou le fort Queyras. De la place forte qui couronne un vaste promontoire et surplombe tout le Guillestrois, la vue est absolument royale...

Mont-Dauphin.
D. Hyniewska/age fotostock

▶ Se repérer

CARTE P. 106-107 (A2),
PLAN DE MONT-DAUPHIN CI-CONTRE

173 Mont-Dauphinois –
Hautes-Alpes (05).
Établie au-dessus de Guillestre (6 km), Mont-Dauphin occupe le plateau des Mille-Vents, qui domine de 100 m les vallées du Guil et de la Durance.

◷ Organiser son temps

Comptez au moins 2h, surtout si vous suivez la visite commentée de Mont-Dauphin, dont l'incroyable

souterrain reliant la place forte à la lunette d'Arçon.

⚑ En famille

Parcours découverte du site en autonomie grâce à une application gratuite à télécharger sur son smartphone, « Les Enquêtes d'Anne Mésia ».

ⓘ Carnet pratique p. 112

◉ Nos adresses p. 112

Se promener

PLAN CI-DESSOUS

Pour une **vue★** intéressante sur Mont-Dauphin et son site, allez à **Gros** *(5 km au nord-est par la D 37L - traversez Eygliers et poursuivez vers Gros - attention, route difficile).*

★★ La place forte

Le nom de la place forte vient du fait que Vauban voulait honorer le fils aîné du roi, le dauphin, et la province historique dont elle porte le nom, le Dauphiné. Elle est inscrite au **Patrimoine mondial de l'Unesco** depuis 2008, au même titre que Briançon et les onze autres sites majeurs de Vauban.

Fossés

Du pont, observez les fossés, escarpes et contrescarpes précédant les bastions. La lunette d'Arçon ne communique avec l'extérieur que par des souterrains *(visite, voir « S'informer » p. 112)*. Le système défensif est si efficace que la ville ne fut jamais prise, ni même attaquée : Vauban, ou la force de dissuasion !

Ville

On entre dans la ville par la **porte de Briançon** ; un passage voûté donne accès au **pavillon de l'Horloge** (aujourd'hui l'accueil pour les visites guidées), flanqué à droite par le **pavillon des Officiers** (autrefois logement des lieutenants et capitaines célibataires). Composée de quatre blocs d'habitations, la ville surprend par la largeur des rues et son plan en damier : tout ici a une fonction défensive. Sauf peut-être le marbre rose de Guillestre, qui prend de jolies teintes au soleil.

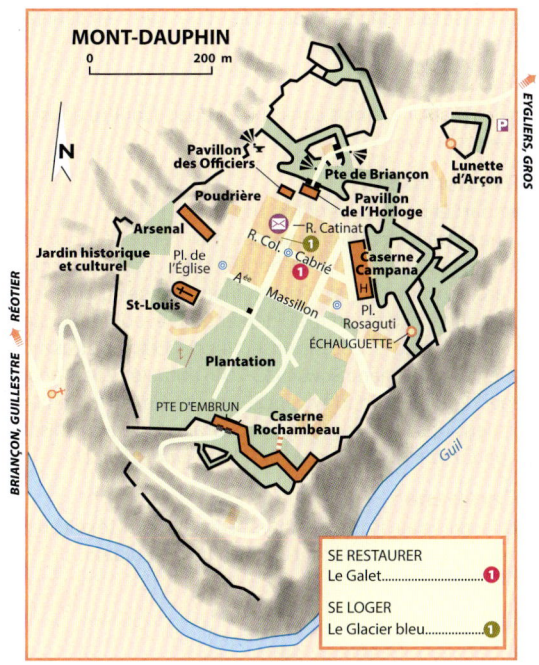

MONT-DAUPHIN

0   200 m

N

Pavillon des Officiers
Pte de Briançon
Lunette d'Arçon
Poudrière
Pavillon de l'Horloge
Arsenal
Jardin historique et culturel
R. Col. R. Catinat
Cabrié
Pl. de l'Église
Caserne Campana
St-Louis
Massillon
Pl. Rosaguti
ÉCHAUGUETTE
Plantation
PTE D'EMBRUN
Caserne Rochambeau
Guil

EYGLIERS, GROS

BRIANÇON, GUILLESTRE, RÉOTIER

3

SE RESTAURER
Le Galet............................❶

SE LOGER
Le Glacier bleu.................❶

★ Poudrière

Ce bâtiment, l'un des plus anciens de la place, a été enterré en 1881. La salle inférieure est protégée par un énorme et admirable plafond en mélèze : depuis trois siècles, les 11 °C ambiants l'ont préservée des vers et du feu. Une galerie fait le tour de la salle, permettant l'aération et l'éclairage : car on n'entrait pas là avec une torche ! Pour éviter toute étincelle, les serrures sont en bronze. Enfin, un astucieux système de canalisation reliait la poudrière à une citerne située à proximité : de quoi humidifier largement la poudre en cas d'attaque et la rendre inutilisable !

Arsenal

À l'origine existaient deux corps de bâtiments en équerre ; le plus ancien des deux a été détruit en 1940 par une bombe italienne (qui a également soufflé un bon nombre de toits en ardoise, d'où leur remplacement par de la tôle sur certaines maisons). Décoré de jolis œils-de-bœuf, l'arsenal abrite en saison des expositions dans les salles admirablement voûtées où étaient conservés les matériels d'artillerie.

Jardin historique et culturel

☎ 06 07 67 42 68 - visite guidée sur réserv. juin.-sept. : lun.-vend. 10h-15h - 4 €. Exposition ethnobotanique extérieure en libre accès.

Il a pour mission d'expliquer comment une place forte de montagne pouvait nourrir ses habitants (soldats et civils) à l'époque de Vauban. Variétés anciennes de légumes côtoient plantes médicinales cultivées en carrés potagers.

Église

Elle a de curieuses proportions car, du plan initial, seul le chœur fut achevé. Les murs du transept et les premières travées avaient été élevés, mais leurs pierres servirent à construire les soutes à munitions en 1873.

Juste avant le premier banc, à droite, remarquez une ammonite dans le pavement. Un portrait est censé représenter Saint Louis, à qui l'église est dédiée, mais il porte le costume et la perruque de Louis XIV.

Plantation

Elle remplace les maisons jamais construites. L'eau s'infiltre dans le poudingue, l'humidité en est moindre.

Caserne Rochambeau

Elle forme rempart et domine les gorges du Guil.

À l'intérieur, une **extraordinaire charpente★** à la Philibert Delorme date de 1820. Longue de 260 m, sans aucune grosse poutre, cette charpente, constituée d'une succession d'arceaux de bois, est véritablement unique au monde. Entièrement chevillée et pouvant être démontée rapidement, elle évoque la coque d'un bateau. La caserne accueille jusqu'en 2031 un ensemble de **35 sculptures monumentales** de l'artiste sénégalais **Ousmane Sow** (1935-2016) intitulé *Little Bighorn*. On admire plusieurs scènes de combats qui ravivent le souvenir de l'affrontement qui opposa en 1876 les Indiens des Plaines à l'armée fédérale des États-Unis. *www.village-fortifie-montdauphin.fr - 7 € - réserv. sur Internet indispensable.*

Caserne Campana

Les agents de la mairie ainsi que plusieurs artisans d'art (textile, terre cuite, bois tourné, cadrans solaires) remplacent aujourd'hui les soldats.

Un chef-d'œuvre signé Vauban

Vauban, ou le génie militaire

Sébastien Le Prestre (1633-1707) connut la gloire sous le nom de marquis de Vauban. Infatigable et génial, il fut homme de guerre, ingénieur, architecte et urbaniste. Il dirigea en personne 53 sièges, créa le corps des ingénieurs de l'armée, redessina des ports, creusa des canaux, construisit l'aqueduc de Maintenon, remania 300 places fortes et en édifia 33 nouvelles (beaucoup ont disparu). Pour défendre les nouvelles frontières de la France, il déploya son activité dans les Flandres, les Ardennes, en Alsace, en Franche-Comté, dans les Pyrénées, les Alpes et sur le littoral. Commissaire général des Fortifications, il s'inspira des ouvrages de ses prédécesseurs, comme Errard dans les Alpes du Sud. Il les perfectionna par des demi-lunes, de profonds fossés, des enceintes avancées ; nouveau progrès, il bastionna les courtines intérieures et dota les demi-lunes de réduits défensifs. Il sut tirer parti des inventions nouvelles, des changements de tactique et des dispositions du terrain. Enfin, il donna à ses œuvres une valeur esthétique indéniable, avec par exemple une entrée monumentale. Le relief des Alpes du Sud l'empêcha de réaliser des ensembles aussi parfaits qu'ailleurs. Il n'en fit pas moins bâtir ou restaurer 12 places fortes de Briançon à Nice et Antibes. À la mort de Vauban, ses hommes lui décernèrent cet éloge : « Place défendue par Vauban, place imprenable. Place assiégée par Vauban, place prise. » Dans l'Est, certains de ses ouvrages ont, en 1940, servi de points d'appui lors de la retraite de l'armée française.

Un rêve inachevé

En 1692, le duc de Savoie passe par le col de Vars et s'empare de Gap, d'Embrun et de Guillestre. Aussitôt, le Roi-Soleil délègue son spécialiste des fortifications. En novembre de la même année, Vauban découvre le plateau des Mille-Vents. Il est subjugué par le site. Tout de suite, il imagine une ville : avec femmes et enfants à l'intérieur des murs, la combativité des troupes ne pouvait qu'être meilleure. Le chantier e quelques mois à peine après sa visite. Les artisans affluent de toutes les Alpes. Mais, très vite, les difficultés s'accumulent, liées à la nature du sol et aux conditions météorologiques.

――――

« Place défendue par Vauban, place imprenable. Place assiégée par Vauban, place prise. »

――――

En 1700, lors de sa seconde visite à Mont-Dauphin, Vauban constate l'avancée des constructions. La ville compte déjà une caserne, un pavillon des officiers, la poudrière, l'arsenal. Mais le traité d'Utrecht en 1713 modifie le tracé des frontières et rend les menaces moins immédiates. Mont-Dauphin perd d'un trait de plume son intérêt stratégique, au profit de Briançon, qui, lui, reste en première ligne de la frontière avec l'Italie. Les travaux en pâtissent. Ils dureront près de cent ans ! Mont-Dauphin n'accueillera jamais les 2 000 habitants prévus et la cité fortifiée ne connaîtra le baptême du feu qu'en juin 1940 lorsqu'un avion italien la bombarde et détruit en partie l'arsenal.

ℹ️ Carnet pratique

S'informer

Centre des monuments nationaux – *1 Pl. Vauban - ☎ 04 92 45 42 40 - www.village-fortifie-montdauphin.fr.* Visite des fortifications, des souterrains et des bâtiments militaires ; également, visite de l'expo d'Ousmane Sow et du jardin historique.

📍 Nos adresses

PLAN P. 109

Restauration

Budget moyen

1 Le Galet – *R. Col.-Cabrié - ☎ 06 89 18 55 40 - restaurant. le.galet.free.fr - de fin mai à fin sept. - fermé lun. - plats 18/27 € - réserv. conseillée.* Situé dans la place forte, un petit restaurant très agréable, surtout en été où l'on apprécie le calme et la fraîcheur du jardin. Les produits locaux sont choisis avec soin et les légumes cueillis tout frais du potager en été.

Shopping

La place forte de Mont-Dauphin accueille une dizaine d'**artisans** : poterie, travail du cuir, sculpture, tourneur sur bois...

Hébergement

Budget moyen

1 Le Glacier bleu – *R. Catinat - ☎ 04 92 45 18 47 - www. leglacierbleu.fr - 5 ch. à partir de 85 € - fermé nov.-avr.* Au cœur de la place forte, Chloé tient ce gîte avec passion : ses chambres sont simples, mais très bien tenues, et sa cuisine goûteuse. Elle prodigue ses conseils de visite et partage ses coups de cœur.

Arriver/partir

En train – Le TER depuis Valence, Grenoble et Marseille relie à la gare Mont-Dauphin Guillestre. Train de nuit Paris Austerlitz-Briançon.

Se garer – Une fois arrivé par la route d'Eygliers (D 37), stationnement obligatoire, sur la gauche, avant la lunette d'Arçon.

Hôtel Lacour et brasserie de la Gare – HORS PLAN - *RN 94 - ☎ 04 92 45 03 08 - www. hotel-lacour.com - 🅿 ♿ - 42 ch. 98/129 € - 🍽 12 € - 🍴 plats env. 20/35 €.* Établis en contrebas des fortifications de Mont-Dauphin, cet hôtel familial et son annexe proposent des chambres confortables et bien tenues. Préférez celles, plus calmes, côté jardin. Au restaurant, on apprécie la cuisine régionale.

À proximité

Pour se faire plaisir

Chambre d'hôte La Maison du Guil – *Chemin de la Font - Eygliers - 2,5 km au nord-est de Mont-Dauphin - ☎ 04 92 50 16 20 - www.lamaisonduguil.com - 4 ch. 132/142 € - 🍽 - 🍴 sur réserv.* Au-dessus des gorges du Guil, cet ancien prieuré du 16e s., restauré avec inspiration, se cache au cœur d'un paisible village proche de Mont-Dauphin. Un joli jardin fleuri, un sauna installé dans un ancien cellier voûté, de délicieux repas, de copieux petits-déjeuners et un accueil très chaleureux font de cet endroit un lieu de charme.

Guillestre ★

Le Guillestrois est un superbe cirque montagneux aux confins des Écrins, du Queyras et de l'Embrunais. Double chance pour Guillestre : ses montagnes la protègent des pluies (avec 65 cm par an, son taux de précipitations est l'un des plus bas de France) et, au centre de ce carrefour naturel, la ville accueille chaque lundi le principal marché du Guillestrois, témoin depuis le Moyen Âge des échanges entre les vallées voisines.

▶ Se repérer

CARTE P. 106-107 (A2)

2 376 Guillestrins – Hautes-Alpes (05). Sur la route des Grandes Alpes, entre les cols d'Izoard et de Vars, Guillestre se situe entre Gap (58 km) et Briançon (35 km).

⏱ Organiser son temps

Comptez 3h pour profiter du village et ses alentours.

ℹ Carnet pratique p. 115

📍 Nos adresses p. 115

Se promener

Franchissez l'une des quatre portes et musardez le long des rues étroites et des petites places. Du système défensif de l'enceinte médiévale, seule subsiste la tour d'Eygliers. L'**église** Renaissance possède un beau **porche**★ à quatre colonnes dont deux prennent appui sur des lions accroupis, vestiges d'un prieuré de l'an mil et témoins de l'influence lombarde, comme au portail de N.-D.-du-Réal à Embrun *(voir p. 162)*. Sur la serrure en fer forgé se distingue le portrait farouche de l'archevêque !

À proximité

CARTE P. 106-107

Table d'orientation de Peyre-Haute A3
▶ *2 km au sud de Guillestre, sur la route de Vars. À 100 m en amont du hameau, garez-vous et grimpez sur le talus à gauche (panneau bleu).*
15mn AR. **Vue**★ : de gauche à droite, l'Ailefroide, séparée du pic Sans Nom par la brèche du Coup de Sabre, le Pelvoux et le pic de Neige Cordier avec le glacier Blanc.

★Fontaine pétrifiante de Réotier A2
▶ *8 km de Guillestre. Prenez la D 902 vers la N 94, tournez à droite puis à gauche peu avant la gare de Mont-Dauphin. Suivez les panneaux.*
L'eau minéralisée a formé des draperies de concrétions.

Sources d'eau chaude du plan de Phazy A2
▶ *2 km à l'ouest de Guillestre. Prendre la D 90 en direction d'Embrun ; à hauteur de l'Intermarché, prendre à gauche la D 86, puis une petite route à gauche.*
Le site se compose d'une rotonde et de quatre bassins d'eau chaude (autour de 27 °C). Ces installations datent de 1824 et étaient surtout utilisées par les locaux et les militaires de Mont-Dauphin. L'exploitation a cessé en 1935. Des projets de réexploitation des sources sont à l'étude ; en attendant, vous pouvez aller vous y baigner. En période de neige, on se croirait presque en Scandinavie !

3

Fontaine pétrifiante de Réotier.
Y. Guichaoua/Guichaoua Photos/age fotostock

Risoul 1850 A3

▶ *14 km au sud par la D 186.*

ℹ ☏ *04 92 46 02 60 - www.risoul.com.*

De la route en lacet et du village ancien, à mi-chemin de la station, **superbes panoramas★★** sur tout le Guillestrois.

Le télésiège de la Plate de la Nonne monte au sommet des pistes et relie la **station** de Risoul à Vars *(voir p. 144)* pour former le **domaine de la Forêt Blanche**, un des plus vastes des Alpes du Sud (185 km de pistes). En été, trois télésièges vous mènent vers les hauteurs pour de belles randonnées.

Une route forestière mène au col de Chérine, puis au **belvédère de l'Homme de Pierre** (alt. 2 374 m). Là un superbe **panorama★★** (table d'orientation) s'étend sur les massifs des Écrins et du Queyras, le lac de Serre-Ponçon et, au loin, le mont Ventoux.

Randonnées

Rue des Masques

👣 *3h de marche facile - dénivelé 250 m.* De l'office de tourisme, la rue des Champs-Élysées mène à la mairie ; passez devant le cinéma et continuez tout droit le chemin d'Eygliers. Montez jusqu'au bout sur le plateau. Le sentier est ensuite fléché. Vous arrivez entre deux hautes murailles : cette « rue », à laquelle il ne manque que des maisons, est bien un phénomène naturel, un vide qui s'est creusé dans les rochers sur 5 m de large et 600 m de long. Elle est tapissée d'un gazon que le soleil n'éclaire jamais : cela plaisait aux sorciers d'Eygliers qui venaient y danser leur sabbat du diable. Le nom de « masques » vient des formes de visages que l'on peut apercevoir sur la roche.

Retour par la partie supérieure et le bord du plateau du Simoust, le long d'un petit canal d'irrigation.

★★ Balade à Mont-Dauphin

▪▸ *3h30. De l'office de tourisme de Guillestre, suivre à pied la D 902 (direction de Briançon) jusqu'au quartier des Chapelles. Traversez le plateau de la Chalp, puis le Guil sur une passerelle.*

Pour admirer les défenses naturelles de Mont-Dauphin sous un angle original.

Circuit conseillé

CARTE P. 106-107

★★ La combe du Queyras AB2

▶ *Circuit de 17 km, de Guillestre à Château-Ville-Vieille, tracé en vert foncé sur la carte. Voir p. 118.*

ℹ **Carnet pratique**

S'informer

Office de tourisme – *Pl. Salva - Guillestre - ℰ 04 92 24 77 61 - lequeyras.com.*

Arriver/partir

En train – *Voir p. 112.*
Se garer – Parking du Priouré et du Champ de Foire avec accès direct au centre-ville, parking du Silence à 3mn à pied du centre-ville.

Agenda

Festival Potes de Marmots – *lequeyras.com - fin août.*
👥 À Guillestre et les villages alentour, 3 jours pour le jeune public. Arts de la rue, animations, ateliers, spectacles vivants.

📍 **Nos adresses**

Restauration

Budget moyen

Le Guillestrin – *Rue Ste-Catherine - ℰ 04 92 50 48 32 - fermé dim.-lun. midi et mar. soir - menu 34 € - plats 15/28 €.* Une ruelle, quelques tables dehors, une salle voûtée... voilà le cadre de ce petit restaurant où vous goûterez une cuisine traditionnelle au gré d'une carte saisonnière.

Dedans Dehors – *Ruelle Sani - ℰ 04 92 44 29 07 - 🚫 - juin-sept. : le soir - fermé dim. - plats 24/30 €.* Une ruelle médiévale dessert cette cave voûtée : tartines, salades et cuisine du terroir à la plancha, le tout agrémenté de fleurs et d'herbes folles. Un bistrot éclectique !

À Risoul

Budget moyen

🍃 **L'Extrad** – *Immeuble Le Laus, Risoul - ℰ 04 92 46 06 38 - juil.-août et de mi-déc. à fin avr. : tous les soirs - plats 29/42 €.* Spécialités montagnardes et alléchante ardoise qui met à l'honneur les produits locaux : voilà la recette de ce restaurant où l'on découvre tout aussi bien les délicieux fromages des bergers du coin que l'agneau élevé dans le village d'à côté. Vous avez dit circuit court ?

La Bonne Auberge – *La Rua - ℰ 04 92 45 02 40 - horaires, se rens. - menu 28 € - 24 ch.* Chalet en léger retrait du village.

3

Ambiance pension de famille dans la salle de restaurant qui ménage un beau panorama sur le Guillestrois. Côté fourneaux, cuisine aussi bien thaïlandaise que traditionnelle.

Shopping

Marché – *Lun. mat.* Des saucissons artisanaux, des fromages et des produits frais mais aussi des vieux livres ou des savons parfumés.

L'Alpe gourmande – *Rte de la Gare -* ☏ *04 92 45 35 09 - fermé mar. et de mi-oct. à déb. déc.* Vous trouverez ici des produits des Hautes-Alpes et plus particulièrement de l'Ubaye : confitures, sirops, biscuits, miel, pain d'épice... et de l'artisanat.

Fromagerie de la Durance – *Zone du Villard -* ☏ *04 92 45 06 93 - tlj sinon distributeur libre-service - fermé dim. hors sais et j. fériés.* Cette fromagerie collecte le lait des fermes du Queyras, du Champsaur, de l'Embrunais et du Guillestrois pour le transformer en fromage (vache, brebis et chèvre).

The Gallery – *Rte du Queyras -* ☏ *04 92 45 85 16 - www. duncanmacarthur.com - tlj sf dim.* Pour acheter de belles cartes postales du Queyras ou une photographie grand format, voici votre adresse ! Le photographe Duncan Mac Arthur, d'origine écossaise, est tombé amoureux du Queyras, où il vit désormais.

Activités

Eaux vives

Base d'eaux vives – *St-Clément-sur-Durance - D 994 - 7,5 km au sud-ouest de Guillestre - mai-oct. (se rens. avant).* Plusieurs prestataires sont réunis sur cette base d'eaux vives pour vous proposer un grand choix d'activités : rafting, hydrospeed, canoë-kayak et canyoning.

Le stade de slalom est ouvert toute l'année.

Vélo et VTT

Guil-Ebike – *Quartier St-Guillaume - Eygliers -* ☏ *06 95 07 29 61 - www.guil-ebike.com - avr.-oct. : mar.-sam. 9h-12h30, 14h-18h (tlj en juil.-août) - location : 25/75 €/j; randonnée guidée : se rens.* Guillestre est devenu un véritable spot pour le vélo à assistance électrique grâce à Guil-Ebike, qui propose ses VTT en location (y compris pour les enfants) et des balades accompagnées de 2h à 1 journée, autour de Guillestre et dans le Queyras.

Randonnée

Itinéraires pour tous les niveaux avec traces à télécharger proposés sur lequeyras.com.

Hébergement

Premier prix

Camping St-James-les-Pins – *Rte des Campings - 1,5 km à l'ouest par rte de Risoul -* ☏ *04 92 45 08 24 - www.lesaintjames.com - fermé nov. - 100 empl. à partir de 16 € - 2 nuits mini.* En bordure d'un torrent, à 1000 m d'altitude, un petit camping niché dans une pinède bien plaisante. Parmi les nombreuses activités sportives, vous pourrez vous adonner à tous les sports d'eaux vives. Jeux pour enfants. Location de chalets et mobile homes de bon confort.

Le Catinat Fleuri – *100 chemin d'Eygliers -* ☏ *04 92 45 07 62 - www.catinat-fleuri.com -* 🅿 ⌁ *- 21 ch. 66/87 € -* ⊑ *9 €.* Un hôtel simple et bien tenu, à trois minutes à pied du centre-ville. On apprécie la piscine et l'espace balnéo, autant en été après visites et balades à vélo, que l'hiver après le ski.

Parc naturel régional du Queyras ★★★

Avec ses villages parmi les plus hauts d'Europe et son altitude moyenne de 2 200 m, le Parc naturel régional du Queyras séduit à tous les coups, qu'on soit en quête de grands espaces ou d'un mode de vie ancestral. Grandioses dans son cirque supérieur dominé par le mont Viso à 3 841 m, le Queyras et ses quatre vallées (d'Arvieux, du Haut-Guil, de Ceillac et de Molines/St-Véran) baignent dans une lumière déjà méridionale.

▶ Se repérer

CARTE P. 106-107
Hautes-Alpes (05).
Le Queyras (prononcez « Queyra ») est accessible toute l'année par la combe du Queyras et la D 902, à partir de Guillestre, et en été par le col d'Izoard et le col Agnel (depuis l'Italie).

☺ À ne pas manquer

Il faut au moins faire une randonnée pour apprécier la beauté du paysage et la richesse de la nature. Nous indiquons à chaque fois la difficulté et le dénivelé.

◷ Organiser son temps

En une journée, vous pourrez survoler le Queyras : après la traversée de la combe du Queyras, vous ferez un arrêt à Château-Queyras et à St-Véran, ou bien vous poursuivrez vers le Haut-Guil jusqu'à Abriès-Ristolas si vous souhaitez simplement voir du paysage depuis votre voiture. Mais pour en profiter pleinement, mieux vaut y consacrer deux jours ou, pourquoi pas, un séjour prolongé pour randonner.

👪 En famille

Le musée de l'Abeille à Molines-en-Queyras ; L'Arche des Cimes à Ristolas ; les randonnées pour voir plein de marmottes ; l'accrobranche du Queyras et la luge 4 saisons.

ℹ Carnet pratique p. 126

📍 Nos adresses p. 126

3

Séjourner

Ceux qui aiment les sports d'hiver seront heureux de trouver dans le Queyras un enneigement excellent avec **quatre domaines skiables** (Abriès, Arvieux, Ceillac et Molines/St-Véran) : un forfait unique « Tout Queyras » *(disponible à partir de 2 j.)* ouvre aux skieurs plus de 90 km de pistes de ski alpin. Mais c'est surtout pour le **ski de fond** que l'on vient ici (près de 200 km !).
En été, le Queyras est le paradis des **randonneurs** de tous niveaux (les départs étant parfois à plus de 1 800 m d'altitude, les dénivelés ne sont pas très importants), des **cyclistes** et **VTTistes**, des amateurs de parapente... *(voir « Activités » dans « Nos adresses »).*

Circuits conseillés CARTE P. 106-107

★★ La combe du Queyras

▶ *Circuit de 17 km, de Guillestre à Château-Ville-Vieille, tracé en vert foncé sur la carte. Quittez Guillestre par la D 902.*
La vallée se rétrécit et la route passe sous plusieurs tunnels. Les roches noirâtres, violemment tranchées, prennent localement de vives et curieuses colorations tirant sur le mauve.

Maison du Roy B2

Louis XIII, se rendant en Italie en 1629, se serait arrêté dans cette auberge. Il aurait offert le tableau conservé à l'intérieur, marqué des armes de France.
À 300 m de la maison du Roy, une **plage fossilisée** se retrouve à la verticale sur une paroi dominant la route. Au temps des dinosaures, c'était un banc de sable caressé par les vagues !
Laissez la route de Ceillac et continuez.
Vous pénétrez dans la **combe du Queyras★★**, très longue, très large, très haute, très sauvage. Le ruban d'asphalte semble l'unique trace ici de la civilisation. La route en corniche dispute la place au Guil, paradis des kayakistes. Encore quelques tournants et, vision moyenâgeuse, le fort Queyras apparaît sur son verrou rocheux.

★ Château-Ville-Vieille B2 *Voir p. 131*

★★ Route du col d'Izoard (vallée d'Arvieux)

▶ *Circuit de 22 km, de Château-Ville-Vieille au col d'Izoard, tracé en gris sur la carte. Env. 2 km après Château-Queyras, prendre la D 902, route du col d'Izoard. Attention, le col d'Izoard est fermé en hiver.*
La vallée d'Arvieux qui comprend plus d'une dizaine de hameaux habités se distingue par ses nombreux chalets d'alpage.

Moulin d'Arvieux B2

📞 *04 92 46 86 29 - juil.-août : mar. et vend. 14h-18h - 2 €.*
Dans le hameau **Les Moulins**, au-dessous d'Arvieux (*à gauche après 1 km sur la D 902*), vous pourrez visiter le moulin, restauré à l'initiative du parc, qui jouait un rôle essentiel au sein des vallées.

Arvieux B1-2

Ce village, comme ses hameaux environnants, surprend par ses maisons qui comportent une série d'**arcades superposées** en façade, des planchers en billons de bois et des toits en bardeaux de mélèze. L'**église** du 16e s. a conservé un porche et une porte du 11e s. (chapiteaux sculptés de personnages naïfs).

La Chalp B1

Ce hameau au-dessus d'Arvieux est appréciable pour son **domaine skiable** (alt. de 1690 à 2105 m) et ses 17 pistes (navette au départ d'Arvieux).

Brunissard B1

Ce village abrite un curieux **campanile** qui domine le four banal. En hiver, vous pourrez vous adonner au ski de fond et aux beaux jours, randonner en famille.
Randonnée aux chalets de Clapeyto – 👣 *3h AR - dénivelé 560 m - niveau facile, accessible aux poussettes tout-terrain. Garez-vous au dernier parking après le camping de l'Izoard.* Le sentier en sous-bois vous mène d'abord au cirque de Pra

Paysage lunaire de la Casse Déserte.
SchmitzOlaf/Getty Images Plus

Premier avant de reprendre le chemin à gauche (« La Salle Vieille ») qui contourne la montagne, en partie en sous-bois. Vous atteignez enfin la grande prairie bucolique où sont disséminés les chalets de Clapeyto, anciens chalets d'estive aujourd'hui reconvertis en résidences secondaires. Un pèlerinage y a lieu en juillet.
Revenez à Brunissard et continuez sur la D 902, route du col d'Izoard.

★★ Casse Déserte B1

Ce site étrange est parfaitement désolé : roches déchiquetées et éboulis étonnamment fins composent tout le paysage. En effet, l'érosion a isolé des paquets de roche plus dure et constitué des groupes d'aiguilles. Quelques pins font de touchants efforts pour s'accrocher au pierrier.

Randonnée au lac de Souliers

2h AR - dénivelé 280 m - niveau facile. Départ du parking de la Casse Déserte, 2 km avant le col d'Izoard. Prendre le chemin de randonnée balisé rouge et blanc (GR 58) en face de la route (panneau Col de la Platrière).
Cette petite randonnée, que l'on fait facilement en famille, vous mènera au lac d'altitude de Souliers (2 492 m), d'abord en forêt, puis dans les alpages au pied du pic de Rochebrune. On peut y pêcher truites fario et saumons de fontaine.

★★ Col d'Izoard B1

Un monument témoigne de la reconnaissance envers l'armée des Alpes qui a construit ce passage, le plus élevé de la route des Grandes Alpes après le col du Galibier. Deux plaques commémorent les héros rivaux du vélo : **Fausto Coppi**, vainqueur du Tour de France en 1952, et **Louison Bobet**, qui triompha en 1953, 1954 et 1955.
Table d'orientation – *15mn AR. Montez aux pupitres d'orientation placés au-dessus de la route.* **Panorama** sauvage et beau, au nord sur les montagnes du Briançonnais et en arrière-plan sur le Thabor, au sud sur les sommets du Queyras, les pics des Houerts et de la Font Sancte et le massif de Chambeyron.
Possibilité de poursuivre le circuit jusqu'à Briançon (voir p. 34).

✚ Le Queyras

Un pays désenclavé

Le canton d'Aiguilles forma l'un des cinq « escartons » institués par la charte de 1343. En 1587, une armée de huguenots, sous les ordres de Lesdiguières, s'empare du fort Queyras *(voir p. 131)*. Les protestants sont alors en majorité. Au 19e s., le Queyras échappe à l'industrialisation. La première route carrossable franchit la combe en 1856.

L'avenir du Queyras, isolé et dépeuplé, était sombre. Alors, pour que la montagne reste leur atout maître, les Queyrassins ont créé un Parc naturel régional en 1977 et la Réserve naturelle nationale de **Ristolas-Mont Viso**, à cheval sur l'Italie. Les 60 330 ha du parc englobent le territoire des 7 communes du Queyras. Ses principaux objectifs sont la protection des sites et des espèces, ainsi que l'aménagement d'expositions permanentes (à Ville-Vieille, Abriès-Ristolas, Arvieux et St-Véran), de sentiers de découverte (Ville-Vieille, Roche-Écroulée, Abriès) et de sentiers de grande randonnée (GR 5 et GR 58 « Tour du Queyras »).

Nature

Peu de pluie, un soleil abondant, le climat a séduit des plantes venues d'ailleurs. La flore est d'une extrême variété. Deux mille quatre cents espèces s'étagent du pied des pentes aux sommets, des plantes méditerranéennes aux plantes alpines : pins méditerranéens, astragales queue-de-renard (originaires des steppes), campanules des Alpes, edelweiss et saxifrages des régions arctiques ont décidé de s'installer ici. L'arbre emblématique du Queyras est le **mélèze**, le seul conifère à perdre ses aiguilles en hiver. On le voit partout, jusqu'à 2 400 m d'altitude ; sa qualité imputrescible en fait un matériau de construction de choix. Le **pin cembro** l'accompagne bien souvent : plus tendre, son bois est utilisé pour fabriquer et sculpter meubles et objets.

La faune, tout aussi diversifiée, a des ambassadeurs de prestige comme le chamois (plus de 200), le **mouflon**, le **bouquetin**, l'aigle royal, le gypaète et le tétras-lyre, et d'autres plus insolites tels la salamandre noire de Lanza ou le papillon Isabelle.

☞ *« Nature et paysages »*, p. 425.

Traditions

Les croix de la Passion (ou croix de Mission)

Naïves, elles racontent le dernier jour du Christ. Elles portent les instruments de sa Passion : le coq est celui qui chanta avant le reniement de

---

Pourquoi les mélèzes brunissent-ils en été ?

Le randonneur estival traverse parfois des forêts de mélèzes et des minutes d'angoisse : les rois du Queyras agoniseraient-ils sous ses yeux ?

Non. Le responsable de ces rougeurs spectaculaires qui s'observent tous les huit à dix ans est une chenille répondant au doux nom de « tordeuse grise du mélèze ». Dès son éclosion, la gentille petite bête pénètre les bourgeons terminant les bouquets d'aiguilles. Au bout de cinq générations et autant d'années, elle dévore une partie des aiguilles et rejette les autres qui se dessèchent dans des toiles de soie, lesquelles donnent aux mélèzes attaqués une couleur brunâtre caractéristique. Repue et bouffie, la gloutonne s'en va. Même s'il perd toutes ses aiguilles, l'arbre survit.

Un coffre de 1678 sculpté de rosaces traditionnelles au musée du Soum.
G. Lansard/hemis.fr

saint Pierre ; la main évoque le geste de Ponce Pilate ; les pièces de monnaie symbolisent la rétribution de Judas ; les armes figurent celles du supplice ; une couronne stylisée rappelle la couronne d'épines de Jésus. Elles se dressent autour de St-Véran ou de Ceillac.

Les clochers de la solidarité

Dans la vallée d'Arvieux, vous remarquerez un drôle de campanile en rondins de mélèze coiffé d'une cloche : la tour du Procureur. Datant du haut Moyen Âge, c'est le vestige d'une vie communautaire originale : le son de la cloche réunissait les habitants pour prendre les décisions importantes (jour de cuisson au four banal, date des moissons, répartition des tâches et aide aux veuves). L'ensemble de ces règles de solidarité s'appelait la *ruido*.

Le travail du bois

Le Queyras a son propre art populaire, œuvre des paysans bloqués lors de longues soirées d'hiver dans leurs maisons à l'architecture originale. Les paysans fabriquèrent des meubles et des objets en mélèze et en pin cembro du 17ᵉ au 19ᵉ s. Tous les meubles et objets usuels sont taillés dans le bois avec habileté, mais la spécialité du Queyras reste le **coffre de mariage**. D'aspect très simple (quatre panneaux fermés par un couvercle), il présente de remarquables sculptures sur la face avant : rosaces tracées au compas, entrelacs, palmettes, cœurs, rinceaux, arabesques inspirés de l'art gothique ou Renaissance, des cuirs de Cordoue, etc. Ce travail de gravure fait au couteau nécessitait de longues heures de patience.

Lits clos, coffres de mariage, rouets ou berceaux, ces **meubles et objets** en mélèze ou en pin cembro ont fait le tour du monde, à commencer par le Musée dauphinois de Grenoble et le musée de Gap. Des ébénistes et sculpteurs continuent de perpétuer ce savoir-faire.

Les cadrans solaires

Voir p. 459.

★★ Vallée de Molines/St-Véran

○ *Circuit de 15 km, de Château-Ville-Vieille à St-Véran, tracé en rouge sur la carte. Quittez Château-Ville-Vieille par la D 5.*

★ Château-Ville-Vieille B2 *Voir p. 131*

Prenez à droite la D 5.

La route grimpe à travers les mélèzes de l'ubac. Remarquez la **demoiselle coiffée★** sur le versant de droite. Bientôt, la vue se dégage sur la vallée de l'Aigue Blanche.

★ Molines-en-Queyras C2

Dans ce hameau subsistent des **fustes**, granges faites, comme aux 17e et 18e s., de troncs d'arbres empilés et croisés aux angles. Leurs toits sont en bardeaux (planches) de mélèze. En contrebas, à droite de la route de St-Véran, l'église **St-Romain de Molines★** jouxte un minuscule cimetière clos. Certaines tombes du 19e s. ont disparu ; seules subsistent d'émouvantes plaques émaillées en forme de cœur, accrochées au mur de l'église. L'intérieur est remarquable par sa profusion baroque.

En hiver, son **domaine skiable** est relié à celui de St-Véran.

Musée de l'Abeille – *500 m après Molines, en direction de St-Véran -* ☏ *06 03 11 21 80 - apiqueyras.fr - juil.-août : tlj sf sam. 14h-18h (lun., merc. et vend. 9h30-12h visite de la ruche) - 5,50/16 €.* Un écomusée fort bien fait où l'on apprend le fonctionnement d'une ruche, les différents « métiers » des abeilles, le rôle primordial qu'elles tiennent dans notre écosystème. On y voit différentes sortes de ruches (en paille tressée, en osier, en tronc d'arbre creusé) traditionnelles du Queyras et les outils de l'apiculteur pour collecter le miel.

La route continue à s'élever dans un beau paysage de prés-bois. Vous apercevez soudain les maisons de St-Véran échelonnées sur leur adret ensoleillé.

★★ St-Véran C2 *Voir p. 136*

★★ Route du col Agnel (vallée de l'Aigue Agnelle)

○ *Circuit de 15 km, de Molines au col Agnel, tracé en bleu sur la carte. Suivez la D 205^T, fermée l'hiver.*

De Molines, dirigez-vous vers **Pierre-Grosse (C2)**, nom évoquant les blocs erratiques au milieu des prairies environnantes. Il s'agit de blocs de gabbro, roche magmatique très résistante transportée là par un glacier.

À l'extrémité du hameau, laissez à gauche la route du Coin et continuez en direction de **Fontgillarde (C2)**, le hameau le plus élevé de la vallée (1997 m).

Environ 1 km après Fontgillarde, vous parvenez au pont de Lariane *(sur la droite)* : la route, bordée d'épilobes, offre une belle **vue** sur le pic de Château Renard au-dessus des mélèzes. 500 m plus loin, à droite de la route, on découvre une plaque scellée sur un rocher rappelle que les armées d'Hannibal seraient passées à cet endroit.

Deux kilomètres plus loin, sur la gauche, en continuant sur la route du col Agnel, une petite route permet de rejoindre le **canal de Rouchas Frach**, (*2h30 AR - 8 km)* sentier de découverte à parcourir en aller et retour.

La route s'élève ensuite dans un cadre spectaculaire de haute montagne jusqu'au refuge Agnel, puis au col à la frontière. Montez à la **table d'orientation** (alt. 2 744 m). Magnifique **panorama★★** à l'est sur le Pain de Sucre et le **mont Viso**. Au nord-ouest se profilent la pointe des Fonzes et le Grand Queyras. En arrière-plan, les massifs du Pelvoux, des Écrins et de la Meije.

★★★ Randonnée au Pain de Sucre D2

4h AR - dénivelé 600 m - niveau difficile. Garez-vous au parking, entre le refuge et le col Agnel, à 2 620 m.

😊 Au-delà du col Vieux, montée très raide nécessitant la plus grande prudence. À faire absolument par temps sec et muni de chaussures de montagne.

Accès facile en 30mn au **col Vieux**★ (alt. 2 806 m), d'où l'on a déjà une belle vue sur le lac Foréant, la crête de la Taillante et le Pain de Sucre. De là, on parvient en 15mn de montée à un court replat : continuez tout droit et rejoignez un sentier qui serpente jusqu'au Pain de Sucre (alt. 3 208 m).

Le **panorama**★★★, grandiose et très étendu, est l'un des plus beaux des Alpes. Dans le prolongement des crêtes, la vue porte sur l'Asti et le mont Viso ; au nord, par temps très clair, elle se prolonge jusqu'au mont Blanc.

À la descente, prenez à droite au niveau de la croix un sentier balisé par des cairns. Après d'ultimes passages délicats, il rejoint le replat au-dessus du col Vieux que l'on rejoint en une petite trentaine de minutes.

★ Vallée du Haut Guil (vallée d'Abriès-Ristolas)

▶ *Circuit de 30 km, de Château-Ville-Vieille aux belvédères du mont Viso, tracé en beige sur la carte.*
La route entre l'Echalp et la Roche Écroulée est fermée en hiver.

Ce trajet vous emmène sur les routes les plus agréables de la vallée du haut Guil, carrossables jusqu'à la Roche Écroulée, puis fait découvrir de beaux panoramas sur le mont Viso.

Quitter Château-Ville-Vieille par la D 947, route d'Abriès-Ristolas.

La route remonte la vallée dont l'ubac se revêt de splendides forêts. Devant vous se profile la crête frontière, dominée par la pyramide du **Bric Bouchet** (alt. 2 997 m).

Aiguilles C1

Comme leurs homologues de Barcelonnette *(voir encadré p. 360)*, les Aiguillons enrichis aux Amériques construisirent des villas de style citadin et balnéaire inspiré de l'émigration sud-américaine (hôtel de ville, château de l'Auche dans le parc Margnat). Improprement attribuée au père Gustave, la « maison Eiffel » surprend derrière son rideau d'arbres, à l'est du village. Entièrement en métal, ce pavillon de l'Exposition universelle de 1895 fut racheté par un « Américain » et entièrement remonté à Aiguilles. Aiguilles s'est dotée d'une... cascade de glace artificielle ; elle se trouve au cœur du village et est accessible à tous les niveaux, même le soir *(hiver uniquement)*. En été, une piscine (chauffée) est ouverte.

★ Abriès-Ristolas C1 *Voir p. 141*

Après Abriès, continuez sur la D 947.

La vallée du Guil change d'orientation et devient plus sauvage. Après **La Monta** se détache le mont Asti avec ses névés persistants. À droite, la crête de la Taillante porte bien son nom : son tranchant effilé est impressionnant.

★ Randonnée au lac Égorgéou par les chalets de la Médille CD2

3h à pied AR (1h30 AR en s'arrêtant aux chalets de la Médille) - dénivelé 700 m - niveau intermédiaire.

Traversez le Guil sur le premier pont en amont de L'Échalp et suivez le chemin muletier qui s'élève bientôt dans un ravin affluent pour déboucher, sur le plateau de la Médille, ravissante prairie encadrée de mélèzes. Depuis les chalets de la Médille, belle vue sur le Viso. Le sentier poursuit jusqu'au lac Egorgéou. Retour par le même chemin.

3

L'Échalp D1-2

De ce hameau détruit par une avalanche en 1946 partent les excursions aux belvédères du mont Viso.

La route, accessible uniquement en été, remonte la vallée de plus en plus étroite et s'arrête près de **la Roche Écroulée** *(parking)*.

Garez-vous et poursuivez à pied, pour découvrir le Viso.

★ Randonnée du Petit Belvédère du mont Viso D2

45mn de marche. Niveau facile - mai-oct. (selon les conditions d'enneigement). Trace en téléchargement sur lequeyras.com.

Outre le Viso, vous pourrez admirer de fin juin à début août une infinité de fleurs et de plantes aux doux noms de lis martagon, dauphinelle élevée, fritillaire dauphinoise...

★★ Randonnée au Grand Belvédère, lac Lestio et refuge du Viso D2

6h AR - dénivelé 700 m environ - départ du parking de la Roche Écroulée.

😊 Les chiens, les marches hors sentiers et les cueillettes ne sont pas autorisés afin notamment de protéger une espèce rare, la salamandre de Lanza. Possibilité de passer la nuit au refuge du Viso *(voir « Nos Adresses »)*.

Cette boucle séduit plus par son agrément que par ses panoramas. Elle traverse la réserve naturelle nationale de Ristolas-Mont Viso.

Vous parviendrez en 1h45 au Grand Belvédère par un sentier paysager ponctué de tables explicatives, parallèle à la route. De là, belle **vue★** sur le **mont Viso**, longtemps considéré comme le plus haut sommet des Alpes (alt. 3 841 m). Bien dégagée, sa pyramide rocheuse aux lignes pures est située en territoire italien, mais son admirable face nord ferme la vallée du Guil.

Montez quelques instants, puis prenez un sentier qui descend à droite et longe le torrent, balisé ponctuellement en jaune. Rejoignez le sentier venant du refuge et, après la traversée du torrent, vous aboutirez au **lac Lestio** (alt. 2 510 m), source du Guil, dominé par la pointe de Rome et le col Valante. Revenez sur vos pas et prenez le sentier du refuge balisé en blanc et rouge : **vue★** sur le Viso. Redescendez au Grand Belvédère puis au parking par la route.

Église de Ceillac.

ℹ Carnet pratique

S'informer

Office de tourisme – *2535 rte du Queyras - Château-Ville-Vieille - ☎ 04 92 46 76 18 - lequeyras.com.*
Maison du Parc naturel régional du Queyras – *Arvieux - ☎ 04 92 46 88 20 - www.pnr-queyras.fr.*

Se déplacer

Navette de l'Escarton – *lequeyras.com/navettes-queyras-guillestrois/- gratuit.* De mi-déc. à fin mars et en juil.-août, une navette relie l'ensemble des communes du Queyras.

Agenda

Tournée des grands cols – Début juillet, pendant 1 semaine, 5 cols sont réservés aux véhicules non motorisés (9h-12h) : Galibier, Granon, Izoard, Agnel et Échelle.

📍 Nos adresses

↻ *« Nos adresses » à Ceillac (p. 130), Château-Ville-Vieille (p. 135), St-Véran (p. 140) et Abriès-Ristolas (p. 143).*

Hébergement/Restauration

À Aiguilles

Premier prix

La P'tite Auberge – *☎ 04 92 46 81 60 - www.auberge-queyras. com - 4 ch. 56/66 € - ☐ 10 € - ✗ soir seult.* Quatre chambres de style montagnard vous attendent dans cette maison de village tenue par la toujours très active Joëlle. Née pour partager et communiquer, elle est une hôte parfaite pour ce lieu vivant où chacun est accueilli avec le sourire. Sa cuisine est élaborée avec des produits locaux.

À Abriès-Ristolas

Premier prix

Refuge du Viso – *☎ 04 92 46 81 81 - www.refugeduviso.ffcam.fr - de mi-juin à mi-sept. - 65 places 26 €/ pers. - ☐ 11 € - ✗ 26 €.* À 2 460 m d'altitude, ce refuge, construit dans un vaste cirque d'alpage, constitue une bonne étape sur la randonnée du Tour du Viso depuis la Roche Écroulée ou sur le Tour du Queyras. Magnifique vue sur le massif. Menu montagnard le soir et soirées musicales.

À Molines-en-Queyras

Budget moyen

La Maison de Gaudissard – *☎ 04 92 45 83 29 - www. gaudissard.com - 🅿 - 14 ch. 100 €, 13 places en gîte d'étape et 3 appart. meublés - ✗ panier-repas à midi sur demande.* Chaleureuse ferme queyrassine où la qualité de la table rivalise avec l'accueil des hôtes. Restaurant, bar, sauna, massages. Possibilité d'activités sportives encadrées.

À Arvieux

Budget moyen

Hôtel La Ferme de l'Izoard – *Rte du Col - La Chalp - ☎ 06 63 44 57 02 - www.laferme.fr - 🅿 payant - ♿ - fermé avr.-mai, de déb. nov. à mi-déc. - 23 ch. 85/184 € - ☐ 15 € - ✗ menus 27/37 €.* Bâtiment aux allures de ferme traditionnelle queyrassine. Chambres spacieuses, décorées dans une veine locale et dotées d'un balcon ou d'une terrasse. À table, spécialités du terroir.

Shopping

Marchés alimentaires – *Mar. mat. à Molines et merc. mat. à Abriès-Ristolas ; jeu. à Aiguilles.*

Ateliers Consom'Acteurs – *Rens. sur lequeyras.com ou dans les bureaux du tourisme - ateliers de 5 à 40 €.* Les producteurs et artisans du Guillestrois et du Queyras ouvrent leurs portes et dévoilent leurs secrets en vous invitant à participer au processus de fabrication : moulage de fromages, traite des vaches, miel, cueillette et cuisine des plantes de montagne, cosmétiques naturels, poterie, dentelle aux fuseaux, sculpture du bois, etc.

À Aiguilles

Miellerie de La Vignette – *La Vignette -* 📞 *04 92 46 77 97 - tlj (sonner si pas ouvert).* Produits de la ruche et confitures.

Lazuli Minéraux – *Pl. Jean-Léa -* 📞 *06 77 21 33 01 - Facebook - en sais. ; reste de l'année sur RV.* Dans son atelier-boutique, Caroline Martin taille les pierres du Queyras (et d'ailleurs) pour en faire des bijoux et objets décoratifs.

Activités

👫 **Parc accrobranche du Queyras** – *Molines-en-Queyras - Sur la rte des Amoureux, entre St-Véran et Pierre Grosse -* 📞 *06 17 72 70 30 - www.parc-acrobranche-queyras.com - juil.-août : 11h-16h ; reste de l'année : sur RV - 25 € - réserv. conseillée.* Plusieurs parcours aventures entre les arbres pour tous, à partir de 5 ans. Restauration sur place en été.

👫 **Luge Molines Sensation** – *Clot la Chalp - Molines-en-Queyras -* 📞 *04 92 45 83 37 - 10h30-12h30, 14h-19h (horaires variables, se rens.) - descente luge 7,50 €.* Une activité qui ravira les enfants. C'est l'unique piste de luge 4 saisons du Queyras.

Randonnée

😊 Des navettes transportent VTTistes et randonneurs entre Ville-Vieille, Molines et St-Véran (*voir ci-contre*).
Des itinéraires à parcourir à pied, à vélo ou à cheval sont proposés sur **www.cheminsdesparcs.fr**.

À pied

Les offices de tourisme du territoire vendent une carte des « Promenades et randonnées du Queyras et du Guillestrois » qui recense 450 km de chemins ainsi que le Tour du Queyras en 6 à 10 jours.

VTT

Plusieurs centaines de kilomètres d'itinéraires balisés et labellisés FFC, dont 36 circuits de 1h à une journée, sont présentés sur la carte « Espace VTT/FFC/Circuits et itinérances du Queyras et du Guillestrois » en vente dans les points d'accueil touristique de la région.

Enduro Park d'Abriès-Ristolas – 📞 *04 92 46 71 03 - Facebook - juil.-août.* À l'arrivée du télésiège de Gilly, une dizaine d'itinéraires ludiques, avec virages relevés, passerelles aériennes et sauts.

3

Ceillac

Dans la vallée qui porte son nom, ce joli village blotti au pied du pic de la Font Sancte (3 385 m) est le phénix du Queyras. Plusieurs fois dévasté par le feu, puis par les débordements du Cristillan, il a toujours su renaître en préservant son caractère traditionnel. Même sa station de ski, cachée dans un creux du terrain, se fait discrète. Rien ne gâte donc la beauté du site, vaste cirque s'étalant à 1650 m d'altitude.

Lac Sainte-Anne.
AntiMartina/Getty Images Plus

▶ Se repérer

CARTE P. 106-107 (B2)

282 Ceillaquins – Hautes-Alpes (05).
14 km à l'est de Guillestre par la D 60.

😊 À ne pas manquer

La magnifique randonnée au lac Ste-Anne ; les cascades de glace naturelles en hiver.

🕐 Organiser son temps

Comptez une journée pour visiter Ceillac et faire une randonnée.

👥 En famille

L'école de parapente du Queyras ; randonnées avec un âne *(voir « Activités » dans « Nos adresses »).*

ℹ Carnet pratique p. 130

📍 Nos adresses p. 130

Séjourner

Village

Ici, pas d'alerte à la pollution, pas de parc d'attractions, pas d'illuminations laser, pas de paillettes. Verte ou blanche, rien que la nature...

À l'entrée de Ceillac se dresse le clocher isolé de l'**église Ste-Cécile** (14e-15e s.). Au cœur du village, l'**église St-Sébastien★** est dominée par un très curieux clocher ouvert du 16e s. comprenant 6 cloches sous un abat-son. À l'intérieur, le chœur est orné de peintures murales. Attenante à l'église, la **chapelle des Pénitents** abrite un musée d'Art religieux et des expositions.

Domaine skiable

Aménagé entre 1700 m et 2450 m d'altitude, le domaine skiable comblera les vacanciers en privilégiant la qualité du cadre et de l'environnement : 16 pistes de ski alpin, variées, s'étagent sur un dénivelé très honnête de 750 m. Situées à l'ubac, elles bénéficient d'un enneigement quasiment garanti ! Ceillac est par ailleurs un royaume pour les fondeurs, avec pas moins de 48 km de bonne neige pour se défouler. Le territoire étendu de la station offre également de belles possibilités de ski de randonnée, notamment vers le col Girardin. Enfin, trois circuits damés sont entretenus pour les piétons et 27 km d'itinéraires sont balisés pour les raquettes, sans oublier le nouveau stade de biathlon 4 saisons.

Activités estivales

La commune, traversée par le GR 5 et le GR 58 dit « Philippe-Lamour », est une remarquable base pour les randonnées pédestres. On peut y pratiquer également l'escalade, le VTT, le parapente, la pêche, l'équitation, etc.

Randonnées   CARTE P. 106-107

3

★ **Vallon du Mélezet** B2-3

🐾 *2h AR - 5 km - dénivelé 260 m - niveau facile, accessible aux poussettes tout-terrain. Départ de Ceillac par le GR5.*

😊 On peut également remonter le vallon en voiture.

Alt. 1967 m. Parsemé de hameaux restaurés depuis plusieurs années et dotés de curieuses chapelles, il présente des versants revêtus de mélèzes, à plus de 2000 m ! À droite apparaît la pointe neigeuse de la **Font Sancte** (alt. 3387 m). En face du hameau de Pied-du-Mélezet coule la **cascade de la Pisse**, prise dans la glace en hiver (spot de cascade de glace renommé - *voir « Activités » dans « Nos adresses »*).

★ **Lac Ste-Anne** B3

🐾 *3h30 AR - dénivelé 540 m - niveau intermédiaire. Garez-vous au bout du vallon du Mélezet (parking de Chaurionde).*

Alt. 2415 m. Une promenade paradisiaque parmi les mélèzes, puis dans les alpages où paissent les moutons. Et soudain... le lac Ste-Anne apparaît ! D'une couleur bleu-vert extraordinaire, ses eaux sont retenues par un barrage morainique, déposé par un ancien glacier. Défense de ne pas s'émerveiller : les reflets du pic de la Font Sancte offrent un spectacle de toute beauté. Au bord du lac, une petite **chapelle** fait l'objet d'un pèlerinage le 26 juillet.

😊 Variante possible par une boucle de 5h (GR 5 en partie) au départ du Pied-du-Mézelet et qui passe par le lac Miroir, le lac Ste-Anne, et les Prés de Chaurionde.

ℹ Carnet pratique

S'informer

Office de tourisme – *Mairie - Ceillac* - ☎ *04 92 45 05 74 - lequeyras.com.*

Agenda

Festivols – *Dernier dim. de juil.* Un festival dans le ciel de Ceillac ! Démonstrations d'acrobatie en parapente, vols en montgolfière, ateliers pour enfants, concours de cerfs-volants, spectacles nocturnes.

📍 Nos adresses

Restauration/ Hébergement

Budget moyen

🌿 **Le Pied Jaune** – ☎ *04 92 51 70 47 - Facebook - tlj sf lun. 12h-21h - menus 22/32 €.* Ici les producteurs locaux et les circuits courts sont privilégiés pour concocter une cuisine traditionnelle. Glaces artisanales des Hautes-Alpes, mais aussi crêpes et gaufres pour un goûter bien mérité après la rando !

La Cascade – *Au pied du Mélezet, 2 km au sud-est de Ceillac -* ☎ *04 92 45 05 92 - www.hotel-la-cascade.com -* 🅿 *- 21 ch. 94/152 € -* ☕ *12 € -* 🍴 *menus 23/29 €.* L'hôtel, isolé dans un beau site alpestre, séduira les amoureux de la nature. Chambres de style montagnard (meubles ornés de sculptures au couteau, typiques du Queyras). Espace détente, hammam, Spa, sauna. Le restaurant et la terrasse offrent une jolie vue sur les montagnes. Cuisine régionale élaborée avec les produits du terroir : agneau de la vallée du Guil, fromages de Ceillac...

Petite pause

Farnien'thé – ☎ *06 63 57 96 90 - Facebook - 10h30-21h30.* Ce restaurant se transforme l'après-midi en un attrayant salon de thé où siroter chocolat chaud onctueux et thés délicieux accompagnés de gâteaux maison, crêpes et beignets.

En soirée

Le Pourquoi – *Au pied du village -* ☎ *04 92 45 15 60 - 8h-2h.* LE rendez-vous des jeunes à Ceillac, pour boire un verre, écouter de la musique et passer une bonne soirée !

Activités

Cascades de glace – ☎ *04 92 45 05 74 - des vac. de Noël au dernier dim. de mars.* Le site de Ceillac constitue un spot reconnu en Europe pour ses cascades de glace. Les guides de haute montagne de Ceillac vous feront découvrir cascades, couloirs, goulottes... dans les meilleures conditions.

👥 **École de parapente du Queyras** – ☎ *07 72 26 33 22 - www.parapente05.com - à partir de 8h30 - vols découverte 100 €.* Ceillac est un site privilégié pour le parapente. L'école propose des baptêmes biplace pour les enfants à partir de 4 ans (souvent le matin) et les adultes.

👥 **Randonner avec un âne** – Deux prestataires pour une itinérance de 2 jours ou plus : Les ânes de Ceillac (☎ *06 95 86 63 18*), Trek'ânes (☎ *06 63 92 55 26 - www.trekanes. com*).

Château-Ville-Vieille

Vous voici au point central du Queyras. D'ici partent les trois vallées du parc (la quatrième est celle de Ceillac, que l'on rejoint à partir de Guillestre et de la combe du Queyras). Château-Ville-Vieille est constitué de six hameaux et deux villages que sont Château-Queyras et Ville-Vieille. Nous vous invitons donc à les découvrir, d'abord à travers le prisme du site le plus photogénique du Queyras : fort Queyras, véritable verrou qui ferme l'accès aux vallées depuis Guillestre. Ensuite, vous pousserez jusqu'à Ville-Vieille qui vous délivrera les clés pour partir à l'aventure en pleine nature : vous êtes au cœur du Queyras et au royaume des vététistes et des randonneurs, profitez-en ! De nombreux itinéraires balisés cheminent le long du Guil ou dans les magnifiques forêts de mélèzes.

▶ Se repérer

CARTE P. 106-107 (B2)

322 hab. – Hautes-Alpes (05).
Accès par la D 902 à partir de Guillestre (17 km au sud-ouest) ou de Briançon (38 km au nord-ouest.)

◷ Organiser son temps

Prévoyez une journée, entre les visites et les randonnées.

⚎ En famille

L'Espace géologique.

ℹ Carnet pratique p. 135

⦿ Nos adresses p. 135

3

Se promener

Château-Queyras

★ Fort Queyras
Parking à droite avant la montée au fort ou près de la rivière. www.fortqueyras. fr - mai-oct. : 10h-18h- 13 €.
De son origine, on ne sait rien. Il fut bâti au Moyen Âge à une date indéterminée pour défendre la région contre les bandes de pillards. Il subit alors, au cours des siècles suivants, des remaniements successifs. En 1310 et 1334, on y organise de grandes fêtes pour les dauphins Jean II et Humbert, mais aussi des procès pour les femmes accusées de sorcellerie. Le protestant Lesdiguières s'en empare en 1587

> **Silence ! ça tourne !**
>
> C'est dans le fabuleux cadre du fort Queyras que Philippe de Broca a tourné le film *Le Bossu*, d'après le roman de Paul Féval, où Daniel Auteuil (Lagardère) défie Fabrice Luchini (Philippe de Gonzague) : « Si tu ne viens pas à Lagardère, Lagardère ira à toi ! »

et le fort tombe presque à l'abandon par la suite. Il retrouve de l'intérêt au moment où les troupes du duc de Savoie menacent cette frontière, à partir de 1690. Elles sont repoussées deux ans plus tard grâce à la résistance de la garnison du fort, mais c'est au prix d'un stratagème qui entraîne la destruction du village par les flammes. Quelques mois plus tard, **Vauban** est envoyé sur place pour inspecter les lieux et les renforcer, avant de revenir en 1700. Il dote alors le fort de tout ce qu'il adore : escarpe, fossé, contrescarpe et demi-lune. Il le conçoit comme un poste d'observation avancé ralentissant l'ennemi, pour permettre à Mont-Dauphin et à Briançon de s'armer en cas d'attaque. Entre-temps, la garnison du Roi-Soleil, attendant dans l'ennui que le duc de Savoie renouvelle l'attaque de 1692, en fit voir de toutes les couleurs aux habitants, dont les plaintes sont conservées aux archives de la commune dans l'armoire aux Huit-Serrures qui se trouve dans l'ancienne mairie de Ville-Vieille *(voir ci-dessous)*. On pardonnera aux soldats : le cadre est austère et le climat rigoureux. En 1967, l'armée met le fort en vente ; depuis, il est passé entre les mains de plusieurs propriétaires.

En franchissant le pont-levis, vous pénétrez dans un inextricable dédale de passages, escaliers, casemates et bastions dont les constructions et autres aménagements se sont prolongés jusqu'au 19ᵉ s.

★ Espace géologique

À hauteur de l'église, prenez la rue à gauche. Laissez la voiture près de la rivière, puis revenez à pied et passez sous le porche. 📞 *04 92 46 88 20 - www.pnr-queyras.fr - juil.-août : lun., merc. et jeu. 14h-18h - 2 €.*

👥 Dans l'ancienne crypte de l'église, la naissance des Alpes est expliquée à l'aide de bornes interactives. Cette excellente initiation (orchestrée par le Parc naturel régional du Queyras) vous fera mieux comprendre les phénomènes géologiques dont la région est riche. Vous sentirez une odeur vieille de 170 millions d'années en frappant des galets : celle d'algues décomposées dans de la vase.

Randonnée au lac de Roue

🥾 3h AR - dénivelé 500 m - niveau intermédiaire. Au départ de Château-Queyras, parking en contrebas du fort, puis empruntez le GR 5. Possibilité de faire la randonnée à VTT

En lisière de forêt ou en sous-bois, le sentier vous mène au lac de Roue, envahi par les plantes aquatique et entouré de bois où vous trouverez des tables de pique-nique. De là, deux belvédères aménagés (suivez les panneaux) offrent des panoramas superbes sur le fort Queyras et Villargaudin.

Ville-Vieille

Ville-Vieille est le point central du Queyras. En arrivant de Château-Queyras, vous tomberez tout de suite sur la Maison du Queyras (informations touristiques sur tout le territoire) et, juste à côté, la **Coopérative des artisans du Queyras - Pays du Viso** *(voir « Nos adresses »)*. Gagnez ensuite le vieux village, nommé ici la « ville ».

Armoire aux huit serrures

9h-12h - fermé w.-end - gratuit.

L'ancienne mairie abrite une belle et étonnante armoire (18ᵉ s.) à huit serrures décorée dans le style queyrassin. Pourquoi huit ? Cette armoire correspond à une période bien précise de l'histoire du Queyras, lorsque les principaux villages étaient organisés en escarton (sorte de république – *voir p. 38*) : chacun des sept villages possédait une clé de l'armoire, la 8ᵉ étant celle du secrétaire général du

3

Le fort de Château-Queyras.
D. Hyniewska/age fotostock

Queyras. Ce n'est que lorsque les huit représentants étaient réunis et introduisaient leur clé qu'ils pouvaient ouvrir l'armoire qui recelait les archives.

Sentier des Astragales

👣 *1h30 en boucle - dénivelé 200 m - niveau facile. Départ à gauche de la route, juste avant l'entrée du village.*

Le circuit conduit à la **Pierre Fiche**, mégalithe légendaire et permet de voir en abondance une plante rare, l'astragale queue-de-renard, ainsi que l'adonis d'été et la sauge d'Éthiopie.

À proximité

CARTE P. 106-107

★ Sommet Bucher B2

▶ *11 km au sud de Château-Queyras.*

Ombragée de pins et de mélèzes, la route en lacet offre de jolies échappées sur le site de Château-Queyras. Au bout, montez aux tables d'orientation, de chaque côté d'un bâtiment militaire : très beau **panorama** (alt. 2257 m) sur le mont Viso et St-Véran à l'est, les pics de la Font Sancte, le massif Pelvoux-Écrins à l'ouest et le majestueux pic de Rochebrune au nord. Le site servait autrefois de poste de guet pour surveiller l'accès aux vallées.

👣 On peut également atteindre le sommet Bucher à pied depuis Molines *(3h30 AR - dénivelé 500 m - niveau intermédiaire).*

Circuits conseillés

CARTE P. 106-107

★★ Vallée de Molines/St-Véran BC2

▶ *Circuit de 15 km, de Château-Ville-Vieille à St-Véran, tracé en rouge sur la carte. Voir p. 122.*

★ Vallée du Haut Guil (vallée d'Abriès-Ristolas) B2-C1

▶ *Circuit de 30 km, de Château-Ville-Vieille aux belvédères du mont Viso, tracé en beige sur la carte. Voir p. 123.*

★★ Route du col d'Izoard (vallée d'Arvieux) B1-2

▶ *Circuit de 22 km, de Château-Ville-Vieille au col d'Izoard, tracé en gris sur la carte. Voir p. 118.*

❶ Carnet pratique

S'informer

Office de tourisme – *Ville-Vieille -*
☎ 04 92 46 76 18 - lequeyras.com.

♦ Nos adresses

Shopping

🗌 **Coopérative des artisans du Queyras - Pays du Viso** – *Maison de l'artisanat - Ville-Vieille - ☎ 04 92 46 80 29 - www.artisanat-queyras.fr.* Cette maison se veut la vitrine de la production artisanale du Queyras : meubles traditionnels, photographies, bijoux, cuir, poteries, charcuteries, pâtisseries, miel, liqueurs, alcools et produits transalpins.

Le Plantivore – *Maison de l'artisanat - ☎ 04 92 46 76 51 - v2.plantivore.fr.* Il connaît mieux que personne les plantes de sa montagne. Ses confitures ont beaucoup de succès et sont reconnues : celle de myrtilles sauvages a obtenu la médaille d'or au Concours général agricole de Paris 2022. Mais c'est surtout avec les fameuses liqueurs d'hysope, de mélèze, de genièvre, de queyrassine et de génépi, ainsi que les apéritifs baptisés « amours », qu'il fait chavirer les têtes.

Acanthernel – *Le Brasq - Ville-Vieille, à côté d'Intermarché - ☎ 06 82 91 15 77 - www. acanthernel.com - sur RV.* Dans leur atelier, Floranne et Guillaume réinventent le mobilier queyrassin. S'ils s'inspirent largement des formes et des motifs traditionnels, ils savent les faire évoluer vers un style plus moderne. Ils ont, avec humour, baptisé leur ligne de meubles « Ikeyras », en référence à la célèbre marque suédoise. Ateliers Consomm'acteurs (adressez-vous à l'office de tourisme à Ville-Vieille). Vente de bijoux artisanaux.

🗌 **Fromagerie de Château-Queyras** – *Les Eaux Douces - Château-Queyras - ☎ 04 92 46 73 16 - fromageriechateauqueyras. fr - visite guidée sur réserv., se rens.* Vous trouverez ici tous les fromages traditionnels du Queyras (bleu du Queyras, viso vache et chèvre, raclette), ainsi que des fromages bio.

Activités

👥 **Via Ferrata de fort Queyras** – *Mai-oct. - 2h - à partir de 1,25 m - départ au pont du Pasquet, sous le fort Queyras.* Il existe quatre via ferrata dans le Queyras et celle-ci est la plus facile. Elle évolue au-dessus du Guil et sous les hautes murailles du fort Queyras. Plusieurs prestataires si vous souhaitez être accompagné ou initié.

Quey'Raft – *☎ 06 10 15 13 28 - www.queyraft.com - avr.-oct. - baptême 42 €, parcours 52/85 €/j.* Les sports d'eaux vives se pratiquent principalement sur le bas du Guil, en été. Quey'Raft, basé à Château-Queyras, est donc en première ligne pour vous initier aux joies du rafting ou simplement vous accompagner.

3

Saint-Véran ★★

Prenez de l'altitude ! St-Véran est « la plus haute commune où se mange le pain de Dieu », comme le rappelle l'un des 26 cadrans solaires de ce village d'exception. La présence des hommes à 2040 m d'altitude s'exprime notamment au travers des fameux chalets à fustes – beautés fatales – qui donnent tout son charme au lieu. Un beau patrimoine architectural à découvrir dans cette terre d'escapade aux mille randonnées.

Maison à fuste, à Saint-Véran.
Gerald Cummins/Getty Images Plus

▶ Se repérer

CARTE P. 106-107 (C2)
172 St-Véranais – Hautes-Alpes (05). À 18 km de Château-Ville-Vieille, par la D 5.

⏱ Organiser son temps

Comptez environ 1/2 journée pour le village et les visites.

👪 En famille

Le musée du Soum ; la Maison du soleil et le parc accrobranche.

ℹ Carnet pratique p. 140

📍 Nos adresses p. 140

Se promener

★★ Village

C'est à pied qu'il se découvre. Intégralement construit en bois et en pierre, c'est l'un des plus beaux de France. En remontant la rue principale, vous accéderez à la place centrale, à l'église et à l'office de tourisme. Les **chalets**, exposés plein sud sur une ligne de 1 km, présentent, en avant de leurs greniers à fourrage ou **fustes**, de longues galeries où les céréales étaient entreposées : exposées à l'air, elles finissaient tranquillement de mûrir à l'abri des intempéries. Les cinq quartiers (les Forannes, le Châtelet, la Ville, Pierre-Belle et le Villard), autrefois bien isolés les uns des autres pour éviter les risques de propagation en cas d'incendie, possédaient tous une fontaine en bois, un four à pain (celui des Forannes abrite une exposition sur l'ancienne mine de cuivre tandis que celui de la Ville en présente une autre sur la préparation et la cuisson du pain) et plusieurs croix de la Passion *(voir p. 120)*.

Église

Entourée par son cimetière, elle fut construite au 17e s. Elle est gardée par deux très vieux lions bien fatigués, provenant d'une église antérieure. Affectueux (ou féroce ?), celui de gauche tient un enfant entre ses pattes. L'intérieur surprend par l'ampleur insoupçonnable de la nef où trône un magnifique **retable baroque★** : que seraient les églises des Alpes sans les artistes italiens ?

★★ Musée du Soum

Les Forannes - 🖉 *04 92 45 86 42 - juil.-août : 9h30-12h30, 13h30-18h30 ; juin et sept. : tlj sf lun.-mar. 9h30-12h30, 14h-18h ; de fin déc. à fin mars : lun., merc. et vend. 13h30-17h30 - 5 €.*

Soum signifie « extrémité », en l'occurrence celle du quartier des Forannes. Une chance pour cet emplacement ! Il permit à cette maison, construite en 1641, d'échapper aux incendies, plaie de St-Véran. C'est aujourd'hui la plus ancienne du village et son **architecture** en fait le symbole de la maison traditionnelle de la vallée. Le Parc naturel régional, soucieux de la sauvegarde du patrimoine, l'a achetée.
👥 Des éléments sont propres à St-Véran : dans la cour et l'entrée, sol de billots de bois formant un beau pavage rond, plus résistant au passage des animaux ; « chambre du berger » destinée aux saisonniers piémontais en été : vu la taille du lit, ces hommes n'étaient pas bien grands ou dormaient assis. Notez la petite pièce pour le stockage du pain qui était cuit une fois tous les trois mois au four du village. Puis vous découvrirez tous les aspects de la vie paysanne au fil d'une extraordinaire suite de pièces dont les meubles, en pin cembro, sont plus beaux les uns que les autres. La **pièce commune**, au rez-de-chaussée, était si commune qu'hommes et bêtes y cohabitaient, chacun occupant un côté de la salle (râtelier à fourrage). Les vaches, ânes, chèvres et poules fournissaient la chaleur à la maisonnée. Le lit clos, à l'opposé, accueillait plusieurs membres de la famille. Table et chaises occupaient le centre de cette salle commune. Un espace fermé, exigu,

Le chasseur de dragon

Véran, patron des bergers, fut archevêque de Cavaillon. Au 6e s., un dragon terrorisait le pays. Saint Véran l'attaqua. Le dragon blessé s'envola vers la Provence, jalonnant son parcours de gouttes de sang. Chacune symbolisa ensuite l'une des étapes des transhumants qui menaient leurs troupeaux du Luberon vers le Queyras.

3

accueillait les moutons. Au 1er étage, sur le cadre du lit de la chambre à coucher, a été gravée une belle maxime : « Aimer, créer, oublier ». Au 2e étage, avant la fuste, **ateliers reconstitués** du menuisier, du bourrelier et du lapidaire.

Ancienne maison traditionnelle

Pierrebelle - ☎ 06 50 19 33 13 - tlj en sais. été et hiver (hors sais. sur RV) - se rens. Elle a été habitée avec les animaux jusqu'en 1976. Sa visite est guidée par la famille qui y a vécu, un témoignage bien vivant donc.

Maison du soleil

Le Bouticari - Le Châtelet - ☎ 04 92 23 58 21 - www.saintveran-maisondusoleil. com - de mi-juin à mi-sept. : tlj ; hiver : mar.-vend. 13h-18h - 4 €.

👪 **Ateliers pour les enfants** – *Fabrication d'un cadran solaire, de cosmétique, de fusée à eau... Sur réserv. - à partir de 6 ans - 12 €.*

À 2040 m d'altitude, St-Véran est le plus haut village d'Europe, donc plus près du soleil... Une bonne occasion de venir dans ce centre d'interprétation observer l'astre solaire et en décortiquer les secrets. La captation des rayons et l'observation se font grâce à un cœlostat : taches noires, protubérances et éruptions apparaissent à la surface du soleil. Le spectrographe est l'autre instrument d'étude : en décomposant la lumière, il permet d'analyser la composition du soleil.

La visite guidée est jalonnée d'expériences interactives sur l'énergie solaire, l'interactivité entre la lumière et la chimie, la physique et la biologie. Une visite lumineuse !

★ Une nuit à l'observatoire

👪 *Sur réserv. au ☎ 04 92 46 89 31 (centrale de réserv. de l'office de tourisme) - www.lequeyras.com - juil.-août : 17h-10h ; Noël-mars : 15h-10h - 95 €. Apportez un pique-nique pour le soir (petit-déj. offert), un sac de couchage (ou un drap) et des vêtements très chauds. Hébergement en dortoirs de 4 lits (couvertures et oreillers fournis) - groupe de max. 8-9 pers. Voir l'encadré vert ci-dessous.*

Randonnées   CARTE P. 106-107

Route des Amoureux C2

🥾 *2h AR - dénivelé 80 m - très facile. Départ de la station de ski de St-Véran, à la chapelle Ste-Marie-Madeleine.*

Au départ de St-Véran, elle offre des **vues★** sur les versants nord de la vallée et sur le pic de Rochebrune, puis s'enfonce dans les mélèzes et débouche sur le hameau

---

On vous emmène passer la nuit à observer les étoiles

Pour aller plus loin dans l'observation du soleil (et des autres étoiles et planètes), venez passer la nuit à l'observatoire de St-Véran, à 2936 m d'altitude. On y accède à pied, par les crêtes ou par la piste de l'observatoire, 4h de rando (5-6h en hiver) qui vous rapprochent toujours un peu plus de l'astre solaire (et bientôt lunaire). À l'arrivée, quel émerveillement ! Des animateurs vous accompagnent pour un programme de rêve : observation du ciel en fin de journée, puis nocturne en extérieur et sous coupole (télescope) jusqu'à 2h du matin. Cratères de la lune, anneaux de Saturne, nébuleuses... défilent devant vos yeux ébahis. Et au lever du soleil, si l'horizon est parfaitement dégagé, l'ultime récompense sera la contemplation du fameux rayon vert qui, en montagne, est bleu !

de **Pierre-Grosse**. Au passage, arrêt possible au parc accrobranche du Queyras *(voir « Activités » dans « Nos adresses »).*

Chapelle N.-D.-de-Clausis C2

🐾 *3h AR - dénivelé 400 m - niveau facile. En juil.-août, route d'accès interdite à la circulation mais possibilité de prendre la navette de Clausis (voir p. 142 – 20mn, puis 15mn de marche).*

Alt. 2 390 m. Vous longez une ancienne carrière de marbre et les vestiges des **mines de cuivre**, qui ont cessé leur activité en 1959. Dans les prairies environnantes, vous verrez quelques **marmottes**. La chapelle, qui fait l'objet d'un pèlerinage le 16 juillet, se trouve au centre d'un cirque entouré de la montagne de Beauregard, du pic Traversier, de la Rocca Bianca (3059 m), de la Tête des Toillies (3 176 m). Dans l'axe de la vallée, vue sur les sommets dominant Château-Queyras et Arvieux.

★★ Tour de la Tête des Toillies C2

🐾 *6h AR - dénivelé 1050 m - niveau confirmé. Partez tôt : prenez la navette de Clausis au plus tard à 10h (voir p. 140).*

😊 Remarquable randonnée, aux paysages variés, nécessitant de l'endurance. Dans le lacet précédant la chapelle, quittez la route et prenez un chemin conduisant au **lac et au refuge de la Blanche** *(45mn de marche).* Avant le refuge, bifurquez à droite vers le **col de la Noire** (alt. 2 955 m). Montée raide à travers les rochers *(balisage jaune).* Du col, **panorama★** sur la masse rocheuse de la tête des Toillies, le Pain de Sucre, le Brec et l'aiguille de Chambeyron. Descente rapide vers le **lac de la Noire**, face au Bric de Rubren. 10mn après le lac, quittez le sentier qui se dirige vers la droite. Prenez à gauche et repérez au bout de quelques mètres un sentier qui descend raide vers le fond de vallée et présente un court passage délicat dans les rochers. Il évolue ensuite à flanc de montagne dans la direction du lac Longet. Sur la fin, il se perd : rejoignez à vue le sentier, bien visible, en provenance de la « cabane du Col ». On parvient enfin au **col de Longet** : très beau cadre sauvage, agrémenté par plusieurs lacs. Descendez 10mn et, dans un lacet à droite, bifurquez à gauche en direction du **col du Blanchet** *(inscription sur un rocher).* Comptez 45mn de montée sur un bon sentier tracé dans les alpages. Du col, **panorama★★** saisissant sur la tête des Toillies, élancée vers le ciel, le Pelvoux, le pic de Rochebrune, le Viso et les Alpes italiennes (lac Bleu). *Comptez 1h15 de descente pour rejoindre la navette.*

★★ Col de St-Véran et pic de Caramantran C2

🐾 *4h30 - dénivelé 820 m - niveau intermédiaire. Prenez la navette de Clausis (voir p. 140).*

Marchez sur la route pendant 5mn. Avant un pont, empruntez le GR 58 (panneau). Après environ 15mn de marche, au Rocher des Marrous, quittez le GR 58 et prenez le sentier qui part sur la droite. En 1h30, vous serez au col de St-Véran : **vue★** sur le Viso et le lac Castello (en Italie). Suivez à gauche les crêtes qui mènent en 30mn au **pic de Caramantran** (alt. 3 026 m), composé de deux buttes séparées par un court passage un peu délicat. Il porte le nom d'un personnage du carnaval provençal, brûlé le soir du mercredi des Cendres. **Panorama★★** magnifique sur le mont Viso, la tête des Toillies, le massif de Chambeyron, le Pelvoux, le pic de Châteaurenard, le pic de Rochebrune et le Grand Queyras. Prenez entre les deux buttes un sentier descendant en 15mn au **col de Chamoussière★**, d'où vous verrez le Pain de Sucre. *Descente vers la navette en 1h45 en suivant le GR balisé.*

ⓘ Carnet pratique

S'informer

Office de tourisme – ☎ 04 92 45 82 21 - lequeyras.com.

Arriver/partir

Se garer – Voitures interdites en été, sauf pour les séjournants. Parking payant à l'entrée du village.

Se déplacer

Navette de Clausis – *Départ au parking de Ste-Luce (sortie sud du village) - juil.-août : 7h50-18h (sf 16 juil.) -7 € AR, 5 € aller simple.* La navette (30 places) circule sur la route de l'ancienne mine de St-Véran jusqu'au croisement de la piste qui monte vers l'observatoire.

Agenda

Rencontres en Ciel pur – *Déb. juil.* Festival autour de l'astronomie ; programmation culturelle et scientifique variée.

📍 Nos adresses

Restauration/ Hébergement

Budget moyen

Les Chalets du Villard – *Quartier Le Villard -* ☎ *04 92 45 82 08 - www.leschaletsduvillard.fr -* 🅿 *- fermé avr.-mai et de mi-sept. à mi-déc. - 23 ch. 114/178 € et 5 gîtes de 2 à 14 pers. -* 🍽 *14 € -* 🍴 *le soir.* Un bel hôtel familial, dont l'architecture se fond avec celle du village, dans la pure tradition queyrassine. Agréable été comme hiver (grande terrasse panoramique, espace sauna, hammam, Jacuzzi). Le restaurant, qui fait la part belle aux grillades (viande des Hautes-Alpes) au feu de bois, sert une cuisine élaborée exclusivement à partir de produits frais du Briançonnais.

Une folie

L'Alta Peyra – *Quartier La Ville -* ☎ *04 92 22 24 00 - www.dvm-vacances.com -* 🅿 🏊 *- de mi-déc. à fin mars et juin-sept. - 59 ch. 200/480 € -* 🍽 *19 € -* 🍴 *plats 23/37 €.* Voici le seul 4 étoiles du Queyras et y passer un moment vaut le détour. Ses cinq bâtiments s'intègrent parfaitement à l'architecture traditionnelle et préservée de St-Véran, au point qu'on ne les distingue guère des autres maisons. Il allie modernité et prestations de haut standing : Spa, piscine chauffée, espace enfants, boutique. L'établissement possède en outre un restaurant, Le Bistrot d'en Ô, avec une grande terrasse.

Shopping

La Fontaine du Cembro – *19 r. Pierre-Belle -* ☎ *04 92 45 82 40 - tlj sur RV.* Chez les Brunet, on travaille le bois en famille depuis trois générations. Aujourd'hui, c'est Samuel qui a repris le flambeau et qui sculpte et orne chaises, dessous-de-plat et meubles dans son atelier que l'on peut admirer à travers une grande baie vitrée. Le bois utilisé est essentiellement du pin cembro.

Activités

Sports d'hiver – Le domaine de St-Véran et Molines propose 1100 m de dénivelé, 30 pistes de ski alpin, 21 km pour le ski de fond, des pistes de raquettes et de randonnée nordique.

👥 **Parc accrobranche du Queyras** – *Voir p. 127.*

Abriès-Ristolas ★

Grande pionnière de l'alpinisme du haut Queyras, Abriès est aujourd'hui une station-village aux portes de la réserve naturelle nationale de Ristolas Mont Viso. Vous ne manquerez ni son marché haut en couleur du mercredi ni les sommets frontaliers qui, tout autour, forment un grand terrain de sport naturel…

> ▶ **Se repérer**

CARTE P. 106-107 (C1)
388 Abristolins – Hautes-Alpes (05). Pour atteindre Abriès-Ristolas, au fin fond du Queyras, il faut suivre la D 947 (18,5 km de Fort Queyras) et remonter jusqu'au bout la vallée du Guil.

> ◷ **Organiser son temps**

Comptez 2h de visite dans le village et une demi-journée si vous effectuez en plus une randonnée facile.

> ☷ **En famille**

La randonnée du col Lacroix.

> ❶ **Carnet pratique p. 143**

> ◉ **Nos adresses p. 143**

Se promener

Abriès

Le village fut victime de plusieurs incendies et inondations. La crue de 1728 emporta le cimetière, le porche de l'église et les lions, retrouvés nageant dans le torrent ! Le cadran solaire de l'église vous le rappelle : « Il est plus tard que vous ne croyez. » Faites donc vite le **circuit des Pierres Écrites**, en suivant les pierres gravées d'inscriptions qui jalonnent les rues et relate l'histoire d'Abriès *(itinéraire en téléchargement sur lequeyras.com)*. Et pour une courte promenade agréable, montez à la chapelle N.-D.-des-Sept-Douleurs, en empruntant le GR58 jalonné par un chemin de croix atypique.

Ristolas : L'Arche des Cimes C1

℘ 04 92 46 86 29 - www.pnr-queyras.fr - ♿ - *juil.-août : 12h-18h ; juin et sept. : tlj sf lun.-mar. 14h-18h ; de fin déc. à fin mars : mar. et jeu. 13h30-17h30 ; reste de l'année : se rens. - 5 €.*
☷ Centre d'interprétation et de connaissance sur la nature. La beauté fragile et la complexité du monde vivant sont mises en scène, dans un style innovant, dans cette arche de Noé qui saura guider vos sens vers plus de nature.

Randonnées
CARTE P. 106-107

😊 *Voir aussi les randonnées en fond de vallée d'Abriès (vallée du haut Guil), p. 123.*

★ Colette de Gilly C1

▶ *Télésiège de Gilly -* ℘ *04 92 45 83 18 - juil.-août : 9h30-12h50, 14h-16h50 ; hiver : 9h30-16h45 - 9 € AR.*
💨 *2h AR - dénivelé 500 m - niveau facile.*
À l'arrivée du télésiège (alt. 2 020 m), prenez en face de vous le GR 58 *(balisage blanc et rouge)* et montez en 45mn à la Colette de Gilly. Encore 15mn, et vous

arriverez au sommet de Gilly (alt. 2 467 m), pour admirer le **panorama★** sur la Tête du Pelvas, le Bric Bouchet et le Grand Queyron, ainsi que sur les pics Ségure et du Fond de Peynin.

★★ Col Lacroix D1

3h - dénivelé 630 m - niveau facile. Départ de l'église de L'Échalp (à 7 km d'Abriès par la D 947 en direction de Ristolas).

Le col Lacroix culmine à 2 299 m d'altitude et pourtant, il est très accessible : faites la randonnée avec vos enfants, ils seront très fiers d'avoir « fait leur premier (presque) 3 000 m ! ». Petite surprise supplémentaire à l'arrivée : vous poserez un pied en Italie !

De l'église de L'Échalp, prenez le sentier « GPR Tour du Pain de Sucre » qui, après quelques lacets, pénètre en forêt et se termine dans une clairière où court un ruisseau. Pause bienvenue ! Continuez jusqu'au col, en surplomb du torrent de Combe Morelle. De l'autre côté du torrent apparaissent les ruines du Refuge Napoléon, témoin des échanges transfrontaliers entre le Queyras et le Val Pellice. Au col, remarquez l'ancienne borne frontière arborant, sur la face France, la fleur de lys. Pour redescendre, prenez la direction de La Monta : superbes vues sur la vallée du Haut-Guil. Le sentier (GR 58C) passe cette fois tout à côté des ruines du refuge, puis traverse un bois avant d'atteindre La Monta. L'Échalp n'est qu'à 10mn de marche.

★★ Tour de la crête de la Gardiole D1

8h env. au départ du hameau de Valpreveyre - circuit entièrement balisé ; en saison, repas et nuit possibles au refuge du Lago Verde (Italie).

Cette randonnée permet d'apprécier la diversité des paysages et le caractère affirmé des constructions rencontrées. Au départ de **Valpreveyre**, joli hameau d'alpage, dirigez-vous vers le hameau du Roux en aval, puis rejoignez les chalets du Pra-Roubaud (belle fontaine en bois) avant d'atteindre le col frontalier d'Abriès ou de St-Martin (alt. 2 657 m) en 4h de marche facile. Superbe **vue★★** sur le **Val Germanasca** (Italie) et le sommet bien détaché du Bric-Bouchet. En 1h de marche, vous arrivez au refuge du Lago Verde (alt. 2 583 m). Au nord, la **cime du Grand Queyron** (alt. 3 060 m) se détache nettement des crêtes. Le retour à Valpreveyre se fait par le col du même nom.

Depuis le refuge du Lago Verde, il est possible de faire le tour du Bric Bouchet. Vous profiterez de cette incursion dans la vallée italienne de Pignerol pour visiter **Prali** et son musée d'ethnologie du Val Germanasca. Reprenez le sentier jusqu'au Bout-du-Col, où s'amorce une route revêtue. Ne l'empruntez pas, mais suivez à gauche le sentier le long de la berge du torrent jusqu'aux premières habitations de Pomieri. Vous parvenez à Ghigo di Prali en 2h30.

Plusieurs solutions s'offrent à vous pour revenir sur le Queyras, par le col Lacroix ou par le col d'Urine en contournant la Tête du Pelvas. Ces circuits impliquent une ou deux nuitées dans les refuges italiens, à Villanova ou au refuge Jervis (*à proximité du col Lacroix*).

★★ Randonnées à VTT

Les circuits les plus intéressants remontent d'Abriès jusqu'à La Monta. Au-delà, vous aurez le choix entre une excursion d'une journée jusqu'au **col Lacroix** (alt. 2 299 m) ou une randonnée, plus large et plus riche en émotions, permettant d'atteindre, dans le val Pellice, le **refuge Barbara-Lowrie** (alt. 1 753 m). L'arrivée récompensera l'ascension d'une impressionnante succession de lacets jusqu'au **col du Baracun** (alt. 2 380 m) avant la descente vers le refuge.

ℹ Carnet pratique

S'informer

Office de tourisme – *1 pl. des Halles - Abriès-Ristolas -* ℘ *04 92 46 72 26 - lequeyras.com.*

Agenda

Musi'Queyras – *www.musiqueyras. org - mi-juil.* La musique s'invite dans le Queyras pendant une semaine. Des concerts sont donnés dans les villages, mais le festival a surtout lieu à Abriès-Ristolas : concerts (chez l'habitant, en refuge), bals, déambulations musicales, ateliers et stages de musique.

📍 Nos adresses

Restauration

Budget moyen

Lou Goustaroun – *Rue du Haut-Guil -* ℘ *04 92 46 76 47 - fermé lun. en haute saison ; lun.-mar. le reste de l'année ; en avr.-mai et oct.-nov. - menus 23/33 €.* Décor montagnard pour ce restaurant ouvert toute l'année. Une fois attablé, vous goûterez des plats traditionnels à souhait, dont la succulente soupe aux herbes sauvages. Un menu végétarien et des pizzas cuites au feu de bois sont également proposés. Aux beaux jours, vous pourrez également profiter de la terrasse.

Shopping

Marché alimentaire – *Merc. mat. à Abriès.*

Poivre et Sel – *Le bourg -* ℘ *04 92 46 83 71 - fermé dim. soir et lun.* La meilleure charcuterie du Queyras vous régale de terrines, jambons, saucissons et tourtes maison, d'appellation « montagne ».

Activités

Sports d'hiver – 900 m de dénivelé, 16 pistes pour le ski alpin, 41 km pour le ski de fond, le tout relié aux autres domaines skiables du Queyras par des navettes. Sentier piéton-raquettes le long du Guil (entre Ville-Vieille et la Roche Écroulée). Circuits raquettes au départ du télésiège d'Abriès.

Hébergement

Budget moyen

Hôtel Chalet de Lanza – *Le bourg -* ℘ *04 92 46 71 21 - www. chaletdelanza.fr - fermé avr.-mai et de nov. à mi-déc. - 10 ch. 102/107 € -* ☕ *12 € -* ✕ *panier-repas 11 €.* Cet hôtel est idéalement situé au cœur du Parc naturel régional du Queyras, à deux pas du domaine skiable. Ses chambres rénovées sont simples et confortables et vous pourrez profiter du sauna à infrarouge. Le restaurant propose une copieuse cuisine locale.

3

Vars

Entre Queyras et Ubaye, Vars est une grande station des Alpes du Sud. Ensoleillement, environnement intact de la réserve du Val d'Escreins, équipements dernier cri : un tiercé gagnant en toute saison.

▶ Se repérer

CARTE P. 106-107 (B3)

585 Varsincs – Hautes-Alpes (05). À 15 km au sud de Guillestre. La station se répartit sur quatre hameaux étagés entre 1630 et 1850 m : Ste-Marie, St-Marcellin, le plus ancien, Ste-Catherine et Les Claux, plus moderne.

☺ À ne pas manquer

Le paysage sauvage du col de Vars ; la réserve naturelle du Val-d'Escreins.

⊙ Organiser son temps

Consacrez une demi-journée au val d'Escreins, car il serait dommage de ne pas passer quelques heures à vous promener sur les sentiers de la réserve naturelle du Val d'Escreins.

ⓘ Carnet pratique p. 147

⚲ Nos adresses p. 147

Séjourner

Les Claux

Les Claux constitue le cœur de la station : les immeubles et chalets se dispersent dans les mélèzes. Mais l'accès direct aux pistes a lieu au départ des Claux et de Ste-Marie.

Domaine skiable

Avec **Risoul 1850** *(voir p. 114)*, auquel il est relié, il constitue le domaine de la **Forêt Blanche**, fort de 185 km de pistes. Ses champs de neige variés comblent les amoureux de beaux paysages. Le caractère sportif de Vars a été renforcé par l'ouverture du **stade de ski de vitesse** et par l'accueil de la Coupe du monde du ski de vitesse et des Speed Masters. La **piste de Chabrières** est la plus impressionnante du monde : 1400 m de pente à 52 % en moyenne et 98 % au maximum ! On comprend que, dans sa partie basse, l'aire de décélération et de freinage fasse 850 m… C'est dans cette section que vous pourrez vous initier à cette activité. Six *snowparks* ont également été aménagés sur le site. Outre la glisse et la randonnée sous toutes ses formes (en chien de traîneau ou canirando), Vars propose VTT sur neige, luge sur rail 4 saisons, etc. En **été**, c'est le royaume du **VTT**, avec la plus longue descente d'Europe : 32 km de pur bonheur (1800 m de dénivelé entre Vars et Embrun). En outre, les remontées mécaniques donnent accès à de nombreux circuits et sentiers trail. Vars est aussi un excellent centre de randonnées pédestres, entre le Queyras et l'Ubaye.

Circuits conseillés   CARTE P. 106-107

★ Route du col de Vars

▶ *Circuit de 9 km, de Vars au col de Vars, tracé en vert clair sur la carte.*
☺ De décembre à avril, le col de Vars risque d'être obstrué par la neige.
De Vars au col, le parcours se déroule au pied des pentes rases équipées de remontées mécaniques, à partir de Ste-Marie jusqu'à la sortie de Vars-les-Claux.

Chapelle près du col de Vars.
ahavelaar/Getty Images Plus

★★ Pic de Chabrières A3

▶ *Accès par le télémix de Chabrières, aux Claux.* 📞 *04 92 46 51 31 - www.vars. com - ♿ - horaires, se rens. - 9 € AS - accès en été possible pour les randonneurs grâce à deux sentiers depuis le haut du télémix.*

Le télémix (cabines et sièges sur la même remontée) de Chabrières arrive au pied de la piste du kilomètre lancé. Impressionnante ! Vue sur les villages, la Tête de Paneyron, les crêtes de l'Eyssina, etc. Plusieurs sentiers d'interprétation partent du sommet du télémix de Chabrières *(www.vars.com/ete/envies/activites/ sentier-dinterpretation)*.

Au **pic de Chabrières** (alt. 2 746 m), superbe **panorama★★** sur la « forêt Blanche », le Pelvoux, le Queyras, le mont Blanc au nord, le mont Ventoux au sud, le pic de la Font Sancte et les montagnes entourant le lac de Serre-Ponçon, visible dès le **col de Crévoux★**.

★ Col de Vars B3

Alt. 2 109 m. Dans un paysage désolé de prairies et de blocs de grès, un monument commémore la restauration de la route par les troupes alpines.

Val d'Escreins

▶ *Circuit de 7 km, de Vars à la réserve, tracé en violet sur la carte. Descendez la D 902 et prenez à droite.*

St-Marcellin-de-Vars B3

Ce hameau ancien a conservé son aspect montagnard. Il était autrefois dominé par un **château**. Surveillant la vallée et les passages vers l'Italie, il gênait donc les troupes du duc de Savoie, qui l'ont démoli. Vous pouvez accéder aux ruines. 👣 *1h30 AR, circuit court mais raide.* Rendez-vous à l'église et longez-la par la droite. Le sentier est balisé de points jaunes. Au premier lacet sur la gauche, continuez tout droit *(ne pas se diriger vers une maison à droite en hauteur)*. Après une

petite route, poursuivez jusqu'au sommet (panneau explicatif sur les ruines du fort). **Panorama**★ étendu sur Vars, Mont-Dauphin et Guillestre.
Reprenez la D 902 en direction de Guillestre et tournez à droite.

★★ Réserve naturelle du Val d'Escreins B3

04 92 46 51 31 (office de tourisme) - www.vars.com - de mi-mai aux premières neiges. Hébergement possible au refuge de Basse Rua - 06 22 66 58 21 - www.refuge-basserua.fr - de mi-juin à mi-sept.

La vallée du Rif Bel, inaccessible huit mois par an, est une réserve naturelle depuis 1964. Elle occupe un tiers du territoire de la commune de Vars, soit 2 500 ha.

Au bout de la vallée, les versants couverts de mélèzes cèdent la place à de hauts sommets dénudés, dont le **pic de la Font Sancte** (alt. 3 387 m). Une légende est attachée à ce nom qui signifie « fontaine sainte ». En suivant sa chèvre blanche qui disparaissait chaque jour dans le creux d'un rocher, une bergère découvrit une source et demanda à être enterrée à proximité. Par la suite, en cas de séche-resse, les Varsincs y partaient vers minuit en pèlerinage. Les randonneurs expéri-mentés ont pris le relais pour admirer du sommet l'un des plus beaux panoramas des Alpes du Sud.

La réserve, très riche en flore et en faune, offre 37 km de sentiers balisés reliant cette vallée à celles de Ceillac dans le Queyras, du Maurin dans l'Ubaye et de Vars. Les bons marcheurs pourront accéder au col des Houerts *(guide des randonnées en vente à l'office de tourisme.).*

Un **sentier botanique** *(600 m)* et le **sentier de découverte des Tétras** offrent une promenade didactique. *04 92 46 51 31 (office de tourisme) - de mi-mai à mi-nov.*

Randonnée

CARTE P. 106-107

★★ Tête de Paneyron B3

3h30 AR du col de Vars - dénivelé 677 m - niveau intermédiaire. Chaussures de montagne et prudence recommandées. La partie terminale est raide et par-fois vertigineuse.

Alt. 2 787 m. Descendez sur la route de Barcelonnette et prenez à gauche un large chemin. Après 20mn, en vue d'une bergerie, repérez à droite, légèrement en hauteur, des cairns qui indiquent le circuit. Vous traversez le petit lac asséché de Pra Gela recouvert de verdure. Puis, par deux fois, le circuit monte d'abord face à la pente puis présente un bref replat *(bifurcation à droite à angle droit, mar-quée par un cairn).* Après 10mn de marche dans la prairie, vous rejoignez un sen-tier qui suit la crête du vallon des Prises. Très beau **panorama**★★ sur le domaine de Vars, des crêtes de l'Eyssina au val d'Escreins, et de Guillestre à l'Ubaye. En arrière-plan, Pelvoux et mont Blanc au nord, Brec de Chambeyron à l'est et Grand Parpaillon au sud.

ℹ Carnet pratique

S'informer

Office de tourisme – *15 allée Charlot - Vars-les-Claux - ☏ 04 92 46 51 31 - www.vars.com.*

◉ Nos adresses

Restauration et hébergement

Budget moyen

La Vieille Auberge – *Pl. de l'office de tourisme de Vars - Vars-Ste-Marie - ☏ 04 92 46 53 19 - www.la-vieille-auberge-vars.fr -* 🅿 *- menu 28,50 € - réserv. obligatoire pour les fondues et les raclettes - 20 ch. 97/132 € -* ☕ *12 €.* Raclette sur meule, fondue forestière, tourtons et ravioles : ici on met les spécialités montagnardes à l'honneur. L'été, la carte fait la part belle aux salades. L'établissement compte aussi de belles chambres.

Une folie

Hôtel Les Escondus – *Cours Rohner - Les-Claux - ☏ 04 92 46 67 00 - www.escondus.com -* 🅿 ♿ *- juil.-août et déc.-avr. - 20 ch. 162/252 € -* ☕ *17 € -* ✘. Tout pour se ressourcer dans cet hôtel-restaurant : accès direct aux pistes, espace détente, piano-bar et chambres pratiques. Les amateurs d'insolite choisiront la cabane dans les arbres ! Plats traditionnels dans la grande salle lambrissée ou en terrasse, côté forêt.

Hôtel Alpage & Spa – *Ste-Marie-de-Vars - ☏ 04 92 46 50 52 - www.hotel-alpage.com -* 🅿 *- de mi-juin à fin août et de mi-déc. à mi-avr. - 17 ch. 161/186 €* ☕ *-* ✘ *dîner (midi sur réserv.) menu env. 30 €.* Vieille ferme de village rénovée en chalet-hôtel. Les chambres, spacieuses et agréables à vivre, arborent une mignonne décoration régionale. Une sympathique cuisine traditionnelle vous attend au restaurant, logé sous les voûtes de l'ancienne étable. Spa.

Hôtel 16/150 – *Ste-Marie-de-Vars - ☏ 04 92 46 54 72 - www.hotel16-150.com -* 🅿 ♿ *- de mi-juin à mi-sept. et de mi-déc. à mi-avr. - 29 ch. 233/339 €* ☕ *-* ✘ *menu 30 €.* Un séjour haut de gamme ! Idéalement situé au pied des pistes, cet hôtel propose des prestations de qualité, du lit king size à l'écran plat en passant par le minibar, le tout dans une ambiance à la fois moderne et chaleureuse. Côté table, le restaurant Skitchen vous accueille depuis le petit-déjeuner jusqu'à minuit. Et l'établissement multiplie les initiatives : barbecue party, espace détente, salle de sport, bar lounge...

Activités

Parc aventure

Indiana Forest – *La Charpenterie - Les-Claux - ☏ 06 09 52 35 62 - www.indiana-forest.fr - juil.-août : 9h-19h, nocturne jeu. jusqu'à 22h - 22 €.* Clin d'œil à l'aventurier Indiana Jones, ce parc propose, des parcours dans les arbres (du débutant au super noir) semés d'obstacles tels que pont de singe, échelle de trappeur, tyrolienne, échelle de corde et autres passerelles. Les espaces Farfadet accueillent les enfants à partir de 2 ans pour se familiariser en douceur. Frissons garantis !

3

Les Demoiselles coiffées de Sauze-du-Lac.
M. Cavalier/hemis.fr

4

Lac de Serre-Ponçon, Gapençais et Dévoluy

CARTE MICHELIN DÉPARTEMENTS 334 – HAUTES-ALPES (05) ET ISÈRE (38)

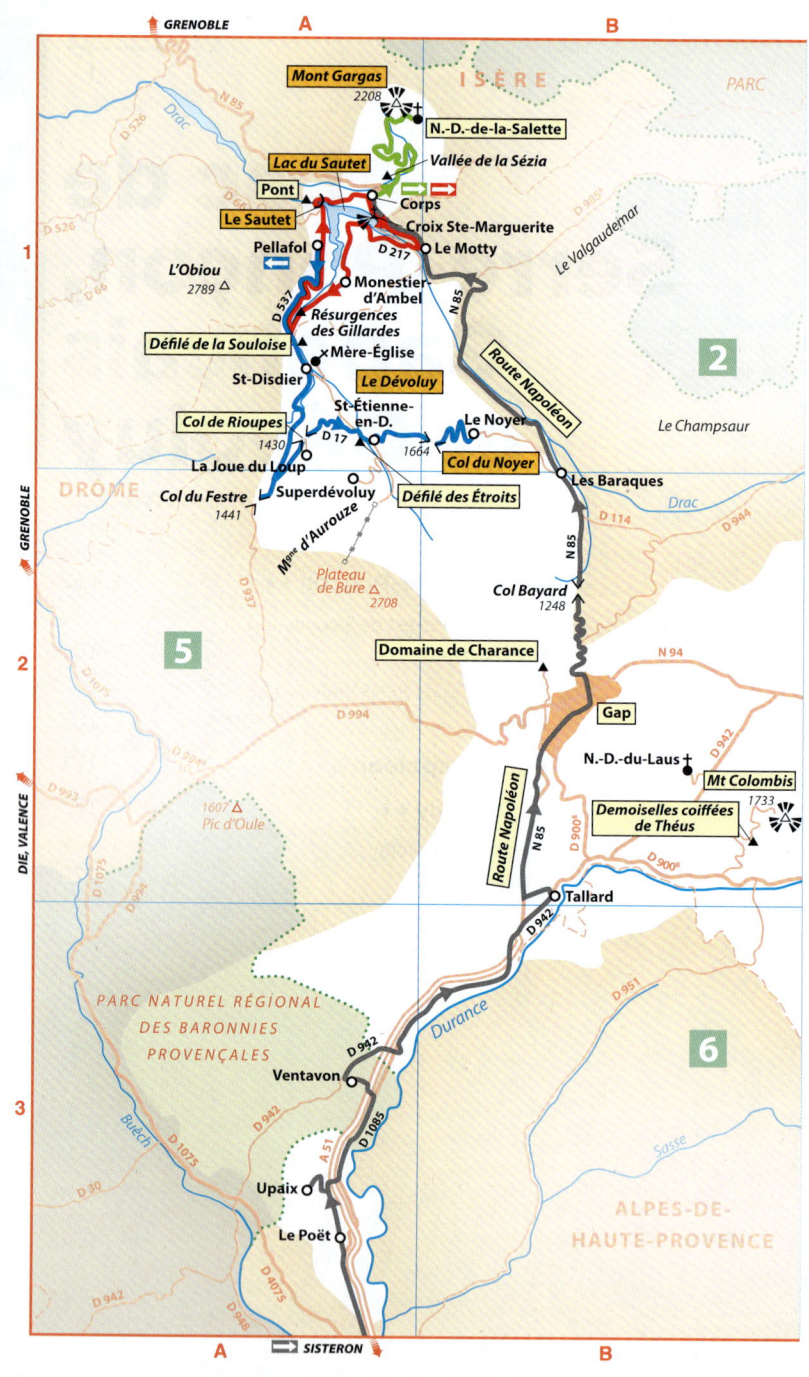

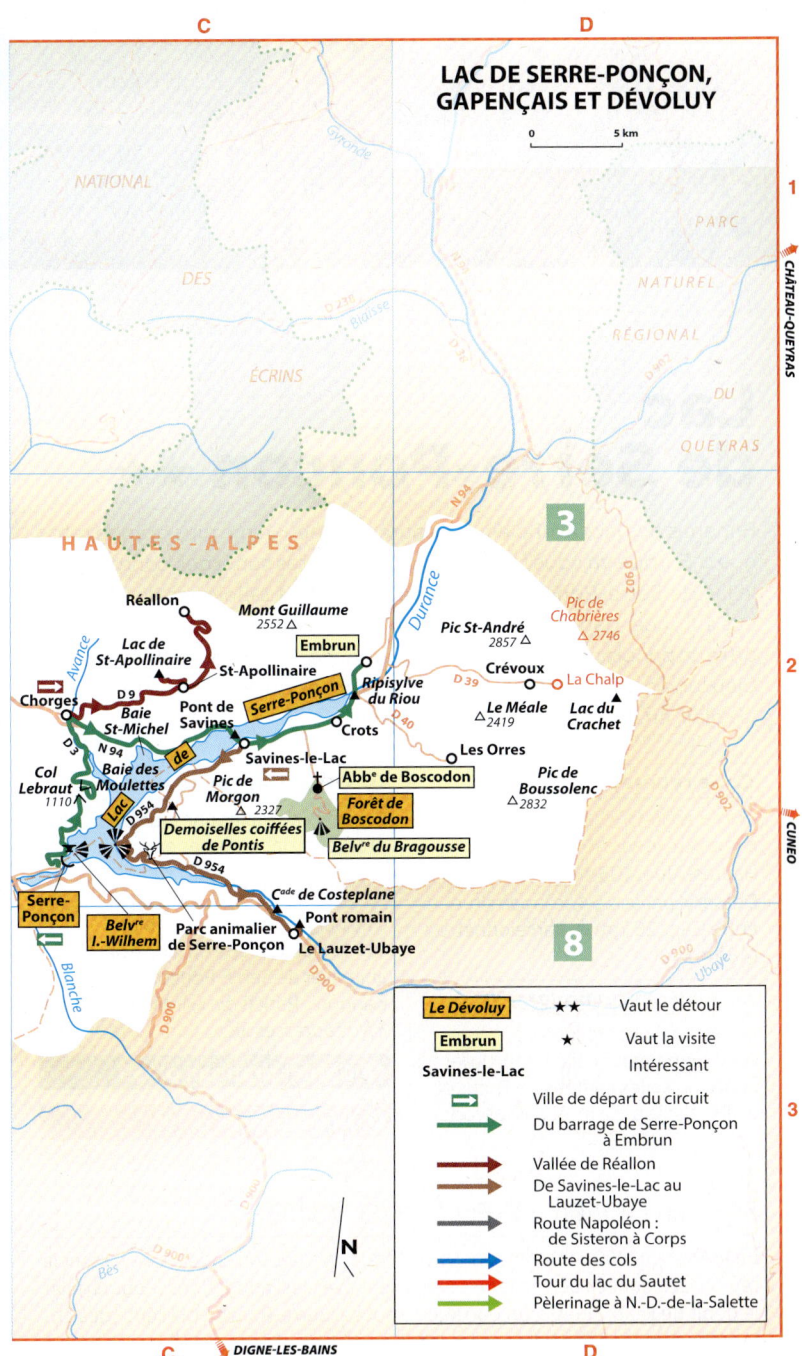

LAC DE SERRE-PONÇON, GAPENÇAIS ET DÉVOLUY

0   5 km

CHÂTEAU-QUEYRAS

PARC

NATIONAL

DES

ÉCRINS

PARC NATUREL RÉGIONAL DU QUEYRAS

1

3

HAUTES-ALPES

Réallon

Mont Guillaume
2552 △

Pic St-André
2857 △

Pic de Chabrières
△ 2746

Lac de St-Apollinaire

St-Apollinaire

Embrun

Crévoux

La Chalp

Chorges

D 9

Baie St-Michel

Pont de Savines

Serre-Ponçon

Ripisylve du Riou

D 39

Le Méale
△ 2419

Lac du Crachet

Col Lebraut
1110

N 94

Baie des Moulettes

Lac

de

Savines-le-Lac

Crots

D 40

Les Orres

D 3

Pic de Morgon
△ 2327

Abb⁰ de Boscodon

Pic de Boussolenc
△ 2832

D 954

Demoiselles coiffées de Pontis

Forêt de Boscodon

Belv⁰ du Bragousse

D 954

C⁰ᵈᵉ de Costeplane

Serre-Ponçon

Belv⁰ I.-Wilhem

Parc animalier de Serre-Ponçon

Pont romain

Le Lauzet-Ubaye

D 900

CUNEO

8

Ubaye

Blanche

D 900

D 900

Bès

D 900

3

Le Dévoluy	★★	Vaut le détour
Embrun	★	Vaut la visite
Savines-le-Lac		Intéressant

Ville de départ du circuit

Du barrage de Serre-Ponçon à Embrun

Vallée de Réallon

De Savines-le-Lac au Lauzet-Ubaye

Route Napoléon : de Sisteron à Corps

Route des cols

Tour du lac du Sautet

Pèlerinage à N.-D.-de-la-Salette

N

Lac de Serre-Ponçon ★★

Ennemis des lacs artificiels, la beauté de la deuxième plus grande retenue d'Europe va vous faire plonger. Des routes superbes contournent le lac de Serre-Ponçon. Leurs lacets semblent s'éloigner de ses rives et s'enfoncer dans les collines. Et voilà que soudain le tournant suivant offre un panorama enchanteur : une branche inconnue de l'immense lac bleu, une crique secrète, des voiles blanches qui voguent au loin sous le soleil, en vue des plus hauts sommets.

▶ Se repérer

CARTES P. 150-151 (C2), CARTE DU LAC P. 155
Hautes-Alpes (05).
Desservi par la N 94, le lac se situe entre Gap (26 km) et Barcelonnette (48 km).

☺ À ne pas manquer

Le barrage gigantesque ; l'environnement majestueux du lac ; les demoiselles coiffées de Théus et de Pontis ; la belle forêt de Boscodon.

⏱ Organiser son temps

Comptez au moins une journée pour profiter du lac et de ses environs.

⚇ En famille

Une baignade dans le lac, bien sûr ; le Muséoscope du lac ; le parc animalier de Serre-Ponçon ; le Kangoo's Park *(voir « Activités » dans « Nos adresses »)*.

ⓘ Carnet pratique p. 159

◉ Nos adresses p. 159

Métamorphose d'une vallée

En 1843 et en 1856, la Durance est en colère, des crues torrentielles dévastent la région. Les années de sécheresse alternent avec les inondations. Pour réguler le débit de l'eau, l'idée d'un barrage s'impose. Serre-Ponçon présente des critères favorables à une telle entreprise : à l'aval du confluent de l'Ubaye se trouve un passage de 2 km idéal pour l'édification d'un barrage. Le site est retenu et

Le lac de Serre-Ponçon.
Andrew_Mayovskyy/Getty Images Plus

les travaux, commencés en 1955, se terminent en 1961. Ils rendront moins inondables les régions en aval, permettront l'irrigation de la Provence, en eau pour les cultures, en électricité pour l'industrie.

★★ Barrage

Cet étrange titan mérite d'être vu. C'est une digue en terre à noyau central d'argile étanche, premier exemple en France, à cette échelle, d'une technique très répandue aux États-Unis : 14 millions de m³ de matériaux alluvionnaires extraits du lit de la Durance, 600 m de pente, 123 m de haut et une épaisseur à la base de 650 m !

Maison de l'eau et des énergies – *℘ 04 92 54 58 11 - ⚿ - juil.-août : tlj sf w.-end 9h-12h, 13h30-16h30 ; reste de l'année : sur RV - gratuit - visite guidée de la centrale à partir de 12 ans, sur réserv., en échange de votre carte nationale d'identité ou passeport (mineurs y compris) en cours de validité et port de chaussures fermées de randonnée.* Aménagé au pied du barrage, cet **espace d'exposition** présente l'ouvrage, son histoire et son fonctionnement. Souterraine, aménagée dans le rocher de la rive gauche, **la centrale électrique** se découvre lors d'une visite guidée. Elle peut produire 720 millions de kWh par an. Pour réguler le débit de la Durance en aval du barrage, un bassin de compensation a été créé là où les alluvions ont été prélevées ; d'une surface de 100 ha, il retient 6,7 millions de m³ d'eau. D'autres aménagements, équipant la Durance de Serre-Ponçon à la Méditerranée, portent sa productibilité totale à 6 milliards de kWh par an.

★★ Le lac

Mis en eau en 1960, il couvre 3 000 ha – plus que le lac d'Annecy –, pour une capacité de 1 270 millions de m³ d'eau. Il mesure jusqu'à 3 km de large et atteint 20 km entre Embrun et Espinasses, avec une forme allongée en croissant (l'éperon du Sauze marquant le confluent de la Durance et de l'Ubaye). À 800 m d'altitude, il possède neuf plages publiques surveillées en été (label Pavillon Bleu) et dix ports de plaisance et pontons publics (certification « Ports Propres »).

À proximité

CARTE P. 150-151

★ Demoiselles coiffées de Théus B2

◗ *Du barrage, prendre la D 900ᴮ vers Tallard, puis à droite vers Théus. Poursuivre sur 5 km, jusqu'au parking. Le sentier, aménagé mais parfois raide, part à droite, 50 m plus loin.*

Une retenue nommée désir

Lors de l'inauguration du barrage en 1961, le lac de Serre-Ponçon n'avait aucune vocation touristique et la bande de 800 m autour de ses eaux – gérée alors par EDF – était inconstructible. La fonction hydroélectrique du barrage a sauvé ses rives des spéculateurs plus sûrement que n'importe quel plan d'aménagement ou de protection n'aurait pu le faire ! Avec ses 80 km de rivages préservés et ses eaux à 23 °C en été, il s'est métamorphosé en paradis pour les baigneurs et les amateurs de sports nautiques : neuf plages sont surveillées et le lac ne compte pas moins de 1 100 anneaux pour la plaisance. Les pêcheurs ne sont pas en reste, puisque la pêche est désormais autorisée toute l'année : la plus grosse prise à ce jour est un brochet de plus de 10 kg.

Cette curiosité géologique constitue l'un des spectacles les plus étranges des Alpes du Sud. La **salle de bal**★ des demoiselles offre la plus grande concentration de colonnes. De là, vous pouvez gagner *(à 3,5 km)* le sommet du **mont Colombis**★ (alt. 1733 m), d'où le **panorama** embrasse tout le lac.

★ Abbaye de Boscodon C2

▶ *Entre Savines et Embrun, prendre à droite la D 568.*

✆ *04 92 43 14 45 - www.abbayedeboscodon.eu - ♿ - église et chapelle : tlj - gratuit - musée, cloître, jardins et librairie : horaires, se rens. - 7 €.*

Édifié au 12ᵉ s., à 1150 m d'altitude, l'ensemble monastique, fut modifié par la suite et mis à mal par les guerres successives, seule l'abbatiale ayant été relativement épargnée. Après 1770, le site devint un centre d'exploitation forestière puis, après la Révolution, il fut vendu et les bâtiments, intégrés au hameau paysan, servirent de granges et d'école. Aujourd'hui, l'abbaye, entourée de montagnes et de forêts, a enfin retrouvé son véritable visage, après quarante ans d'une restauration acharnée gérée par l'Association des amis de l'abbaye de Boscodon. La salle du chapitre, le cloître et ses jardins sont ouverts au public et trois salles ont été aménagées pour accueillir un espace muséographique qui évoque l'art des bâtisseurs au Moyen Âge, la vie monastique ainsi que l'histoire de l'édifice depuis le 12ᵉ s. et sa restitution. L'**abbatiale**★, dont la construction commença en 1142, fut à son époque la plus grande de la région. De style roman, elle est proche de l'art cistercien primitif. Son architecture de pierre blonde frappe par son dépouillement, sa pureté, la luminosité et la simplicité de sa nef unique.

★★ Forêt de Boscodon C2

▶ *De l'abbaye, prendre la route de la Fontaine-de-l'Ours.*

☺ Un chalet abrite un **plan** de tous les sentiers de la forêt.

Ancien domaine de l'abbaye, elle s'étend au-delà des bâtiments sur 850 ha. Ses belles futaies et ses sentiers balisés en font un haut lieu de la promenade dominicale. Au bout de 600 m, à la pépinière, un **sentier botanique** permet de reconnaître 24 espèces d'arbres et arbustes locaux à l'aide de panonceaux explicatifs : le sorbier des oiseleurs, le camérisier à balai, la viorne obier, l'érable sycomore, le cytise, le merisier, le cornouiller sanguin, l'alisier blanc…

Du **belvédère du Bragousse**★, vue sur l'étonnant cirque raviné du Bragousse, torrent aux crues printanières redoutables, assagi par une succession de barrages forestiers. Explications claires sur la géologie du cirque.

LAC DE SERRE-PONÇON

➤➤ *Au terme de la route.* Le sentier de Charance mène en 2h30 au **cirque de Morgon** (dénivelé 530 m).

Circuits conseillés

CARTE CI-DESSUS

Du barrage de Serre-Ponçon à Embrun

▶ *Circuit de 39 km tracé en vert foncé sur la carte.*
La D 3 *(vers Chorges)* longe d'abord le bassin de compensation, dans un cadre de roches rougeâtres à vif, puis s'élève rudement en vue du gigantesque talus.

★★ Belvédère Ivan-Wilhem
Alt. 847 m. Élevé dans l'axe du barrage que Wilhem conçut dès le 19e s., il offre une vue d'ensemble de la digue.

Muséoscope du lac
Belvédère de Serre-Ponçon - Rousset - 📞 *04 92 54 50 00 - www.museoscope-du-lac.com - visite guidée (1h30) de mi-juin à mi-juil. : 10h30, 14h et 15h30 ; de mi-juil. à août : 10h30-11h50, 13h30-17h (ttes les 40mn) ; reste de l'année : se rens. - 15,50 €.*
👫 L'histoire des villages engloutis et de la construction du barrage s'appréhende au gré d'une muséographie moderne : maquettes, films, cinéma dynamique, salle 4/5 D.

Col Lebraut
Alt. 1110 m. Vue sur le bassin de Gap, puis sur la retenue vers Embrun.
Environ 1 km plus loin, dans un virage à gauche, le **panorama★** s'étend à toute la branche nord-est du lac ; presque aussitôt apparaît en contrebas l'étroite **baie des Moulettes** dont la situation abritée est favorable au ski nautique.

4

Chorges

Ce village conserve quelques maisons anciennes *(suivez le circuit aménagé)*. De la **place Lesdiguières**, ornée d'une jolie fontaine du 16e s., vous accédez à l'**église St-Victor** érigée sur une butte. Elle se distingue par sa nef rectangulaire et son chœur à cinq pans. À droite du porche du 12e s., une très imposante stèle de marbre rose, dite « pierre de Néron », aurait été le socle d'une statue romaine.

😊 Chorges fait partie du **site Natura 2000 « Piolit-Pic de Chabrières »**, zone de montagnes qui abrite des habitats naturels remarquables favorisant l'existence d'espèces animales et végétales particulières *(informations : hautes-alpes.n2000.fr)*.

👥 Plage de la **baie St-Michel** surveillée en été.

Après Chorges, sur le **pont de Savines**, la N 94 file au ras de l'eau.

Savines-le-Lac

Le village reconstruit après l'édification de la retenue, est classé au patrimoine du 20e s. L'**église St-Florent** (1962), œuvre de l'architecte De Panaskhet, est remarquable pour ses vitraux et conserve la croix de l'ancienne église engloutie par le lac.

La construction du barrage et la disparition des villages de Savines et Ubaye ont inspiré *L'Eau vive*, film réalisé en 1956 par F. Villiers, sur un scénario de Giono.

Centre d'interprétation de l'architecture et du patrimoine du 20e siècle – *Rue de la Combette* - 📞 *04 92 50 88 89 - juil.-août : lun. 15h-18h, mar.-sam. 10h-12h, 15h-18h ; reste de l'année : mar. 15h-17h, merc. et sam. 10h-12h, 15h-18h, jeu. 10h-12h - gratuit.* Établi à côté de la plage, au sein du Pôle Le XXe, il évoque la mutation de Savines-le-Lac et ses environs après la construction du barrage. Écrans tactiles, fauteuils œufs acoustiques, vidéos, maquettes et photos nous livrent de nombreux témoignages de sociologues, architectes, ingénieurs, mais aussi d'agriculteurs qui ont vécu l'arrivée du tracteur ou encore la naissance des stations de ski. Une partie de l'exposition est consacrée à l'habitat bioclimatique.

Capitainerie – *R. du Morgon* - 📞 *04 92 44 33 44 - juil.-août : 10h-13h, 15h-19h ; reste de l'année : sur RV - gratuit.* Véritable figure de proue à l'entrée de la ville, elle présente, à l'aide d'un écran interactif géant, les activités possibles en fonction du marnage du lac et une vidéo à 180° sur le plan d'eau. Une exposition de photos et une vidéo sur la ripisylve du Liou *(voir ci-dessous)* complètent la visite.

👥 Le village est dédié aux sports nautiques avec une plage surveillée en été. C'est aussi la principale base de départ des **excursions en bateau** *(voir « Activités » dans « Nos adresses »)*.

Crots

Ce village ancien conserve une église du 14e s.

Château de Picomtal – 📞 *04 92 43 07 77 - www.picomtal.fr* - ♿ - *visite guidée (1h15) du château et du jardin juil.-août : mar., vend. et dim. à 11h ; mai-juin et sept. : certains dim. à 11h, sur réserv. - 10 €.* Flanqué de quatre tours, datant du 13e s. et agrandi au 16e s., il domine le village avec élégance. Il abrite aujourd'hui une maison d'hôtes *(voir « Nos adresses »)*.

Musée embrunais de la Charcuterie – *Chemin du Barry* - 📞 *04 92 52 27 52 - juil.-août : lun.-sam. 15h-18h ; juin et sept. : lun. et jeu. 15h-18h ; oct.-mai : jeu. des vac. scol. 14h-17h - 5 €.* Il raconte l'histoire de la migration des charcutiers à Marseille. Pendant plus d'un siècle, l'Embrunais a donné naissance à un nombre exceptionnel de maîtres charcutiers partis s'installer dans la cité phocéenne. Exposition d'ustensiles, de machines et témoignages.

Abbaye de Boscodon.
Hect/Getty Images Plus

Avant Embrun, la route franchit la Durance à proximité du **plan d'eau** établi pour la baignade et les sports nautiques. Plage surveillée en été.

Ripisylve du Liou à Baratier

Env. 45mn AR. Départ au niveau de la zone commerciale - balades.serre-poncon. com. Un **sentier de découverte** parcourt la **zone humide riveraine du Liou**, située sur la partie basse du village. Le chemin ombragé longe la Durance puis part sur la gauche avant de se transformer en sentier sur pilotis. Il évolue alors dans la **ripisylve**, à travers les roseaux, les saules blancs et les peupliers noirs. Cette forêt en partie inondée (« *ripa* » rivière et « *sylva* » forêt) offre un paysage surprenant où s'est développée une biodiversité unique. Divers postes d'observation avec panneaux explicatifs aident à repérer les oiseaux, les poissons et la flore endémiques de ce milieu exceptionnel.

★ **Embrun** *Voir p. 162*

★ **Embrun** *Voir p. 162*

Vallée de Réallon C2

Circuit de 18 km, de Chorges à Réallon, tracé en rouge foncé sur la carte.
À hauteur du pont de Savines, on peut prendre la D 41, mais il est préférable de partir de Chorges.
La D 9 s'élève au-dessus du lac et atteint le village de **St-Apollinaire**, perché en balcon, qui compose un joli tableau avec l'église qui le domine. Ce circuit figure parfois au programme du rallye de Monte-Carlo.
En bifurquant à gauche avant les habitations, vous pouvez accéder au champêtre **lac de St-Apollinaire** (alt. 1452 m), prisé des pêcheurs à la mouche.
La route contourne ensuite le pic de Chabrières.

Réallon

04 92 44 25 67 - www.reallon-ski.com.
Réallon est un site archéologique renommé depuis la découverte d'un trésor

4

datant de l'âge du bronze (magnifique parure exposée au Musée Muséum départemental des Hautes-Alpes de Gap – *voir p. 168*).

Ce village, aux portes sud du **Parc national des Écrins** *(voir p. 98)*, a conservé son caractère alpin. Il est devenu une station familiale de sports d'hiver et d'été. En été, un **télésiège panoramique** mène à 2 135 m *(table d'orientation)*. Les amateurs de VTT se régaleront en dévalant les pentes et les nombreux circuits de randonnées raviront les marcheurs *(topoguide en vente à l'office de tourisme)*.

Le camping municipal abrite une **base de loisirs** accessible à tous.

Domaine skiable – Alt. 1560- 2135 m 14 pistes de ski alpin et 36 km balisés pour le ski nordique vous attendent. La Ripaaa, une piste de luge naturelle qui compte 600 m de dénivelé, peut être aussi une bonne motivation pour rejoindre le sommet des pistes avant d'entamer 40mn de descente.

De Savines-le-Lac au Lauzet-Ubaye C2-3

▶ *Circuit de 25 km tracé en marron sur la carte.*

Au départ de Savines-le-Lac, la D 954 épouse une rive escarpée du lac, procurant une **vue★** sur le bassin de Gap et les montagnes du Dévoluy.

À gauche, une petite route monte au village de Pontis.

Pontis

Musée de la Vallée – *Pl. de l'Église - ☎ 04 92 44 26 94 - www.pontis.fr - de fin juin à mi-sept. : 10h30-20h; reste de l'année : se rens. - gratuit. Animations et nocturnes en juil.-août.* Aménagé dans l'ancienne école communale, il reconstitue une classe de la fin 19e s. et début 20e s. Les bancs de bois, le poêle, l'encre violette, autant d'objets émouvants qui permettent de saisir l'importance de l'instruction publique en Ubaye à cette époque.

Faites demi-tour pour rejoindre la D 954.

★ Demoiselles coiffées de Pontis

30mn AR. Un sentier monte, sous bois, jusqu'aux demoiselles. Appelées ailleurs « cheminées de fées », les demoiselles sont des moraines glaciaires préservées de l'érosion par un bloc rocheux faisant parapluie. Il tasse les couches sous-jacentes et renforce la résistance. Une demoiselle meurt donc en perdant sa coiffe.

Le Sauze-du-Lac

Entrez dans le village et gagnez une terrasse au ras des falaises, **belvédère★★** vertical sur le lac, au confluent des vallées noyées de la Durance et de l'Ubaye. Au café, on jouira tranquillement de cette vue.

Plage du **Port-St-Pierre** surveillée en été.

De la route, beau coup d'œil en arrière sur le **site★** du Sauze.

Dans un lacet à droite (calvaire), le **panorama** se dégage à nouveau sur le lac et sa branche de l'Ubaye. En face, dans un paysage farouche, les ravinements plongent à pic dans les eaux, découpant des sortes de calanques.

Parc animalier de Serre-Ponçon

Domaine des Grisons - ☎ 07 61 26 32 00 - www.parcanimalierdeserreponcon. com - ♿ - juil.-août : tlj 10h30-18h; avr.-juin et sept. : voir le calendrier sur le site Internet - 15,50 €.

Arrivez au plus tard à 15h si vous voulez profiter de l'ensemble des animations proposées par le parc.

Ce parc très pédagogique permet d'observer les animaux de la ferme et d'apprendre tout ce qui concerne les marmottes des Alpes, les renards roux et les loups Saarloos, à l'occasion du nourrissage. Les animaliers présentent alors les espèces et fournissent des informations précieuses concernant leur mode de vie dans la nature. Les aigles, vautours, chouettes et autres rapaces s'apprécient lors des spectacles en vol libre. Aires de pique-nique et de jeux agrémentent le site. Après **Ubaye** (le cimetière et l'église étant les seuls témoins du village submergé), la D 94 franchit sur un pont la baie extrême du lac. Lorsque la gorge se desserre apparaissent les Séolanes. À l'intersection avec la D 900 se découvre à gauche la **cascade de Costeplane**.

Poursuivez par la D 900 vers Barcelonnette.

Le Lauzet-Ubaye *Voir p. 350*

Du Lauzet-Ubaye, possibilité de rejoindre Barcelonnette en empruntant le circuit « La basse Ubaye ».

ℹ️ Carnet pratique

S'informer

Office du tourisme de Savines-le-Lac – *9 av. de la Combe-d'Or -* 📞 *04 92 44 31 00 - www. serreponcon.com.*
Office du tourisme de Réallon – *Pra-Prunier - en été uniquement -* 📞 *04 92 44 25 67.*

Agenda

Les Mercredis de feu – *De mi-juil. à mi-août.* À Savines-le-Lac, assistez à un spectacle pyrotechnique au bord du lac à partir de 22h. Concerts et animations.

📍 Nos adresses

Restauration

Budget moyen

Le Tribord panoramique – *La Capitainerie - Savines-le-Lac -* 📞 *06 37 13 22 06 - www. letribordpanoramique.fr - fermé lun.-mar. et dim. soir - menus 33/65 €.* Au bout de la Capitainerie, on prend place sur la terrasse en bois ou à l'intérieur du « navire » dont les larges baies s'ouvrent sur le lac. Le chef affectionne les mélanges sucrés-salés et travaille les produits locaux (truite, agneau, porc…) ainsi que le gibier en saison.

Le Resto'Rond – *Pl. de l'Église - Savines-le-Lac -* 📞 *04 86 73 92 29 - fermé lun. soir-merc. - menus 27/31 €.* Cette rotonde vitrée dessinée par De Panaskhet est un lieu convivial. Carte simple mais alléchante, produits frais et de saison.

La Paillote du Lac – *Baie de Foreston - rte Orbanne - Le Sauze-du-Lac -* 📞 *06 58 26 78 97 - www. paillotedulac.com - de mi-juin à sept. - plats 22,50/31 €.* Une plage secrète nichée dans une calanque, des matelas avec parasol, des paddles, kayaks, pédalos à la location… Et une grande terrasse en bois pour se restaurer à l'ombre des chênes. Le lieu est calme et bien tenu.

4

Chez Pierrot fils – *Rue Abbé-Chabrand - Crots -* 📞 *04 92 43 13 43 - fermé mar. et midi (sf dim.), et mai, oct.-nov. - plats 15/26,50 € - pizzas 12/13,50 €.* Ce restaurant-pizzeria, caché derrière l'église, est une véritable institution locale. Goûtez à sa spécialité, les frites à la crème, mais aussi les moules aux poireaux ou le filet de bœuf aux morilles. Service impeccable.

Les Peupliers – *Chemin de Lesdier - Baratier -* 📞 *04 92 43 03 47 - www.hotel-les-peupliers. com -* 🅿 ⊼ *- fermé à midi lun.-merc. et avr.-mai et de mi-oct. à mi-nov. - menu 37/41 € - 23 ch.* Une atmosphère chaleureuse et montagnarde, pour une cuisine d'aujourd'hui qui fait la part belle aux produits régionaux ; L'hiver, on se réfugie près de la cheminée ; l'été, on profite du panorama sur les sommets en terrasse. Espace détente.

Activités

Activités nautiques

Le lac de Serre-Ponçon est une destination privilégiée pour la pratique des sports nautiques. Les prestataires, situés à Embrun, Crots, Chorges, Rousset et Savines-le-Lac proposent canoë, ski nautique, planche à voile, kitesurf, jet-ski ou encore paddle.

À la baie St-Michel, le **Kangourou Aqua Parc** et ses jeux de glisse plairont aux enfants (📞 *06 19 80 06 39 - juin-août : 10h-20h - 12 €/h*).

Plus calme, de petites **croisières commentées** sont organisées au départ de Savines-le-Lac (*La Carline -* 📞 *04 92 44 26 88 - www.la-carline.com - juil.-août : 10h, 14h30 et 16h30 ; avr.-juin et sept.-oct. : sur RV - 14,50 €*).

Pêche

Le lac de Serre-Ponçon, la Durance et les torrents alentour raviront les pêcheurs. Toutes les informations sur peche-hautes-alpes.com.

Dans les airs

Quatre possibilités de survoler le lac de Serre-Ponçon :

– en **montgolfière** au lever du jour à partir de la baie St-Michel (*B²O -* 📞 *06 50 06 85 20 - www.b2o.fr*).

– en hydro **ULM** (📞 *06 31 84 77 32 - www.serre-poncon-ulm.com*).

– en **parapente** (*LAcrhofil de l'Ô - Savines-le-Lac -* 📞 *06 67 09 31 96 - www.parapente-hautes-alpes.com*).

- en **hydravion** à partir de la baie du Foreston au Sauze-du-Lac (*Dragon Fly -* 📞 *06 80 60 92 04 - www.dragonfly-aviation.com*).

Randonnées

Des sentiers fléchés de 1 à 19 km font le tour du lac. D'autres, dans les montagnes alentour, permettent de découvrir la faune et la flore locales : la forêt de Morgon autour de Savines-le-Lac se parcourt sur le circuit de La Mère des Fontaines ; le sentier des Demoiselles coiffées donne accès à un phénomène géologique étonnant… Carte des circuits en vente dans les offices de tourisme.

VTT

630 km de circuits balisés (dont la moitié dédiée au VTT à assistance électrique), soit 40 circuits autour du lac. Cartes VTT en vente dans les offices de tourisme et circuits téléchargeables sur ffc.fr.

Hébergement

Budget moyen

Hôtel L'Eden Lac – *1 r. des Maisonnettes - Savines-le-Lac -* 📞 *04 92 44 20 53 - www.edenlac. com -* 🅿 ⊼ *- fermé de mi-déc. à fin janv. - 25 ch. 96/113 € -* 🍽 *14 € -* ✗. De cet hôtel aux chambres simples mais confortables, la vue sur le lac et les montagnes est incroyable. Les repas sont de qualité et le petit-déjeuner servi sous forme de buffet. Proche du centre-ville.

Chambre d'hôte L'Arnica – *Rte du col des Fillys - La Bréole - ☎ 04 92 85 54 81 ou 07 71 28 95 16 - www.chambrearnica.com - P - 4 ch. 103/110 € ⬚ et 1 suite familiale.* Cette ancienne bergerie, joliment restaurée, domine la rive la plus sauvage du lac. Les chambres, aménagées sous les combles, mêlent meubles anciens et modernes.

Pour se faire plaisir

Ax'Hôtel – *ZA La Grande-Île - Chorges - ☎ 04 92 21 45 17 - www.ax-hotel.com - P ⛷ ♿ - 39 ch. 119/144 € - ⬚ en sus - ✗.* Cet édifice, habillé de bois clair, se situe au calme. La décoration contemporaine est rehaussée d'illustrations révélant la beauté des montagnes environnantes. Le superbe Spa ajoute à l'intérêt de l'établissement.

Une folie

Hôtel-Restaurant Spa Les Bartavelles – *Le Clos des Pommiers - Crots - ☎ 04 92 43 20 69 - www.bartavelles.com - P ⛷ ♿ - 43 ch. ou duplex 148/173 € - ⬚ 14 € - ✗.* Mélèze

sculpté et pierres sèches locales composent le décor typé de cette maison et de ses trois bungalows... Le Spa se révèle bien agréable.

🍃 **Chambre d'hôte La Fernande** – *Champ Rambaud - Baratier - ☎ 04 92 43 81 13 - www.lafernande. com - P - 5 ch. 152/173 € ⬚.* Luisella et Pierre, tous deux moniteurs de ski, vous accueillent dans leur calme maison d'hôtes située sur une pâture de 3 ha. Dans cette ancienne ferme restaurée il règne une ambiance montagnarde grâce à la mise en valeur des pierres et l'utilisation du bois. Sauna.

Château de Picomtal – *Le Clos des Pommiers - Crots - ☎ 04 92 43 07 77 - www.picomtal.fr - mai-oct. - 9 ch. 175/195 € - ⬚ en sus.* Ce château du 16e s. qui domine le village et le lac a été rénové avec goût par Sharon et Jacques, ses heureux propriétaires. Il abrite des suites et des chambres décorées avec élégance. Cette maison d'hôte hors du commun, qui compte aussi un jardin à la française, offre l'occasion rêvée de goûter au charme de la vie de château le temps d'une nuit.

4

Embrun ★

On l'appelait déjà la « Nice des Alpes » pour son soleil… Il ne manquait plus que la mer, qui est arrivée avec l'une des plus importantes retenues d'Europe, l'immense lac de Serre-Ponçon. Juchée sur le Roc, promontoire de 80 m de haut, la belle cathédrale, jadis bergère de la Durance et de ses radeliers, est aujourd'hui le point de mire des sportifs, kayakistes ou amateurs de voile, ainsi que des skieurs des Orres ou de Crévoux.

▶ Se repérer

CARTE P. 150-151 (C2)

6 751 Embrunais – Hautes-Alpes (05). Situé à proximité du lac de Serre-Ponçon, Embrun est 41 km à l'est de Gap, par la N 94.

◷ Organiser son temps

Comptez 1h de promenade en ville et 2h de visite pour la cathédrale et la tour Brune.

⚎ En famille

Le plan d'eau d'Embrun (voir « Activités » dans « Nos adresses »).

❶ Carnet pratique p. 165

◉ Nos adresses p. 166

Se promener

Si l'on arrive du Queyras, quel changement d'atmosphère ! Placettes et fontaines, crépis colorés, profusion de balcons et d'ouvertures, la vieille ville donne une impression de Provence et baigne dans les gazouillements d'oiseaux.

★ Cathédrale N.-D.-du-Réal

Voir illustration « ABC d'architecture » p. 452 et 453. Cette cathédrale des 12e-13e s. s'appelait jadis N.-D.-des-Rois à cause de la fresque miraculeuse de l'Adoration des Rois mages, détruite par les protestants en 1585. Coiffée d'un clocher à pyramidions, elle mêle harmonieusement le schiste noir et le calcaire blanc.

★ Portail « le Réal » – C'est un remarquable spécimen de l'art lombard. À l'arrière, des colonnettes sont soutenues par des atlantes assis. Entre celles de gauche, un

La métropole ecclésiastique

Ebrudunum était un petit village gaulois qui résistait à César. Finalement vaincu, il fut quand même promu capitale des Alpes maritimes sous Néron. Siège d'un évêché fondé par saint Marcellin, Embrun lutta durant les siècles d'invasion. Plus tard, la ville fut rattachée au Saint Empire romain germanique. Les évêques, entre-temps devenus archevêques, obtinrent le titre de princes d'Embrun. Ils eurent droit de battre monnaie et furent les seigneurs temporels de la ville, conjointement aux dauphins. À partir du 14e s., le pèlerinage à N.-D.-du-Réal attira les foules et les rois Louis XI et Louis XIII. La dignité de chanoine conférée à Louis XI lors de sa visite fut transmise à tous ses successeurs, jusqu'aux actuels présidents de la République, Sarkozy, Hollande, Macron… Après la Révolution, l'archevêché devint évêché suffragant d'Aix, puis il disparut en 1802.

Embrun et le torrent des Vachères.
H. Lenain/hemis.fr

petit personnage est emprisonné ; ce serait le prévôt du chapitre de la cathédrale qui refusait de payer les ouvriers. Au tympan, le bas-relief était autrefois recouvert d'une peinture représentant l'Adoration des Rois mages. Une mosaïque la reproduit à l'intérieur, dans le bas-côté droit.

Intérieur – Les pierres noires et blanches forment des lignes qui convergent vers les croisées d'ogives. Cela donne à la voûte un étonnant mouvement. Don de Louis XI, les **orgues** de la fin du 15ᵉ s. comptent parmi les plus anciennes de France. Accrochées à un pilier, elles s'élancent à l'assaut des voûtes, soutenues par un chapiteau où de petits personnages ploient sous l'effort. En face, l'interminable liste des morts de 1914-1918 est enchâssée dans de beaux panneaux anciens et sculptés ; au-dessus, une Mise au tombeau peinte au 16ᵉ s.

★ **Le trésor** – *☎ 04 92 43 77 43 - www.serreponcon.com - accessible uniquement lors des visites guidées de la cathédrale (1h30), de mi-juil. à fin août : jeu. à 11h30 - 6,50 €.* C'était l'un des plus riches de France, avant d'être pillé au 16ᵉ s. par les protestants du duc de Lesdiguières. Cela reste une belle collection (près de 500 objets) avec le missel d'Embrun, les antiphonaires enluminés et une statue de la Vierge… enceinte.

Place de l'Archevêché

De cette terrasse-jardin à droite de la cathédrale, **belvédère** sur la jolie vallée maraîchère et les montagnes *(tables d'orientation)*.

Maison des Chanonges

☎ 04 92 51 37 32 - juil.-août : tlj sf lun. 16h-19h ; juin et sept.-oct. : merc.-sam. 15h-18h - gratuit.
À gauche de la cathédrale, cette belle maison du 13ᵉ s. est l'une des rares maisons romanes connues en France. Sur la façade, sculpté en ronde-bosse, un lion dévore une chèvre. Depuis 2007, elle abrite la Maison du patrimoine embrunais et est le siège du service culturel de la ville. Tout au long de l'année y sont organisées des expositions, des conférences et des rencontres.

4

★ Tour Brune (ou tour du Paysage)

Ancien Archevêché - 📞 04 92 43 23 31 - www.ecrins-parcnational.fr - fermé pour travaux pour une durée indéterminée.

Cette tour du 12ᵉ s. est un ancien donjon du palais des Archevêques. Après avoir été prison, arsenal et citerne d'eau, elle abrite un **musée consacré au Parc national des Écrins**. Chacun des quatre étages de salles voûtées présente de façon pédagogique un thème : la géologie, la climatologie, la mémoire des lieux et les activités humaines, avant d'atteindre la terrasse, qui réserve une belle vue panoramique sur la ville et les environs. Des panneaux explicatifs permettent de lire ce paysage.

★ Rue de la Liberté et rue Clovis-Hugues

Piétonnes et commerçantes, ces rues sont particulièrement animées en été. Au nᵒ 6 rue de la Liberté s'ouvre le beau **portail Renaissance★** du palais des Gouverneurs, surmonté d'un lion en ronde-bosse. Place Mazelière, une vieille **tour** fait le guet. Rue Clovis-Hugues, la façade, qui se trouve entre les nᵒˢ 29 et 31, présente sept arcatures et un lion sculpté (12ᵉ s.). Une belle **fontaine** du 16ᵉ s. en marbre rose se tient sur la place St-Marcellin ainsi que d'intéressantes maisons à encorbellement du 14ᵉ s. rue Caffe.

Chapelles des Cordeliers

Pl. Gén.-Dosse - 📞 04 92 43 72 72 (office de tourisme) - www.serreponcon.com - ♿ - juil.-août : 9h30-13h, 15h30-18h30 ; juin et sept. : lun.-sam. 9h-12h, 14h-18h ; reste de l'année : se rens.

De l'église du 15ᵉ s. ne subsistent que les chapelles décorées de **peintures murales★**. Dans la deuxième, vous observerez la vie de saint Antoine de Padoue, le franciscain le plus célèbre après saint François.

Centre d'art contemporain Les Capucins

Espace Delaroche - 📞 04 92 44 30 87 - juil.-août : mar.-dim. 16h-19h (et sam. 10h30-12h30) ; avr.-juin et sept.-nov. : merc.-sam. 15h-18h (et sam. 10h30-12h30) et sur RV - fermé de nov. à mi-avr. - gratuit.

Situé dans l'ancienne chapelle des Capucins, ce centre d'art propose trois expositions temporaires par an : monographies ou expositions collectives. Les pièces sont réalisées *in situ*.

À proximité

CARTE P. 150-151

Les Orres D2

ℹ️ *1 pl. des Étoiles - 📞 04 92 44 01 61 - www.lesorres.com.*

▶ *17 km au sud-est d'Embrun. La route sinueuse remonte la vallée de l'Eyssalette.* Empruntant son nom au village ancien situé sur le versant opposé, la **station** des Orres (alt. 1650 m), en balcon au-dessus du lac de Serre-Ponçon, étage à mi-pente ses chalets-résidences et ses hôtels aux façades de bois. Pour découvrir le patrimoine rural à travers des objets et des costumes, visitez le **musée Orrian**. ♿ *- 📞 06 81 62 72 47 - de juil. à mi-sept. : tlj sf sam. 14h30-18h - gratuit.*

L'hiver, on y pratique la glisse sous toutes ses formes : ski alpin (36 pistes), surf, ski de fond et raquettes sur le plateau de Charance. L'été, de nombreuses activités sont proposées : VTT, via ferrata, piscine, sports aériens...

★ **Télésièges de Prélongis, Pousterle et Pic-Vert** – ℘ 04 92 44 00 39 - www. lesorres.com - ⚓ - juil.-août : 9h-17h ; déc.-janv. : 9h-16h30 ; fév.-mars : 9h-16h45 - 8/12,50 € AR. Alt. 2 408 m. Belles vues sur le lac de Serre-Ponçon, l'Embrunais et le domaine skiable, tracé dans une forêt de mélèzes et de pins à crochets, et dominé par le **pic de Boussolenc**.

Crévoux D2

▶ *13 km à l'est d'Embrun.*
Ce village apparaît serré entre les pentes de la **montagne du Méale** et la formidable paroi rocheuse du **pic St-André**, striée de cascatelles. C'est aussi une petite station de sport d'hiver familiale.

Randonnées   CARTE P. 150-151

Belvédères de l'Embrunais C2

☺ *Carte des itinéraires du mont Guillaume et du pic de Morgon en vente dans les offices de tourisme du lac de Serre-Ponçon.*
🥾 Le magnifique lac de Serre-Ponçon est ceinturé de sommets aisément accessibles qui ménagent autant de remarquables belvédères.
En 3h30 de marche, vous atteindrez le **mont Guillaume** (alt. 2 552 m), coiffé d'une petite chapelle, qui offre un panorama sur la Durance et le lac.
En suivant la route de Boscodon *(départ du parking du Grand Clot)*, vous arriverez en 2h30 au **pic de Morgon** (alt. 2 324 m) : très belle vue sur le lac de Serre-Ponçon.

Lac du Crachet

🥾 *4h AR - départ du parking situé 1 km après La Chalp (hameau à 2 km à l'est de Crévoux), à 100 m à gauche avant de traverser le torrent.*
On commence cette randonnée dans une belle prairie recouverte de fleurs au printemps avant d'entamer une montée un peu rude le long du torrent jusqu'à une cascade. En chemin, jolies vues sur la vallée. Au terme d'une dernière montée, on découvre enfin le lac du Crachet et son étonnante forme en V.

Circuit conseillé   CARTE P. 150-151

Du barrage de Serre-Ponçon à Embrun

▶ *Circuit de 39 km tracé en vert foncé sur la carte. Voir p. 155.*

4

ⓘ Carnet pratique

S'informer

Office de tourisme – 9 pl. du Gén.-Dosse - Embrun - ℘ 04 92 43 72 72 - www.serreponcon.com. Visites guidées de la ville.

Agenda

Fêtes médiévales – *3ᵉ sem. d'août.* Marché médiéval, animations, tournoi d'escrime, spectacles et ateliers. Le soir, défilé aux flambeaux et concerts.

📍 Nos adresses

Restauration

Budget moyen

L'Épicerie – *Pl. Barthelon -*
📞 04 92 43 37 14 - fermé dim. soir,
lun. soir et mar. soir - plats 18/22 €.
Nappes à carreaux et esprit bistrot
caractérisent ce restaurant sur la
place de la mairie. On y déguste des
spécialités locales (ravioles, gratins
d'oreilles d'ânes, boîtes chaudes,
saucisse du Champsaur) et de
généreuses assiettes composées.
Service agréable.

Pour se faire plaisir

Château La Robéyère –
11-15 av. Justin-Gras - Quartier
La Robéyère - 📞 04 92 51 90 78 -
www.larobeyere.com - 🅿 *- Spa - le*
soir - fermé dim. - menus 44/54 €,
plats 32 €, brunch dim. 41 € - 33 ch.
130/190 €. Ce restaurant est en
parfaite harmonie avec la superbe
bâtisse du 18e s. qui l'abrite. Sous
le plafond voûté de la salle, ou en
terrasse avec vue sur la montagne
pendant la période estivale, on se
régale de préparations au goût
du jour, dont certaines sont issues
de l'imposante rôtissoire... Les
chambres allient aussi charme et
élégance. Une belle adresse.

Shopping

Marché – *Merc. mat. et sam. mat.*
🌿 **Maison de Pays de
l'Embrunais** – *Pl. du Théâtre -*
📞 04 92 43 04 56 - www.
maisondepays-embrunais.fr -
tlj sf dim.-lun. ; juil.-août : tlj. Dans
l'ancienne église St-Donat, vous
trouverez artisanat et produits du
terroir : liqueurs et tartes de pays,
travail du bois et du verre, mohair,
céramique, etc.

**Pâtisserie chocolaterie Luc
Eyriey** – *Pl. Barthelon - 📞 04 92 43*
01 37 - www.eyriey.fr - fermé dim.
apr.-midi. Fondée en 1902, la
maison a conservé la fabrique et la
chocolaterie sur place. Tout est à
déguster les yeux fermés.

Activités

www.rando-serreponcon.com –
Itinéraires pédestres, trail, raquette,
VTT, vélo, équestres (avec traces
à télécharger), sites de paddle,
d'escalade et de via ferrata.

Alpes 2 Roues – *La Clapière -*
📞 04 92 43 11 10 - www.
alpes2roues.com - fermé dim. - VAE
35 €/1/2 j. 45 €/j. ; VTT 16 €/1/2 j.,
20 €/j. Grand choix de vélos en
location et recommandation de
circuits tous niveaux.

👪 **Plan d'eau d'Embrun** – *Av. du*
Lac - 📞 04 92 43 72 72 (office de
tourisme) - plage surveillée en juil.-
août. Il se trouve à 2 km du centre-
ville. Vous viendrez vous baigner
en toute tranquillité (navigation à
moteur interdite) ou pratiquer des
activités nautiques.

Via ferrata des Orres – *📞 04 92 44*
01 61 (office de tourisme) - www.
lesorres.com - de mi-mai à oct. -
accès libre. La via ferrata de la
Marcelinas, la plus accessible avec
toutefois quelques séquences
vertige, procure une jolie vue sur
le village des Orres. La via ferrata
de la Cascade est réservée aux
grimpeurs chevronnés. Magasins de
location de matériel aux Orres.

Hébergement

Pour se faire plaisir

Les Chambres d'Orel –
Les Rencureaux - 📞 06 72 28
66 41 - St-André-d'Embrun -
www.leschambresdorel.fr -
🅿 ♿ *- appart. (3 ch., 2-6 pers.)*
230/350 € 🛏. Dans une belle
bâtisse dominant le lac, les
chambres, vastes, confortables
et lumineuses, affichent un style
montagnard contemporain où
le bois blond domine. Cuisine
moderne et équipée, salle de sport,
jeux, laverie, hammam et home
cinéma.

Gap ★

Porte d'entrée du Parc national des Écrins, Gap n'en annonce pas moins la douceur des champs de lavande ; la neige brille longtemps sur les hauts sommets alentour tandis que les horizons bleutés s'éloignent presque à l'infini vers la Provence. Ici, pas de monument spectaculaire mais des façades colorées, des rues piétonnes et des places animées par une atmosphère toute méridionale. On la quitte pour d'autres plaisirs : l'immense lac de Serre-Ponçon et les stations de ski alentour.

Marché de la place aux Herbes, Gap.
francois-roux/Getty Images Plus

▶ Se repérer

CARTE P. 150-151 (B2)

41935 Gapençais – Hautes-Alpes (05). Gap est au carrefour de la Route Napoléon (Grasse-Grenoble) et de la D 994 (Valence-Briançon).

😊 À ne pas manquer

Le Musée Muséum départemental, pour la culture, et le domaine de Charance, pour la nature.

🕐 Organiser son temps

Comptez 1h pour flâner en ville ; ajoutez au moins 1h pour la visite du musée et encore 1h pour celle du domaine de Charance.

👪 En famille

Le domaine de Charance ; le stade nautique de Fontreyne *(voir « Activités » dans « Nos adresses »)*.

ℹ Carnet pratique p. 169

📍 Nos adresses p. 169

Se promener

Malgré une histoire très ancienne, Gap présente peu de vestiges architecturaux. La ville fut en effet détruite à plusieurs reprises, entre autres pendant les guerres de Religion et en 1692, lorsque les troupes d'Amédée de Savoie s'en emparèrent.

★ Centre historique

Perdez-vous dans le réseau des ruelles piétonnes dont la structure est restée médiévale. Les maisons ne sont pas si anciennes mais l'harmonie de leurs teintes pastel vous charmera sans aucun doute, tout comme l'ambiance de la ville, encore plus méditerranéenne le samedi, jour de marché qui se déroule rue Carnot et dans les rues alentour. La **rue Jean-Eymar** est bordée d'édifices témoignant d'une longue période d'activité rurale et marchande ; elle est toujours très fréquentée pour ses nombreuses boutiques. Elle accueille aussi régulièrement des animations culturelles : expositions, vide-bibliothèques... Édifiée en marbre rose de Guillestre, la **cathédrale** est une parfaite copie 19e s. du style roman provençal, avec une flèche haute de 77 m. Enfin, l'**hôtel de ville** a conservé une jolie façade du 18e s.

★ Musée Muséum départemental des Hautes-Alpes

6 av. du Mar.-Foch - ℰ 04 92 51 01 58 - &. *- juil.-août : 9h-11h45, 14h-17h45, w.-end 14h-17h45 ; reste de l'année : 14h-16h45, w.-end 14h-17h45 - fermé lun. - gratuit.*
Situé dans l'agréable **parc de la Pépinière**, ce musée possède de belles collections. Celle d'archéologie recèle un **double buste de Jupiter Ammon★**, témoignage du culte porté à Jupiter au 2e s. Ses yeux étaient probablement incrustés d'argent ou de pierres précieuses. On y voit aussi la **stèle★** dite « de Briançon », beau bas-relief romain, et des **parures★** en bronze datant de 1200 à 700 av. J.-C., découvertes à Bénévent, Réallon et Guillestre. La section des céramiques s'illustre par de belles pièces de Manisès (15e-18e s.), de Nevers et surtout de Moustiers. La mémoire de la vie quotidienne en Queyras ressurgit à travers de superbes **meubles sculptés★★** et des objets de la vie courante, finement décorés. D'autres espaces sont consacrés à la peinture européenne, du 14e s. italien au 19e s. français, à l'histoire naturelle, aux armes anciennes et à l'art contemporain. Enfin, ne manquez pas le **mausolée★** de François de Bonne, duc de Lesdiguières, sculpté par Jacob Richier (1585-1640). Il comprend quatre bas-reliefs décrivant la prise de Grenoble, la victoire de Pontcharra, la rencontre des Molettes et la prise du fort Barraux.

★ Domaine de Charance B2

▶ *3 km à l'ouest de Gap. Sortez de Gap par la D 994 (direction Veynes) et tournez à droite. Quartier de Charance - rte de l'Audet - la ligne de bus 73 dessert le domaine en été - ℰ 04 92 53 26 79 - avr.-oct. - gratuit.*
👥 Dominant la vallée, ce site exceptionnel sillonné de cascatelles s'étend sur 220 ha. Il abrite de beaux **jardins en terrasses** où fleurissent des roses anciennes, et d'où la vue embrasse les Alpes alentour.
Installé dans une belle demeure de plaisance du 18e s., le **Centre de documentation du Parc national des Écrins** répond à vos questions et le **Conservatoire botanique alpin** protège les espèces menacées. Cet organisme est à l'origine de la culture d'environ 550 variétés de pommes et de la création d'un **jardin alpin** qui met en valeur les fleurs de montagne grâce à une reproduction de 20 milieux naturels, allant de la plaine au sommet des Alpes.
🌿 Plusieurs sentiers sont aménagés sur le site : un tour du lac *(30mn)*, un sentier de découverte à parcourir en famille et une randonnée jusqu'au pic de Charance *(3h)*. Des chiliennes sont à disposition des visiteurs à la belle saison.

À proximité

CARTE P. 150-151

N.-D.-du-Laus B2

▶ *23 km au sud-est de Gap. Quittez Gap par la route de Valserres (D 942^A) au sud, puis prenez la D 11 à gauche, et de nouveau à gauche la D 211.*

En 1664, la Vierge Marie apparut à la bergère **Benoîte Rencurel** (1647-1718). Dès 1666, on édifia un sanctuaire contenant à l'intérieur la petite chapelle où eut lieu cette apparition. Le hameau de Laus devint un lieu de pèlerinage.

❶ Carnet pratique

S'informer

Office de tourisme – *1 pl. Jean-Marcellin - Gap - ☏ 04 92 52 56 56 - www.gap-tallard-vallees.fr.*
Visites guidées de la ville en été.
👥 Pour les enfants, un jeu de piste baptisé « Randoland » permet de découvrir le centre-ville en s'amusant *(livret 2 €)*
Parc national des Écrins – *Domaine de Charance - Gap - ☏ 04 92 40 20 10 - www.ecrins-parcnational.fr.*

Arriver/partir

En train – TER depuis Valence, Grenoble et Marseille.
En car – Le réseau des Hautes-Alpes assure de nombreuses liaisons avec Gap : Champsaur, Valgaudemar, Dévoluy, Queyras... Plan et horaires des lignes sur zou.maregionsud.fr.

Se déplacer

L'agglo en bus – Le réseau de bus desservant Gap *intra muros* et son agglomération est gratuit. L'été, une navette relie le centre-ville au domaine de Charance. Dépliant en téléchargement sur le site de l'office de tourisme.

📍 Nos adresses

Restauration

Budget moyen
Le Fameux Café du Lycée – *41 bd de la Libération - ☏ 04 92 51 53 36 - fermé mar. sf en sais. - menu 25 € - plats 17/26 €.* Café, brasserie, salon de thé, restaurant..., l'adresse est très fréquentée. Plaisant décor de boiseries égayé de portraits de famille, et, au sous-sol, ambiance plus jeune. Terrasse agréable aux beaux jours.
🌿 **La Maison jaune** – *18 r. Pasteur - ☏ 04 92 50 88 15 - www.lamaison-jaune-gap.fr - fermé lun. et dim., de mi-août à déb. sept. et Noël-Jour de l'an - plats 15/27 € - menu 46 €.* Yann, le chef de ce restaurant familial, privilégie les produits en circuit court, donc de saison, et bio si possible. Un beau présage de qualité dans votre assiette. Le restaurant est réputé pour ses profiteroles géantes ; gardez une place pour le dessert !
🌿 **Le Bouchon** – *4 r. de la placette - ☏ 04 92 46 02 43 - www.lebouchon-gap.fr - fermé 2 sem. en mai, 1 sem. fin août-déb. sept., vac. de Noël, dim. et lun. - formule déj. 21 € - plats 22/37 €.* Des assiettes pleines d'arômes,

4

généreuses et fort bien cuisinées, mettant en valeur des produits de belle qualité (bio et locaux). Cette table s'impose pour un savoureux repas, et l'ambiance sympathique donne envie de revenir... Verrines pasteurisées à emporter.

Le Tourton des Alpes – *1 r. des Cordiers -* 📞 *04 92 53 90 91 - fermé dim. et lun. hors sais. - plats 14,50/20 € - menu 28 €.* Le tourton est à l'honneur dans cette maison qui le fabrique elle-même. Alors, n'hésitez pas à descendre les quelques marches pour vous installer dans cette ancienne cave voûtée et en déguster avec délice.

🍃 **La Menthe poivrée** – *20 bis r. du Centre -* 📞 *09 52 77 55 73 - fermé été : merc. midi et dim.; reste de l'année : mar. soir-merc. et dim. - menus 25/32 €.* Ce restaurant élabore une cuisine inventive, fleurie et relevée autour des produits de saison. Les légumes et les aromatiques proviennent d'ailleurs en partie du potager d'Ana et Fabien.

Shopping

Marché – Essentiellement alimentaire le mercredi *(8h-12h30),* il est plus diversifié le samedi mat. Marché bio vendredi *(15h-19h)* dans la contre-allée Albert-Laty.

En soirée

Été comme hiver, la **place Jean-Marcellin** et ses bars font le plein. Ambiances musicales, soirées à thème ou simplement de longues terrasses pour prendre un verre.

Activités

😊 **Randonnée, VTT, gravel, escalade** : à chaque activité son carnet en téléchargement sur le site de l'office de tourisme ou en vente sur place *(2 €).*

👥 **Stade nautique de Fontreyne** – *Av. de Traunstein -* 📞 *04 92 51 14 99 - www.ville-gap.fr - été :* 10h-19h30; reste de l'année : consulter le site Internet - 4/5 €. Ce stade nautique très agréable comprend deux bassins dont un bassin olympique plein ciel et une fosse de plongée. Minigolf, trampoline, babyfoot *(de mi-juin à déb. sept.).*

Hébergement

Premier prix

Hôtel Avantici Citotel – *5 chemin des Matins-Calmes -* 📞 *04 92 51 57 82 - www.avantici-citotel.com -* 🅿 ♿ *- 28 ch. 64/99 € -* 🍽 *11 €.* Aux portes de Gap, sur la Route Napoléon, un hôtel fonctionnel auquel sa propriétaire insuffle un supplément d'âme : l'entretien est extrêmement soigné et l'ensemble très fleuri. En outre, le jardin où l'on peut prendre le petit-déjeuner se révèle charmant.

Budget moyen

Mon Hôtel à Gap – *4 pl. Frédéric-Euzières -* 📞 *04 92 51 04 13 - www. monhotelagap.com -* 🅿 ♿ *- 30 ch. 95/105 € -* 🍽 *13 €.* Installé tout près du centre piétonnier, cet hôtel se distingue par une décoration sobre et soignée : teintes unies et mobilier en bois de mélèze. Les chambres donnent sur la cathédrale et les montagnes. Accueil agréable et excellent petit-déjeuner avec produits bio et locaux.

À proximité

Budget moyen

Hôtel La Pastorale – *65 chemin du Forest-d'Astier - La Bâtie-Neuve - 4 km au nord-est de Gap -* 📞 *04 92 50 28 40 - www. lapastorale.net -* 🅿 ♿ *- de mi-juin à mi-sept. - 8 ch. et 2 studios 89/109 € -* 🍽 *10 €.* Sortez de Gap... et des sentiers battus ! De petites routes en lacets mènent à cette ferme du 16ᵉ s. bien intégrée dans son environnement : entre ses murs épais et biscornus, les chambres au charme champêtre sont à l'unisson avec le calme alentour.

Route Napoléon ★

De Castellane à Corps, vous voilà sur les traces de Napoléon en route pour un grand retour… L'Histoire lui accordera cent jours! Après avoir franchi les Préalpes aux parois acérées, longé la vallée ouverte de la Durance, l'Empereur traversa le doux Gapençais avec les sommets de l'Embrunais et des Écrins en toile de fond. Vous pourrez marcher dans ses pas jusqu'à Corps, petite capitale de la vallée moyenne du Drac, en appréciant en route quelques trésors du patrimoine, entre églises et châteaux.

▶ Se repérer

CARTE P. 150-151 (AB1-3)
Hautes-Alpes (05).
La première partie du trajet de l'Empereur, de Golfe-Juan au col de Valferrière, est décrite dans *Le Guide Vert Côte d'Azur* et la dernière, de Corps à Grenoble, dans *Le Guide Vert Alpes du Nord*. Signalisation routière « Aigle » à l'entrée des villes et à la sortie des autoroutes.

☺ À ne pas manquer

La halte à Gap est incontournable; allez aussi découvrir les beaux villages que sont Ventavon et Tallard.

⏱ Organiser son temps

Comptez une journée entière de Castellane à Corps.

Circuits conseillés

CARTE P. 150-151

★ De Castellane à Sisteron

▶ *Circuit de 100 km. Voir p. 283.*

★ De Sisteron à Corps

▶ *Circuit de 79 km tracé en gris sur la carte.*

★★ **Sisteron** A3 EN DIRECTION *Voir p. 224*
La N 85 (D 1085) suit le Buëch, puis la vallée de la Durance le long du canal EDF.

Le Poët A3
🐾 *15mn.* À la sortie du village du **Poët**, faites une halte à la **table d'orientation** pour détailler le superbe panorama sur les sommets du Gapençais, de l'Embrunais et des Écrins.
Poursuivez sur la D 722 puis la D 22.

Upaix A3
L'ancienne Route Napoléon traverse **Rourebeau**, principal hameau de ce village. La chapelle des Pénitents, ornée d'un cadran solaire, accueille des expositions temporaires. La **vue panoramique** depuis la table d'orientation au sommet de la tour médiévale vaut le coup d'œil.
Revenez sur la D 1085. À l'entrée de Valenty, tournez à gauche sur la D 21.

4

Ventavon A3

Bâti sur les vestiges d'une forteresse du 11e s., ce paisible village perché présente un style provençal, avec ses vieilles maisons et son petit château du 15e s. Du sommet du beffroi moderne *(table d'orientation)*, **panorama★** sur les toits de tuiles roses, sur la trouée de la Durance que ferment les monts de l'Embrunais au nord-est, le pic d'Aujour et la crête des Selles au nord-ouest, et les montagnes de Gache et de Lure au sud.
Reprenez la D 1085 dans la direction de Gap.

Tallard B2

🛈 *2 pl. Richard-Duchamblo - ☏ 04 92 54 04 29 - www.gap-tallard-vallees.com.* Le village médiéval est entouré de cultures fruitières de pommes golden Label Rouge et de vignobles produisant un « blanc de pays » estimé.

Église St-Grégoire – Rebâtie au 17e s., elle s'ouvre par trois portes aux beaux vantaux ; la principale, datée de 1549 sur son linteau aux entrelacs gothiques, est décorée de médaillons Renaissance figurant des femmes, des enfants et des hommes d'armes. À l'intérieur, chaire du 17e s. et **cuve baptismale** du 15e s. supportée par des lions. Un pèlerinage arménien (saint Grégoire, évangélisateur de Tallard, était originaire d'Arménie) a lieu le 3e dimanche de septembre.

Château – *Visite guidée en juil.-août : lun.-vend. (2 visites/j., nocturnes mar. et jeu.) - 6,50/7 € - se rens. à l'office de tourisme de Tallard : ☏ 04 92 54 04 29.* Élevé aux 14e et 16e s., il subit de graves dommages en 1692 quand les troupes de Savoie s'emparèrent de la région. Le **corps de logis** Renaissance présente de belles fenêtres à meneaux torsadés. Dans la **chapelle** de style flamboyant, belles clés de voûte, chapiteaux sculptés et cheminées, fresque représentant un soldat napoléonien.

😊 L'**aérodrome de Gap-Tallard** est la première plate-forme européenne du loisir aérien (parachutisme, vol libre, ULM, etc.). Un **simulateur de chute libre**, unique en Europe, y a été installé *(www.onairsoufflerie.com).*

★ Gap B2 *Voir p. 167*

Après Gap, la N 85 monte au **col Bayard** (alt. 1248 m). Belle vue sur le bassin de Gap. La route entre ensuite dans le **Champsaur** *(voir p. 88).*

Les Baraques B1-2

Le 6 mars 1815, l'Empereur y déclina l'offre que les paysans lui firent de se joindre à ses troupes. À partir des Baraques, la **vue★** est superbe : vous admirerez les escarpements du Dévoluy (montagne de Féraud), puis les cimes de l'Olan, dans la trouée du **Valgaudemar** *(voir p. 100)*, et de l'Obiou, citadelle dominant le lac du Sautet. *Poursuivez vers Corps en traversant Le Motty.*

Corps A1 *Voir p. 178*

Le Dévoluy ★★

Culminant à près de 3 000 m, le Dévoluy impressionne. La légende raconte que l'Obiou, le Grand Ferrand, le pic de Bure et le Faraud s'affrontèrent à coups de rochers pour bâtir ce massif sauvage et isolé. Aujourd'hui, ces quatre monts aux escarpements ravinés par les siècles se refont une beauté dans leur miroir, le lac du Sautet. Cachottiers, ils dissimulent une vallée préservée dotée de villages et de stations de ski.

Le Grand Ferrand.
Etienne Fert/Getty Images Plus

▶ Se repérer

CARTES P. 150-151 (AB1-2),
CARTE DU DÉVOLUY P. 175
Hautes-Alpes (05).
Le Dévoluy, situé quelques kilomètres au nord-ouest de Gap, est accessible, au nord et au sud, par la D 937, et à l'est par la D 17.

😊 À ne pas manquer

Le barrage du Sautet et son lac artificiel ; les impressionnants défilés de la Souloise et des Étroits ; les cols du Noyer, de Rioupes et du Festre avec sa Vierge à l'enfant qui protège le Dévoluy et ses visiteurs.

🕐 Organiser son temps

La route des Cols et le tour du lac du Sautet vous occuperont une journée.

👥 En famille

Les bases de loisirs en station ; l'Écomusée du noyer ; la via souterrata de la Tune *(voir « Activités » dans « Nos adresses »).*

ℹ Carnet pratique p. 176

📍 Nos adresses p. 176

Séjourner au Dévoluy

Le Dévoluy désigne à la fois le massif montagneux et la commune qui en occupe le cœur. Cette dernière englobe deux stations de ski (Superdévoluy et La Joue du Loup), quatre villages (Agnières, L'Enclus, St-Disdier et St-Étienne), et de nombreux hameaux.

Stations

Le Dévoluy est labellisé Famille Plus, demandez-le « Guide Famille » à l'office de tourisme pour découvrir les activités proposées hiver comme été.

Superdévoluy concentre l'essentiel de son habitat en une immense résidence appelée le Bois d'Aurouze et surnommée le « paquebot des neiges ». Elle se distingue par sa conception architecturale. Appartements et commerces forment un ensemble unique qui serpente sur la montagne d'Aurouze, exposant au sud-ouest ses balcons de bois.

La Joue du Loup, avec ses jolis chalets en bois et sa place des Boutiques, présente, quant à elle, le charme d'une station-village.

Domaine skiable

Alt. 1500 à 2500 m. 53 pistes de ski alpin s'étendent entre les deux stations et trois restaurants d'altitude se situent sur le parcours. Stade de slalom, boardercross et snowpark : les nouvelles glisses sont au programme. Et pour les débutants, « D-izzy land » est installé en front de neige. Enfin, avec 37 km de tracés, les fondeurs (17 km de pistes) et les marcheurs, avec ou sans raquettes, sont vraiment gâtés. En été, le domaine se transforme en bike park avec 50 km de pistes.

Circuit conseillé

CARTE CI-CONTRE

★ Route des cols A1-2/B1

Circuit de 41 km, de Pellafol (voir p. 180) au Noyer, tracé en bleu sur la carte. Quittez Pellafol puis engagez-vous sur la D 537, en direction du sud, qui se transforme en D 937 en entrant dans le département des Hautes-Alpes.

Les routes du Dévoluy traversent souvent, surtout celle du col du Noyer, une nature exposée au vent et au soleil, parfois lunaire, avec des vues sur les pics déchiquetés, aux versants pelés noyés dans les éboulis.

★ Défilé de la Souloise

Vous vous faufilez entre de superbes escarpements calcaires qui facilitent l'infiltration de l'eau.

St-Disdier

Garez-vous au centre du village et poursuivez à pied.

20mn de montée. **Mère-Église** (11e s.) est la première église du Dévoluy. Installée sur un promontoire au-dessus du village, elle offre un point de vue inégalé sur l'Obiou et le Grand Ferrand. Un toit de lauzes recouvre sa nef, tandis que celui de l'abside est en chaume. À l'intérieur, au fond de l'église, remarquez les fleurs de lys de la royauté (1783) et les signes des Templiers : Soleil, Lune et croix de Malte. Chaque été, ses pierres vibrent au son d'un festival de musique.

À 7 km, prenez à droite vers Gap.

Col du Festre A2

Alt. 1441 m. Il s'ouvre au pied des croupes désolées de la **montagne d'Aurouze** et offre un beau panorama. Il est le point de départ de plusieurs itinéraires de ski de

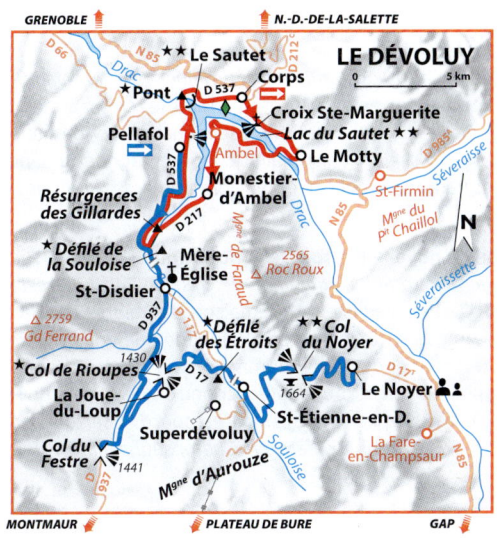

randonnée, en hiver, et de sentiers de randonnées pédestres, à entreprendre en été. La randonnée qui mène au col des Aiguilles en passant au pied de la cascade de Saut Aure, est la plus connue (*4h AR - env. 600 m de dénivelé*).

↻ Du col du Festre, vous pouvez descendre vers **Montmaur** *(voir p. 200)* en suivant la vallée de la Béoux dans un paysage désertique. Dépaysement assuré. Au défilé de Potrachon, belle vue à gauche sur la bordure ouest du plateau de Bure où est installé l'observatoire Noema de l'Institut de Radio Astronomie Millimétrique (IRAM). Il s'agit du radiotélescope millimétrique le plus puissant de l'hémisphère nord qui a pour fonction d'étudier l'univers froid dans le cadre des recherches sur l'origine et l'évolution de l'Univers. Le pic de Bure, qui culmine à 2 709 m, est l'emblème du Dévoluy, *Faites demi-tour et prenez à droite la D 17 qui serpente parmi les mélèzes.*

★ Col de Rioupes A1

Il réserve des **vues** superbes sur un vaste cirque de montagnes dénudées : les crêtes des Aiguilles, le Grand Ferrand, l'Obiou, la montagne de Faraud et le Collet du Tât, séparée du massif d'Aurouze, truffé de **chourums**, par la dépression du col du Noyer. Ces cavités souterraines, parfois remplies de glace, sont les sœurs des « scialets » du Vercors et des « avens » des Causses. Le Dévoluy, terrain d'élection des spéléologues, en compte presque 600 !

★ Défilé des Étroits A1

On surplombe la Souloise qui s'est taillée dans le roc une extraordinaire fissure, profonde de 40 à 60 m, large par endroits de 2 m seulement.
Il y a trois siècles, le seigneur de Malmort voulut abuser d'une jeune Dévoluarde à la veille de ses noces. Terrorisée mais téméraire, elle lui échappa en bondissant au-dessus du passage le plus resserré des Étroits : ce point des gorges s'appelle depuis le **saut de la Pucelle**. Deux via ferrata y sont aménagées.

St-Étienne-en-Dévoluy A1

La vallée de la Souloise s'épanouit brusquement. Les habitants vivaient en quasi-autarcie jusqu'à ce que la route soit ouverte en 1872.

★★ Col du Noyer B1

☺ Le col est fermé de début novembre à la mi-mai *(selon de la chute et de la fonte des neiges).*
Table d'orientation à 100 m au sud-ouest de l'ancien refuge Napoléon.
Alt. 1664 m. Le contraste est saisissant : d'un côté les crêtes arides du Dévoluy, de l'autre l'ample vallée du Drac (bas Champsaur), patchwork de cultures encadrées par les cimes du massif du Vieux Chaillol et les montagnes du Gapençais. Au loin se profilent les hauts sommets et les glaciers du massif des Écrins.

Le Noyer B1

👥 **Écomusée du noyer – Maison de la botanique** – ☎ 04 92 23 28 02 - *www.champsaur-valgaudemar.fr* ♿ - *juil.-août : tlj sf lun. 14h-18h ; reste de l'année se rens. - gratuit.* Derrière l'église, cette « maison », encadrée d'un jardinet de curé, est l'un des écomusées du Champsaur-Valgaudemar. Vous y verrez la flore et la faune du Champsaur et du Valgaudemar, et vous découvrirez aussi la vie et le travail de Dominique Villars, botaniste reconnu du 18e s., natif du Noyer.
Prudence, la route qui descend vers le Drac est sportive, surtout dans les cinq premiers kilomètres. Elle atteint La Fare-en-Champsaur sur la D 1085.

propose des grillades au feu de bois. Belle terrasse au calme.

Shopping

🌿 **Ferme Flouka** – *Maubourg - ☎ 06 78 86 73 03 - fermé dim. apr.-midi.* Éleveurs de génération en génération, cette famille produit de la laine mérinos, lavée sans produits chimiques, et fabrique bonnets, écharpes, tricots et couettes. Et comme la passion se partage, Sébastien propose différentes expériences à la ferme et des ateliers de transformation de la laine *(sur réserv. programme sur le site Internet - tarif selon l'activité).*

Brasserie Interstellaire du Dévoluy – *Le Courtil - 13 chemin de la Charrière - Dévoluy - ☎ 06 10 90 46 46 - fermé dim.* Vous n'y verrez pas d'étoiles, mais en attribuerez certainement aux bières artisanales de François, qui se fera un plaisir de vous les faire goûter et de partager sa passion pour cette boisson si appréciée après une journée de rando ou de ski.

Activités

👥 **Via souterrata de la Tune** – *Marc Casali - ☎ 06 80 30 18 73 - www.speleologie-hautes-alpes.fr - 55 €.* Entre via ferrata et spéléologie, découvrez le massif du Dévoluy sous un angle inédit ! Une aventure accessible à tous.

O'dycéa – *La Joue du Loup - ☎ 04 92 20 09 19 - www.odycea-devoluy.com - juil.-août : 11h-20h ; reste de l'année se rens. - pass 2h 19/28 €.* Ce bâtiment, qui reprend la forme du pic de Bure, abrite un espace balnéo et un Spa.

🌿 **Herbier du Dévoluy** – *L'Enclus - ☎ 06 82 33 47 65 - www.herbierdudevoluy.fr.* Accompagnateur de montagne et paysan cueilleur, Luc Bernard vous emmène à la découverte de la faune et de la flore du massif.

Randonnée

19 circuits balisés, soit au total 200 km. Toporandonnée sur les sentiers du Dévoluy en vente dans les offices du tourisme de Superdévoluy, La Joue-du-Loup et St-Étienne.

VTT

Traces GPX téléchargeable sur le site de l'office de tourisme.

Pour les amateurs de sensations fortes, le bike park (55 km de pistes) s'étend entre la Joue du Loup et Superdévoluy, avec une remontée mécanique partant de chaque côté. 262 km de sentiers balisés et labellisés FFC sont disponibles ainsi que 16 circuits au départ du col du Festre, Superdévoluy et la Joue du Loup.

Hébergement

Premier prix

Gîte Le Beau Rêve – *Le Pré - St-Étienne - ☎ 04 92 56 18 22 - www.lebeaureve.com - 🅿 - gîte (2-4 pers.) 305/460 € par sem.* Ces quatre gîtes, situés aux portes du village, à proximité de Superdévoluy, peuvent chacun accueillir de 2 à 8 pers. Les jeux pour enfants et les tables de pique-nique sont les petits « plus » qui font de cette adresse un lieu de séjour idéal pour les familles. Abri à skis, garage à vélos.

4

Corps

Étape de la Route Napoléon, Corps doit en partie sa renommée, non pas à l'Empereur, mais à une apparition de la Vierge qui entraîna la construction d'une basilique à la fin du 19e s. Aujourd'hui, les pèlerins restent nombreux à venir arpenter les passages et venelles de ce village au caractère médiéval, niché entre les magnifiques massifs du Dévoluy et des Écrins et dominant le lac du Sautet.

▶ Se repérer

CARTE P. 150-151 (A1)
431 Corpatus – Isère (38).
40 km au nord de Gap par la Route Napoléon (N 85).

🕐 Organiser son temps

Si vous souhaitez compléter la visite de N.-D.-de-la-Salette par la randonnée sur le mont Gargas, comptez 2h.

📍 Nos adresses p. 181

Se promener

ℹ️ *Grand'Rue - ✆ 04 76 30 03 85 - www.villedecorps.fr.*
Balcon dominant un **paysage somptueux★★**, Corps est la capitale du Beaumont, petit « pays » historique de la vallée moyenne du Drac. Cette dépression bien culti-vée, profondément entaillée par le Drac, est dominée par la très photogénique citadelle de l'Obiou (alt. 2 789 m).
En été, Corps s'anime avec l'affluence des pèlerins montant à **N.-D.-de-la-Salette**. Arrêtez-vous pour parcourir ses ruelles qui ont conservé leur caractère médiéval. Face à l'office de tourisme, l'**église St-Pierre** a été restaurée dans le style roman d'origine. Elle abrite deux statues de N.-D.-de-la-Salette dont une Vierge en pleurs. Aujourd'hui appelée **maison Napoléon**, l'ancienne gendarmerie a accueilli l'empe-reur en 1815 après son retour de l'île d'Elbe. L'**ancien hôpital** construit vers 1630, les maisons anciennes typiquement dauphinoises, la jolie **place de L'Homaillerie** et les anciennes écuries formant un passage voûté méritent aussi votre attention. Enfin, du **quartier Lara**, porte d'entrée ouest de la ville, longez les vestiges de remparts derrière lesquels s'abritent de jolis jardinets.
🚶 *15mn AR.* À l'extrémité du village en direction de Gap *(au niveau de la station-service)*, une petite route sur la droite mène à la **chapelle St-Roch**. Beau **pano-rama** sur le lac du Sautet ainsi que sur les montagnes de l'Obiou et de Faraud.

Circuits conseillés   **CARTE P. 150-151**

Pèlerinage à Notre-Dame-de-la-Salette **A1**

▶ *Circuit de 15 km, au départ de Corps, tracé en vert clair sur la carte. Quittez Corps au nord-est par la D 21. La route peut être fermée l'hiver.*
Entre Corps et La Salette-Village, vous remontez la profonde **vallée de la Sézia**. La route longe l'enclos où sont groupées, depuis 1954, les sépultures des Canadiens passagers de l'avion qui percuta l'Obiou le 13 novembre 1950.
Entre La Salette-Village et le sanctuaire, la route s'élève rapidement face à la majestueuse **cime de l'Obiou★★** (alt. 2 789 m).

Lac du Sautet.
Andrew_Mayovskyy/Getty Images Plus

★ N.-D.-de-la-Salette

📞 04 76 30 32 90 - lasalette.cef.fr - ♿ - 9h-18h.

Le 19 septembre 1846, sous les traits d'une femme en pleurs, la Vierge apparaît à deux enfants : Maximin Giraud, 11 ans, et Mélanie Calvat, 14 ans, qui gardent les vaches. Elle leur parle en français et en patois, puis disparaît dans un halo de lumière. Après cinq ans d'enquêtes, polémiques et procès, l'Église ratifie le témoignage des deux enfants qui confessent avoir vu la Vierge leur apparaître, ainsi que le message de conversion et de réconciliation apporté par la « Belle Dame ». Une basilique est érigée. Aujourd'hui, le sanctuaire reçoit 150 000 à 200 000 pèlerins par an. Les deux principaux pèlerinages ont lieu le 15 août et le 19 septembre.

Outre l'audiovisuel relatant l'apparition, les cérémonies sont : la messe à la basilique, les rencontres entre pèlerins, le chapelet et la procession aux flambeaux.

💨 En faisant le tour du Planeau, éminence surmontée d'une croix, vous aurez une belle **vue★** circulaire sur l'Oisans, le Dévoluy et le Beaumont.

★★ Tour du lac du Sautet A1

▶ *Circuit en boucle de 34 km, au départ de Corps, tracé en rouge sur les cartes. Sortez de Corps vers Gap par la D 1085.*

Cette **route magnifique** domine le lac. Au **Motty**, prenez à droite la D 217 qui, après un pont sur le Drac, s'élève sur la rive sud du lac.

Dans un virage à gauche, ainsi que depuis la terrasse de l'église d'Ambel, **vue★** impressionnante, de gauche à droite, sur l'Obiou, le Vercors, Corps, les hauteurs de la Salette et les monts dominant l'entrée du Valgaudemar.

La route traverse ensuite **Monestier-d'Ambel** puis descend vers le pont sur la Souloise.

Résurgences des Gillardes et gorges de l'Infernet

La circulation souterraine active de l'eau dans le massif se révèle par la double résurgence des **Gillardes**, classées comme les deuxièmes résurgences de France par leur débit après celle de Fontaine de Vaucluse.

🐾 *15mn AR.* Garez-vous sur le parking, juste après le pont, et suivez le sentier en sous-bois pour arriver aux sources. De là, plusieurs sentiers longent le cours d'eau, appelé la Souloise, qui se déverse dans le lac du Sautet. Il est alors possible de continuer la balade, rive gauche, jusqu'aux étroites et magnifiques gorges de l'Infernet que l'on admire depuis plusieurs passerelles métalliques et belvédères (🐾 *1h30mn AR depuis le parking - dénivelé 130 m).* Le retour emprunte l'autre rive. N'hésitez pas à faire quelques pauses au bord de l'eau où vous pourrez vous tremper les pieds.

Reprenez la D 217 puis engagez-vous à droite sur la D 537.

Pellafol

Maison du patrimoine – *Les Payas* - 📞 *06 08 30 10 30 ou 06 82 94 13 70 - www. matheysine-tourisme.com - juil.-août : merc. et w.-end 15h-19h - 3 €.* Ce corps de ferme datant de 1886 a vu se succéder plusieurs générations de maréchaux-ferrants ainsi qu'un estaminet qui a fermé ses portes en 1985. La salle est restée telle quelle, avec son parquet en bois et son comptoir en formica. Une exposition présente l'exploitation du bois, les travaux des champs, la vie quotidienne, l'école rurale et la forge tandis que deux salles sont consacrées, l'une, à la catastrophe aérienne de l'Obiou et, l'autre, à la construction du barrage du Sautet.

Canal de Pellafol – 🐾 Creusé dans la falaise à environ 1000 m d'altitude, cet ouvrage date de la fin des années 1870. L'entretien difficile, l'érosion et le débit insuffisant de la Souloise entraînent la fin de son utilisation en 1890. Long de 10 km, il permettait l'irrigation de la plaine de Pellafol. On peut le suivre sur plusieurs kilomètres.

Après **Pellafol**, jolie vue à droite sur l'éperon qui porte le village d'Ambel ; franchissant ensuite le **pont du Sautet**★ qui lance son aérienne arche de béton, longue de 86 m, à 160 m de hauteur.

★★ Barrage du Sautet

Juste après le pont, au **kiosque touristique**, descendez quelques marches pour vous approcher de cette voûte de 126 m de hauteur. Elle retient 115 millions de m^3 d'eau dans un canyon du Drac, profond de 200 m, parfois large de 7 m seulement. Ce barrage a joint l'utile à l'agréable en créant le lac.

Suivre la D 537 jusqu'à Corps.

Randonnée

CARTE P. 150-151

★★ Mont Gargas A1

🐾 *2h AR au départ du sanctuaire de N.-D.-de-la-Salette.*

Grimpez vers le nord, par les sentiers balisés sur les pentes dominant le sanctuaire, jusqu'au col de l'Éterpat ; suivez la crête, à gauche. Au sommet, une table d'orientation indique les grandes destinations des pèlerinages chrétiens (Lourdes, Jérusalem, etc.), mais aussi Lhassa ! **Panorama**★★ superbe.

📍 Nos adresses

Restauration

Budget moyen

La Guinguette du lac – *Rive nord du lac du Sautet, à côté de la base nautique - 📞 07 87 02 41 94 - de mai à fin août - plats 19/24 €.* Stéphanie et Éric ont repris la guinguette au bord du lac du Sautet. Une excellente aubaine pour se régaler de bons plats faits maison ou de planches composées avec des produits locaux. Vous pourrez en profiter du petit-déjeuner au dîner ! Boutique de produits locaux.

Shopping

🍃 **La ferme de Ste-Luce** – *Ste-Luce - 8 km au nord de Corps - 📞 04 76 30 16 04 - ouv. le soir.* Cette ferme produit tommes de vache, fromage blanc, yaourts, viande de bœuf et de porc, charcuterie, mais aussi de la bière et du pain au levain, le tout en bio. Un bon pique-nique en prévision !

Activités

Base nautique du pays de Corps – *Sous les Chênets - Corps - lac du Sautet - 📞 07 88 55 05 54 -* www.wildsportadventure.com - mai-août. Environnement naturel époustouflant pour cette base de loisirs : voile, canoë-kayak et location de bateaux sans permis à bord desquels vous pourrez remonter les gorges de la Souloise. Location de matériel et guide pour la via ferrata du Belvédère.

Hébergement

Premier prix

Hôtellerie du Sanctuaire – *La Salette-Fallavaux - 📞 04 76 30 32 90 - lasalette.cef.fr -* 🅿 ♿ *- 215 ch. 47/66 € -* 🍽 *7 € -* 🍴 *plat du jour 12 €.* L'hébergement est destiné aux pèlerins et aux touristes ; pour bénéficier de ces prestations, il faut s'acquitter d'une cotisation annuelle de 2,50 €. L'hôtellerie dispose également d'une librairie et d'un magasin.

Hôtel de La Poste – *R. des Fossés - 📞 04 76 30 00 03 - www.hotel-poste-corps.com - 15 ch. 60/95 € 🍽 -* 🍴. Construit dans les années 1760, cet ancien relais de Poste a été restauré et offre une décoration cosy et authentique, avec tapisseries à fleurs et meubles anciens. Belle salle de restaurant baignée par la lumière des vitraux.

4

Gorges de la Méouge,
M. Cavalier/hemis.fr

5

Diois, Buëch et Baronnies

CARTE MICHELIN DÉPARTEMENTS 332 ET 334 – HAUTES-ALPES (05) ET DRÔME (26)

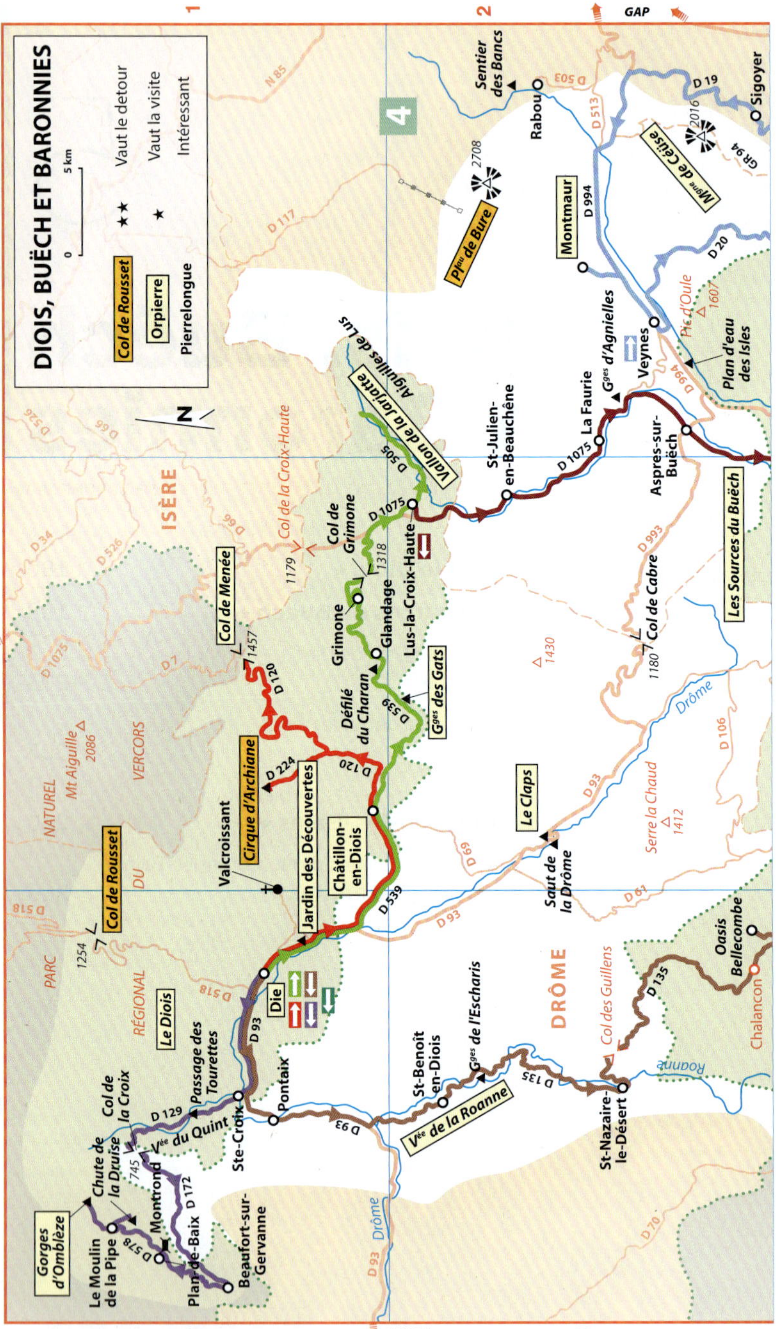
DIOIS, BUËCH ET BARONNIES
Col de Rousset
Orpierre
Pierrelongue
★★ Vaut le detour
★ Vaut la visite
Intéressant
0
5 km
GRENOBLE
GAP
PRIVAS
ISÈRE
DRÔME
PARC NATUREL RÉGIONAL DU VERCORS
Mt Aiguille 2086
Le Diois
Gorges d'Omblèze
Le Moulin de la Pipe
Chute de la Druise
Col de la Croix
745
Vée du Quint
Passage des Tourettes
Montrond
Plan-de-Baix
Beaufort-sur-Gervanne
Ste-Croix
Pontaix
Die
Valcroissant
Jardin des Découvertes
Cirque d'Archiane
Châtillon-en-Diois
Col de Menée
1457
Défilé du Charan
Gges des Gats
Glandage
Grimone
Col de Grimone
1318
Col de la Croix-Haute
1179
Lus-la-Croix-Haute
Vallon de la Jarjatte
Aiguilles de Lus
St-Julien-en-Beauchêne
La Faurie
Gges d'Agnielles
Aspres-sur-Buëch
Veynes
Pic d'Oule
1607
Plan d'eau des Isles
Les Sources du Buëch
Col de Cabre
1180
1430
Plau de Bure
2708
Montmaur
Rabou
Sentier des Bancs
Mgne de Céüse
2016
Sigoyer
Le Claps
Saut de la Drôme
Serre la Chaud
1412
St-Benoît-en-Diois
Gges de l'Escharis
Vée de la Roanne
St-Nazaire-le-Désert
Col des Guillens
Oasis Bellecombe
Chalancon
Drôme
Roanne
1254
N 85
D 1075
D 93
D 120
D 224
D 539
D 129
D 172
D 578
D 518
D 135
D 994
D 993
D 503
D 513
D 20
D 19
GR 94
D 61
D 69
D 106
D 70
D 117
D 66
D 526
D 34
D 7
D 505
A
B
C
1
2
4

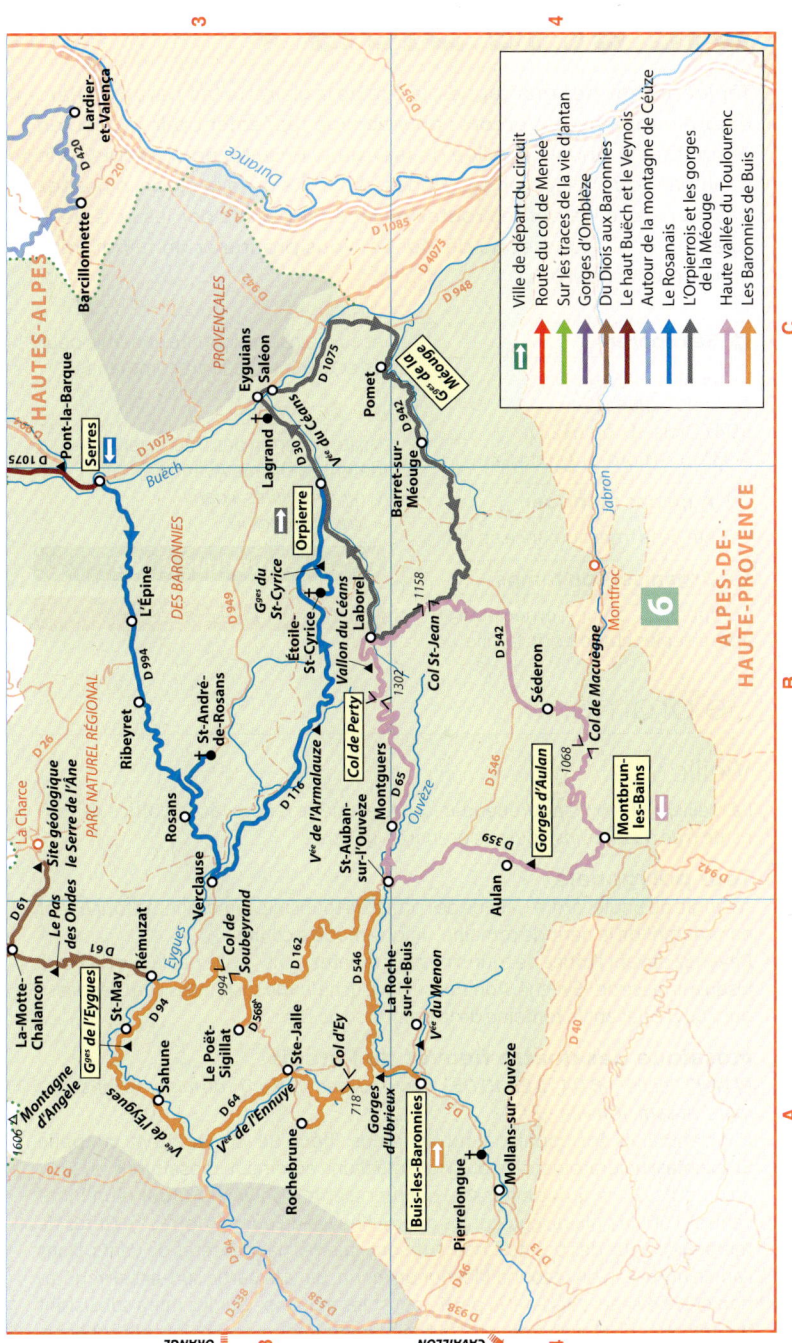

Légende

- Ville de départ du circuit
- Route du col de Menée
- Sur les traces de la vie d'antan
- Gorges d'Omblèze
- Du Diois aux Baronnies
- Le haut Buëch et le Veynois
- Autour de la montagne de Céüze
- Le Rosanais
- L'Orpierrois et les gorges de la Méouge
- Haute vallée du Toulourenc
- Les Baronnies de Buis

HAUTES-ALPES

ALPES-DE-HAUTE-PROVENCE

PARC NATUREL RÉGIONAL DES BARONNIES PROVENÇALES

Lardier-et-Valença
Barcillonnette
Pont-la-Barque
Serres
Eyguians
Saléon
Lagrand
Orpierre
Pomet
Gorges de la Méouge
Barret-sur-Méouge
L'Épine
Ribeyret
St-André-de-Rosans
Gorges du St-Cyrice
Étoile-St-Cyrice
Vallon du Céans
Laborel
Col St-Jean
Rosans
Verclause
Montfroc
Sédéron
Col de Macuègne
Col de Perty
Montguers
St-Auban-sur-l'Ouvèze
Gorges d'Aulan
Montbrun-les-Bains
Aulan
La Motte-Chalancon
Remuzat
St-May
Col de Soubeyrand
Sahune
Le Poët-Sigillat
Ste-Jalle
Col d'Ey
La Roche-sur-le-Buis
Rochebrune
Gorges d'Ubrieux
Buis-les-Baronnies
Pierrelongue
Mollans-sur-Ouvèze
Montagne d'Angèle
Site géologique le Serre de l'Âne
La Charce
Le Pas des Ondes

ORANGE
CAVAILLON

Die et le Diois ★

Tapie au creux des montagnes, la cité de la clairette fait partie du Parc naturel régional du Vercors : on y accède facilement par l'ouest, en remontant la sinueuse vallée de la Drôme. Ensuite, pour découvrir le beau pays du Diois, avec ses vignes, ses fruits et sa lavande, n'hésitez pas à prendre les petites routes en lacet et passez par les cols de la Chaudière, du Rousset ou de Menée ; vous profiterez de panoramas absolument superbes !

▶ Se repérer

CARTES P. 184-185 (A1),
CARTE DU DIOIS P. 190-191

5 047 Diois – Drôme (26).
À 93 km au nord-ouest de Gap.

☺ À ne pas manquer

La Fête de la transhumance en juin.

⊙ Organiser son temps

Comptez une demi-journée pour apprécier les charmes de la ville et au moins une journée et demie pour effectuer les circuits recommandés.

⧉ En famille

Visite du jardin des Découvertes ; détente à Drôme Aventure *(voir « Activités » dans « Nos adresses »)*.

ⓘ Carnet pratique p. 195

⦿ Nos adresses p. 195

Se promener

Vieille ville

La meilleure façon d'appréhender la ville est de se rendre face à l'office de tourisme *(rue des Jardins)*, puis de prendre à gauche.

Tour polygonale
À l'angle du boulevard, à gauche de l'office de tourisme, remarquez la tour à sept pans datant de la période romaine, unique modèle connu.
Revenez devant l'office de tourisme, puis montez dans la ville par la rue du Serre jusqu'à la place de l'Évêché. Admirez sur la gauche la **vue** sur le massif de Glandasse qui s'ouvre devant la fontaine de la Comtesse de Die.

Mosaïque des quatre fleuves du Paradis
Pl. de l'Évêché - ℰ 04 75 22 40 05 - www.museededie.org - de mi-juin à mi-sept. : merc. et sam. 10h-12h - 2 €.
L'ancien palais épiscopal, qui fut un temps l'hôtel de ville, abrite la **chapelle St-Nicolas**, un oratoire privé du 11e s. doté d'une admirable **mosaïque**★ du 12e s. aux motifs d'une grande finesse, qui représente l'Univers. Autour d'un motif central, l'étoile polaire, coulent les quatre fleuves du paradis terrestre (têtes de taureaux). Deux des points cardinaux sont illustrés par des têtes de vents. Dans l'angle nord-est, on reconnaît le monde marin, dans la partie sud-est la végétation et les oiseaux, et dans la partie ouest les animaux. Sur les murs subsistent des fresques du Moyen Âge, ainsi que les papiers imprimés et peints à la gouache, très rares, que firent poser les évêques au 18e s.

Longez l'Évêché jusqu'au bout de la place, et empruntez la rue Amédée-Rousset qui conduit à la cathédrale. Dans cet ancien quartier épiscopal, se dresse le temple protestant du 19e s. (ancienne chapelle du 17e s.). En face, la **maison du chanoine Faure de Vercors** (17e s.) présente une belle façade Renaissance, une tourelle avec un escalier à vis, des fenêtres à meneaux.

Rituel

La ville antique était un carrefour important sur la voie Milan-Vienne. Un culte à la déesse d'origine orientale Cybèle, lié à celui de Bacchus, attirait de nombreux visiteurs venus assister aux cérémonies où l'on sacrifiait un taureau et un bélier. D'où les couteaux et instruments de musique sculptés sur les autels tauroboliques.

Cathédrale

La jolie silhouette du clocher-porche (12e s.), avec son campanile en fer forgé, se remarque de loin. Les chapiteaux des portails sont ornés au nord de scènes bibliques (Caïn et Abel, le sacrifice d'Abraham), à l'ouest et au sud de combats symboliques (hommes et griffon, ondine et crocodile). Le tympan a été mutilé. La nef, reconstruite au 17e s., abrite une belle chaire en noyer de cette même époque, aux personnages sculptés avec réalisme.

Sortez de la cathédrale par la porte centrale du porche. Les mercredis et samedis matins, le marché anime la place de la République, profitez-en pour faire provision de saveurs provençales. Dirigez-vous ensuite vers la place du Marché (c'est là qu'il se tenait autrefois). Au n° 16, remarquez l'hôtel particulier du 16e s., construit avec des pierres de la cathédrale.

Continuez vers la place des Cordeliers, où se trouve l'ancienne église des Franciscains et suivez la rue des Cordeliers pour tourner à droite rue des Quatre-Cantons, puis à gauche rue Émile-Laurens. Là se trouve une ravissante façade ornée d'un balcon en fer forgé. Prenez à droite rue Camille-Buffardel, qui constituait l'un des deux axes principaux de l'ancienne ville romaine.

Musée de Die et du Diois

11 r. Camille-Buffardel - ℰ 04 75 22 40 05 - www.museededie.org - de mi-avr. à fin sept. : 14h-18h ; reste de l'année se rens. - 4 €.

Un hôtel particulier du 18e s. abrite ce musée dont les collections disparates recèlent quelques pièces de grand intérêt. La période gallo-romaine, la plus riche, s'illustre par des **autels tauroboliques**. Une salle est consacrée à la vie d'autrefois, une autre aux sculptures romanes provenant de la cathédrale.

Poursuivez le long de la rue Camille-Buffardel, puis tournez à gauche rue du Chastel. Cette petite rue pavée mène sur les hauteurs de la ville et débouche rue des Remparts. Prenez à droite pour redescendre vers la Porte St-Marcel.

Porte St-Marcel

Cette porte romaine fortifiée fut érigée avec les remparts. Pour la bâtir, on réutilisa un arc honorifique décoré d'entrelacs et de rosaces avec une clé de voûte ornée d'une tête de taureau. Sur les frises, des motifs évoquaient la prospérité sous la Paix romaine : lionne apprivoisée, scènes de danse...

Remparts romains

Au 3e s., ces murs de 3 m d'épaisseur atteignaient 2 km de long : un vrai travail de Romain, qu'Obélix lui-même admirait, d'autant plus qu'aux moellons et galets, leur construction mêlait des bouts de monuments, aujourd'hui exposés au musée.

5

> **Le vignoble diois**
>
> La **clairette de Die** est un vin blanc doux pétillant issu de deux cépages : la clairette (moins de 25 %) et le muscat. Le **crémant de Die** (vin brut) est produit à partir de trois cépages : la clairette (55 % minimum), le muscat et l'aligoté. Le **coteaux-de-die** (vin blanc sec) est vinifié à partir de la clairette uniquement. Châtillon-en-Diois produit du châtillon-en-diois rouge et rosé et du châtillon-en-diois blanc.

Des **tours antiques** à la **tour médiévale Ste-Agathe**, vous en longerez les vestiges au nord-est de la ville (*env. 45mn, fortes pentes*).

Hors du centre-ville

Muséobulles

À la sortie ouest de Die, sur la D 93. Cave de Die Jaillance - 355 av. de la Clairette - 04 75 22 30 15 - jaillance.fr - juil.-août : 9h-19h ; reste de l'année : 9h-12h30, 14h-18h30 - sur réserv. - 3,60/5 €.

😊 Pensez à prendre de quoi vous couvrir car il peut faire frais, même en été. La visite se termine par une dégustation au bar à bulles.

Cette cave coopérative se divise en deux parties. D'un côté, la **boutique** *(voir « Shopping » dans « Nos adresses »)*, de l'autre, au sous-sol, un espace **muséal** consacré à l'histoire de la cave Jaillance. Les visiteurs plongent dans l'atmosphère feutrée des anciennes caves de stockage de la clairette où des vidéos présentent l'histoire et les méthodes d'élaboration de ce nectar. On y apprend notamment comment les Romains auraient importé la clairette en France et sa présence dans les grandes réceptions royales du 16e au 18e s.

À proximité

CARTE P. 184-185

★ Jardin des Découvertes A1

▶ *3 km au sud-est sur la route de Gap. Rte de Gap - quartier du Plot - 04 75 22 17 90 ou 06 43 60 23 88 - www.jardin-decouvertes.com - ♿ - juil.-août : 10h-18h ; mi-avr.-juin : 10h-12h, 14h-17h - fermé jeu. de mi-mai à fin juin - 7 €.*

👥 Sous ces 1000 m² de serres, à l'abri de la pluie et du vent, vous circulez au milieu de centaines de beaux **papillons en liberté**, dont le plus grand du monde (à vous de deviner sa taille, elle est surprenante !). Au long du parcours, les panneaux explicatifs vous apprendront tout sur la vie des lépidoptères. Si le spectacle se trouve bien évidemment dans les airs, ne manquez pas de regarder attentivement les feuilles et les branches des plantes sur lesquelles se cachent bien souvent d'incroyables chenilles multicolores. Un peu plus loin, une écloserie permet d'observer de près les cocons.

Abbaye de Valcroissant AB1

▶ *6 km par la D 93 vers Sisteron, puis suivez une route à gauche. Rte de l'Abbaye - 04 75 22 12 70 - www.abbayedevalcroissant.eu - visite guidée (1h) juil.-août : lun., merc. et vend. 17h ; juin et sept. : merc. 17h ; mai : vend. 17h - 5 €.*

La route remonte une gorge pour arriver dans un cirque au pied des falaises du Vercors. C'est ce site impressionnant et isolé que les cisterciens ont choisi en 1188 pour fonder une abbaye.

🔰 **Vallon du Paradis** – *3h - boucle de 8 km - niveau moyen*. Au départ du parking de l'abbaye, cette très belle randonnée (à l'ombre l'après-midi) emporte le marcheur dans la Réserve naturelle des Hauts-Plateaux du Vercors. Depuis le sentier, on peut admirer les falaises du Glandasse et se délecter de beaux points de vue sur les sommets du Diois. Cette randonnée, réservée aux bons marcheurs compte, outre le dénivelé (535 m), un franchissement de ruisseau (souvent à sec) au niveau du vallon du Paradis.

★ Le Claps B2

▶ *20 km au sud-est par la D 93 et Luc-en-Diois. Petit parking gratuit sur place - prévoir éventuellement des chaussures pouvant aller dans l'eau.*

Du 15ᵉ s., le Diois conserve non seulement églises et maisons, mais aussi ce **chaos naturel calcaire** dû à un gigantesque éboulement, particulièrement impressionnant au-dessus du viaduc ferroviaire. Le site s'organise autour de la petite retenue d'eau où une aire de pique-nique a été aménagée (buvette). Une vaste pelouse le long de la rivière vient parfaire le décor. En remontant la rivière, plusieurs petits bassins et des chutes d'eau invitent les courageux (l'eau est froide !) à la baignade. Un lieu également très prisé des amateurs d'escalade et de via ferrata.

Plus haut, la route franchit une barre rocheuse percée d'un petit tunnel artificiel où la rivière s'engouffre pour venir bondir sur les rochers dans un nuage d'écume. C'est le **saut de la Drôme** auquel on peut accéder depuis le parking du Claps (🔰 *10mn - AR*).

★★ Col de Rousset A1

▶ *22 km au nord par la D 518.*

Alt. 1254 m. Ce col marque la limite climatique des Alpes du Nord et du Sud. Arrêtez-vous sur le parking à droite à l'entrée du tunnel et regardez en arrière en direction de Die. C'est toute la magie de la Drôme du Sud qui s'étend au lointain : roches calcaires et lumière éclatantes, horizon sans fin de collines tapissées de forêts vertes mêlant pins et feuillus. La route en contrebas se replie en immenses lacets, accentuant l'impression de profondeur.

Passé le tunnel, on découvre la **station** du col de Rousset qui regroupe 25 pistes de ski alpin, 35 km de pistes de ski de fond, 15 km de sentiers pour les marcheurs ou amateurs de raquettes et le circuit de luge toutes saisons.

Circuits conseillés

Avec ses affluents, Bez, Rif, Boulc et autres, la Drôme dévale les pentes parfois arides du Diois et irrigue la jolie plaine qui en verdoie de plaisir. Au fil des gorges et des routes, remontez ces petites vallées où l'atmosphère déjà provençale adoucit la sauvagerie des paysages. Maisons décorées de lauriers-roses, esplanades ombragées de platanes : tout dans les villages et les hameaux, parfois perchés à plus de 1000 m, vous invite à la flânerie, entre deux excursions impressionnantes.

★★ Route du col de Menée CARTE P. 190-191

▶ *Circuit de 45 km, de Die au col de Menée, tracé en rouge sur la carte. Quittez Die par la D 93 vers Gap.*

😊 La neige obstrue le col de décembre à mars. Le reste du temps, les chutes de pierres peuvent en bloquer momentanément l'accès.

Vous traversez le bassin de Die parmi les vignobles que surplombent les falaises calcaires de la montagne de Glandasse.

À Pont-de-Quart, prenez la D 539 à gauche.

5

★ Châtillon-en-Diois

ℹ️ *Square Jean-Giono -* 📞 *04 75 21 10 07 - www.diois-tourisme.com.*

La route par laquelle on arrive de Die est bordée par quelques commerces. Des ruelles mènent à la partie haute du village, la plus ancienne, qui a conservé une allure médiévale. Les maisons en pierre ont été édifiées autour d'un château détruit au 16ᵉ s. De la **place Reviron**, dominée par la tour de l'Horloge, part un réseau de rues reliées entre elles par des venelles, appelées « viols » en Diois. Également « village botanique », Châtillon compte plus d'une centaine de plantes étiquetées dont plusieurs grimpantes : préférez le printemps, l'été ou la fin de l'automne pour en apprécier la floraison.

Après Châtillon, tournez à gauche dans la D 120 vers le col de Menée. Au village de Menée, prenez la D 224 qui serpente vers Archiane. Parking avant le village.

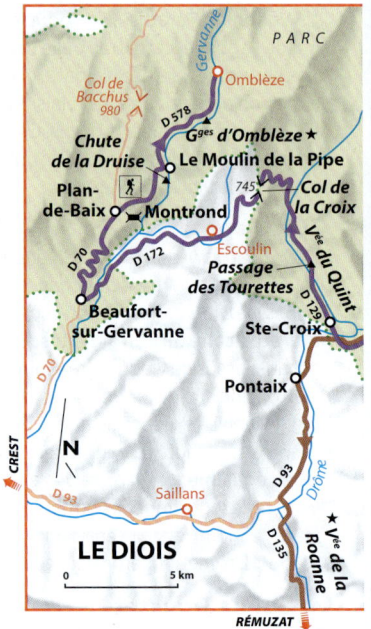

★★ Cirque d'Archiane

Les impressionnantes falaises de la montagne de Glandasse ferment cette vallée boisée, magnifiée par le soleil déclinant qui donne une teinte dorée à la roche. L'immense promontoire du **jardin du Roi** domine le fond du cirque, au pied duquel se niche le hameau d'Archiane, dont la route d'accès est ornée de buis taillés.

🥾 Si vous avez le temps, la très belle **randonnée « Le sentier des Vautours »** *(6 km - 2h30 - chaussures de randonnée conseillées)* part du village et parcourt le cirque. Plusieurs postes d'observation mis en place par le Parc naturel régional du Vercors vous offrent l'opportunité de voir les vautours fauves et leur site de nidification. Vous pourrez remplir votre gourde à la fontaine du village.

Revenez sur la D 120 et prenez à gauche.

Après le hameau des Nonières, la route suffisamment large sinue sur les flancs montagneux plantés de noyers ou de lavandes, avant de passer au pied du rocher de Combau, puis au milieu de bois et de prairies.

★ Col de Menée

À l'entrée sud du tunnel (alt. 1457 m), les falaises de la montagne de Glandasse se découvrent à l'horizon. À la sortie nord, très belle vue sur toute une partie des Alpes, et en particulier sur le mont Aiguille, le « mont inaccessible » qui, comme son nom ne l'indique pas, n'a pas de sommet pointu, mais au contraire un plateau tabulaire qui domine le Trièves.

★ Sur les traces de la vie d'antan CARTES P. 184-185 ET CI-DESSUS

▶ *Circuit de 54 km, de Die au vallon de la Jarjatte, tracé en vert clair sur les cartes. De Die à Châtillon-en-Diois, reportez-vous au début du circuit « Route du col de Menée ». Sortez de Châtillon-en-Diois par la D 539.*

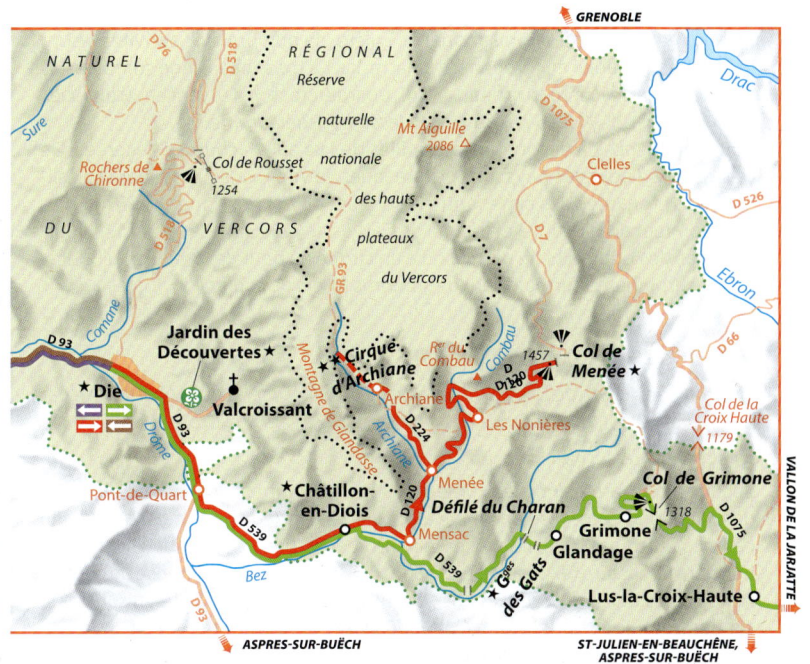

★ Gorges des Gats

Avant que la route ne soit terminée, en 1865, il fallait passer plusieurs gués, les « gats », pour remonter ce défilé, large de quelques mètres mais haut de plus de 100 m. Vous traversez ensuite le **défilé du Charan** : quatre tunnels percent la roche.

Glandage et Grimone

Elles disent la vie rude d'autrefois, ces maisons massives serrées les unes contre les autres et coiffées de grands toits à forte pente pour faire glisser la neige. Des jeunes venus s'y installer ont rendu vie à ces villages jadis abandonnés. L'église de Glandage, d'un roman naïf, mérite un regard.

Après Glandage, la végétation méridionale cède la place aux chênes et aux pins noirs. Une fois passé le **col de Grimone** (alt. 1 318 m) se détachent au sud-est les élégantes découpures de la montagne de Garnesier et de la crête des Aiguilles. *Prenez la D 1075 vers le sud.*

Lus-la-Croix-Haute

Le village s'est développé dans un vaste bassin alpestre traversé par le haut Buëch. Rendez-vous à la **Maison du patrimoine** qui relate la vie d'autrefois à travers des expositions thématiques. *☏ 04 92 58 52 94 - juil.-août : tlj sf mar. et dim. 10h-12h, 16h-19h ; reste de l'année : sur demande - gratuit.*
De la Grand-Place, poursuivez à l'est sur la D 505.

★ Vallon de la Jarjatte C1

La route pénètre dans la haute vallée du Buëch, bientôt resserrée entre de belles pentes forestières. Près de la Jarjatte, la petite station de sports d'hiver de **Lus-La-Jarjatte** (alt. 1190-1550 m) offre 6 pistes de ski alpin, 22 km balisés pour le ski

5

de fond et 19 km d'itinéraires raquette. En été, de nombreuses activités y sont proposées : balades en forêt en trottinette, kart à trois roues, luge sur rail et les adeptes de la descente (trottinette, VTT, boardercross...) peuvent emprunter les deux téléskis. ℘ 04 92 58 51 86 - www.lesstationsdeladrome.fr.

Vous commencez à découvrir les **aiguilles de Lus** aux découpures acérées. De ce site classé pour ses paysages pittoresques, la **vue★★** s'attache alors aux silhouettes prenantes des cimes entre le sommet du Rocher Rond (2 458 m), plus haut sommet de la Drôme, et la cime de Garnesier (2 368 m). Le chemin se poursuit sous des bouquets de pins jusqu'à un **cirque** au bout de la vallée du Buëch. Des escarpements surplombent de sombres forêts de sapins.

Revenez à Die.

★ Gorges d'Omblèze CARTE P. 190-191

▶ *Circuit de 48 km, de Die à Omblèze, tracé en violet sur la carte. Quittez Die par la D 93 vers Crest, puis tournez à droite sur la D 129 vers Ste-Croix.*

Ste-Croix

Sur une étroite arête entre la Drôme et la Suse, le village est dominé par les ruines de tours du 13ᵉ s. L'église ancienne a été divisée en deux pour recevoir le culte catholique (transept, abside) et le culte protestant (nef).

L'ancien monastère (exposition en saison) possède un **jardin** composé de plantes médicinales et aromatiques. Vous pourrez prolonger votre visite en suivant le **sentier botanique** dans le parc (*1h30 - visite libre gratuite*).

La route remonte la **vallée du Quint** et traverse l'étroit **passage des Tourettes**. *Tournez à gauche dans la D 172.*

Cette route très étroite et en lacet mène à travers les pins et les chênes jusqu'au **col de la Croix** (alt. 745 m), puis descend rapidement jusqu'à Escoulin dans la vallée de la Sépie.

Beaufort-sur-Gervanne

Le village, bombardé durant la Seconde Guerre mondiale, a été partiellement reconstruit. Les restes de fortifications ont été aménagés en promenade.

Maison de la résistance Mathias Mathieu – 25 Grand'Rue - ℘ 07 84 60 97 80 - www.maison-de-la-resistance-mathias-mathieu.fr - juil.-août : sam.-merc. 9h-12h, 15h-18h ; juin et sept. : lun. et dim. 9h-12h, 15h-18h - participation libre. Ce petit musée témoigne des actes de résistance menés dans la vallée de la Gervanne durant la Seconde Guerre mondiale, notamment le rôle joué par les maquisards de la compagnie Morin des FFI, active dans la Drôme.

La **randonnée du Maquisard** est un sentier qui permet de découvrir certains des lieux emblématiques de cette résistance (*boucle facile - 5 km - dép. parking du champ de foire - carte et explications à retirer à la Maison de la résistance - 2 €*).

4 km - 2h - facile. Le **sentier de découverte du plateau des Chaux** est jalonné de six panneaux thématiques sur les interactions entre la qualité des pratiques et la diversité biologique du site (plantes messicoles, avifaune, orchidées, insectes pollinisateurs). Une balade à parcourir à son rythme entre pelouses à orchidées et cultures d'aromatiques ou de céréale.

Prenez la D 70 vers Plan-de-Baix.

Plan-de-Baix

Entre le col de Bacchus et la vallée de la Gervanne, le village est dominé par une haute falaise calcaire, la montagne de Vellan, où ont été trouvés les vestiges d'une

Le village d'Omblèze.
wavipicture/Getty Images Plus

place forte romaine. Du **château de Montrond** (13ᵉ et 14ᵉ s.), on aperçoit les tours rondes dominant la vallée.

La D 578 surplombe la profonde vallée de la Gervanne. Puis commence la longue descente. Soudain, une tour rocheuse se détache : vous pénétrez dans les gorges, portes étroites ouvrant sur les solitudes du Sud Vercors.

Chute de la Druise

1h AR, avec des chaussures de marche et de l'eau. Prudence ! Les chutes de pierres sont fréquentes. Au Moulin de la Pipe, prenez à droite, sur 1 km, la route d'Ansage (quelques places de stationnement).

Un chemin signalé conduit au sommet de la chute de la Druise, l'une des plus belles de la Drôme, qui mesure 72 m de haut : vous pouvez atteindre le bas par un sentier rocailleux en forte pente.

Après le Moulin de la Pipe, le circuit pénètre dans les **gorges d'Omblèze★**, imposantes murailles calcaires surplombant la route. On passe près des cascades de la Petite et de la Grande Pissoire *(cette dernière souvent à sec en été)*. Quand les parois s'écartent, on découvre le **haut bassin d'Omblèze**, méridional par ses fonds plantés de vignes et de peupliers, mais alpin par son cadre de hauts sommets gazonnés entre lesquels on distingue le col de la Bataille.

★ Du Diois aux Baronnies CARTES P. 184-185 ET P. 190-191

Circuit de 78 km, de Die à Rémuzat, tracé en marron sur les cartes. Sortez de Die par la D 93 à l'ouest, direction Valence.

Cette lente traversée du cœur de la Drôme ravira les amateurs de routes désertes, de coins perdus, de beautés authentiques : fermes isolées s'accrochant aux pentes ravinées, taches jaunes des genêts rehaussant les strates rocheuses colorées, robines et montagnes en enfilade... Vous y trouverez à volonté fromages de chèvre, bouquets et essence de lavande, miels, noix et confitures...

5

On vous emmène à l'Oasis Bellecombe

Cet éco-site, héritier de la mouvance de **Pierre Rabhi**, va vous prouver que l'on peut vivre en autonomie et en harmonie avec la nature. Prêts pour l'expérience ? Dans ce lieu sauvage bordé par une rivière, on trouve des habitats insolites, des jardins et des vergers, un four solaire, des sentiers, un système de phytoépuration et même une mare pédagogique pour petits et grands. De nombreux ateliers, organisés tout au long de l'année, vous permettront de vous familiariser avec la philosophie du lieu : musicothérapie, soins énergétiques... Et pour parfaire cette expérience hors du temps, passez une nuit dans une des yourtes mongoles, une cabane perchée, un tipi ou une roulotte. Quelques emplacements de tentes sont également prévus. L'éco-site, véritable havre de paix, est l'endroit parfait pour vous déconnecter et vous ressourcer tout en prenant le temps d'observer la nature qui vous entoure. Une belle leçon de vie !

Pontaix

Dans un **site**★ superbe, ce village vigneron charme par sa grand-rue voûtée et par ses maisons des 15ᵉ et 16ᵉ s. bâties de part et d'autre de la Drôme, les pieds dans l'eau. Surplombant de 70 m la Drôme, le puissant **donjon** date du 13ᵉ s. Le **temple** abrite des peintures des 15ᵉ et 17ᵉ s.

Revenez sur la D 93 que vous empruntez vers la droite. À 6 km prenez la direction de St-Nazaire-le-Désert. La D 135 s'élève au-dessus de la **vallée de la Roanne**★ où l'on peut se rafraîchir et se baigner. Il suffit de se garer en bord de route et de descendre à pied jusqu'à la rivière.

St-Benoît-en-Diois

Montez à pied jusqu'à l'**église**, l'une des plus touchantes qui soient, perchée au beau milieu de la vallée sur une arête rocheuse. Caché derrière, le village est dans l'enfilade, arborant des **linteaux** du Moyen Âge.

Après St-Benoît, la route se rapproche du torrent et traverse les **gorges de l'Escharis**. L'été, c'est un lieu de baignade assez paradisiaque.

St-Nazaire-le-Désert

ℹ *30 r. de la Poste -* 📞 *04 75 27 53 10 - www.diois-tourisme.com.*

Les rues fleuries aux linteaux datés et décorés de cœurs, la chapelle St-Joseph (dont le bénitier porte une inscription en grec qui se lit dans les deux sens et signifie : « Lave tes fautes et non seulement ton extérieur »), les petits jardins clos, les boutiques d'artisanat, tout invite ici à une halte.

À la sortie de St-Nazaire, prenez à gauche la D 135 ; ne traversez pas le pont de métal. La route quitte la vallée et part à l'assaut des collines, des lavandes cultivées ou sauvageonnes, dans une ambiance à la Giono. Au **col des Guillens** (802 m), la montagne des Trois Becs est votre point de mire à l'ouest, et après Volvent, au col des Roustans (1028 m), c'est la montagne d'Angèle qui accroche la lumière et le regard. Juste avant Chalancon, charmant village blotti sous son roc pointu, **vue**★ à l'entrée des gorges sur les montagnes d'Oule et des Ruelles.

La Motte-Chalancon

ℹ *Pl. du Pont -* 📞 *04 26 66 20 34 - www.diois-tourisme.com.*

Retour à la civilisation, mais sans ses inconvénients, dans ce bourg circulaire qui est la petite capitale des environs. Partout des treilles et des roses, des tilleuls et des fontaines. En se promenant dans les **calades**, ces ruelles aux noms pittoresques où abondent les porches voûtés, les façades à génoise et les belles portes en bois du 18e s., on monte jusqu'à l'église, vestige d'un ancien fort. Belle **vue**★ sur les toits de tuiles romaines et la campagne alentour. À l'intérieur, au-dessus de l'autel, intéressant vitrail bleu.

Écosite Oasis Bellecombe – *2340 rte du Rif - La Motte-Chalançon -* 🕿 *06 11 30 29 89 - www.oasisbellecombe.com - tlj sur RV, visite 2h - juil.-août : mar. départ à 10h - libre participation. Voir encadré vert ci-contre.*
Empruntez la D 61 vers l'est en direction de La Charce.

Site géologique le Serre de l'Âne

Le site géologique de la Charce, classé « référence mondiale Unesco », met en valeur l'alternance de calcaires argileux et de lits de marnes, typique du passage entre deux périodes géologiques : le Valanginien (-140 à -134 millions d'années) et le Hauterivien (-134 à -117 millions d'années). Un sentier d'interprétation permet de mieux comprendre le témoignage laissé par cette falaise qui a enregistré en continu l'histoire de notre planète durant 5 millions d'années.
Revenez sur La Motte pour rejoindre la D 61 à l'ouest.
La route longe la vallée de l'Oule. À 2,5 km, le **Pas des Ondes** est l'un des rares plans d'eau de la région *(baignade surveillée et payante en juil.-août).*

Rémuzat *Voir p. 217*

ℹ Carnet pratique

S'informer

Office de tourisme – *1 r. des Jardins - Die -* 🕿 *04 75 22 03 03 - www.diois-tourisme.com.* Visites guidées et théâtralisées *(avr.-oct.).*
Parc naturel régional du Vercors – *www.parc-du-vercors.fr.*

Arriver/partir

En TER – Directs entre Die, Valence ville (1h10) et Gap (1h50).
Se garer – Grand parking gratuit en face de l'office de tourisme.

Agenda

Fête de la transhumance – *2e quinz. de juin - www.fete-transhumance. com.* Défilés, animations et expositions diverses dans le Diois.

📍 Nos adresses

Restauration

À Die

Premier prix
Les Bons Passants – *10 pl. de la République -* 🕿 *04 75 21 01 02 - Facebook - fermé mar. soir, merc. soir, jeu. soir et dim. - menu 14,50 €.* Une cuisine du marché privilégiant les produits bio et locaux : plats végétariens, salades, ravioles et burgers. Agréable terrasse face à la cathédrale.

Budget moyen
Le Repère – *Pl. de l'Horloge -* 🕿 *04 75 21 68 99 - fermé merc.- jeu. - plats 15/18 €.* Le chef de ce restaurant, dont la terrasse donne sur la cathédrale, met à l'honneur la cuisine péruvienne. Résultat : on déguste ici du riz *chauffa*, un

5

riz sauté au poulet, ou de la *causa*, une purée fourrée aux légumes et au poulet. Le soir, la carte de tapas continue d'explorer les saveurs exotiques.

À proximité

Budget moyen

Restaurant Le Bistroquet - Hôtel du Dauphiné – *Pl. Pierre-Devoluy - Châtillon-en-Diois - ☏ 04 75 21 13 13 - hoteldudauphine-drome.fr - fermé nov.-fév. - plats 16/33 € - 8 ch.* Le restaurant propose un délicieux menu terroir de qualité, idéal pour goûter, entre autres, caillettes, ravioles et tarte aux noix, sur la terrasse ombragée. La carte s'évade aussi vers la cuisine méditerranéenne à l'occasion d'un tajine de truite ou de pintade. La partie hôtel dispose de chambres très simples mais parfaites pour une étape à prix réduit.

🌿 **La Belle Verte** – *12 rte de Plan-de-Baix - impasse la Belonne - Beaufort-sur-Gervanne - ☏ 04 26 60 39 71 - domainelabelleverte.wixsite.com/campingdrome - juil.-août : le soir + sam. et dim. midi, fermé jeu. ; reste de l'année : le w.-end - fermé nov.-mars - plats 13/16 € - réserv. vivement conseillée.* Cette vieille ferme restaurée a été reprise par Alice et Anaïs qui s'attachent à accueillir leurs clients avec bonne humeur et simplicité sur leur terrasse posée dans l'herbe. Au menu, une cuisine simple et locale où le circuit court est de rigueur. Le lieu compte également six emplacements pour tentes.

Pour se faire plaisir

🌿 **Vers Corps et Âmes - La Table de Maroki** – *Hameau d'Archiane - ☏ 04 75 21 24 47 - ouv. le soir jeu - sam. à midi dim. - menus 40/50 € - réserv. - formules 32/55 € - 3 ch. 72 € en 1/2 P.* Quelle surprise que ce refuge de montagne où un chef passionné et son équipe créent des plats inventifs et savoureux, dans le respect des produits locaux et des saisons ! Ici, randonneurs et gastronomes se régalent d'un menu en 6 à 9 plats.

Shopping

À Die

Marchés – *Pl. de la République - merc. et sam. : 8h-13h.*

Cave de Die Jaillance – *355 av. de la Clairette - ☏ 04 75 22 30 15 - jaillance.fr - tlj.* Par la diversité et la qualité de l'offre, cette cave séduira tous les amateurs de clairette, mais aussi de crémant et de vins de Châtillon-en-Diois. Visitez Le Muséobulles *(voir p. 188).*

🌿👥 **L'Abeille du Vercors** – *9 chemin du Pont-Rompu - ☏ 06 19 72 76 11 - www.labeilleduvercors.fr - sur RV - baptême d'apiculture : sur réserv.* Cette miellerie bio est installée dans une ancienne minoterie du 19e s. L'été, des activités ludiques sont organisées : sessions de découverte du métier d'apiculteur pour petits et grands, goûter et visite de la miellerie.

🌿 **La Carline** – *21 r. du Viaduc - ☏ 04 75 22 08 11 - www.lacarline. coop - fermé lun. mat. et dim.* Cette coopérative biologique et locale à but non lucratif est une vitrine de l'agriculture du Diois. Elle propose une large gamme de produits bio et fermiers issus de producteurs et artisans drômois : fruits, légumes, fromages, pain…

Activités

👥 **Drôme Aventure** – *340 rte d'Ausson - Centre du Martouret - ☏ 06 79 37 18 38 - www.drome-aventure.com - 10h-19h en été ; reste de l'année : w.-end et vac. scol. 11h-18h, merc. 13h-17h - fermé de mi-nov. à mars.* Parc aménagé en pleine forêt avec 11 parcours ludiques, 600 m de tyroliennes, un circuit Acro-Kid (3-6 ans) et de nombreux ateliers. En prime, Drôme Aventure vous accompagne pour des sorties canyoning, kayak, via ferrata et VTT.

Randonnée

Le Diois est le paradis des randonneurs à pied, à VTT et à cheval, proximité des Parcs naturels régionaux du Vercors et des Baronnies provençales oblige : Grandes traversées du Vercors (GTV), circuits locaux, GR. Cartes, guides et topoguides en vente dans les offices de tourisme.

Sur les chemins de la Clairette – 8 sentiers au départ de Suze-sur-Crest, St-Sauveur-en-Diois, Vercheny, Barsac, Ponet et St-Auban, Die, Barnave et Châtillon-en-Diois *(www.clairette-de-die. mobi)*. Carte gratuite disponible dans les offices du tourisme.

Hébergement

À Die

Premier prix

Hôtel des Alpes – *87 r. Camille-Buffardel -* 📞 *04 75 22 15 83 - www. hotel-die.com -* 🅿 *payant - 24 ch. 69/73 € -* ⊑ *11 €.* Cet établissement installé en plein centre-ville dispose de chambres confortables et calmes. Petit-déjeuner buffet.

Budget moyen

Le Carnot – *13 av. Sadi-Carnot -* 📞 *04 75 22 05 91 - www. logishotels.com -* 🅿 *- 11 ch. 75/105 € -* ⊑ *12 € -* 🍴 *14/26 €.* Situé à l'entrée de Die, ce petit hôtel offre tout le confort nécessaire : un parking, un restaurant avec sa terrasse sous les arbres et des chambres propres et confortables. En prime, l'accueil est sympathique. Un excellent rapport qualité/prix.

Pour se faire plaisir

Hôtel-Restaurant L'Escale de Die – *Av. de la Clairette -* 📞 *04 75 22 00 95 - www.lescale-de-die.com - fermé vac. scol. fév. et Toussaint - 9 ch. 120/135 €* ⊑ *-* 🍴.

Il règne une ambiance familiale dans cette maison à la façade fleurie. Chambres parfaitement tenues et confortables. Préférez celles ouvrant sur le Vercors. Au restaurant, on sert une cuisine traditionnelle. Une escale bien agréable.

À proximité

Premier prix

Camping L'Hirondelle – *60 rte de la Garenne - 2,8 km au nord-ouest de Die -* 📞 *04 75 21 82 08 - www. campinghirondelle.com - ouvert de fin juin à déb. sept. -* ♿ ⊒ *- 102 empl. 20/40 € - 79 locatifs (2-8 pers.) 84/188 €.* Apprécié pour son calme, ses places spacieuses entre sous-bois et soleil, ce camping est installé au bord de la rivière (plages). Dans une nature généreuse, vous partagerez votre temps entre exploration et activités sportives. Parc aquatique.

Budget moyen

L'Orée du Vercors – *35 chemin Gabriel-Faure - Montmaur-en-Diois -* 📞 *07 64 30 00 25 - www. loreeduvercors.fr -* 🅿 *- 9 ch. 65/95 € -* ⊑ *10 € -* 🍴 *25/30 €.* Après avoir sillonné les sentiers de randonnée des grands parcs nationaux américains, Mylène et David ont posé leurs valises dans la Drôme pour reprendre cet hôtel-restaurant à l'orée du Vercors. En cuisine, Mylène concocte des plats à base de produits locaux que l'on déguste sur l'agréable terrasse à l'abri des regards (sauf peut-être celui de Ghost, l'attachant chien-loup toujours à l'affût d'une caresse). Clin d'œil à leurs aventures passées, chaque chambre porte le nom d'un grand film d'aventure américain. Et pour les amoureux de plein air, David propose aussi des stages de reconnexion à la nature.

5

Les Sources du Buëch ★

Loin des villes et des foules, les Sources du Buëch sont injustement méconnues. Leurs vertes vallées sont pourtant des oasis où les hommes ont préservé la nature et le sens de l'accueil, souvent familial. On passe ici du côté des Alpes en Provence; le ciel bascule dans la couleur turquoise de l'« empire du soleil » cher à Mistral. Les crêtes tranchantes et les cimes décharnées voisinent avec les haies d'arbres fruitiers et les champs de lavande.

▶ Se repérer

CARTE P. 184-185 (BC2-3)

Hautes-Alpes (05).
Le Buëch est un affluent de la Durance. Les Sources du Buëch comprennent le Veynois et le haut Buëch. De Lus-la-Croix-Haute, vous pourrez rejoindre Die *(voir p. 186)*; de là, suivez en sens inverse les

circuits Route du col de Menée et Sur les traces de la vie d'antan.

⏱ Organiser son temps

Prévoyez une journée pour profiter pleinement des Sources du Buëch.

📍 Nos adresses p. 202

Circuits conseillés
CARTE P. 184-185

Le haut Buëch et le Veynois

▶ *Circuit de 52 km, de Lus-la-Croix-Haute à Serres, tracé en bordeaux sur la carte.* Juste au-dessus de Lus, le col de la Croix-Haute marque une frontière : climats et paysages changent insensiblement. On passe des Alpes du Nord, humides et vertes, aux Alpes du Sud, sèches et dénudées. C'est seulement aux abords de La Faurie que l'aridité du paysage et le caractère provençal de la végétation commencent à s'affirmer.

Lus-la-Croix-Haute B2 *Voir p. 191*

La D 1075 serpente autour du lit caillouteux du Buëch, sous les hauteurs du Diois : à droite, les **serres**, longues crêtes décharnées, se succèdent. À gauche s'élèvent bientôt les pentes boisées de la montagne Durbonas.
Au-delà de **St-Julien-en-Beauchêne**, les monts aux flancs ravinés, piquetés de pins et de chênes, se coiffent d'aiguilles rocheuses que surmonte parfois une ruine féodale, comme à La Rochette, vestige d'un château fort du 12e s.
2 km après La Faurie, empruntez la piste sur la gauche.

Gorges d'Agnielles C2

Le long de la rivière, deux parois rocheuses accueillent un joli site d'escalade et une via ferrata en balcon avec deux parcours (facile et sportif). En suivant la piste sur la gauche, on atteint l'ancien hameau d'**Agnielles**, abandonné. Il constitue le départ de randonnées pédestres et VTT et un lieu réputé pour venir écouter le brame du cerf à l'automne. Un gîte de l'ONF reçoit les randonneurs.
Reprenez la D 1075.

Aspres-sur-Buëch C2

Ce bourg au caractère déjà provençal s'enroule en escargot autour d'une motte féodale surmontée d'une tour-horloge. De là, **vue** sur l'originale composition du village et le cirque montagneux qui l'entoure. Des thermiques vigoureux font d'Aspres un repaire des adeptes du **vol à voile** et du deltaplane.

Après **Pont-la-Barque**, où le petit Buëch rejoint son grand frère, la vallée s'étrangle dans le court défilé du pas de la Ruelle masquant l'entrée de Serres.

★ Serres B3 *Voir p. 203*

Autour de la montagne de Céüze

▶ *Circuit en boucle de 70 km, au départ de Veynes, tracé en bleu ciel sur la carte.*

Veynes C2

ⓘ *Av. du Cdt-Dumont - ☎ 04 92 57 27 43 - www.sources-du-buech.com.*
Située sur l'axe Gap-Die, cette ancienne place forte souffrit beaucoup des passages successifs des huguenots et des troupes du duc de Savoie. En 1875, l'arrivée du rail fait de Veynes un nœud ferroviaire important dans le réseau alpin et favorise le développement industriel de la localité. Un circuit ponctué de 20 panneaux « Suivez le rail » vous guide à travers les rues, les quartiers et l'histoire du bourg ancien.

Écomusée du Cheminot veynois – *3 r. du Jeu-de-Paume - ☎ 04 92 58 98 32 - www.ecomusee-cheminot.com - ♿ - juin-sept. et vac. scol. (sf Noël) : merc.-sam. 14h-18h - 4 €.* Ce musée retrace l'histoire ferroviaire de Veynes, en une véritable immersion dans le monde du rail de 1850 à nos jours.

Après avoir exploré les ravissantes ruelles du **vieux village**, perché en lisière de garrigue, et admiré les façades peintes, vous pourrez partir pour de belles randonnées à pied ou à cheval, notamment sur le **sentier botanique de Furmeyer**.

👥 Découvrez 2 parcours jeu pour explorer les sentiers en famille *(dont un accessible à partir de 5 ans)*, à moins d'opter pour une baignade au **plan d'eau des Iscles** *(nombreuses activités nautiques)*.

Longez le Petit Büech en prenant la D 48, puis tournez à droite sur la D 20 jusqu'à Barcillonnette. La route traverse des fermes et plusieurs petits ponts avant de grimper dans la montagne pour atteindre les cols d'Espréaux et de la Beaume.

Barcillonnette C3

Ce village tranquille bordé d'arbres fruitiers offre une vue panoramique sur la montagne. Avec sa charmante petite église et ses deux lavoirs restaurés, il vaut une petite halte.

5

« La lumière d'en haut te dit d'aller plus haut »

Cette énergique devise est celle d'un des 400 cadrans solaires des Hautes-Alpes, illustrations d'une imagination populaire vive et d'un art pictural actif dans la région aux 18ᵉ et 19ᵉ s. Les pays du Buëch en possèdent de beaux exemplaires. À **St-Julien-en-Beauchêne**, la maison forestière de la forêt de Durbon affiche deux cadrans du 18ᵉ s. La mairie d'**Aspres-sur-Buëch** en arbore un contemporain réalisé par des moines orthodoxes. Près de La Beaume, au **col de Cabre**, un cadran sculpté à même le rocher à la sortie ouest du tunnel perpétue sur 35 m² la mémoire de Ladoucette, premier préfet des Hautes-Alpes. Enfin, l'école primaire de **Serres** expose une méridienne indiquant la course du Soleil et les positions de l'équinoxe.

Tournez à gauche sur la D 420. Traversez Vitrolles et poursuivez jusqu'à Lardier-et-Valença.

Lardier-et-Valença C3

Ce village dont l'habitat annonce la Provence offre un beau panorama depuis son belvédère. Le paysage est dominé par les montagnes. La proximité de la vallée de la Durance a permis à l'arboriculture de se développer.

Prenez à gauche la D 19 qui passe par le col de Foureyssasse avant de redescendre dans la vallée.

Sigoyer C2 *Voir p. 232*

À la sortie de Sigoyer, un des derniers villages perchés au pied de la Céüze, une table d'orientation offre un panorama superbe sur la falaise de Céüze, Tallard et la chaîne des Alpes.

Continuez sur la D 19. Passez vers le col du Villar, continuez tout droit, puis tournez à gauche sur la D 994. Tournez à droite sur la D 937ᴬ en direction de Montmaur.

★ Montmaur C2

Autrefois puissante place forte et baronnie du Dauphiné, ce village est aujourd'hui blotti dans la verdure, au pied des murailles protectrices de la montagne d'Aurouze et du pic de Bure. Derrière une façade austère, l'insolite règne dans son château.

Château – ☏ 04 92 53 88 41 - *juil.-août : mar.-sam. visite guidée à 14h30 - 5 €.* Au 14ᵉ s., les Montauban élèvent une forteresse flanquée de quatre tours et entourée de remparts. Au 16ᵉ s., la famille de Flotte l'agrandit et la décore dans le style Renaissance. Mais les deux étages du haut brûlent en 1688. Celui du bas sera enterré au 19ᵉ s. Malgré ses deux tours rondes, le château a perdu son aspect sévère de forteresse. Derrière ses fenêtres à meneaux et sa belle porte à bossages du 17ᵉ s., vous songerez à la vie de château dans quatre salles d'apparat : cheminées monumentales portant des chimères hermaphrodites, plafonds à la française aux poutres décorées, fresques et frises guerrières ou mythologiques. Des portes sculptées de représentations symboliques, des gypseries, des trompe-l'œil ajoutent au charme de cette demeure. En 1930, un Anglais y installe une pension végétarienne baptisée Renova. Dans ce centre de remise en forme avant l'heure, on croise Giono, le roi des Belges ou le metteur en scène Henri-Georges Clouzot. En 1942-1944, le château abritera « la Chaîne », le réseau de résistance du commandant Mauduit.

Le Rosanais B3

◐ *Circuit de 93 km, de Serres à Orpierre, tracé en bleu sur la carte. Voir p. 204.*

L'Orpierrois et les gorges de la Méouge B3/C4

◐ *Circuit de 61 km, au départ d'Orpierre, tracé en gris sur la carte. Voir p. 208.*

Randonnées

CARTE P. 184-185

★★ Plateau de Bure C2

🥾 *8h AR - 1400 m de dénivelé - randonnée difficile réservée aux marcheurs bien entraînés, des passages dans des pierriers exigent une grande vigilance. De Montmaur, prenez la D 320 en direction du col de Gaspardon (5 km). Garez-vous à la maison forestière des Sauvas (alt. 1320 m).*

Un large chemin empierré s'élève au nord vers les falaises de Bure, sur la rive droite du torrent. En une heure, vous arrivez au roc des Hirondelles, au pied de la combe d'Aurouze. Après un petit col, vous atteignez le plateau de Bure *(en tout, 3h30 de marche dont 3h de montée)*. En poursuivant vers l'est, vous gagnez en 45mn le sommet du **pic de Bure** (alt. 2 708 m). Par temps dégagé, c'est l'un des plus beaux **panoramas**★★★ des Alpes (table d'orientation), depuis les contre-forts du mont Blanc au nord-est jusqu'aux Cévennes *(à droite du mont Ventoux)* et aux massifs italiens.

Sentier des Bancs C2

👣 *4h AR - dénivelé 500 m - randonnée déconseillée aux personnes sujettes au vertige. Garez-vous sur le parking au-dessus du village de Rabou.*
Cette randonnée suit un ancien chemin muletier et domine les gorges du Petit Buëch. Suivez la piste, puis le sentier, au nord, en direction des Bancs *(30mn)*. Là, un passage taillé dans la falaise est vertigineux mais reste prati-cable grâce à sa largeur suffisante. Puis, vous avancez au milieu des lavandes avec en toile de fond le pilier est du pic de Bure. Vous continuez vers les ves-tiges de la chartreuse de Berthaud et atteignez la chapelle de la Crotte où vous ferez demi-tour.

★ Montagne de Céüze C2

Le relief tabulaire et isolé de la montagne de Céüze est étonnant. Plusieurs points de départ de randonnées existent. Cette montagne est également connue comme spot d'escalade. La signalétique est un peu ancienne, soyez vigilant.
▶ *De Veynes, empruntez au nord la D 20 puis, après le lieu-dit du Moulin du Pied de la Poua, prenez à gauche la route forestière, qui mène aux ruines de Chatillon-le-Désert, jusqu'au parking.*
👣 Suivez la piste qui monte en direction du plateau de Céüze. Vous rejoignez le **GR de Pays** « Entre Céüze et Durance » que vous prenez sur la gauche et qui vous amène sur les crêtes de la Manche. Quittez alors le GRP pour suivre le sentier qui redescend jusqu'à la station de Céüze 2000.
▶ *De la station de Céüze 2000, prenez, face à l'hôtel, la piste qui atteint un replat, puis suivez la piste très raide du téléski des Marseillais jusqu'à son terme.*
👣 Remontez vers le téléski du Torrent jusqu'à un poteau fléché et prenez un sentier longeant une croupe. Du pic de Céüze, magnifique **panorama**★★ au nord sur le massif des Écrins et celui de Bure, et à l'est sur l'Ubaye.
Le retour s'effectue en revenant sur vos pas jusqu'au poteau fléché en haut du téléski du Torrent, pour continuer sur le sentier qui se dirige vers le marais de Raux et vers les crêtes de la Lumineuse. Vous retrouvez alors le GR de Pays du départ puis la piste jusqu'au parking.

📍 Nos adresses

Restauration

Budget moyen

🌿 **L'Auberge de la Tour** – *St-Pierre-d'Argençon - 5 km à l'ouest d'Aspres-sur-Buëch -* 📞 *04 92 58 71 08 - www. scopaubergedelatour.fr - le soir les mar., vend. et sam. - menu 30 € - réserv. conseillée.* Cette auberge de village a été reprise par trois copines qui proposent une cuisine à base de produits frais et de saison (locaux et bio si possible). Naturellement les burgers sont « 100 % maison », comme les pizzas servies, elles, le vendredi. Et ce n'est pas tout : programmation culturelle « les Mardis de la Tour » *(repas-concert sur réserv. - programme sur le site Internet - 17 €).*

Pour se faire plaisir

La Sérafine – *Les Paroirs - Veynes -* 📞 *04 92 58 06 00 - www. restaurantserafine.com - juil.-août : fermé midi en sem. ; avr.-juin et sept.-oct. : fermé dim. soir, lun.- merc., jeu. midi et vend. midi - menus 50/70 €.* Cette jolie bergerie en pierre, du 18ᵉ s., a gardé le nom de sa propriétaire. La cuisine, d'inspiration contemporaine met les produits frais à l'honneur et n'oublie pas de les enrichir de saveurs asiatiques. Une agréable terrasse et une large véranda ouvrent sur l'extérieur.

Shopping

🌿 **Mon Paysan Alpin** – *Av. Cdt- Dumont - Veynes -* 📞 *07 78 84 46 74 - fermé dim.-lun. sf en juil.- août.* Honneur aux circuits courts dans cette boutique mettant à disposition les produits des fermes environnantes : confitures, produits laitiers des Alpes, viande, pains bio, fruits et légumes du pays, huiles essentielles...

Activités

Routes de la lavande – *Voir p. 474.*
Randonnée – Topo-guides en vente à l'office de tourisme, fiches et itinéraires en téléchargement sur le site Internet de l'office de tourisme.

Vol à voile

Base du Chevalet – *Aérodrome - Aspres-sur-Buëch - Association AAA pour le planeur et l'ULM -* 📞 *04 13 38 53 16 - Parapente Max -* 📞 *06 75 86 01 42.* Tous les plaisirs du vol à voile. Initiation ou perfectionnement à bord d'un biplace, de l'heure de vol au stage de plusieurs jours. Sur le site de l'aérodrome, vous trouverez un restaurant-snack.

Spéléologie

👥 **Spéléologie Hautes Alpes** – *Vallée d'Agnielles -* 📞 *06 80 30 18 73 - www.speleologie-hautes- alpes.fr - de mi-avr. à oct. : sur RV - 40 € - durée : 3h dont 1h30 d'exploration - RV sur le parking au bord de la D 1075.* Exploration de la vallée d'Agnielles accompagnée par un guide diplômé d'état.

Hébergement

Premier prix

🌿 **Chambre d'hôte La Ferme de Villauret** – *Hameau de Villauret - St-Auban-d'Oze - 16 km au sud-est d'Aspres-sur-Buëch -* 📞 *04 92 58 05 35 - www.lafermedevillauret. com - de mi-mars à mi-nov. - gîtes (2-10 pers.) 60/185 € -* ☕ *7 € -* 🍽 *repas soir 20 €.* Dans un petit hameau de caractère au pied des alpages, la Ferme de Villauret, adhérent au réseau « Accueil Paysan », met à disposition 2 chambres d'hôtes et 3 gîtes. Poules, chiens, chevaux et cochons vous tiendront compagnie tout au long de votre séjour et vous pourrez apprécier les miels, pains d'épice, fruits et légumes et autre viande bovine produits sur place.

Serres ★

À l'abri sous le rocher pointu de la Pignolette, Serres étage ses façades colorées. En arpentant son dédale de ruelles, de placettes ornées de fontaines, et de passages sous voûtes, on replonge dans le passé mouvementé de ce bastion du protestantisme.

Le village de Serres blotti contre son rocher.
J. Held/prisma/age fotostock

5

▶ Se repérer

CARTE P. 184-185 (B3)
1325 Serrois – Hautes-Alpes (05).
Entre Gap (41 km au nord-est par la D 994) et Sisteron (34 km au sud-est par la D 1075).

🕐 Organiser son temps

Comptez environ 1h30 de promenade.

👥 En famille

Chasse au trésor dans le centre du village pour découvrir le patrimoine *(voir « S'informer » dans le « Carnet pratique »)* ; le plan d'eau du domaine de Germanette *(voir « Activités » dans « Nos adresses »)*.

ℹ Carnet pratique p. 206

📍 Nos adresses p. 206

Un bastion protestant

En 1576, le protestant **François de Bonne**, **duc de Lesdiguières**, achète la seigneurie de Serres. Il y installe son quartier général, son arsenal, sa fonderie et fait construire de belles demeures. Après la mort d'Henri IV, les luttes religieuses reprennent et, en 1633, Richelieu ordonne la destruction de la citadelle et des remparts de Serres. Les protestants, subissant les dragonnades, se convertissent ou s'exilent.

Se promener

☺ Carte patrimoine de Serres disponible gratuitement à l'office de tourisme. Du parking, suivez à gauche la rue Varanfrain jusqu'à la **placette de la Fontaine** aux belles arcades. Prenez à gauche la rue du Portail pour admirer la façade de la **mairie** de style Renaissance, avec son parement de galets roulés tirés du Buëch. Son porche, du 17ᵉ s., s'orne d'une superbe porte en bois, d'un rouge cuivré. Dans le hall, belles voûtes du 16ᵉ s.

Rue Henri-Peuzin

Sur la droite, le beffroi carré surmonté d'un campanile est appelé le **Portalet**. Le long de la rue s'ouvrent des **portes** ouvragées du 15ᵉ au 18ᵉ s. ; remarquez surtout celle du n° 56, surmontée d'un balcon de pierre, et encore deux autres bien joliment sculptées sur le flanc sud de l'église.

Au n° 39, ne manquez pas la **maison de Lesdiguières★**. Sur la façade Renaissance, portrait sculpté de Marie Vignon, maîtresse puis épouse pour qui cet ami intime d'Henri IV fit rénover cette maison médiévale en 1585. Caractéristiques des riches demeures protestantes, les rustications (imitations de rochers) sont incrustées de galène pour faire étinceler la façade au couchant. La galène était extraite des mines de Sigottier, dont Lesdiguières tirait le plomb de ses boulets de canon.

Ancien quartier juif

Face à l'église, un passage s'enfonce sous les maisons et se ramifie. Dans ce quartier presque souterrain, notez la hauteur des maisons dont certaines comptent jusqu'à six niveaux.

Regagnez le parking par la rue des Remparts.

🐾 *15mn.* De l'église, continuez la montée pour atteindre le haut du village *(suivre le sentier des Moines).* Passé la chapelle de Bonsecours, vous arrivez au **tombeau du Juif** (14ᵉ s., inscription en hébreu : « Rabbi Joseph, fils de Rabbi Natanel, d'heureuse mémoire. »). En poursuivant (🐾 *30mn)*, vous accédez au **rocher de la Pignolette**, d'où la vue porte au loin. Ceux qui souhaitent prolonger la promenade pour profiter du panorama continueront à suivre le **sentier des Moines** (🐾 *2h - rens. à l'office de tourisme).*

Circuit conseillé

CARTE P. 184-185

Le Rosanais B3

▶ *Circuit de 93 km, de Serres à Orpierre, tracé en bleu sur la carte. Quittez Serres par la D 994.*

L'Épine

Ce petit village, le long de la route, conserve quelques traces de son passé dans la rue principale au travers des linteaux et des « soustets » (passages sous voûtes). Sur la butte où se trouvait un château est aujourd'hui posté un moulin à vent datant de 1800. L'église, reconstruite en 1840, abrite une pietà en bois de très belle facture.

Ribeyret

Petit bourg provençal. Avez-vous trouvé son cadran solaire sur la place du village ?

Rosans

❶ R. Aristide-Briand - ✆ 04 92 66 66 66 - www.sisteron-buech.fr.

Le village le plus à l'ouest des Hautes-Alpes a l'air nettement provençal. Ses maisons des 16e et 17e s. se serrent en colimaçon au pied d'un imposant **donjon** carré du 13e s.

Sortez à l'est par la D 994 et prenez la D 949 à droite.

St-André-de-Rosans

Sur une voie de liaison entre Rhône et Durance, un important prieuré clunisien fut fondé à la fin du 10e s. Les guerres de Religion n'en ont laissé que les ruines d'une **église**, où les éléments d'un riche décor antiquisant rappellent ceux que l'on trouve dans la vallée du Rhône.

Revenez à Rosans et poursuivez sur la D 994.

Verclause

Ce bourg fortifié, fief des dauphins au 13e s., occupe un site perché. Parmi les ruines, remarquez le puissant clocher et le donjon. Au bout du promontoire, **vue★** exaltante sur la vallée de l'Eygues et la montagne de la Clavelière.

Quittez Verclause par le sud (D 116). La route suit le lit de l'Eygues. Juste après Laux-Montaux, dans un virage, point de vue sur la **vallée de l'Armalauze**. Ensuite s'ouvrent les **gorges boisées du St-Cyrice**.

Sur la D 130, prenez à droite.

Étoile-St-Cyrice

Dans la forêt St-Cyrice, une piste permet d'atteindre une étonnante église du 12e s. ouvrant sur un beau **panorama**. C'est le seul vestige de l'ancien village de St-Cyrice qui comptait une quinzaine de maisons, avant d'être saccagé et incendié par la Gestapo en 1944.

Revenez sur la D 130.

★ **Orpierre** *Voir p. 207*

Poursuivez sur la D 30 pour rejoindre Eyguians et revenez à Serres par la D 1075.

5

ℹ️ Carnet pratique

S'informer

Office de tourisme – *Pl. du Lac - Serres - ☎ 04 92 67 00 67 - www. sisteron-buech.fr.* 👥 Une chasse au trésor permet de découvrir le village en famille *(6 €)*.

Arriver/partir

Se garer – Trois parkings se trouvent près du Buëch, à côté de l'office de tourisme, avec une borne de recharge pour véhicules électriques.

Agenda

Serres Lez'Arts – *3e w.-end de sept.* Des artistes locaux investissent plusieurs lieux de la ville.

📍 Nos adresses

Restauration

Budget moyen

Restaurant Clara – *Rte de Sisteron - ☎ 04 92 54 07 94 - Facebook - fermé dim.-mar. et sam. midi - plat du jour 20 € , menus 25/30 € - réserv. obligatoire.* Ce bistrot (et boutique) mitonne une cuisine traditionnelle, à base de produits locaux. Belle salle de style industriel.

À proximité

Budget moyen

🌿 **Auberge de l'Épine** – *Quartier La Remise - L'Épine - 10 km à l'ouest de Serres - ☎ 06 92 56 27 89 - laubergedelepine.fr - plats 18/35 € - 4 ch.* Venez déguster ici une cuisine généreuse à base de produits locaux et de saison (certains disponibles à l'achat). Le tout arrosé d'une bière du coin.

Shopping

Le Hang'Art – *Rue Roger-Tessé - ☎ 04 92 21 43 30 - www. lehangartdeserres.fr - fermé dim. (et lun. hors juin-sept.).* À la fois boutique et café associatif, ce lieu sympathique est dédié à la création. Une vingtaine d'artistes et artisans locaux y présentent leurs productions : céramiques, bijoux, sacs en cuir, mais aussi bière locale,

huiles essentielles... Programmation culturelle (tarif « au chapeau »).

Activités

Base de loisirs

👥 **Domaine de Germanette** – *Rte de Sisteron - 3 km au sud de Serres - ☎ 04 92 67 03 77 - juil.-août : 10h30-18h - 3,50 €/j.* Ce très joli plan d'eau entouré d'espaces de pique-nique propose activités nautiques, pêche, aire de jeux... Une belle journée en famille en perspective.

Randonnée et VTT

Des topoguides de randonnées pédestres et équestres et d'itinéraires à vélo sont en vente à l'office de tourisme.

Hébergement

À proximité

Premier prix

Camping Les Deux Soleils – *La Flamenche - 0,8 km au sud-est de Serres - ☎ 04 92 67 01 33 - www.domaine-2soleils.com - 🏊 ♿ - avr.-oct. - 67 empl. à partir de 19 € - chalets et mobile homes 42/132 € - 3-7 nuits mini en haute sais.* Ce camping dispose de bien des atouts pour un séjour agréable : une situation calme avec vue exceptionnelle sur les montagnes et la vallée du Buëch.

Orpierre ★

Situé entre Buëch et Baronnies, ce village a conservé son empreinte médiévale : drailles pavées et passages couverts invitent à découvrir ses fontaines et ses anciennes demeures. Sous la protection du Quiquillon et de ses falaises calcaires, Orpierre est aujourd'hui devenu un haut lieu de l'escalade.

▶ Se repérer

❶ Carnet pratique p. 208

◉ Nos adresses p. 209

CARTEP. 184-185 (B3)
363 Orpierrois – Hautes-Alpes (05).
19 km au sud de Serres (d'où l'on peut rejoindre la vallée du Buëch).

Se promener

Il fait bon arpenter le **vieux village**, dédale de rues, de placettes et de **drailles**, passages étroits et couverts. En partant du bar-restaurant Le Portail, remontez la **Grand-Rue**, qui a gardé de belles portes, vestiges d'hôtels de la Renaissance des Chalon-Arlay, Autard de Bragard, Bozonnier. Revenez sur vos pas et descendez à droite sous la voûte des Cassettes, draille menant au quartier du Boureynaud. De là, vous atteignez la place de la Fontronde où se trouve une jolie **fontaine** octogonale du Moyen Âge. En prenant à gauche, vous arrivez dans le bas du village. Traversez le Céans sur une passerelle menant à des vergers fleuris, puis longez la rivière pour revenir sur l'autre rive par un pont en bois. En face, vous regagnez la Grand-Rue puis la **Bourgade**, quartier construit après la St-Barthélemy (1572). Au bout, une route à droite monte au-dessus du village : de là, vous pourrez contempler l'enchevêtrement des toits de tuiles romaines.

Falaises – Entouré de falaises, Orpierre est un spot d'escalade réputé *(voir « Activités » dans « Nos adresses »)*. De la place centrale, on peut observer de véritables chorégraphies sur les parois.

𝄜 Sentier botanique du Belleric – *1h AR - Au départ du village en direction de la cascade du Belleric, à proximité du torrent, au pied du Quiquillon.* Une cinquantaine d'essences différentes d'arbres et d'arbustes sont présentes ici. Les promeneurs pourront pousser jusqu'à la **cascade de Belleric**, autre site d'évolution exposé plein sud, qui dispose de voies d'initiation. à l'escalade

5

Un baron catholique en pays protestant

Au 13e s., le dauphin donne Orpierre à Jean Chalon, seigneur d'Orange, qui érige son nouveau fief en baronnie. Les Nassau, qui régneront sur la Hollande, succèdent aux Chalon. Leur héritier, **Guillaume le Taciturne**, élevé dans la foi catholique, tente en vain d'enrayer les progrès de la Réforme. Finalement, c'est lui qui doit se déclarer protestant.

En 1713, par le traité d'Utrecht, la baronnie d'Orpierre réintègre le domaine royal. Une page d'histoire est tournée, mais l'axe de communication avec Orange conserve le nom de « route des Princes d'Orange ».

Circuit conseillé
CARTE P. 184-185

L'Orpierrois et les gorges de la Méouge BC3-4

▶ *Circuit en boucle de 61 km, au départ d'Orpierre, tracé en gris sur la carte. Prenez la D 30 en direction d'Eyguians.*
Après quelques défilés, la **vallée du Céans** s'élargit brusquement : Lagrand, dominant du haut d'un petit plateau le confluent du Buëch, du Céans et de la Blaisance. *Tournez à gauche.*

Lagrand C3
La mairie est typique des bastides provençales du 18e s. L'**église romane** est tout ce qui subsiste d'un important prieuré relevant de l'ordre du St-Sépulcre-de-Jérusalem, puis de l'ordre de Cluny. Dans une niche à droite, tabernacle en bois doré.
Reprenez la D 30.

Eyguians C3
C'est une ancienne seigneurie des barons de Mévouillon qui tenaient toutes les Baronnies. Ne manquez pas sur l'ancien relais de poste le **cadran solaire**, l'un des nombreux que compte la région du Laragnais !
Revenez sur la D 30, traversez Pont-Lagrand jusqu'au rond-point et prenez la sortie vers Saléon.

Saléon C3
Ce petit bourg offre une **vue** imprenable sur la vallée du Buëch et ses terres agricoles. Il doit son nom à une fontaine salée.
Prenez D 330 puis, à proximité de Laragne-Montéglin, tournez à droite sur la D 942. Traversez Le Plan et continuez sur la D 942.

★ Gorges de la Méouge C3-4
Cet affluent du Buëch a creusé des gorges vertigineuses sur plus de 4 km. Cascades et trous d'eau s'y succèdent pour la plus grande joie des baigneurs. Joli coup d'œil sur les gorges à hauteur de **Pomet** (C3).
À **Barret-sur-Méouge** (C4), à la sortie ouest des gorges, montez à droite jusqu'à Barret-le-Haut et les vestiges d'une chapelle du 11e s. d'où vous admirerez le point de vue sur les gorges. Avant de quitter ce village, prenez le temps de regarder le cadran solaire sur le mur de l'école communale et de méditer sa devise...
Le « chemin du partir » consiste pour vous à aller jusqu'au hameau de la Calandre puis à prendre à droite la D 170 en montée vers le **col St-Jean**. Vous atteignez à **Laborel** (B3) la vallée du Céans que vous descendrez jusqu'à Orpierre.

ⓘ Carnet pratique

Arriver/partir
Se garer – Parking près de l'église, à proximité du torrent du Belleric et à côté du camping.

S'informer
Office de tourisme – *7 pl. des Aires - Orpierre -* ☏ *04 92 66 30 45 - www.sisteron-buech.fr.*

📍 Nos adresses

Restauration

Le Portail – *Le Village -
📞 04 92 46 52 35 - fermé lun.,
dim. soir hors sais. et nov.-
mars - plat du jour 13 €.* Cette
adresse villageoise sert une
clientèle d'habitués. Les amateurs
d'escalade s'y arrêtent aussi
nombreux pour manger et se
détendre autour d'un verre après
leur session. Carte simple, accueil
chaleureux et agréable terrasse.

Activités

Randonnée et VTT
Plusieurs circuits pédestres et
itinéraires VTT partent d'Orpierre
ou des environs. Cartes et
topoguides en vente dans les
offices de tourisme.

Escalade et via ferrata
Falaise de Quatre Heures –
Orpierre est un des sites
majeurs d'escalade en Europe
avec huit falaises et près de
800 voies équipées pour tous les
niveaux et tous types de grimpe :
secteurs d'initiation, de progression
ou de perfectionnement, grandes
voies. Accès rapide à pied
depuis le village. Topo du site à
l'office de tourisme et dans les
commerces.

👥 Via Ferrata de Paturle –
Ouverte en 2022, elle compte un
parcours familial de 240 m (durée
1h30) et un parcours plus sportif de
270 m (durée 2h) avec un pont de
singe et une tyrolienne.

Grimper à Orpierre – *www.
grimperaorpierre.fr* - 📞 06 89 98
33 42 - inscriptions et rens. à
l'Atelier-Boutique Into the Cliff
(60 quartier des écoles à Orpière).
Benjamin et Brice, deux frères
moniteurs diplômés d'État,
proposent des sorties escalade, via
ferrata et canyoning.

Vertige Sports – *Pl. du village -
📞 04 92 66 28 50.* Infos et location
de matériel d'escalade.

Découverte du patrimoine
Le Piaf – *Laborel - 10 km à l'ouest
d'Orpierre -* 📞 06 26 47 50 00 -
*www.voirlepiaf.fr - sur RV; prêt
de jumelles.* Sorties « oiseaux et
patrimoine » et « faune » pour
découvrir oiseaux, insectes et
l'évolution de l'environnement alpin.

Hébergement

Premier prix
Camping Les Princes d'Orange –
*Chemin Flonsaine - 300 m au
sud du bourg, à 150 m du Céans -
📞 04 92 66 22 53 - www.camping-
princes-orange.fr - 🛶 - d'avr. à déb.
nov. - 124 empl. à partir de 16 €,
locatif (4-6 pers.) 58/261 €.* Perché
à 700 m d'altitude, ce camping
plaira surtout aux amoureux de la
nature et aux amateurs d'escalade.
Piscine avec toboggan. Location de
mobile-homes et chalets.

🍽 **Les Drailles** – 📞 04 92 66
31 20 - 📞 06 79 36 61 23 - *www.
lesdrailles.fr - mars-nov. - gîte
d'étape (6-10 pl.) 18 €/pers., maison
d'hôtes (5-10 pers.) 23 €/pers.*
Au cœur du village, Pierre-Yves
Bochaton, un passionné d'escalade
qui connaît le territoire sur le bout
des doigts, vous accueille. L'option
pension vous réserve une « cuisine
gourmande » et bio aux saveurs
provençales.

Budget moyen
Logis Le Céans – *Rte des Princes-
d'Orange - Lieu-dit Les Begües -
📞 04 92 66 24 22 - www.hotel-
ceans.fr -* 🅿 ♿ 🛶 *- fermé merc. en
oct. et de nov. à mi-mars - 14 ch. et
4 maisonnettes 112/135 € -* 🛏 *10 € -*
🍴. Petites chambres et pavillons
familiaux dispersés dans un parc
agreste descendant jusqu'à la
rivière. À table, ambiance pension
de famille et cuisine d'inspiration
régionale. Terrasse côté rue.

5

Montbrun-les-Bains ★

De la Provence ce village n'a gardé que le meilleur : autour de ses hautes maisons flottent des parfums ensoleillés de lavande et d'aromates, spécialités locales. Mais ici ni mistral ni canicule. Entre Lure et Ventoux, le village médiéval s'abrite dans un havre de verdure qui contraste avec les paysages arides de la région.

▶ **Se repérer**

CARTE P. 184-185 (B4)
446 Montbrunois – Drôme (26).
Montbrun est bâti sur les contreforts du Ventoux, au sortir des gorges d'Aulan.

🕐 **Organiser son temps**

Prévoyez une demi-journée, circuit compris.

📍 **Nos adresses p. 212**

Se promener

ⓘ *L'Autin -* ☏ *04 75 28 82 49 - www.baronnies-tourisme.com.*

Place du Beffroi

Le beffroi, ou **tour de l'Horloge** (14ᵉ s.), tour crénelée, était l'une des quatre portes fortifiées de la ville. De la terrasse qui la précède, **vue** étendue sur la vallée de l'Anary, le village perché de Reilhanette et la tête blanche du Ventoux.

Église

Avec un extérieur si sobre, comment se douter la richesse de l'intérieur ? Admirez la décoration du 17ᵉ s., l'éclat des couleurs et des dorures rajeunies par une restauration, les murs plaqués de panneaux de bois traités en faux marbre rose et gris, et le superbe **retable★**, œuvre de la famille d'artisans des Bernus.

Château

Les ruines et les quatre tours rondes permettent de se représenter cette énorme forteresse qui pouvait loger 200 hommes et leurs chevaux. Élevée au 14ᵉ s., démantelée puis reconstruite en 1564, elle possède une porte d'entrée Renaissance.

Circuit conseillé

CARTE P. 184-185

Haute vallée du Toulourenc

▶ *Circuit en boucle de 80 km, au départ de Montbrun-les-Bains, tracé en rose sur la carte. Quittez Montbrun pour rejoindre la D 159.*
La route traverse une fertile vallée couverte de vergers.

★ Gorges d'Aulan B4

Entre les montagnes de l'Ubac et du Buc, le Toulourenc a taillé des gorges profondes où il

Eaux de jouvence

Déjà exploitées par les Romains, les **sources sulfureuses** de Montbrun sont indiquées pour le traitement des rhumatismes, les cures ORL ou se remettre en forme *(voir « Nos adresses »).*

On vous emmène à la foire bio de Montfroc

Le premier week-end d'octobre, quand l'automne commence à pointer son nez, on prend nos vélos pour sinuer dans la vallée du Jabron jusqu'au village de Montfroc où se tient chaque année, depuis 1981, la foire aux produits biologiques. Dans un écrin de verdure, on fait la causette avec des exposants, des producteurs, on échange autour d'un verre de vin ou d'un fromage de chèvre, on essaye des pulls en mohair ou des sandales en cuir, on découvre des revues sur la transition écologique, on s'arrête devant le drôle de petit manège vélocipédique, on admire les produits artisanaux…

De leur côté, les enfants s'amusent avec les jeux en bois géants, la balançoire et les ateliers qui leur sont destinés. Et quand l'estomac commence à gargouiller, toute la tribu se dirige vers la place, où divers stands proposent de bons petits plats à base de produits bio et locaux. Les plus avertis assisteront à une conférence sur les vins nature, le féminisme, l'agriculture ou encore l'homéopathie.

📍 *11 km au sud-est de Séderon - foirebiomontfroc.wordpress.com.*

bondit de roche en roche, formant un bel escalier d'eau. Au débouché des gorges apparaît la majestueuse silhouette du château d'Aulan.
Prenez à gauche la D 359.

Aulan B4

Château – *1 pl. du Château - ☎ 04 75 28 80 00 - www.chateau-aulan.fr - visite guidée (45mn) juil.-août : visite guidée 10h-12h, 14h-18h (sf dim. matin) ; avr.-juin et sept.-oct. : visite commentée 15h - fermé nov.-mars - 7,50 €.* Déjà au 12e s., un château défendait ici le territoire des Mévouillon, mais ses bâtiments ont été détruits. Les Suarez d'Aulan le remontèrent complètement au 19e s., avec son corps de logis flanqué d'un puissant donjon et d'une tour ronde. À l'intérieur, beau mobilier ainsi que très nombreux portraits et souvenirs de la famille Suarez d'Aulan : proustien en diable ! Belle Adoration des Mages peinte par Léonard Bramer (école flamande du 17e s.).

Église – Bien que remaniée, elle conserve son abside du 12e s. À l'intérieur, autel baroque (18e s.).
Continuez sur la D 359, puis prenez à gauche la D 546.
Après Aulan, la route traverse un paysage rude et sec où les champs de lavande épousent les courbes de niveau.

St-Auban-sur-l'Ouvèze B3

Ce vieux village fortifié, bâti sur un promontoire rocheux, s'est spécialisé dans les plantes médicinales (tilleul, sauge, camomille) et aromatiques.
Montez à la **place Péquin** : fascinante vue sur la faille du rocher du Rang en forme de V, la montagne de la Clavelière et les fermes disséminées alentour.
🐾 Tout près, au **serre de Rioms**, randonnée au cœur d'une châtaigneraie.
Revenez sur la D 65, prenez à droite vers le col de Perty.
En passant à **Montguers**, jetez un œil sur la charmante chapelle isolée sur le plateau. Après les hameaux de Ruissas et de La Combe aux maisons massives, la route s'élève en lacet au milieu d'un paysage sauvage, avec des **vues** merveilleuses sur l'ensemble des Baronnies.

5

★ **Col de Perty** B3

🥾 *10mn AR. Un sentier à droite mène à la table d'orientation.*
Alt. 1302 m. Beau **panorama** sur le bassin de la Durance et les Alpes du Sud à l'est, la vallée de l'Ouvèze et le massif du Ventoux à l'ouest, et par temps clair sur les Cévennes et le mont Lozère.

La descente vers Laborel suit le **vallon du Céans**.
Tournez à droite à Laborel et prenez la D 170.
Montée vers le **col St-Jean** avec, en perspective, à l'ouest la montagne d'Herc et à l'est celle de Chabre.
Prenez à droite la D 542.
Passé **Séderon**, paisible bourg à l'allure montagnarde dominé par la montagne de Bergiès (1367 m), vous arrivez au **col de Macuègne** (alt. 1068 m), puis revenez à Montbrun par le vallon de l'Anary, hérissé de pitons.

📍 Nos adresses

Restauration

Premier prix

🍽 **Verveine - Bistro nature** – *22 Le Chabrérieux -* ☎ *06 79 05 17 19 - Facebook - fermé mar.-merc. et nov.-mars - menus 16/19 €.* Ce bistrot « engagé et écoresponsable », comme le décrit sa propriétaire, propose une excellente cuisine maison. Au dessert ou au goûter, on se laisse volontiers tenter par les délicieuses glaces artisanales.

Budget moyen

L'O des Sources – *La Platrière -* ☎ *04 75 27 11 09 - www.o-des-sources.com - fermé de mi-nov. à mi-mars - formule déj. 24,50 € - menus 31/52,50 €.* Installé derrière les thermes, au cœur du parc du château de la Gipières, ce charmant restaurant sert une cuisine traditionnelle d'un bon rapport qualité-prix. Accueil sympathique. Terrasse pour profiter des beaux jours. Jolie sélection de vins à emporter.

Shopping

🛒 **Ferme Chabran** – *285 chemin d'Entressargues -* ☎ *06 59 52 30 12 - www.chabrand-producteurs26.fr - mar.-dim. 15h-19h.* Petit épeautre IGP, farine, pois chiches, miel, huile essentielle de lavandin, olives, confitures et jus d'abricot en vente directe à la ferme ou boutique à Montbrun, à proximité des thermes.

Activités

Établissement thermal Valvital – *Rte de Ferrassières -* ☎ *04 75 28 80 75 - www.valvital.fr - de mi-mars à nov. - spa : tlj sf dim. 10h-18h (horaires variables, se rens.) - entrée spa 22 € (w.-end et j. fériés 25 €).* Montbrun fut une station thermale réputée du 16e s. à la Première Guerre mondiale. Son activité a repris en 1987. Outre les soins thérapeutiques, un programme de bien être est proposé : centre de remise en forme, espace détente et espace esthétique.

Buis-les-Baronnies ★

Parties de pétanque, anisettes en terrasse, cigales... Buis et toutes les Baronnies, c'est le charme du Midi authentique avec le mont Ventoux comme horizon. Les petites routes serpentent entre oliviers, abricotiers, cerisiers et lavande... sans oublier le tilleul, la vedette des Baronnies célébrée chaque année lors d'une fête estivale.

Récolte du tilleul dans le pays de Buis.
Michel VIARD/Getty Images Plus

5

▶ Se repérer

CARTES P. 184-185 (A4),
CARTE DES BARONNIES P. 217
2 330 Buxois – Drôme (26).
À la sortie des gorges d'Ubrieux, Buis groupe ses maisons à l'écart de la vallée du Rhône, juste ce qu'il faut pour échapper à l'agitation des hommes, et du mistral, tout en restant facile d'accès. L'A 7 est 60 km à l'ouest.

🕐 Organiser son temps

Comptez 2h de promenade en ville et 3h pour le circuit des Baronnies. Entre le 10 juin et le 10 juillet, selon l'altitude, la cueillette du tilleul offre un joli spectacle avec les grandes échelles dressées dans les arbres.

ℹ **Carnet pratique p. 218**

📍 **Nos adresses p. 218**

Se promener

★ Vieille ville

▶ *Circuit au départ de l'allée des Platanes.*

Esplanade

Rien de plus typiquement provençal que ce long cours ombragé de platanes, surtout le mercredi matin quand le **marché** déploie ses étals aux couleurs parfumées. En face du cours, sur la rive gauche, se dresse le **rocher St-Julien** (767 m), piton calcaire et site d'escalade et de via ferrata réputé.
Passez sous la porte Ste-Euphémie et laissez à votre gauche la place du Marché.

Rue de la Conche

Étroite et commerçante, elle conserve de bien belles portes.
Tournez à gauche dans la rue de la Commune.
À gauche du couvent, franchissez la grille et empruntez le passage voûté appelé « rue de la Cour-du-Roi-Dauphin ».

Église N.-D.-de-Nazareth

Boiseries du chœur et stalles méritent un coup d'œil.
Longez le flanc gauche de l'église.

Couvent des Ursulines

Seul subsiste la porte finement sculptée de la chapelle. En face, l'ancien couvent du 17ᵉ s. abrite un centre culturel et la bibliothèque (dont l'entrée se trouve rue de Beauvoisin).
Prenez la rue du Paty jusqu'au Jardin des senteurs, puis la Grand-Rue ; traversez la place aux Herbes et suivez à droite la rue N.-D.-la-Brune.

Place du Marché

Les arcades de pierre (datant du 14ᵉ s.) créent de chaque côté une sorte de halle couverte. Le marché s'y tient chaque mercredi et samedi.
Prenez au fond à droite de la place pour retourner vers l'esplanade.
De l'esplanade, vous pourrez rejoindre la promenade de la Digue qui longe l'Ouvèze sur la rive droite où se dresse la **tour Brochery** (13ᵉ s.), vestige de l'ancienne enceinte (à côté de la gendarmerie).

À proximité   CARTE P. 217

La Roche-sur-le-Buis

▶ *3 km à l'est par la D 159.*
Vous remontez la charmante **vallée du Menon** au milieu des tilleuls et des oliviers. Le village est installé au milieu de rochers dont l'un accueille encore le château en ruine Le **cimetière** est assez étonnant : des arbres et des plantes aromatiques (basilic, figuier, arbouse, etc.) ont été plantés entre les tombes, le transformant en jardin des simples.

Pierrelongue

▶ *7 km au sud par la D 5.*
Dominant le village, apparition incongrue dans ce paysage, l'**église N.-D.-de-la-Consolation** est le rêve d'un curé, Jules Joseph Pascaly, qui, à la fin du 19ᵉ s., en

---

L'histoire du mot « Baronnies »

Le terme « baronnies » vient des Barons de Mévouillon et de Montauban.
Entre le 11e et le 13e s., toute la zone appartenait aux deux hommes et à
leurs familles qui géraient le territoire avec une relative indépendance.
L'isolement de la région, combiné au relief montagneux, contribua au
maintien de cette autonomie. Les deux seigneuries finirent par être
annexées au Dauphiné, avant d'être cédées au royaume de France en 1349.

---

plein anticléricalisme, s'obstina à construire une chapelle, de dimensions assez
modestes (15 m sur 5 m), sur un piton rocheux. Les rampes d'accès qui ceinturent
la roche ressemblent à des viaducs de chemin de fer, en plein essor à l'époque.

Mollans-sur-Ouvèze

▶ *9 km au sud par la D 5.*
Porte des Baronnies, cette petite ville joua longtemps le rôle de ville frontière.
La chapelle **N.-D.-du-Pont** est joliment située au-dessus de l'Ouvèze. De là, promenez-vous à travers les ruelles jusqu'à l'église et au gros **donjon** carré, seul vestige du château. Remarquez le beau **lavoir** à sept arcades (18e s.) devant lequel
une fontaine est surmontée d'un dauphin, symbole du passage entre l'ancienne
Provence et le Dauphiné. Du côté de la haute ville, le pont qui enjambe l'Ouvèze
est dominé par le **beffroi**, édifié sur une ancienne tour ronde de l'enceinte.

Circuits conseillés

CARTE P. 217

★ Les Baronnies de Buis

▶ *Circuit de 91,5 km au départ de Buis-les-Baronnies, tracé en orange sur la carte.*
Entre le **Diois** au nord et la **montagne de Lure** au sud-est, ces collines et ces vallées s'étirent langoureusement au soleil, tantôt aromatiques et fruitées, tantôt
ravinées par les torrents qui les attaquent et vont grossir l'Eygues ou l'Ouvèze.
Creusant les roches tendres, ces rivières ont dessiné de longs défilés, et les villages se perchent au flanc des barres rocheuses. Terre d'élection des plantes
médicinales et de la lavande, des oliviers et des fruitiers, les Baronnies sont le
royaume du **tilleul**. En rêvant sous ses frondaisons, on se dit que les révolution-
naires avaient raison d'en planter : c'est bien l'arbre de la liberté.
Quittez Buis-les-Baronnies par la D 546 au nord-est.
Vous suivez alors jusqu'à Ste-Jalle la **Route de l'olivier** (*voir p. 474*).
La route longe l'Ouvèze et traverse les **gorges d'Ubrieux**. C'est un lieu idéal pour
pique-niquer, se détendre au bord de l'eau et pratiquer l'escalade sur les nombreuses voies aménagées. Un chemin piétonnier est jalonné de panneaux expli-
catifs sur la faune et la flore locales.
Prenez à gauche la D 108.
Odorante campagne ! Oliviers, pins et genêts s'accrochent aux pentes et boivent
le soleil. En montant au col d'Ey, belles vues sur la vallée de l'Ouvèze, Buis-les-
Baronnies, St-Julien et le mont Ventoux.

Col d'Ey

Alt. 718 m. Des montagnes encadrent le col : celle de Montlaud à droite, celle de
Linceuil à gauche. Vue sur la montagne de Buisseron et la vallée de l'Ennuye,
morcelée de champs.
Prenez à gauche la D 528 vers Rochebrune.

5

Rochebrune

Les maisons anciennes s'étendent sur un éperon émergeant de collines arides : c'est l'occasion d'une courte halte dans ce village plein de charme, préservé de l'afflux de touristes. L'unique rue mène à une tour, vestige d'un château fort (13ᵉ s.), et à l'église (12ᵉ et 15ᵉ s.). Belle **vue** sur la vallée de l'Ennuye.
Revenez sur la D 108 que vous prenez à gauche.

Ste-Jalle

La **vieille ville**★ a conservé une partie de ses remparts et deux portes fortifiées. Au **château** d'allure massive avec son gros donjon carré (12ᵉ-13ᵉ s.) ont été accolés une tour ronde percée de fenêtres Renaissance et un corps de logis (17ᵉ-18ᵉ s.) qui ressemble plutôt à une maison bourgeoise.

L'**église romane** est dédiée à sainte Jalle, jeune vierge qui délivra son village des Barbares au 4ᵉ ou 5ᵉ s. L'équilibre des volumes du chevet et de ses absidioles est rompu par un clocher trop grand, qui remplaça celui d'origine, et par les contreforts qu'il fallut ajouter. Le portail est sculpté d'une scène insolite : sur le tympan, un coq fait face à trois classes sociales (le paysan tient un coq et un bâton de pâtre, le seigneur porte un faucon, le troubadour joue de la viole).

La D 64 suit la verdoyante **vallée de l'Ennuye**.
Après Curnier, prenez à droite la D 94.
Vous retrouvez la Route de l'olivier jusqu'au Poët-Sigillat. La route remonte l'harmonieuse **vallée de l'Eygues** entre pêchers, cerisiers, oliviers et vignes.

Sahune

Ce bourg a donné son nom à une race de moutons. Sur la rive gauche, remarquez les vestiges du vieux village.

Le Parc naturel régional des Baronnies provençales

Créé en 2015, ce parc s'étend sur 181 790 ha, de Nyons à l'ouest à Serres à l'est, à cheval sur les départements de la Drôme et des Hautes-Alpes. Les paysages d'altitude – 700 à 1 200 m en moyenne –, couverts à 70 % par la forêt et la lande, se conjuguent heureusement avec la main de l'homme, terrasses en pierres sèches, villages perchés et agriculture tournée vers l'élevage, l'arboriculture et les plantes aromatiques. Les ambassadeurs de la gastronomie locale sont les vins, l'olive et l'huile d'olive de Nyons (la Tanche), le tilleul, le picodon, l'abricot, la cerise, l'agneau, la lavande et les herbes de Provence. Le Parc valorise les produits du territoire avec deux spécialités originales : la **Fougasse des Baronnies**, qui contient des olives noires de Nyons, du picodon et des noix, et le **Baronnies des 4 Saisons**, un sablé à base de petit épeautre et poudre d'amande dont la garniture de fruits évolue au fil des saisons. Pour toucher du doigt les merveilles du pays, promeneurs et sportifs disposent de circuits de randonnées (pédestre, équestre, VTT et cyclo), de sites d'escalade et de vol libre renommés. À la nuit tombée, le ciel, d'une profondeur et d'une netteté exceptionnelles, est une invitation à la contemplation des paysages nocturnes. Sa noirceur, comparée à celle du Chili (référence mondiale en termes de qualité astronomique), est idéale pour les observations.

❶ *45 chemin des Randonneurs - Sahune -* ✆ *04 75 26 79 05 - www.baronnies-provencales.fr - accueil public juin-sept. et vac. scol. : mar.-vend. 14h-18h, dim. 14h-17h30 ; oct.-avr. : mar.-jeu. 14h-17h30.*

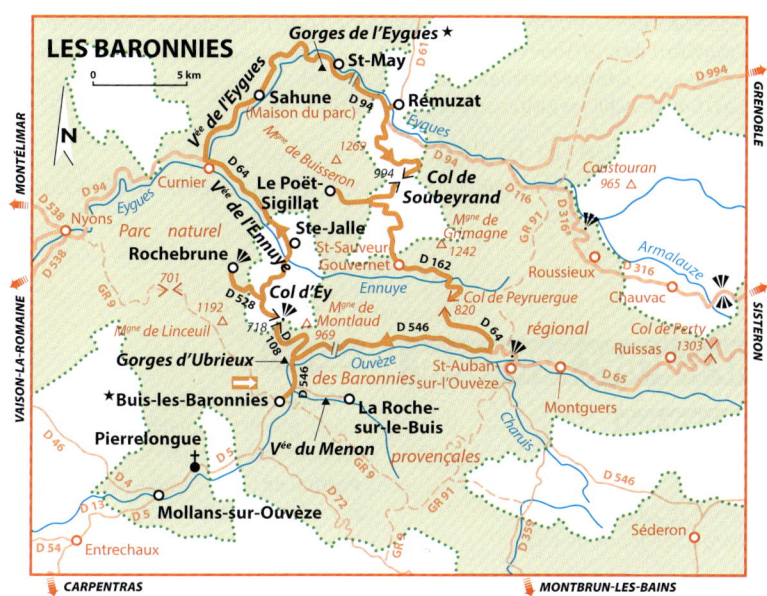

La route s'enfonce dans les **gorges de l'Eygues★** : sur les hautes parois rocheuses, notez à quel point les strates sont régulières. Sur la gauche dévale une cascade.

St-May

Autrefois, aucune voie ne passait au fond du défilé et les villages occupaient les hauteurs. Après St-May, des corniches calcaires aux couleurs chaudes encadrent l'Eygues.

Rémuzat

ⓘ *8 pl. du Champ-de-Mars - ☏ 04 75 27 85 71 - www.baronnies-tourisme.com.*
Maison des Vautours – *Dans l'office de tourisme - ☏ 04 75 27 81 91 - www. vautoursenbaronnies.com - juil.-août : lun.-sam. 10h-12h30, 14h30-17h45, dim. 10h-12h ; avr.-juin et sept. : mar.-sam. 10h-12h30, 14h30-17h ; oct.-mars : sam. 10h-12h, 14h30-17h, dim. 10h-12h - gratuit - sorties vautours juil.-août : merc.-vend. ; vac. de Toussaint et juin, sept. : vend. - 10 €.* L'association Vautours en Baronnies propose une exposition, illustrée par un film, et des sorties pour découvrir les grands rapaces nichant sur le rocher du Caire, qui surplombe le village.
Prenez à droite la D 162.
Au milieu des cultures et des vergers, belles échappées sur la vallée de l'Eygues. Vous franchissez le **col de Soubeyrand** (alt. 994 m) dans une pinède.
Prenez à droite la D 568.

Le Poët-Sigillat

Cet ancien village médiéval fortifié, dont les remparts sont encore visibles, est l'un des quatre « poët » (promontoires) de la Drôme. Il conserve son église romane.
Reprenez la D 568 jusqu'à la D 162 et tournez à droite vers St-Sauveur-Gouvernet.
À la descente, la vue s'étend sur le massif du Ventoux. Remarquez sur la gauche la longue échine rocheuse de la montagne de Grimagne.

5

Après St-Sauveur-Gouvernet, poursuivez sur la D 64 en direction de St-Auban-sur-l'Ouvèze (voir p. 211) que vous apercevrez en face de vous au moment de prendre, à droite, la D 546 qui ramène à Buis-les-Baronnies.
La D 546 franchit les pittoresques **gorges d'Ubrieux**.

Haute vallée du Toulourenc B3-4

◉ *Circuit en boucle de 80 km, au départ de Montbrun-les-Bains, tracé en rose sur la carte. Voir p. 210.*

❶ Carnet pratique

S'informer

Office de tourisme – *14 bd Michel-Eysseric - Buis-les-Baronnies -* 📞 *04 75 28 04 59 - www. baronnies-tourisme.com.*

Agenda

Tilleul en fête – *Déb. juil.* Marché au tilleul, plantes aromatiques, livres, randonnées animations...
Parfum de Jazz – *Août - www. parfumdejazz.com.* Festival de jazz itinérant en Drôme provençale.

❾ Nos adresses

Restauration

À Rémuzat

Premier prix
Le Restaurant du midi – *12 pl. du Champ-de-Mars -* 📞 *04 75 27 85 94 - fermé nov.-fév. et le soir - plats 16/19 €.* La terrasse ombragée par les platanes n'est pas le seul atout des lieux, car les plats élaborés avec les produits de la région se révèlent goûteux. Que diriez-vous d'un confit de dinde au petit épeautre ou d'une grande salade fromagère et, pour finir, d'un crumble de fruits de saison accompagné d'un sorbet à l'anis ? Un mariage réussi !

Shopping

🌿 **Maison Laget** – *Pl. aux Herbes -* 📞 *04 75 28 16 42 - www. maisonlaget.fr - tlj sf dim.-lun.* Artisan expert des plantes depuis 1946, la Maison Laget propose des produits de belle qualité sourcés en grande partie auprès des producteurs locaux. Huiles essentielles, infusions, cosmétiques naturels... Un bel hommage aux Baronnies, berceau des plantes aromatiques et médicinales.
Domaine Nicoleau – *Bd Gabriel-Verdet -* 📞 *04 75 28 29 71 ou 06 14 57 81 11 - www. domainenicoleau.com - fermé dim.* Apéritifs, liqueurs et eaux-de-vie distillés au feu de bois sur l'exploitation familiale.

À Ste-Jalle

🌿 **Domaine du Rieu Frais** – *120 chemin du Rieu-Frais -* 📞 *04 75 27 31 54 - www.domaine-du-rieu-frais.com - visite gratuite mar. et vend. à 10h et 16h.* Trois générations de viticulteurs, amoureux de leur région, se sont succédé dans ce domaine qui produit des vins bio à partir des cépages syrah (en rosée et en rouge), merlot, cabernet sauvignon et pinot noir (en rouge), chardonnay, viognier, roussanne et marsanne (en blanc). Une partie de la production est vendue sur place.

Activités

Randonnée – Circuits pédestres et VTT au départ de Buis. Possibilité de randonnées accompagnées. Guides et topoguides en vente à l'office de tourisme.

Escalade et via ferrata

Buis-les-Baronnies est un haut lieu de l'escalade. Le rocher du St-Julien ainsi que les gorges d'Ubrieux et Baume Rousse disposent de nombreuses voies équipées. Quatre parcours de via ferrata sont aménagés sur la face nord du rocher du St-Julien. Le niveau est difficile mais un parcours d'initiation est accessible aux débutants.

Location de matériel – *Baronnies Sport - 59 allée des Platanes - ☎ 04 75 27 03 46 - 10h-12h, 15h30-18h - fermé dim. soir-lun. - réserv. du matériel obligatoire.*

Hébergement

À Buis-les-Baronnies

Premier prix

Camping Les Éphélides – *Quartier Tuves - à 1 km du centre - ☎ 04 75 28 10 15 - www.ephelides. com - des vac. de printemps à mi-oct., locatif de déb. avr. à mi-oct. - ⚐ ⵔ ⚒ - 5 empl. 20/27 € - 16 locatifs (chalets, mobile-homes, roulotte ; 2-5 pers.) 230/790 €/sem.* Les chaleureux propriétaires de ce camping niché au creux de la vallée de l'Ouvèze ont recréé une ambiance « village » en bord de rivière.

Pour se faire plaisir

Hôtel Les Arcades-Le Lion d'Or – *6 pl. du Marché - ☎ 04 75 28 11 31 - vacances-ventoux.com - ⵔ 5 €/ nuit - ⚒ - 12 ch. 129/146 € - ⵧ 14 € - 3 appart. - 3 nuits mini.* L'entrée de l'hôtel se fait sous les belles arcades (15e s.) de la place centrale. Les chambres, climatisées et rénovées, ont été personnalisées dans des tons chauds. Le charmant jardin intérieur vaut le coup d'œil. Piscine et Spa.

Chambre d'hôte L'Ancienne Cure – *2 r. du Paroir - ☎ 04 75 28 22 08 ou 06 47 18 03 06 - www.ancienne-cure.com - ⚒ - ⵔ payant - 1 ch. et 4 suites 141/171 € ⵧ.* Cette demeure du 16e s., autrefois propriété de l'évêché de Valence, affiche une décoration thématique des plus raffinées, à l'extérieur comme à l'intérieur. Un lieu charmant qui invite à une totale relaxation.

À Propiac

Pour se faire plaisir

⚐ **Hôtel Plantevin** – *75 chemin devant Propiac - 12 km à l'ouest de Buis-les-Baronnies - ☎ 04 75 28 02 42 - www.leplantevin.com - ⚒ - 20 ch. 113/172 € - ⵧ 14 € - ✗.* Accueil souriant et très bonne table bio et locavore sous les tilleuls dans cet hôtel qui jouit aussi d'une agréable piscine dans laquelle se rafraîchir. Pour couronner le tout : belle vue panoramique sur le mont Ventoux. De quoi s'offrir une halte calme et reposante au milieu des collines.

5

Rue pavée de Forcalquier.
MicheleVacchiano/Getty Images Plus

Moyenne Durance et Préalpes de Digne

CARTE MICHELIN DÉPARTEMENTS 334 – ALPES-DE-HAUTE-PROVENCE (04)

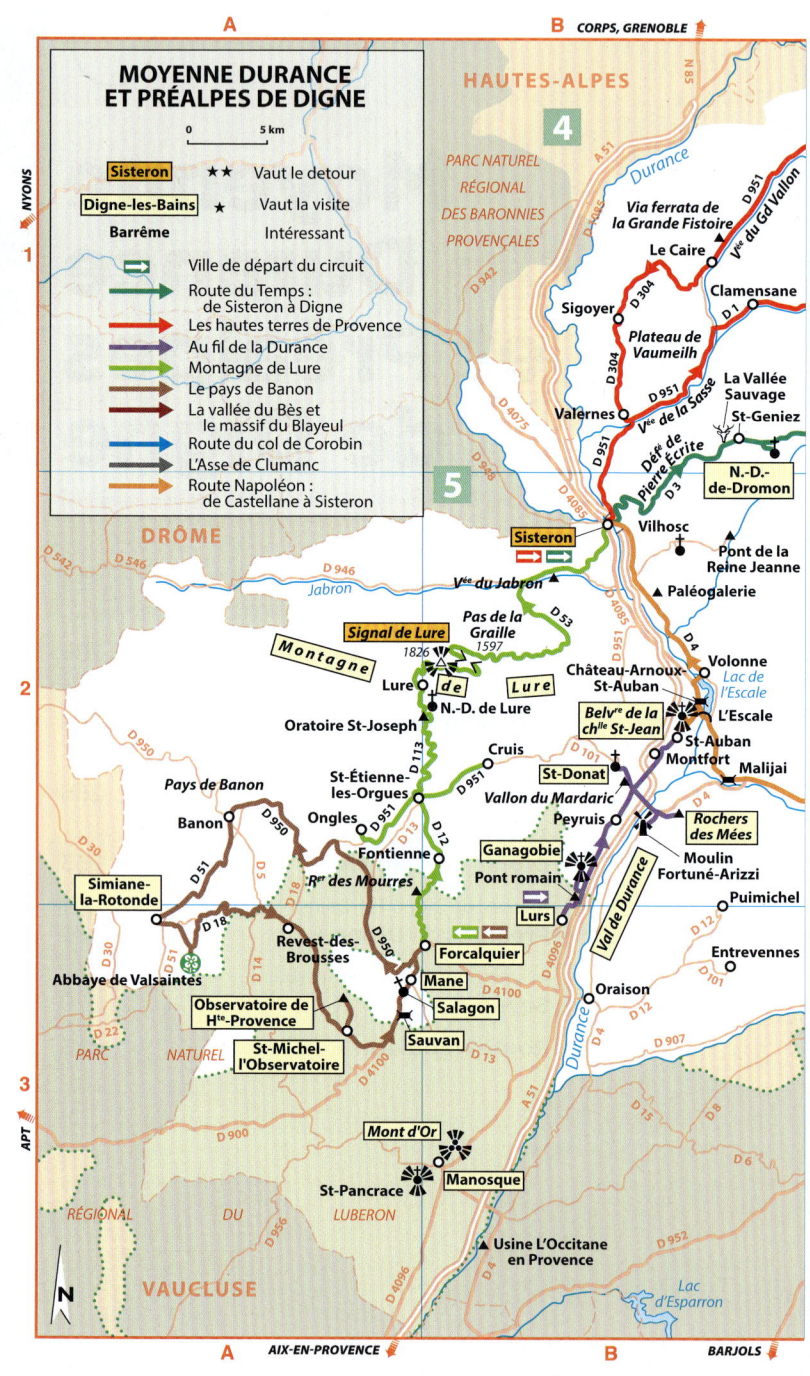

MOYENNE DURANCE ET PRÉALPES DE DIGNE

0   5 km

Sisteron   ★★ Vaut le detour

Digne-les-Bains   ★   Vaut la visite

Barrême   Intéressant

→ Ville de départ du circuit

→ Route du Temps :
  de Sisteron à Digne
→ Les hautes terres de Provence
→ Au fil de la Durance
→ Montagne de Lure
→ Le pays de Banon
→ La vallée du Bès et
  le massif du Blayeul
→ Route du col de Corobin
→ L'Asse de Clumanc
→ Route Napoléon :
  de Castellane à Sisteron

CORPS, GRENOBLE

HAUTES-ALPES

4

PARC NATUREL
RÉGIONAL
DES BARONNIES
PROVENÇALES

Durance

Via ferrata de
la Grande Fistoire
Le Caire
Clamensane
Sigoyer
Plateau de
Vaumeilh
V.ée du Gd Vallon
Valernes
V.ée de la Sasse
La Vallée
Sauvage
St-Geniez
Déf.é de
Pierre écrite
N.-D.-
de-Dromon

DRÔME

Jabron

V.ée du Jabron
Pas de la
Graille
1597

Signal de Lure
1826

Montagne
de
Lure

Lure
N.-D. de Lure

Oratoire St-Joseph

St-Étienne-
les-Orgues

Cruis

Château-Arnoux-
St-Auban

Belv.re de la
ch.lle St-Jean

Vilhosc
Pont de la
Reine Jeanne
Paléogalerie

Sisteron

Volonne
Lac de
l'Escale
L'Escale
St-Auban
Montfort
Malijai

St-Donat
Vallon du Mardaric
Peyruis
Rochers
des Mées
Moulin
Fortuné-Arizzi

Pays de Banon
Banon
Ongles

Fontienne
R.er des Mourres

Ganagobie
Pont romain
Lurs

Puimichel

Simiane-
la-Rotonde

Abbaye de Valsaintes

Revest-des-
Brousses

Observatoire de
H.te-Provence
St-Michel-
l'Observatoire

Forcalquier
Mane
Salagon
Sauvan

Val de Durance

Oraison

Entrevennes

PARC   NATUREL

Mont d'Or
St-Pancrace
Manosque

Usine L'Occitane
en Provence

RÉGIONAL

DU   LUBERON

VAUCLUSE

N

AIX-EN-PROVENCE

BARJOLS

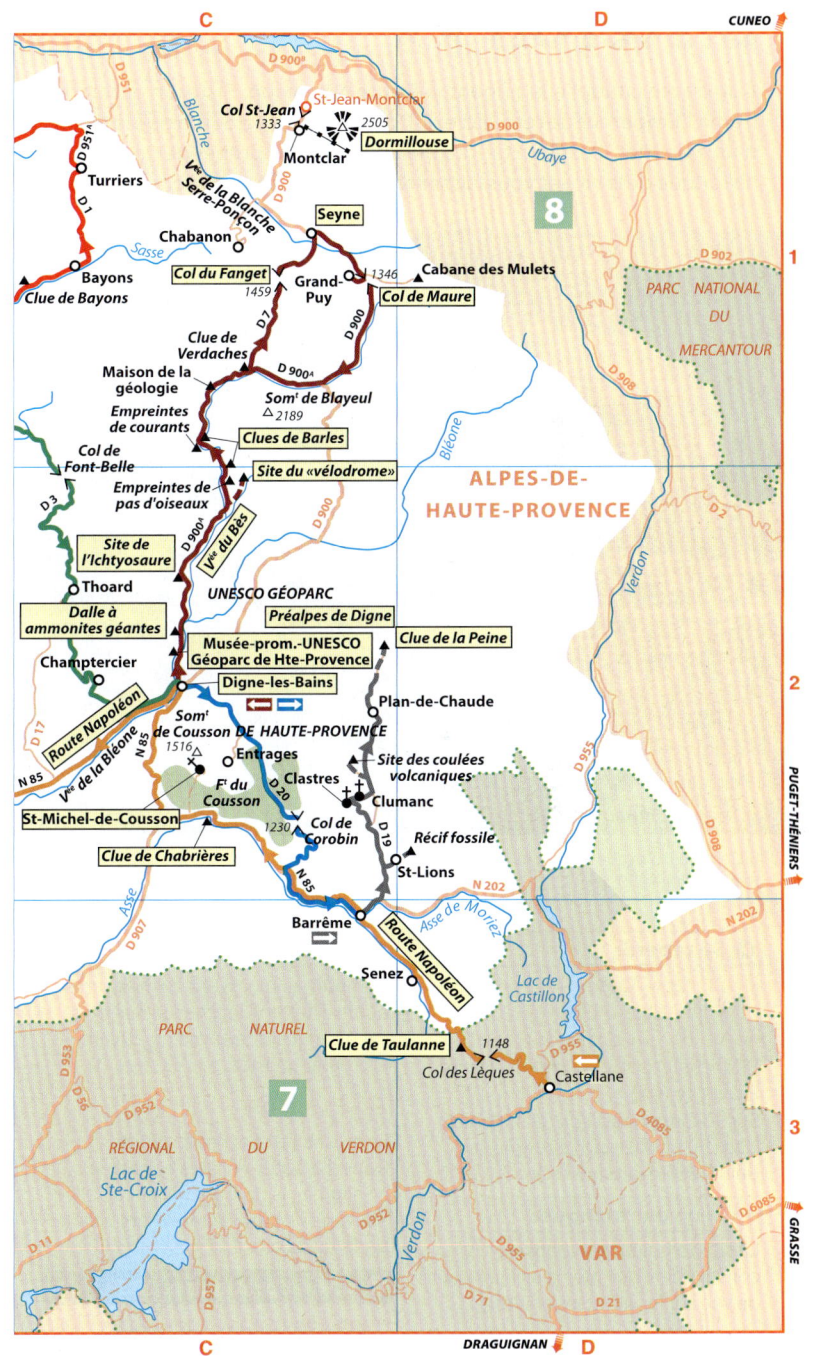

Sisteron ★★

Admirable citadelle jalonnant la Route Napoléon, Sisteron aurait fait frémir l'Empereur de retour d'exil. Pourtant, il n'y séjourna que le temps d'un déjeuner. Il vous en faudra bien plus pour appréhender la richesse historique de la ville et vous laisser emporter par sa nature environnante.

Sisteron et sa citadelle dominant la Durance.
azgek/Getty Images Plus

▶ Se repérer

CARTES P. 222-223 (B2),
PLAN DE SISTERON P. 227,
CARTE AUTOUR DE SISTERON P. 229
7 944 Sisteronais – Alpes-de-Haute-Provence (04).
Sur la Route Napoléon (N 85) entre Gap (50 km au nord) et Digne-les-Bains (39 km au sud-est).

☺ À ne pas manquer

La citadelle, impressionnante construction qui offre plusieurs points de vue sur la ville et les environs.

⏱ Organiser son temps

Comptez au moins une demi-journée pour visiter la ville ; chacun des trois circuits nécessite approximativement une demi-journée.

▲ En famille

Le musée Terre et Temps Édith-Robert à Sisteron ; la Paléogalerie à Salignac ; le parc animalier La Vallée Sauvage ; le pays-des-rochers-qui-parlent au Caire.

ⓘ Carnet pratique p. 233

◉ Nos adresses p. 233

La citadelle ★

PLAN P. 227

AB1 - *Montée de la Citadelle -* ☎ *04 92 61 27 57 - www.citadelledesisteron.fr - juil.- août : 9h-19h30 ; juin et sept. : 9h-19h ; reste de l'année : se rens. - 7,10 €.*

Déjà de la ville, on en admire les hautes arcades de soutènement. Les parties les plus anciennes (donjon et chemin de ronde) datent du 12e s. Les fortifications du 16e s. qui enserrent le rocher sont du précurseur de Vauban, Jehan Sarrazin, ingénieur d'Henri IV, lequel disait : « C'est la plus puissante forteresse de mon royaume. » En 1692, après l'invasion de la Haute Durance par les armées de Savoie, Vauban fit le plan de nouvelles défenses dont, faute de moyens, on ne réalisa qu'une poudrière et un puits. Après le bombardement d'août 1944, la citadelle et la chapelle, fortement endommagées, ont été restaurées. Un des ponts-levis dits « en zig-zag » (ouvrage en métal qui se meut par l'effet d'un balancier) vient d'être reconstitué.

😊 L'histoire de la Citadelle se découvre à l'occasion d'un film *(20mn)* et en activant des points sonorisés.

Par une série d'escaliers et de terrasses, vous parviendrez au **chemin de ronde**. Passant sous le donjon où fut emprisonné le prince Jean Casimir de Pologne en 1639, vous arriverez à la terrasse *(table d'orientation avec télescope)*, d'où la **vue★** plonge sur la ville basse, le lac du barrage et, au nord, jusqu'aux montagnes de Laup et d'Aujour qui ferment le bassin de Laragne. Rendez-vous ensuite à la **chapelle** (15e s.), amplement reconstruite, éclairée par des vitraux modernes du maître verrier Claude Courageux. Elle sert de cadre à des expositions et à une librairie. Gagnez la face nord de la citadelle et la **guérite du Diable** d'où la **vue★** sur le **rocher de la Baume**, ce « cauchemar pétrifié », est ahurissante. Descendez alors les premières marches d'un grand **escalier souterrain** creusé dans le roc en 1841 pour relier la forteresse à l'ancienne porte du Dauphiné (détruite en 1944). En regagnant la sortie, vous verrez le **théâtre de verdure** qui accueille chaque été le festival Les Nuits de la Citadelle, l'un des plus anciens festivals de France *(voir « Agenda », p. 233)*.

Dans la **poudrière**, unique ouvrage du projet Vauban réalisé, des panneaux thématiques évoquent le génie militaire de Vauban. Les plans de son projet pour la citadelle y sont notamment présentés.

☞ Pour avoir la plus belle **vue★** sur la citadelle, franchissez la rivière pour gagner la rue conduisant aux ruines du cloître **St-Dominique** (**B1**), sous le rocher de la Baume *(concerts en été)*.

Se promener

PLAN P. 227

▶ *Circuit tracé sur le plan.*

★ Cathédrale N.-D. et St-Thyrse **B2**

Pl. du Gén.-de-Gaulle - ☎ *04 92 61 54 50 - www.sisteron.com -* ♿ *- avr.-août - horaires et jours d'ouverture indiqués sur la porte principale.*

La cathédrale a été construite dans les *pomoerii* (mot latin déformé en « pommiers »), c'est-à-dire entre les murs de la ville, entre 1160 et 1220. Avec ses trois nefs, elle est l'un des plus grands édifices religieux de Provence. Sur le portail, l'alternance de blocs noirs et blancs est d'inspiration lombarde. Regardez bien reliefs et chapiteaux : ils forment une frise pleine de drôles d'animaux. À l'intérieur, tableaux de Mignard, Van Loo, Coypel, entre autres.

6

Tours A2

Trois sont visibles allée de Verdun, la quatrième près de la Poste, et la cinquième au pied de la citadelle. Construites vers 1370 pour protéger la ville des Grandes Compagnies qui envahissaient la Provence, ces tours portent des noms qui en disent long : portes « Sauve » (car des protestants s'enfuirent par là), « des Gens-d'Armes », « N.-D.-du-Fort » et « de la Médisance » (car les femmes aimaient à s'y retrouver pour quelques potins et autres ragots !).

★ Musée Terre et Temps Édith-Robert B2

6 pl. du Gén.-de-Gaulle - ℘ 04 92 61 61 30 - www.sisteron.com - juil.-août : mar.-sam. 10h30-12h30, 14h30-18h30 - gratuit.

☺ Un **« circuit du temps »** part du musée.

👥 Dans la belle chapelle des Visitandines, derrière la cathédrale, ce musée créé par la **Réserve géologique de Haute-Provence** est le point de départ de la Route du temps *(voir le circuit p. 229)*. À travers objets, instruments de mesure et documents, il retrace l'évolution de la notion du temps, du temps géologique à celui des horloges et des hommes. Un **pendule de Foucault** permet de démontrer la rotation de la Terre.

★ Vieux Sisteron B1-2

☺ Un **parcours fléché** s'amorce à droite de la cathédrale.

Entre la rue Droite et les bords de la Durance se blottit la ville ancienne aux ruelles étroites qui dégringolent vers la rivière, bordées de hautes maisons parfois reliées par des **andrônes**, rampes abruptes souvent voûtées. Beaucoup ont conservé leurs élégantes portes sculptées des 16e, 17e et 18e s.

La **rue Deleuze (B2)**, qui arbore de belles portes aux nos 11, 41 et 152, mène au pied

---

Si Sisteron m'était conté...

Village préhistorique il y a 4 000 ans, étape des Romains sur la **via Domitia** qui reliait l'Italie au delta du Rhône, évêché au 6e s., place forte des comtes de Forcalquier au 11e s., Sisteron a vu du beau monde signer le livre d'or de sa longue histoire. Propriété ensuite des comtes de Provence, elle est pour eux la frontière du nord. Léguée à Louis XI, elle rejoint en 1483 le royaume de France. Les guerres de Religion (1562 à 1594) voient protestants et catholiques se disputer la forteresse. C'est alors que l'ingénieur **Jean Errard** la renforce et imagine la citadelle actuelle, dont l'un des premiers pensionnaires sera le prince Jean Casimir de Pologne, enfermé en 1639 sur ordre de Richelieu.

En 1815, Sisteron inquiète Napoléon. Les royalistes ne vont-ils pas détruire le pont sur la Durance ? Soulagement le 5 mars : la garnison a été éloignée et l'évadé de l'île d'Elbe quitte Sisteron, en disant à Bertrand « je suis à Paris ».

Le 15 août 1944, l'aviation franco-américaine bombarde les deux ponts sur la Durance, endommageant la citadelle et la cité, et faisant plus de 300 victimes. Les troupes américaines de la 45e division, débarquées sur les côtes du Var, la libèrent le 22 août 1944. Depuis, la ville meurtrie a pansé ses blessures et relevé ses maisons. De son plan d'eau de 5 600 m² bordé de **plages**, on a une vue superbe sur la citadelle. L'aménagement de la Durance, achevé en 1977, comprend l'usine souterraine de Sisteron, le barrage de Salignac, sa retenue de 118 ha et son usine hydroélectrique.

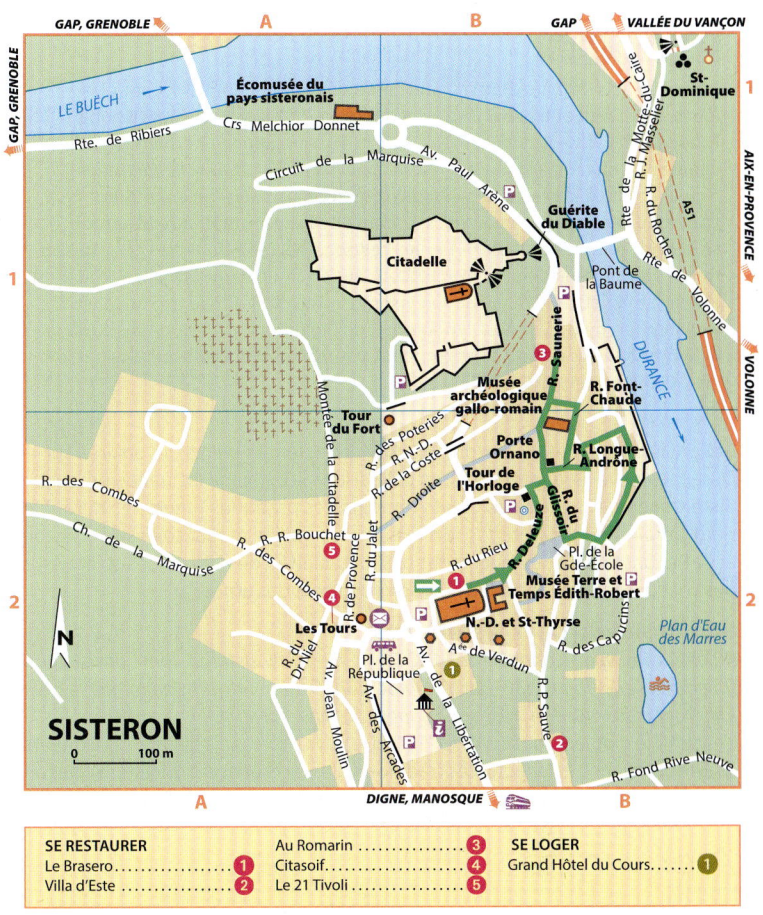

SE RESTAURER

Le Brasero	1	
Villa d'Este	2	
Au Romarin	3	
Citasoif	4	
Le 21 Tivoli	5	

SE LOGER

Grand Hôtel du Cours	1

de la **tour de l'Horloge**★ (B2), surmontée d'un campanile de fer forgé. Elle porte haut la devise de Sisteron : *« Tuta montibus et fluviis »* (« Sûre entre ses montagnes et ses fleuves »). Entre la rue Mercerie et la rue du Glissoir s'embranche la **Longue-Andrône** (B2), très étroite sous des arcades. Continuez par la **rue du Glissoir** (B2) qui, en hiver, se transforme en véritable toboggan ! Au n° 5, se dresse une belle façade romane du 13ᵉ s. avec quatre arceaux brisés aux baies géminées. Après une place, suivez la rue Basse-des-Remparts jusqu'à la **rue Font-Chaude** (B1-2) où un double couvert laisse passer deux rues. Celle qui monte conduit à la **rue Saunerie** (B1), nom lié à d'anciens entrepôts de sel. C'est au n° 64, dans l'ancienne hostellerie du Bras d'Or, que Napoléon déjeuna le 5 mars 1815. Au n° 2 de la rue Mercerie s'ouvre la belle **porte Ornano** (B2) sculptée au 16ᵉ s. Elle affiche les armes de cette famille.

★ Musée archéologique gallo-romain B2

8 r. Saunerie - ☎ 04 92 61 58 40 - www.sisteron.com - juil.-août : 10h30-12h30, 14h30-19h, lun. et dim. 14h30-19h ; reste de l'année : tlj sf dim.-lun. 10h-12h, 14h-18h - gratuit.

6

Belles plumes

Monté à Paris, le jeune **Paul Arène** mène la vie de bohème, écrit pour les journaux et rencontre Anaïs : c'est l'amour fou, mais le père de cette jolie Provençale refuse le mariage. Désespéré, Paul regagne Sisteron pour en chanter les charmes dans des contes : *La Chèvre d'or, Domnine, Jean-des-Figues* et tant d'autres. C'est à Sisteron qu'il repose, sous un amandier. L'intrigue du *Secret des andrônes*, roman du Manosquin **Pierre Magnan**, se déroule dans la citadelle : « Par les bastions, les redoutes et les poternes en forme de baïonnette, suant et soufflant, mais quand même la cigarette aux lèvres, Laviolette entreprit de se hisser jusqu'au donjon. L'air vif lui fouetta le visage lorsqu'il y parvint. Du sommet de Lure au pic d'Olan, des collines de la Drôme au Brec de Chambeyron, cent kilomètres d'horizon balayés par le vent se déployaient à la ronde. »

Cet ancien hôtel particulier du 16e s. qui offre de très belles ouvertures sur la Durance accueille d'intéressantes collections liées au passé gallo-romain de Sisteron, en particulier des objets témoins des pratiques funéraires durant le Haut-Empire. Sur deux étages, le musée met en valeur les mausolées de Sisteron et de Bevons grâce à des reconstitutions sur tablettes, des films et des objets issus des vestiges tels des lampes à huile, des bijoux et des urnes.

Écomusée du pays sisteronais A1

30 cours Melchior-Donnet - ℘ 04 92 32 48 75 - www.sisteron.com - de mi-juil. à fin août : mar.-sam. 10h30-12h30, 14h30-18h30, dim. 14h-18h ; de mi-juin à déb. juil. : mar.-sam. 14h-18h ; reste de l'année : se rens. - gratuit.

L'ensemble d'objets conservés ici illustre le pays sisteronais d'autrefois à travers la vie quotidienne et les activités traditionnelles (artisanat et agriculture). Du toit du musée, beau panorama sur le confluent de la Durance et du Büech.

À proximité

CARTE CI-CONTRE

Prieuré de Vilhosc

▶ *10 km à l'est par la D 4 (direction Volonne). Après 5 km, tournez à gauche sur la D 217 et 4 km plus loin, après avoir franchi le Riou de Jabron, prenez à droite le chemin signalé. ℘ 04 92 61 30 85 - visite guidée sur demande préalable (30mn) auprès de la propriétaire Mᵐᵉ Di Iorio - participation libre.*

Tout près de la rivière, sous les bâtiments d'une ferme, subsiste une curieuse **crypte** à trois nefs, restes d'un ancien prieuré et témoin du tout premier art roman du 11e s. En poursuivant la D 217 sur 5 km, vous arrivez au **pont de la Reine Jeanne** qui lance au milieu des pins son arche unique au-dessus du Vançon.

Paléogalerie à Salignac

▶ *7 km au sud-est par la D 4 (direction Volonne). Tournez à gauche sur la D 604. ℘ 06 80 78 98 78 - juil.-août : 10h-13h, 15h-19h ; sept. : vend.-dim. 10h-13h, 15h-19h - 6 €.*

C'est dans les voûtes de sa maison que Luc Ebbo, passionné de fossiles depuis l'enfance, a créé son musée. Cimetière marin d'ammonites, squelettes de crocodile, fossiles de poissons, patte de dinosaure reconstituée... Tout un bestiaire pétrifié depuis des millions d'années que la main de l'artiste a hissé au rang d'œuvre d'art.

Circuits conseillés

CARTE CI-DESSOUS

★ Route du temps : de Sisteron à Digne

▶ *Circuit de 65 km tracé en vert foncé sur la carte. Quittez Sisteron par le pont qui enjambe la Durance, prenez la D 951 au nord-est puis la D 3.*

😊 Ce circuit suit en partie la **Route du temps**, créée par la Réserve géologique de Haute-Provence, fléchée au départ de Sisteron et jalonnée de sentiers pédestres et de points de vue remarquables (des parkings sont aménagés au bord de la route). Si le circuit vous intéresse dans sa totalité, vous pourrez poursuivre au sud après Thoard, et aller jusqu'à Beynes *(env. 80 km)*.

Dans la montée du premier col, **vues★★** les plus belles sur le site de Sisteron : au sud-ouest, les longues croupes de la montagne de Lure ; au premier plan, le bassin

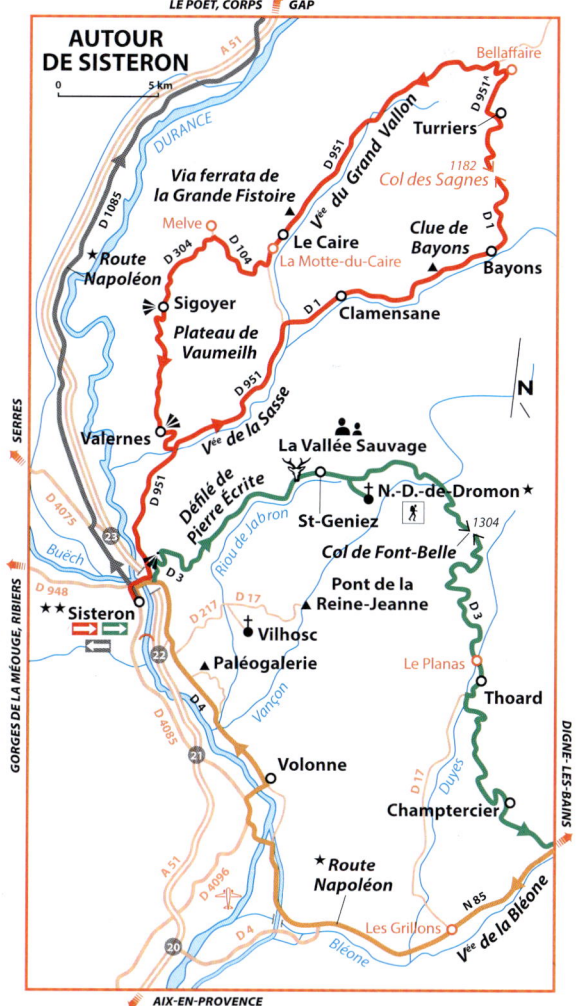

de Laragne où coule le Buëch. Après le col se profilent les falaises de la Gache et la vallée du Riou de Jabron qui s'échappe par une clue et va rejoindre la Durance.

Défilé de Pierre Écrite B1-2

Une paroi à gauche de la route, à hauteur d'un pont, porte une longue **inscription romaine** en l'honneur de C. P. Dardanus, préfet des Gaules, qui aurait ouvert ce passage au début du 5ᵉ s. Le texte rappelle que, converti au christianisme, il y aurait fondé une « cité de Dieu », Théopolis, dont les vestiges n'ont toutefois pas été mis au jour.

La Vallée Sauvage B1

04 92 61 52 85 - juin-sept : 10h-19h ; avr.-mai et oct.-nov. : 13h-18h ; reste de l'année : se rens. - 15 €.

À la sortie du défilé, ce parc animalier de 14 ha permet d'observer sangliers, daims, mouflons, cerfs et animaux de la ferme. Parcours de 2 km. Possibilités de pique-nique et de promenade à dos d'âne ou de poney.

Vous arrivez ensuite à un **plateau d'alpage**, où l'atmosphère montagnarde marquée surprend si près de Sisteron.

Dépassant St-Geniez, vous apercevez à droite la curieuse bosse du rocher de Dromon, au pied duquel s'élève une chapelle.

★ N.-D.-de-Dromon B1

04 92 62 64 15 (mairie) - arpage04200.jimdo.com - & - temporairement inaccessible (chemin d'accès interdit).

15mn AR. Laissez la voiture près d'une ferme. Ce modeste édifice dont la voûte a été refaite au 17ᵉ s. fut un lieu de pèlerinage. **Vue** sur la montagne de Mélan en face, et à gauche sur les Monges, dont l'amphithéâtre culmine à 2 115 m.

La route domine le fond de la haute vallée du Vançon. La **vue** se porte au loin sur le Luberon et la montagne Ste-Victoire. Au-delà d'Authon, la route étroite passe par le **col de Font-Belle** (alt. 1 304 m), dans la forêt de Mélan. Belle vue sur l'impressionnante crête de calcaire blanc de Géruen et les robines torturées en contrebas. *Au Planas, prenez la petite route vers Thoard.*

Thoard C2

Ce charmant village ancien conserve les restes d'une enceinte, et son donjon roman forme le clocher de l'église.
À la sortie de Thoard, prendre la D 3 en direction de Champtercier.

Champtercier C2

Champtercier est le village natal du philosophe et scientifique **Pierre Gassendi** (*voir encadré p. 266*). Peu avant l'entrée du village, au niveau du col du Pas de Bonnet (alt. 886 m), une agréable balade dans la forêt dite « promenade du philosophe » (*1h30. 5,2 km*) mène sur les lieux de sa naissance. Le panorama s'ouvre sur les montagnes alentour, dont le Cousson et la barre des Dourbes.
Poursuivez sur la D 3 pour rejoindre la N 85 en direction de Digne.

★ Digne-les-Bains C2 *Voir p. 263*

Les Hautes Terres de Provence

▶ *Circuit en boucle de 85 km, au départ de Sisteron, tracé en rouge sur la carte. Quittez Sisteron par la D 951 au nord.*

Au nord-est de Sisteron, dans la **vallée de la Sasse**, vous retrouvez une nature sauvage et préservée. Son relief façonné par l'érosion n'est qu'une suite de vallons

Église Saint-Martin de Thoard.
B. Colliot/age fotostock

ravinés, de clues étroites, de montagnes creusées par l'eau et le vent. Vous entrez ici dans un petit univers à part, qui réunit plusieurs plateaux et jolies vallées.

★ Au Pays des Rochers-qui-Parlent

En famille, vous pourrez découvrir la vallée de la Sasse en parcourant la Route des rochers qui parlent (chaque village possède son rocher-qui-parle). Cette réalisation originale concilie tourisme et culture et fait partie de l'un des sept parcours de découverte de ce territoire. Pour y participer, il suffit de scanner les QR-Codes apposés sur les rochers.

Après les gorges de la Sasse, vous passez au pied de Châteaufort et de Nibles. *Prenez ensuite la D 1 à droite.*

Passé **Clamensane**, village perché sur un éperon rocheux, le paysage devient de plus en plus sauvage. Après la **clue de Bayons**, la route rentre dans un bassin évasé.

Bayons

L'église des 12e et 13e s. présente un savant mélange d'art roman et gothique. À l'intérieur, la clé du chœur est un bel *Agnus Dei*. *Après Bayons, continuez vers Turriers.*

Une série de lacets très raides, les célèbres **tourniquets**, mènent au col des Sagnes entouré de montagnes de gypses. Vous redescendez ensuite sur Turriers et Bellaffaire. À **Turriers**, une table d'orientation dévoile un beau panorama sur le massif des Écrins. *Après Bellaffaire, tournez à gauche sur la D 951.*

La **vallée du Grand Vallon**, réputée pour ses pommes, joue les contrastes : de vastes vergers succèdent à de beaux paysages minéraux qui font le bonheur des géologues.

Le Caire

i *℘ 04 92 68 40 39 - www.sisteron-buech.fr.*
En provençal, *caïre* signifie « rocher » ; celui qui domine le village en impose.
Via ferrata de la Grande Fistoire – *2 km avant le village, sur la droite. Droit d'accès*

6

7 € au bureau d'accueil de la via ferrata - location équipement complet 16 € (réserv. 7 j. av.). Longueur du parcours 1,5 km - à partir de 12 ans. Cette via ferrata permet à tous de s'initier en toute sécurité à la verticalité.

Ferrata familia des ammonites – *À partir de 7 ans - initiation 16 €/pers. - droit d'accès 4 € - équipement 12 € (réserv. 7 j. av.)* Aménagée non loin, elle est parfaitement adaptée aux plus jeunes.

Après La Motte-du-Caire, prenez la D 104 vers Melve, puis tournez à gauche sur la D 304.

La route traverse un plateau et les **vues** deviennent presque aériennes, portant jusqu'au Champsaur au nord.

Sigoyer

De ce village dominé par son château du 15e s. *(privé)*, la **vue**★★ étendue sur la Durance, les Baronnies et la montagne de Lure est imprenable. Sur la porte latérale de l'église, une **borne informatique** à écran tactile permet une visite virtuelle du château reconstitué en trois dimensions (à la rubrique « donjon », table d'orientation virtuelle).

Le vaste **plateau de Vaumeilh**, sur la gauche de la route, est un haut lieu du vol à voile, dominé par le pic Pied de Hongrie.

Vous descendez vers **Valernes**. Ce village perché a conservé des vestiges de ses remparts. **Vue** sur la vallée de la Sasse.

La D 951 ramène à Sisteron.

★ Au fil de la Durance

▶ *Circuit de 37 km, de Lurs à St-Auban, tracé en violet sur la carte. Voir p. 236.*

★ Montagne de Lure

▶ *Circuit de 80 km, de Forcalquier à Sisteron, tracé en vert clair sur la carte. Voir p. 247.*

★ Route Napoléon : de Castellane à Sisteron

▶ *Circuit de 100 km tracé en orange sur la carte. Voir p. 283.*

★ Route Napoléon : de Sisteron à Corps

▶ *Circuit de 79 km tracé en gris sur la carte. Voir p. 171.*

ℹ Carnet pratique

S'informer

Office de tourisme – *Hôtel-de-Ville - 1 pl. de la République - Sisteron -* ℘ *04 92 61 36 50 - www.sisteron-buech.fr.*

Pass touristique et appli

Passeport des musées des Alpes-de-Haute-Provence – *Voir p. 470.*
Appli Sisteron Buëch découverte virtuelle – *Téléchargement gratuit.* Un voyage dans la ville, à 360° en réalité virtuelle, à travers plusieurs époques.

Arriver/partir

Car – LER Sisteron-Digne-les-Bains (1h), Sisteron-Gap (1h15). Plan du réseau et horaires sur zou.maregionsud.fr.
Se garer – Parking gratuit au pied de la citadelle.

Se déplacer

Petit train – *Juil.-août : 10h-18h ; reste de l'année : se rens. - fermé* de mi-sept. à mai - 7 € AR (enf. 4 €), 6 € aller simple (enf. 3 €). Il relie l'office de tourisme à la citadelle.

Agenda

Fête de l'agneau – *Mi-avr. - rens. et réserv. à l'office de tourisme.* Transhumance des troupeaux de moutons à travers les rues de la ville, danses et chants provençaux, marché des produits du terroir...
Nuits de la citadelle – *Juil.-août - rens. et location pavillon ATM - 1 allée de Verdun - www.nuitsdelacitadelle.fr.* Théâtre, musique classique et opéra investissent le temps d'un été trois lieux : la citadelle avec son théâtre de verdure, le cloître St-Dominique et la cathédrale.
Fête médiévale « le passage du fort » – *3e sam. d'août, les années paires.* Rues et vitrines décorées, commerçants costumés, cavalcade, animations avec gueux et saltimbanques (musiques, saynètes, contes, échasses, jongles...).

📍 Nos adresses

PLAN P. 227

Restauration

Premier prix

① **Le Brasero** – B2 - *27 r. Deleuze -* ℘ *04 92 61 56 79 - restaurant-le-brasero.fr - fermé merc.-jeu. - formule déj. 21 €.* Murs lambrissés en pin brut, buste de chef indien, drapeau américain... Dans un décor digne du Far West, cette adresse conviviale propose un vaste choix de viandes (quantité au choix). La spécialité : la brasérade, de fines lamelles de viande à griller soi-même (2 pers. mini). Burgers également. Salle à l'étage avec vue sur les toits de la vieille ville.

Budget moyen

② **Villa d'Este** – B2 - *11 r. Ste-Ursule -* ℘ *04 92 31 86 76 - fermé dim.-lun. - plats 18/27 €.* Ici, pas de terrasse, mais une superbe vue sur la montagne de La Baume, située sur la rive gauche de la Durance. Belles assiettes généreusement garnies : grande salade italienne, pâtes, pizza au feu de bois... à déguster dans un décor moderne.
③ **Au Romarin** – B1 - *103 r. Saunerie -* ℘ *04 92 34 88 04 - www.restaurant-au-romarin.fr - fermé mar. - plats 18,50/24 €.* Ambiance intimiste sous de jolies voûtes pour ce restaurant qui fait la part belle aux produits locaux, notamment à l'agneau, aux pieds et paquets et à la crème brûlée au

6

calisson. Un joli choix de poissons frais est aussi à l'honneur.

④ Citasoif – *A2* - *26 av. Jean-Moulin - www.citasoif.fr -* ✆ *06 80 57 09 55 - fermé jeu. midi - menus 25/37 €.* Cette « cave à manger » et bar à tapas propose de belles planches de charcuterie et tartinades, accompagnées de vins délicatement sélectionnés.

⑤ Le 21 Tivoli – *A2* - *21 pl. René-Cassin -* ✆ *04 92 62 26 68 - www.hoteltivoli-sisteron.fr - fermé jeu. - formules midi en sem. 19/25 €, plats 19/28 € - 16 ch. 76/136 € -* 🍴 *10,50 €.* L'hôtel Tivoli vient d'ouvrir son restaurant : vous apprécierez sa cuisine maison composée au gré des saisons, et avec des légumes bio. Côté chambre, de beaux espaces à la décoration sobre et élégante.

Shopping

Il fait bon flâner par les rues de la vieille ville, particulièrement dans les rues **Droite** et **Saunerie**. Si la première se prête bien aux joies impérissables du shopping, la seconde abrite boutiques de produits régionaux et échoppes d'artisans.

Marché provençal – *Pl. de l'Horloge - merc. mat. et sam. matin.*

Marché de producteurs locaux – *Pl. de la Mairie - Clamensane - juil.-août : mar. matin.*

Pâtisserie Les Amandines – *131 r. de Provence -* ✆ *04 92 61 02 49 - tlj sf dim. soir et lun. ; été : tlj.* Macarons, glaces, chocolats… et la spécialité de la maison, la pomme des Alpes : un petit gâteau qui épouse la forme du fruit et associe quatre-quarts, compotée de pomme à la vanille et mousse mascarpone vanille. Un sympathique programme !

Richaud et Badet – *7 allée des Chênes - parc d'activités Val-Durance -* ✆ *04 92 61 13 63 - fermé*

sam. soir et dim. Ne passez surtout pas à côté du fleuron culinaire de Sisteron, les pieds et paquets (spécialité à base de pieds d'agneau et de panses farcies accompagnés d'une sauce tomate et d'herbes), dont la recette se transmet depuis plusieurs générations dans cette entreprise familiale, reprise depuis 1989 par un ancien ouvrier de la maison.

La Taste – *224 r. Droite -* ✆ *04 92 61 28 99 ou 06 81 01 62 54 - tlj.* Large palette de spécialités locales : liqueurs, apéritifs et vins fins, miels, confitures, galets de la Durance, croquants, calissons, sans oublier les cosmétiques, pots-pourris et parfums d'ambiance aux senteurs de Provence.

En soirée

Le centre-ville regorge de petits bars logés sous des voûtes de pierre.

Activités

Activités nautiques

Plan d'eau – *Les Marres - gratuit.* Vous y viendrez pour nager *(baignade surveillée de mi-juin à fin août)*, mais aussi pour vous dégourdir les jambes le long du parcours de santé ou tout simplement pique-niquer en famille dans un cadre verdoyant.

Eaux vives

Hautes-Alpes Canyoning – *Bayons -* ✆ *06 63 39 36 72 - www.hautes-alpes-canyoning.fr.* Partez à l'assaut du canyon de Tines, sans conteste le plus bel itinéraire de ce territoire.

Randonnée

Topoguides en vente à l'office de tourisme.

Thomas Gauthier – *Gigors -* ✆ *06 51 83 87 95 - juin-sept.* Thomas Gauthier, accompagnateur en montagne, propose de beaux circuits cheminant entre plaines et sommets, pâturages et forêts.

👥 **Écuries de Sandalphon** – *Clamensane - 📞 06 37 69 72 34 - 9h-18h.* La montagne offre un cadre exceptionnel : partez en balade à cheval en famille ou entre amis.

Ferme

👥 **Bel'âne** – *Les Jurans - Bellaffaire - 📞 06 38 54 63 93 - www.belane.fr - juil.-août : fermé dim.* Cette ferme d'élevage d'ânes miniatures, qui se visite, loue des ânes pour des balades à la journée ou sur plusieurs jours.

Hébergement

Budget moyen

① **Grand Hôtel du Cours** – B2 *2 allée de Verdun - 📞 04 92 61 04 51 - www.hotel-lecours.com - 🅿 12 € - ♿ - de mars à déb. nov. - 40 ch. 80/105 € et 5 suites - 🍽 12 € - ✕.* Tenu par la même famille depuis 1900, cet hôtel se trouve en plein centre historique, entre deux tours d'enceinte du 14e s. Préférez les chambres, plus calmes et spacieuses, sur l'arrière du bâtiment. Au restaurant, on apprécie la cuisine traditionnelle.

À proximité

Premier prix

Chambre d'hôte Chardavon – *Hameau de Chardavon - St-Geniez - 17 km au nord-est de Sisteron - 📞 04 92 61 29 04 - www. chardavon.com - 🚭 🅿 - 4 ch. 70 € 🍽 - gîte (4-6 pers.) 90 € (580 €/sem.) - ✕ sur réserv. 24 €.* Située dans la vallée du Riou de Jabron, cette ancienne bergerie

du 18e s. a été patiemment rénovée par un couple de Belges. Les gîtes, aux murs en pierre apparente, sont simples et bien tenus.

Hôtel Les Chênes – *300 rte de Gap - 2 km au nord-ouest de Sisteron - 📞 04 92 61 15 08 - www. hotel-les-chenes.com - 🅿 🛝 - 24 ch. 64/95 € - 🍽 10 € - ✕.* Adresse pratique pour une étape non loin de la Durance. Les chambres, petites et fonctionnelles, sont insonorisées. Sur l'arrière, piscine et jardin planté de vieux chênes. Recettes traditionnelles à déguster sur la terrasse ombragée.

Budget moyen

La Maison des hôtes – *94 r. de la République - La Motte-du-Caire - 📞 04 92 68 42 72 - lamaisondeshotes.com - 🛝 - 5 ch. 82/117 €.* Ambiance d'auberge provençale dans cette maison située au cœur du village. On se rafraîchit dans la piscine, on profite de l'ombre du prunier et on admire le potager en passant.

Chambre d'hôte Mas du Figuier – *La Fontaine - Bevons - 7 km à l'ouest de Sisteron - 📞 04 92 32 28 81 ou 06 32 62 64 56 - www. chambre-hote-gite-cabane-sisteron.com - 🚭 🅿 - 5 ch. 75/120 € 🍽 - 2 gîtes (4-5 pers.) - ✕ sur réserv.* Perdu dans la nature, ce joli mas du 17e s. dissimule, derrière ses murs ocre, un champ d'oliviers. Plaisantes chambres provençales avec chauds coloris, tomettes et poutres. Les salles de bains arborent quant à elles un décor de style mauresque.

6

Val de Durance ★

Grande rivière fantasque, la Durance ouvre une large brèche lumineuse dans les montagnes des Alpes du Sud. Après avoir longuement nargué les ingénieurs chargés de la dompter, l'ancien « fléau de la Provence » est aujourd'hui source de fertilité pour les villages de la vallée, tournés vers l'avenir, mais rêvant encore sur les ocres de leur riche passé.

▶ Se repérer

CARTES P. 222-223 (B2-3),
CARTE VAL DE DURANCE P. 239
Alpes-de-Haute-Provence (04).
Ce large couloir alluvial de près de 100 km est bordé à l'est par les falaises du plateau de Valensole, et à l'ouest par les contreforts boisés de la montagne de Lure et du Luberon.

☺ À ne pas manquer

Les étonnants rochers des Mées ; la mosaïque et le point de vue du monastère de Ganagobie ; le village perché de Lurs.

◷ Organiser son temps

Comptez environ 2h pour suivre le circuit qui longe le cours de la Durance.

👪 En famille

Pour se rafraîchir, le plan d'eau de St-Auban.

ℹ Carnet pratique p. 242

◉ Nos adresses p. 242

Circuits conseillés

CARTE P. 239

★ Au fil de la Durance

▶ *Circuit de 37 km, de Lurs à St-Auban, tracé en violet sur la carte.*

★ Lurs

Parking obligatoire à l'entrée du village.
Cette puissante place forte du Moyen Âge compta jusqu'à 3 000 habitants. Les évêques de Sisteron qui portaient fièrement le titre de « prince de Lurs », prirent ici leurs quartiers d'été, puis firent édifier un séminaire. Déserté par ses derniers habitants au début du 20e s., tombé en ruine, Lurs semblait voué à la disparition... C'est après la dernière guerre que le village fut pourtant ressuscité par un groupe de graphistes emmené par **Jean Giono** et **Maximilien Vox** (un des meilleurs typographes de France, auteur des lettres du frontispice du *Larousse du XXe siècle*). Fascinés par les pleins et les déliés d'un site baigné de lumière, ils en tombèrent amoureux et le firent renaître en créant en 1952 une association, les **Rencontres internationales de Lure** du nom de la montagne voisine (*www. delure.org*). Depuis, les professionnels de l'imprimerie se réunissent chaque été à Lurs. Ils ont mis en place une installation en hommage à l'évolution de l'écriture et à la typographie qui mène le visiteur au cœur du village. Au niveau du parking, la « naissance et l'évolution de l'écriture » sont figurées par des bornes qui reprennent les signes des différents langages antiques du monde entier. En suivant le sentier qui longe la route (belle vue sur les alentours) on découvre la « bibliothèque » et les supports de l'écrit puis la « table de Vox » qui explique le classement de la typographie imaginé par Maximilien Vox. En pénétrant dans

Village de Lurs.
Flavio Vallenari/Getty Images Plus

le village, remarquez au sol des lettres qui se suivent et forment le premier vers du poème d'Arthur Rimbaud *Voyelles*. La dernière étape de cette installation propose des anagrammes de mots courants dont les solutions sont affichées à l'office de tourisme.

C'est par la **tour de l'Horloge** surmontée d'un campanile que l'on pénètre dans le vieux village soigneusement restauré. On découvre ensuite l'**église** avec son clocher-arcade à trois baies, puis des ruelles fleuries de roses trémières, des maisons à encorbellement, des portes anciennes et les restes des remparts médiévaux. De l'église, une ruelle à gauche conduit à la chancellerie des compagnons de Lure, point de ralliement des graphistes, et au théâtre de Marius en plein air. Une ruelle à droite mène au **prieuré** et au **château** des princes-évêques, qui a été en partie relevé de ses ruines. Après avoir contourné le château, la **promenade des évêques**, bordée de 15 oratoires, mène à la chapelle N.-D.-de-Vie. De là, belle vue

La Durance ou la mégère apprivoisée

Malgré son air adorable à la source, au col de Montgenèvre, la Durance, affirmait Frédéric Mistral, était l'un des trois fléaux de la Provence avec le mistral et le Parlement. En effet, si cette opulente rivière de 324 km a besoin, pour étaler ses parties moyenne et basse, d'un lit large d'un kilomètre, ce sont les riverains qui se retrouvaient dans de beaux draps quand elle piquait ses coups de colère. On a donc calmé l'enragée par un remède de cheval, la saignée dérivative : depuis trente ans, son cours n'est plus alimenté que par un débit minimal. Des canaux ont endigué la majeure partie de ses eaux destinées à l'agriculture, aux usines hydroélectriques et aux buveurs d'eau. Des barrages sur son cours ou sur ses affluents ont su lui imposer un régime plus régulier. Et la sauvageonne radoucie a partagé son grand lit avec diverses essences d'arbres, nouveaux milieux biologiques attirant une faune originale, dont les **castors**.

panoramique : à l'est sur la vallée de la Durance, le plateau de Valensole et les Préalpes de Digne, à l'ouest sur la montagne de Lure et le bassin de Forcalquier.
Quittez Lurs au nord par une petite route.
Cette route boisée suit le tracé de l'ancienne voie Domitienne et franchit le Buès sur un **pont romain** du 2e s. Son arche unique a gaillardement résisté à toutes les crues.
Continuez sur la D 30 à gauche.
La route s'élève, étroite et sinueuse, offrant quelques belles échappées sur la vallée de la Durance.

★ Monastère de Ganagobie

04 92 68 00 04 - www.abbaye-ganagobie.com - 10h30-12h, 14h-18h30 ; mars-avr. et oct. : 14h-17h30 ; nov.-fév. : 15h-17h - fermé lun. - gratuit.

Comptez 15mn de marche à partir du parking aménagé et env. 1h pour la visite du monastère et la promenade sur le plateau.

Montant de la vallée de la Durance, la petite route s'élève dans une odorante pinède et vous offre Ganagobie sur un plateau. Riche présent, somptueux passé. Au milieu d'une magnifique terrasse naturelle couverte de chênes verts, de genêts et de lavande, le prieuré millénaire vibre à nouveau au rythme des chants sacrés. Tout au fond de son église, écrin de pierre entre ciel et terre, vous serez saisi en découvrant l'une des plus belles mosaïques d'Occident.

Église – Au tympan du **portail★** règne un Christ en Majesté *(voir illustration « ABC d'architecture » p. 451).* Son attitude hiératique tranche avec les formes mouvementées des symboles des évangélistes et d'anges adorateurs.

Autre curiosité, l'église n'a qu'une nef, ce qui est courant, mais un transept double, ce qui l'est moins. Elle est désormais ornée de 9 **vitraux contemporains** réalisés par le frère Kim En Joong. Si l'intérieur étonne par son extrême sobriété, il faut l'imaginer tel qu'il était autrefois, rehaussé de draperies, de fresques et surtout d'admirables **mosaïques★★** polychromes du 12e s. Ce qui en subsiste dans le chœur et le transept est émouvant de beauté. Des animaux fabuleux abondent,

Un lieu de retraite millénaire

Avec ses abris-sous-roche, ses sources et sa végétation abondante, le plateau de Ganagobie est un lieu privilégié par l'homme depuis la préhistoire : on a découvert sur place des monuments mégalithiques et les traces d'un oppidum romain sous les ruines d'un village médiéval abandonné au 15e s. Les grottes dont sont percés les flancs du plateau ont également servi d'abri pendant les invasions sarrasines, et de cache pour les maquisards pendant la Seconde Guerre mondiale.

Un premier monastère est fondé au 10e s. par l'évêque de Sisteron qui en fit la donation en 965 à l'abbaye de **Cluny**. Au 14e s., période faste, 12 à 15 moines y vivaient des dons de la terre et de la forêt. Presque à l'abandon au 16e s., les bâtiments furent restaurés au 17e s. Après la Révolution, on ordonna la démolition de l'église. Déjà, le clocher et les absides avaient disparu quand les habitants du hameau demandèrent de la conserver comme église paroissiale. Au 19e s., les Malijai acquirent l'ensemble et cédèrent le prieuré aux bénédictins. Aujourd'hui, des bénédictins venus de Hautecombe (en Savoie) ont redonné vie aux pierres de Ganagobie. Ils vendent le produit de leur travail (lavande, olivier, confiseries, aromates), accueillent des retraitants et organisent des sessions de réflexion éthique.

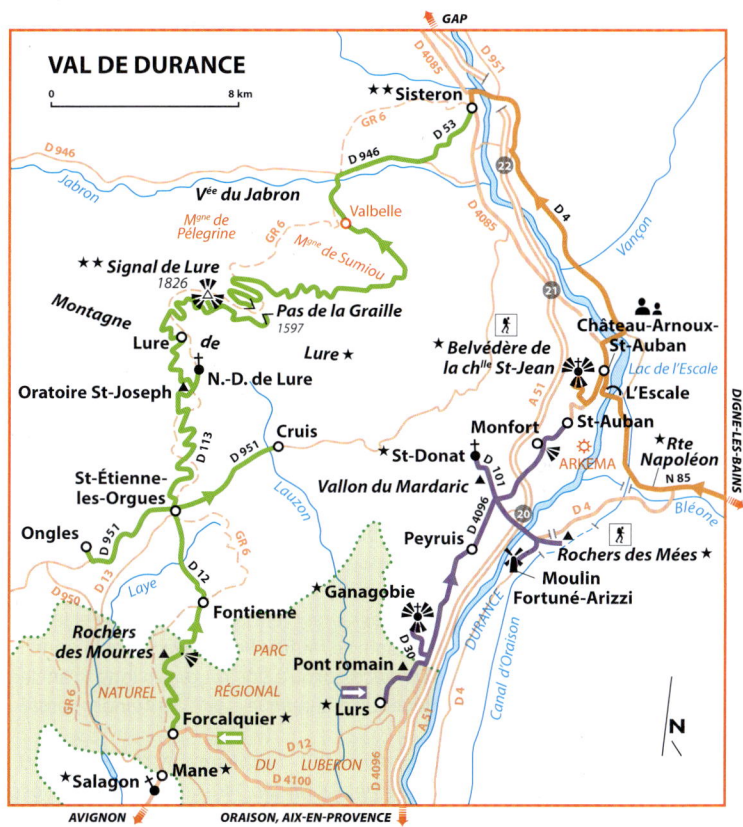

cernés d'entrelacs. L'influence orientale sur ces mosaïques est évidente : elles ont trouvé en effet leur inspiration dans les somptueux tissus rapportés par les croisés.

Points de vue depuis le plateau – À gauche de l'église, empruntez l'**allée des Moines**, car, au bout du rebord du plateau, la **vue★★** est fabuleuse sur la vallée de la Durance, le plateau de Valensole et les Préalpes de Digne.

Presque à l'opposé, longeant un mur de pierre, l'**allée de Forcalquier** mène au rebord ouest du plateau d'où s'offre une **vue★** étendue sur le bassin de Forcalquier et la montagne de Lure. Sur la gauche du chemin, remarquez des pierres levées et, à droite, des meules et des bassins creusés dans le roc, vestiges d'un habitat très ancien.

Revenez sur vos pas pour rejoindre la D 4096 à gauche en direction de Peyruis.

6

Peyruis

L'église présente des grandes gargouilles à tête de lion.

Après un petit tour dans le vieux quartier où murmurent six fontaines, montez aux ruines du château féodal.

3 km après Peyruis, tournez à droite dans la D 4ᴬ qui enjambe la Durance.

Les Mées

🛈 *Bd de la République -* 📞 *04 92 34 36 38 - www.dignelesbains-tourisme.com.*

Au milieu des oliveraies, le village est surtout connu pour ses rochers dont la forme évoque des « pénitents ». Les Mées abrite également le plus grand parc de panneaux solaires de France, installés sur le plateau de la Colle : sur 200 ha et d'une puissance électrique de 100 MWc, il alimente 12 000 foyers en énergie renouvelable.

★ **Rochers des Mées** – Ils sont faits d'un poudingue très résistant, conglomérat de galets unis par un ciment naturel, mais creusés de galeries où s'infiltre l'eau. Surnommés les **Pénitents des Mées** à cause de leur silhouette et de leur alignement, ils dominent d'une centaine de mètres la vallée de la Durance, curieusement découpés par l'érosion, barrant l'horizon de leur puissante muraille. Éclairés les nuits d'été, ils n'en sont que plus majestueux.

🥾 *4 km - accessible à tous - balisage jaune - www.rando-alpes-haute-provence. fr.* Pour les découvrir à pied, il suffit d'emprunter le **sentier des Pénitents** au départ de l'aire touristique ou de la chapelle St-Roch. Des panneaux d'interprétation présentent la faune et la flore. Rejoignez le fond du vallon de la Combe. Franchissez le muret de la deuxième retenue pour atteindre la rive nord. De là, le sentier monte en lacet *(prendre toujours à droite)* jusqu'à la forêt domaniale des Pénitents où la végétation méditerranéenne est bien représentée (chêne vert, pin d'Alep, ciste de Montpellier, pistachier). Au col *(alt. 600 m)*, avant de vous engager dans les lacets de la descente, poussez vers la gauche pendant une centaine de mètres : points de vue inhabituels sur les Pénitents. Revenez au col et descendez *(quelques passages raides)* vers la barre rocheuse et le pied des Pénitents entre lesquels le chemin se faufile. Poursuivez vers la gauche *(en faisant face à la vallée de la Durance)* jusqu'à une route. On longe l'ancien aqueduc orné des effigies de la légende mauresque avant d'atteindre l'entrée du village des Mées.

Moulin Fortuné-Arizzi – *Le Mas-des-Pins - D 4 - Les Mées -* 📞 *04 92 34 04 80 - www.moulinarizzi.com - visite guidée (1h30) : 8h-12h, 14h-18h (sf dim. de mi-oct. à mi-avr.) - gratuit.* Les anciennes bergeries de ce mas du 17ᵉ s. abritent le moulin à huile dont la visite est commentée. Dans l'une des salles voûtées, un film détaille la fabrication de l'huile d'olive de la maison. Ne manquez pas non plus la visite de l'écomusée du pigeonnier qui jouxte le mas. Une exposition rappelle combien ces tourelles, nombreuses en Provence, présentent des architectures intérieures pleines de génie et d'élégance. Enfin, ne vous arrêtez pas en si bon chemin et parcourez le sentier botanique.

Traversez à nouveau la Durance par la D 4A et prenez à droite la D 101.

La route remonte le **vallon boisé du Mardaric** où passait autrefois la voie Domitienne. Curiosité qui vous consolera si la météo est diluvienne (c'est rare, mais cela arrive) : des centaines de sources jaillissent le long du ruisseau.

Les pénitents des Mées

Au temps des invasions sarrasines, le seigneur de Bevons avait vaincu les Sarrasins retranchés sur une montagne proche de Sisteron, aujourd'hui encore appelée « Pierre Impie ». Les moines de la montagne de Lure s'éprirent des belles Mauresques qui avaient été faites prisonnières. Pour les punir de leur désir coupable et les aider à rester de marbre, saint Donat les pétrifia alors qu'ils sortaient en procession au bord de la Durance, la tête couverte de leur cagoule pointue.

Les Pénitents des Mées en procession au-dessus de la Durance.
Flavio Vallenari/Getty Images Plus

★ Église St-Donat

Rte de Mallefougasse.

Elle fut construite sur une caverne où saint Donat s'était retiré en ermite au 6e s., après avoir évangélisé le pays de Lure à l'appel de l'évêque de Sisteron. Comme les pèlerins affluaient, elle fut conçue comme une basilique, avec trois portes pour faciliter la circulation des fidèles. C'est sans doute un des plus anciens et des plus purs édifices romans de France. Laissée à l'abandon après avoir servi de bergerie, elle a failli s'effondrer... Elle ne manque pourtant pas d'équilibre avec ses volumes d'une extrême simplicité. L'intérieur est visible à travers des grilles. *Revenez sur la D 4096 que l'on prend en direction de Sisteron.*

Montfort

Perché au-dessus de la Durance, ce village frappe par son **site★**. Ses rues en escaliers, bordées de maisons anciennes, montent vers le château du 16e s. Superbe vue sur les Pénitents des Mées et le plateau de Valensole.

En continuant sur la D 4096, on atteint **St-Auban** et son appréciable **piscine** (avec un toboggan à 4 pistes) où se trouve le **Centre national de vol à voile**.

★ Montagne de Lure

▶ *Circuit de 80 km, de Forcalquier à Sisteron, tracé en vert clair sur la carte. Voir p. 247.*

À proximité

CARTE P. 222-223

6

Oraison B3

ⓘ *9 allées Arthur-Gouin - ☏ 04 92 78 60 80 - www.durance-luberon-verdon. com, www.tourisme-manosque.fr.*

Bordée par la Durance, l'Asse et le torrent du Rancure, Oraison est située dans un cadre naturel préservé, entouré de 2 300 ha de forêts de chênes blancs et de chênes verts, d'où son appellation d'une « ville à la campagne ». Vous pourrez la découvrir en partant à la recherche des neuf fontaines.

Et si vous les lieux vous enchantent, prolongez le plaisir en allant arpenter les ruelles de deux villages perchés situés alentour : **Puimichel** *(12 km au nord-est d'Oraison par la D 12)* et **Entrevennes** *(11 km l'est d'Oraison par la D 12 et la D 101).* Les champs de lavande, la couleur ocre de la terre et les oliviers donnent leur caractère provençal aux paysages vallonnés.

ⓘ Carnet pratique

S'informer

Office de tourisme – *Ferme de Font Robert, av. de la Bastide - Château-Arnoux-St-Auban - 𝓟 04 92 64 02 64 - www.dignelesbains-tourisme.com.*

📍 Nos adresses

Restauration

À Lurs

Budget moyen

🌿 **La terrasse de Lurs** – *R. de la Mairie - 𝓟 04 92 87 77 52 - www.laterrassedelurs.fr - fermé mar.-merc. - plat du jour 13 € - menu 25 €.* Toute la philosophie du Bistrot de Pays *(voir p. 473)* dans l'assiette, avec une cuisine centrée sur les produits du coin et bio de préférence, et dans le lieu qui propose des animations certains soirs. La vue depuis la terrasse est un spectacle en soi !

Aux Mées

Pour se faire plaisir

La Marmite du Pêcheur – *Bd des Tilleuls - 𝓟 04 92 34 35 56 - lamarmitedupecheur.com - fermé mar. et merc., dim. soir et lun. soir - plats 22/28 € - menus 29/65 €.* Au pied des Pénitents, ces célèbres rochers pointus, les gourmands n'ont pas à faire profil bas ! Dans cet ancien moulin, on se régale de spécialités de poisson et de produits de la mer (bouillabaisse sur commande). Décor contemporain dans la salle où trône encore la roue à aubes.

À Puimichel

Premier prix

Le P'tit bistrot de Puimichel – *11 pl. Delphine-de-Signe - 𝓟 04 92 87 84 92 - Facebook - fermé lun.-mar. - menu midi 18,50 €, menu w.-end 28 €.* Un grand bravo pour cette « petite » adresse au cadre simple et soigné comme la cuisine maison qui valorise les produits locaux. Une carte courte tout en fraîcheur dans un esprit convivial.

Shopping

À Peyruis

Moulin à huile du Mardaric – *Quartier de la Sève - 𝓟 04 92 68 04 12 - www.moulinpaschetta-henry.fr - fermé dim. - visite guidée mai-sept. : sur RV, se rens.*

Ce moulin de la société Paschetta-Henry produit, entre les mois de mai et septembre, des savons à l'huile d'olive et, de septembre à janvier, de l'huile d'olive. Dans la boutique, vous trouverez les produits du moulin ainsi qu'une petite sélection de produits régionaux.

Les Comtes de Provence – *11 espace St-Pierre -* 📞 *04 92 33 23 00 - www.comtes-de-provence. fr - fermé w.-end - visite sur réserv. : se rens.* Cette usine est spécialisée dans la transformation des fruits : confitures (dont une gamme bio), compotes, mais aussi du miel. On peut visiter les ateliers. Fait partie de la Route des Saveurs et Senteurs de Haute-Provence.

Aux Mées

Moulin Fortuné-Arizzi – *Voir p. 240.*
Domaine Salvator – *Hameau de Dabisse -* 📞 *04 92 34 00 45 - domainesalvator.fr - fermé w.-end, téléphoner au préalable.* Ce domaine est tenu depuis plus d'un siècle par la famille Pinatel. Un nom qui fait référence au niveau mondial tant en termes d'expertise oléicole que pour la qualité de ses huiles régulièrement primées au Concours général agricole ou encore en Allemagne, à New York et au Japon. Une dégustation dans la boutique de ce moulin avec Frédéric ou Sophie est sans doute l'une des meilleures façons d'apprendre à apprécier une huile d'olive. Ne manquez pas de goûter la « fruité noir », dont ils ont fait une de leurs spécialités.

À Oraison

François Doucet confiseur – *Zone artisanale -* 📞 *04 92 78 63 61 - www.francois-doucet.com - fermé dim.* Le produit phare de cette confiserie d'Oraison est le Pralino, des amandes de Provence pralinées au sucre de canne parfumé à la vanille Bourbon et aux herbes de Provence. Autres spécialités à découvrir : les pâtes de fruits, les fruits secs enrobés, les olives au chocolat...

Moulin Paschetta-Henry – *4 av. Charles-Richaud -* 📞 *04 92 78 61 02 - www.moulinpaschetta-henry.fr - fermé dim.* La famille Paschetta-Henry reçoit depuis 1922 la production des oléiculteurs de la région. Boutique aménagée dans une jolie cave voûtée jouxtant l'atelier de fabrication : confitures, terrines, apéritifs locaux, amandes, savons à l'ancienne, etc.

Bijouterie et joaillerie Norbert Mille – *19 allée Arthur-Gouin -* 📞 *04 92 79 90 47 - fermé dim.-lun.* Ce bijoutier a remis au goût du jour l'Étoile de St-Vincent grâce à ses bijoux utilisant un pentacrine en guise de pierre.

Perl'Amande – *185 chemin du Thuve -* 📞 *04 86 90 90 80 - www.perlamande.com - fermé w.-end - visite sur réserv. en ligne.* Spécialiste des amandes et des noisettes depuis 1920, Perl'Amande produit des pâtes d'amande, des laits, des crèmes, du nougat et des pâtes à tartiner.

Activités

Randonnée

350 km de parcours pédestres, ainsi que 5 parcours permanents d'orientation. Carte en vente *(3 €)* à l'office du tourisme de Château-Arnoux.

VTT

Le Val de Durance compte 600 km de sentiers VTT tous niveaux, certains adaptés au VTT électrique. 30 parcours en boucle et 4 sentiers VTT balisés en nocturne. Carte en vente *(3 €)* à l'office du tourisme de Château-Arnoux.

Location – VTT classiques et électriques à louer à l'office de tourisme *(VTT 25/30 €/2h, 40/54 €/j, vélo électrique 20 €/2h, 35 €/j).*

6

Hébergement

À Peyruis

Pour se faire plaisir

Chambre d'hôte Les Grandes Mollières – *Rte de Mallefougasse-Montfort -* 📞 *04 92 68 11 41 - www.lesgrandesmollieres.com -* 🅿 *- fermé fév.-avr. - 5 ch. 131/167 €* ☕ *et 1 gîte -* ✕ *sur réserv.* Le charme et le magnifique emplacement de cet ancien relais de poste du 17e s. se conjuguent à merveille avec l'hospitalité de Cathy, la maîtresse des lieux. Chambres agréables et raffinées. Table d'hôte offrant une cuisine simple, mais locale et de saison.

Aux Mées

Premier prix

🅾 **Camping Little Carpe Diem** – *Les Olivettes - hameau des Pourcelles - entre les Mées et Oraison (Oraison est à 4 km au sud) -* 📞 *04 92 34 18 97 - www.littlecarpediem.com -* ⛏ *- ouv. de mi-avr. à fin sept. - 38 empl. 17/51 € - tentes safari 250/680 €/sem. pour 4-5 pers.* Au milieu des chênes verts ou sous les oliviers, les emplacements de ce petit camping sont spacieux et ombragés. Des tentes safari, avec ou sans sanitaires privés, sont également à disposition. Le camping porte une attention particulière à la préservation de l'environnement (eau chaude solaire, produits d'entretien labellisés, compostage, etc.).

Chambre d'hôte Campagne du Barri – *Chemin des Varzelles - 2 km au nord-est des Mées -* 📞 *04 92 34 36 93 ou 06 29 02 97 69 - www.campagnedubarri.com -* 🅿 ⛏ *- fermé nov.-mars - 5 ch. 66 €* ☕ *-* ✕ *sur réserv. 20 €.* Cette maison bourgeoise du 18e s. a gardé trace de son passé : les papiers peints du salon datent de 1794 et la devise du fronton rend hommage à la République. Jolies chambres, dont la plupart sont décorées de mobilier ancien, et belle vue sur la montagne de Lure et les rochers des Mées. Piscine contiguë à la cour où trônent deux platanes bicentenaires. Table d'hôte conviviale, concoctée avec les fruits et légumes du jardin.

Forcalquier ★

Jadis capitale d'un comté florissant, cette petite ville est aujourd'hui le phare culturel du pays : ne se contentant pas d'être le point de départ de mille escapades, elle a aussi tout pour retenir les visiteurs entre ses murs. Ses rues très étroites, bordées de hautes maisons, ont été conçues pour se protéger du mistral. Quel que soit le chemin emprunté pour parcourir la cité comtale, ouvrez l'œil pour ne pas manquer les belles façades à baies géminées, les portes et portails de styles gothique, Renaissance ou classique. À quelques kilomètres de la montagne de Lure, Forcalquier est également un pôle économique grandissant autour de la tradition de cueillette et culture de plantes à parfum, aromatiques et médicinales.

▶ Se repérer

CARTE P. 222-223 (B3)

5 212 Forcalquiérens –
Alpes-de-Haute-Provence (04).
47 km au sud de Sisteron et 23 km au
nord de Manosque.

☺ À ne pas manquer

Les ateliers sensoriels d'Artemisia
Museum à Forcalquier ; la rotonde de
Simiane ; les fromages de Banon.

⏱ Organiser son temps

Venez de préférence un lundi
matin, jour du marché, l'un des plus

importants de Provence. Ensuite, vous
flânerez dans la ville et la matinée
sera bouclée. Réservez l'après-midi
pour visiter l'Artemisia Museum et
participer à l'un des ateliers sensoriels
du couvent des Cordeliers.

👥 En famille

Visite du Artemisia Museum, veillées
d'observation du ciel et projections
dans le planetarium au centre
d'astronomie de St-Michel.

ℹ Carnet pratique p. 252

📍 Nos adresses p. 252

Se promener

Place du Bourguet

Elle marque en quelque sorte le centre de Forcalquier et rassemble les principaux bâtiments administratifs de la ville. Remarquez notamment l'ancien **couvent des Visitandines** (17e s.), qui abrite aujourd'hui les locaux de la mairie. L'ancienne chapelle de style jésuite a quant à elle été transformée en cinéma.

Cathédrale N.-D.-du-Bourguet

10 pl. du Bourguet. Sa curieuse silhouette blanche pleine de recoins oppose le côté massif de son clocher (d'allure romane, mais achevée au 17e s.) à la minceur du campanile couronné par un lanternon à baies. Le transept et le chœur, bâtis avant 1217, représentent le plus ancien exemple connu d'art gothique en pays d'oc. Au 17e s., on ajouta des bas-côtés s'harmonisant plutôt bien avec l'existant, ainsi que les **grandes orgues**, qui comptent parmi les meilleures de Provence.

★ Cité comtale

☺ Les ruelles de la cité comtale cachent une trentaine d'**ateliers d'artistes et artisans d'art** (peintres, sculpteurs, céramistes, bijoutiers, relieurs, tisserands, graveurs, illustrateurs, etc.) qui n'hésitent pas à ouvrir leurs portes aux visiteurs. Pour plus d'information, consultez le site de l'association « Les Ateliers de Forcalquier » *(www.les-ateliers-forcalquier.fr).*

Pénétrez dans la vieille ville par la rue Mercière et prenez à droite la rue Eugène-Plauchud, que prolonge la rue Grande. En passant, sur la place St-Michel, observez les curieuses scènes sculptées d'une belle **fontaine Renaissance** en forme de pyramide, couronnée par un saint Michel terrassant le dragon.

Musée de Forcalquier – *12 r. Grande - ℘ 04 92 70 91 19 (mairie) - de juil. à mi-sept. : lun. 10h-13h, 15h30-18h30, jeu.-dim. 15h30-18h30 ; mars-juin : se rens. - gratuit.* Le musée municipal de Forcalquier s'est récemment installé dans l'ancien appartement du marchand d'art Lucien Henry, une figure locale, qui a également légué à la ville une partie de sa collection et de ses archives. En attendant d'accueillir les collections permanentes (à l'horizon 2025), le musée propose chaque année deux grandes expositions afin de mettre en valeur, par roulement, le patrimoine de la ville (géologie, archéologie, ethnologie, mobilier, beaux-arts, etc.).

Poursuivez dans la rue Marius-Debout. Vous passez devant l'**hôtel d'Astier** *(n° 15)*, centre culturel qui accueille plusieurs ateliers d'artistes, des expositions d'art contemporain et des spectacles. Si elle est ouverte, passez la porte pour rencontrer les artistes et admirer la cour avec son escalier et sa galerie Renaissance italienne.

Au bout de la rue, tournez à gauche dans la rue du Collège, qui abrite l'ancien **temple protestant** (16e s.), avec son fronton portant un verset du livre d'Isaïe.

Vous arrivez ensuite place du Palais (bel **escalier** en colimaçon du 19e s.) avant de revenir légèrement sur vos pas pour poursuivre dans la rue St-Jean et grimper les pentes de la **citadelle**.

Du château des comtes de Forcalquier ne subsiste qu'une tour (déb. 13e s.), mais une **chapelle dédiée à Notre-Dame de Provence★** a été érigée à son emplacement en 1875. Cette chapelle octogonale de style néobyzantin ne manque pas d'originalité. Remarquez également un **carillon★** unique en son genre : il a conservé un clavier manuel permettant le jeu traditionnel « à coups de poing ». Doté à l'origine de 18 cloches (1925), il a été entièrement reconstruit en 2018 et en compte désormais 37. Les cinq carillonneurs de la ville se relaient pour donner des concerts les dimanches et lundis à 11h30 (de Pâques à Toussaint), ainsi que pour les principales fêtes civiles et religieuses *(www.carillondeforcalquier.fr).*

De la terrasse s'ouvre en outre un formidable **panorama★** sur la ville et sur les montagnes voisines (table d'orientation).

Redescendez enfin par la rue St-Mary et la rue Passère, puis prenez à droite dans la rue des Cordeliers pour quitter les vieux quartiers en passant sous la **porte des Cordeliers**, seul vestige subsistant de l'enceinte fortifiée (14e s.).

Artemisia Museum - Couvent des Cordeliers

Bd des Martyrs-de-la-Résistance - ℘ 04 92 72 50 68 - www.artemisia-museum. fr - ⚿ (sf dernier étage) - lun.-vend. 10h-13h, 14h-18h (sf jeu. matin) - fermé de mi-oct. à fin mars. - 6,50 € - ateliers sensoriels 25/48 € - jardins et cloître gratuits.

Des **livrets-jeux** permettent aux enfants de parcourir le musée de manière ludique en se servant de leurs 5 sens.

Les cordeliers s'installent à Forcalquier en 1236, fondant là l'un des premiers couvents de leur ordre en Provence. Très endommagés pendant les guerres de Religion et la Révolution, vendus comme biens nationaux et devenus exploitation agricole, les bâtiments médiévaux ont été restaurés. Le couvent abrite aujourd'hui un pôle de formation avec l'**Université européenne des saveurs et des senteurs**. Le **cloître** a été réhabilité en 2010 et accueille spectacles et concerts. Remarquez les arcades-tombeaux. Ces enfeus gothiques servaient de sépultures aux seigneurs de Forcalquier. Du côté de la salle capitulaire, de gracieuses baies géminées encadrent une porte romane.

Artemisia Museum – Le musée dédié aux plantes traditionnellement cueillies dans la montagne de Lure toute proche (classée Biosphère UNESCO et comprenant 80 % de la flore provençale, avec plus de 1600 variétés recensées à ce jour) et aux savoir-faire industriels et artisanaux a ouvert au sein de couvent. À travers huit espaces, venez apprendre à reconnaître les plantes, connaître leurs usages et leurs vertus, comprendre leur exploitation ancestrale par les cueilleurs-colporteurs, les droguistes-herboristes et, encore aujourd'hui, la distillerie destinée à la fabrication de cosmétiques, parfums et alcools.

Ateliers sensoriels – En marge de la visite du musée, vous pourrez participer aux ateliers Parfumeur (création de parfum personnalisé), Plantes et bien-être (découverte des plantes de Haute-Provence) et bien d'autres *(liste sur le site Internet)*.

★ Cimetière

Av. Fontauris.
Inauguré en 1835, ce cimetière est classé depuis 1946 pour son architecture paysagère unique, composée d'ifs taillés en forme de cloître végétal.

Circuits conseillés

★ Montagne de Lure CARTE P. 239

▶ *Circuit de 80 km, de Forcalquier à Sisteron, tracé en vert clair sur la carte. Quittez Forcalquier au nord-ouest en suivant la D 12 jusqu'à St-Étienne-les-Orgues.*
Cette longue arête domine les alentours de son impressionnante silhouette. Rudes, quasi désertes, ses hautes solitudes balayées de vents étourdissants sont le paradis des herboristes. Les paysages végétaux changent en quelques kilomètres : à mesure qu'on s'élève, garrigue, lavande et cèdres font place aux pâturages parfumés d'herbes aromatiques. Dans ces paysages plus ouverts qu'ailleurs, la vue est prodigieuse et les villages respirent la sérénité. La route serpente sur les rebords de la montagne de Lure, au cœur de la garrigue où chantent les cigales.

Rochers des Mourres

L'érosion a sculpté ici un paysage fantastique avec des masses calcaires aux airs de **cheminées de fées** plus contournées qu'ailleurs. Le *mourre*, en provençal, signifie le museau, le mufle et par extension, le visage : certaines de ces roches font penser à des têtes humaines ou animales ou des champignons. Ce paysage subdésertique est un Espace Naturel Sensible et abrite une faune et une flore spécifiques. La vue s'étend, à l'est, vers la Durance.

Fontienne

Juché sur un col, ce minuscule village possède une jolie **chapelle romane** à clocher-mur et un **château** dont vous longerez les fondements à parements en pierres bosselées. Au pied du village, vous apprécierez l'eau fraîche du lavoir et de la fontaine de Diane, taillés dans le rocher sous la route.

St-Étienne-les-Orgues

ⓘ *Square Élie Pallet - ☏ 04 92 73 14 23 - www.haute-provence-tourisme.com.*
Le village devait jadis sa prospérité aux drogues fabriquées à partir des nombreuses plantes de la montagne cueillies et vendues par des colporteurs jusqu'en Auvergne et en Bourgogne. Au gré des rues, vous remarquerez de beaux

6

On vous emmène suivre les cueilleurs-colporteurs

Un onguent au millepertuis contre les rhumatismes ou une décoction de thym contre le mal de dents... Du 16ᵉ au 19ᵉ s., les cueilleurs-colporteurs arpentaient la montagne de Lure à la recherche de plantes aromatiques et médicinales, séchées ou transformées en remèdes et vendues en ville. Depuis 2020, on peut jouer les cueilleurs en suivant une boucle de 2 km *(2h à pied - dép. devant la gendarmerie - plaquette distribuée gratuitement dans les offices de tourisme)* aménagée dans la garrigue au-dessus de St-Étienne-les-Orgues. Le nez à l'affût de bonnes odeurs, les yeux sur une belle plaquette explicative, on se surprend à découvrir des plantes dont on connaissait le nom, mais qu'on était bien incapable de reconnaître pour certaines : armoise, thym, sarriette, millepertuis, fenouil, églantier, genévrier... Toutes sont connues pour leurs usages culinaires et thérapeutiques. Après ça, on file à Forcalquier parfaire ses connaissances et, pourquoi pas, participer à un atelier sensoriel à l'Artemisia Museum *(voir p. 246)*.

pigeonniers et maisons du 16ᵉ s. avec fenêtres à meneaux et portes ouvragées, ainsi que l'**église** et son chœur polygonal à nervures rayonnantes. Enfin, le **château** (13ᵉ s.) est agrémenté de tours rondes du 18ᵉ s.
Repartez vers le sud par la D 951 en direction d'Ongles.

Ongles

Ongles a été le premier village de Provence à accueillir d'anciens harkis. En septembre 1962, 25 familles venues de Kabylie, soit 133 personnes, arrivent dans ce village alors peuplé de quelque 237 âmes. **La Maison d'histoire et de mémoire** abrite une exposition habilement scénographiée qui relate avec émotion et justesse cet épisode de l'histoire. *Château d'Ongles - ☎ 04 92 74 04 37 - mar.-sam. 14h-18h - 4 € (-12 ans gratuit).*
Repartez vers St-Étienne-les-Orgues pour rejoindre Cruis par la D 951.

Cruis

De jolies ruelles typiques mènent à l'**église** dont la richesse étonne : voûtes à caissons en trompe-l'œil du chœur, **retable** du 17ᵉ s. plaqué de 4 000 feuilles d'or, qui comportait un tableau à double face, aujourd'hui exposé dans le transept nord : d'un côté, une douce Marie Madeleine dans un style évoquant Fragonard, de l'autre, saint Denys l'Aréopagite, dit « l'évêque au soleil noir ». Dans le transept sud, intéressante crèche de santons de cire du 19ᵉ s.
Revenez à St-Étienne-les-Orgues et tournez à droite.
La D 113 traverse bientôt une forêt de pins et de cèdres. Après l'**oratoire St-Joseph**, une route empierrée se détache à droite vers N.-D.-de-Lure.

Notre-Dame-de-Lure

Au fond d'une combe, en pleine hêtraie, à 1 236 m d'altitude, on retrouve la vocation forestière et pastorale de l'ordre de Chalais dans ce modeste monastère construit vers 1165 par les moines de Boscodon. Devenue chapelle de pèlerinage, l'abbatiale avait été défigurée par la décoration intérieure. Heureusement, elle a retrouvé son aspect initial lors d'une restauration. Son dépouillement s'accorde avec la sérénité du site, lieu de silence et de paix. Devant la chapelle *(fermée pour restauration)*, une fontaine chante sous trois tilleuls et un noyer séculaire.
Revenez à la D 113.
La forêt disparaît et la vue se dégage. C'est dans ce cadre désertique, sur les crêtes de Lure, que Jean Giono a tourné, en 1960, la scène du banquet final de *Crésus*.

Lure

ℹ️ 📞 04 92 75 10 02 - www.stationmontagnedelure.com.

Dès la belle saison, la station, familiale, se prête à la randonnée pédestre, aux balades à cheval et au VTT. Du parking, la vue atteint toute son ampleur. À côté de la station, l'observatoire de la **Société astronomique de la montagne de Lure** propose toute l'année des soirées d'observation.

1,5 km plus loin se dresse, au bord de la route, une stèle à la mémoire de l'astronome belge **Wendelin** (17e s.), qui édifia au-dessus du village de Lardiers le premier observatoire de France.

Poursuivez jusqu'au relais (3,5 km).

★★ Signal de Lure

La route est fermée de mi-nov. à mai, de la station au versant nord, mais la route est dégagée sur le versant sud, toute l'année (en passant par St-Étienne-les-Orgues).

À 1826 m d'altitude, point culminant de la montagne, 300 km de paysage tournent autour de vous avec, dans les rôles principaux, le mont Viso, le Pelvoux, le Vercors, les Cévennes, le Ventoux et, parfois, la Côte méditerranéenne.

Peu après, sur la gauche, par une échancrure dans la montagne, vue sur la vallée du Jabron, avec les Baronnies au loin.

Au-delà du **pas de la Graille** s'amorce la descente dans la magnifique hêtraie de la Fayée. Contournant les montagnes de Pélegrine et de Sumiou, la route s'engage au pied des calcaires rubanés du beau cirque de Valbelle. Le parcours continue en forêt jusqu'à la **vallée du Jabron**. Puis la D 53, à droite, mène à Sisteron.

Le pays de Banon CARTE P. 222-223

▶️ *Circuit en boucle de 75 km, au départ de Forcalquier, tracé en marron sur la carte. De Forcalquier, prenez la direction « Avignon », puis la D 950 au rond-point situé à la sortie de la ville.*

Banon A2

ℹ️ *Pl. de la République -* 📞 *04 92 72 19 40 - www.hauteprovencepaysdebanon-tourisme.fr.*

L'accès au vieux village, autrefois fortifié, se fait par une belle **porte à mâchicoulis** du 14e s. De là, de jolies ruelles caladées montent jusqu'à l'ancien Hôtel-Dieu restauré et l'**église-haute**, qui accueille désormais des événements culturels (expositions, concerts, spectacles). Banon est réputé pour son **fromage de chèvre** du même nom, enveloppé dans des feuilles de châtaignier, et pour sa dynamique **librairie Le Bleuet** *(voir « Shopping » dans « Nos adresses »).*

En sortant de Banon, prenez la D 51 (direction Apt).

★ Simiane-la-Rotonde A3

ℹ️ *Château médiéval - Haut-Village -* 📞 *04 92 73 11 34 - www.simiane-la-rotonde.fr.*

Petit village perché sur son piton rocheux, Simiane s'étage au bord du plateau d'Albion et baigne dans le parfum des champs de lavande. Ses hautes maisons dessinent une pyramide ; au sommet, la fameuse rotonde, vestige du château des Simiane-Agoult. Les rues en pente sont jalonnées de portes sculptées des 17e et 18e s. et de passages couverts. Tout au long de la balade, on découvre le clocher St-Jean, l'église Ste-Victoire et la halle couverte qui offre une belle vue sur la vallée.

Château médiéval et ★ rotonde – *Haut-Village -* 📞 *04 92 73 11 34 - juil.-août : 10h-18h30 ; juin : 10h30-13h, 14h-18h ; reste de l'année : se rens. - 5,50 €.* Avant d'accéder à la célèbre rotonde, arrêtez-vous dans la salle où sont présentés des vestiges archéologiques exhumés lors des fouilles de 2001. La rotonde, ancien

6

donjon du 12ᵉ s., trompe bien son monde : derrière ses murs lisses et fiers se révèle le beau décor sculpté d'une salle romane coiffée d'une coupole. À l'étage, admirez les douze niches rayonnantes décorées de feuillages et de têtes grimaçantes et, au-dessus, le raccordement hélicoïdal des douze nervures de pierre. Elles soutiennent une voûte en coupole dotée d'un oculus central à collerette végétale. La salle accueille en août un festival de musique ancienne, les Riches Heures musicales de la Rotonde *(www.festival-simiane.com)* et des expositions temporaires.

☺ Un **laboratoire d'aromathérapie** se trouve à l'étage de l'aile sud, dans l'ancien appartement de la famille du seigneur des lieux *(www.youngliving.com)*.

Prenez la D 18 en direction de Revest-des-Brousses, puis tournez à droite dans la D 201 vers Valsaintes.

Jardin de l'abbaye de Valsaintes A3

Boulinette - ☎ 04 92 75 94 19 - www.valsaintes.org - &. - avr.-oct. : merc.-dim. 13h-18h ; reste de l'année : se rens. - 8 € (4 € pour les clients du restaurant).

Sur l'emplacement d'un oppidum occupé dès le paléolithique, puis d'une ancienne abbaye cistercienne, le jardinier Jean-Yves Meignen met en pratique son credo, « respect du vivant ». Homéopathie, aromathérapie, eau dynamisée... tout se fait dans le respect de la biodiversité. Le jardin sec et la Voie des Roses vous accompagnent jusqu'à l'église. Ornée d'un beau portail roman, elle abrite un sobre autel en pierre de Banon qui s'illumine d'un halo solaire à chaque solstice d'hiver.

Rejoignez la D 18 puis prenez à droite en arrivant sur la D 5, jusqu'à Revest-des-Brousses (tournez à droite).

Faites un détour à l'intérieur du village de **Revest-des-Brousses** *(garez-vous sur la place du village)*, où, du parvis de l'église, vous profiterez d'une très belle **vue** sur la haute vallée de la Largue et la montagne de Lure, en fond.

En sortant du village, prenez la D 5 (dir. St-Michel-l'Observatoire).

★ St-Michel-l'Observatoire A3

ⓘ *Château d'Agoult - pl. de la Fontaine - ☎ 04 92 76 69 09 - www.hauteprovence paysdebanon-tourisme.fr.*

Cet agréable **village** étage sur une colline ses maisons anciennes aux belles portes et ses fontaines. L'**église haute** frappe par l'équilibre de ses volumes et la luminosité de sa pierre blanche. De la terrasse, belle **vue** sur le pays de Forcalquier. L'**église basse**, construite par les comtes d'Anjou, est mentionnée comme église royale dès 1302. À l'intérieur, beau Christ en bois du 15ᵉ s.

★ Observatoire de Haute-Provence A3

Navette gratuite obligatoire au départ de St-Michel-l'Observatoire avec billet à retirer à l'office du tourisme de St-Michel - www.obs-hp.fr - visite guidée (1h15) juil.-août : mar.-jeu. 14h-17h ; de mi-avr. à fin juin et de déb. sept. à déb. nov. : merc. 14h15-16h - 7 €.

La pureté de l'atmosphère du pays de Forcalquier justifie l'implantation, à St-Michel, de l'Observatoire de Haute-Provence (OHP) peu après la création du Centre national de la recherche scientifique (CNRS) par le ministre Jean Perrin, durant le Front populaire. Les travaux commencèrent en 1937, mais la guerre mondiale troubla quelque peu l'ordre des priorités et ce n'est qu'en 1958 que le grand télescope entra en service. Quatorze coupoles abritent des instruments astronomiques parmi les plus grands d'Europe, des laboratoires, des ateliers et des logements accueillant des chercheurs du monde entier. Une équipe de géophysiciens étudie la haute atmosphère par sondages laser. D'autres chercheurs conçoivent les instruments du futur, notamment les télescopes géants. S'il joue un rôle actif dans l'enseignement et la diffusion, l'OHP est aussi le seul observatoire en activité dont on peut visiter les installations. L'occasion notamment d'admirer le **télescope de 1,93 m** de diamètre qui a permis d'identifier, en 1995, la toute première exoplanète.

👥 **Centre d'astronomie** – ☎ 04 92 76 69 69 - www.centre-astro.fr - voir le programme sur le site internet - fermé lun. matin et dim. matin - 9/38 €. Il propose ainsi des **séances d'observation** du soleil en journée ou du ciel et des étoiles à la nuit tombée, ainsi que des conférences et des soirées à thème. Il s'est doté en 2022 d'un **Planétarium**, une salle immersive équipée d'un écran-dôme à 360°, où sont proposées quatre séances quotidiennes animées par des médiateurs scientifiques. De retour à St-Michel-l'Observatoire, continuez sur le D 5 puis tournez à gauche dans la D 4100, que vous suivrez jusqu'à Forcalquier.

★ Château de Sauvan A3

☎ 04 92 75 05 64 - www.chateaudesauvan.com - visite guidée (1h30) juil.-août : tlj sf mar. à 15h ; mai-juin et sept. : tlj sf mar.-merc. à 15h ; reste de l'année : se rens. - 11,50 €.

On ne sait plus où porter son admiration tant la restauration a pris soin du moindre détail. Le mobilier (17ᵉ, 18ᵉ et 19ᵉ s.), fait ressortir la beauté des pièces (dont certaines ont retrouvé leurs papiers peints d'origine) : salon, chambres Louis XIII, Louis XV et de la Marquise, salon de musique, salle à manger, oratoire... Des fenêtres nord, ou de la terrasse qui fait face au piton de Mane et à Forcalquier, on rêvera devant un paysage évoquant la Toscane par sa lumière et sa végétation.

★ Prieuré de Salagon A3

☎ 04 92 75 70 50 - www.musee-de-salagon.com - mai-sept. : 10h-19h (mar. et jeu. 22h en juil.-août) ; mai-juin et sept. : 10h-19h ; reste de l'année : 10h-18h - 6/8 €. 😊 En août, tous les merc. à 21h, lecture du ciel par un médiateur du centre d'astronomie de l'Observatoire de Haute-Provence.

Avec ses 2 000 ans d'histoire, Salagon est devenu l'un des sites majeurs de haute Provence. Exploitation agricole à l'époque gallo-romaine, il accueillit au 12ᵉ s. un prieuré bénédictin dont il ne reste que l'église romane restaurée, dotée de deux nefs et de **vitraux contemporains** d'Aurélie Nemours. Aujourd'hui, cette chapelle et les dépendances adjacentes des 16ᵉ-19ᵉ s. servent de lieu d'exposition. Remarquez les jolies cours aux sols de calades. Un petit **musée** dédié à l'histoire du site retrace ses occupations successives depuis le néolithique et expose quelques objets mis au jour lors des fouilles Le site est remarquable pour ses **jardins à thèmes** et leur spécificité ethnobotanique : jardin des senteurs, jardin médiéval, jardin des temps modernes, jardin des simples... Ils regroupent plus de 1 700 espèces de plantes harmonieusement ordonnées.

★ Mane A3

ℹ️ P. de l'Église - ☎ 09 72 16 61 20 - www.hauteprovencepaysdebanon-tourisme.fr. Le village, qui se serre autour de sa citadelle médiévale, s'élève sur un piton et domine une plaine qui porte son nom. L'**église St-André** date du 16ᵉ s. Son portail florentin est décoré de palmes. À l'intérieur, bel autel en marbre polychrome. À gauche de l'église, empruntez la **Grande Rue** bordée de maisons Renaissance aux linteaux de porte sculptés. Arrivé à la fontaine, poursuivez sur la rue Haute et prenez à gauche le chemin de Palissat tout en escaliers. La **citadelle** date du 12ᵉ s. Elle frappe par ses deux enceintes qui forment des rampes superposées s'élevant en hélice. Vous pouvez en faire le tour. Belle **vue** sur les plateaux du Vaucluse, du Luberon, l'observatoire de St-Michel et vers la vallée de la Durance. Rejoignez Forcalquier par la D 4100.

6

ℹ Carnet pratique

S'informer

Office de tourisme – *13 pl. du Bourguet - Forcalquier - ☎ 04 92 75 10 02 - www.haute-provence-tourisme.com.* Visites guidées accompagnées.

Pass touristique

Passeport des musées des Alpes-de-Haute-Provence – *Voir p. 470.*

Arriver/partir

Car – LER 915 Avignon-Forcalquier et LER 65 Marseille-Aix-en-Provence-Forcalquier. Plan du réseau et horaires sur zou.maregionsud.fr.

Agenda

😊 Pour connaître l'**actualité culturelle** du Pays de Forcalquier, consultez l'agenda *Le Petit Colporteur*, téléchargeable sur le site Internet de l'office de tourisme.

📍 Nos adresses

Restauration

Parmi les **Bistrots de Pays** *(voir p. 473)* du pays de Forcalquier :

Cocotte – *R. de la Fontaine - Pierrerue - ☎ 09 67 42 33 00 - midi et soir - fermé en sept.-juin : merc., dim. et lun. soir, mar. soir ; en juil.-août : dim. et à midi - plats 13,50/22 €.*

Le Lupin Blanc – *Le village - Revest-des-Brousses - ☎ 04 92 73 25 41 - midi et soir - fermé lun. et dim. soir - formules déj. 20/25 € - menu 33 € - réserv. conseillée.*

Café Les Lavandes – *R. de la Place - Vachères - ☎ 04 92 75 62 14 - service continu - fermé mar. et dim. soir - plats 15/23 €.*

À Forcalquier

Budget moyen

L'Esperluette – *28 bd Latourette - ☎ 04 92 72 53 57 - Facebook - fermé sam.-dim., et lun. soir. - formule du jour 18/25 €.* Une carte volontairement (très) courte – un menu du jour auquel s'ajoutent tout au plus un ou deux plats – permet de proposer des produits de saison de qualité, travaillés avec créativité. Belle salle voûtée et agréable terrasse ombragée à l'arrière, loin des bruits du boulevard. Un bon rapport qualité-prix.

Ma Nine ! – *1 r. des Lices - ☎ 06 31 38 74 13 - Facebook - fermé mar.-merc. - plats 17/20 €.* Situé face au couvent des Cordeliers, ce « bistrot du coin », comme il aime à se qualifier, est une adresse tout à fait plaisante. En terrasse ou dans sa salle voûtée, on se régale de délicieuses assiettes, composées avec des produits locaux de saison, bio pour la plupart. Service sympathique.

Les Terrasses de la Bastide – *Rte de Banon - ☎ 04 92 73 32 35 – www.lesterrassesdelabastide.fr - midi et soir - fermé dim. soir, lun. midi et mar. midi - plats 16/24 €.* On apprécie la belle terrasse face au jardin autant que la bonne cuisine méditerranéenne qui s'invite dans l'assiette. Le chef travaille bien sûr l'agneau de Sisteron.

À Simiane-la-Rotonde

Budget moyen

🌿 **Les Tables d'en haut** – *R. Ponson-du-Terrail - ☎ 04 92 75 94 65 - www.les-tables-d-en-haut.com - fermé lun. (+ merc.-jeu. de sept. à mai), janv.-mars - menus 23,50/27 €.* Cela vaut la peine de grimper en haut du village pour s'attabler dans ce restaurant de poche caché au détour d'une calade du village. L'ardoise décline les saveurs provençales du jour, élaborées avec des produits frais issus de circuits courts. Possibilité de grignoter gâteau ou glace entre les services.

🌿 **Restaurant des jardins de l'abbaye de Valsaintes** – ☎ 04 92 75 94 19 - www. valsaintes.org - *fermé dim. soir et lun. - formules 33/39 € - réserv. conseillée.* Le restaurant attenant aux superbes jardins de Valsaintes est une table de style bistrot-bio, dont la carte évolue au fil des saisons pour proposer une cuisine provençale raffinée s'appuyant sur la qualité des produits. Terrasse panoramique qui embrasse la vallée.

Shopping

Marchés – Le lundi matin, le marché de Forcalquier attire les habitants du pays et les touristes (l'été, venez très tôt). Outre les produits régionaux traditionnels, vous y trouverez le **banon**, fromage de chèvre artisanal enveloppé dans des feuilles de châtaignier. On le trouve aussi sur le marché de **Banon**, mardi et samedi matin.

🌿 **Marchés paysans** – *Jeu. apr.-midi à Forcalquier et sam. mat. à Pierrerue.* Ils rassemblent des agriculteurs venus vendre directement leurs productions bio.

La Biscuiterie de Forcalquier – *28 av. St-Promasse -* ☎ 09 67 22 66 36 *- Facebook - fermé mar. et dim.* La biscuiterie propose les traditionnels biscuits de Provence : macarons, navettes, notamment à la fleur d'oranger, gibassier.

Distilleries et domaines de Provence – *9 av. St-Promasse -* ☎ 04 92 75 15 41 *- www.distilleries- provence.com -* ♿ *- tlj sf dim. ; juil.-août : tlj sf dim. soir.* Un alambic centenaire agrémente le beau cadre rustique de cette distillerie fondée en 1898. L'endroit rêvé pour découvrir les alcools locaux tels que le pastis Henri Bardouin, l'apéritif Rinquinquin, la Farigoule ou l'Absente, liqueur à base d'absinthe.

À proximité

🌿 **Maison des produits de pays** – *Rte de Salagon - Mane -* ☎ 04 92 75 37 60 *- fermé mar.* De Manosque à la vallée du Jabron, une quarantaine de producteurs ont réuni leur savoir-faire et leurs spécialités au sein de cette maison dédiée aux produits gourmands et à l'artisanat d'art : poteries, vins, miel, huiles essentielles...

🌿 **Cueilleur de Douceurs** – *Brasserie de Haute Provence - 11 ZA de Pitaugier - Mane -* ☎ 04 92 74 68 85 *- cueilleurdedouceurs.fr - ouv. apr.-midi en semaine.* La passion de Nathalie et Fabrice ? Cueillir, presser, distiller et brasser ! Quoi ? des fruits et des plantes, pour fabriquer d'excellents sirops et bières. Bio, locale et artisanale, une production 100 % nature !

Charcuterie La Brindille Melchio – *Pl. de la République - Banon -* ☎ 04 92 73 23 05 *- fermé lun. et merc.-jeu.* Cette minuscule devanture ouvre sur un antre incontesté de la saucisse et du saucisson. Les autres charcuteries plaisent aussi, tout comme les fromages : savoureux banon, chèvre et brebis.

Librairie Le Bleuet – *Pl. St-Just -* ☎ 04 92 73 25 85 *- Banon - www. lebleuet.fr - tlj.* Une façade affichant deux bleuets géants peints et, sur le côté, une sculpture en bois de 4 m représentant des livres empilés... Vous ne pourrez pas manquer cette librairie lors de votre passage à Banon, bien qu'elle se trouve un peu en retrait. Mais sa richesse se trouve à l'intérieur : un fonds littéraire exceptionnel et des libraires passionnés.

6

Activités

Randonnée

Il existe de très nombreux circuits de randonnée dans la montagne de Lure. Quatre sentiers GR traversent ce pays : GR 4, GR 6, GR 97 et le GR de St-Jacques-de-Compostelle. Cartes disponibles à l'office de tourisme.

Cyclotourisme

Vélo Loisir Provence – ☏ 04 90 76 48 05 - www.veloloisirprovence. com - lun.-vend. : 9h-12h, 14h-17h.Itinéraires et services pour faciliter les séjours à vélo en Luberon, notamment le circuit « Autour du Luberon », de 236 km. Un guide gratuit avec parcours fléchés et hébergements, loueurs, réparateurs, restaurants, accompagnateurs, producteurs... labellisés « Accueil vélo ».

Hébergement

Pour se faire plaisir

🖉 **Auberge Charembeau** – *Rte de Niozelles -* ☏ *04 92 70 91 70 - www.charembeau.com -* 🅿 🛁 ♿ *- fermé de mi-nov. à fin fév. - 25 ch. 104/172 € - 교 18 €.* Une ancienne ferme du 18e s. dans un parc vallonné. On s'y repose, au grand calme, dans des chambres de style provençal. Location de vélos, tennis, piscine : comme une invitation à la détente... Pas de restaurant mais possibilité de commander des assiettes de pays à déguster dans sa chambre. L'hôtel a été récompensé pour son engagement écoresponsable.

À proximité

Budget moyen

Chambre d'hôte Jas des Nevières – *Rte de St-Pierre - Pierrerue - 6 km à l'est de Forcalquier -* ☏ *06 42 04 71 03 - www.jasdesnevieres.com - fermé nov.-mars -* 🅿 🛁🚯 *- 4 ch. 82/90 € 교.* Cette ancienne

bergerie située dans un hameau est un véritable havre de paix. Les chambres sont confortables et décorées avec goût et sobriété. Aux beaux jours, les petits-déjeuners sont servis sur la terrasse couverte équipée d'une cuisine d'été à disposition des hôtes, ou dans la cour intérieure.

Chambre d'hôte le Relais d'Elle – *Rte de La Brillanne - Niozelles - 6 km au sud-est de Forcalquier -* ☏ *04 92 75 06 87 - www.relaisdelle. com - fermé janv. -* 🅿 🛁 *- 5 ch. 75/110 € 교 -* 🍴 *sur réserv.* Au pied de la montagne de Lure, cette vaste ferme-relais du début du 19e s. a été joliment restaurée. Salons douillets avec cheminée, chambres avec vue sur les collines ou sur le parc, petit-déjeuner et repas à base de spécialités du terroir servis sur la grande terrasse, à l'auberge. Piscine paysagée.

Hôtel du Mas du Pont Roman – *Chemin Châteauneuf - Mane -* ☏ *04 92 75 49 46 - www. maspontroman.com -* 🅿 🛁 ♿ *- 10 ch. 115/162 € - 교 14 €.* Suivant la route bordée de platanes, près d'un vieux pont roman, vous trouverez ce mas en pierre au cœur d'un joli jardin. Les chambres, de style provençal, sont ravissantes et bien tenues. Terrain de pétanque, piscine balnéo et à contre-courant hors saison et une piscine extérieure en saison viendront à bout des plus stressés...

Terrasses de café devant la cathédrale de Manosque.
MicheleVacchiano/Getty Images Plus

Manosque ★

À deux pas de la Durance, de longues avenues bordées de platanes mènent à une vieille cité toute ronde couchée sur les derniers coteaux du Luberon. Ses portes sont grandes ouvertes, mais derrière, seule une flânerie attentive vous permettra de pénétrer les secrets d'étroites rues provençales, de hautes maisons dont les toitures sont « agencées les unes aux autres comme les plaques d'une armure ». Ainsi les voyait Giono, dont l'âme vole sur la ville comme son hussard sur les toits…

▶ Se repérer

CARTE P. 222-223 (B3),
PLAN DE MANOSQUE P. 256
23 572 Manosquins –
Alpes-de-Haute-Provence (04).
À 23 km au sud de Forcalquier,
dans la vallée de la moyenne
Durance, Manosque est entourée de
cinq collines. À la place des remparts,
un petit boulevard fait le tour de la
vieille ville.

☺ À ne pas manquer

Le marché sur les places du centre-
ville ; le Centre Jean-Giono et la
Fondation Carzou.

🕐 Organiser son temps

Comptez au moins une demi-
journée pour apprécier pleinement
les beautés de la ville.

👪 En famille

Les vergers et jardins
conservatoires de La Thomassine ;
les activités du plan d'eau des
Vannades *(voir « Activités » dans
« Nos adresses »)*.

ℹ Carnet pratique p. 260

📍 Nos adresses p. 260

6

Se promener

PLAN P. CI-DESSOUS

★ Le vieux Manosque

▶ *Circuit tracé sur le plan.*

Un dédale de ruelles et d'andrônes, rampes abruptes souvent voûtées, transforme la ville en un labyrinthe où il fait bon flâner.

★ Porte Saunerie B2

Elle doit son nom à d'anciens entrepôts de sel. Rien n'est plus beau que cette haute façade médiévale avec ses mâchicoulis et ses quatre fenêtres géminées où l'on s'attend à voir paraître de belles dames du temps jadis. Sous la porte, vous remarquez au sol une grande représentation des **armoiries** de la ville : « Écartelé d'azur et de gueules à quatre mains appaumées d'argent. »

Rue Grande AB2

Bordée de boutiques, l'artère principale de la vieille ville compte aussi de belles portes, cages d'escalier et cours intérieures. Une plaque est apposée sur la **maison natale de Giono**, à l'angle de la rue Torte et de la rue Grande, mais c'est au n° 14 qu'il grandit, entre un père cordonnier et une mère repasseuse. Au **n° 23**, l'hôtel particulier de Gassaud (16e-17e s.) abrita les frasques de Mirabeau.

Église St-Sauveur B2

Pl. St-Sauveur.

Sa sobre façade donne sur une place où murmure une fontaine. Sur le flanc nord *(au niveau du n° 3 de la rue Voland)*, levez les yeux pour apercevoir un pèlerin

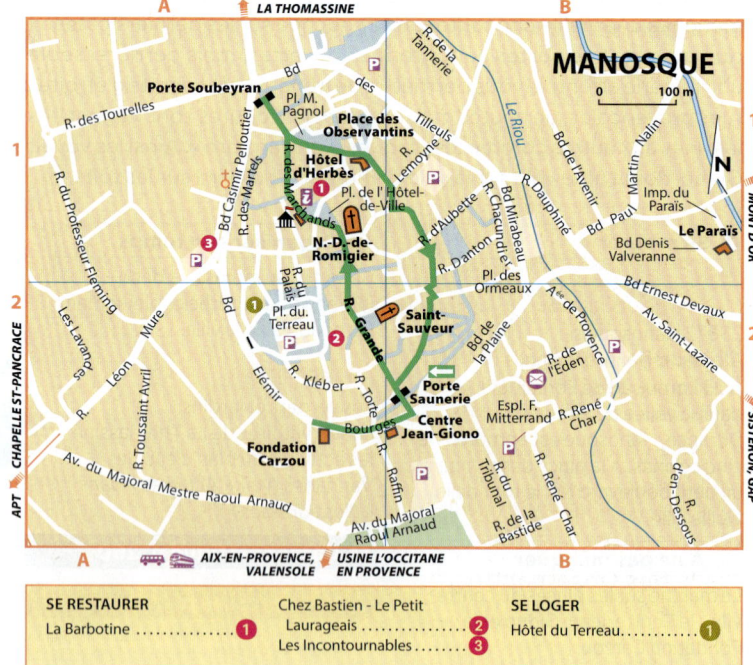

SE RESTAURER		SE LOGER
La Barbotine .... ❶	Chez Bastien - Le Petit Laurageais .... ❷ Les Incontournables .... ❸	Hôtel du Terreau .... ❶

Romance et littérature

Giono, natif de Manosque, avait beau prétendre que François Ier ne mit jamais les pieds dans la ville, une tradition tenace veut que le souverain ait été reçu à la porte Saunerie par Péronne de Voland, fille du consul. La jeune fille, qui lui présenta les clés sur le traditionnel coussin de velours, était si belle que le roi fut subjugué. Mais plutôt que de céder à ses avances, elle préféra se défigurer en exposant son visage à des vapeurs de soufre. Depuis lors, Manosque s'appelle « la Pudique ».

Ce qui est sûr, c'est qu'une bonne partie de l'œuvre de **Jean Giono** (1895-1970) a pour cadre Manosque et sa région : « En bas de la colline était la ville : une carapace de tortue dans l'herbe. » Dans *Jean le Bleu* surtout, il évoque la figure de son père, cordonnier, les rues de Manosque, son enfance sur les bords de la Durance et ses séjours auprès des bergers de la montagne. Giono n'a jamais quitté sa ville natale, résidant tour à tour au n° 13 rue Torte, aux n° 8 et 14 rue Grande, puis dans sa maison Le Paraïs.

L'auteur de *L'Homme qui plantait des arbres* est ici l'arbre qui cache la forêt. Avant lui, des personnalités ont donné ses lettres de noblesse à la ville, tel **Joseph-Toussaint Avril** (1775-1841) qui composa le premier dictionnaire français-provençal. Après lui, d'autres auteurs ont pris la relève, dont **Pierre Magnan** qui situe ses romans, comme *La Naine* et *L'Amant du poivre d'âne*, dans sa ville natale.

---

avec son bâton et une poule luttant contre un serpent. Dans l'entrée, d'imposants atlantes soutiennent la tribune.

À l'intérieur, un beau **buffet d'orgue★** en bois doré (1625), a été entièrement refait en 1826 par Piantanida, célèbre facteur d'orgues lombard.

Le **campanile**, chef-d'œuvre d'un forgeron de Rians (1725), est l'un des plus ouvragés de Provence.

★ Église N.-D.-de-Romigier AB1
10 pl. de l'Hôtel-de-Ville.
Son porche Renaissance est d'une grande finesse. L'autel est un magnifique **sarcophage** en marbre de Carrare du 5e s. représentant les apôtres la main levée vers la Croix en signe de serment. D'époque préromane, la **Vierge noire**, coiffée d'une couronne, est l'une des plus anciennes de France (depuis sa restauration en 1993, elle n'a de noir que le nom).

Une légende raconte qu'au 10e s. un laboureur aurait vu ses bœufs s'agenouiller devant un buisson de ronces (*roumi* en provençal, d'où Romigier). Intrigué, il brûla le buisson et découvrit le sarcophage où la Vierge avait été mise à l'abri des Sarrasins au 9e s.

Hôtel de ville A1
Sa **façade★**, du 17e s., est l'une des plus remarquables de Manosque. À l'intérieur, bel escalier, gypseries et clés de voûte du 15e s.

Porte Soubeyran A1
Cette porte du 12e a été décorée tardivement d'une fine balustrade de pierre et d'un campanile en forme de bulbe en fer forgé (1830). Le tout a presque l'air oriental.
Faites demi-tour et prenez à gauche ; après la pl. M.-Pagnol, suivez la rue Soubeyran.

Place des Observantins AB1
Cette place dotée d'une jolie fontaine doit son nom à l'ancien couvent qui l'occupait autrefois. Ne restent que les vestiges de l'église, qui abritent aujourd'hui le conservatoire de musique et de danse.

6

Jean Carzou

Né en 1907, mort en 2000, Français d'origine arménienne, il a décoré l'église de l'ancien couvent de la Présentation en adaptant à la peinture murale certaines de ses toiles inspirées de *L'Apocalypse*. Après un passage par l'abstraction, son style se distingue par un graphisme complexe et une touche de fantastique sur un fond monochrome qui évoque alternativement les villes modernes, Venise ou la Provence. Son œuvre est importante dans la création de décors de théâtre.

Dans la rue du Mont-d'Or, l'**hôtel d'Herbès**, qui accueille la médiathèque, possède un bel escalier du 17e s.
Revenez porte Saunerie et tournez à droite dans le boulevard Élémir-Bourges.

Centre Jean-Giono B2

3 bd Élémir-Bourges - ℘ 04 92 70 54 54 - centrejeangiono.com - avr.-sept. : 10h-12h30, 14h-18h ; reste de l'année : 14h-18h - fermé dim.-lun. - bibliothèque et vidéo-thèque sur RV pour les chercheurs - 6 € (12-18 ans 5 €) ; 12 € billet couplé avec la maison de Giono Le Paraïs.

Il occupe une bâtisse provençale du 18e s. qui fut le premier hôtel particulier construit hors les murs. Il appartenait à M. de Raffin, ancien maire qui sut sauve-garder le patrimoine local lors de la Révolution. Il a conservé de beaux plafonds, des menuiseries du 18e s. et un dallage ancien en tomettes provençales.

L'exposition permanente, composée d'interviews et d'extraits de films, de pho-tographies, de lettres et d'objets ayant appartenu à Jean Giono, donne les clés d'un parcours de vie et de création.

Le Centre Jean-Giono est aussi un **centre culturel et littéraire** qui propose des rendez-vous réguliers autour de la littérature et des arts : ateliers d'écriture, confé-rences, projections, promenades et randonnées littéraires à la découverte des paysages qu'affectionnait Jean Giono, etc.

★ Fondation Carzou A2

Église du couvent de la Présentation - 7-9 bd Élémir-Bourges - ℘ 04 92 87 40 49 - www.fondationcarzou.fr - avr.-oct. : 10h-12h, 14h-18h ; reste de l'année : 14h-18h - fermé dim.-lun.

Imaginez une chapelle du 19e s. avec voûte à caissons, frise et colonnes antiques, dont le néoclassicisme serait interrogé par de monumentales fresques figurant l'« **Apocalypse des Temps modernes** », où académisme et liberté de ton s'épou-seraient avec bonheur. Jean Carzou *(voir encadré ci-dessus)* a décoré l'église de l'**ancien couvent de la Présentation** en adaptant à la peinture murale un thème déjà traité dans ses toiles par le passé. Il mit six ans à réaliser ce qui demeure sans doute son œuvre majeure. Chaque panneau illustre un thème particulier. L'unité d'ensemble est renforcée par la dominante bleu-vert des fonds que l'éclairage naturel des **vitraux★** fait ressortir. Également dessinés par Carzou, ces derniers illustrent les symboles des dictatures (croix gammées, marteau et faucille, armes diverses), la Révolution française et l'Arbre de vie.

Les salles en sous-sol accueillent par ailleurs des expositions temporaires.

Colline du mont d'Or D2

Il serait dommage de quitter Manosque sans une promenade sur cette éminence plantée d'oliviers, à la fois toute proche et délicieusement bucolique, qui domine la ville de 150 m.

Le Paraïs - Maison de Jean Giono

◗ *400 m à l'est du centre-ville. De la porte Saunerie, suivre la direction « Sisteron »,
puis prendre à gauche la rue du Dauphiné et, à droite, la montée des Vraies-
Richesses. À hauteur du n° 190 (« Résidence Jean-Giono »), un petit chemin à droite
conduit à l'impasse du Paraïs ; c'est la dernière maison à droite au bout de l'allée.
Imp. du Paraïs - ℰ 04 92 70 54 54 - centrejeangiono.com - fermé pour d'importants travaux de restauration : se rens.*

Ayant acquis cette propriété en 1930, Giono y vécut jusqu'à sa mort, en 1970.
C'est donc ici, dans cet îlot de verdure à l'écart du centre historique, qu'il
écrivit la grande majorité de son œuvre et que l'on peut ressentir, au plus
près, l'âme du célèbre auteur manosquin. Dans ce qui fut son lieu de vie et
d'écriture, labellisé depuis « Patrimoine du 20ᵉ s. » et « Maison des Illustres »,
dans sa bibliothèque riche de plus de 8 000 ouvrages, ses bureaux où sont
conservés de très émouvants souvenirs, mais aussi les pièces à vivre et le jardin, mobilier, objets d'art, manuscrits, lettres et photos donnent à voir autant
l'homme que l'artiste.

Reprendre la montée et se garer sur le parking avant le sommet.

★ Sommet du mont d'Or

◗ *10mn AR.* La **vue**★ prend toute son ampleur au sommet que couronne une
tour en ruine, vestige d'un château des comtes de Forcalquier. Vous contemplez
Manosque, la vallée de la Durance couverte de vergers, le Luberon, au loin la
montagne Ste-Victoire, la Ste-Baume et les préalpes de Digne.

À proximité
CARTE P. 222-223

Chapelle St-Pancrace (de Toutes Aures) A2 EN DIR.

◗ *2 km au sud-ouest du centre-ville, sur la colline Toutes Aures.*

◗ *3 km AR.* Au sommet de la colline s'élève une chapelle, construite en 1637
à l'emplacement de l'ancienne église paroissiale du village fortifié de Toutes
Aures, intégré depuis à la ville de Manosque *(ne se visite pas)*. Elle accueille
des concerts en été. Là s'offre aussi un **panorama**★ étendu sur le Luberon,
Manosque, la vallée de la Durance, le plateau de Valensole et les Préalpes de
Digne.

La Thomassine, vergers et jardins conservatoires

PLAN A1 EN DIRECTION

◗ *3,5 km au nord-ouest du centre-ville. Suivre la direction « Domaine de la
Thomassine » (fléché). 2278 chemin de la Thomassine - ℰ 04 92 87 74 40 ou
06 86 49 18 81 - www.parcduluberon.fr - ⚕ - juil.-août : tlj sf dim.-mar. 9h30-14h ;
mai-juin et sept. : merc. 9h-13h, 14-18h ; reste de l'année : se rens. - 6 € (-18 ans
gratuit).*

👥 Isolé dans un bel amphithéâtre de collines boisées, sur les hauteurs de
Manosque, cet ancien domaine agricole a été reconverti en verger conservatoire
par le Parc naturel régional du Luberon. Dans les trois salles d'expositions permanentes, quelques panneaux explicatifs brossent un tableau de la biodiversité.
Mais c'est en sortant se promener que l'on en comprendra le mieux l'enjeu : dans
le potager aux légumes oubliés, la roseraie et les jardins en terrasse, 500 variétés de fruits anciens sont cultivées et récoltées. Figues, pommes, poires, olives,
cerises… Tous sont vendus sur place en saison !

6

Usine L'Occitane en Provence B3

▶ *5 km au sud-est du centre-ville. Suivre la direction « Aix-en-Provence ».
ZI St-Maurice - ✆ 04 92 70 32 08 - www.visiteloccitane.com - ♿ - visite guidée
(1h) sur RV (par téléphone ou sur le site Internet) 10h-19h - fermé dim. de nov. à
mars - 6 €.*
Cette visite d'usine permet de découvrir les coulisses de la marque cosmétique
fondée en 1976 par Olivier Baussan, basée sur le principe de l'aromathérapie à
partir de plantes de Provence. Depuis, plus de 3 000 boutiques ont ouvert dans
le monde ! En accès libre : un musée-boutique (à tarifs préférentiels) et un jardin
méditerranéen.

ℹ️ Carnet pratique

S'informer

Office de tourisme – **PLAN B2** -
*Pl. de l'Hôtel-de-ville -
Manosque - ✆ 04 92 72 16 00 -
www.tourisme-manosque.fr ;
www.durance-luberon-verdon.com.*

Pass touristique

**Passeport des musées des Alpes-
de-Haute-Provence** – *Voir p. 470.*

Arriver/partir

En train – TER Marseille-Aix-en-
Provence-Manosque.
En car – LER 66 Aix-en-Provence
Gare TGV-Manosque gare SNCF.
Plan du réseau et horaires sur zou.
maregionsud.fr.

Se garer – Le parking le plus central
est celui du Terreau *(2h gratuites)*.
Autres options pratiques : parking
La Villette, près de la porte
Soubeyran ou parc sous l'esplanade
François-Mitterrand au sud
(3h gratuites).

Agenda

Les Rencontres Giono – *1re sem.
d'août - www.rencontresgiono.
fr.* Journées littéraires avec
conférences, lectures-spectacles,
films et débats, concerts.
Festival Les Correspondances –
*Sept. - www.correspondances-
manosque.org.* Festival littéraire
dédié à l'art épistolaire en plusieurs
points de la ville en journée, et au
théâtre Jean le Bleu le soir.

📍 Nos adresses

PLAN P. 256

Restauration

Budget moyen

① La Barbotine – **A1** - *Pl. de
l'Hôtel-de-Ville - ✆ 04 92 72 57 15 -
midi et soir - fermé 1 sem. en fév.
et dim.-lun. - plats env. 15/20 €.*
Sur une place ombragée du centre
historique, une adresse « tout

en un » aux faux airs de bistrot
parisien. On s'y attable à toute
heure pour boire un thé ou un café,
s'offrir une douceur (crêpes, glaces,
pâtisseries maison), déjeuner ou
dîner de salades, galettes, tartes
salées et plats provençaux.
**② Chez Bastien - Le Petit
Lauragais** – **A2** - *6 pl. du Terreau -
✆ 04 92 72 13 00 - midi et soir -
fermé mar.-merc. - plats 21/23 €.*
Poussez la porte de ce restaurant

à la façade discrète, une institution de la ville récemment reprise par un enfant du pays, et attablez-vous autour d'une cuisine créative fort bien tournée. Les gens d'ici y ont leurs habitudes. Accueil sympathique.

Pour se faire plaisir

⬭ ❸ **Les Incontournables** – A1 - *3 bd Casimir-Pelloutier - ✆ 04 92 72 24 69 - www. lesincontournables.net - fermé dim.-lun. - formules 35/43 €.* Un concept locavore qui se décline de l'entrée au dessert puisque le chef travaille uniquement avec des producteurs locaux, sélectionnés dans un rayon de 40 km. L'ardoise change régulièrement, proposant de jolis plats aux cuissons maîtrisées, colorés et pleins de saveurs.

La Loge Bertin – HORS PLAN - *62 av. Jean-Giono - ✆ 04 86 74 18 46 - lalogebertin.fr - fermé dim.-lun. - menu 35 €.* Derrière cette pimpante façade, une équipe de passionnés nous emmène pour une jolie balade gourmande. Le chef ne travaille que les produits frais à travers une cuisine du marché, particulièrement gourmande et soignée. On s'attable dans une salle de bistrot contemporain récemment rénovée.

Shopping

Marché – Le samedi matin sur la promenade Aubert-Millot, la place Marcel-Pagnol, la place du Terreau et l'esplanade F. Mitterrand. Mercredi matin sur la promenade Aubert-Millot (marché de producteurs).

Rue Grande – Ombragée et piétonne, la rue principale de la vieille ville égrène nombre de petits commerces.

Le Moulin de l'Olivette – *Rd-pt de l'Olivette - ✆ 04 92 72 00 99 - www.moulinolivette.fr - fermé dim.* Ce moulin est le plus gros producteur d'olives des Alpes-de-Haute-Provence. Son huile d'olive vierge extra AOP obtient régulièrement la médaille d'or au Concours général agricole. La boutique vend aussi spécialités régionales, vaisselle provençale et articles en bois d'olivier.

Santons Gilli – *27 r. Grande - ✆ 04 92 72 40 86 - www. santonsgilli.fr - fermé dim. (sf 2 dim. av. Noël) et lun. (sf juil.-août).* Dans la boutique-atelier, Madame peint les santons de tradition inspirés de la fameuse Pastorale Maurel, des pièces que Monsieur façonne à partir d'argile fraîche dans un grand atelier à l'extérieur de la ville.

L'Occitane en Provence – *21 r. Grande - ✆ 04 92 72 41 02 - fr.loccitane.com - fermé dim.-lun.* Cosmétiques à base de plantes provençales à tarif préférentiel. ☀ *Visite de l'usine, voir p. 260.*

À proximité

Cave Petra Viridis – *1 av. Auguste-Bastide - Pierrevert - ✆ 04 92 73 40 42 - petra-viridis.com - tlj sf dim.* Dressée au pied du village célébré par Giono, cette petite boutique accolée à la coopérative commercialise un vaste choix de crus des vignerons de Pierrevert, maintes fois récompensés. Notez que vous trouverez aussi ces vins à Villeneuve ou Quinson.

Activités

Les Vannades – *Domaine St-Jean - 5 km au nord de Manosque - ✆ 06 27 58 22 26/06 62 29 59 86 -* 🅿 *- tte l'année - petite restauration en été - baignade uniquement dans la zone surveillée en juil.-août l'apr.-midi.* Les 15 ha de cette base de loisirs réservent des surprises : parcours d'accrobranche, location de paddles, de canoës et de pédalos, sentier découverte, parc aquatique, terrains de volley et minigolf.

Forêt de Pélicier – *www.onf.fr - 5 km au nord de Manosque par la*

6

D 5 (suivre la dir. de Dauphin et au col de la Mort-d'Imbert prendre la piste DFCI sur la gauche). Née au début du 20e s. du reboisement des montagnes dans le but de protéger le sol de l'érosion, cette belle forêt plantée de pins noirs d'Autriche, de chênes verts, de pins d'Alep et de pins sylvestres, est sillonnée de quatre sentiers balisés.

⌀ **Centre permanent d'initiatives pour l'environnement (CPIE)** – Château de Drouille - ☏ 04 92 87 58 81 - www.cpie04.com - programme, se rens. Le CPIE propose des sorties pédestres pour découvrir les paysages, la faune et la flore de haute Provence et des ateliers thématiques divers : zéro déchet, alimentation durable, qualité de l'air intérieur...

🚴 **Entre Valensole et Verdon** – Voir p. 24.

Vélo Loisir Provence – Voir p. 306.

Bachelas Bike Shop – 24 bd de la Plaine - ☏ 04 92 72 15 84 - www.bachelasbikeshop.com - 9h-12h30, 14h-19h - fermé dim.-lun. - VAE 34 €/j, VTC/VTT 24 €/j. Casque inclus. Réserv. en ligne possible. Service de réparation.

Hébergement

Premier prix

① **Hôtel du Terreau** – A2 - 21 pl. du Terreau - ☏ 04 92 72 15 50 - www.hotelmanosque.fr - 🅿 payant - 18 ch. 72/82 € - ⊡ en sus. Cet hôtel situé sur une jolie place du centre ancien de Manosque n'a de cesse d'améliorer son confort. Chambres correctement insonorisées et climatisées ; certaines arborent un décor provençal. Accueil sympathique.

Budget moyen

Le Mas des Quintrands – HORS PLAN - 2360 bd Mar.-Juin - 5 km au nord-est du centre-ville - ☏ 04 92 77 54 86 - www.lemasdesquintrands.fr - ♿ 🛶 🅿 - 20 ch. 82/115 € - ⊡ 14 €. Un

mas provençal du 18e s. et un bâtiment récent dans lequel on perçoit l'attention qu'ont mis les propriétaires pour aménager leurs chambres modernes et colorées. Les points forts : l'accueil d'Aurore et Hervé, la piscine, les terrasses et le jardin ombragé où l'on peut se détendre dans des hamacs. Petit-déjeuner buffet pantagruélique ; vous resterez bien une nuit de plus par gourmandise !

Pour se faire plaisir

Chambre d'hôte La Bastide de l'Adrech – HORS PLAN - 1224 av. des Serrets - ☏ 06 18 18 17 18 ou 06 61 55 80 55 - www.bastide-adrech.com - 🅿 🛶 🚴 - 5 ch. 125/155 € ⊡ et 2 gîtes - ✕ sur réserv. Dans la campagne aux portes de Manosque, cette imposante bastide du début du 18e s. a recouvré son lustre d'antan. Cheminées, grandes fenêtres, portes, poutres, tomettes et monumental escalier sont d'origine. Parc aux arbres classés, domaine oléicole et deux gîtes à la semaine.

Hôtel Le Pré St-Michel – HORS PLAN - 435 montée de la Mort-d'Imbert - 1,5 km au nord du centre-ville - ☏ 04 92 72 14 27 - www.presaintmichel.com - ♿ 🛶 🅿 - 24 ch. 98/163 € - ⊡ 15 € - 2 nuits mini en haute sais. Cette bâtisse régionale abrite des chambres spacieuses, de style provençal. Préférez celles avec terrasse privative. En prime, vue sur les toits de Manosque.

Digne-les-Bains ★

Veillant aux portes des Préalpes, Digne-les-Bains doit l'attribut de son nom aux sources d'eau chaude qui jalonnent sa vallée. Ville thermale, mais aussi préfecture des Alpes-de-Haute-Provence, elle jouit d'une certaine activité tout au long de l'année. Ses montagnes environnantes, au cœur de l'UNESCO Géoparc de Haute-Provence, offrent un magnifique terrain de jeu aux amateurs de randonnée, d'escalade ou de via ferrata.

▶ Se repérer

CARTE P. 222-223 (C2),
PLAN DE DIGNE-LES-BAINS P. 264,
CARTE PRÉALPES DE DIGNE P. 274
18124 Dignois –
Alpes-de-Haute-Provence (04).
Digne est une étape sur la Route Napoléon (D 4085), entre Sisteron (à 39 km) et Castellane (à 52 km).

😊 À ne pas manquer

Le musée Gassendi et la Maison Alexandra David-Neel.

🕐 Organiser son temps

Comptez une demi-journée pour visiter la ville et un de ses musées.

👥 En famille

Le Musée-promenade de l'UNESCO Géoparc de Haute-Provence ; plan d'eau des Ferréols (*voir « Activités » dans « Nos adresses »*).

ℹ Carnet pratique p. 269

📍 Nos adresses p. 269

Se promener

PLAN P. 264

▶ *Circuit au départ de la place Tampinet (office de tourisme). Remontez le boulevard Gassendi en direction de la place Charles-de-Gaulle.*
Digne fut dans l'Antiquité la capitale des *Bodiontici*. Siège d'un évêché, la ville se développa ensuite à l'emplacement du quartier de N.-D.-du-Bourg. Au 14e s., elle se déplaça sur la butte autour d'un château aujourd'hui disparu (*à l'emplacement de la prison actuelle*). Les rues piétonnes et commerçantes au bas de la butte ont été repeintes de jolies teintes pastel. De nos jours, les centres d'animation de la ville sont le large boulevard Gassendi, ombragé de platanes, et la place Charles-de-Gaulle, lieu des animations, des marchés et des foires.
😊 De 1983 à 1991, une manifestation internationale de sculpture révéla chaque année des talents. Les œuvres primées, en marbre de Carrare, ornent ronds-points, squares et jardins publics. À titre d'exemple, remarquez la représentation d'une main très réaliste, à droite de l'hôtel de ville.

Jardin des Cordeliers B1

Av. Paul-Martin - pl. des Cordeliers - 📞 *04 92 30 81 50 - www.dignelesbains-tourisme.com -* ♿ *- de mi-mai à sept. : lun.-vend. 9h30-17h30 - gratuit.*
Établi dans l'enceinte d'un collège, ancien couvent des Cordeliers, il a retrouvé sa destination originelle de **jardin médiéval**, composé de parterres de simples, de plantes aromatiques et d'un petit potager. On y admire aussi la rose baptisée Alexandra David-Neel. Quel bonheur que de s'asseoir sur un banc de ce petit coin de verdure pour s'offrir une pause lors de la découverte de Digne !

6

★ Musée Gassendi B1

64 bd Gassendi - 📞 *04 92 31 45 29 - www.musee-gassendi.org -* ♿ *- de mi-mai à fin sept. : 10h-18h ; reste de l'année : 9h-12h, 13h30-17h30, w.-end 13h30-17h - fermé mar. - 6 €.*

Fondé en 1889 par l'aquarelliste **Paul Martin**, ce beau musée marie sciences, peinture, art contemporain et histoire locale. Sa muséographie est originale : des cabinets assurent la transition d'une thématique à l'autre. Remarquez le parquet à fines lattes au 4e étage ainsi que le grand escalier, qui a conservé ses balustres d'origine.

Vous y retrouverez notamment les **peintres de l'école provençale** qui exaltent leur terroir et la lumière du Midi. Le fonds ancien est riche de peintures italiennes (*Vierge au missel* du 17e s. de Carlo Maratta), de tableaux des écoles vénitienne (*Le Vice et la Vertu* de Francesco Ruschi) et hollandaise (portraits de Frans Pourbus et de Van Ravesteyn) ; également quelques beaux dessins et lavis italiens ainsi que français.

Vous y apprécierez aussi 200 instruments scientifiques du 19e s., à la fois beaux et utiles, servant en hydrostatique, optique, électricité ou arpentage. Ils rappellent la présence de l'astronome **Pierre Gassendi**, dont Digne a suivi l'exemple. Parmi ces objets, remarquez la pendule cosmographique de ce savant. Elle fut brevetée en 1865, après vingt-deux ans de mise au point. Elle donne à la fois l'heure solaire et l'heure légale, l'estimation de l'ombre à la surface de la Terre et les périodes de lever et de coucher du soleil. Enfin, dans une salle voûtée est présentée l'histoire locale à travers des objets archéologiques et un film, très instructif, retrace l'évolution de la physionomie de Digne. Un panneau et plusieurs vitrines évoquent le succès de L'Étoile des Alpes, ou Étoile de St-Vincent, bijoux aux pentacrines

Personnages dignois

Le philosophe, mathématicien et astronome **Pierre Gassendi** (1592-1655) est né à Champtercier, mais les Dignois le célèbrent partout. Lui qui ne dînait que de trois pruneaux trempés dans l'eau, un gâteau porte son nom, ainsi qu'un cirque lunaire. Pionnier de l'observation à la lunette et admirateur de Galilée, c'est surtout comme rival de Descartes qu'il connut la célébrité. Molière et Cyrano de Bergerac furent ses disciples.
Alphonse Beau de Rochas (1815-1893), né à Digne, proposa un projet de tunnel sous la Manche et encouragea la résistance républicaine locale au coup d'État du 2 décembre 1851. Il conçut aussi la définition du moteur à quatre temps.

(fossiles en forme d'étoile) développés par les orfèvres dignois au 19ᵉ s. et qui ont été remis au goût du jour par deux bijoutiers locaux.

Le musée Gassendi s'attache à mettre en valeur des artistes contemporains. Cela explique la présence, au milieu des collections permanentes du musée, d'œuvres récentes. Le cabinet de botanique de l'artiste hollandais **herman de vries** abrite un grand et fascinant herbier régional, créé en l'honneur du docteur Honnorat, un spécialiste de la flore et de la géologie locale. Une salle est aussi consacrée au travail de l'artiste britannique **Andy Goldsworthy**, qui a entrepris à partir de 1998 de réhabiliter d'anciennes installations rurales en ruine dans le Géoparc de Haute-Provence pour y créer des refuges d'art *(voir encadré p. 275)*.

Grande Fontaine B1

Cette fontaine néoclassique du 19ᵉ s., au bout du boulevard Gassendi, marquait l'entrée nord de la ville. De là, vous pouvez rejoindre à pied la cathédrale N.-D.-du-Bourg.

Vieux quartiers B2

Au sud du boulevard Gassendi se déroule un réseau de ruelles tortueuses coupées d'escaliers, autour de la butte que domine la **cathédrale St-Jérôme (B2)** et sa tour de l'Horloge, coiffée d'un campanile provençal.

Vous pouvez y grimper par la pittoresque montée St-Charles et ses passages voûtés qui partent à droite de la rue de l'Hubac, face à la rue du Colonel-Payan.

À voir aussi

PLAN CI-CONTRE

★ Cathédrale N.-D.-du-Bourg B1 EN DIRECTION

R. du Prévôt - quartier du Bourg - ☏ 04 92 61 09 73 ou 04 92 32 06 48 - ♿ - déb. juil. à fin sept. : tlj sf lun. 15h-18h - gratuit.

Incroyablement grande pour une église romane provençale, elle fut bâtie de 1200 à 1330 et devint un modèle pour d'autres églises de la région, comme celle de Seyne *(voir p. 279)*. Elle se compose d'un vaisseau, d'un transept et d'un chevet plat remarquables par leur dépouillement. Ayant subi des dépravations, elle fut abandonnée dès la fin du 15ᵉ s. au profit de l'église St-Jérôme, en construction sur la butte St-Charles, plus facile à défendre.

Les décors intérieurs, dus à un atelier piémontais, présentent douze **médaillons peints** et un tympan peint vers 1330 ainsi que des fragments de **peintures murales** (15ᵉ et 16ᵉ s.) : les thèmes traités sont l'Annonciation et le martyr de saint André et, à droite, le Jugement dernier, le Paradis, l'Enfer, les Vertus (belles dames du

Moyen Âge) et les Vices sur leurs montures avec, au-dessous, les châtiments leur correspondant. Le Canadien **David Rabinowitch** (né en 1943) a conçu l'aménagement liturgique en plaçant dans le sol de la nef des incrustations en cuivre symbolisant la chronologie de la parole divine depuis l'hébreu (le triangle hébraïque signifie « vigne ») jusqu'à l'hexagone moderne en français, en passant par le grec et le latin. Ses vitraux en verre soufflé et teinté changent de couleur en fonction de la place de l'observateur.

Crypte archéologique de N.-D.-du-Bourg

Entrée accolée à la cathédrale - ℘ 04 92 61 09 73 ou 04 92 31 67 77 - www. dignelesbains.fr - avr.-oct. : 14h30-18h30, merc. et sam. 10h-12h, 14h30-18h30 - fermé dim.-lun. - 6/8 €.

Il aura fallu trente ans de recherche pour mettre au jour cet ensemble exceptionnel de 870 m^2 qui dévoile, à l'emplacement exact de l'origine de la ville, une succession de trois édifices chrétiens des 5e-12e s. Les nombreux panneaux didactiques permettent une lecture plus facile des ruines qui s'enchevêtrent. On découvre ainsi que sur les restes d'un mausolée antique fut érigée au 5e s. une église funéraire au chevet plat. Puis, une basilique paléochrétienne vit le jour à proximité de la précédente, progressivement entourée de centaines de tombes. Par la suite, l'édifice se dota d'une nef plus grande, d'une nouvelle façade, d'un chevet arrondi et d'un clocher-porche, l'ensemble étant surmonté de la cathédrale actuelle.

★ Maison Alexandra David-Neel A2 EN DIRECTION

Sur la route de Nice. Bus au départ du centre-ville, ligne 5 arrêt Jean Rolland. 27 av. du Mar.-Juin - ℘ 04 92 31 32 38 - www.alexandra-david-neel.fr - visite libre du musée et des jardins 10h-18h (14h-17h déc.-mars) - visite guidée de la maison (30mn) sur réserv., avr.-nov. : 10h30-16h30 ; déc.-mars : 14h-17h - fermé lun. - musée et jardin 6 €, maison 8 €.

L'exploratrice-écrivaine **Alexandra David-Neel** fut en 1924 la première Occidentale à entrer dans la capitale du Tibet interdit, Lhassa. À 56 ans, elle n'hésita pas à passer des mois habillée en mendiante tibétaine, le visage enduit de suie, pour traverser l'Himalaya au milieu de dangers de toutes sortes (périple qu'elle narre dans *Voyage d'une Parisienne à Lhassa*). En 1928, elle achète cette maison, qu'elle nomme Samten-Dzong (« résidence de la réflexion ») et dont elle fait son port d'attache. À la fois lieu de vie et de travail, la villa témoigne des voyages de l'écrivaine au Tibet et en Asie. La visite guidée débute par la découverte de la chambre tibétaine, où trônent plusieurs statues de bouddha et où l'on peut admirer un grand nombre d'objets reçus en cadeau par l'exploratrice lors de ses voyages au Japon, en Chine et au Tibet. Plus loin, le bureau n'abrite pas moins de 5 000 ouvrages, tous annotés ou presque ! On peut y lire une lettre de Marguerite Yourcenar, écrite en 1969, et dans laquelle l'académicienne exprime toute son admiration pour Alexandra David-Neel.

Le **jardin** Yongden, du nom du fils adoptif de l'exploratrice, est composé d'une roseraie et d'un verger-potager. Il donne accès au **musée**, dédié à la vie et à l'œuvre d'Alexandra David-Neel. Divisé en 4 espaces, ce dernier revient sur son enfance parisienne, son orientalisme, ses nombreux voyages en Asie et sa passion pour le chant, un aspect de sa personnalité moins connu du grand public.

★ Musée-promenade - UNESCO Géoparc de Haute-Provence A1 EN DIRECTION

Prendre au nord la D 900^A (direction Barles) et, juste après le pont, suivre la signalisation jusqu'au parking. 10 montée Bernard-Dellacasagrande - parc

Maison Alexandra David-Neel à Digne-les-Bains.
A. Pistolesi/hemis.fr

St-Benoît - ☏ *04 92 36 70 70 -* ♿ *- juil.-août : 9h-19h ; avr.-juin : 9h-12h, 13h30-17h30 - 8 € (-14 ans 5 €) - billet donnant accès au jardin des Papillons. Bus : ligne 2 - arrêt Champourcin.*

🔹 *Le sentier de Caguerenard, au départ de l'office de tourisme, le long de la rive droite de la Bléone, mène au Musée-promenade (5 km).*

Le Musée-promenade est installé au cœur du **parc St-Benoît** qui domine Digne. À l'entrée, le centre d'art contemporain **CAIRN** présente des expositions temporaires *(www.cairncentredart.org)*. Le Musée-promenade héberge aussi le siège de l'**UNESCO Géoparc de Haute-Provence** *(voir l'encadré p. 273)*.

La **Maison des remparts** s'articule autour de plusieurs expositions retraçant l'histoire de la région : son passé géologique (les bouleversements climatiques et les catastrophes biologiques qu'ils ont entraînés) et la situation actuelle. Ne manquez pas l'étonnante salle de l'Imaginaire géologique, qui réunit des ammonites déroulées géantes et les tableaux de Georges Autard.

🔹 Quatre **sentiers** traversent le parc, du parking à la Maison des remparts.

Le **sentier de l'eau** *(15mn)* est jalonné d'une dizaine d'installations d'artistes internationaux (Joan Fontcuberta, Curt Asker, Fabien Lerat…) ; on y découvre également la **Grande cascade pétrifiante★** dont on peut voir les spectaculaires concrétions.

Le **sentier des cairns** *(15mn)* a été créé en 1998 autour de l'œuvre d'Andy Goldsworthy, spécialiste du *land art*.

Entre le sentier de l'eau et le sentier des cairns, l'apaisant **jardin japonais** de Kamaïshi. Ses ruisseaux et son parterre de mousse symbolisent les différentes étapes de la vie d'un homme à travers les floraisons qui se succèdent.

👥 Le **sentier des papillons** *(10mn - 2 visites guidées de mi-avr. à mi-sept. : se rens.)* traverse une belle zone de nourrissage et de reproduction de papillons. Il faut se souvenir que Digne et ses alentours étaient réputés pour être le grenier à papillons de l'Europe encore au début du 20ᵉ s. Avec notamment l'arrivée de l'agriculture intensive, ce creuset botanique a vu sa biodiversité s'amoindrir au fil

Musée-promenade, la Grande cascade pétrifiante.
F. Chaput/hemis.fr

du temps. Le long du sentier balisé de panneaux pédagogiques, ou mieux encore en suivant une visite guidée gratuite, vous pourrez en admirer plus d'une soixantaine d'espèces, dont le Citron de Provence (un des rares à hiberner l'hiver) ou la Proserpine jaune, noire et rouge.

Le **sentier des remparts** *(5mn)* gravit les murailles médiévales.

À proximité

CARTE P. 274

L'activité paysanne traditionnelle a laissé son empreinte dans le paysage environnant : cabanes et murs de pierres sèches, canaux d'irrigation.

★ Chapelle St-Michel-de-Cousson

○ *11 km au sud de Digne. Sortez de Digne en direction de l'établissement thermal par la D 20 qui mène à Entrages. Rd-pt du 11-Novembre.*

La route traverse les thermes, puis se poursuit vers le col de Corobin.

Au confluent de deux torrents, prenez la D 120 à droite : celle-ci quitte le vallon des Eaux-Chaudes et serpente en lacet vers **Entrages**. Les talus décorés de **buis taillés** annoncent ce charmant village qui surplombe le vallon des Eaux-Chaudes. Garez-vous à l'autre bout du village, devant l'église.

🐾 *2h de marche facile.* Le sentier longe d'abord le flanc de la montagne, au milieu d'une végétation clairsemée. Au pas d'Entrages, prenez à gauche le chemin de crête qui contourne la cuvette formée par les deux sommets du Cousson. Belle vue sur Entrages.

La **chapelle** s'élève dans un paysage désolé à l'extrémité sud de la falaise qui surplombe la vallée de l'Asse. D'ailleurs, cet espace dégagé a permis au savant Pierre Gassendi d'effectuer de nombreuses observations astronomiques. Recouverte de lauzes, la chapelle est agrémentée d'un fragment de sarcophage mérovingien utilisé en réemploi au-dessus de la porte.

Vers le sud, remarquable **vue**★ sur la vallée de l'Asse, la clue de Chabrières et la vallée de la Bléone.

☞ Possibilité de poursuivre vers le **sommet du Cousson** (alt. 1516 m) que l'on contourne sur la gauche avant de rejoindre le circuit de l'aller au pas d'Entrages.

Circuits conseillés CARTES P. 222-223,

★ La vallée du Bès et le massif du Blayeul C1-2

▶ *Circuit de 95 km, au départ de Digne-les-Bains, tracé en rouge foncé sur la carte. Voir p. 273.*

★ Route du col de Corobin C2-3

▶ *Circuit de 32 km, de Digne-les-Bains à Barrême, tracé en bleu sur la carte. Voir p. 276.*

★ Route du temps : de Sisteron à Digne BC1-2

▶ *Circuit de 65 km tracé en vert sur la carte. Voir p. 229.*

ℹ Carnet pratique

S'informer

Office de tourisme – *Pl. du Tampinet - Digne-les-Bains - ☎ 04 92 36 62 62 - www. dignelesbains-tourisme.com.*

Pass touristique

Passeport des musées des Alpes-de-Haute-Provence – *Voir p. 470.*

Arriver/partir

En car – LER Digne-les-Bains-Sisteron (env. 1h) ; la ligne Marseille-Barcelonnette relie Digne-les-Bains à Manosque (1h15). Plan du réseau et horaires des lignes sur zou. maregionsud.fr.

Avec le Train des Pignes – *Voir p. 389.*

Se garer – Parkings gratuits autour de la Préfecture.

📍 Nos adresses

PLAN P. 264

Restauration

Budget moyen

2 Bleu cerise – B1 - *16 pl. du Gén.-de-Gaulle - ☎ 04 92 32 31 24 - fermé dim.-lun. et jeu. soir - plats 16/26 €.* Terrasse agréable et cuisine à base de produits frais et locaux (salades, burgers, tartares, menu hebdo).

3 Café de France – B1 - *12 pl. du Gén.-de-Gaulle - ☎ 04 92 35 06 53 - fermé dim. et lun. soir - plats 14/24 €.* Service sympathique et efficace dans cette brasserie de la place principale de Digne où les habitués se pressent en terrasse à l'heure du déjeuner. Il faut dire que si la carte ne fait pas vraiment dans l'originalité, les plats sont bons et le rapport qualité prix est là.

Nusa café – HORS PLAN - *10 av. du Mar.-Juin - ☎ 04 92 83 79 24 - fermé soir et w.-end - plats env.*

6

15 €. Du frais, du bio, du fait maison, le tout juste en face de la maison Alexandra David-Neel. Il n'en fallait pas plus pour se laisser tenter par l'atmosphère bohème de ce petit café où l'on se régale de pâtisseries autant que de salades ou de bowls végétariens.

Shopping

😊 Plusieurs artisans, installés dans de petits hameaux autour de Digne, produisent des articles originaux, parfois à base de produits régionaux. Ainsi à **Champtercier**, village des santons, on peut visiter un atelier. Le site Internet de l'office de tourisme recense les producteurs et artisans.

Dans le centre-ville, les commerces se concentrent le long du boulevard Gassendi et dans la rue de l'Hubac.

Marché – *Pl. du Gén.-de-Gaulle merc. mat. et sam. mat. - bd Gassendi le sam.* Marché de primeurs et vestimentaire. On y trouve de nombreux produits régionaux (miel de lavande, tissus provençal).

Lavandières en Provence – *32 bd Gassendi - ℘ 04 92 31 14 90 - www. leslavandieresenprovence.fr - fermé janv.-fév.* Cette boutique présente, entre autres, les cosmétiques provençaux Nicolosi Créations. À l'étage, un musée de la lavande a été aménagé, retraçant l'histoire de cette culture dans le pays dignois *(5,50 €).* Enfin, dans l'arrière-cour, démonstration de distillation gratuite tous les jours à 11h et 16h en été.

Saveurs et Couleurs – *7 bd Gassendi - ℘ 04 92 36 04 06 - saveurs-couleurs.fr - fermé dim.* De bons produits régionaux vous attendent dans cette boutique : calissons Manon, fruits confits, miels, macarons des Baronnies, olives, tapenade, « artichaunade », huiles d'olive, vinaigres. Alcools (liqueur de génépi, apéritifs locaux), vins...

⌀ **Savonnerie Éco Logis** – *En vente sur les marchés locaux - ℘ 06 81 84 19 16 - www. savonnerieecologis.fr.* Dans cette savonnerie, on ne travaille que des matières premières 100 % naturelles, bio et/ou équitables pour fabriquer des savons pour la toilette (savon au miel, exfoliant à l'avoine, avec ou sans huile essentielle) et pour l'entretien de la maison. Faites mousser la vie !

Petite pause

Le Grand Café – *3 bd Gassendi - ℘ 04 92 35 32 46 - legrandcafedigne.fr - 6h-20h.* C'est un fait : le Grand Café plaît énormément et attire foule. Est-ce dû à sa double exposition, l'une donnant sur le boulevard Gassendi et l'autre sur la rue du Tampinet ? Ou bien est-ce pour son côté branché et animé ? On vous laissera seul juge...

Activités

👥 **Plan d'eau des Ferréols** – *Rte de Nice - ℘ 04 92 32 42 02 - juin-sept. : 10h-21h.* Aire de pique-nique, buvette et piste cyclable *(accès depuis le centre-ville)* viennent agrémenter ce plan d'eau où on se rafraîchit dans le bassin de baignade quand le thermomètre commence à grimper *(baignade interdite 21h-9h, surveillée de mi-juin à déb. sept.).* Pêche et activités nautiques sont proposées dans l'autre bassin voisin.

Thermalisme

Spa Thermal de Haute-Provence – *29 av. des Thermes - à 3 km de Digne - ℘ 04 92 32 58 46 - www. spadehauteprovence.com - tlj sf mar. 9h-19h15, dim. 9h45-18h15 - 19/21 € la 1/2 j.* Le spa thermal s'adresse aux amateurs de bien être et de détente : soins du visage, soins du corps, modelages, luminothérapie... L'espace aqualudique compte notamment un bassin intérieur et extérieur, des jaccuzzis, un solarium, un sauna et un hammam.

Via ferrata

Rocher de Neuf-Heures – *De la pl. du Gén.-de-Gaulle, suivre le sentier de Pied-Cocu - de mi-avr. à mi-oct. : 7h-19h; reste de l'année : 8h-16h - accès gratuit - location de matériel à l'office de tourisme - 17 €.* Deux sections de 250 m et 500 m permettent de s'initier en toute sécurité à l'escalade.

Randonnée

Nombreux circuits de randonnées pédestres autour de Digne. Guides et topoguides en vente à l'office de tourisme.

Digne-les-Bains est également le paradis des traileurs. Itinéraires et parcours sur www.dignelesbains-tourisme.com.

VTT et cyclotourisme

Digne-les-Bains est une ville cyclotouristique qui propose des circuits autour de la commune. Par ailleurs, plus de 400 km de sentiers, labellisés « site VTT/FFC », ont été balisés pour le VTT, à Digne et dans les environs *(ffc.fr)*. Plans des parcours disponibles à l'office de tourisme.

EVO Bike Park – *D 900 en direction de Barcelonnette -* 📞 *06 26 63 43 93 - www.evobikepark.com - vend.-lun. 10h-13h, 14h-17h30.* Il promeut la pratique du VTT en montagne et a aménagé 9 pistes de descente, d'enduro...

Hébergement

Budget moyen

Hôtel Villa Gaïa – HORS PLAN - *24 rte de Nice -* 📞 *04 92 31 21 60 - www.hotel-villagaia-digne. com -* 🅿 ♿ *- fermé de mi-oct. à mi-avr. - 10 ch. 84/150 € -* 🍽 *13 € -* 🍴. Atmosphère familiale en cette accueillante maison de maître. Outre les salons, la bibliothèque et les différentes chambres personnalisées (sans TV mais certaines avec un coin cuisine), découvrez des petits plats simples et de qualité élaborés à partir des légumes du potager bio *(le soir uniquement)*. Le jardin est un havre de paix que plébiscitent les oiseaux (refuge LPO). La pension organise aussi des séjours bien-être, des stages de yoga ou de méditation ou encore des ateliers d'écriture dans sa grande salle équipée d'un parquet.

6

Préalpes de Digne ★

Les Préalpes de Digne s'offrent tel un immense musée à ciel ouvert dédié à la nature : l'UNESCO Géoparc de Haute-Provence, témoin millénaire de l'occupation de ce territoire, rivalise d'intérêt avec la beauté des paysages. Au printemps, les vallées fertiles et les pâturages dessinent un décor vert tendre, tandis qu'à l'automne, les forêts de mélèzes et de hêtres se parent de couleurs flamboyantes. Immersion garantie au cœur d'une nature sauvage.

La dalle aux ammonites géantes.
M. Cavalier/hemis.fr

▶ Se repérer

CARTES P. 222-223 (CD2),
CARTE PRÉALPES DE DIGNE P. 274
Alpes-de-Haute-Provence (04). De Digne, on explore les préalpes de Digne par des routes sinueuses, la D 900^A vers le nord et la D 20 vers le sud.

⏱ Organiser son temps

Avec les haltes, comptez une demi-journée pour la vallée du Bès. Vous enchaînerez les circuits, la journée sera donc bien occupée !

▣ Nos adresses p. 278

Circuits conseillés

CARTE P. 274

★ La vallée du Bès et le massif du Blayeul

▶ *Circuit de 95 km, au départ de Digne-les-Bains, tracé en rouge foncé sur les cartes. Des espaces de stationnement sont aménagés aux abords des sites.*
La vallée du Bès est jalonnée de fossiles remarquables.
Quittez Digne-les-Bains au nord par la D 900ᴬ.

★ Musée-promenade -
UNESCO Géoparc de Haute-Provence *Voir p. 266*
Continuez sur la D 900ᴬ et garez-vous moins d'1 km plus loin sur le parking indiqué à votre gauche : la dalle se trouve juste après le tournant.

★ Dalle aux ammonites géantes
Au bord de la route qui remonte la vallée de la Bléone, une immense paroi de calcaire gris foncé, vestige d'anciens fonds marins, sert d'écrin à 1553 coquilles d'ammonites qui vivaient là il y a près de 200 millions d'années. Le nombre impressionnant de fossiles rassemblés et la taille de certains d'entre eux – jusqu'à 70 cm de large – font de ce site un cas unique au monde. Le site, mis au jour par hasard en 1979 lors des travaux d'agrandissement de la route D 900ᴬ, est facilement accessible par une passerelle qui permet de s'approcher au plus près de la paroi.
Poursuivez sur la D 900ᴬ sur 8 km.

★ Site de l'Ichtyosaure
👣 *4 km AR - 1h30. Le site n'est pas accessible aux poussettes. Mieux vaut avoir une bonne paire de baskets pour la petite montée.*
Pour atteindre le site de l'Ichtyosaure, vous remontez d'abord le sentier qui longe le torrent du Bélier et traverse une belle chênaie. Vues rafraîchissantes sur les cascades. Franchissez le torrent, puis le sentier grimpe dans une forêt de hêtres jusqu'au vaste plateau herbeux du **col du Jas** (qui se prête aisément à un pique-nique). Au col, vous pouvez observer des **robines**, ces terrains ravinés formés de marnes noires, un mélange de calcaire et d'argile typique de la zone. Descendez sur la gauche pour atteindre la verrière qui abrite et préserve le fossile. Ce reptile

---

L'UNESCO Géoparc de Haute-Provence

C'est le premier géoparc créé, en 2000, par l'UNESCO. Son territoire couvre 67 communes du département des Alpes-de-Haute-Provence. C'est un lieu chargé de la mémoire de la Terre où les roches, fossiles et paysages racontent 300 millions d'années d'histoire de la Terre ; un patrimoine géologique exceptionnel protégé par la Réserve Naturelle Géologique de Haute-Provence. Mémoire géologique et mémoire des hommes dialoguent autour d'une diversité unique de paysages où se côtoient caractères alpins et provençaux : ici l'olivier n'est pas loin du mélèze, la lavande de l'edelweiss. Ce territoire exceptionnel de saveurs, de senteurs et de couleurs a lentement été façonné et enrichi par la longue présence humaine.
Pour valoriser les patrimoines du Géoparc, cinq routes ont été tracées. Vous trouverez informations, ouvrages et plans de la réserve et de ses circuits dans deux musées : le Musée-promenade à **Digne** et le musée Terre et Temps à **Sisteron**, ainsi que dans les offices de tourisme.
✆ *www.geoparchauteprovence.com*

6

PRÉALPES DE DIGNE

GAP, EMBRUN

Seyne ★

0   4 km

N

★ Col du Fanget
1459

Grand-Puy

Col de Maure ★
1346

Val-Haut

Grave

D 7

Mardaric

Bès

D 900

Clue de Verdaches

Bès ★

Sommet
du Blayeul
△ 2189

du

Montagne de l'Ubac
2002 △

Empreintes de
courants

Clues de
Barles ★

Vre

★ Panorama du Vélodrome
△ 1211

Empreintes de
pas d'oiseaux

Le Bès

D 900

UNESCO

Arigeol

Bléone

Site de l'Ichtyosaure ★

La Javie

La Robine-
sur-Galabre
D 103

Bès

Bléone

D 900

Bouinenc

★ Dalles aux
ammonites
géantes

GÉOPARC

★ Clue de
la Peine

★ Musée promenade-
UNESCO Géoparc
de Haute-Provence

Digne-les-Bains ★

Étabᵐᵗ thermal

DE

Asse de Clumanc

Plan-de-Chaude
D 219

P

ST-ANDRÉ-LES-ALPES

N 85

Sommet du
Cousson
1516 △

D 20

D 120

Site des coulées
volcaniques

Entrage

St-Michel-
de-Cousson

Forêt du Cousson

Clastres †

Clumanc

SISTERON

Châteauredon

D 907

Clue de Chabrières ▲

★ Route Napoléon

1230
Col de
Corobin

D 19

Récif fossile

St-Lions

ST-ANDRÉ-LES-ALPES

Asse

N 85

Barrême

HAUTE-PROVENCE

RIEZ

CASTELLANE

Les préalpes de Digne à l'heure du land art

Depuis le milieu des années 1990, le Pays dignois offre aux artistes majeurs du *land art* un terrain d'expression hors du commun. Pour ces artistes qui travaillent avec des éléments naturels et exposent leurs œuvres dans la nature, l'UNESCO Géoparc de Haute-Provence représente une source d'inspiration idéale. Figure emblématique de ce mouvement, l'Anglais **Andy Goldsworthy** est connu pour ses œuvres éphémères. Il est aussi le créateur du projet « **Refuge d'art** » porté par le Cairn Centre d'art. Ses créations artistiques originales, dont la première « Rivière de terre » occupe un mur du musée Gassendi *(voir p. 264)*, sont installées en bord de route, au sommet d'un col, dans une ferme ou une chapelle. Ses « Sentinelles » (ou cairns) se dressent dans les vallées du Vançon, du Bès et de l'Asse. Vous pouvez déjà vous faire une idée du *land art* en parcourant le sentier des Cairns au Musée-promenade *(voir p. 267)*.

😊 Le guide *L'Art en montagne*, en vente au musée Gassendi et au Musée-promenade *(10 €)*, présente 20 randonnées d'art contemporain au départ de Digne-les-Bains.

long de 4,50 m barbotait dans la mer Alpine qui recouvrait la région il y a 180 millions d'années. Son squelette fossilisé est remarquablement conservé.
Poursuivez sur 6 km après le carrefour avec la D 103.

★ Panorama du Vélodrome

🐾 *Accès en 3h AR - facile - au départ du parking au bord du torrent du Bès.*
Vous traversez des terrains rougeâtres plantés de pins. Continuez toujours sur la gauche jusqu'à la première éminence, puis jusqu'aux ruines du hameau d'Esclangon : prenez à droite pour atteindre à vue le sommet. À l'ouest, le plissement en forme de « vélodrome » de couches de grès soumises à d'intenses mouvements de compression. L'érosion continue a entamé ce relief en creusant la vallée du Bès, lui donnant son aspect actuel.

Empreintes de pas d'oiseaux

Il y a 20 millions d'années, la mer dansait ici le long de golfes clairs. Des oiseaux proches des pluviers picoraient dans le sable humide du rivage. Pour compenser l'inaccessibilité du site, une aire aménagée au bord de la route présente un moulage d'empreintes de pas d'oiseaux ainsi que des panneaux d'information sur les fossiles et la géologie du lieu. De là, en 5mn à pied par le sentier du Vieil Esclangon, on accède à un belvédère géologique sur la Clue du Péouré et les Terres Rouges.
Reprenez la route sur 1,7 km.

★ Clues de Barles

Sur la route de Barles, les gorges deviennent si étroites qu'on passe difficilement à deux voitures. Ce paysage rocheux sculpté par la nature s'apprécie encore mieux à pied. La première clue, à la hauteur de la source de Fontchaude, est connue sous le nom de la clue d'aval de Barles ou clue du Pérouré. La deuxième, la clue d'amont de Barles ou clue de St-Clément, impressionne par sa verticalité. À l'entrée se dresse une étrange sculpture de pierre. C'est l'une des « sentinelles » de l'artiste contemporain Andy Goldsworthy *(voir encadré p. 275)*.

🐾 *10mn.* Plus loin, des **empreintes de courants** prouvent qu'un climat tropical régnait ici, il y a 300 millions d'années.
Vous traversez ensuite la **clue de Verdaches**, revêtue d'une abondante et fraîche végétation.
Poursuivez sur la D 7.

6

Viapac - route de l'art contemporain

Elle relie sur 235 km les Alpes-de-Haute-Provence, de Digne-les-Bains à la province de Cuneo en Italie. Elle traverse les vallées de la Bléone, du Bès, de la Blanche, de l'Ubaye et se termine côté français au col de Larche. Sept sites français (entre Digne et Auzet, Vière, Le Vernet, Seyne-les-Alpes, St-Vincent et le col de Larche) et cinq sites italiens accueillent les œuvres de onze artistes européens et d'un Américain.

Éloignées de la route, ces réalisations obligent le touriste à pénétrer au cœur des Alpes-de-Haute-Provence et à en découvrir toute la beauté naturelle. Point zéro, fossiles imaginaires d'hydropithèques, alignement de pierres taillées, tables penchées, ours hibernant, maquettes et table-relief s'intègrent aux paysages à l'origine de ces œuvres.

☞ Pour plus d'informations, renseignez-vous à l'office du tourisme de Digne-les-Bains (*voir p. 269*) ou au musée Gassendi (*voir p. 264*).

★ **Col du Fanget** *Voir p. 281*

★ **Seyne** *Voir p. 279*
Quittez Seyne au nord par la D 900.

★ **Col de Maure**
Alt. 1346 m. Il fait communiquer les vallées de la Blanche et du Bès. En été, ces affluents de la Durance sont de simples filets d'eau et leurs vallées désertiques produisent une impression saisissante.

Tout près du col, parmi les mélèzes et les alpages, la petite station du **Grand-Puy** (*voir p. 280*) sert d'annexe hivernale à Seyne.

Rejoignez la route de l'aller près de la clue de Verdaches.

☞ Possibilité de revenir à Digne-les-Bains par la vallée de la Bléone en suivant la D 900.

★ Route du col de Corobin C2-3

▶ *Circuit de 32 km, de Digne-les-Bains à Barrême, tracé en bleu sur la carte. Quittez Digne par la D 20 vers Entrages.*

Sur la gauche se tient une ancienne ferme encadrée de deux pigeonniers où **Napoléon** se serait restauré avant d'entrer dans Digne. Après l'embranchement menant au sommet du Cousson, la route pénètre dans la **forêt du Cousson**, dominée sur la gauche par la barre calcaire des Dourbes.

Après le **col de Corobin** (alt. 1230 m), vous atteignez Norante au carrefour de la N 85 que vous suivez jusqu'à Barrême.

Barrême *Voir p. 284*
Barrême est situé au confluent des trois petites vallées de l'Asse : l'Asse de Moriez (où passe la N 202), l'Asse de Blieux au sud et l'Asse de Clumanc au nord. En aval de Barrême, le torrent porte le nom d'Asse et s'engage dans la **clue de Chabrières★**.

L'Asse de Clumanc

▶ *Circuit de 18 km, de Barrême à Plan-de-Chaude par la D 19, tracé en gris sur la carte.*

Vous longez le cours de l'Asse de Clumanc au plus près de son lit. La vallée recèle une étonnante richesse de couches fossilifères, fidèle reflet des bouleversements géologiques.

Récif fossile de St-Lions

1h AR. Parking à l'entrée de St-Lions. Chaussures de marche recommandées.
Après une traversée de sous-bois, vous voilà devant un récif de coraux vivant il y a 35 millions d'années dans la mer Alpine. Le fond sur lequel ils s'établirent était composé de galets amassés là par l'érosion des reliefs environnants. Vous reconnaîtrez aussi des oursins et des huîtres. Tous ces animaux furent recouverts par des boues argileuses venues du continent proche...

Clumanc

Les maisons aux toits de lauzes s'échelonnent le long du torrent. Remarquez l'**église N.-D.**, de style roman, qui abrite un intéressant tabernacle en bois doré.
À la sortie nord du village, un chemin à droite mène en 10mn au **panorama★** des ruines du château. Le flanc de la colline offre une belle coupe géologique. Les roches ont été plissées et l'érosion a dégagé une surface où se sont déposés les conglomérats, fossilisant ainsi la formation.

Site des coulées volcaniques

15mn. À la bifurcation avec la D 219, garez-vous avant la poste et prenez le sentier.
Voilà la seule trace d'une activité volcanique dans la région. À 60 km de là, il y a 35 millions d'années, des volcans ont craché laves et cendres qui se sont déposées au fond de la mer Alpine et ont été transportées jusqu'ici.
Vous pouvez franchir le torrent Riou des Sauzeries et rejoindre à pied le hameau de **Clastres** qui possède une petite chapelle. Reprenez la route pour revenir à la mairie de Clumanc.

★ Clue de la Peine

1h30 AR. Garez-vous sur le parking près des maisons (accessible seulement aux voitures).
Le sentier balisé mène à la clue, gorge étroite et sauvage creusée à l'ère secondaire. *Reprenez le même circuit pour retourner à Barrême.*
À **Plan-de-Chaude**, en direction de la clue de la Peine, possibilité de poursuivre le trajet par la D 219 qui franchit une autre vallée et atteint Lambruisse. En longeant le cours de l'Issole, vous rejoindrez alors St-André-les-Alpes *(voir p. 334)*, puis le lac de Castillon.

Autres phénomènes géologiques décrits dans ce guide

Les cheminées de fées (ou « demoiselles coiffées ») à **Pontis** *(voir p. 158)* et à **Théus** *(voir p. 153)*.
La Casse Déserte *(voir p. 119)*.
Les Pénitents des Mées dans le Val de Durance *(voir p. 240)*.
Le plissement du rocher de la Baume à Sisteron *(voir p. 225)*.

📍 Nos adresses

Restauration

Premier prix

Le Cheval Blanc – *92 Laux - Marcoux - 6,5 km au nord-est de Digne-les-Bains - 📞 04 92 62 21 70 - www.bistrotdepays.com - fermé dim. soir-mar. - plats 16/26 €.* Agréable Bistrot de Pays situé à l'entrée du village de Marcoux où l'on sert une bonne cuisine locale à base de produits frais. En prime, une jolie vue sur les montagnes environnantes.

Hébergement

Premier prix

Gîte Les Terres Noires – *Lieu-dit La Gardivouère - Draix - 13 km au nord-est de Digne-les-Bains par* les D 900 et D 22 - 📞 *06 50 72 14 16 ou 06 98 96 63 02 - giteslesterresnoires.com -* 🅿 *- 1 studio et 2 ch. attenantes 70 € ☕ - ✗ sur réserv.* C'est au bout d'une route au cœur des Terres Noires que Marc et Caroline ont posé leurs valises après une carrière aux quatre coins du monde. Depuis, le couple s'emploie à recréer un écosystème sur ce petit bout de montagne et à défricher des sentiers de VTT et de randonnée dans la zone qui les entoure. Résultat : après l'effort, on contemple le reflet des cimes dans le petit étang ou on se laisse hypnotiser par le ballet des papillons multicolores qui volent autour des lavandes. La table d'hôtes fait évidemment la part belle aux légumes du potager.

Randonnée sur les marnes noires, près de Digne-les-Bains.
M. Cavalier/hemis.fr

Seyne ★

Entre les Alpes et la Provence, non loin du lac de Serre-Ponçon, la verdoyante vallée de Blanche Serre-Ponçon s'épanouit à 1200 m d'altitude sous le soleil et les sommets. Seyne, sa petite capitale, a su devenir un centre estival et de sports d'hiver sans sacrifier ses traditions, l'élevage des chevaux et surtout des mulets.

▶ Se repérer

CARTE P. 222-223 (C1)
1397 Seynois – Alpes-de-Haute-Provence (04).
Situé sur la D 900, à 41 km de Digne et 25 km du lac de Serre-Ponçon.

⏱ Organiser son temps

Comptez 2h pour vous promener dans le village et visiter la citadelle.

👪 En famille

L'escape game dans la citadelle.

ℹ Carnet pratique p. 282

📍 Nos adresses p. 282

Se promener

😊 Seyne compte 4 écomusées (la forge, l'école, le tailleur, la bugade) qui rappellent la vie d'autrefois *(en été et visite guidée seult. ; se rens. à l'office de tourisme).*
▶ *Circuit au départ de la place d'Armes. Suivez la Grande-Rue, puis prenez à gauche la rue du Barri.*
Vous passez devant la **forge** et, au bout de la rue, vous arrivez à la **porte de Provence** qui constitue l'unique vestige de l'enceinte médiévale. En remontant la rue Basse, vous verrez l'**école** et la boutique du **tailleur** juste à côté.
Poursuivez dans la Grande-Rue.

Chapelle des Dominicains

Une étonnante peinture, la *Procession des pénitents*, y représente la population de Seyne selon l'ordre social établi.

Église N.-D.-de-Nazareth

Voir illustration « ABC d'architecture » p. 451. Avec sa belle robe rose et bleu, c'est un superbe spécimen d'art roman montagnard. Beau mobilier (stalles, chaire, retable) et chapiteaux ornés d'horribles monstres anthropomorphes. Rejoignez la rue Haute : à côté du lavoir est évoquée la **bugade**.
Rendez-vous enfin à la citadelle.

Citadelle

Montée du Fort - ☎ 04 92 35 31 66 - fortetpatrimoine.free.fr - de juin à mi-sept. : 10h-18h ; de fin mars à déb. juin et de mi-sept. à oct. : 10h-12h, 14h-18h ; reste de l'année : se rens. - 6 €.
Elle fut construite en 1693 à la demande de **Vauban** et englobe la grande tour de guet du 12ᵉ s. Le rattachement de l'Ubaye à la France, lui enleva son intérêt stratégique. Expositions sur la citadelle et l'activité mulassière.
👪 Un escape game a été aménagé dans les souterrains de la citadelle *(www. fort-escape-seyne.com).*

6

Le roi mulet

À Seyne, le **mulet** est en son royaume. Pour preuve, c'est pendant le dernier concours mulassier de France, le 2ᵉ samedi d'août, qu'a lieu la fête du village, sans compter la Foire aux bovins et aux chevaux du 2ᵉ samedi d'octobre. Consécration bien méritée : animal de bât au pied sûr en montagne, animal de trait dans les champs et les exploitations forestières, le mulet convoyait aussi les munitions et le ravitaillement des chasseurs alpins isolés dans des fortins perchés. Hybrides stériles de la jument et de l'âne, mulets et mules sont plus petits, plus résistants et plus économiques que les chevaux. L'arrivée du tracteur devait sonner le glas de cet élevage et de ses traditions. Mais les Seynois ont refusé la fatalité en développant tourisme vert et randonnées équestres. Un **musée** (rte de Chardavon) lui a été dédié, ouvert en été. Plusieurs journées d'animation y sont programmées.

Séjourner

CARTE P. 222-223

Stations de la vallée de Blanche Serre-Ponçon C1

La vallée de Blanche Serre-Ponçon, qui s'étend sur 20 km entre Seyne et la Durance, compte trois stations-villages auxquelles s'ajoute le site de pleine nature du Fanget. Au **col de Maure** (voir p. 276), dans une zone limitrophe de mélézins et d'alpages, près de la **cabane des Mulets**, la Blanche prend sa source (🐾 comptez 3h pour y accéder). Ce torrent traverse en diagonale le Pays de Seyne. Au nord, en aval de Selonnet, il a creusé de profondes gorges avant de rejoindre la Durance. La vallée, évasée, conserve la marque du front glaciaire qui a atteint le **col St-Jean**.

Montclar

▶ 12 km au nord par la D 900.

ⓘ Pl. de la Station - ☎ 04 92 30 92 01 - www.montclar.com.

Alt. 1350-2 500 m. Plus de 55 km de ski alpin (33 pistes). Cette station familiale de **sports d'hiver** répartit ses constructions de forme pyramidale sur le plateau d'où partent les pistes de ski. Elle partage son domaine skiable et ses itinéraires raquettes avec **Le Lauzet-Ubaye** (voir p. 350) sur l'autre versant de la Dormillouse. À **Montclar**, un château du 17ᵉ s. flanqué de deux belles tours rondes se dresse sur une butte (ne se visite pas).

Chabanon

▶ 12 km à l'ouest par la D 900.

ⓘ Station de Chabanon - Selonnet - ☎ 04 92 32 48 59 - www.selonnetchabanon-tourisme.fr.

Alt. 1600-2 050 m 40 km de ski alpin (35 pistes), snowpark, ski nocturne (sam. et vac. scol. : lun. et jeu.). Situé à 12 km de Seyne, en passant par le village de Selonnet (dont la station fait partie), Chabanon domine la vallée de Blanche Serre-Ponçon.

Le Grand-Puy

▶ 6 km au sud par la D 7.

Alt. 1400-1800 m 24 km de ski alpin (16 pistes). Station la plus ancienne de la vallée, elle jouit d'une exposition privilégiée. Située dans un cadre naturel préservé, elle est couronnée par les sommets de l'Aiguillette, de Roche Close et des Têtes.

Seyne.
Meinzahn/Getty Images Plus

Col du Fanget

▶ *5,5 km au sud par la D 900.*

Alt. 1459 m. Installé au col, le **site de pleine nature du Fanget** se prête parfaitement à la pratique des activités de pleine nature, été comme hiver. Entre sousbois et plateaux, dans un cadre naturel agréable et paisible, ont été aménagés 6 parcours de raquettes et 2 circuits de ski de fond, accessibles quand la neige, devenue de plus en plus rare ces dernières années, est au rendez-vous. En été, vous aurez le choix entre 4 itinéraires de randonnée.

Belle **vue** au nord sur la vallée de Blanche, Seyne et Selonnet ; à droite, la montagne de la Blanche et le sommet de Dormillouse ; à l'horizon, les montagnes du Parpaillon et du Gapençais.

Randonnée
CARTE P. 222-223

★ Randonnée à Dormillouse C1

Au départ de St-Jean-Montclar. Prenez le télésiège jusqu'au plateau de la Chau, puis un second jusqu'à la Brèche et partez pour 45mn de marche sur une route forestière.

Alt. 2505 m. Du fort d'époque Vauban (dont la batterie a été transformée en restaurant ouvert uniquement l'été), belle **vue**★ sur la vallée de l'Ubaye. La falaise au pied du fort de Dormillouse attire les mordus de vol libre, et a même accueilli le Championnat du monde de parapente en 1991.

6

ℹ️ Carnet pratique

S'informer

Office de tourisme – *18 pl. d'Armes - Seyne-les-Alpes - ☏ 04 92 35 11 00 - www. blancheserreponcon-tourisme.com.*

Pass touristique

Passeport des musées des Alpes-de-Haute-Provence – *Voir p. 470.*

Arriver/partir

En car – La LER Marseille-Barcelonnette relie directement à Seyne depuis Digne (50mn). Plan du réseau et horaires sur zou.maregionsud.fr.

Se garer – Parking gratuit place d'Armes, à l'entrée du village (en venant de Digne).

📍 Nos adresses

Restauration

Premier prix

MA'zine Village – *11 Grande Rue - ☏ 06 64 59 27 76 - fermé lun. en vac. scol., lun. soir et merc. hors vac. scol. - plats 14/19 €.* Cette petite adresse du centre-ville affiche une carte simple : pizzas, burgers ou salades, le tout fait maison. Des assiettes pleines de fraîcheur et un accueil des plus chaleureux. Salle joliment aménagée et terrasse bien agréable.

À proximité

Pour se faire plaisir

Hôtel Le Domaine de l'Adoux – *La Miande - Montclar - ☏ 04 92 32 51 42 - www.domainedeladoux.fr - P 🖼️ - horaires, se rens. - fermé de fin oct. à mi-déc. et de mi-mars à déb. mai - plats 19/32 € - sur réserv. - 27 ch.* Implantée au cœur d'un parc de 6 ha, cette ancienne colonie de vacances a été réaménagée avec soin. Le restaurant, ouvert à tous, propose une cuisine locale montagnarde l'hiver et provençale l'été. Les propriétaires, assurent un accueil convivial. Chambres spacieuses et agréables. Piscine couverte chauffée, sauna, hammam et soins bien-être.

Hébergement

À proximité

Premier prix

Hôtel-Relais de la Forge – *Le village - Selonnet - ☏ 04 92 35 16 98 - www.hotel-lerelaisdelaforge.com - ⛷️ - fermé vac. de Toussaint - 14 ch. 80 € - ☕ en sus - 🍴.* Bâti sur le site d'une ancienne forge, cet hôtel familial, aux chambres simples et bien tenues, comprend un espace sauna et une piscine au toit amovible. Dans le restaurant rustique, avec une cheminée, le chef concocte une généreuse cuisine traditionnelle.

Route Napoléon ★

Cette partie de la voie impériale sillonne des paysages aussi variés que les stries verticales de la clue de Taulanne, les étroites vallées préalpines du Dignois ou encore la grande plaine de la Durance. De la montagne au plateau, vous traversez les villes de Castellane, Digne et Sisteron, croisant sur votre passage châteaux et édifices religieux imprégnés d'histoire. Un circuit sur les traces de Napoléon.

▶ Se repérer

CARTES P. 222-223 (BC2/CD3),
CARTE ROUTE NAPOLÉON P. 285
Alpes-Maritimes (06) et
Alpes-de-Haute-Provence (04).
La première partie du trajet de
l'Empereur, de Golfe-Juan au col de
Valferrière, est présentée dans *Le
Guide Vert Côte d'Azur* et le dernier
tronçon, de la sortie de Corps à
Grenoble, est détaillé dans *Le Guide
Vert Alpes du Nord*.

☺ À ne pas manquer

Les haltes à Castellane, Digne et
Sisteron sont inévitables, tout comme
au beau village de Volonne ; et surtout
le belvédère de la chapelle St-Jean,
d'où le point de vue est remarquable.

◔ Organiser son temps

Vous pourrez survoler le circuit en
une demi-journée, mais comptez une
journée entière de Castellane à Corps.

ℹ Carnet pratique p. 286

⦿ Nos adresses p. 286

Circuit conseillé

CARTES P. 222-223 ET 285

★ De Castellane à Sisteron BD2-3

▶ *Circuit de 100 km tracé en orange sur les cartes.*
Après le col de Valferrière, la route traverse la clue de Séranon. Le village de
Séranon, niché au milieu de forêts de pins, abrita l'Empereur la nuit du 2 au 3 mars.
Dans la descente du **col de Luens** apparaît Castellane au pied de son rocher surmonté de la chapelle N.-D.-du-Roc.

Témoignage de Las Cases

Au sujet du retour de l'Empereur, il écrivit : « Il avait débarqué au Golfe-Juan, quelques heures avant la nuit, et y avait établi son bivouac. Au lever de lune, vers une ou deux heures, le bivouac fut rompu et l'on se porta sur Grasse. Là l'Empereur comptait trouver une route qu'il avait ordonnée sous l'Empire ; elle n'avait jamais été exécutée. Il fallut se résoudre à suivre des défilés difficiles et pleins de neige, ce qui lui fit laisser à Grasse, à la garde de la municipalité, sa voiture et deux pièces de canon. [...] L'Empereur allait comme l'éclair. La victoire devait être dans ma volonté. La France était pour moi dans Grenoble. Il y avait cent lieues à parcourir, nous les fîmes en cinq jours du 2 au 7 mars et dans quels chemins et par quels temps... » (*Mémorial de Ste-Hélène*).

6

Château-Arnoux-St-Auban.
clodio/Getty Images Plus

★ Castellane *Voir p. 332*

En montant au **col des Lèques** (alt. 1148 m), vues sur Castellane, le lac de Castillon et les Préalpes de Provence.

★ Clue de Taulanne

Par cette ouverture spectaculaire, on passe du bassin du Verdon à celui de l'Asse. De Castellane à Châteauredon, perpendiculairement aux crêtes abruptes des **serres** de haute Provence, l'Asse a scié des portes rocheuses qui présentent de belles stratifications parfois verticales.

Senez

Senez, l'un des plus anciens évêchés de France, fut aussi l'un des plus pauvres, un de ces « évêchés crottés » aux revenus bien médiocres. L'évêque **Jean Soanen**, en désaccord avec la bulle *Unigenitus Dei Filius* qui condamnait le jansénisme, fut révoqué en 1727 et mourut en exil à La Chaise-Dieu. La **cathédrale** (13ᵉ s.), aux murs d'un brun chaud, possède une belle nef de style roman provençal, des stalles, des retables, un lutrin du 17ᵉ s. et un antiphonaire (livre de chants liturgiques) du 18ᵉ s. *Rejoignez la D 4085 et poursuivez vers Digne.*

Barrême

Une inscription sur une maison au bord de la D 4085 rappelle que Napoléon coucha ici le 3 mars 1815. La mairie abrite un **musée** dédié aux fossiles, rassemblés par une figure locale, Louis Maurel. *℘ 04 92 34 20 04 - 8h-12h, 14h-17h, merc. 8h-12h - fermé w.-end - gratuit.*

Vous pourrez également aller humer d'agréables fragrances au **musée de la Distillerie**, installé dans une ancienne distillerie qui a gardé son énorme chaudière et ses alambics où passèrent les extraits de plantes aromatiques comme la lavande, la sauge ou encore la menthe. *Parc de la Distillerie - ℘ 06 79 01 78 25 - www.secrets-de-fabriques.fr - ♿ - de déb. juil. à mi-sept. : 10h-13h, 14h30-18h ; juin et sept. : merc., vend. et w.-end 10h-13h, 14h30-18h ; reste de l'année se rens. - 6 €.*

Après Chaudon-Norante, vous entrez dans les Préalpes de Digne. L'Empereur

suivi le tracé de l'actuelle D 20 jusqu'à Digne, mais l'on poursuit par la D 4085 et la **clue de Chabrières**★, resserrée entre de hautes murailles calcaires.

★ Digne-les-Bains *Voir p. 263*

Sortez de Digne par le sud-ouest.

La N 85 poursuit son parcours dans la **vallée de la Bléone**, entre le plateau de Valensole et les Préalpes de Digne. À droite se dresse la silhouette hardie du château de Fontenelle, avec ses quatre tours d'angle.

Château de Malijai

Pl. du Château - ☏ 04 92 34 01 12 - ♿ - horaires, se rens. - gratuit.

Cet élégant château, célèbre pour ses gypseries et ses stucs de style Louis XV, s'élève le long de la Bléone. Du 4 au 5 mars, Napoléon y passa la nuit dans un fauteuil. Il abrite aujourd'hui la mairie.

Après Malijai, l'horizon s'élargit sur la vallée de la Durance et la masse bleutée de la montagne de Lure. La N 85 longe le canal d'Oraison jusqu'à **L'Escale** où un important barrage contient les eaux de la Durance.

Château-Arnoux-St-Auban

🛈 *Ferme de Font-Robert, av. de la Bastide - ☏ 04 92 64 02 64 - www.digneles-bains-tourisme.com.*

La mairie occupe le **château** Renaissance construit par Pierre de Glandèves en 1515 (pendant que d'autres étaient à Marignan...). Le jardin est aménagé en parc qui mène à la ferme de Font-Robert *(siège de l'office de tourisme)*. Cette petite ville s'anime particulièrement le dimanche matin, jour de marché.

2 km après Château-Arnoux Centre, sur la D 4096, prenez à droite la « route touristique de St-Jean ».

6

★ Belvédère de la chapelle St-Jean

15mn AR. Garez-vous au parking près de la chapelle.

L'intérieur de la **chapelle St-Jean** a été entièrement restauré par le sculpteur Bernar Venet. Le mobilier en acier oxycoupé est résolument contemporain, de même que les vitraux qu'il a dessinés. De cet ensemble se dégagent une simplicité et une austérité propices au recueillement.

Gravissez le sentier jusqu'à une table d'orientation. **Panorama** sur la montagne de Lure à l'ouest, la vallée de la Durance et Sisteron au nord ; à l'est, vous dominez le barrage de l'Escale derrière lequel s'élèvent les Préalpes de Digne ; au sud s'alignent les rochers des Mées.

Revenez à Château-Arnoux et continuer vers le nord sur la N 85. Peu après la sortie de la ville, traversez la Durance vers Volonne.

Volonne

Parmi de beaux vergers, ce village pittoresque est accroché à un éperon surmonté de deux vieilles tours.

Au nord du bourg subsistent les vestiges de l'**église St-Martin**, témoin du premier art roman primitif du 11e s. La toiture a disparu et l'on découvre cette architecture sous le soleil et les frondaisons.

Peu après le barrage de Salignac, la route offre une **vue★** panoramique sur le site de Sisteron.

★★ Sisteron *Voir p. 224*

★ De Sisteron à Corps

▶ *Circuit de 79 km tracé en gris sur la carte p. 150-151. Voir p. 171.*

ℹ Carnet pratique

Pass touristique

Passeport des Musées des Alpes-de-Haute-Provence – *Voir p. 470.*

Agenda

Fête de la lavande à Barrême – *Fin juil.* Le temps d'un week-end Marché provençal, distillation, concerts, expositions, etc.

📍 Nos adresses

Restauration

À Château-Arnoux-St-Auban

Budget moyen

Bistro Gaby – *Voir La Bonne Étape -* 📞 *04 92 64 48 48 - ferme à 19h - plats 27/32 €.* Le pendant bistrot du restaurant étoilé La Bonne

Étape n'a pas à rougir de la qualité de ses produits et de sa cuisine. Les spécialités régionales sont à l'honneur et l'on se régale d'un burger d'agneau ou d'un poisson du jour servi avec une ratatouille provençale.

Une folie

La Bonne Étape – *14 av. Gén.-de-Gaulle -* 📞 *04 92 64 48 48 - www. bonneetape.com - fermé lun.-mar., merc. midi, jeu. midi et vend.*

*midi - menus 115/195 € - réserv.
fortement conseillée.* Ce restaurant
étoilé installé dans un Relais et
Châteaux consacre la cuisine
du chef Jany Gleize, un enfant
du pays qui a repris le flambeau
familial pour offrir une cuisine
gastronomique raffinée marquée
par ses racines provençales. Ici, les
petits légumes farcis côtoient le
thon de Méditerranée ou la soupe
au pistou.

À Aubignosc

Budget moyen

La Magnanerie – *2 km au nord
du village -* 📞 *04 92 62 60 11 -
www.la-magnanerie.net -*
🅿 *- menus 15/31 € - 9 ch.* Une
équipe jeune et passionnée fait
souffler un vent de modernité
sur cet hôtel-bistrot ! À l'unisson
du décor très contemporain,
le jeune chef réalise un travail
minutieux et inspiré, en jouant sur
les associations de saveurs, les
textures et les contrastes valorisant
ainsi une cuisine de fusion
franco-sud-américaine.

Shopping

**Maison de produits du Pays
dignois** – *N 85 - Mallemoisson -*
📞 *04 92 34 49 56 - www.
maisondepaysdignois.fr - tlj.*
Large choix de produits locaux :
biscuits, chocolats, miels, huiles
d'olive, tapenades, tomates
séchées, confitures, jus de fruits,
huiles essentielles de lavande et
lavandin, etc. À cela s'ajoutent les
créations des artisans d'art : bois,
cuir, poterie et santons, émail et
bijoux, etc. Un distributeur a été
installé à l'extérieur, juste à côté
de l'entrée !

Activités

🌿 👥 **Lac de l'Escale** – Ce lac de
retenue, lié à la construction du
barrage, est un refuge pour les
oiseaux. Le cheminement qui en
fait le tour *(🚶 🚲 au départ de
Volonne - 10 km)* a été réaménagé,
jalonné de panneaux explicatifs
et doté d'une passerelle sur la
Durance, permettant la création
d'une boucle plus petite adaptée
aux familles *(5 km)*.

Sports aériens – St-Auban
est une plate-forme réputée
*(rens. à l'office de tourisme de
Château-Arnoux-St-Auban).*

Hébergement

À Volonne

Premier prix

🌿 **Sunêlia l'Hippocampe** – *7 r. de
la Durance -* 📞 *04 92 33 50 00 -
www.l-hippocampe.com -* ✕
♿ *- fermé sept.-avr. - 390 empl.
29/78 €.* Au bord de la Durance, ce
camping haut de gamme labellisé
Clef Verte propose de nombreux
loisirs autour de son parc aquatique
mais aussi en rivière (canoë, pédalo,
paddle...). Chalets et mobile homes
en location, au milieu des oliviers et
des cerisiers.

6

Sortie en kayak dans les gorges du Verdon.
seraficus/Getty Images Plus

7

Pays du Verdon et clues de haute Provence

CARTE MICHELIN DÉPARTEMENTS 334 – ALPES-DE-HAUTE-PROVENCE (04), VAR (83)

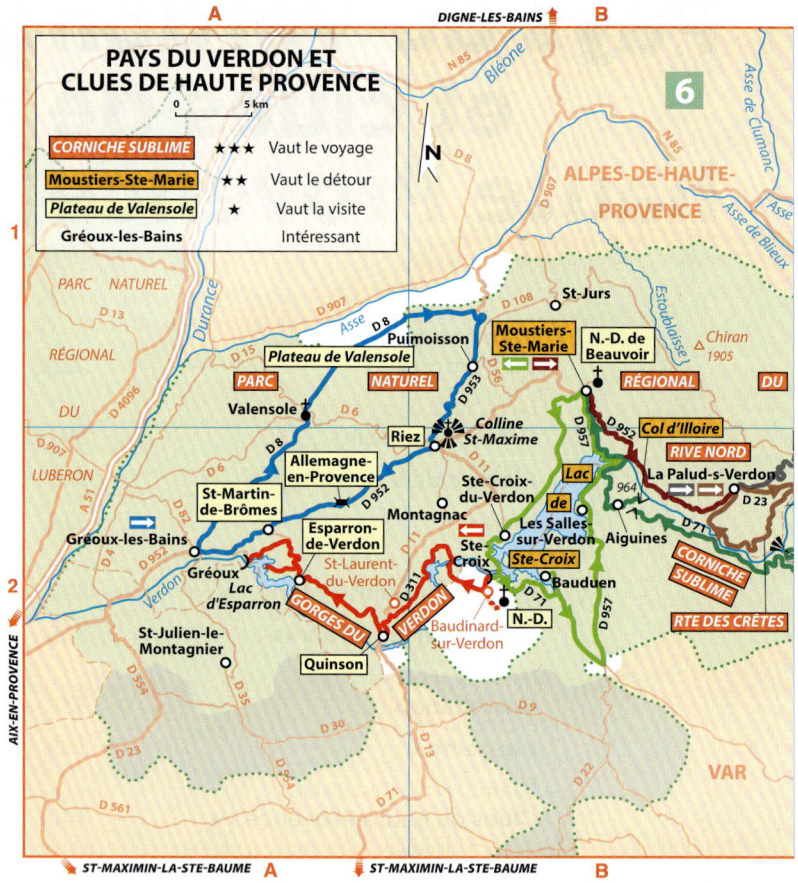

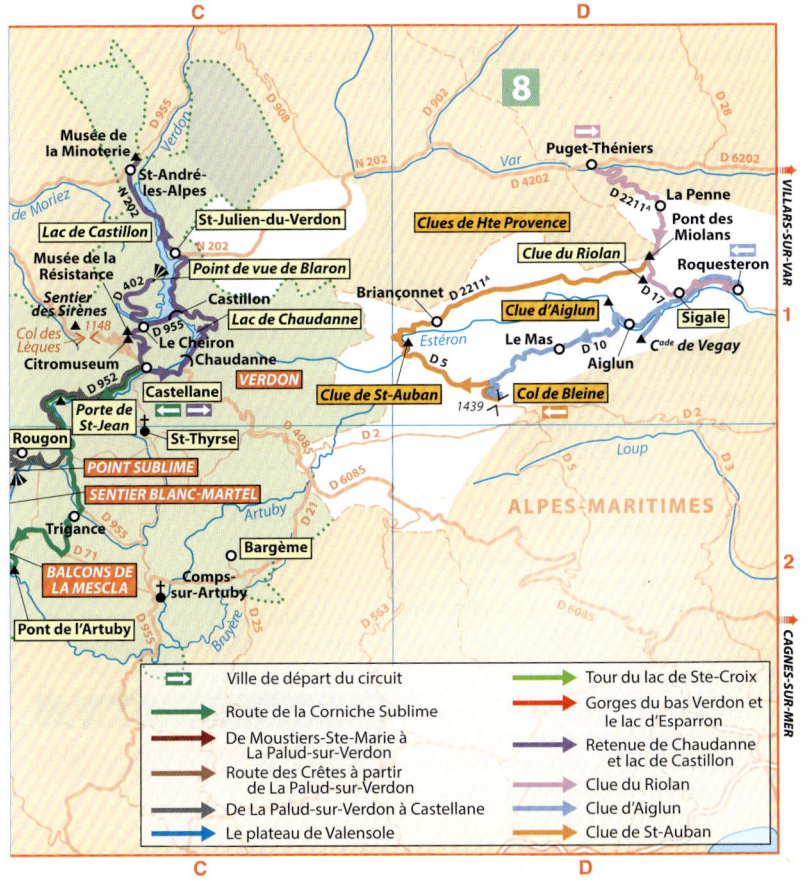

8

Musée de la Minoterie
St-André-les-Alpes
de Moriez
Lac de Castillon
Musée de la Résistance
Sentier des Sirènes
▲ 1148
Citromuseum
Col des Lèques
Castillon
Le Chéiron
Chaudanne
Castellane
Porte de St-Jean
Rougon
St-Thyrse
POINT SUBLIME
SENTIER BLANC-MARTEL
Trigance
BALCONS DE LA MESCLA
Pont de l'Artuby
Bargème
Comps-sur-Artuby
St-Julien-du-Verdon
Point de vue de Blaron
Lac de Chaudanne
VERDON
Verdon
Artuby
Bruyère

Puget-Théniers
Var
La Penne
Pont des Miolans
Clues de Hte Provence
Clue du Riolan
Roquesteron
Briançonnet
D 2211ᴬ
Clue d'Aiglun
Sigale
Cᵈᵉ de Vegay
Estéron
Le Mas
D 10
Aiglun
D 5
Clue de St-Auban
1439
Col de Bleine
Loup

ALPES-MARITIMES

VILLARS-SUR-VAR
CAGNES-SUR-MER

1
2

Ville de départ du circuit

Route de la Corniche Sublime

De Moustiers-Ste-Marie à
La Palud-sur-Verdon

Route des Crêtes à partir
de La Palud-sur-Verdon

De La Palud-sur-Verdon à Castellane

Le plateau de Valensole

Tour du lac de Ste-Croix

Gorges du bas Verdon et
le lac d'Esparron

Retenue de Chaudanne
et lac de Castillon

Clue du Riolan

Clue d'Aiglun

Clue de St-Auban

Parc naturel régional du Verdon ★★★

De ses gorges spectaculaires jalonnées de lacs turquoise jusqu'au plateau de Valensole couleur lavande, le Parc naturel régional du Verdon collectionne les paysages admirables, auxquels s'ajoute encore le charme de ses villages perchés. Partez à sa découverte le long de ses nombreux sentiers de randonnées et, pour les amateurs de sensations fortes, explorez ses voies d'escalade, ou osez les sports d'eaux vives dans ses canyons encadré par un professionnel.

▶ Se repérer

CARTE P. 290-291,
CARTE DU GRAND CANYON P. 296-297 ET
CARTE DE RANDONNÉE P. 302

Alpes-de-Haute-Provence (04) - Var (83).

De Gréoux-les-Bains à l'ouest à Castellane à l'est, de Moustiers-Ste-Marie au nord à Aups au sud, le Parc naturel régional du Verdon est à la frontière des départements du Var et des Alpes-de-Haute-Provence. Bordé à l'ouest par la Durance, il est traversé dans l'est par la Route Napoléon. Le **Grand Canyon** proprement dit court de Rougon à Aiguines en passant par La Palud, en amont du lac de Ste-Croix. Les D 952 et D 23 longent sa rive nord, la D 71 sa rive sud.

☺ À ne pas manquer

Le Verdon est le paradis des activités de pleine nature, profitez-en ! Il sera toujours temps de se plonger dans son passé préhistorique à Quinson, d'admirer les faïences à Moustiers-Ste-Marie, de se ressourcer à Gréoux-les-Bains, de humer le lavandin sur le plateau de Valensole…

⏱ Organiser son temps

Comptez au moins une journée pour parcourir les deux rives des gorges. Les amateurs de randonnées et de sensations fortes s'y attarderont au moins deux jours. Mais le Verdon ne se résume pas aux seules gorges ! Plusieurs jours sont nécessaires pour apprécier les richesses patrimoniales et la diversité des paysages qu'offre le parc dans son ensemble.

👪 En famille

La Maison de site du Point Sublime, le musée des Tourneurs sur bois à Aiguines.

ⓘ Carnet pratique p. 304

⚲ Nos adresses p. 305

Circuits conseillés

CARTE P. 290-291

Depuis 1997, le Parc naturel régional du Verdon valorise 180 000 ha dépendant de 46 communes qui environnent le cours d'eau. Jaillie des montagnes à 2 500 m d'altitude pour finalement se jeter dans la Durance, la rivière dessine un trait d'union entre les Alpes et la Provence. Si le parc compte en son cœur les gorges du Verdon, il regroupe aussi une mosaïque de paysages dont l'identité culturelle est forte. Sept unités, complémentaires et spécifiques, sont clairement identifiées :
- **le plateau de Valensole** (voir p. 311) où les champs de lavandin ont gagné du terrain sur les cultures céréalières,
- **les basses gorges** autour d'Esparron et de Quinson (voir p. 326),

Les gorges du Verdon.
luisapuccini/Getty Images Plus

- **le lac de Ste-Croix** *(voir p. 325)*,
- **les gorges du Verdon**, précisément dénommées ainsi, en amont du lac de Ste-Croix, qui comprennent le Grand Canyon et dont il sera question ci-après,
- **les lacs et montagnes** autour de Castellane *(voir p. 332)* et le pays de l'**Artuby** du côté de Bargème *(voir p. 339)*,
- **les collines du haut Var** avec Aups *(se reporter au Guide Vert « Côte d'Azur »)*.
L'altitude moyenne du Parc oscille autour de 700 m avec un point culminant, le **Mourre de Chanier**, à 1930 m. La succession rapide des divers étages de la végétation méridionale puis alpine fait cohabiter sur des espaces réduits des espèces très variées : cigale peuplant la garrigue et les oliveraies, sanglier du sous-bois méditerranéen, chamois des crêtes, tétras-lyre sous les mélèzes, marmotte des pelouses piquetées de gentianes et une rareté protégée qu'on aurait d'ailleurs peu envie de manger, l'escargot poilu. Dans les airs, il est possible de distinguer l'aigle royal, le circaète Jean-le-Blanc, le gypaète barbu, les vautours moines et percnoptères ou le vautour fauve réintroduit avec succès.
Enfin, sport et détente sont à l'honneur autour des cinq lacs artificiels, sur les sentiers de randonnée, les voies d'escalade ou encore dans les eaux vives des gorges. Activités à pratiquer dans le respect de la nature et en observant les réglementations.

★★★ Route de la Corniche Sublime

▶ *Circuit de 81 km, de Castellane à Moustiers-Ste-Marie, tracé en vert foncé sur la carte. Quittez Castellane (voir p. 332) à l'ouest et prenez la D 952.*
Elle porte bien son nom. Tout au long de l'itinéraire la route va véritablement à la recherche des passages et des points de vue les plus extraordinaires, et les parcours d'approche ouvrent des horizons immenses... Rançon de la beauté : en saison estivale, l'affluence est au rendez-vous.
La route épouse la rive droite du Verdon, dont les nombreux méandres sont dominés par des escarpements imposants. Bientôt apparaissent, sur la droite, les arêtes rocheuses des Cadières de Brandis.

Les gorges du Verdon

Dompter le Verdon

Long de 175 km, le Verdon s'étire des sommets du Mercantour à la Durance. En trois décennies, pas moins de **cinq barrages** ont dû être réalisés pour l'aménagement du Verdon, en complément de celui de la Durance dans laquelle il se jette. Le premier fut celui de Castillon en 1947, suivi par celui de Chaudanne ; puis vinrent ceux de Gréoux, de Quinson et, pour finir en beauté, celui de Ste-Croix. Grâce à leurs précieuses réserves d'eau, la Provence n'a plus jamais soif. Le Verdon peut connaître des variations de débit très nettes. Lorsque le Verdon paraît à sec, son étiage se situe autour de 1,5 m³/s, soit le lâcher d'eau minimum. En saison, son débit peut passer à 10, voire 15 m³/s. Il peut être toutefois beaucoup plus important selon les précipitations.

Naissance du géant

Pourquoi le **Verdon** a-t-il creusé une si grandiose entaille dans ces rochers très durs au lieu de les contourner ? En fait, quand les plans calcaires se sont soulevés, il coulait déjà là et s'est alors enfoncé en utilisant les cassures de la roche. Il les a agrandies, surtout au quaternaire : le climat se réchauffant, son débit a dépassé les 1 000 m³ par seconde (contre 10 à 50 aujourd'hui !). L'érosion intense a sapé les falaises et creusé de gigantesques grottes.

Exploration et aménagement

Jusqu'au début du 20e s., on estimait encore que l'accès au fond de ces gorges était impossible, et seuls des coupeurs de buis, solidement arrimés, descendaient cueillir les souches pour les artisans d'Aiguines. Dès 1896, Janet sonde l'entrée des gorges, mais sans aller bien loin.

Le temps de l'aventure

En 1900, la nécessité de développer les ressources hydroélectriques de la région conduit le gouvernement à établir des projets d'aménagement du Verdon. Le fondateur de la spéléologie, **Édouard Alfred Martel** (1859-1938), après une étude topographique du Grand Canyon (la partie la plus encaissée), entreprend son exploration en août 1905 avec deux équipes, dont l'instituteur **Isidore Blanc** et Audibert père et fils, tous trois de Rougon. À l'époque, ils ne connaissent pas le rafting : avec trois embarcations de toile démontables, la descente des 21 km devient une infernale suite d'échouages, portages, chavirages. Deux bivouacs s'imposent, à l'Escalès et au Pas de l'Imbut. L'été suivant, ils rééditent l'exploit, mais sans raccourcir le temps de parcours : trois jours !

L'ouverture au tourisme

Isidore Blanc guida Martel dans ses explorations, mais il fut surtout l'initiateur du tourisme local en aménageant les sentiers. En 1920, il fonda la première section de guides du Verdon. Un monument, près du Point Sublime, cite l'un d'eux, écrit en provençal. À partir de 1928, le Touring Club de France aménage des belvédères (signalés), d'où l'on peut défier le vertige. En 1947, la route de la Corniche Sublime (D 71) ouvre la rive sud au tourisme automobile. Sur la rive nord, la route des Crêtes (D 23) n'est achevée qu'en 1973. Les gorges du Verdon devraient prochainement faire partie du réseau des grands sites de France. À ce titre, la requalification de certains se poursuit. Ainsi, dans le secteur du Point Sublime, les stationnements sont désormais régulés et un service de navettes publiques permet un délestage des véhicules et une meilleure gestion des flux de visiteurs.

★ Porte de St-Jean C1

Non signalée sur la route. Premier beau défilé, avec rochers en encorbellement, taillé dans le Verdon au travers d'un chaînon calcaire. Au-delà, la rivière amorce une large boucle et pique vers le sud.

Clue de Chasteuil

5 km après le hameau de Chasteuil.
Cette longue clue présente des bancs de roche vigoureusement redressés.
À Pont-de-Soleils, prenez à gauche la D 955.
Quittant le Verdon, la route traverse un petit défilé dans la forêt domaniale du Verdon.
Prenez à droite la D 90.

Trigance C2

😊 *Circuit de découverte en téléchargement sur www.lacs-gorges-verdon.fr.*
Un imposant château médiéval, remanié au 16e s., domine le village (devenu un hôtel-restaurant). À l'entrée du bourg, un panneau indique les principaux éléments de patrimoine à découvrir au fil de jolies ruelles provençales.
Continuez sur la D 90 à l'issue de laquelle vous tournerez à droite dans la D 71.

★★★ Balcons de la Mescla C2

Sur le côté droit de la route. De ces balcons, le regard plonge de 250 m sur la Mescla, « mêlée » des eaux du Verdon et de son affluent l'Artuby. Dans ce cadre sauvage et grandiose, le Verdon se replie autour d'une étroite crête en lame de couteau, roulant des eaux limpides. En amont se creusent des gorges orientées nord-sud, encaissées de 400 à 500 m.
Le belvédère supérieur, qu'on atteint par une courte marche, est le plus impressionnant. La route s'approche ensuite de l'Artuby.
Suivez la D 71. Attention : la neige et les éboulements peuvent entraver la route de décembre à mars.

★ Pont de l'Artuby C2

Stationnement à la sortie du pont. L'été, tous les fous de saut à l'élastique viennent sauter de ce pont (180 m) qui enjambe deux parois rigoureusement verticales.
La route, contournant le Pilon du Fayet, débouche au-dessus du canyon du Verdon.

Tunnels de Fayet

Entre les deux tunnels et juste après, **vue★★★** extraordinaire sur la courbe que décrit le canyon à hauteur de l'Étroit des Cavaliers.

★ Falaise des Cavaliers

Après s'être écartée des gorges, la route longe l'extrême bord de la falaise. Pour la voir, aller à l'Auberge des Cavaliers. Depuis les terrasses en accès libre, la vue est saisissante sur la falaise, haute de 300 m.
Sur plus de 3 km, on domine ensuite le précipice de 250 à 400 m : c'est l'une des sections les plus impressionnantes du parcours ! La route s'éloigne des gorges, puis décrit deux lacets face au ravin de Mainmorte qui ouvre une perspective sur les falaises de Barbin.

★★ Cirque de Vaumale

Un coude à gauche marque l'entrée dans le cirque de Vaumale, boisé ; la vue se développe vers la porte de sortie des gorges. 700 m au-dessus du Verdon, la route

7

GRAND CANYON

atteint son point culminant à 1202 m ; vues amples de part et d'autre de la source de Vaumale (1180 m). L'altitude est si élevée qu'on a l'impression de survoler le versant opposé. À la sortie du cirque, la route s'écarte des gorges ; **vues★** sur le Verdon, vers l'aval, et sur le lac de Ste-Croix.

★★ Col d'Illoire B2

Sortie des gorges et pincement au cœur ; arrêtez-vous au **belvédère** (967 m) pour un dernier regard au Grand Canyon, dont l'entaille fuit en amont sans qu'on puisse voir le fond. La **vue★** embrasse un monde de croupes bleutées ; au loin, on distingue l'éperon de la montagne Ste-Victoire. Au premier plan, le plateau de Valensole, d'une platitude parfaite, plonge dans le lac de Ste-Croix.

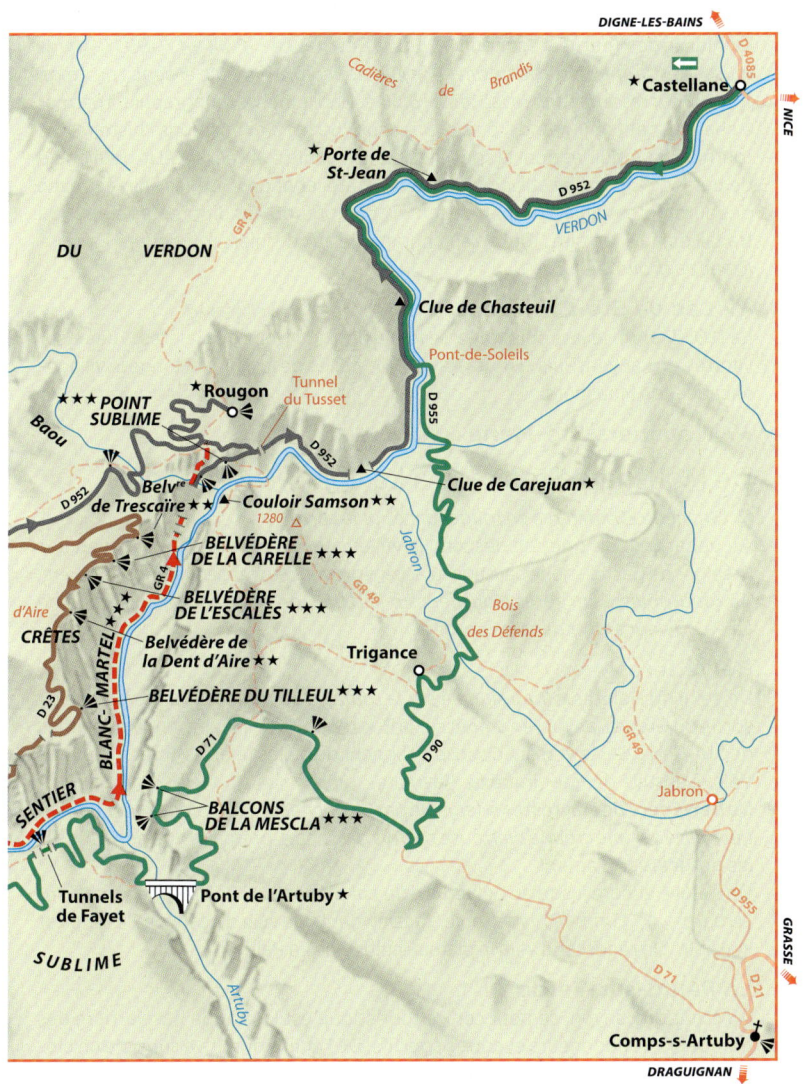

Aiguines B2

Circuit de découverte en téléchargement sur www.lacs-gorges-verdon.fr.
Aiguines est dominé par un étonnant château médiéval remanié au début du 17ᵉ s. et restaurés par ses propriétaires *(ne se visite pas)*. Les toits en poivrière des quatre tourelles seraient l'œuvre de compagnons du Tour de France venus de Bourgogne. La présence de buis dans la nature environnante a permis à ce village provençal de développer dès le 16ᵉ s. une activité de tourneurs sur bois. Longtemps réputé pour la fabrication des boules cloutées (ancêtres des boules de pétanque en acier), le village renoue aujourd'hui avec sa tradition. Outre une école de tourneurs, un musée est dédié à cet artisanat.

👥 **Musée des Tourneurs sur bois** - *Pl. de la Résistance* - 📞 *04 94 70 99 17 - www. museedestourneurssurbois.com* - ♿ - *juil.-août : 10h-19h ; juin et sept. : tlj sf dim. 10h-18h30 ; reste de l'année : se rens.* - *3,50 €*. Habilement scénographié, il permet à chacun, petits ou grands, d'apprécier sur 250 m² d'expositions l'histoire des tourneurs d'Aiguines dont la spécialité était la boule cloutée, ancêtre de la boule de pétanque. La reconstitution d'un ancien atelier et des vitrines animées avec des automates miniatures permettent de comprendre les différentes étapes du travail du buis. Un film (10mn) rend hommage aux derniers tourneurs.
Prenez à droite la D 957.

★★ **Lac de Ste-Croix** B2 *Voir p. 325*
La D 957 longe le lac, puis traverse le Verdon : du pont du Galetas, **vues★** sur l'entrée du canyon. Puis la route remonte la vallée de la Maïre et longe le village-vacances de Moustiers.

★★ **Moustiers-Ste-Marie** B1 *Voir p. 320*

De Moustiers-Ste-Marie à La Palud-sur-Verdon

▶ *Circuit de 20 km tracé en rouge foncé sur la carte.*
Au départ, tandis que l'on descend la vallée affluente de la Maïre, au pied des Préalpes de Castellane, le paysage a l'accent provençal avec ses champs d'oliviers. *Au rond-point, 3 km après Moustiers sur la D 952, prenez à gauche direction de La Palud pour entrer dans les gorges.*

Belvédères

De celui du **Galetas★** *(non signalé sur la route)*, vue sur l'imposante brèche de sortie du Grand Canyon, en amont sur la Rue d'Eau de St-Maurin, en aval sur le lac de Ste-Croix. Sur le versant opposé s'alignent de belles falaises ocrées. La route s'élève ensuite dans le cirque de Mayreste.
Du **belvédère de Mayreste★★** *(signalé par un panneau -* 👣 *15mn AR par un sentier balisé sur une croupe pierreuse parfois glissante)*, première vue générale sur les gorges, vers l'amont.
On s'élève encore jusqu'au **belvédère du col d'Ayen ★** *(1 031 m - non signalé sur la route -* 👣 *15mn AR) :* vue sur le tracé en dents de scie du canyon ; le fond est invisible. On redescend vers le plateau cultivé de La Palud.

La Palud-sur-Verdon B2

Au cœur du canyon, ce petit centre touristique est la grande base arrière des grimpeurs, randonneurs et autres sportifs. De l'église primitive subsiste un **clocher** roman du 12ᵉ s. Le **château** du 18ᵉ s. (office de tourisme) et ses quatre tours s'élèvent au centre du village.
★ **Écomusée de la Maison des gorges du Verdon** – *Le Château -* 📞 *04 92 83 76 89 - www.lapaludsurverdon.com -* ♿ - *juil.-août : 9h-12h30, 14h-18h ; reste de l'année : mêmes horaires que l'office de tourisme - 4 €.* 👥 Un lieu incontournable pour trouver toutes les informations sur les gorges et vous sensibiliser à la nécessité de protéger cet environnement *(voir aussi « Carnet pratique »).* Au rez-de-chaussée, salle d'exposition. Au 1ᵉʳ étage : un parcours pédagogique à la présentation enthousiasmante (photos, vidéo, reconstitutions), permet de découvrir tous les aspects de la vie locale (géologie, faune, flore, histoire et traditions de la région).
👣 **Sentier de découverte de Châteauneuf-les-Moustiers** – *3 km - env. 1h30. Livret de découverte (5 €) en vente à l'office de tourisme.* Un sentier à parcourir en famille, muni d'un guide, à la découverte de ce village en ruine témoignant de

---

Les oiseaux du Verdon

🖉 Le Verdon dispose d'un **atlas ornithologique** depuis la vaste enquête menée en 2004 et en 2005 dans le cadre de la constitution d'un atlas de même nature à l'échelle de la région Provence-Alpes-Côte d'Azur. 155 espèces d'oiseaux nicheurs ont été répertoriées sur ce territoire qui s'organise autour de **quatre « paysages ornithologiques »** : la confluence Durance-Verdon, le plateau de Valensole, le Grand Canyon et les Préalpes dans le haut pays. On peut aujourd'hui observer des **gypaètes barbus**. Le **vautour fauve**, quant à lui, a été réintroduit dans le Verdon. En 1999, 12 d'entre eux étaient lâchés sur la commune de Rougon. En 2023, la colonie comptait près de 700 individus dont 250 à 300 couples nicheurs. Depuis 2005, le **vautour moine** est également réintroduit et on recense aujourd'hui près d'une dizaine de couples nicheurs sur le territoire. Il existe également un couple nicheur de **vautours percnoptères**, petits vautours migrateurs d'Afrique, revenus naturellement fréquenter les gorges, depuis 2009, grâce à la présence du vautour fauve.
⌖ *paca.lpo.fr/protection/especes*

---

la vie d'autrefois. Beau panorama sur les alentours. La balade peut se poursuivre jusqu'à la chapelle Notre-Dame, construite dans la falaise (*30mn AR*).

♿ Les personnes à mobilité réduite peuvent emprunter une joëlette et se faire accompagner sur le site par un accompagnateur agréé *(contacter le PNR du Verdon : ☎ 04 92 74 68 00 ou la Maison des guides du Verdon : ☎ 04 92 77 30 50).*

★★★ Route des Crêtes depuis La Palud-sur-Verdon

Livret « La Route des Crêtes » en vente (4 €) à l'office de tourisme.
La route est partiellement à sens unique et est ouverte de fin mars à fin nov.

☺ On peut emprunter cette route au petit matin au guidon d'un vélo à assistance électrique au départ de La Palud sur Verdon *(voir « Activités », p. 307).*

▶ *Circuit en boucle de 23 km tracé en marron sur la carte.*

De La Palud, poursuivez sur la D 952 vers Castellane, puis tournez à droite sur la D 23.
La **Route des crêtes** (D 23), à partir de La Palud-sur-Verdon, forme un circuit inoubliable par les 15 belvédères qu'elle offre sur le Grand Canyon et l'observation des vautours. Au-delà des bois d'Aire, gare au vertige ! Les belvédères surplombent les gorges de si haut qu'ils donnent l'impression de vues aériennes...

Vient d'abord le **belvédère de Trescaïre★★**, qui signifie « trois côtés », point de rencontre de trois vallées. Vers l'amont, le Verdon s'écoule parmi les roches éboulées et s'efface sous les voûtes de la Baume-aux-Pigeons, dans le couloir Samson, paradis des grimpeurs.

Des **belvédères de la Carelle★★★** et de **l'Escalès★★★, vue** à pic sur les méandres encaissés et le sentier Blanc-Martel. On distingue à gauche l'Auberge du Point-Sublime et, au-dessus, le village perché de Rougon.

Du **belvédère de la Dent d'Aire★★** (alt. 1238 m), à gauche, on aperçoit les falaises dorées de la dent d'Aire et de la barre de l'Escalès. En face, le défilé des Baumes Fères est dominé par la crête d'Arme Vieille.

La route atteint 1320 m.

Au **belvédère du Tilleul★★★**, on voit s'amorcer l'échancrure de la Mescla, avec le pont de l'Artuby et, s'étirant au loin, le Plan de Canjuers. Le Verdon quitte son orientation nord-sud pour creuser son lit vers le nord-ouest.

Au **belvédère des Glacières★**, on aperçoit la Mescla et son énorme rocher en lame de couteau ainsi que la Méditerranée par temps clair.

7

Les acrobates des gorges

Autrefois, ils fournissaient la principale source de revenus des riverains. Ils récoltaient buis et miel sauvage au prix de prouesses d'ingéniosité et d'équilibre. Les récolteurs de miel, les « miélus », se déplaçaient assis sur une planche retenue par une corde. Quant aux gisements de buis, on y montait par une succession de grandes perches percées de barreaux : les « escarassons ». Les plus intrépides enfonçaient simplement des pitons dans la falaise. Plus de mille voies sont répertoriées. Le principal **site d'escalade** se trouve sur la Route des crêtes, le long de la falaise de l'Escalès. Au belvédère de la Carelle, on pourra photographier les prouesses des grimpeurs ; citons aussi le belvédère de Trescaïre.

Office de tourisme de La Palud-sur-Verdon, p. 304.

La route passe près du **chalet de la Maline**, point de départ du **sentier Blanc-Martel★★★** *(voir p. 303).*

Enfin, au **belvédère de l'Imbut★★**, le Verdon disparaît pendant 400 m sous des blocs éboulés. **Vue** sur les formidables falaises polies des Baou Béni. Vers l'amont, après le « passage du Styx », se découpe l'étroite lanière du Pré Baucher. La route quitte le Verdon et, par le ravin de Mainmorte, rejoint La Palud.

De La Palud-sur-Verdon à Castellane

▶ *Circuit de 25 km tracé en gris sur la carte.*

Dans un virage, se révèle, sur la gauche, une très belle **vue** sur le village perché de Rougon. Puis, la route traverse le **vallon du Baou** et offre à nouveau de belles vues sur les gorges.

★★★ Point Sublime

Parking (payant courte durée).

👥 **Maison de site du Point Sublime** – *www.parcduverdon.fr - de fin avr. à déb. nov. : 10h-13h, 14h-17h30 ; reste de l'année se rens. - gratuit.* Ce nouveau lieu d'accueil, créé dans le cadre de l'opération Grand Site des Gorges du Verdon, conjugue informations pratiques et pédagogiques, avec une petite boutique (carte de randonnées, ouvrages thématiques... et produits locaux) et un espace muséographique présentant le territoire.

🥾 *30mn AR.* Après la Maison de site, suivez le cheminement ponctué de panneaux de lecture du paysage qui traverse le plateau des Lauves, vaste lapiaz. À l'extrémité sud de ce plateau peuplé de chênes pubescents, un belvédère domine de 180 m le lit du Verdon, à son confluent avec le Baou.

Vue★★★ splendide sur l'entrée du Grand Canyon et la brèche du couloir Samson. *Revenez à la voiture et prenez la D 17 vers Rougon.*

★ Rougon

Ce nid d'aigle est dominé par des ruines féodales *(prudence, leur accès n'est pas aménagé).* Belle **vue★** depuis le talus dominant le parking à l'entrée du village. Dans ce cadre, vous pourrez observer les **vautours fauves** qui ont été réintroduits *Revenez sur la D 952, direction Castellane.*

★★ Couloir Samson

Garez-vous au parking (payant) et empruntez la route qui descend jusqu'au belvédère et au couloir Samson (🥾 20mn aller, 30 à 40mn retour).

Sur le sentier Blanc-Martel.
M. Cavalier/hemis.fr

De ce point, l'étranglement aval du Grand Canyon se présente sous un aspect grandiose et sauvage ; d'énormes blocs encombrent le lit.

★ Clue de Carejuan

Ses roches calcaires ont des couleurs étonnantes, troublant la verte transparence des eaux.

Retour par la rive sud.

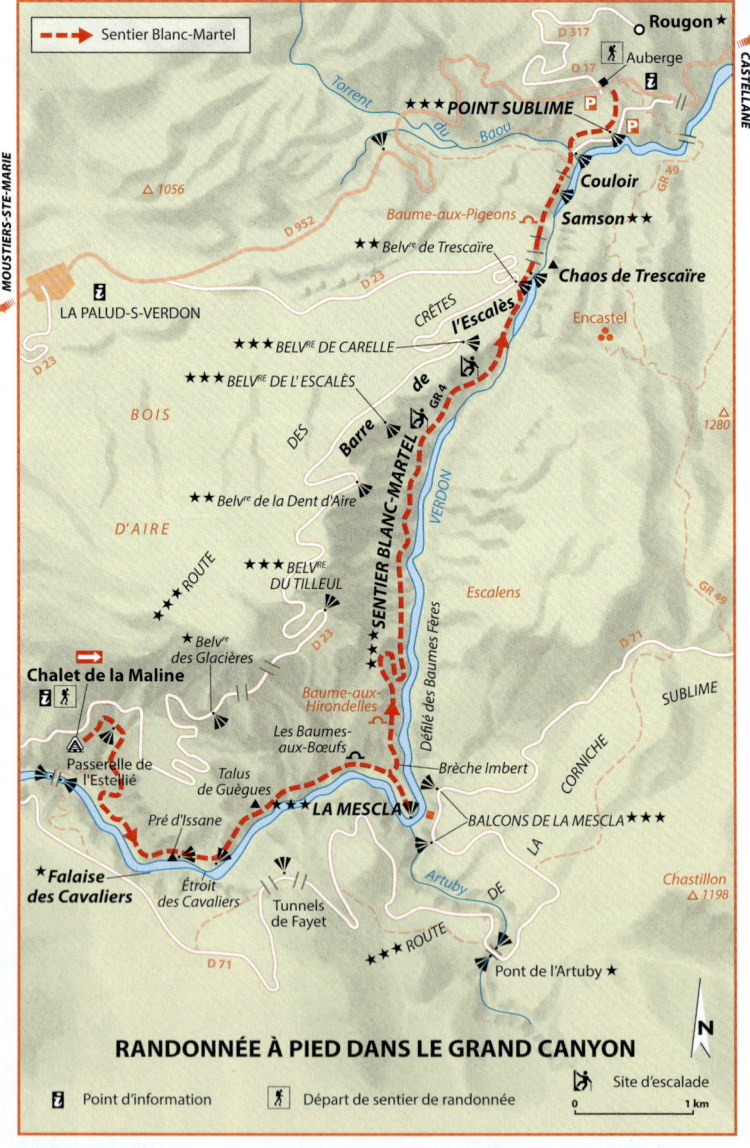

RANDONNÉE À PIED DANS LE GRAND CANYON

Sentier Blanc-Martel

Point d'information   Départ de sentier de randonnée   Site d'escalade

0   1 km

Randonnée

CARTE CI-CONTRE

😊 *En saison, la navette Blanc-Martel (de 1 à 3 dép. selon la période) au départ de La Palud-sur-Verdon facilite l'accès pour les randonneurs (réserv. en ligne uniquement : navette.parcduverdon.fr - 5 € aller - 8,50 € AR). Sinon : taxis (voir p. 304).*

★★★ Sentier Blanc-Martel

👟 *Sentier de 16 km - entre 5h30 et 6h30 - difficile et passage vertigineux - du chalet de la Maline au Point Sublime, tracé en pointillé rouge sur la carte.*

😊 Cette randonnée requiert une bonne condition physique et un équipement adapté *(voir « Sécurité dans les gorges » p. 304).*

Le GR 4, dit **« sentier Blanc-Martel »**, vous plonge au cœur du Grand Canyon. Le cheminement en lacets mène à des escaliers, belles vues sur le Pas de l'Estellié. En fin de descente, laissez à droite le chemin de la passerelle de l'Estellié qui mène à l'auberge des Cavaliers et à la Corniche Sublime.

Au **pré d'Issane**, on se rapproche du torrent que l'on suit en remontant l'Étroit des Cavaliers aux falaises hautes de 300 m. La gorge s'élargit et on arrive aux **éboulis de Guègues**, entourés de hauts versants en amphithéâtre. Descendez le talus de Guègues et remontez les gorges. Après l'immense **grotte des Baumes-aux-Bœufs**, laissez à droite un chemin qui mène à la rivière, puis prenez à droite vers **la Mescla★★★** *(30mn AR)* : c'est la « mêlée » des eaux du Verdon et de son affluent l'Artuby, qui sort d'un canyon sauvage et mystérieux. Vers l'amont, une très belle vue s'étend sur le **défilé des Baumes-Fères**.

Revenez sur vos pas : à la bifurcation, tournez à droite.

Le sentier s'élève jusqu'à la **brèche Imbert** *(mi-parcours de la randonnée)* : vue splendide sur les Baumes Fères et la **barre de l'Escalès**. On se rapproche une dernière fois du Verdon avant une marche un peu monotone entre des falaises hautes de 400 à 500 m. Les gorges se resserrent : on atteint le **chaos de Trescaïre**, à droite, amas fantastique de blocs éboulés. Au loin, on aperçoit le village perché de Rougon.

On passe ensuite deux tunnels *(110 m puis 610 m, se munir d'une lampe frontale pour garder les mains libres)*. De la dernière fenêtre, on voit le **couloir Samson★★**, défilé très étroit aux parois verticales et polies. Après le tunnel, passez le torrent du Baou sur une passerelle et montez au belvédère du couloir Samson. Pour finir en beauté, traversez la route et montez au belvédère du **Point Sublime★★★**.

De l'Auberge du Point-Sublime, revenez avec la navette en saison (de 1 à 3 dép. selon la période), sinon en taxi ou avec la ligne de car régulière 450 (voir p. 304).

ℹ Carnet pratique

S'informer

Office du tourisme de La Palud-sur-Verdon – *Le Château - ℘ 04 92 83 76 89 - www.verdontourisme.com.*
Office du tourisme d'Aiguines – *Allée des Tilleuls - ℘ 04 94 70 21 64 - www.lacs-gorges-verdon.fr.*
Maison de site du Point Sublime – *Voir p. 300.*

Pass touristique

Passeport des Musées des Alpes-de-Haute-Provence – *Voir p. 470.*

Réglementation

Dans le **Parc naturel régional du Verdon**, des panneaux rappellent les règles élémentaires de sécurité et de civisme sur les sites sensibles. En juillet-août, des **écogardes** sont chargés de surveiller le site et d'informer les visiteurs.
Interdictions – Camping sauvage, feux, fumer en forêt, cueillette de fossiles ou de fleurs. Ne pas couper les sentiers (cela favorise le ravinement) et ne pas franchir la rivière en dehors des ponts et passerelles. Il est également interdit de se baigner et de marcher le long du lit des gorges.
Respecter la nature – N'abandonnez aucun détritus, remportez-les avec vous.
ℹ www.parcduverdon.fr

Sécurité dans les gorges

Avant de partir – Consultez la météo : www.meteofrance.com.
Durée de l'excursion – Prévoyez 2h de marge de sécurité pour un retour avant la nuit. Respectez les temps indiqués pour chaque parcours afin de ne pas vous laisser surprendre.
Équipement – Emportez à manger, 2 l d'eau par personne (le Verdon n'est pas potable), une lampe de poche, de bonnes chaussures et des vêtements de protection : certains passages sont frisquets, d'autres très chauds et ensoleillés.
Enfants – Évitez de vous engager dans les gorges avec des enfants de moins de 8 ans.
Animaux domestiques – Ils sont interdits sur le sentier Blanc-Martel mais autorisés, tenus en laisse, sur les autres.
Variation du niveau des eaux – Le turbinage des eaux retenues de Chaudanne et de Castillon peut entraîner de brusques variations du niveau du Verdon *(rens. à l'office de tourisme de La Palud-sur-Verdon).* Il faut toujours rester sur la rive du sentier lors d'une longue pause près du Verdon, fixer des points de repère sur des rochers au ras de l'eau, et vérifier de temps en temps si l'eau ne les recouvre pas. Les lâchers de barrage ne sont pas précédés de signaux d'alerte.
Numéros d'urgence – Face à un accident, pensez à prévenir les secours : **112**.
Maison des guides du Verdon – *Voir ci-contre.*

Arriver/partir

Car – Ligne régulière 450 Riez-Castellane, de mai à sept. Plan du réseau et horaires sur zou.maregionsud.fr.
Navette Blanc-Martel – *Voir p. 303.*
Taxi Verdon – *℘ 06 68 18 13 13.*
Taxi La Palud-sur-Verdon – *℘ 06 20 32 87 47.*
Taxi Rougonnais – *℘ 06 42 23 63 70.*
Se garer – Les routes du parc sont sinueuses, semblables parfois à celles de montagne. Que ce soit pour admirer le paysage, prendre une photo ou chercher votre chemin, ne vous arrêtez pas sur l'emprise de la route, mais uniquement sur les aires de stationnement, sommairement

aménagées. Le circuit des gorges étant très fréquenté, allez-y de préférence hors saison ou le matin. Seuls deux parkings sont payants, en saison : le parking « courte durée » du Point Sublime et « longue durée » du Couloir Samson.

📍 Nos adresses

☞ *« Nos adresses » à Castellane (p. 337) et lac de Ste-Croix (p. 329).*

Restauration

À La Palud-sur-Verdon

Premier prix

Lou Cafetié – *Rte de la Maline - ☏ 04 92 74 41 65 - fermé merc. - plats env. 12/25 €.* L'institution de La Palud : touristes et locaux viennent y déguster une cuisine simple (steaks, tartares, omelettes) et fait maison (salades, burgers). Bon choix de bières à la pression.

À Rougon

Premier prix

Le Mur d'Abeilles – *Chemin d'Enc - ☏ 04 92 83 76 33 - fermé de déb. nov. à mars - menu 20 €.* Outre de délicieuses crêpes garnies façon locale (ratatouille, chèvre aux différents miels…), vous apprécierez le cadre enchanteur de cette crêperie conviviale. Du joli jardin en terrasse, vue époustouflante sur les gorges.

Budget moyen

🍃 **Auberge du Point Sublime** – *Le Point Sublime - D 952 - ☏ 04 92 83 60 35 - auberge-pointsublime.com - fermé de déb. nov. à fin avr. - plats env. 25/40 € - 13 ch.* C'est d'abord un point de vue exceptionnel comme vous vous en doutez ! Cette sympathique auberge familiale, membre du réseau Pays Gourmand, propose une cuisine qui fleure bon le terroir et les produits locaux, dans un cadre à l'ancienne. Petites chambres pour l'étape.

Shopping

À La Palud-sur-Verdon

Marché provençal – *Dim. mat.*

🍃 **Le Panier du Verdon** – *R. Grande - ☏ 04 92 72 69 50 - fermé dim. apr.-midi et déc.-fin avr.* Les producteurs du Verdon se sont regroupés dans cet espace pour vendre leur production : viande (agneau, porc…), pain biologique, vins, bières, miel, sirops, cosmétiques, etc.

À Trigance

Atelier-galerie La Sagne – *3075 rte de Castellane - La Sagne - ☏ 06 82 17 49 92 - sur RV hors saison.* Cette ancienne ferme regroupe une galerie d'art, une brocante, un musée de machines agricoles et un musée d'arts et traditions populaires.

Activités

😊 Baignade et activités aquatiques sont totalement interdites dans les gorges du Verdon sans être encadrées par un professionnel.

www.lacs-gorges-verdon.fr – Le site de la communauté de communes référence tous les prestataires dans le secteur.

Maison des guides du Verdon – *R. Grande - La Palud-sur-Verdon - ☏ 04 92 77 30 50 - www.escalade-verdon.fr.* Les guides vous accompagnent pour vos sorties escalade, canyoning et randonnée dans les gorges.

Randonnée et VTT

L'office de tourisme de La Palud propose des fiches randos gratuites, outre une carte payante. Le VTT est également à l'honneur avec 4 circuits au départ de La Palud-sur-Verdon.

Retrouvez les fiches des itinéraires et les traces GPS en téléchargement sur **www.verdontourisme.com**.

Cyclotourisme

Tour du Verdon à vélo – Itinéraire de 303 km (balisage avec logo bleu pour le sens horaire et orange pour le sens anti-horaire), à faire idéalement de mars à juin et de sept. à mi-nov.

Verdon E-Bike – *3 r. Grande - La Palud-sur-Verdon - ℘ 06 88 10 91 73 - verdonebike.com - 30 €/3h.* Location de vélo à assistance électrique pour découvrir la route des Crêtes.

Vélo Loisir Provence – *℘ 04 90 76 48 05 - www.veloloisirprovence. com.* Ce réseau de professionnels propose des itinéraires et services afin de faciliter les séjours à vélo, avec notamment Le tour du Verdon *(voir ci-dessus).* Un guide gratuit décrit l'ensemble des parcours et recense les hébergements, loueurs, réparateurs, restaurants, sites culturels, accompagnateurs, producteurs... labellisés « Accueil vélo ».

Eaux vives

Sorties à la 1/2 j ou à la journée à partir de 45 €.

Maison des guides du Verdon – *Voir p. 305.*

Les Canyons du Verdon – *Le Vignal - La Palud-sur-Verdon - ℘ 06 37 75 88 20 - www. lescanyonsduverdon.com - marsnov.* Canyoning, via cordata, escalade dans les gorges.

Les Verdoniens – *La Palud-sur-Verdon - ℘ 06 86 08 03 16 - www. les-verdoniens.blogspot.fr - juinoct.* Découvrez le floating et le canyoning avec un spécialiste.

Hébergement

☺ Comme tous les parcs naturels régionaux, celui du Verdon propose des hébergements soucieux de l'environnement et offrant un cadre idéal pour découvrir les richesses du Verdon. Ils sont listés sur www. parcduverdon.fr.

À La Palud-sur-Verdon

Budget moyen

Chambres d'hôtes Le Perroquet Vert – *21 r. Grande - ℘ 04 92 77 33 39 ou 06 17 13 48 03 - www. leperroquetvert.com - fermé nov.mars - 5 ch. 68/75 € ☐ - ✗ 28 €.* Au cœur du village, cinq agréables chambres sont aménagées dans cette maison rustique avec terrasse, du 18e s., dont les étages sont desservis par d'étroits escaliers. Boutique de matériel d'escalade au rez-de-chaussée.

Une folie

Hôtel des Gorges du Verdon – *5 km au sud de La Maline - ℘ 04 92 77 38 26 - www.hotel-des-gorgesdu-verdon.fr - 🅿 ⛴ ♿ - fermé oct.-Pâques - 27 ch. et 3 suites 228/291 € - ☐ 23 € - ✗.* Un rêve pour les randonneurs que cet hôtel de charme dominant les vallées. Chambres colorées et équipements pour les loisirs : hammam, Jacuzzi, piscine, Spa et salle de massage. Au restaurant, cuisine de saison et une vue panoramique.

À Aiguines

Premier prix

Gîte d'étape La Ferme des Cavaliers – *Le Petit Plan - 1490 rte des Gorges - ℘ 06 82 01 90 18 - fermedescavaliers.wixsite.com/ gite - fermé de mi-nov. à fév. - 4 ch. 56/82 € (22 €/pers. en ch. partagée) - ☐ 7 € - ✗ soir.* Tout près de la falaise des Cavaliers, sur la rive sud des gorges du Verdon, cette ancienne ferme du 18e s., propriété du Conservatoire du Littoral, a été joliment restaurée en gîte d'étape pour randonneurs et clients de passage. Chambres 2-3 personnes et dortoir pour 6.

Gréoux-les-Bains

Jean Giono voyait en Gréoux, situé au cœur de la Provence, l'« oasis romantique du Verdon ». Aujourd'hui très fréquentée, notamment par les curistes, l'antique cité thermale et climatique, choisie dès le 1er s. par les Romains pour les vertus thérapeutiques de ses eaux, cultive toujours les couleurs et les parfums, entre le miroir turquoise du lac d'Esparron et les champs de lavande.

▶ Se repérer

CARTE P. 290-291 (A2)

2 976 Gryséliens – Alpes-de-Haute-Provence (04).

14 km à l'est de Manosque, dans le périmètre du **Parc naturel régional du Verdon**. Possibilité de rejoindre le lac de Ste-Croix en passant par Riez (20 km au nord-est par la D 952).

🕐 Organiser son temps

Comptez 1h pour la promenade en ville et une de plus pour vous rendre à St-Julien-le-Montagnier et y admirer la vue.

👪 En famille

Verdon Secret 3D à voir à l'Écociné Verdon.

ℹ Carnet pratique p. 309

📍 Nos adresses p. 309

Se promener

Vieux village

Il blottit ses maisons typiques au pied du château, côté sud. Montez au **château des Templiers** *(fermé pour travaux, sf la salle des gardes, ouv. mars-nov. pour des expositions)*, avec son puissant donjon carré. Ensuite, parcourez à votre guise les **andrônes**, ruelles qui se faufilent sous les maisons. De l'autre côté de la **rue Grande**, principale rue commerçante, se trouve l'église N.-D.-des-Ormeaux, d'origine romane mais remaniée au fil des siècles. Le clocher surmonté d'un campanile a été ajouté au 19e s.

Thermes troglodytiques

À l'est de la ville sont nés en 1968 de nouveaux thermes troglodytiques. Non loin, les archéologues ont découvert une piscine datant du 1er s. apr. J.-C. : les Romains venaient déjà ici se remettre de leurs orgies. Ils dédièrent aux nymphes des eaux une **stèle** retrouvée au 20e s. La **source de Gréoux**, unique mais vaillante, débite chaque jour 2,5 millions de litres d'eau chaude (42 °C). Sulfureuse, c'est aux rhumatisants arthritiques et aux malades des voies respiratoires qu'elle fera le plus grand bien.

Parcs Oliva, Thermal et Morelon

Depuis le parc Oliva, sur l'avenue des Thermes, jusqu'au parc Morelon qui surplombe les bords du Verdon, parcourir les espaces verts de la cité thermale est une manière originale de découvrir Gréoux.

Écociné Verdon - Verdon Secret 3D

Av. Pierre-Brossolette - ☏ 04 92 79 82 18 - www.verdonsecret.com ; www.ecocine. fr - ♿ - horaires, suivant les séances, se rens. - 12 €.

7

Rue de Gréoux-les-Bains.
Musat/Getty Images Plus

👥 Ce film vous propose de suivre deux personnes sur les traces d'Édouard-Alfred Martel, père de la spéléologie, dans une descente intégrale du canyon du Verdon, cent ans après son exploit pionnier. Un regard neuf sur le Verdon et une aventure épique en 3D qui vous plongera directement dans les recoins les plus secrets des gorges… tout en restant assis confortablement dans votre siège.

À proximité CARTE P. 290-291

St-Julien-le-Montagnier A2
▶ *14 km au sud de Gréoux par la D 8 et la D 35.*
Remontez la rue des Templiers et franchissez la porte Gourdanne, vestige des **remparts** (13e s.), pour atteindre le sommet du vieux village (alt. 579 m). Là se trouve l'ancienne aire à battre le blé, dite « du bout du monde », où vous trouverez deux **moulins à vent**. **Vue★** sur la vallée de la Durance, le plateau de Valensole, les montagnes de la Ste-Baume et de la Ste-Victoire et les Plans-de-Provence : à perte de vue, de petits arbres forment une mer, dont émergent ici et là quelques villages, comme des îles au milieu des champs, des vignes et des oliviers. Arrêtez-vous à la **table d'orientation** sur la promenade du Belvédère, en route vers l'**église** (11e s.). Celle-ci est typique de la haute Provence avec son clocher carré formant lanterne ; elle possède un autel en bois doré du 17e s. et une poutre de Gloire bien conservée.

Circuits conseillés CARTE P. 290-291

★ Le plateau de Valensole AB1-2
▶ *Circuit en boucle de 74 km, au départ de Gréoux-les-Bains, tracé en bleu sur la carte. Voir p. 312.*

Gorges du bas Verdon et lac d'Esparron AB2

▶ *Circuit de 47 km, du barrage de Ste-Croix à Gréoux-les-Bains, tracé en rouge sur la carte. Voir p. 326. Circuit à suivre en sens inverse.*

ⓘ Carnet pratique

S'informer

Office de tourisme – *7 pl. de l'Hôtel-de-Ville - Gréoux-les-Bains -* ☎ *04 92 78 01 08 - www.greoux-les-bains.com ; www.durance-luberon-verdon.com.*

♀ Nos adresses

Restauration

Budget moyen

La Marmite Provençale – *12 r. Grande -* ☎ *04 92 77 66 62 - fermé merc.-jeu. - menus 26,50/35 €.* Cuisine traditionnelle, agréablement parfumée. Vous aurez le choix entre la grande terrasse à l'arrière, plantée d'un vieux tilleul, avec bois au sol et chaises design, ou la salle à l'intérieur, plus intimiste.
La Caverne – *15 r. Grande -* ☎ *09 74 56 94 48 - www.restaurant-lacaverne.com - fermé lun.-mar. - menus 29,50/46,50 €.* Située dans la principale rue commerçante de Gréoux, cette adresse appréciée des locaux est l'antre d'une cuisine de tradition qui travaille les produits frais. Trois menus alliant plats classiques et saveurs ensoleillées.

Pour se faire plaisir

Villa Borghese – *Av. des Thermes -* ☎ *04 92 78 00 91 - www.hotel-villaborghese.com - fermé de*

Arriver/partir

Train – Un bus relie la gare ferroviaire de Manosque-Gréoux au centre-ville en 1h10.
Se garer – Parkings gratuits avenue Pierre-Brossolette, esplanade Charles-de-Gaulle (en face de l'établissement thermal), en haut du village, place des Aires.

mi-nov. à mi-mars - menus 32/39 €. La Table de Pauline, le restaurant traditionnel de cet hôtel « historique », propose des plats raffinés et colorés aux saveurs provençales.

Shopping

Marchés – Toute l'année, sur le parking des Marronniers le jeudi matin. Certains mercredis d'avril à novembre, le **marché des saveurs** alterne avec le **marché des artisans** devant la mairie et sur le parking des Aires et avenue des Thermes. Marché nocturne des artisans le vendredi en juill.-août.
Maison Durandeu – *46 r. Grande -* ☎ *04 92 78 00 01 - fermé Noël-déb. mars, lun. et dim. après-midi.* Navettes, calissons, biscuits, nougats, chocolats, glaces... Yvan Durandeu, 4e génération de pâtissiers confiseurs, perpétue une tradition d'excellence dans cette maison de haute réputation.

Activités

Routes de la lavande – *Voir p. 474.*

Randonnée

😊 Notez que le GR 4 traverse la ville et que le GR 99 traverse St-Julien-le-Montagnier.

👥 Des fiches Randoland, pour découvrir en famille Gréoux et ses alentours, sont disponibles à l'office de tourisme ou en téléchargement sur son site Internet.

L'office propose aussi, d'avril à novembre, des randonnées pédestres accompagnées (merc., vend. et dim.).

Cyclotourisme et VTT

Gréoux-les-Bains est labellisé Centre cyclosport par la Fédération française de cyclisme.

L'Espace VTT-FFC, baptisé « Provence Verdon VTT », regroupe 52 itinéraires balisés, répartis sur 1100 km. Il s'adresse à tous, du vttiste débutant au pratiquant confirmé. Toutes les infos sur provence-verdon-vtt.fr.

Thermalisme

Établissement thermal – *R. des Eaux-Chaudes - ℘ 04 92 70 40 00 - www.chainethermale.fr/greoux-les-bains.html - de déb. mars à déb. déc. - réserv. conseillée.* Différentes formules sont proposées : soins à la demi-journée ou plus au spa thermal pour le grand public et séjours plus longs avec hébergement pour les curistes.

Hébergement

Budget moyen

Hôtel Les Alpes – *19 av. des Alpes - ℘ 04 92 74 24 24 - www.hoteldesalpes04.fr -* 🅿 🏊 ♿ *- fermé déc.-janv. - 26 ch. 92/152 € -* 🍽 *17 € -* 🍴. Cet hôtel familial, dans un bâtiment au pied du château des Templiers offre des chambres agréables, dont neuf avec terrasse. Au bord de la piscine chauffée, on apprécie de bons plats provençaux. Salle design et cuisine ouverte. Spa et institut de beauté.

Hôtel Villa Castellane – *171 av. des Thermes - ℘ 04 13 37 46 06 - www.villa-castellane.com -* 🅿 🏊 🍴 *39/47 € - 37 ch. 93/233 €, 23 appart. -* 🍽 *20 €.* Cet ancien pavillon de chasse et ses annexes au design contemporain se situent au cœur de la station thermale, face au casino. Chambres modernes d'excellent confort et appartements aménagés pour les familles. Spa, piscines extérieure et intérieure.

Plateau de Valensole

Sous vos yeux s'étend un gigantesque échiquier bleu et or dont les pions disséminés sont de noirs amandiers. Voilà le plateau de Valensole, avec sa succession de champs de lavandin et de blé. Le traverser est un enchantement en mars, quand fleurissent les amandiers, ou en juillet, quand vient le tour du lavandin. Dans son parfum baignent d'antiques villages chargés d'histoire.

![Le plateau de Valensole et ses fameux champs de lavandin.]

Le plateau de Valensole et ses fameux champs de lavandin.
PhiloPhotos/Getty Images Plus

▶ Se repérer

CARTE P. 290-291 (AB1-2)

Alpes-de-Haute-Provence (04). C'est un vaste losange délimité par trois vallées (celles de la Bléone au nord, de la Durance à l'ouest, du Verdon au sud) et coupé en deux par celle de l'Asse : au nord, relief tourmenté ; au sud, apparente platitude…

ⓘ Carnet pratique p. 314

📍 Nos adresses p. 314

7

Circuit conseillé

CARTE P. 290-291

★ Le plateau de Valensole

▶ *Circuit en boucle de 74 km, au départ de Gréoux-les-Bains, tracé en bleu sur la carte.*

Gréoux-les-Bains A2 *Voir p. 307*
Sortez par le nord (D 8).

Valensole A1
Avec ses habitations construites en amphithéâtre et son entrelacs de petites rues, le village a conservé un aspect médiéval. En vous promenant dans les rues, laissez les portes et les lavoirs vous raconter leur histoire. Au centre du village, remarquez la belle fontaine du 18e s. Montez jusqu'à l'**église St-Blaise** (14e s.) qui possède 46 stalles en bois du 16e s. Elle forme avec le doyenné, qui abritait une communauté bénédictine, un ensemble remarquable. Valensole est un site clunisien, depuis que l'enfant du pays, **saint Mayeul** (910-994), quatrième abbé de Cluny en Bourgogne, donna à l'ordre sa maison familiale avec la chapelle Ste-Maxime. Enfin, si vous êtes là un samedi matin, vous apprécierez le marché de producteurs. *Quittez Valensole au nord-est par la D 8.*
Cette route en balcon au-dessus de l'Asse longe le rebord du plateau de Valensole. Elle traverse l'émouvant damier des champs de lavandin et de blé. Au Poteau de Telle, belle **vue** sur la vallée de l'Asse, ses villages et les ruines de Bras-d'Asse accrochées sur le versant d'en face. *Prenez à droite la D 953.*

Puimoisson B1
De cette petite île au cœur d'une mer de lavandin, vous appareillerez pour des promenades à pied, à vélo ou à cheval. Derrière les **portes fortifiées** du 13e s., l'église du 15e s. donne sur une très vaste place plantée de micocouliers où se trouvait le puissant château des hospitaliers de St-Jean-de-Jérusalem, seigneurs des lieux depuis le 12e s. Devenu propriété des habitants de la commune à la Révolution, le château fut laissé à l'abandon, puis détruit. Ses pierres ont servi à la construction de nombreux édifices du village. *Poursuivez sur la D 953.*

★ Riez B2 *Voir p. 316*
Sortez par le sud-ouest (D 952).
On traverse une campagne où alternent le lavandin et les champs de tulipes.

L'abbé et l'amiral

Qui est ce fils de Valensole à qui on offrit la papauté et qui se paya le luxe de la refuser ? **St Mayeul,** puissant abbé de Cluny dont la capture par les Sarrasins entraîna la croisade de Guillaume d'Orange, lequel les chassa de Provence au 10e s.
Autre fils du pays, le futur **amiral de Villeneuve**, né en 1763 à Valensole, est fait prisonnier par Nelson à Trafalgar et relâché en 1806. Il se suicide alors, redoutant la colère de Napoléon.

Nature et traditions

La transhumance des abeilles – Quand l'été approche, une fièvre gagne Valensole et les autres villages. Les plantes aromatiques fleurissent : il faut vite installer les ruches. La saison débute au printemps avec le romarin et atteint son apogée fin juin dans l'explosion des champs de lavandin. Le plateau se peuple alors de milliers de ruches, appartenant à des apiculteurs venus des contrées voisines, Var, Bouches-du-Rhône, Ardèche, et même de l'étranger. Des terres sont louées par les apiculteurs en fonction du type de miel souhaité et de la période de floraison. Quant au transport des ruches par camion, il doit avoir lieu la nuit pour des raisons de sécurité, mais aussi parce que beaucoup d'abeilles font l'école buissonnière et ne reviennent au logis qu'après le coucher du soleil…
☞ *« Miel », p. 433.*

La culture du lavandin – Cultivée dès la fin du 19e s., la lavande a été supplantée par le lavandin au lendemain de la Première Guerre mondiale. Cet hybride offre un rendement en huile essentielle plus important mais de moindre qualité olfactive. La floraison a lieu de mi-juin à début août selon les espèces. À cette période, plusieurs distilleries ouvrent leurs portes *(voir « Shopping » dans « Nos adresses »).*
☞ *« La lavande », p. 430.*

★ **St-Martin-de-Brômes** A2

Le long des rues, de vieilles maisons romanes ou classiques ont des porches aux curieuses inscriptions et des linteaux millésimés. Sur l'ancienne place centrale du village, une belle fontaine datant de 1845 est recouverte partiellement de mousse. Dans l'**église** romane, derrière l'autel, curieux petit tabernacle en stuc polychrome. Vous ne manquerez pas la série de peintures réalisée par Esprit Michel Gibelin (mort en 1909 à Gréoux-les-Bains) et qui retrace des moments de la vie de saint Martin.

Tour templière – *Temporairement fermée à la visite, rens. à l'office du tourisme de Gréoux-les-bains (p. 311) et sur le site Internet de la mairie (www.saint-martin-de-bromes.fr).* En face de l'église, sur l'esplanade qui constituait la base du château, cette tour (14e s.) abrite au rez-de-chaussée un petit **musée gallo-romain** qui renferme, pour l'essentiel, une tombe romaine du 4e s. avec cercueil de plomb et squelette, trouvée en 1972, une borne milliaire et d'autres vestiges archéologiques découverts, entre autres, en 1992 sur le site de l'oppidum de Buffe-Arnaud. Les autres étages ne sont pas accessibles.
Continuez sur la D 952 pour revenir à Gréoux.

7

ℹ Carnet pratique

S'informer

Office de tourisme – *8 bd Frédéric-Mistral - Valensole - ℰ 04 92 74 90 02 - www.durance-luberon-verdon.com.*

Agenda

Fête de la lavande – *3e dim. de juil. à Valensole.*

📍 Nos adresses

Restauration

À Valensole

Pour se faire plaisir

⬯ **Le jardin de Célina** – *Ancien chemin d'Allemagne - ℰ 04 92 74 83 35 - lejardindecelina.com - fermé lun.-mar., jeu. midi, vend. midi et dim. soir - menu env. 40 € - 5 ch.* Marielle est tombée dans la bonne cuisine toute petite. Sa grand-mère, Célina, à qui elle rend hommage dans le nom de l'établissement, lui a appris le bien manger. Son père cultive les légumes du potager qu'elle s'emploie à transformer avec inspiration. À déguster sur la terrasse couverte ou dans la salle à manger avec cheminée. Chambres cosy.

À Puimoisson

Le Café des Arts – *Rte de Riez - ℰ 04 92 74 54 02 - fermé des vac. Noël à fin mars et merc.- 29/45 €.* Ce restaurant de village s'est créé une belle réputation depuis sa reprise en 2022 par un chef de cuisine en poste auparavant à Moustiers-Ste-Marie. Dans un cadre vintage d'origine, mis en valeur par une touche contemporaine, on y déguste une excellente cuisine de terroir. En outre, le lieu reste convivial, les habitants du coin aimant s'y retrouver, car il fait toujours office de bar. Ne manquez pas de vous y arrêter vous aussi !

Shopping

À Valensole

Marché provençal – *Sam. mat.*

⬯ **La Maison de Marius** – *1 av. Segond - ℰ 04 92 75 42 90 - www.maison-de-marius.fr - fermé merc. sf juil.-août. -* 🍴 Cette épicerie fine met en valeur les produits locaux (huile d'olive, conserves, charcuterie, fruits et légumes, huiles essentielles, épices, fromages, vins régionaux...).
À l'arrière, le salon de thé permet de déguster jus de fruits artisanaux, thés et autres boissons et de consommer sur place les produits achetés en boutique. Également un coin restaurant en saison pour déguster les produits locaux, justement.

Moulin Bonaventure – *La Petite Colle - ℰ 06 83 45 32 22 - provence-huile-olive.fr - avr.-sept. : fermé dim.-lun. ; juin-août : tlj ; reste de l'année sur RV.* Découvrez l'excellente huile d'olive de Guillaume et Paolo Chabot, agriculteurs, mouliniers et distillateurs. Visite du moulin et dégustation gratuite. Les producteurs fabriquent aussi des huiles essentielles et eaux florales de lavande, thym et immortelle.

Lavandes Angelvin – *Campagne Neuve - ℰ 04 92 74 80 53 - www.lavande-valensole.fr - mi-juin-août : tlj ; reste de l'année : fermé dim. (fermé sam. aussi en déc.-janv.).* La famille Angelvin cultive la lavande et le lavandin depuis quatre générations et la transforme en huile essentielle. La boutique propose des huiles essentielles de lavande et de lavandin, des fleurs, des eaux de toilette, des savons...

Apior – *4 rte de Manosque - ☎ 04 92 74 85 28 - apior.fr - fermé sam.-lun. - visite gratuite de l'usine : se rens.* Cette fabrique artisanale de confiserie au miel propose des visites d'usine lors de la production des bonbons. Elle dispose aussi d'un espace boutique-dégustation où vous trouverez bonbons durs, bonbons mous et biscuiterie au miel. Juste à côté, un petit musée des Abeilles avec une ruche vitrée.

À Allemagne-en-Provence

🌿 **Maison des produits du pays du Verdon** – *Rte de Riez - 2 km au nord-est d'Allemagne-en-Provence - ☎ 04 92 77 40 24 - produits-de-pays-du-verdon.fr - fermé de janv. à mi-fév.* Les artisans du Pays du Verdon se sont réunis dans ce bâtiment moderne pour présenter le fruit de leur travail : miels, biscuits, huiles, nougats, fromages, vins, etc. On y trouve aussi tissus, bijoux, cuir, savons, santons, faïences de Riez, etc.

À Puimoisson

La Maison du Lavandin – *Sur la D 953 dir. Digne-les-Bains, 3 km après Puimoisson - ☎ 06 59 58 60 66 - www.lamaisondulavandin-puimoisson.fr - avr.-oct. : tlj; hors sais. : sur RV.* Dans une authentique remise aménagée en « maison du lavandin », vous trouverez huile essentielle de lavandin, fleurs de lavandin, sachets, bouquets et savons.

Activités

Routes de la lavande – *Voir p. 474.*
Randonnée – Sept parcours de petite randonnée au départ de Valensole. Le GR 4 traverse le plateau ainsi que le GR 99 La Routo.

Hébergement

À Valensole

Une folie
Château du Grand Jardin – *Fontaine du Tholonet - ☎ 04 92 74 96 40 - www.lechateau-valensole. com - 5 ch. 162/172 € ☕ - ✕ le soir seult, sur demande.* Offrez-vous une étape romantique dans ce petit château édifié sur les bases d'une bastide du 17e s. Chaque chambre est décorée selon un thème (Belle Époque, Marie-Antoinette, Eugénie...) et équipée d'une salle de bains moderne. Le petit-déjeuner, dans la grande salle avec porte ouverte sur le jardin, est un enchantement.

Riez ★

À Riez se côtoient l'Antiquité, le Moyen Âge, la Renaissance… pour le plus grand plaisir des visiteurs. Village gaulois, puis colonie romaine, l'une des plus anciennes cités de Provence a conservé de vieilles rues pittoresques où la flânerie s'érige en art de vivre. Autour d'elle s'étendent le plateau de Valensole et le lac de Ste-Croix. Les célèbres gorges ne sont pas très loin non plus.

Les colonnes romaines de Riez.
dvoevnore/Getty Images Plus

▶ Se repérer

CARTE P. 290-291 (B2), PLAN CI-CONTRE
1683 Riézois – Alpes-de-Haute-Provence (04).
Entre Gréoux-les-Bains (à 20 km) et Moustiers-Ste-Marie (à 15 km).

😊 À ne pas manquer

La vieille ville typiquement provençale et riche en vestiges et constructions datant de la Gaule romaine et du Moyen Âge.

🕐 Organiser son temps

Comptez au moins 2h pour flâner en ville.

ℹ Carnet pratique p. 319

📍 Nos adresses p. 319

SE RESTAURER	SE LOGER	Maison d'hôte
Le Café **1**	Chambre d'hôte Le M. **1**	L'Hôtel des Colonnes **2**

Se promener

PLAN CI-DESSUS

★ Vieille ville

Partez de la place Javelly bordée de platanes remplaçant les anciens remparts, pour rejoindre le palais épiscopal du 17e s. qui abrite l'**hôtel de ville (B2)**.

La **porte Ayguière (B2)**, du 14e s., donne accès à la Grand-Rue, jalonnée de splendides demeures : l'**hôtel de Mazan (B1)**, qui date du 16e s., abrite de superbes **gypseries** dans l'escalier ; la façade du n° 25 est percée de fenêtres gothiques à baies géminées et, au n° 27, les fenêtres sont bordées de frises en gypserie.

En arrivant à la **porte St-Sols (A1)**, du 14e s., remontez à droite vers la rue Ste-Thècle ; d'une placette sur la gauche, jolie vue sur les vestiges des remparts et la **tour de l'Horloge (B1)**.

Redescendez vers la porte St-Sols jusqu'à l'église.

De la **cathédrale (A1)** du 15e s. ne subsistent que le clocher et les chapelles derrière le chœur. Le reste date du 19e s.

Colonnes romaines A2

Posées en plein champ, les quatre belles colonnes du 1er s., hautes de 6 m et surmontées de chapiteaux corinthiens en marbre blanc, supportent encore une architrave. Ce sont les vestiges d'un temple probablement dédié à Apollon.

★ Baptistère A2

Av. Frédéric-Mistral - ℰ 04 92 77 99 00 - www.ville-riez.fr - ouv. sur demande.

Ne manquez pas ce petit bâtiment carré à l'air fort simple, car c'est l'un des rares édifices du 5e s. encore debout en France. L'intérieur recèle une belle colonnade circulaire à chapiteaux corinthiens, ainsi qu'une superbe coupole, qu'on ne devine pas de l'extérieur et qui est presque moderne : elle ne date « que » du 12e s....

7

L'or noir de la haute Provence

La truffe est appelée **rabasse** en provençal. Mais attention, il y a *rabasse* et *rabasse*. La blanche, printanière, sert d'« appât » pour dresser le chien truffier. La noire, plus rare et raffinée, se récolte en décembre. Brillat-Savarin l'appelait le « diamant de la cuisine ». Enterrée sous les chênes et les noisetiers, elle est pourtant une maladie de l'arbre. On la récolte dans des truffières, champs d'arbres truffiers propices au développement très lent de ces champignons recherchés. **Montagnac**, près de Riez, est un lieu de production très réputé en haute Provence.

De l'autre côté de la route ont été dégagés des vestiges de la ville gallo-romaine et d'une cathédrale paléochrétienne qui remonterait elle aussi au 5e s., à l'époque à laquelle fut fondé l'évêché.

À proximité
CARTE P. 290-291

Colline St-Maxime B2
▶ *2 km au nord-est par la rue du Faubourg-St-Sébastien.*
Dressée au sommet de cette colline de 636 m, la **chapelle St-Maxime** étonne par son mélange des genres : six belles colonnes antiques voisinent avec un décor du 19e s.
De la terrasse ombragée de pins, **panorama**★ sur Riez, le plateau de Valensole, les Préalpes de Castellane, le haut Var, le Luberon et la montagne de Lure.

St-Jurs B1
▶ *15 km au nord-est par la D 953 puis la D 108.*
Ce village est le plus élevé du plateau, à 825 m d'altitude. De l'église, belle **vue**★ sur l'ensemble du site. Au 16e s., des travaux mirent au jour les reliques de saint Nicaire et saint Restitut. Les pèlerins affluèrent si nombreux que les habitants enfouirent de nouveau les reliques sans laisser un seul indice pour les retrouver. Au 19e s., on exploita un gisement de **gypse** (roche sédimentaire) pour fabriquer le plâtre utilisé dans les constructions des alentours, notamment à Riez. Vous pourrez ainsi visiter un moulin à plâtre restauré.

Circuit conseillé
CARTE P. 290-291

★ Le plateau de Valensole AB1-2
▶ *Circuit en boucle de 74 km, au départ de Gréoux-les-Bains, tracé en bleu sur la carte. Voir p. 311.*

ⓘ Carnet pratique

S'informer

Office de tourisme – *8 pl. Maxime-Javelly - Riez - ☎ 04 92 77 99 09 - www.durance-luberon-verdon.com.*

Arriver/partir

Car – Ligne régionale 67 Marseille-Riez *via* Gréoux-les-Bains. La ligne régulière 450 Riez-Castellane dessert de mai à fin sept. les gorges du Verdon. Plan du réseau et horaires sur zou.maregionsud.fr.

Agenda

Fête de la transhumance – *3e ou 4e dim. de juin.*
Fête des Vieilles Mécaniques – *Fin juil.*

⓿ Nos adresses

PLAN P. 317

Restauration

Budget moyen

❶ Le Café – B2 - *17 allée Louis-Gardiol - ☎ 04 92 72 88 23 - plats 15/24 €.* Une adresse simple et centrale. L'établissement dispose d'une terrasse abritée sous une grande tonnelle, au pied des vieux platanes de la place.

Shopping

Marché provençal – *Allée Louis-Gardiol - merc. mat. et sam. mat.*

Activités

Randonnée et VTT – Deux circuits VTT et cinq circuits pédestres balisés au départ de Riez. Le GR 4 passe par Riez.

Hébergement

Budget moyen

❶ Chambre d'hôte Le M – B1 - *16 pl. St-Antoine - ☎ 04 92 77 89 13 ou 06 85 29 79 31 - www.le-m-riez.com - 3 ch. 100/110 € ⊑ (2 nuits mini en haute saison).* Béatrice a investi cet hôtel particulier du 17e s. avec élégance et soin du détail. Chambres spacieuses et lumineuses. Situation idéale en plein cœur du village et agréable terrasse tropézienne avec vue sur les toits.

❷ Maison d'hôte L'Hôtel des Colonnes – A1 - *R. René-Cassin - ☎ 04 92 72 29 24 ou 06 18 29 39 02 - www.hoteldescolonnes-riez.fr - 3 ch. 112 € ⊑ - ✗.* Au cœur du village, cet ancien hôtel particulier du 17e s. est devenu une maison d'hôtes tout en gardant, grâce aux bons soins de Géraldine, son style d'époque. C'est le lieu parfait pour se détendre et être au calme, la maison possédant de nombreux endroits secrets, dont un jardin très intimiste où il fait bon prendre le petit-déjeuner au soleil.

Moustiers-Sainte-Marie ★★

Ses très anciennes maisons étagées et son étoile accrochée dans le ciel donnent à ce village en amphithéâtre serré entre deux rochers un air de crèche provençale. Autant que son site exceptionnel, son renom provient depuis trois siècles de la production d'une faïence fine à la blancheur de lait.

▶ Se repérer

CARTE P. 290-291 (B1)

709 Moustiérains – Alpes-de-Haute-Provence (04).
Le village occupe un site étonnant, au pied d'une brèche taillée dans la falaise calcaire qui domine les toits. Moustiers-Ste-Marie est situé 15 km au nord-est de Riez, d'où vous pourrez rejoindre le plateau de Valensole.

☺ À ne pas manquer

Le musée de la Faïence.

⏱ Organiser son temps

Comptez environ une demi-journée pour flâner dans le village et visiter le musée de la Faïence.

ℹ Carnet pratique p. 323

📍 Nos adresses p. 323

Se promener

Très provençal, le village se prête à une agréable balade à pied. Rive gauche du torrent de l'Adou, remontez la rue de la Bourgade, bordée de commerces et d'où l'on profite d'un beau point de vue sur l'église et la chapelle N.D-de-Beauvoir. Franchissez le petit pont médiéval et redescendez la rue de Diane, après la jolie et très commerçante place Pomey. On n'hésitera pas non plus à découvrir les ruelles autour de la place Clérissy (lavoir et fontaine), un secteur étonnement tranquille dans ce village très touristique.

★ Église

Son puissant clocher, typiquement lombard, est d'un beau brun chaud. Avant d'être renforcé au 18ᵉ s., c'était ce qu'on appelle un « clocher mouvant », oscillant au son des cloches ! À sa base, une salle abrite une **collection d'art sacré** et de vases de Moustiers que vous apercevrez à travers une grille en fer.
À l'intérieur de l'église, le chœur roman fut remplacé au 14ᵉ s., mais la nef qui devait être construite dans l'axe ne le fut jamais. On conserva donc la nef romane, qui forme avec le chœur un angle prononcé. Remarquez les belles statues et une peinture du 16ᵉ s. sur le thème des âmes au purgatoire : le paysage représente le site de Moustiers à cette époque ; la fameuse étoile n'y figure pas.

★ Musée de la Faïence

R. du Seigneur-Bertet-de-la-Clue - ☎ 04 92 74 61 64 - www.musee-moustiers.fr -
♿ *- juil.-août : tlj sf mar. 10h-12h30, 14h-19h ; avr.-juin et sept.-oct. : tlj sf mar. 10h-12h30, 14h-18h ; reste de l'année : se rens. - 5 €.*
Ce joli musée permet de comprendre l'importance de Moustiers dans la production de la faïence et le dynamisme qu'a gardé cette activité aujourd'hui. Y sont

La faïence, savoir-faire à Moustiers

Moustiers et la faïence

L'histoire raconte qu'un moine venu de Faenza, aurait révélé à **Pierre I**er **Clérissy**, l'un des potiers du village, le secret du bel émail. On lui doit, en 1679, les premières faïences de Moustiers décorées de scènes à personnages et de scènes de chasse d'un bleu lumineux. Moustiers offre déjà tout ce qu'il faut à la réussite de cette entreprise : la présence d'argile fine près des gorges du Verdon mais aussi d'eau et de bois en grande quantité. Et la famille Clérissy a de la chance : le lancement de sa faïencerie coïncide avec les édits royaux qui obligent la noblesse à faire fondre sa vaisselle d'or et d'argent pour renflouer les caisses de l'État vidées par les guerres. Très vite, l'activité des Clérissy prospère et les manufactures se multiplient. Moustiers acquiert une solide réputation : celle de fabriquer « la plus belle et la plus fine faïence du pays ».

En 1738, **Joseph Olérys** introduit le procédé de la polychromie de grand feu. Appliquée à de petits objets de la vie quotidienne, la peinture d'oiseaux et de fleurs remporte un grand succès. Avec les frères **Ferrat** et **Féraud**, les chinoiseries et parfois des sujets d'actualité apparaissent à la fin du 18e s. Douze ateliers fonctionnent alors à Moustiers. Mais la concurrence des grands centres porcelainiers fait rage. Peu à peu, les fours de Moustiers s'éteignent. Le dernier ferme en 1874. En 1927, à l'initiative de **Marcel Provence**, le musée de la Faïence de Moustiers est créé. Les années 1970 et le tourisme concourent à relancer cet artisanat oublié. En 2024, Moustiers compte encore sept ateliers en activité.

Quatre types de décors

Les **camaïeux des Clérissy** et des **Viry** sont des scènes mythologiques, de chasse et d'armoiries d'un bleu très pur. Le **décor à la Bérain** (début du 18e s.) introduit des motifs d'une grande fantaisie sur une faïence plus fine. La **polychromie** (vert, jaune, bleu), importée d'Espagne en 1738, déploie avec raffinement grotesques, fleurs, médaillons et guirlandes, puis drapeaux. Les **décors de petit feu** (dernier tiers du 18e s.) offrent une plus large gamme de couleurs vives et de motifs.

Faïence de Moustiers.
C. Philippe/ArTerra Picture Library/age fotostock

exposées les œuvres des grands faïenciers de Moustiers : les Clérissy (1679-1783) qui furent les précurseurs ; les Olérys et Laugier qui introduisirent la polychromie à partir de 1738 ; les Fouque et Pelloquin (1749-1783) qui utilisèrent le fond jaune ; les frères Ferrat (1761-1794) qui s'inspirèrent de la technique et des décors de Strasbourg. Le musée, enrichi de la collection du mécène Pierre Jourdan-Barry, présente ainsi cinq siècles de chefs-d'œuvre de cet art du feu. Les dernières salles rassemblent des créations contemporaines.

★ Chapelle N.-D.-de-Beauvoir

30mn AR depuis le grand parking Centre historique situé au niveau du cimetière.

Dès le haut Moyen Âge, la chapelle fut un lieu de dévotion. Autrefois appelée « N.-D.-d'Entreroches », elle est perchée au-dessus du village, au milieu des falaises.

En 1249, le **chevalier de Blacas**, prisonnier pendant une croisade, fit le vœu, s'il en réchappait, d'accrocher une chaîne près de la chapelle N.-D.-de-Beauvoir : longue de 135 m, elle est aujourd'hui suspendue en travers de la gorge ; une **étoile** dorée d'1,25 m de diamètre y brille nuit et jour.

Au bout d'un chemin de Croix décoré de tableaux de faïence de Simone Garnier, vous arriverez à une terrasse enclose de murs (restes d'enceinte médiévale) et plantée de cyprès : belle **vue**★ sur les toits de Moustiers, la vallée de la Maïre et le rebord rectiligne du plateau de Valensole. La porte, aux très beaux vantaux de bois sculpté, date de la Renaissance.

Sentier botanique de Tréguier

4 km - 2h AR. Au départ du grand parking Centre historique situé au niveau du cimetière.

Envie de nature après un bain de foule ? Ce circuit est tout indiqué, d'autant qu'il est ponctué de panneaux sur la flore et, qu'au bout, vous aurez un beau point de vue sur le canyon de l'Angouïre et le lac de Ste-Croix.

Circuits conseillés

CARTE P. 290-291

★★★ Gorges du Verdon BC1-2

▶ *Circuits tracés sur la carte. Voir p. 296-297.*

★★ Tour du lac de Ste-Croix B1-2

▶ *Circuit en boucle de 70 km au départ de Moustiers-Ste-Marie, tracé en vert clair sur la carte. Voir p. 325.*

ℹ️ Carnet pratique

S'informer

Office de tourisme – *Pl. de l'Église - Moustiers-Ste-Marie -* 📞 *04 92 74 67 84 - www.moustiers.fr.* L'appli gratuite « Visiter_ Moustiers » recense les 15 points d'intérêt majeurs du village.

Arriver/partir

Car – La ligne 450 Riez-Castellane dessert Moustiers-Ste-Marie de mai à sept. Plan du réseau et horaires sur zou.maregionsud.fr.

Se garer – Laissez votre véhicule dans le parking Maïre, gratuit, situé au pied du village, que vous rejoindrez à pied en 10mn. Sinon, parking payant Centre historique situé au niveau du cimetière.

📍 Nos adresses

Restauration

Budget moyen

🌿 **La Grignotière** – *R. du Dr-Sénes - quartier Ste-Anne -* 📞 *04 92 74 69 12 - 06 29 93 19 41 - fermé de mi-nov. à mars et dim. soir-lun. - plats 12/33 €.* Halte agréable et bon marché dans ce restaurant de « snacking fait maison » au cadre provençal, juché sur les hauteurs du village. La terrasse ombragée sous les oliviers est ravissante. Dans l'assiette, bagels, salades, pancakes... à base de nombreux produits locaux. Également des cocktails maison.

La Cantine – *R. de la Bourgade -* 📞 *04 92 77 46 64 ou 06 81 20 07 67 - fermé nov.-janv., dim. et jeu. midi - plats 15/28 €.* De la terrasse, vue sur la chapelle. Carte à l'ardoise resserrée renouvelée chaque jour. Cuisine d'inspiration provençale ou asiatique selon l'humeur du chef.

Pour se faire plaisir

La Ferme Ste-Cécile – *Ste-Cécile - en dir. des gorges du Verdon -* 📞 *04 92 74 64 18 - www.ferme-ste-cecile.com -* 🅿️ *- fermé lun. - menu 44 €.* Desservie par une belle allée pavée, cette ancienne ferme fait le bonheur des gourmands ! Derrière les fourneaux, le chef concocte avec délicatesse et subtilité une savoureuse cuisine du Sud. Belle carte des vins.

Petite pause

🌿 **Café Marguerite** – *R. de la Bourgade -* 📞 *06 59 40 93 14 - fermé oct.-mars et mar.* En terrasse avec vue sur le clocher de l'église ou dans un salon de dégustation très cosy avec cheminée, on se détend autour de tapas, d'une anchoïade ou d'houmous, en buvant un thé bio ou un cocktail. Expos photos, gravures...

L'Étoile givrée – *Pl. de l'Église -* 📞 *06 69 67 33 34 - 12h-19h - fermé nov.-mars.* Vous ne pouvez pas quitter Moustiers sans avoir goûté la glace à l'amande de Valensole fabriquée par ce glacier artisanal et servie dans un cornet fait maison. À moins que vous ne préfériez un bâtonnet glacé (également fait maison, bien sûr) ?

Shopping

Marchés – Toute l'année, le vendredi matin. Marché nocturne tous les mercredis en juillet et août.

Faïences
Faïence Bondil – *Pl. de l'Église -* 📞 *04 92 74 67 02 - www. faiencebondil.fr - tlj. - d'avr. à oct., visite guidée de l'atelier merc. matin.* Cette maison a fêté ses

7

40 ans en 2020. Elle fabrique des faïences à la main selon les méthodes traditionnelles qui ont fait le renom de Moustiers depuis 1668. À voir : une très belle collection de lampes créées par Jean-Pierre Bondil.

Atelier Michèle Blanc – *Pl. Pomey - ☎ 04 92 74 67 26.* Tous les styles historiques de Moustiers se côtoient dans cette boutique et atelier (à l'étage) familial, de facture classique, mais où la troisième génération, représentée par Mélissa, a introduit des motifs plus contemporains (chardons, oiseaux...).

Produits de bouche

Le Souquet – *R. Marcel-Provence - ☎ 06 82 68 84 55 - fermé de mi-oct. à mars.* Outre un large panel de produits locaux (vins, savons...), vous y trouverez l'huile d'olive de Moustiers. Ce producteur réalise deux cuvées chaque année : un fruité vert et un fruité mûr.

L'Épicerie du coin – *Pl. du Couvert - ☎ 04 92 74 60 59 - lepicerieducoin. fr - fermé merc.* Cette épicerie fine a fait le choix d'une sélection très qualitative de produits régionaux. Belle cave de vins de Provence.

Activités

Randonnée – 15 circuits pédestres et 5 circuits VTT aux alentours de Moustiers-Ste-Marie. Guides et topoguides en vente à l'office de tourisme. Fiches et traces en téléchargement sur le site Internet.

Base nautique de l'Étoile – *☎ 07 68 94 17 87 - base-nautique-etoile.fr - mars-oct.* Location de canoës, kayaks, bateaux à pédales et électriques pour découvrir le lac de Ste-Croix ou pour remonter sur 2 km les gorges du Verdon.

Hébergement

Budget moyen

Hôtel Le Relais – *Pl. du Couvert - ☎ 04 92 74 66 10 - www. lerelais-moustiers.com - fermé déc.-mars - 18 ch. 99 € - 🍽 12 € - ✗.* Au cœur du village, cet hôtel doté d'un bar, d'un restaurant et d'une terrasse appartient à la même famille depuis plus de soixante-dix ans. L'ambiance est conviviale et les chambres simples. La cuisine privilégie les produits du terroir et les légumes frais.

Hôtel Le Clos des Iris – *Chemin de Quinson - ☎ 04 92 74 63 46 - www.closdesiris.fr - 🅿 - fermé de mi-nov. à déb. mars - 9 ch. 90/125 € - 🍽 8/16 €.* Un hôtel entouré de fleurs, où mère et fille œuvrent de concert ! Il fait bon poser ses valises dans les jolies chambres provençales (certaines sont petites) et s'installer sur sa terrasse privative pour profiter du soleil. Le charme d'une maison à la campagne... avec un accueil au diapason.

Pour se faire plaisir

Hôtel La Ferme Rose – *Chemin de Peyrengues - ☎ 04 92 75 75 75 - www.lafermerose.com - 🅿 🛁 ♿ - fermé de déb. nov. à fin mars - 13 ch. 123/183 € - 🍽 en sus.* Sympathique ambiance *guesthouse* dans cette ancienne ferme située au pied du village. Meubles chinés, bibelots et autres objets en font un petit musée vivant au charme incroyable ! Une adresse pour les collectionneurs et les amoureux de la nature.

Chambres d'hôtes Le Lavoir – *Pl. Clérissy - ☎ 06 60 70 05 98 - fermé de nov. à mi-avr. - 80/90 €🍽.* Dans une belle maison de village à l'angle d'une place rafraîchie par un lavoir, deux chambres d'hôtes au rez-de-chaussée offrent un confort sobre et élégant, à l'écart de l'agitation du bourg. Joli jardinet à l'arrière pour les petits-déjeuners, avec vue sur l'étoile de Moustiers.

Lac de Sainte-Croix ★★

Le lac de Ste-Croix inonde soudain le paysage d'un turquoise si pur qu'on ne le quitte plus des yeux. Le Verdon et ses eaux vertes se fondent en lui à la sortie des gorges, au milieu d'un paysage sauvage. Attiré vers de jolis villages et d'agréables plages, à la voile ou à la nage, on glisse bientôt sur les flots clairs…

▶ **Se repérer**

CARTE P. 290-291 (B2)
Alpes-de-Haute-Provence (04) et Var (83). Le lac occupe un bassin aussi vaste que le lac d'Annecy, entre le Grand Canyon et les basses gorges du Verdon.

🕐 **Organiser son temps**

Prévoyez une journée pour faire le tour du lac de Ste-Croix, avec pique-nique et baignade l'après-midi. Pour

le circuit des gorges du bas Verdon, comptez 1h30 sans la visite du musée à Quinson.

En famille

Le musée de Préhistoire des gorges du Verdon à Quinson ; les plages.

ℹ **Carnet pratique p. 329**

📍 **Nos adresses p. 329**

Circuits conseillés

CARTE P. 290-291

La cuvette de Ste-Croix, où s'épanouissaient champs et vergers, a été noyée en 1975 lors de la mise en eau suite à la construction du barrage.

★★ Tour du lac de Ste-Croix

▶ *Circuit en boucle de 70 km au départ de Moustiers-Ste-Marie, tracé en vert clair sur la carte. Suivez Riez, puis tournez à gauche vers Ste-Croix-du-Verdon.* La route s'élève en lacets sur le plateau (avec champs de lavande), puis le lac de 2 200 ha apparaît : point de vue panoramique au croisement avec la D 111.

Ste-Croix-du-Verdon B2
ℹ *Le Village -* ✆ *04 92 77 85 29 - www.stecroixduverdon-tourisme.fr.*
Jadis perché, ce beau village aux maisons de pierre bien restaurées se trouve aujourd'hui près de l'eau…
Il s'est offert une **plage** *(surveillée en juil.-août)* pour le bonheur des grands et petits. Il dispose également d'une base de loisirs. Les prestataires du site *(voir « Activités » dans « Nos adresses »)* proposent diverses activités nautiques : pédalo, canoë-kayak, *surfbike*, bateau électrique, voile, etc. Le matin, le calme et la limpidité de l'eau rendent ces promenades aquatiques inoubliables.
La route descend au niveau du lac.

Barrage de Ste-Croix B2
Retenant 761 millions de mètres cubes d'eau, ce barrage et son usine produisent près de 150 millions de kWh par an (soit la consommation de plus de 50 000 foyers).

7

Sa construction, qui s'est achevée en 1974, a permis la création du lac qui constitue aujourd'hui la quatrième retenue artificielle de France métropolitaine.
Poursuivez le tour sur la D 71 (possibilité de rejoindre les gorges du bas Verdon).

Bauduen B2

Bauduen était connu pour la **Fontaine-l'Évêque**, l'une des plus belles résurgences en France, mais elle a disparu. Car comme Ste-Croix, ce village provençal est aujourd'hui au niveau du lac et ne s'en plaint pas. Construit sur une pointe, il présente un **site★** fabuleux. Rien de plus ravissant que ces maisons anciennes, ces portes fleuries de roses trémières. Les rues pittoresques montent vers l'église, posée sur les gros rochers dominant le village.

Les rives ont été aménagées : **plage** *(surveillée en juil.-août)* où se trouve aussi un club nautique.
Prenez la direction d'Aups, puis tournez à gauche sur la D 957.

Les Salles-sur-Verdon B2

Pl. Font-Freye - ℘ 04 94 70 21 84 - www.lacs-gorges-verdon.fr.
L'ancien village des Salles n'a pas eu la chance des deux autres : il repose aujourd'hui par 40 m de fond, dans le silence et la nuit. Des tuiles, des portes, le clocher et la fontaine ont été sauvés des eaux et réutilisés dans le nouveau village qui s'est développé sur les bords du lac (photographies de l'ancien site et témoignages sont exposés à l'office de tourisme).
Vous y trouverez une **plage** *(surveillée en juil.-août)* et une base nautique.
Continuez vers Moustiers-Ste-Marie.
Profitez d'une ultime pause-baignade à la **plage du Galetas**, à Aiguines.

Gorges du bas Verdon et lac d'Esparron

Circuit de 47 km, du barrage de Ste-Croix à Gréoux-les-Bains, tracé en rouge sur la carte. Après le barrage, prenez à droite la D 71 puis la D 9.
Cette route s'élève dans les **gorges de Baudinard (B2)**.
1,8 km après l'intersection, arrêtez-vous à droite sur le parking aménagé en bord de route.

Sentier des Charbonniers B2

45mn AR. Cette boucle pédestre tracée dans un paysage de garrigue mène à un belvédère qui dévoile une **vue** imprenable sur le barrage de Ste-Croix et le début des basses gorges du Verdon.

Chapelle Notre-Dame à Baudinard-sur-Verdon B2

1h AR. Un belvédère a été aménagé : **vue** sur le lac, les plateaux de Valensole et de Canjuers et, au-delà, les Alpes.
À la sortie de Baudinard-sur-Verdon, prenez la D 71 puis la D 471 en direction d'Artignosc-sur-Verdon pour passer sur l'autre rive. Après St-Laurent-du-Verdon, suivez la D 311.
De Baudinard-sur-Verdon à Quinson, l'itinéraire traverses des paysages très champêtres, émaillés de charmants petits villages isolés, tels Artignosc-sur-Verdon et St-Laurent-du-Verdon.

★ Quinson A2

Chapelle St-Esprit - ℘ 04 92 74 01 12 - www.durance-luberon-verdon.com.
Visites guidées du centre historique.
En léger surplomb du Verdon et cerné de falaises de calcaire, le village a connu une présence humaine dès la préhistoire ; d'où la richesse de son patrimoine. Au 15e s.,

Lac de Sainte-Croix dans les gorges du Verdon.
elementals/Getty Images Plus

il est protégé par des remparts dont certains vestiges restent visibles. Le cours, la Grand-Rue et la place de la Paix s'étendent au-delà de ces murs aux 17ᵉ et 18ᵉ s. Et au siècle suivant n'apparaissent pas moins de huit **fontaines** qui jalonnent les places et les rues, leur conférant un charme plein de fraîcheur.

★ **Musée de Préhistoire des gorges du Verdon** – *Rte de Montmeyan -* ✆ *04 92 74 09 59 - www.museeprehistoire.com -* 🦽 *- juil.-août : 10h-20h ; avr.-juin et sept. : 10h-19h ; reste de l'année : 10h-18h - fermé mar. (sf vac. scol. zone B et juil.-août) et de mi-déc. à fin janv. - 8 € (-18 ans 6 €).* 👥 Ici, pas de dinosaures, mais tout sur l'homme préhistorique. Le bâtiment aux lignes épurées, signé Norman Foster, fait écho au caractère provençal de Quinson avec un immense mur courbe en pierre locale qui pénètre à l'intérieur du musée. L'histoire de nos lointains ancêtres y est retracée depuis leur arrivée en Europe jusqu'à l'Antiquité à travers un circuit muséographique d'une vingtaine d'étapes qui fait appel aux techniques les plus modernes. Plusieurs mises en scène en 3D, dont un vrai **spectacle multimédia** présenté dans la grotte reconstituée de la Baume Bonne, rendent un peu plus vivant un exposé par ailleurs très sérieux et documenté. En effet, le musée s'appuie sur les résultats des fouilles qui, depuis 1950, ont mis au jour près de 60 gisements dans le Verdon, dont une partie est déposée ici. Expositions temporaires au rez-de-chaussée.

Vous pouvez prolonger la visite en allant au **Préhistosite** *(à côté du musée, en accès libre)*, un village préhistorique où plusieurs formes d'habitat en bois, en pierre ou en terre ont été reconstituées. Des visites guidées et des animations (taille d'outils, poterie, tir à l'arc, lancé de sagaie...) sont également proposées *(5 € - enf. 4 €)*.

🙂 Il est possible de visiter la **grotte de la Baume Bonne** avec un guide du musée *(sur réserv. - 3h30 dont 2h30 de marche AR)*. Vous cheminerez le long d'un sentier dans la garrigue provençale, aménagé avec des panneaux didactiques pour vous faire appréhender les rapports entre l'homme et son environnement.

Quittez Quinson par l'ouest.

La Baume Bonne

La présence du musée de Préhistoire des gorges du Verdon à Quinson ne doit rien au hasard tant cette commune est riche d'un patrimoine préhistorique exceptionnel avec l'abri des Points-Rouges, la grotte Sauzade, l'abri Donner, la grotte Ste-Maxime, l'abri du Pont et la grotte de la **Baume Bonne**, la plus emblématique. Cette grotte est située au bord du Verdon. Avant la construction du barrage électrique de Quinson, elle était à plus de 50 m au-dessus du lit du Verdon. Les fouilles systématiques de la grotte se sont accélérées peu avant les travaux hydroélectriques, à partir de 1959 ; la dernière série a été menée dans les années 1990. Toutes ont souligné la richesse de cette grotte où des hommes sont venus s'abriter pendant près de 500 000 ans en y laissant de nombreuses traces : plus de 80 000 objets ont été relevés. Une reconstitution de la grotte est le théâtre d'un spectacle audiovisuel dans le musée qui fait revivre les différentes étapes de son histoire depuis sa formation jusqu'aux fouilles les plus récentes.

★ Esparron-de-Verdon A2

Le vieux village était bâti de part et d'autre d'un ravin : aujourd'hui flanqué d'un port de plaisance sur les rives idylliques de son lac, il est toujours dominé par le **château** des Castellane qui dresse fièrement son donjon du 12e s., l'un des plus beaux de Provence. Il abrite des chambres d'hôtes *(voir « Nos adresses »).*

💨 *4 km.* Avant la baignade, vous pourrez faire une promenade instructive en suivant le **sentier botanique** *(livret de découverte en vente à la maison du Parc naturel régional du Verdon ou sur www.parcduverdon.fr - 4 €).*

Lac d'Esparron – *Accès par la route à gauche, 600 m après le château. Plage surveillée en juil.-août.* Les amateurs de voile comme les connaisseurs vous diront qu'ils préfèrent le secret lac d'Esparron, né de la création du barrage de Gréoux, à la grandiose étendue du lac de Ste-Croix : sur planche ou en bateau, ils en gagnent les petites calanques et les criques sauvages connues d'eux seuls. Près du port se trouve la **plage.**

Sortez d'Esparron par le nord et continuez sur la D 315 vers Gréoux-les-Bains.

Barrage de Gréoux A2

C'est un barrage en terre de 260 m d'épaisseur à la base, haut de 67 m et long de 220 m. Ses 85 millions de m³ d'eau alimentent la centrale de Vinon et le canal de Provence.

📍 *Suivez le lit verdoyant du bas Verdon pour rejoindre Gréoux-les-Bains (voir p. 307).*

❶ Carnet pratique

S'informer

Offices de tourisme – *Reportez-vous aux ❶ indiqués dans les circuits conseillés.*

Pass touristique

Passeport des Musées des Alpes-de-Haute-Provence – *Voir p. 470.*

Agenda

Journée de la préhistoire – *3ᵉ dim. de juil. - rens. à l'office de tourisme et au musée de Préhistoire de Quinson.* Manifestation sur un thème lié à la préhistoire.

Fête du village – *1ᵉʳ w.-end d'août.* À Ste-Croix-du-Verdon, concerts dans le village et feu d'artifice tiré sur le lac.

Expo-Vente « Art & Artisanat » – *De fin-juil. à mi-août.* À Esparron-de-Verdon, exposition d'artistes amateurs et professionnels d'Esparron et des villages voisins. Bijoux, peintures, déco, etc.

◉ Nos adresses

Restauration

À Bauduen

Budget moyen

Café du Midi – *Pl. St-Lambert - ☎ 04 94 70 08 94 - fermé de mi-oct. à mi-mars - plats 16,50/27 €.* Un accueil convivial et une cuisine aux accents provençaux pour cette adresse dont la terrasse bénéficie d'une belle situation. En effet, elle offre une jolie vue sur le lac. Cocktails maison en fin d'après-midi, concerts l'été, jeux de boules…

À Quinson

Budget moyen

Relais Notre-Dame – *Rte de Montmeyan - ☎ 04 92 74 40 01 - www.relaisnotredame04.com - 🏊 fermé lun.-mar. en saison - plats 13/29 € - 13 ch. 97/149 €.* Dans la salle et sur la terrasse, au cadre champêtre, on savoure une cuisine provençale généreuse et bien faite. Le menu change régulièrement. Que dire enfin de la ravissante terrasse sous les platanes? Et des chambres soignées?

Shopping

Marché provençal – *Pl. Ste-Anne aux Salles-sur-Verdon le jeu. mat. d'avr. à oct. et sur le parking de la plage à Ste-Croix, le mar. mat., fin juin-août.*

Activités

Activités nautiques

Lac Loc – *Le Lac - Ste-Croix-du-Verdon - ☎ 06 72 70 69 95 - www.lacloc-saintecroix-verdon.com - fermé oct.-mars.* Pédalos, canoës, kayaks et bateaux électriques de 5 à 7 pers. en location. Snack.

Association Voile et Nautisme 04 – *Le Lac - Ste-Croix-du-Verdon - ☎ 04 92 77 76 51 - www.voileverdon.fr - fermé de mi-nov. à mars.* Affiliée aux fédérations de voile, de canoë-kayak et d'aviron, cette structure loue paddles, kayaks, avirons, dériveurs, planches à voile… Elle propose aussi d'originales randonnées nautiques avec itinéraires balisés, ainsi que des cours particuliers.

Le Petit Port – *Plage de la Fontaine - Ste-Croix-du-Verdon - ☎ 06 73 65 60 09 - www.lepetitport04.com - juil.-août :*

7

9h-19h; reste de l'année : 10h-19h - fermé nov.-mars. Location de bateaux électriques 4 à 7 places, de pédalos 2 à 5 places et de paddles. Restauration rapide, vente à emporter.

Club nautique d'Esparron-de-Verdon – *Le Port - Esparron-de-Verdon -* ✆ *04 92 77 15 25 ou 07 88 27 98 09 - cnev.free.fr - juin-août : 9h-19h; reste de l'année : se rens. - fermé déc.-fév.* Outre les cours et la location de matériel individuel, cette école de voile vous aurez la possibilité de remonter en canoë-kayak les basses gorges du Verdon jusqu'à Quinson ou de les descendre jusqu'au barrage de Gréoux. Pique-nique et baignade également au programme.

Verdon Croisières – *Base nautique - Les Prés-du-Verdon - Quinson -* ✆ *04 92 78 78 05 - www.verdon-croisieres.com - fermé de mi-oct. à mi-avr. - 10 €.* Croisière d'1h sur le lac d'Esparron à bord d'un bateau électrique.

Loisirs Aventure Kayak – *Base nautique - Les Prés-du-Verdon - Quinson -* ✆ *04 92 74 01 36 ou 06 78 05 85 81 - www.bateau-location-verdon.com - juin-août : 9h-20h; avr.-mai et sept. : 9h30-18h.* Location de canoës, kayaks, pédalos, paddles... pour voguer dans les basses gorges du Verdon.

Randonnée et VTT

Les fiches des circuits, des guides et des topoguides sont disponibles et en vente dans les offices de tourisme. Plus de 40 km de sentiers de petites et grandes randonnées pédestres balisés à proximité de Quinson, notamment le sentier des Basses Gorges du Verdon et le Vieux Quinson (ruines de l'ancien village perché), ainsi que des circuits de randonnées autour d'Esparron-de-Verdon.

Le VTT est également à l'honneur avec 52 itinéraires, dont plusieurs sur les communes de Ste-Croix-de-Verdon, Artignosc-sur-Verdon, Esparron-de-Verdon, Quinson...

Escalade

Quinson offre un vaste choix, avec près de 170 voies.

Hébergement

À St-Laurent-du-Verdon

Premier prix

Camping La Farigoulette – *1029 rte de Montpezat -* ✆ *04 92 74 41 62 - www.lafarigoulette.cielavillage.fr -* 🏊 *- de mi-avr. à sept. - 260 empl. à partir de 150 €/sem.* Les emplacements, au calme sous une magnifique pinède, descendent jusqu'au bord du lac de Montpezat où vous pourrez vous adonner à la baignade ou glisser sur l'eau. Pour les locations, une centaine de mobile homes, tentes-lodges... de bon confort. Parcours accrobranches

Pour se faire plaisir

🌿 **Hôtel Le Moulin du Château** – *99 chemin d'Albiosc -* ✆ *04 92 74 02 47 - www.moulin-du-chateau.com -* 🅿 ♿ *- fermé de mi-nov. à mi-mars - 10 ch. 118/177 € -* 🍽 *12/16 € -* ✕ *dîner sur réserv.* Dans ce charmant moulin à huile du 17e s., l'ancienne meule a toujours sa place dans le décor très soigné ! Farniente au jardin et éthique écologique (citerne d'eau de pluie, produits bio...). Cuisine élaborée avec des produits locaux bio. Pique-niques à emporter.

À Ste-Croix-du-Verdon

Budget moyen

Ferme Para Lou – *Rte de Moustiers -* ✆ *04 92 77 73 63 - www.fermeparalou.com -* 🚭 🅿 🏊 *- fermé nov.-mars - 4 ch. 117 €* 🍽. Dans cette exploitation apicole, une maison récente et indépendante abrite quatre chambres agréables. Terrasse, piscine et vue sur le lac depuis le jardin. Possibilité de louer un gîte ou une roulotte à la semaine.

Auberge du Castellas – *Rte de Ste-Croix - ☎ 04 92 72 94 77 - www.aubergeducastellas.com - fermé d'oct. à mars - 7 ch. 85/120 € ☕ 12 € - ✗*. En direction du barrage, cet hôtel isolé et rénové en 2020 propose des chambres sobres et confortables, dont quatre offrent une vue splendide sur le lac Restaurant ouvert midi et soir en saison, avec service sur la grande terrasse.

À Esparron-de-Verdon

Une folie

Chambre d'hôte Château d'Esparron – *Château d'Esparron - ☎ 06 64 65 17 00 - www.chateau-esparron.com - 🅿 - fermé fin oct.-fin avr. - 4 ch. 280/420 € ☕*. Propriété de la famille Castellane depuis le 13ᵉ s., ce château qui domine l'eau turquoise du lac d'Esparron a conservé son donjon et sa cour d'honneur. Un monumental escalier à vis dessert de vastes chambres avec lit à baldaquin, cheminée en marbre et antichambre, décorées de meubles qui, pour certains, n'ont jamais quitté les lieux. Les petits-déjeuners copieux sont servis dans l'ancienne cuisine voûtée.

Aux Salles-sur-Verdon

Budget moyen

Auberge des Salles – *18 r. Ste-Catherine - ☎ 04 94 70 20 04 - www.aubergedessalles.com - 🅿 ♿ - fermé d'oct. à déb. avr. - 30 ch. 116/127 € - ☕ 15 € - ✗*. Paisible hôtel surplombant les rives du lac de Ste-Croix. Mobilier rustique et carrelage dans les chambres, presque toutes dotées d'un balcon. Agréable terrasse pour prendre l'apéritif.

Castellane ★

Qu'on arrive par la Route Napoléon ou celle du haut Verdon, on est subjugué par le côté grandiose du décor : la différence d'échelle est saisissante entre la petite ville et son Roc, falaise cyclopéenne qui la domine de ses 184 m. On ressent alors l'irrésistible envie de franchir ses portes et de flâner dans toutes ses ruelles étroites ponctuées de placettes et de fontaines, qui témoignent encore de la Provence d'autrefois. Une base idéale pour découvrir les gorges du Verdon et se consacrer à une multitude de sports.

▶ Se repérer

CARTE P. 290-291 (C1),
PLAN DE CASTELLANE CI-CONTRE
1 496 Castellanais –
Alpes-de-Haute-Provence (04).
Sur Route Napoléon, à mi-chemin entre Digne-les-Bains et Grasse.

⏱ Organiser son temps

Comptez une demi-journée pour flâner dans le centre, monter jusqu'à la terrasse et à la table d'orientation de la chapelle N.-D.-du-Roc. Si vous avez quelques jours, Castellane est un lieu d'étape agréable (attention : en saison on se bouscule) qui permet de rayonner de lacs en gorges ou clues.

👪 En famille

L'exposition Sirènes et Fossiles ; le Citromuseum ; la base de loisirs du lac de Castillon *(voir « Activités » dans « Nos adresses »)*.

ℹ Carnet pratique p. 337

📍 Nos adresses p. 337

Se promener

PLAN CI-CONTRE

😊 Le parcours dans le centre-ville est ponctué de silhouettes qui présentent des pancartes contant l'histoire de Castellane.
▶ *Circuit tracé en vert sur le plan.*

Place Marcel-Sauvaire A2

Lieu de passage obligé pour celles et ceux qui décideront de s'arrêter à Castellane. Agrémentée de belles arcades, d'une fontaine et de quelques cafés où il fait bon s'attabler en terrasse.
Remontez la rue Nationale.
Au n° 34 de la rue Nationale, Napoléon déjeuna le 3 mars 1815.
Poursuivez sur le boulevard St-Michel et prenez à droite.
Le chemin du Roc offre une vue sur les vestiges des remparts édifiés en 1359 et la **tour pentagonale** à mâchicoulis.

Chapelle N.-D.-du-Roc B2

😊 Un livret consacré au Roc et à son sentier d'interprétation est en vente à l'office de tourisme et à la Maison nature et patrimoines ainsi qu'un dépliant gratuit présentant le site de Petra Castellana.

Petra castellana

Ce nom désignait la cité forte qui, du roc qu'elle occupait, déménagea au 15e s. au pied de la falaise. Certains Castellanais parlent un dialecte provençal, « lou castellanenc ».

SE RESTAURER		SE LOGER	
Le Fournil du Verdon..............................	**1**	Grand Hôtel du Levant...........................	**1**
Le Temps de.......................................	**2**	Nouvel Hôtel du Commerce...................	**2**
La Forge...	**3**		

1h30 AR. L'ascension se fait par un sentier d'interprétation : c'est un joli but de **promenade★**, avec en prime une vue d'ensemble sur Castellane. On longe les ruines du bourg féodal de **Petra Castellana** et de l'église St-André. Au sommet, la **chapelle** (de 1703) domine le Verdon de plus 180 m. C'est un lieu de pèlerinage très fréquenté. De la terrasse, **vue★★** sur le bassin de Castellane, les montagnes et l'entrée des gorges du Verdon.
Redescendez vers la ville basse et prenez la deuxième à droite après l'église.

Vieille ville

Vous passez sous la **porte de l'Annonciade (B1)** qui participait de l'ancien système défensif de la ville. Dirigez-vous vers l'**église St-Victor (B1)** pour jeter un œil à son clocher lombard aux chaînes d'angle à bossages (provenant des remparts) et aux larges baies en plein cintre. Poursuivez jusqu'à la **porte de l'Horloge (A1)** coiffée d'un beau campanile en fer forgé. Prenez la rue Nationale et tournez tout de suite dans la **rue du Mitan (A1)** bordée de boutiques et où se trouve la jolie **fontaine aux Lions (A1)**.
Revenez sur la place Marcel-Sauvaire.

★ Maison nature et patrimoines B2

Pl. Marcel-Sauvaire - ☏ 04 92 83 19 23 - www.maison-nature-patrimoines.com - ♿ - vac. de Pâques zone B, juil.-août et vac. de la Toussaint : 10h-13h, 15h-18h30 ; reste de l'année : merc. et w.-end 10h-13h, 15h-18h30 - fermé de la fin des vac. de la Toussaint à mi-avr. - gratuit - atelier 6 €.
L'ancienne prison de Castellane abrite, depuis 2008, le relais du Parc naturel régional du Verdon ainsi que plusieurs espaces d'expositions, permanentes et temporaires.

7

Le **relais du Parc** est tenu en saison par les écogardes. Vous y trouverez une grande carte IGN du parc et toutes les informations sur les activités de découverte, le patrimoine, ainsi que les publications du parc. Des petites expositions temporaires y sont programmées régulièrement. Au 2e étage, une exposition, renouvelée tous les 2 ans, présente le patrimoine local et les différents aspects de la vie d'autrefois, grâce à une collection d'objets mis en scène et à des témoignages oraux.

Aménagée sous les combles du 3e étage, l'**exposition Sirènes et Fossiles** permet de ne plus confondre les **mammifères marins**, dont l'histoire est ici parfaitement racontée, avec les êtres mythologiques auxquels ils ont donné naissance. Des vidéos, squelettes, photos évoquent les vraies sirènes.

À proximité

CARTE P. 290-291

Musée de la Résistance C1

D 4085 - La Palud - ✆ 04 92 83 78 25 - resistancecastellane.free.fr - mai-sept. : 9h-19h ; reste de l'année : sur demande - 5 €.
Ce musée de collectionneurs (les explications historiques restent sommaires) rappelle que la haute Provence était un des foyers de la Résistance, à travers des scènes reconstituées et une foule d'objets répartis dans 60 vitrines.

Citromuseum C1

D 4085 - rte de la Palud - ✆ 04 92 83 76 09 - www.citromuseum.com - ♿ - juil.-août : 10h-18h ; reste de l'année : 14h-18h - fermé de mi-oct. à mi-avr. - 8 €.
Quarante ans de passion ont abouti à la création de ce musée consacré aux voitures Citroën.
Dans un local de 3 000 m², sont alignées des 2CV, DS, Tractions, Ami, Diane, CX, SM... Ces voitures sont dans un état exceptionnel car le créateur du lieu a cherché avant tout à regrouper des véhicules quasiment neufs à très faible kilométrage, n'ayant absolument pas été modifiés d'une manière ou d'une autre. Vous verrez la plus ancienne DS connue, datée de 1955, et d'autres modèles Citroën dont il ne subsiste que quelques exemplaires dans le monde, comme la DS ambre dorée qui ne resta qu'une année au catalogue de vente de l'usine. Un cartel raconte l'historique de chaque voiture, sa « vie », son stockage et son acquisition finale par le musée. Pas besoin d'être un passionné pour se laisser séduire !

★ Chapelle St-Thyrse C2

7 km au sud par la D 102 vers Robion.
La route étroite (prudence) s'élève des gorges du torrent de Rayaup qui se resserrent en une belle clue, puis atteint un plateau couvert de buis. Isolée dans ce site superbe, la chapelle est entourée d'un cimetière Une restauration a mis en valeur son bel appareil de pierres de taille. Clocher datant du premier art roman.

Sentier des Siréniens C1

À 8 km, au col des Lèques, par la D 4085. Garez-vous à droite après le camping.
1h AR - 4 km - balisage jaune. Pour compléter votre visite de l'exposition « Sirènes et Fossiles » à Castellane (voir ci-dessus), rendez-vous dans cette vallée en suivant un sentier à travers des sous-bois.
Ce gisement de centaines d'**ossements de siréniens** datés de 40 millions d'années lorsque la mer recouvrait la région, unique en Europe par sa richesse et sa rareté, a été signalé pour la première fois en 1938, mais il n'a été redécouvert qu'au moment de l'extension de la réserve géologique. Le site est protégé par des vitres blindées.

Circuits conseillés

★★★ Route de la Corniche Sublime CARTE P. 290-291

▶ *Circuit de 81 km, de Castellane à Moustiers-Ste-Marie, tracé en vert foncé sur la carte. Voir p. 293.*

★ Retenue de Chaudanne et lac de Castillon

CARTE P. 290-291

▶ *Circuit de 88 km, au départ de Castellane, tracé en violet sur la carte. Sortez de Castellane à l'est par la D 4085 et tournez à gauche sur la D 102 (route de Demandolx).*

Barrage de Chaudanne C1

Visite du barrage et de la centrale hydroélectrique à certaines dates, en août - gratuit - rens. à l'office de tourisme de Castellane et réserv. obligatoire sur qrco. de/Chaudanne.

Cette voûte haute de 70 m, longue de 95 m, ferme un défilé du Verdon immédiatement en aval du barrage de Castillon.

Gagnez St-Julien-du-Verdon par la D 955.

Après avoir longé le lac de retenue de Chaudanne, à l'eau d'un vert profond, de nombreux lacets mènent par une pittoresque petite route à la croix de la Mission : jolies **vue★★** plongeantes sur les lacs de Castillon et de Chaudanne.

★ St-Julien-du-Verdon C1

Entre les falaises gris-beige du Pidanoux et les eaux émeraude du lac de Castillon, ce village, jadis perché, se blottit aujourd'hui sur un promontoire verdoyant (alt. 900 m) : En effet, la majeure partie de l'ancien territoire communal a été immergée lors de la mise en eau du barrage en 1948. Son nom provient de celui du saint qui évangélisa le pays niçois au 4e s. On pourra grimper jusqu'à la chapelle Notre-Dame, au clocher couvert de tuiles vernissées, en passant devant un ancien séchoir à prunes, spécialité de la vallée avant la construction du barrage.

Au bord du lac, une **base nautique** est installée : possibilité de pratiquer le ski nautique, le wakeboard, la voile ou la bouée tractée et de louer des bateaux, des pédalos, des paddles… Mais il est aussi agréable de profiter simplement de la **plage** du Touron *(surveillée en juil.-août).*

Poursuivez vers le nord (N 202).

> **Les « pelugnes »**
>
> Les St-Julianais étaient jadis surnommés « Pelugnes » par leurs voisins. En effet, ils pelaient les fruits pour les manger, puis jetaient les pelures *(pelugnes).* C'est l'abondance des vergers en terrasses sur le terroir, aujourd'hui noyé par le lac, qui permettait aux gens d'ici ce luxe extravagant.

St-André-les-Alpes C1

😊 Vous pourrez venir avec le **train des Pignes** *(voir p. 390).*

Carrefour touristique au confluent de l'Issole et du Verdon, le bourg, point d'entrée dans le haut Verdon, apparaît dans un petit bassin. La **Grand-Rue** commerçante affiche des façades colorées La petite cité est jalonnée de neuf panneaux permettant de découvrir le passé drapier de St-André, qui connut ses heures de gloire au 19e s. *(se rens. à l'office de tourisme).* C'est aujourd'hui un spot de notoriété internationale pour le vol libre qui accueille de nombreuses compétitions de parapente, sur le site de Chalvet *(voir « Activités » dans « Nos adresses »).*

🥾 *1,5 km.* Le **sentier des pêcheurs** rejoint la **plage du Plan** *(surveillée en juil.-août)*, au bord du lac de Castillon : location de pédalos, canoës, paddles, etc. *Empruntez la D 955 vers le nord, puis, à gauche, la D 34.*

Musée de la Minoterie à La Mure-Argens

8 chemin de la Minoterie - 📞 06 79 01 78 25 - www.secrets-de-fabriques.fr - juil.-août : 10h-13h, 14h30-18h ; juin : tlj sf lun., mar., jeu. 10h-13h, 14h30-18h ; reste de l'année se rens. - 6 €.

Établi sur quatre niveaux, le musée de la Minoterie occupe un ancien moulin à farine industriel. À l'origine une draperie, le site a été transformé en minoterie dans les années 1900, produisant de la farine pendant 70 ans.

Revenez à St-Julien, puis sur la D 955. La route suit la rive gauche du lac et passe sur le couronnement du barrage.

Barrage de Castillon C1

Conférence sur le fonctionnement du barrage et de la centrale hydroélectrique tous les merc. à 17h en juil.-août - gratuit, sans réserv. - RV au belvédère.

Du belvédère à l'extrémité de la rive droite, impressionnante vue des installations et panneaux explicatifs. Cette élégante voûte mise en eau en 1948 joue la minceur : sa base n'a que 26 m d'épaisseur. Sa longueur à la crête est de 200 m, sa hauteur de 100 m. La centrale électrique peut produire 77 millions de kWh.

En 2009, deux scientifiques, Denis Savoie et Roland Lehoucq, conçoivent un **cadran solaire** sur la voûte du barrage en utilisant l'ombre projetée naturellement par la corniche du barrage sur les 13 000 m² de la voûte. Celle-ci vient se poser sur les repères incrustés dans la paroi. Les heures du matin sont matérialisées en orange, et celles de l'après-midi en vert.

Les installations que l'on aperçoit sur le lac appartiennent à l'armée, qui mène ici des expérimentations acoustiques.

Au col, tournez à droite sur la D 402, vers Blaron.

★ Point de vue de Blaron C1

🥾 *30mn AR. Garez-vous à l'entrée du hameau de Blaron et suivez le sentier.*

Du promontoire, vous apprécierez la superbe **vue** sur le lac de Castillon, son îlot rocheux minuscule et le village de St-Julien-du-Verdon.

Revenez sur la D 955 et prenez à droite.

Au **Cheiron**, vous pourrez vous arrêter à la **plage** *(surveillée en juil.-août)* et vous adonner aux diverses activités proposées par la base de loisirs *(voir « Activités » dans « Nos adresses »).*

★ Route Napoléon : de Castellane à Sisteron

CARTE P. 222-223

▶ *Circuit de 100 km tracé en orange sur la carte. Voir p. 283.*

ℹ Carnet pratique

S'informer

Office du tourisme de Castellane – *2 bd St-Michel - 📞 04 92 72 59 12 - www.castellane-verdon.com.*
Office du tourisme de St-André-les-Alpes – *1 pl. Marcel-Pastorelli - 📞 04 92 89 02 39 - www.verdontourisme.com.*

Pass touristique

Passeport des Musées des Alpes-de-Haute-Provence – *Voir p. 470.*

Arriver/partir

Car – La LER 51 Nice-Digne suit la Route Napoléon et passe à Castellane; la ligne 450 saisonnière (mai-sept.) Riez-Castellane dessert les gorges du Verdon. Plan du réseau et horaires sur zou. maregionsud.fr.

Se garer – Parkings gratuits à l'entrée et à la sortie du village. Celui de la place Marcel-Sauvaire est payant en saison (avr.-oct.).

Fête de la transhumance – *2e w.-end de juin.* Repas villageois, marché paysan, passage d'un troupeau de moutons dans les rues, bal et animations folkloriques.

Foire agricole – *3e sam. de sept. - St-André-les-Alpes.* Foire agricole de renommée départementale. Stands et animations dans les rues et places du village.

📍 Nos adresses

PLAN P. 333

Restauration

Premier prix

① Le Fournil du Verdon – B2 - *14 bd de la République - 📞 04 92 83 54 21 - fermé de déb. nov. à fin avr. et merc. soir-jeu. (sf en juil.-août) - plats à partir de 15 €.* Cette boulangerie-pâtisserie fait aussi restaurant à l'arrière (terrasse côté Verdon) et sert une cuisine provençale teintée d'influences italiennes. Délicieuses et copieuses assiettes composées.

Budget moyen

③ La Forge – B2 - *Rue Lt-Blondeau - 📞 04 92 83 62 61 - fermé vend. soir-sam. et dim. soir hors sais. - plats 11/22 € - 8 ch.* Cette adresse au cadre intimiste et accueillante propose une cuisine traditionnelle savoureuse : daube de calamars à la provençale, tarte du jour... à déguster dans la véranda ou à l'ombre du platane.

🌱 **② Le Temps de...** – A1 - *3 r. du Mitan - 📞 04 92 89 07 54 ou 06 28 26 24 89 - www.restaurant-letempsde.fr - fermé dim. soir, lun. et mar. midi - plats 11/15 €.* Cette adresse en cœur de ville s'est réinventée en « cave à manger » dans son joli cadre intimiste, sous une voûte de pierre. Les délicieux mets, en petites portions (poissons, viandes ou légumes), font la part belle à la créativité et sont accompagnés de vins biologiques ou nature. Du bon goût qui se partage !

Shopping

😊 Située dans l'enceinte de la vieille ville, la **rue du Mitan** attire de nombreux touristes par son pittoresque et ses boutiques.

La Porte aux Lions – *20 r. du Mitan - 📞 04 92 83 71 62 - www.la-porte-aux-lions.fr.* Belle boutique de décoration intérieure et de linge de maison, proposant des produits de qualité fabriqués en Provence et en France.

🌱 **Maison de produits de pays des Gorges du Verdon** – *Bd St-Michel, D 4085 - 📞 04 92 89 04 24 - www.maisondepaysgorgesduverdon.fr -*

7

tlj en été 9h30-19h30 - fermé janv.-mars. Espace de vente regroupant 40 producteurs locaux : artisans, agriculteurs et artistes.

Marché – *Merc. mat. et sam. mat. à Castellane ; merc. mat. et sam. mat. à St-André-les-Alpes.*

Activités

👥 **Base de loisirs Sirocco** – *Baie du Cheiron - lac de Castillon -* 📞 *06 03 82 01 08 - 🅿 - juin-sept.* Situé au bord du lac de Castillon, ce centre de loisirs bénéficie d'un superbe cadre naturel. Vous pourrez vous adonner aux plaisirs de la baignade (surveillée), du canoë, du kayak, du paddle et du pédalo. Possibilité de pique-niquer près de la buvette.

VTT – *Castellane et St-André-les-Alpes sont traversés par les Chemins du Soleil, grande randonnée à VTT entre Grenoble et Nice.* St-André-les-Alpes propose 8 circuits au dép. du village.

Aérogliss parapente – *Base de loisirs des Iscles - St-André-les-Alpes -* 📞 *04 92 89 11 30 - www.aerogliss.com - 90 € le vol découverte.* Initiation, perfectionnement et baptêmes pour tous (à partir de 4 ans).

Eaux vives

Bureau des guides de Canyon – *3 r. du Mazeau -* 📞 *04 92 83 05 64 ou 06 22 19 55 80 - www. procanyon.com.* Ce bureau organise des sorties canyoning autour de Castellane, vers Riolan, St-Auban ou Aiglun, et propose de l'encadrement pour via ferrata, cordata et escalade, notamment à Annot *(voir p. 388)*.

Aboard Rafting – *8 pl. de l'Église -* 📞 *04 92 83 76 11 - www.rafting-verdon.com - juin-août : 9h-19h ; avr.-mai et sept. : 9h-12h, 14h-18h - 75 € journée aventure (rafting dans le haut Verdon ou le moyen Verdon).* Rafting, hydrospeed, airboat, cano-raft, canyoning, aquarando… et journée aventure *(rafting et parcours en forêt : 65 €).*

Hébergement

Premier prix

1 Grand Hôtel du Levant – A2 - *5 pl. Marcel-Sauvaire -* 📞 *04 92 83 60 05 - www.hoteldulevant-castellane.com - 🅿 - fermé nov.-mars - 26 ch. 77/129 € - ☕ 11 € -* 🍴. Il occupe un bel édifice à arcades, situé sur la grande place de Castellane. Petites chambres lambrissées, bien tenues et insonorisées : elles s'ouvrent directement sur le grand Roc et la chapelle N.-D., joliment éclairée la nuit.

Budget moyen

2 Nouvel Hôtel du Commerce – B2 - *Pl. de l'Église -* 📞 *04 92 83 61 00 - www.hotel-du-commerce-verdon.com - 🅿 ♨ ♿ - fermé de fin nov. à déb. mars - 34 ch. 105 €- ☕ 15 € -* 🍴. Cet établissement entièrement rénové, tenu par la même famille depuis cinq générations, jouit d'un emplacement idéal, au cœur de Castellane mais face à la nature environnante. Décorées dans un style moderne, les chambres donnent sur la piscine, le jardin et la vallée du Verdon.

À proximité

Budget moyen

Chambre d'hôte de Chasteuil – *Chasteuil - 10 km à l'ouest de Castellane -* 📞 *04 92 83 72 45 - www.chasteuil.com - 🅿 - fermé de déb. nov. à mi-mars - 5 ch. 72/88 € - ☕ en sus - 3 nuits mini.* Cette maison en pierre nichée au cœur d'un hameau interdit à la circulation abritait jadis l'école communale. Les chambres, d'un calme absolu, possèdent de belles salles de bains décorées de faïence. La salle à manger offre une superbe vue sur la montagne.

Bargème ★

Perché à 1097 m d'altitude, le plus haut village du Var est surtout l'un des plus beaux de France. On voit de loin les ruines de son château dont les hautes tours blanches, juchées sur un piton rocheux, resplendissent sous le soleil du Midi. Derrière les remparts, les passages et les ruelles plongent le visiteur dans une atmosphère très prenante, qu'une habile restauration a su préserver.

▶ Se repérer

CARTE P. 290-291 (C2)
225 Bargémois – Var (83).
Au sein du **Parc naturel régional du Verdon**, le village se détache sur les flancs de la montagne de Brouis.

⊙ Organiser son temps

Comptez 1h de promenade.

Se promener

😊 *La circulation automobile est interdite dans le village.*
Passé la porte de garde, vous voici en plein Moyen Âge. Les ruelles, reliées par des passages voûtés, sont bordées de maisons anciennes fleuries de roses trémières.

Château

Il comprenait quatre tours rondes, une tour carrée et une cour d'honneur. Bien qu'il soit en ruine, les escaliers, cheminées et fenêtres qui demeurent laissent imaginer son plan initial.
De ses abords, la **vue**★ porte sur les montagnes de Malay et de Lachens, les Préalpes de Grasse, le plateau de Canjuers et, au loin, le massif des Maures.

Chapelle N.-D.-des-Sept-Douleurs

Visible au bout de l'esplanade du château, cette chapelle a une origine des plus lugubres. Le parlement d'Aix condamna en effet le village à l'ériger suite à une série de meurtres perpétrés par les habitants : d'abord celui de **Jean-Baptiste de Pontevès**, seigneur cruel qui venait de fêter ses 90 ans en 1579, ensuite celui de son petit-fils, Antoine, 25 ans, revenu s'installer au château et poignardé en 1595 au pied de l'autel pendant une messe dominicale.

À proximité

CARTE P. 290-291

Comps-sur-Artuby C2

▶ *10 km au sud-ouest par la D 21 puis la D 935.*
Cette ancienne seigneurie des templiers, puis des hospitaliers de St-Jean-de-Jérusalem se tasse au pied d'un rocher. Au sommet, l'**église St-André**, édifice gothique du 13ᵉ s., était leur chapelle *10mn - dénivelé 100 m. Clé à l'office de tourisme (☎ 04 94 50 87 82).*
De là, **vue** sur les Plans-de-Provence et, surtout, sur les gorges de l'Artuby où l'on remarque l'entrée de plusieurs grottes.

7

Clues de haute Provence ★★

Au fil des lacets, le paysage se découpe en une mosaïque de vallées étroites où les champs en terrasses succèdent aux forêts. D'une vallée à l'autre, des torrents impétueux ont entaillé les chaînons montagneux, formant ces superbes clues qui font l'originalité de la région. À l'ombre de leurs versants se cache tout un monde de villages perchés.

▶ Se repérer

CARTE P. 290-291 (D1) ET CI-CONTRE
Alpes-Maritimes (06).
C'est une région tantôt cultivée en terrasses, tantôt sauvage et boisée, située au sud de Puget-Théniers.

☺ À ne pas manquer

Les sites majestueux de Sigale ; la vue sur le ravin de la Faye depuis le col de Bleine.

⏱ Organiser son temps

Comptez environ 3h pour effectuer l'ensemble des circuits proposés.

Circuits conseillés

CARTE CI-CONTRE

★ Clue du Riolan

▶ *Circuit de 23 km, de Puget-Théniers (voir p. 387) à Roquesteron, tracé en rose sur les cartes. Traversez le Var et prenez la D 2211ᴬ.*
La route s'élève jusqu'au col de St-Raphaël. Très belles **vues** sur le pays de la Roudoule et le Mercantour au-delà.

La Penne

Légèrement perché contre une arête rocheuse, le village est dominé par un **donjon** carré.
🐾 *30mn AR.* Il faut y monter par des ruelles toutes fleuries pour profiter d'un magnifique belvédère sur la vallée du Miolans et la montagne du Cheiron.
Au pont des Miolans, poursuivez sur la D 17 vers Sigale.

★ Clue du Riolan

Un furieux affluent de l'Estéron a scié transversalement cette immense brèche dans la montagne. La route en surplomb offre un beau **point de vue** sur cette aire de canyoning réputée.

★ Sigale

À la fin du 14ᵉ s., les paysans jusque-là unis dans la Provence médiévale durent payer l'impôt douanier pour franchir une nouvelle frontière : désormais, ceux de Sigale, d'Aiglun et de Roquesteron-Rive droite dépendaient de la Savoie. Sigale est une ancienne place forte, bâtie dans un site grandiose, dont il reste deux portes, plusieurs maisons gothiques et une fontaine du 16ᵉ s. De la terrasse aménagée, **vue panoramique** sur toutes les montagnes alentour. Au nord, de petits champs en terrasses n'occupent pas moins de 20 niveaux successifs sur 60 m de dénivelé. Mais peu à peu la nature mine les murets, émouvants témoignages d'un travail acharné.

Formation géologique

Clue, défilé presque clos, vient du latin *clusa*, « fermée ». À l'ère secondaire, des calcaires très fins se déposent au fond de la mer Alpine. Soixante millions d'années plus tard, les Alpes se forment : ces couches sont redressées et plissées. Puis l'érosion dégage cette barre calcaire des roches qui l'entourent. Enfin, le torrent y creuse une coupure très encaissée et verticale : en quelques millions d'années, vous obtenez ainsi une magnifique clue.

À droite, en allant vers Roquesteron, la chapelle **N.-D.-d'Entrevignes**, reconstruite au 15e s., est décorée de peintures murales : une curiosité, la Vierge enceinte. *Visite sur demande préalable par mail à la mairie (mairie-sigale@wanadoo.fr).*

Roquesteron

L'Estéron servit de frontière jusqu'en 1860, date du rattachement de la Savoie à la France. De ce passé subsiste la division en deux communes : au nord Roquesteron, et au sud Roquesteron-Grasse, dont l'**église romane fortifiée**, du 12e s., couronne fièrement le rocher.

★★ Clue d'Aiglun

▶ *Circuit de 33 km, de Roquesteron au col de Bleine, tracé en bleu ciel sur la carte.*
😊 Entre la D 17 et Le Mas, soyez prudent : la route est très étroite et accidentée, et les croisements sont difficiles.
Après N.-D.-d'Entrevignes, prenez la D 10 à gauche.
Cette route passe à la sortie même de la clue du Riolan. Du pont du Riolan, **point de vue**★ sur la gorge et son beau torrent aux eaux d'émeraude qui s'écoule entre les rochers dans des marmites de géants.
Plus loin, la **cascade de Vegay** forme une succession de très belles chutes.

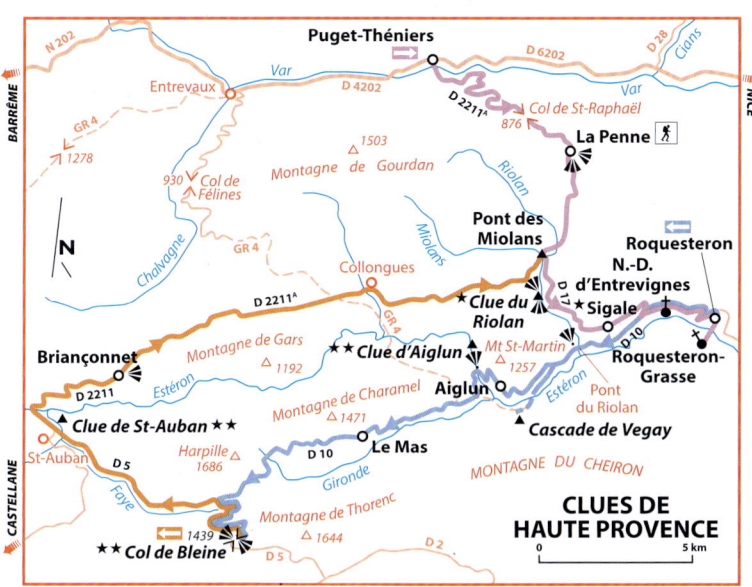

Ensuite, la D 10 traverse **Aiglun**. Ce beau village perché chanté par Mistral est accroché sur un versant à pic, face à la montagne du Cheiron.

★★ Clue d'Aiglun

Cette clue est la plus mystérieuse de toutes. La D 10 franchit le torrent et en offre une vue étonnante. Large de quelques mètres, haute de 200 à 400 m, longue de 2 km, la clue d'Aiglun, taillée par l'Estéron, affluent du Var, sépare les montagnes de Charamel et de St-Martin.

Le Mas

Ce village est bâti à l'extrémité d'un éperon calcaire aux bancs rocheux étrangement redressés en forme de bec.

La D 10 serpente ensuite à flanc de coteau, puis la D 5 (que l'on prend sur la gauche) monte au **col de Bleine**★★ (alt. 1439 m) à travers les sapins. La **vue** est magnifique, en avant sur le ravin de la Faye, le superbe rocher de la Harpille (alt. 1686 m), plus à droite sur la crête allongée de la montagne de Charamel et, au-delà, sur les Grandes Alpes du Sud.

★★ Clue de Saint-Auban D1

▶ *Circuit de 36 km, du col de Bleine au pont des Miolans, tracé en orange sur la carte. À 5 km après le col de Bleine, prenez à gauche la D 5 qui, après avoir longé la Faye, rejoint la D 2211.*

★★ Clue de St-Auban

Empruntée par l'Estéron, la grandiose clue de St-Auban fascine : parois verticales, lit profond encombré de rochers, falaises étonnamment inclinées et trouées d'immenses grottes, et enfin *peirols* et *oules* (chaudrons et marmites) creusés par les fureurs torrentielles du printemps.

Briançonnet

Ce petit village semble tout frêle sous son énorme rocher. C'est un ancien bourg romain dont les pierres furent réutilisées dans des constructions plus tardives, comme en témoignent les inscriptions romaines scellées dans les murs des maisons. Du cimetière jouxtant le chevet de l'église, **vue**★ sur les sommets des Alpes. Au-delà de Briançonnet, la vue porte sur la montagne de Charamel, qui borde la rive droite de l'Estéron dont on est séparé par la montagne de Gars.

Après Collongues, vous apercevez, sur la droite, la clue d'Aiglun ; plus loin apparaît l'entaille de la clue du Riolan. Vous arrivez alors au **pont des Miolans** d'où vous pouvez rejoindre Puget-Théniers.

Clue d'Aiglun.
Sunbird Images/Arco Images/age fotostock

Le pont du Châtelet au-dessus de l'Ubaye.
debieux/Getty Images Plus

8

Les Alpes du Mercantour

CARTE MICHELIN DÉPARTEMENTS 334 – ALPES-DE-HAUTE-PROVENCE (04) ET ALPES-MARITIMES (06)

LES ALPES DU MERCANTOUR

CIME DE LA BONETTE ★★★ Vaut le voyage
Col d'Allos ★★ Vaut le détour
Colmars ★ Vaut la visite
Puget-Théniers Intéressant

0 ___ 5 km

Ville de départ du circuit
La basse Ubaye
Le bassin de Barcelonnette
L'Ubayette
La haute Ubaye
Route du col d'Allos
Haute vallée du Verdon
Route du col des Champs
Du col de la Cayolle à Puget-Théniers
Route de la Colle-St-Michel
Pays de la Roudoule
De Touët-sur-Var à Beuil
Route du col de Valberg
Route du col de la Couillole
Route de Tournefort
Vallée de la Tinée
Excursion en Italie
Route de la Bonette

L'Ubaye ★★

Il y a plus d'un siècle, cette vallée reculée était coupée du reste de la France : la D 900 n'atteignit Barcelonnette qu'en 1883. À l'Ubaye d'aujourd'hui, ce rude passé a légué une nature intacte, paradis de la randonnée, du ski et des sports d'eaux vives, dans un territoire cerné de huit cols dont quatre à plus de 2 000 m d'altitude. L'Ubaye a également gardé un héritage culturel et architectural qui donne aujourd'hui à la vallée un caractère unique, avec ses villas mexicaines et ses fortifications militaires.

▶ Se repérer

CARTE P. 346-347 (AB1-2)
Alpes-de-Haute-Provence (04).
Dans le bassin de Barcelonnette se croisent le trajet international Gap-Cuneo (D 900-S 21) et la fameuse route des Grandes Alpes, entre le col de Vars et le col de la Cayolle.
L'Ubaye alimente le lac de Serre-Ponçon *(voir le circuit « De Savines-le-Lac au Lauzet-Ubaye », voir p. 158).*

😊 À ne pas manquer

Le fort de Tournoux ; l'impressionnant pont du Châtelet.

⏱ Organiser son temps

Comptez une journée pour effectuer tous les circuits de découverte mais n'hésitez à y séjourner plus longtemps, la vallée offre, été comme hiver, une pléiade de plaisirs.

👪 En famille

Le plan d'eau de Jausiers et son Jungle Parc, Nathy-Loisirs et la pêche au lac de Costebelle *(voir « Activités » dans « Nos adresses »).*

ℹ Carnet pratique p. 355

📍 Nos adresses p. 355

Les stations

CARTE P. 346-347

Le Sauze 1400 et Le Sauze 1700 A2

ℹ *Le Sauze 1400 -* 📞 *04 92 81 05 61 - www.sauze.com.*
👪 Le domaine s'étage entre 1400 et 1700 m d'altitude. Le Sauze se situe à 5 km de Barcelonnette, Le Sauze 1700, 5 km plus loin. La station est labellisée Station Verte et bénéficie d'un bon ensoleillement. C'est une station très familiale avec ses espaces débutants, ses parcours ludiques et ses descentes sensationnelles. Elle propose 65 km de pistes, 5 circuits de raquettes, 3 jeux de piste et 3 itinéraires balisés de randonnée. L'**été**, la proximité du sommet du Chapeau de Gendarme offre une belle gamme de randonnées et de circuits VTT.

Pra-Loup A2

ℹ *Maison de Pra-Loup -* 📞 *04 92 84 10 04 - www.praloup.com.*
Pra-Loup s'étend entre 1500 et 1600 m d'altitude, à 8,5 km de Barcelonnette par la D 902 et la D 109. Pra-Loup 1500 est résidentiel et conserve une architecture relativement traditionnelle. À l'arrivée de la station 1600, la statue du « loup hurlant » (Pra-Loup signifie « pré aux loups ») semble monter la garde. En poursuivant la montée, vous arrivez au centre de la station qu'encadre une galerie commerciale (commerces divers, produits régionaux et bars) ; celle-ci ouvre sur une aire de jeux, complétée d'une patinoire naturelle en hiver. Les deux secteurs de la station sont reliés par une navette gratuite en saison de ski.

Sur les hauteurs de Jausiers.
francois-roux/Getty Images Plus

Le **domaine skiable** forme avec Val d'Allos La Foux *(voir p. 365)* l'**Espace Lumière** et ses 180 km de pistes. Des enneigeurs assurent un ski optimal tout au long de la saison. Les pistes de ski, en pente presque toujours modérée, ont été aménagées sur la face nord de la Grande Séolane, impressionnante masse rocheuse que l'on découvre du haut des pistes. Pra-Loup propose un *snowpark* et un boardercross.

En **été**, Pra-Loup s'avère une station au cadre reposant et aux espaces naturels diversifiés. De nombreuses activités sportives sont proposées : tennis, randonnées pédestres, VTT, parapente... Pour les enfants : trampoline et accrobranche.

Ste-Anne-la Condamine B1

ⓘ ☎ 04 92 84 33 01 *(en saison d'hiver) - www.ubaye.com.*

Sa taille humaine, son environnement préservé et la qualité de ses équipements lui permettent de compter parmi les stations villages des Alpes du Sud. Aménagée 20 km au nord-est de Barcelonnette, cette petite station familiale, créée en 1956, propose 35 km de pistes de ski alpin entre 1800 et 2 400 m d'altitude. Outre les 13 pistes et les 6 remontées mécaniques, la station dispose d'un espace luge, d'un jardin des neiges, de sentiers à parcourir en raquettes... Ici tout est calme et reposant. Du haut du domaine, le paysage s'ouvre sur le panorama sublime des Alpes françaises et italiennes. Un domaine de rêve pour skier dans la poudreuse. En saison estivale, elle dévoile une montagne intacte, pure et sauvage au milieu des alpages. Elle reste proche de toutes les activités que propose la vallée de l'Ubaye (randonnées, VTT, sports d'eaux vives...).

Circuits conseillés

CARTE P. 346-347

La basse Ubaye

▶ *Circuit de 21 km, du Lauzet-Ubaye à Barcelonnette par la D 900, tracé en vert foncé sur la carte.*

Le Lauzet-Ubaye A2

Outre ses agréables terrasses de café, ce bourg abrite un joli **pont roman** ainsi qu'un petit **lac** niché dans un bel écrin de saules *(location de paddle – www.ouedsrios. com)*. L'endroit idéal pour se poser un instant (pourquoi pas à la buvette ?) et admirer les montagnes environnantes couvertes de mélèzes.
Poursuivez sur la D 900.
Finis les vastes horizons, les gorges se resserrent et l'esprit du paysage change entièrement. Après un virage, premier choc : au loin se dressent les Séolanes et la Roche Bénite. Ces trois pics étranges semblent parfaitement indifférents aux rafteurs et kayakistes qui affrontent les remous de l'Ubaye. Peu avant le Martinet, à gauche, un sommet rocheux bien nommé s'appelle « la Tête de Louis XVI ».
Prenez à droite.

Le Martinet A2

On entrevoit à droite, derrière le pont sur le Grand Riou, le vallon du Laverq que ferme à l'horizon la montagne de la Blanche. Avant le pont, une route rejoint l'une des grandes bases régionales de sports d'eaux vives.

Méolans A2

C'est ici que démarre le GR 56 Tour de l'Ubaye, mais on peut également pratiquer les sports d'eau vive, la pêche, l'escalade, le vélo. Le clocher St-Julien, perché sur son éperon rocheux, est l'emblème du village.
La Maison du bois – *La Fresquière* - ℘ *04 92 37 25 40 - www.maisondubois.fr - juil.-août : 15h-18h30 (+ jeu. 10h-12h30) ; juin, sept. et vac. scol. : merc.-sam. 14h30-18h (+ jeu. 10h-12h30 en juin et sept. ; + mar. en vac. scol.) - 6 € - espace artisanat du bois en visite libre, gratuit.* Vitrine sur la filière bois, le lieu compte une salle d'exposition, un magasin artisanal et un atelier de démonstration.
Aux **Thuiles**, le paysage s'ouvre sur le bassin de Barcelonnette.
À droite, perchée sur les pentes abruptes du **Peguieou**, la station-balcon de **Pra-Loup** *(voir p. 348)* ; derrière pointe le cône du Pain de Sucre.
La route passe ensuite entre les vallées affluentes du Riou Bourdoux *(voir p. 361)* et du Bachelard à droite.

Le bassin de Barcelonnette

▶ *Circuit de 15 km, de Barcelonnette aux Gleizolles, tracé en violet sur la carte.*
La D 900 traverse le bassin de Barcelonnette en remontant le cours de l'Ubaye et offre de fabuleux panoramas sur les sommets encadrant la vallée.

Faucon-de-Barcelonnette A2

Occupé depuis l'Antiquité, c'est le plus ancien village de la vallée. Son nom viendrait des oiseaux de proie qui le fréquentaient.
C'est la patrie de **saint Jean de Matha** qui fonda en 1198 l'ordre des Trinitaires, chargé de racheter les chrétiens prisonniers des musulmans. Leur couvent sert de lieu de retraite.
La **tour de l'Horloge** (12e s.) domine le village. Remarquez à droite du porche de l'église un couvercle de sarcophage gallo-romain recouvert d'écailles sculptées.

Jausiers B2

C'est d'ici qu'en 1805 partirent les **frères Arnaud**, pionniers de l'émigration vers le Mexique *(voir encadré p. 360)*. Une plaque est apposée sur la façade de leur maison natale, à l'angle de la place d'Arnaudville où se trouve le parking principal. Jausiers est jumelé avec Arnaudville, en Louisiane, où **Jacques Arnaud** s'était installé.

Plusieurs demeures témoignent de la réussite des enfants du pays, comme la villa Morélia (1900) devenue un hôtel et, non loin, la villa Manon (1907), ou encore l'imposant château des Magnans (1903) aux airs de château de Bavière, à présent résidence de tourisme.

Le peintre **Jean Caire** (1855-1935) était également originaire de Jausiers et c'est dans la maison familiale qu'il s'installa définitivement en 1899 avec sa compagne, l'artiste **Marie Tonoir** (1860-1934). Une partie de leurs œuvres est exposée à la villa La Sapinière à Barcelonnette *(voir p. 359)*.

À l'entrée du village, les gourmands feront un arrêt à la **Maison de pays de l'Ubaye** *(voir « Shopping » dans « Nos adresses »)*.

Passé sa belle porte en mélèze sculpté, l'intérieur de l'**église** de Jausiers présente un beau décor baroque, avec un drôle d'autel des morts : il est orné de sculptures représentant des crânes et des os humains...

Comme à Méolans, un **campanile**, isolé sur un rocher à l'emplacement d'une ancienne église, surplombe le village. En suivant le chemin de Croix, on y accède en 30mn. De là, vue panoramique *(table d'orientation)*.

À la sortie, le **plan d'eau de Siguret** *(surveillé en juil.-août - 2,50 €)* est agréablement aménagé pour la baignade et les pique-niques. Les bambins demanderont à faire de l'accrobranche *(voir « Activités » dans « Nos adresses »)*, les plus grands apprécieront le wakeboard et le paddle en saison *(www.junglewakepark.fr)*.

Continuez sur la D 900. À la sortie de La Condamine-Châtelard, garez-vous à l'esplanade Pellegrin (lieu de RV pour la visite).

★ Fort de Tournoux B1

☏ 06 75 15 39 74 - www.ubaye.com - visite guidée (2h30) sur réserv. de mai à sept. - 10 €.

Vous resterez bouche bée devant ces fortifications construites entre 1843 et 1865 : accrochées aux parois verticales, elles se confondent presque avec les escarpements rocheux. Du casernement bordant le lit de l'Ubaye jusqu'au fortin supérieur à 2 000 m, les fortifications s'étagent sur 700 m de dénivelé. Les batteries (la plus basse est creusée dans le roc) sont reliées par des souterrains, dont un escalier de 808 marches. Jusqu'en 1940, ce fut la pièce maîtresse de la défense du bassin de Barcelonnette. Le fort supérieur présente une façade en marbre rose de Serennes. Des batteries supérieures, superbe **vue★** sur les deux vallées et les ouvrages défensifs coiffant les sommets des alentours.

★ L'Ubayette

▶ *Circuit de 17 km, des Gleizolles au col de Larche, tracé en bleu ciel sur la carte.*
La D 900 remonte la vallée de l'Ubayette, protégée par plusieurs ouvrages de la Ligne Maginot. Les villages, détruits en 1944 par l'armée allemande, ont été reconstruits. Seul Certamussat est abandonné.

À la sortie de Meyronnes, prenez à droite une piste forestière (env. 3 km - 1h). Attention, il s'agit d'une piste : mieux vaut avoir un véhicule qui tient la route (ou y aller à pied).

Ouvrage de Roche-la-Croix B1

☏ 04 92 81 04 71 - www.ubaye.com - visite guidée (1h30) sur réserv. de juin à sept. - 10 €.

Intégré au **système Maginot** de défense des Alpes en 1940, cet ouvrage était conçu pour une autarcie semblable à celle des sous-marins. La visite retrace l'historique des combats qui s'y sont déroulés en 1940 et 1945.

St-Ours B1

Plateau de St-Ours – *3 km en boucle au départ du village - 2h - facile.* Suivez le circuit des fortifications. St-Ours abrite effectivement deux ouvrages de la **Ligne Maginot** construits dans les années 1930. Ils constituèrent d'importants ouvrages défensifs lors des combats contre les armées italiennes puis allemandes entre 1940 et 1945. Beau point de vue sur les Alpes. Après la rando, une sympathique auberge permet de reprendre des forces *(voir « Nos adresses », p. 358).*

Fort de St-Ours-Haut – ℘ 06 49 76 37 11 - www.ubaye.com - *visite guidée (2h) sur réserv. de mai à sept. - 10 €.* Cet ouvrage défensif de la ligne Maginot (infanterie et cavalerie) complétait le fort de Roche-la-Croix pour verrouiller le col de Larche. Par l'étendue de ses galeries souterraines, ses 5 blocs de combat et l'importance de sa zone de vie (240 hommes y vivaient), il est considéré comme le plus grand ouvrage de la Ligne Maginot dans la vallée.

Larche B2

🛈 ℘ 04 92 84 33 58 - www.ubaye.com.

En périphérie du Parc national du Mercantour, au confluent du Rouchouse et de l'Ubayette, c'est le dernier village français avant la frontière italienne.

En hiver, l'**espace nordique** (alt. 1700 m) compte 40 km de pistes, un stade de biathlon et plusieurs itinéraires raquettes. En été, c'est le point de départ de belles randonnées.

Passez la frontière au **col de Larche** (alt. 1948 m). Poursuivez jusqu'au joli lac italien de la Madeleine.

★★ La haute Ubaye

▶ *Circuit de 21 km, des Gleizolles à Maurin, tracé en orange sur la carte.*

La D 902 remonte la vallée de l'Ubaye vers Briançon. Peu après l'embranchement avec la D 900 s'élève la **redoute dite « de Berwick »**, vestige du dispositif aménagé par ce maréchal en 1707-1709 pour préparer le rattachement de l'Ubaye à la France. Le torrent et la route s'enfoncent ensuite dans le défilé du **pas de la Reyssole**.

★ St-Paul-sur-Ubaye B1

★ Église – ℘ 04 92 84 31 09 (mairie) - www.ubaye.com - ♿ - *juil.-août : horaires, se rens. ; reste de l'année : clé disponible à la mairie.* Bel exemple de l'art roman tardif des vallées alpines : portail sculpté, rosace trilobée, clocher carré et ses quatre pyramidions à gargouilles. Une série de tableaux du 16e s. rappelle le rôle de capitale des hautes vallées que St-Paul jouait autrefois.

★ Musée Outils, gestes et travaux – ℘ 04 92 81 00 22 - www.ubaye.com - *de mi-juil. à fin août : tlj sf jeu. 15h-19h30 ; de mi-juin à déb. juil. et première quinzaine de sept. : 16h-19h30, sam. 10h-13h et dim. 9h-13h - 3 €. Animations et nocturnes en juil.-août.* La vaste grange de l'ancienne maison Arnaud abrite des outils et des machines agricoles collectés en Ubaye. Tout y est. Des maquettes animées construites par Albert Manuel, le dernier forgeron de la vallée, perpétuent les gestes traditionnels : scieur de long, moulin à eau, transport du bois, travail du chanvre et de la laine, etc. Reconstitution d'une ancienne cuisine, petites collections de vêtements anciens et d'animaux alpins naturalisés.

En hiver, les amateurs de ski de fond apprécieront l'**espace nordique** (alt. 1400 m) comptant 18 km de pistes et un parcours raquettes de 3 km.

Engagez-vous dans la vallée de Maurin (D 25). Après Serenne, prenez à droite.

★★ Pont du Châtelet B1

Lancée à 100 m au-dessus de la gorge, l'arche unique du pont du Châtelet semble maintenir écartées les parois rocheuses. Cet audacieux ouvrage a été réalisé en 1880. Superbes échappées sur les bassins de St-Paul et de Maurin.

Dans la montée, **vues★★** de l'autre côté de l'Ubaye sur la Tête de Paneyron (alt. 2 787 m) et le pic de la Font Sancte (alt. 3 387 m).

Fouillouse B1

À l'entrée d'un cirque dominé par le **Brec de Chambeyron** (alt. 3 389 m), vingt-quatre maisons constituent le hameau, aujourd'hui peuplé d'une dizaine d'habitants permanents. C'est le point de départ de nombreuses randonnées *(voir ci-après)*.

Revenez à la D 25.

La route passe un défilé et, parvenue au sommet de la montée, découvre soudain une magnifique perspective sur la vallée encadrée de pentes rocheuses.

St-Antoine B1

Dans le mystère d'un site silencieux et solitaire se dresse la **chapelle** St-Antoine entourée par son vieux cimetière. Une inscription en provençal rappelle qu'une avalanche emporta en 1531 l'édifice du 12e s.

La D 25 serpente à flanc de montagne traversant plusieurs hameaux de montagne. À celui de La Barge, laissez la voiture et gagnez à pied **Maljasset**, joli hameau avec ses maisons en pierre et aux toits de lauze *(env. 30mn)*.

De là, les randonneurs peuvent accéder au **col Girardin★★** (🥾 *3h - alt. 2 699 m)* et aux anciennes carrières de marbre de Maurin.

Randonnées

CARTE P. 346-347

★★ Chapeau de Gendarme A2

🥾 *4h30 AR - dénivelé 1 000 m - départ du Sauze 1700 ou, en saison, du sommet du télésiège du Bec (1h30 depuis ce sommet).*

Un sentier balisé longe les pistes de ski au milieu des alpages. Dans le sous-bois, empruntez à droite un sentier à l'horizontale jusqu'à un **torrent** *(faites provision d'eau ; au-delà, les points d'eau sont inexistants)*. Suivez-le, puis dirigez-vous plein ouest vers une crête dominant des robines de schiste noir. Suivez cette crête vers le sud-ouest en laissant à gauche les ruines d'une bergerie. Contournez au sud de la crête un éperon rocheux. Du Collet du Queiron, rejoignez le sentier venant du Vivier. Au-delà, un sentier bien tracé, plein sud, conduit à la falaise est du Chapeau de Gendarme. À la bifurcation en Y, prenez à droite jusqu'au col de Gyp. Superbe **vue★** sur la vallée du Bachelard et la chaîne du Cimet. Montez à vue au sommet du Chapeau (alt. 2 685 m). **Panorama★★** sur l'ensemble du bassin de Barcelonnette et sur les gorges du Bachelard.

★ Col des Thuiles A2

🥾 *6h15 AR - dénivelé 935 m - départ à côté de l'office du tourisme de Pra-Loup (balisage jaune).*

😊 Circuit réservé à des marcheurs endurants à entreprendre en été : passages à forte pente le long des pistes de ski. Prévoyez assez d'eau (un seul point d'eau, à la Grande-Cabane).

Alt. 2 376 m. Le circuit est à flanc de montagne : beau **panorama★** sur le secteur des Agneliers, les gorges du Bachelard, le Cimet et le Chapeau de Gendarme.

On vous emmène faire une rando balnéo

Après avoir enfilé maillot de bain, chaussettes néoprène, polaire (éventuellement), K-way et baskets, on s'apprête à remonter le torrent qui passe près du col de Restefond, situé à 2 680 m d'altitude, dans les pas de Chantal, accompagnatrice en montagne. Bientôt, on atteint les vasques d'eau qui forment de véritables Jacuzzi naturels dans lesquels l'eau arrive, fougueuse. Les plaisirs de la thalasso au cœur des torrents ! Plus loin, ce sont des cascades sous lesquelles chacun peut se faire masser les cuisses, le dos, la nuque, voire le crâne pour les plus téméraires. La balade est ponctuée de pauses sur les berges pour observer les plantes carnivores, les roches, les fossiles d'ammonite, mais aussi les grenouilles rousses de montagne. Chantal les connaît bien et a même donné un prénom à chacune. Étonnamment, les grenouilles se laissent photographier et approcher à 10 centimètres ! Une balade idéale et accessible à tous pour se détendre et se rafraîchir.

↻ *Rando passion – Voir « Nos adresses » à Barcelonnette, p. 362 - balade aqualudique 33 € - tlj en juil.-août - à partir de 10 ans - groupes de 12 pers. max.*

Parfois vertigineux, il débouche sur le col au pied de la **Grande Séolane**. Suivez la piste jusqu'au Rocher Jaumas et prenez à gauche à l'intersection. Traversez le torrent du Langail. Peu après, tournez à gauche à la bifurcation. Après une montée en lacets, le sentier traverse à plat une belle forêt de sapins. Poursuivez tout droit au croisement suivant ; après une courte montée, le sentier débouche sur une crête. Aux deux carrefours suivants, prenez sur la gauche. Le sentier monte régulièrement puis descend sur le torrent de Gimette. Continuez jusqu'à la Grande Cabane, passez devant cette dernière et suivez le sentier en lisière de bois et de pâturages en direction de la Grande Séolane. En continuant vous atteignez le col des Thuiles. Le retour se fait par le domaine skiable avec deux possibilités. L'une d'entre elles étant de monter le raidillon à gauche et de suivre la piste sur la crête de Costebelle pour aboutir à la table d'orientation puis de redescendre vers le lac. L'autre étant de suivre le sentier qui traverse le vallon des Agneliers, à l'opposé de la Grande Cabane, pour atteindre le lac de Pra-Loup. Il est ensuite possible d'emprunter la télécabine.

★ Vallon du Chambeyron et lac des Neuf-Couleurs B1

6h AR - dénivelé env. 1000 m - départ à l'entrée de Fouillouse.

Peut se faire sur 2 j. en réservant sa nuit au refuge du Chambeyron. Passages éventuels de névés à l'ubac.

Traversez le village, puis empruntez à gauche le sentier qui s'amorce en creux ; montez jusqu'à la crête au travers d'un bois de pins. Le sentier bien tracé débouche sur un replat. Après 2h de marche et le franchissement de plusieurs éperons rocheux, on accède aux **refuges du Chambeyron** et Jean-Coste (nom d'un des promoteurs de l'alpinisme en Ubaye) sur un épaulement herbeux dominant le lac Premier. Les aiguilles du Chambeyron au nord, sommet de l'Ubaye à 3 412 m, et le **Brec de Chambeyron** (alt. 3 389 m) composent un majestueux paysage. Ce dernier sommet, longtemps réputé invincible, sera vaincu en 1878 par deux habitants de Fouillouse, avant d'être dompté l'année suivante par le célèbre alpiniste britannique **Coolidge**. Au-delà du refuge, vers le nord-est, le sentier s'approche du lac Long que l'on peut longer sur une centaine de mètres. Au prix de l'ascension d'un talus supplémentaire sur la gauche, on contemple aussi le lac Noir. Rejoignez le sentier qui passe ensuite à proximité du lac de l'Étoile avant d'atteindre le magnifique **lac des Neuf-Couleurs**★★ (alt. 2 834 m). Pour les randonneurs aguerris à la marche sur des éboulis raides, possibilité de monter en 1h au **col de la Gypière** (alt. 2 927 m), lorsque la visibilité reste bonne. Retour à Fouillouse par le même circuit.

★ Vallon du Lauzanier B2

4h AR - dénivelé 400 m. À Larche, prenez à droite après le Rifugio della Pace (ancien poste frontière). Départ du parking du Pont-Rouge (alt. 1907 m), à 6 km. Le vallon du Lauzanier, classé Réserve naturelle dès 1938, fait partie maintenant du Parc national du Mercantour et constitue un lieu de balade très prisé, notamment en raison du grand nombre de marmottes que l'on peut y apercevoir. Le long du sentier se dispersent des cabanes d'alpage. La prairie attire de nombreux troupeaux de moutons qui transhument depuis la Provence.

Suivez le vallon boisé jusqu'aux premières cascades pour parvenir au **lac du Lauzanier** (alt. 2 284 m) par le GR 5-56. Il occupe l'une des plus belles auges glaciaires de cette partie des Alpes. Sur le parcours, la petite chapelle faisait autrefois l'objet d'un pèlerinage le 2 juillet. Tous les habitants de Larche venaient y prier pour la protection de leurs récoltes et de leur bétail.

Les bons marcheurs passeront par le lac de Derrière-la-Croix et gagneront le **pas de la Cavale★★** *(2h de plus AR - voir p. 416)*, sous le rocher des Évêques.

★ Circuit du Parpaillon à VTT A1

1000 m de dénivelé sur environ 30 km. Départ de la Condamine en direction du Châtelard. L'itinéraire, labellisé FFC, passe à côté de la station de Ste-Anne. Ce circuit sportif (idéal à VTT électrique) sera un moment fort de votre vie de vététiste, car il emprunte la route militaire du Parpaillon, creusée par les chasseurs alpins à la fin du 19e s. et complétée par le percement du fameux **tunnel du Parpaillon**, long de 500 m. Non revêtue, elle relie les vallées de la haute Ubaye et de l'Embrunais, de La Condamine-Châtelard à Crévoux, puis Embrun. Plusieurs auberges de Crévoux conservent un livre d'or : inscrivez-y vos exploits de valeureux cycliste !

❶ Carnet pratique

S'informer

Office de tourisme – *12-14 Grande-Rue - Jausiers - ☎ 04 92 81 21 45 - www.ubaye.com.*

Pass touristique

Passeport des Musées des Alpes-de-Haute-Provence – *Voir p. 470.*

Se déplacer

Navettes – *Voir p. 361.*

♥ Nos adresses

☾ *« Nos adresses » à Barcelonnette, p. 362.*

Restauration

L'aire de pique-nique du Bachelard *(parking à gauche juste après le village d'Uvernet-Fours - à 6 km de Pra-Loup)* ombragée compte plusieurs tables en bois où s'installer, et des terrains de pétanque. En saison, Chomp Chomp, un excellent foodtruck de produits de saison, s'y installe. En remontant vers le village par un petit sentier, on accède à des petits bassins naturels formés par le torrent où l'on peut faire trempette.

Ubayette

Premier prix

Auberge de Saint-Ours – *Hameau de St-Ours - ℘ 04 92 84 37 03 - www.giteaubergedestours.free.fr - fermé mi-nov.-déc. et 2 sem. en avr. - menu 28 € - 1 gîte.* Menu de saison et accueil sympathique dans cette auberge de montagne qui sert une cuisine simple et savoureuse, le tout dans un superbe décor de montagne. L'auberge compte aussi un gîte.

Haute Ubaye

Budget moyen

⌷ **Refuge de Maljasset** – *Hameau de Maljasset - ℘ 04 92 31 55 42 - chaletmaljasset.ffcam.fr - juin-sept. et de mi-déc. à mi-avr. - repas 25,50 € - 39 lits 18,50 € sur réserv. - ⌷ 10 €.* Un petit air d'Italie flotte dans l'assiette ! Dans cette ancienne ferme, Tita cuisine maison des plats gourmands à base de produits locaux, bio le plus souvent. Les repas sont servis dans la salle à manger voûtée. La terrasse se prête aux pauses rafraîchissantes et apéros entre amis.

Shopping

⌷ **Maison de pays de l'Ubaye** – *325 av. des Mexicains - Jausiers - ℘ 04 92 84 63 88 - www. produitsdepays.fr - tlj.* Gérée par une soixantaine d'artisans, producteurs et agriculteurs de la vallée de l'Ubaye et des Alpes-de-Haute-Provence, cette maison donne un bel aperçu des richesses locales : miels, génépi et absinthe, fromages de chèvre et de brebis, charcuteries, vêtements en laine, articles en bois et en cuir, poteries...

⌷ **Brasserie des Hautes Vallées** – *L'Adrech - St-Paul-sur-Ubaye - ℘ 04 92 61 37 93 - www. la-sauvage.fr - fermé dim. - visite guidée, se rens.* Grégoire Tallon a installé sa brasserie à 1500 m d'altitude au cœur de paysages propices à l'inspiration. Grâce à une eau de source bien minéralisée, il produit La Sauvage ! Blonde, blanche, ambrée, brune... une bière bio qui se déguste en toute saison.

Activités

Randonnée

Les cartes de randonnées et d'idées de balades au départ de chaque village sont proposées dans les offices du tourisme de la vallée et de Barcelonnette et en téléchargement sur www.ubaye. com.

Cyclotourisme et VTT

Informations dans les offices de tourisme de Barcelonnette et de la vallée. Pour les amateurs de cyclotourisme, demandez le *Guide du vélo*, comprenant la présentation des **7 cols**. Il existe aussi une carte des circuits VTT de la vallée de l'Ubaye et une carte de la Transubayenne, 120 km de VTT entre Larche et le lac de Serre-Ponçon qui emprunte, sur une partie du parcours, une ancienne voie de chemin de fer. Guide et cartes peuvent se télécharger sur **www.ubaye.com**.

Eaux vives

Anaconda Rafting – *Rte du Moulin - Le-Lauzet-Ubaye - ℘ 04 92 85 55 20 - www.anacondarafting.com - à partir de 45 €/pers. pour rafting, 50 €/pers. pour hydrospeed, hot-dog ou canyoning.* Spécialistes des sports d'eaux vives sur l'Ubaye : rafting, hydrospeed, canoë hot-dog, canyoning (notamment dans le ravin de la Blache), etc.

Autres activités

👥 **Aventure Altitude** – *798 rte de Lans - Jausiers - ℘ 06 29 17 75 37 - www.sud-alpes-aventures.fr.* Nombreuses activités ludiques. En été : cani-rando, Petits Explorateurs (survie en montagne), escape-games, randos 2 roues, soirée astronomie ; en hiver : chiens de traîneau, raquettes, soirée apér'igloo, trotti'neige, etc.

Jungle Kid Parc – *Plan d'eau de Siguret - Jausiers - ☎ 06 14 41 12 26 - www.jungle-parc.fr - avr.- oct. : tlj pdt les vac. scol. et w.-ends hors vac. scol. (été : tlj 10h-19h) - 15 €.* Situé dans la base de loisirs du plan d'eau de Siguret, ce parc propose des parcours conçus pour les enfants dès 3 ans avec 80 ateliers. Les adultes peuvent quant à eux s'adonner aux plaisirs de l'accrobranche non loin de là, au Jungle Parc de Barcelonnette.

Hébergement

Au Sauze

Premier prix

Les Flocons – *☎ 04 92 81 05 03 - www.les-flocons.com - ▣ - 17 ch. 70/75 € - ☲ 10 € - ✗.* Cet établissement, dont la salle de restaurant donne sur la vallée, se trouve juste à l'entrée du village. Chambres lambrissées et de bon confort, pour 2 à 6 personnes. Au restaurant : cuisine traditionnelle et spécialités au fromage en hiver.

À Jausiers

Budget moyen

La Bousquetière – *1214 rte des Sanières - Le Forest-Haut - ☎ 06 43 72 09 60 - www.labousquetiere.com - 3 ch. 100/130 € ☲ et 1 gîte 150 €/2 pers. - ✗ 32 € sur réserv.* Cette ancienne ferme de montagne du 18ᵉ s. a été rénovée avec beaucoup de goût. Les chambres sont spacieuses et confortables. Spa pour se détendre après la randonnée.

Basse Ubaye

Budget moyen

Maison d'hôtes Les Méans – *Les Méans - Méolans-Revel - ☎ 04 92 81 03 91 - www.les-means. com - ▣ - 2 ch. 100/145 € ☲ et 3 suites.* Repos garanti dans cet ancien presbytère restauré avec des matériaux écologiques et privilégiant le chauffage à granulés de bois et l'eau chaude solaire. Nichés à 1000 m d'altitude, au cœur de la vallée de l'Ubaye, à vous la quiétude ! Chambres spacieuses et très douillettes, avec vue sur les montagnes.

Haute Ubaye

Premier prix

Gîte-refuge-bar-restaurant Les Granges – *Fouillouse - ☎ 04 92 84 31 16 - www.gite-les- granges.com - fermé nov. - 9 ch. 84 € ; 3 dortoirs 50,50 €/pers. en 1/2 P - ✗.* Dans cette ancienne bergerie restaurée, on se sent comme au bout du monde, surtout après avoir suivi la route étroite qui y mène… Belle vue sur le Brec du Chambeyron et sentiers de randonnée alentour. Hébergement en dortoir ou en chambre et possibilité de bain norvégien. Cuisine et accueil familiaux.

Barcelonnette ★

Veillée par les hautes cimes de l'Ubaye, la capitale de la vallée campe au carrefour de la Provence, du Dauphiné et de l'Italie. Ouverte depuis toujours au commerce et aux échanges, cette petite ville montagnarde est gagnée au 19e s. par un vent de folie migratoire vers le Mexique. En témoignent les magnifiques villas dites « mexicaines » disséminées en périphérie du centre-ville. Aujourd'hui, l'animation de ses ruelles, entre commerces et terrasses, en fait une étape très agréable.

Place Manuel, à Barcelonnette.
F. Chaput/hemis.fr

▶ Se repérer

CARTE P. 346-347 (A2)
2 724 Barcelonnettes – Alpes-de-Haute-Provence (04). Accès le plus facile par la D 900 à partir de Gap (69 km à l'ouest) et Serre-Ponçon *(voir p. 152)*. Les autres routes passent par de très hauts cols, fermés l'hiver.

☺ À ne pas manquer

Le charme de la très vivante place Manuel et la villa La Sapinière qui accueille le musée de la Vallée.

◷ Organiser son temps

Comptez au moins 1h pour flâner dans la ville et 1h pour la visite du musée de la Vallée.

⚏ En famille

Montagnes d'Ubaye *(voir « Activités » dans « Nos adresses »)*.

❶ Carnet pratique p. 361

◉ Nos adresses p. 362

Une cité convoitée

Raymond Bérenger V, comte de Barcelone et de Provence, fonda en 1231 une bastide qu'il baptisa « Barcelone ». Elle ne devint Barcelonnette que cinq siècles plus tard. En 1713, lors du traité d'Utrecht, le **maréchal de Berwick**, qui avait arpenté les champs de bataille des Alpes, comprit l'intérêt stratégique de la vallée de l'Ubaye et de Barcelonnette, alors terres de Savoie. Il réussit à convaincre Louis XIV de rattacher la vallée et Barcelonnette au royaume de France en échange d'une partie du Dauphiné.

Se promener

Place Manuel

Habitants et estivants se retrouvent à la terrasse de cafés aux façades colorées, autour d'un kiosque où les concerts sont presque quotidiens. Sur la **fontaine**, un médaillon de David d'Angers représente J.-A. Manuel, avocat et homme politique local du 19ᵉ s. La belle **tour Cardinalis** (15ᵉ s.) est l'ancien clocher d'un couvent de dominicains qui occupait l'actuelle place.

Villa La Sapinière

10 av. de la Libération - ☎ 04 92 81 27 15 - www.museedelavallee.fr - ⎣ - vac. scol. : mar.-sam. 14h30-18h ; hors vac. scol. : merc.-sam. 14h30-18h ; reste de l'année : se rens. - 5 €.

Elle fut bâtie entre 1878 et 1883 pour le père de l'homme d'État Paul Reynaud (1878-1966), après sa fortune faite au Mexique. C'est aujourd'hui la seule maison mexicaine de Barcelonnette ouverte au public.

Elle abrite le **musée de la Vallée★** qui fait ressurgir ici toute la mémoire de l'Ubaye, des rites funéraires de l'âge du fer à l'épopée des « Mexicains » *(voir encadré p. 360)*, en passant par la charte de la fondation de Barcelonnette en 1231 et la vie rurale au 19ᵉ s.

Au rez-de-chaussée, le musée raconte notamment l'histoire des migrants du Piémont venus s'installer en Ubaye au début du 19ᵉ s. D'émouvants clichés mettent à l'honneur ces familles, dont une série de photos prises il y a quelques années dans le massif, qui regroupent trois générations. On peut également voir des objets de contrebande de l'époque, dont un très bel accordéon qui faisait partie, selon la police, d'un lot de « 4 accordéons entrés illégalement en Ubaye » au milieu du 20ᵉ s. Au 1ᵉʳ étage, une salle est consacrée aux entrepreneurs de la vallée qui ont fait fortune au Mexique. Dans une autre, on peut voir une collection de peintures, dont les caricatures et paysages (1913-1960) des sœurs Reynaud, et les tableaux en fleurs séchées et en plumes d'Émile Chabrand (globe-trotter du 19ᵉ s.). Enfin, le lieu s'ouvre à l'art contemporain et organise des expositions temporaires.

😊 En saison, au rez-de-chaussée *(entrée latérale)*, vous trouverez des informations et des belles photos de montagne à la **Maison du Parc national du Mercantour**. *☎ 04 92 61 57 37/04 92 81 21 31 - www.mercantour-parcnational.fr - ⎣ - de mi-juin à mi-sept. : horaires variables - gratuit.*

Cimetière

Les caveaux réalisés par des artistes italiens frappent par leur taille et leur variété : temples, mausolées, belles chapelles et un même véritable pavillon où la pierre de la haute Ubaye rivalise avec les somptueux drapés en marbre de Carrare.

L'épopée des Barcelonnettes au Mexique

Tout débute en 1805 à Jausiers. Les **frères Arnaud** renoncent à la filature de soie familiale et vont tenter leur chance d'abord en Louisiane, où Jacques fonde un domaine agricole, puis à Mexico, où Marc-Antoine ouvre un magasin de tissus à l'enseigne *El Cajon de Ropas de las Siete Puertas*. C'est un succès. Il y associe ses frères Jacques et Dominique, puis deux amis de Jausiers : en 1845, ils rapportent un joli magot de piastres d'or. C'est l'émoi dans la vallée et la ruée vers le Mexique. En 1893, la moitié des jeunes de l'Ubaye y sont installés et les Barcelonnettes – nom des habitants de Barcelonnette – tiennent plus de cent magasins de tissus. On se diversifie (industrie du papier, finance, etc.), on administre même la Banque de Londres et du Mexique. L'âge d'or s'achève avec la révolution mexicaine de 1910 et la guerre de 1914-1918, dans laquelle beaucoup s'engagent. L'émigration s'éteint en 1950. Son originalité tenait aux racines paysannes des émigrants : très attachés au pays natal, ils y rentraient finir leurs jours (sauf les frères Arnaud) dans de somptueuses villas.

Ces **villas « mexicaines »** des Barcelonnettes furent construites entre 1880 et 1930, à Barcelonnette et à Jausiers. L'éclectisme architectural semblait la règle, et ces villas cossues d'inspiration italienne, « tyrolienne », baroque ou troubadour, n'avaient en réalité rien de mexicain. Vous les apercevrez en empruntant la rue derrière la Poste, puis le long de l'avenue de la Libération jusqu'au cimetière. Parmi les dernières édifiées, la Villa bleue (1931), avenue Porfirio-Diaz, innove avec son grand vide central, décoré d'un vitrail bleu représentant les usines textiles mexicaines du propriétaire.

À proximité
CARTE P. 346-347

★ Église de St-Pons A2
▶ *2 km à l'ouest par la D 9 ou la D 900.*
Le **portail ouest**, du 12ᵉ s., est orné d'une frise de personnages. Le **portail sud**★, du 15ᵉ s., donnait autrefois accès au cimetière. Son iconographie primitive se rapporte à la mort, présentant des scènes réconfortantes pour l'âme au moment du trépas : Christ en Croix entre deux étoiles, gage de salut, et résurrection avec un personnage sortant d'un sarcophage. Au tympan est peinte une Adoration des Mages, réalisation pleine d'harmonie témoignant d'un art raffiné.

Circuits conseillés
CARTE P. 346-347

Le bassin de Barcelonnette
▶ *Circuit de 15 km, de Barcelonnette à Gleizolles, tracé en violet sur la carte. Voir p. 350.*

★★ Route du col d'Allos
▶ *Circuit de 42 km, de Barcelonnette à Colmars, tracé en bordeaux sur la carte. Voir p. 365.*

Randonnées

CARTE P. 346-347

★ **Vallon du Riou Bourdoux** A2

▶ *Prenez la D 900 vers Gap, puis à droite la D 609 vers La Frache. Longez l'aérodrome, laissez à gauche l'accès à La Frache et traversez le Riou Bourdoux. Sur la route forestière, on longe des constructions qui retiennent les boues noires dont le torrent tire son nom.*

• *3h. Départ de la maison forestière du Tréou.* Empruntez le **sentier de découverte**. Le long du parcours, des panneaux vous disent tout sur la maîtrise du torrent. Belle **vue** sur le barrage de 1880, les ravinements et les plantations inclinées par les glissements de terrain ; la vallée en amont est barrée par le col de la Pare et la cime de la Grande Épervière. Dans le sous-bois, vestiges de **Cervière**, village abandonné au 19e s. ; la croix dans un enclos marque l'emplacement du cimetière.

★ **Col de la Pare** A2

▶ *Du Tréou (voir la randonnée précédente), continuez jusqu'au parking des Dalis.*

• *4h30 AR depuis la maison forestière des Dalis - dénivelé 800 m.* À droite, empruntez le sentier fléché. Poursuivez à pied pendant 45mn au milieu des mélèzes et pins à crochets. Après le refuge de la Pare, un sentier s'élève jusqu'à 2 000 m et traverse des éboulis jusqu'au col de la Pare (alt. 2 655 m) : paysage minéral, surplombé à gauche par le sommet de la Grande Épervière (alt. 2 884 m). De là, une belle **vue★** s'offre sur l'ensemble du bassin de Barcelonnette et des massifs qui le ceinturent. Derrière vous, la vallée plus sauvage du Parpaillon est dominée par la masse imposante du **Grand Bérard** (alt. 3 048 m). Ce secteur est riche d'une faune préservée : des mouflons gambadant seront la récompense du promeneur endurant.

Un torrent dompté

En 1866, le **Riou Bourdoux** était le plus redoutable torrent de l'Ubaye. Contre ses crues dévastatrices, on réalisa 1 264 barrages de pierres sèches et 40 seuils de rupture de pente ; les ravines d'altitude furent maîtrisées et les boues fixées, le torrent calibré et le cône de déjection stabilisé. Il fallut près de trente ans pour maîtriser son impétuosité !

ℹ **Carnet pratique**

S'informer

Office de tourisme – *Pl. Frédéric-Mistral - Barcelonnette -* ✆ *04 92 81 04 71 - www.ubaye.com.*
Maison du Parc national du Mercantour – *Voir la « Villa La Sapinière », p. 359.*

Pass touristique

Passeport des Musées des Alpes-de-Haute-Provence – *Voir p. 470.*

Arriver/partir

Se garer – Plusieurs parkings gratuits aux abords du centre piétonnier.

Se déplacer

Navettes – Au départ de Barcelonnette, les navettes inter-stations et inter-villages (en saison été et hiver - gratuites), vous permettront de circuler dans la vallée de l'Ubaye. Horaires sur www.ubaye.com.

Nos adresses

Restauration

Budget moyen

L'Abri – *Pl. Frédéric-Mistral -
04 92 81 24 24 - fermé lun. et
mar. sf vac. scol. - menu 28 € -
plats env. 15/20 €.* Ce restaurant
propose de belles salades et des
pizzas copieuses, cuites au feu de
bois (sur place ou à emporter). Une
équipe jeune, souriante et efficace
assure le service. Aux beaux jours,
la terrasse est prise d'assaut.

Le Choucas– *4 pl. Manuel -
04 92 81 15 20 - Facebook -
plats 14/18 €.* Cette institution de
Barcelonnette (un bar à l'origine)
s'est lancée dans la restauration
et le résultat vaut le détour. On y
déguste une cuisine locale à base
de fruits et légumes bio, le tout
installé en terrasse sur la place
principale.

Pour se faire plaisir

La Bocaccino – *Rue Cardinalis -
04 92 81 34 64 - fermé dim.-
lun. (sf vac. scol. zone B) - plats
21,50/34,50 €, menu 43,50 €.*
Pizzas, pâtes, risotto : l'Italie dans
l'assiette à deux pas de la villa
La Sapinière ! Mais aussi des plats
montagnards pour combler les
appétits aiguisés par une journée
d'activités au grand air. Le tout
à base de produits de qualité, à
savourer dans la chaleureuse salle
voûtée ou le rafraîchissant patio.

Shopping

Marché – *Pl. Aimé-Gassier -
merc. mat. et sam. mat.* Ce
marché propose de nombreux étals
de produits locaux : produits laitiers
de la vallée de l'Ubaye, liqueurs
des Alpes et toutes sortes de
charcuteries, confitures et miels.

Le Chalet du terroir – *20 r. Manuel -
09 55 34 03 18 - @lechalet
duterroir2023 - fermé lun. hors
vac. scol.* Fromages et charcuteries

de l'Ubaye et des Alpes, miels,
confitures, tartes de pays, vins et
alcools.

Petite pause

Pâtisserie Boeri – *54 r. Manuel -
09 84 47 31 98 - fermé lun.* Ce
salon de thé est agréable en toute
saison : l'hiver, on se réchauffe
autour d'une bonne pâtisserie et
d'un thé ; l'été, on opte plutôt pour
une glace et une boisson fraîche.
Une jolie adresse gourmande.

En soirée

Ô Tandem – *52 r. Manuel -
04 92 81 54 31 - www.otandem.
com - 16h-1h - fermé dim. et lun.
hors vac. scol.* Bar à vins, cocktails,
accompagnés de planches
salées ou sucrées. Une adresse
incontournable pour une soirée à
Barcelonnette où l'on peut siroter
de surprenants cocktails réalisés
avec les alcools de la distillerie
locale Lachanenche.

Activités

Bureau des guides de l'Ubaye –
*15 r. Manuel - 06 08 46
04 53/06 80 25 51 68 -
www.guide-montagne-ubaye.com -
hors sais. : sur RV.* Canyoning,
alpinisme, escalade et via ferrata...

Montagnes d'Ubaye – *37 r.
Manuel - 04 92 81 29 97 -
www.ubaye-aventure.com - hors
sais. : sur RV.* Selon la saison,
randonnée aquatique, botanique,
VTT, escalade, rafting, raquettes,
observation des animaux,
randonnées à thème dans le
Mercantour, dans une démarche
écoresponsable.

**Rando passion - Maison de la
montagne** – *31 r. Jules-Béraud -
04 92 81 43 34 - www.rando-
passion.com - hors sais. : sur RV.*
Randonnées thématiques vers les
hautes vallées de l'Ubaye pour aller
à la rencontre des bouquetins ou
des chamois, gravir les sommets,

découvrir les plus beaux lacs, dans une démarche écoresponsable... mais aussi parapente, rafting, bivouac... et escape game. *Voir aussi l'encadré vert p. 354.*

Cyclotourisme

Brevet des 7 cols – *☎ 04 92 81 04 71 - carte à composter gratuite.* Dans les offices du tourisme de la vallée de l'Ubaye, le cycliste se procure un carnet et une carte à composter aux cols de Vars, de la Bonette-Restefond, de la Cayolle, d'Allos, de Pontis, des Fillys et de Ste-Anne. Ces 7 exploits lui vaudront un brevet !

Hébergement

Budget moyen

Le Grand Hôtel – *6 pl. Manuel - ☎ 04 92 81 03 14 - www.grand-hotel-barcelonnette.fr - 🅿 payant - 22 ch. 84/107 € - ☕ en sus.* Idéalement situé pour les randonnées ou les cyclotouristes, cet hôtel sans prétention met à votre disposition des chambres propres et confortables, un bar et un parking moto et vélo gratuit. Accueil très agréable et serviable.

Hôtel de la Placette – *14 r. Émile-Donnadieu - ☎ 04 92 81 03 37 - www.hotel-barcelonnette.fr - 16 ch. 85/116 € - ☕ 11 € - 2 nuits mini en haute sais.* Au cœur de la zone piétonne de Barcelonnette, l'hôtel est un excellent point de départ pour explorer cette jolie petite ville. L'ambiance y est conviviale et tranquille, les chambres coquettes et soignées. Un parking vélo/moto est également à la disposition des clients.

Pour se faire plaisir

Hôtel Spa Azteca – *3 r. François-Arnaud - ☎ 04 92 81 46 36 - www.azteca-hotel.fr - 🅿 ♿ - 29 ch. 140/200 € - ☕ 15 € - 2 nuits mini en haute sais.* Jolie villa proposant des chambres agréables et spacieuses. Les espaces communs affichent une décoration élégante et cosy. Le mobilier de créateur côtoie aujourd'hui quelques meubles et objets évoquant l'épopée des Barcelonnettes au Mexique. Le spa propose une gamme de soins esthétiques et de massages. Agréable terrasse à l'abri des regards pour prendre le petit-déjeuner ou boire un verre en fin de journée.

Villa Puebla – *Av. Reine-des-Prés - ☎ 06 30 67 13 74 - www.villapuebla.com - 5 ch. 130/250 € - ☕.* À quelques pas du centre-ville, cette très belle villa « mexicaine » de 1880 séduit avec son mobilier et sa décoration d'époque. Un grand parc et une serre ajoutent au charme des lieux. Loger ici est une occasion unique de découvrir ce patrimoine si particulier de Barcelonnette.

À proximité

Budget moyen

L'Escale en Ubaye – *70 rte de St-Bernard - St-Pons - ☎ 07 88 33 53 77 - www.chambres-hotes-escale-ubaye.fr - 5 ch. 94/127 € ☕ - 3 gîtes (2 nuits mini) - ✗.* On se sent comme à la maison dans cette vieille ferme de 1870 entièrement rénovée. Bonne table d'hôte concoctée par Julie, la maîtresse des lieux, superbe panorama et piscine rafraîchissante en été. Que demander de plus ?

Val d'Allos ★

C'est sur les pentes du col d'Allos, à 2 240 m d'altitude, que le Verdon prend sa source. Son cours a dessiné les paysages de cette haute vallée dont la nature préservée offre des paysages grandioses. Val d'Allos, composé d'un village et de deux stations sœurs, Le Seignus et La Foux, est aux portes du royaume des randonneurs : le Parc national du Mercantour. En franchissant ses limites, vous découvrirez en particulier le plus grand lac naturel d'altitude d'Europe, perché à plus de 2 228 m d'altitude.

▶ Se repérer

CARTE P. 346-347 (A2-3)
Alpes-de-Haute-Provence (04).
Une route escarpée (fermée en hiver) relie le val d'Allos à Barcelonnette au nord *(voir « Circuit conseillé »)*. L'accès est plus facile de Castellane, par la D 955, puis la N 202 et la D 908. Dans ce sens, vous aborderez d'abord Val d'Allos le Village, puis Val d'Allos Le Seignus et, enfin, Val d'Allos La Foux.

☺ À ne pas manquer

Le vieux village d'Allos et la randonnée au splendide lac d'Allos.

⏱ Organiser son temps

Au moins une journée au val d'Allos. À noter que de mi-juillet à fin août, le col d'Allos est réservé tous les vendredis matin aux cyclistes.

👪 En famille

Les stations du val d'Allos sont labellisées Famille Plus Montagne ; le parc de loisirs et Luge Verdon Express *(voir « Activités » dans « Nos adresses »)*.

ℹ Carnet pratique p. 367

📍 Nos adresses p. 367

Séjourner

★ Val d'Allos le Village A3

Alt. 1 400 m. Ses portes en bois sculpté, ses vieilles enseignes, ses fontaines confèrent à ce petit village un certain charme. C'est aussi un grand centre d'excursions, dont celle du lac d'Allos *(voir « Randonnées »)*, la plus réputée.
Dans son écrin de verdure, un **parc de loisirs** propose, autour d'un large plan d'eau, de multiples activités *(voir « Activités » dans « Nos adresses »)*.
N.-D.-de-Valvert – Cette église du 13ᵉ s. est un exemple intéressant de l'art roman provençal. Vous admirerez ses proportions extérieures, son élégant chevet, où court une arcature lombarde, et sa couverture de bardeaux de mélèze. Au-dessus du porche, remarquez les visages ahuris et les animaux rieurs.

Val d'Allos Le Seignus A3

Alt. 1 500 m. Cette station inaugura, en 1936, la première remontée mécanique du haut Verdon. Si elle reste une destination pour les amateurs de ski alpin (24 pistes), elle s'est aussi beaucoup développée autour du tourisme estival en devenant notamment un excellent spot pour le VTT. Les télécabines sont ainsi ouvertes hiver comme été permettant à chacun, skieurs, vététistes ou randonneurs, de profiter du panorama exceptionnel sur la vallée du Verdon, le col d'Allos et le Parc national du Mercantour.
Domaine skiable – Surplombant Allos, il compte 24 pistes (dont la rouge de Valcibière) se déroulant entre 1 500 et 2 400 m d'altitude.
Téléphérique – Un téléphérique relie la station et Val d'Allos le Village.

Val d'Allos La Foux A2

Alt. 1800 m. À 9 km au nord d'Allos, C'est une station moderne dont les habitations construites en bois sont assez bien intégrées au site. Le **Verdon** prend sa source juste un peu plus haut, au pied de la montagne de Sestrière. Établie au creux d'une dépression veillée par les sommets de la Grande Séolane et du massif des Trois Évêchés, La Foux déploie des activités en toutes saisons : ski, randonnées, VTT. L'été, les alpages, où surgissent les sources du Verdon, se peuplent de brebis et de marmottes, promettant de sympathiques rencontres au détour des balades.

Domaine skiable – Niché dans un cirque, il a l'avantage de présenter des pistes aménagées sur cinq versants qui sont reliées à celles de **Pra-Loup** (voir p. 348), pour former l'**Espace Lumière** offrant un des plus grands domaines des Alpes du Sud.

Circuit conseillé CARTE P. 346-347

★★ Route du col d'Allos

▶ *Circuit de 42 km, de Barcelonnette à Colmars, tracé en bordeaux sur la carte. Quittez Barcelonnette par la D 902 vers le sud (direction Castellane).*

😊 La plus extrême **prudence** est de mise : les croisements sont difficiles et le col d'Allos est fermé en hiver.

Entre Barcelonnette et la haute vallée du Verdon, cette route de liaison terriblement étroite ressemble plutôt à un sentier accroché on ne sait comment à des parois quasi verticales. Ses innombrables lacets s'élèvent dans des paysages sauvages et inhabités. La route s'élève en corniche au-dessus des **gorges du Bachelard**★. Après le pont du Fau, vous reconnaîtrez, dans l'enfilade de la haute Ubaye, le sommet en marches d'escalier du Brec de Chambeyron. La D 908 fait ensuite un long détour dans le vallon des Agneliers, fermé en amont par les imposantes barres rocheuses de la **Grande Séolane** (alt. 2 909 m). Revenant au-dessus de la vallée du Bachelard, elle offre des vues plongeantes sur le vertigineux abîme où coule le torrent.

★★ Col d'Allos A2

Alt. 2 247 m. Du refuge en contrebas *(table d'orientation)*, belle **vue**★ au nord sur Barcelonnette dominé par la Chalanette et le Grand Bérard, au nord-est sur la Font Sancte, l'aiguille de Chambeyron, le Pain de Sucre et le Chapeau du Gendarme, et à l'est sur le Cheval de Bois. Du col, on découvre la Grande Séolane et le domaine skiable du Val-d'Allos (l'Observatoire, pic des Trois-Évêchés).

★ Val d'Allos A3 *(voir ci-dessus)*

Dans la descente vers le cirque de pâturages où le Verdon prend sa source, le paysage est sévère.

En arrivant sur Colmars, remarquez le fort contraste entre le lit du Verdon défoncé par d'énormes rochers et les champs de blé qui bordent ses rives.

Randonnées CARTE P. 346-347

▶ *À partir de Val d'Allos le Village, l'étroite D 226 monte sur 13 km (route fermée de mi-oct. à mi-juin et interdite aux véhicules de plus de 2,10 m) jusqu'à un parking où se trouve un point d'information du parc, ouvert en saison.*

Parc national du Mercantour

Créé en 1979, il a pour objectifs de protéger le patrimoine naturel, de sensibiliser les visiteurs à la fragilité de ses espaces et de valoriser ses richesses qui contribuent au développement local. Les 67 900 ha qui constituent la zone centrale, à cheval sur les Alpes-Maritimes et les Alpes-de-Haute-Provence, sont la partie française de l'ancienne réserve de chasse des rois d'Italie qui occupait, avant 1861, les deux versants des Alpes. De très beaux paysages, entre 490 et 3143 m d'altitude, vous attendent sur un déroulé de 600 km de sentiers aménagés, dont le GR 56 et le GR 52[A], le sentier panoramique du Mercantour.

Parc naturel européen

Depuis 1987, le Parc national du Mercantour est jumelé avec son homologue italien le **Parco Naturale delle Alpi Marittime** avec lequel il partage 33 km de frontière. Tout au long de ces années, les deux organismes se sont associés sur différents dossiers : le suivi des espèces animales qui parcourent l'ensemble du domaine protégé, la mise en place d'une signalétique transfrontalière, l'engagement dans le développement d'une offre d'écotourisme suivant la Charte européenne du tourisme durable, etc. En 2013, de leur union est né le premier Parc naturel européen. Cette création permet aux deux parcs d'exister séparément, tandis que l'espace Maritime Mercantour gère les projets communs, dont la candidature pour un classement au Patrimoine mondial de l'Unesco déposée le 1er février 2018. C'est une superficie de près de 2 000 km² allant des Alpes à la Méditerranée qui est concernée.
 fr.marittimemercantour.eu

Un milieu préservé

L'inventaire inédit de la faune et de la flore, entrepris en 2007 sur 10 km² à la frontière des deux parcs, se poursuit depuis 2009 sur l'ensemble du parc. Côté flore, le Parc national du Mercantour enregistre la plus forte diversité au niveau national avec 2 062 espèces de plantes, dont une centaine d'espèces endémiques. Outre le mélèze, la plus célèbre parmi les espèces représentées est la saxifrage florulenta (espèce endémique qui fleurit une fois dans sa vie), premier symbole du parc. Du rhododendron à la gentiane, en passant par une soixantaine de variétés d'orchidées, le parc décline toute une palette de couleurs. Côté faune, on compte 74 espèces de mammifères et 194 espèces d'oiseaux. Le Mercantour est le seul massif européen à accueillir les trois ongulés montagnards, amoureux des cirques, vallées glaciaires et gorges profondes : le chamois, le mouflon et le bouquetin des Alpes. Les milieux boisés de moyenne altitude abritent le cerf et le chevreuil, ou le lièvre, et la pelouse alpine au-dessus, l'hermine et la marmotte. Les volatiles comprennent la chouette de Tengmalm de Sibérie, le hibou petit duc d'Afrique du Nord, le tétras-lyre, la perdrix des neiges ou lagopède, et un bel échantillon de rapaces : circaète, aigle royal. Depuis le lâcher de deux gypaètes barbus (2007 et 2008), le couple a eu 4 petits (1 par an, depuis 2015). Quant au loup, revenu naturellement au sein du massif du Mercantour, depuis l'Italie où ils sont protégés, il est à présent contrôlé pour éviter sa surpopulation.
 www.mercantour-parcnational.fr

★★ **Lac d'Allos** B3

Accès en 45mn par le sentier de découverte, à partir du parking du Laus (payant de fin juin à déb. sept.) - www.valdallos.com/lac-d-allos.html - ♿ - prêt gratuit d'une joëlette sur réserv. à l'office du tourisme de Val d'Allos.

Attention : fréquentation record de mi-juil. à mi-août ; partir très tôt le matin. Possibilité de partir à pied depuis le village d'Allos en suivant le GR56 : 6h de marche AR ; ou du parking de la Cluite (gratuit) : 4h30 AR. Brochure complète à l'office de tourisme.

Avec 54 ha et une profondeur atteignant 48 m, c'est le plus grand lac naturel d'Europe à cette altitude (2 228 m). Vous pourrez en faire le tour en 1h. Célèbre par sa couleur azur, l'eau retenue par un verrou glaciaire vient de la fonte des neiges et de plusieurs sources. Au-dessous, à l'emplacement du plateau du Laus, un autre lac glaciaire a laissé place à une tourbière.

★★★ **Mont Pelat** B3

6h AR - dénivelé 925 m. Sentier balisé en jaune. Arrivée assez raide et caillouteuse.

Alt. 3 050 m. Au sommet, **panorama★★★** exceptionnel sur les cols d'Allos, de la Cayolle et de la Bonette, sur la Tête d'Estrop, le Grand Cheval de Bois, la Grande Séolane, le Parpaillon, le Chapeau du Gendarme, le Brec de Chambeyron et, si le ciel le permet, jusqu'au mont Blanc, au mont Viso et au mont Ventoux.

ℹ️ Carnet pratique

S'informer

Office de tourisme – *Pl. de la Coopérative - Allos -* ☎ *04 92 83 02 81 - www.valdallos.com.*

Arriver/partir

En train – Pour rejoindre le val d'Allos : liaison en train au départ de Nice et/ou Digne jusqu'à la gare de Thorame, puis en bus.

Zou ! La Neige en Bus – Ce service d'autocars sur réservation assure une desserte directe entre les stations et l'aéroport Marseille-Provence durant la saison de ski (week-end et vacances scolaires.)

Se déplacer

Un service de **navettes** relie l'ensemble des stations du val d'Allos, été comme hiver.

📍 Nos adresses

😊 La marque « Esprit Parc national » est attribuée aux hébergements, sorties accompagnées, produits artisanaux et du terroir respectueux des territoires des Parcs nationaux (www.espritparcnational.com).
🌿 L'association **Mercantour Écotourisme** regroupe des opérateurs engagés dans l'écotourisme (www.mercantourecotourisme.eu).

Restauration

Budget moyen

Les Gentianes – *Grand Rue - Allos -* ☎ *04 92 83 03 50 - fermé nov.-mi-déc. et avr.-mi-mai - plats 18/28 €.* Avec sa jolie petite terrasse au cœur du vieux village, ce restaurant est l'une des bonnes adresses du Val d'Allos. Les amateurs de fondue et de raclette seront comblés.

Activités

Randonnée et VTT

Carte présentant 37 itinéraires de randonnée pédestre et 24 circuits VTT (le val d'Allos est agréé par la FFC) à l'office du tourisme et en téléchargement sur son site Internet.

Parcs de loisirs

Parc de loisirs – $\wp$ 04 92 83 09 45 (office du tourisme d'Allos) - www.valdallos.com - fin juin-déb. sept. : 10h-18h45 - 15 €. Ce plan d'eau de 15 000 m² entouré de verdure invite à passer des journées ludiques et détendues en famille ou entre amis. Baignade aménagée et surveillée. Les activités ne manquent pas pour occuper les enfants : toboggan aquatique, canoë, tennis, ping-pong, skatepark, tyrolienne, pédalos, etc. Restauration sur place.

Luge Verdon Express – *Près du télésiège Marin-Pascal, au pied du col d'Allos -* $\wp$ *04 92 83 81 44 - de mi-déc. à déb. avr. : 11h-18h (19h pdt vac. scol.) ; juil.-août : 10h30-18h -* 6 €. Cette piste de luge sur rails multisaisons couvre une boucle de 995 m pour 4 à 7mn de descente dans un panorama d'exception. Virages en épingle, segments d'accélération, vagues… pour un plein de frissons !

Hébergement

Premier prix

Hôtel Pascal – *Grand Rue - Val d'Allos village - Allos -* $\wp$ *04 92 83 00 04 - www.hotel-pascal.com -* 14 ch. 62/73 € 🛏 - 9,50 €. En plein cœur du village, proche de tous les services en toute saison, voici un hôtel tout simple et très pratique, en particulier pour les familles (chambres familiales, mobilier adapté, jeux).

Colmars ★

Blottie derrière ses remparts, cette petite cité de caractère perchée à 1250 m d'altitude a un charme médiéval presque mystérieux. En franchissant ses hautes portes, vous entrez dans un dédale de ruelles et de placettes qui s'animent en haute saison et les jours de marché, quand habitants et estivants se retrouvent au milieu des stands de spécialités régionales. Tout autour, les montagnes boisées du Parc national du Mercantour vous invitent à partir en randonnée, à pied ou à ski, à moins que vous ne choisissiez de prendre la route pour découvrir la haute vallée du Verdon.

◉ Se repérer

CARTE P. 346-347 (A3)
520 Colmarsiens –
Alpes-de-Haute-Provence (04).
42 km au sud de Barcelonnette
en passant par le val d'Allos
(D 908).

◉ Organiser son temps

Programmez une demi-journée pour visiter la vieille ville et le fort, puis marchez jusqu'à la cascade de la Lance. On peut y ajouter le sentier thématique du Canal de l'Adroit.

ℹ Carnet pratique p. 373

◉ Nos adresses p. 373

Se promener

★★ Vieille ville

Derrière la **porte de Savoie** ou la **porte de France**, ornée d'un cadran solaire, on est séduit par une atmosphère méridionale à 1250 m d'altitude. Les maisons dépassent les remparts, ce qui permettait de faire sécher au soleil, dans des greniers ouverts (les « soleillados »), les draps et la paille. Le nom de « Colmars » vient du fait qu'un temple dédié à Mars s'élevait sur la colline *(collis Martis)*. Au 8ᵉ s., le temple est remplacé par une première **église St-Martin**. Gothique malgré son air roman, celle d'aujourd'hui s'insère dans les remparts.

Maison Musée du Haut-Verdon – *Rue St-Martin -* ☎ *04 92 83 41 92 (office de tourisme) - www.haut-verdon-maison-musee.com - juil.-août : 14h-17h30 (dernière entrée 16h30) ; juin et sept. : vend.-mar. - 4 €.* Au fil de la visite dans cette **bâtisse** de la vieille ville et le long du chemin de ronde réhabilité et aménagé en petit musée, on découvre le riche patrimoine de la haute vallée du Verdon. La découverte débute par plusieurs reconstitutions, dont une salle de classe du début du 20ᵉ s. dans laquelle trône encore le registre des élèves du village de 1900 à 1943. On débouche ensuite sur le cabinet d'un médecin de montagne, personne essentielle dans un village, puis sur un joli salon bourgeois qui conduit au **chemin de ronde**. Ce dernier consacre l'histoire militaire de Colmars au gré des différentes salles et saynètes de vie reconstituées. Plus loin, la tour Dauphine met en lumière la faune et la flore locale dont la profusion de papillons que l'on peut observer dans les montagnes environnantes. On redescend ensuite vers le **jardin de Saurin** où poussent plus de 70 espèces de plantes que l'on retrouve dans la vallée, dont le lis martagon ou le toxique et repoussant hellébore fétide. Si la maison-musée

8

revêt parfois des airs de fourre-tout, la visite n'en reste pas moins complète et instructive, au point d'en faire un incontournable de tout séjour dans le Val d'Allos.

★ Fort de Savoie

Accès à pied depuis le village par un escalier - ☎ 04 92 83 41 92 (office de tourisme) - juil.-août : 10h-12h, 14h-18h ; reste de l'année, se rens - 4 €.

Tout comme le reste du village, ce fort qui domine Colmars revêt un charmant air médiéval. De 1391 à 1886, la localité abritait près de 300 soldats en moyenne. Leur nombre grimpa même jusqu'à 500 après le siège de 1690, contre seulement 600 habitants à l'époque. La visite débute par un escalier qui mène à une **tour ronde** puis à la vaste **salle d'armes**. Toutes deux sont coiffées de remarquables charpentes de mélèze : leur structure en forme de parapluie fut réalisée en 1695 par les compagnons des chantiers navals. On s'avance ensuite vers la **cuisine**, installée dans une échauguette en brique qui surplombe le Verdon, avant de redescendre dans le **petit magasin à poudre**, aux murs d'une épaisseur de 2 m, capables de résister à l'épreuve du canon. Dans la seconde enceinte, plusieurs salles voûtées, hébergeant jadis la garnison, accueillent une exposition multimédia sur l'histoire du fort, qui vous transportera dans le temps et l'espace.

Cascade de la Lance

45mn AR - mai-oct. - départ du sentier aménagé à côté de l'office de tourisme.
♿ *Prêt d'une joëlette sur réserv. pour les personnes à mobilité réduite.*

Un agréable chemin mène à travers les pins odorants et le long d'une petite rivière jusqu'au pied de falaises de grès d'où une cascade de 20 m de hauteur dévale puis rebondit avec fracas au fond d'une gorge étroite. On peut choisir de raccourcir la promenade et se garer au plus près du sentier, en empruntant en voiture le chemin de la Cascade jusqu'au parking. À cet endroit, des tables de pique-nique ont été installées sous les mélèzes.

Sentier d'interprétation du canal de l'Adroit

1h30 en boucle - accessible tte l'année sf en cas d'enneigement - dépliant gratuit disponible à l'office de tourisme. Départ de l'office de tourisme.
👪 Cette promenade familiale présente les patrimoines naturel et historique de la cité médiévale et parcourt les hauteurs qui dominent Colmars.

Une protection nécessaire

Le village fut vite fortifié. Heureuse initiative, car, en 1390, Allos se rattache à la Savoie : désormais, Colmars est une ville frontière. En 1528, François Ier fait renforcer les remparts et leur donne leur aspect actuel, y ajoutant des petites tours carrées. Pourtant, la ville est incendiée en 1583 et 1592, lors d'expéditions punitives contre les protestants cachés dans les caves, puis, accidentellement, en 1672. En 1690, le duc de Savoie déclare la guerre et le marquis de Parelli assiège en vain Colmars. Dès 1692, **Vauban** est chargé de revoir les défenses de la ville sans pour autant se rendre sur place. C'est donc à distance qu'il dirige les travaux menés à Colmars par Niquet et Richerand. À son initiative sont construits les forts de Savoie et de France, reliés à la ville par des caponnières (chemins protégés). Il décide également de renforcer les portes. Lorsqu'il vient inspecter le chantier en 1700, il est très mécontent des constructions entreprises. Il envisage certaines modifications, mais aucune ne sera réalisée. La place est progressivement délaissée avant d'être déclassée au 19e s.

Colmars.
F. Chaput/hemis.fr

😃 Face à l'office de tourisme, le surprenant **bouquetin** monumental, œuvre du sculpteur Christian Burger installé à Embrun, rappelle la réintroduction de l'espèce dans le Parc national du Mercantour en 1994.

Circuits conseillés

CARTE P. 346-347

★ Haute vallée du Verdon

▶ *Circuit de 34 km, de Colmars à St-André-les-Alpes, tracé en vert olive sur la carte. Suivez la D 908 vers le sud et, à 2 km, prenez à droite.*

Villars-Colmars A3

Avant d'arriver au village, arrêtez-vous au **kiosque Demontzey** *(sur le parking à droite)* qui abrite 12 panneaux explicatifs sur la forêt. De là part un **sentier d'interprétation** ripisylve (👣 *boucle de 20mn).*
Revenez sur la D 908 puis, après 3,5 km, prenez à gauche (à l'entrée de Beauvezer) la route de Villars-Heyssier jusqu'au parking.

★ Gorges de St-Pierre A3

👣 *1h30 AR.* Le sentier balisé s'élève en corniche, offrant des vues impressionnantes au-dessus des sauvages gorges gris et ocre creusées par un affluent du Verdon. Une fois arrivé à la sortie des gorges, faire demi-tour pour reprendre la direction du parking. À noter : il existe une boucle de 6h qui parcourt les gorges, pour les marcheurs bien entraînés.

Beauvezer A3

Voilà une paisible petite station climatique installée dans un site verdoyant. Vous grimperez au vieux village depuis le parking de la **Maison de produits de pays**, dans laquelle vous ferez une halte avant de repartir *(en bordure de la D 908 – voir « Shopping » dans « Nos adresses »).*

Vous suivez le fond de la vallée, dominée à gauche par la masse imposante du Grand Coyer (2 693 m). Après le pittoresque village de **Thorame-Haute** et le pont de Villaron, la D 955 se faufile entre les sèches montagnes à lavande parsemées de bois.

À **St-André-les-Alpes**, rejoignez Castellane en suivant la fin du circuit des lacs de Chaudanne et de Castillon *(voir p. 335)*.

Route du col des Champs

◯ *Circuit de 30 km au départ de Colmars tracé en marron sur la carte.*
Cette route est l'œuvre des chasseurs alpins qui la réalisèrent à partir de 1891. Vous serpentez à travers une jolie forêt de mélèzes et traversez ensuite les ravissants sous-bois de **Ratery**, petite station d'été et d'hiver (domaine nordique) avant de monter vers le col par une petite route en lacet.

★ **Col des Champs** B3

Ce beau col sauvage est l'une des portes d'entrée méconnues du Parc national du Mercantour. Vous quittez les Alpes-de-Haute-Provence et entrez dans les Alpes-Maritimes qui s'étendent à vos pieds sur des dizaines de kilomètres, telle une terre inconnue à conquérir. Le paysage pelé offre de sublimes vues sur les cimes environnantes dont les **aiguilles de Pelens★** (2 523 m). Depuis la route sinueuse, vous admirez également de vertigineuses robines, ces pentes ravinées de terres noires typiques de la région, au pied desquelles paissent des troupeaux de moutons. Au sommet du col (2 087 m), relativement peu fréquenté même en haute saison, vous pourrez apercevoir un très grand nombre de marmottes. Ensuite, la route redescend vers le Val d'Entraunes *(voir p. 375)*.

🐾 *3h AR. Départ 500 m à gauche après le col.* Randonnée pédestre facile sur la crête allant de la cime de Voya au **mont Rénière**, à l'est ; belle vue d'ensemble sur le val d'Entraunes.

Chastelonnette B3

Cette toute petite station de ski, appelée aussi **Val-Pelens**, fait face aux superbes **aiguilles de Pelens★**.

À l'entrée du hameau du **Monnard**, vue impressionnante sur le val d'Entraunes et le lit très large du Var.

Loin des névés du col, la route fleure bon la lavande et le buis. La route de l'ubac, plus large, permet un accès plus aisé à St-Martin-d'Entraunes.

St-Martin-d'Entraunes B3 *Voir p. 376*

★ Route de la Colle-St-Michel

◯ *Circuit de 46 km, d'Annot à Colmars, tracé en bleu sur la carte. Voir p. 384.*

ℹ **Carnet pratique**

S'informer

Office de tourisme – *Ancienne-Auberge-Fleurie - Colmars - ℰ 04 92 83 41 92 - www.verdontourisme.com.* Visites guidées du village en été.

Pass touristique

Passeport des Musées des Alpes-de-Haute-Provence – *Voir p. 470.*

Arriver/partir

En train – *www.cpzou.fr.* La ligne ferroviaire Nice/Digne s'arrête à Thorame-Haute. De là, un service de bus rejoint Colmars.

En bus – *www.verdontourisme.com.* Le bus reliant la gare de Thorame-Haute à Allos, passe par Colmars.

Se garer – Parkings gratuits à l'extérieur des remparts.

Agenda

Fête médiévale – *En août.* Deux jours d'animations.

Fête patronale de la St Jean-Baptiste – *3 j. autour du 24 juin.* Festivités historiques et religieuses, bals, banquets et défilés des pompiers en habits et équipements Napoléon III.

Revendran – *1er w.-end des vac. de Toussaint.* Fête à l'occasion du retour des troupeaux d'ovins de l'alpage. Activités et festivités traditionnelles autour de la transhumance.

Les Nocturnes de la Maison-Musée – *Quelques dates en juil.-août.* Les personnages et collections de la Maison Musée prennent vie pour faire découvrir l'histoire de la cité Vauban.

📍 **Nos adresses**

Restauration

À Colmars

Budget moyen

🌿 **La Table Ronde** – *Pl. Neuve - ℰ 04 92 83 41 54/06 76 12 51 41 - fermé mar. soi et merc. (sf juil.-août) - plats 16/24 €.* Labellisé Pays Gourmand, ce petit restaurant s'ouvre sur une placette blottie derrière les remparts. Dans un décor soigné, on y savoure en toute simplicité les produits typiques du haut Verdon à l'instar du gigot d'agneau grillé ou encore de la faisselle de pays.

À proximité

Budget moyen

Le Lacustre – *Parc du Roufleiran - Beauvezer - ℰ 04 92 83 47 30 ou 06 13 33 43 51 - www.restaurantlacustre-beauvezer.com - fermé lun. soir-merc. hors vac. scol. - plats 14/25 €.* La cuisine raffinée du chef de ce restaurant est plébiscitée par les habitants de la vallée. La terrasse, nichée au bord d'un lac entouré de mélèzes offre un beau panorama sur les montagnes environnantes. Une jolie adresse où il est conseillé de réserver.

Le Tétras – *Quartier Vieraron - Villars-Colmars - ℰ 04 92 83 40 04 - fermé lun.-merc. soirs et dim. soir - menu déj. 23,50 €.* En salle ou sur la terrasse dans ce petit village près de Colmars, le cadre assez quelconque est compensé par une cuisine gourmande et généreuse, pour partie à base de produits locaux.

Shopping

Marché – *Mar. mat. et vend. mat.*

À Beauvezer

🌿 **Maison de produits du Pays du Haut-Verdon** – *Rte de Colmars -* 📞 *04 92 83 58 57.* Une vingtaine d'artisans régionaux ont investi cet espace autrefois consacré à la draperie pour y proposer une belle gamme de produits locaux : apéritifs, tissus, poteries, bijoux, spécialités laitières, infusions, saucissons, etc.

Activités

Randonnée

De nombreuses randonnées autour de Colmars et dans le Parc national du Mercantour permettent la découverte de la flore et de la faune alpines. Guides et topoguides en vente à l'office de tourisme, possibilité de randonnées avec un accompagnateur en montagne *(tlj en sais. selon calendrier - prêt d'une goélette pour la cascade de la Lance).*

Vélos électriques

Ad Montem – *L'Échauguette -* 📞 *07 68 33 72 74 - www. ad-montem.fr - fermé lun. et jeu. - à partir de 25 €.* Location de VTT et VTC électriques et conseils de circuits autour de Colmars.

Sports d'hiver

Ski de fond et raquettes – *Ratery - www.nordicalpesdusud.com.*
Ski alpin – *Voir « Val d'Allos La foux », p. 364.*

Hébergement

À Colmars

Premier prix
Le France – *Pl. de la Tour -* 📞 *04 92 83 42 93 - www. hotellefrancecolmars.com - 10 ch. 76/90 € - 🍽 10 € - ✖.* Postée face à la porte de France, cette bâtisse du début du 19e s. dispose de quelques chambres entièrement refaites. Elle abrite également un restaurant

familial. Assiettes copieuses, plat du jour traditionnel roboratif et pizzas.

Budget moyen
🌿 **Les Transhumances** – *Les Espiniers -* 📞 *04 92 83 44 39 - www.lestranshumances.fr -* 🚗 🅿 *- fermé oct. - 3 ch. 99 € 🍽 - 2 gîtes 567 €/sem.* Il faut gravir une étroite route pentue pour rejoindre cette ferme perchée sur les hauteurs de Colmars. Là, un splendide paysage alpin s'offrira à vous, dans un calme absolu. Les chambres, aménagées dans l'ancienne grange, et la grande salle (poutres et mangeoires) ont conservé leur authenticité. Le petit-déjeuner puise largement dans la production fruitière de la ferme (sans aucun engrais chimique, bien sûr) avec notamment de délicieuses confitures maison.

À Villars-Colmars

Budget moyen
Le Martagon – *Le Pradas -* 📞 *04 92 83 14 26 - www. le-martagon.com - 9 ch. 147/187 € en 1/2 P - 3 pods aussi - ✖.* Cet hôtel-restaurant au cœur du village offre quiétude et un excellent dîner aux saveurs locales aux visiteurs de passage. Les chambres sont simples et bien tenues. À l'étage, les chambres supérieures ont été récemment refaites. Le grand jardin avec vue sur les montagnes est agrémenté de quelques tables pour boire un verre. Envie de vous poser et de vous reposer après votre journée de balade ? Ici, vous serez comblé.

Val d'Entraunes ★★

À 100 km de Nice, aux portes du Parc national du Mercantour, le val d'Entraunes demeure une vallée loin de tout. Et c'est justement la raison pour laquelle il faut y venir. Cette zone alpine où le Var prend sa source a su rester à l'écart du tourisme. Rien ou presque n'y a changé depuis des décennies. En remontant la haute vallée du Var, on serpente dans les rougeoyantes gorges de Daluis jusqu'au col de la Cayolle en traversant des sites sauvages entre neige et lavande. Demeuré miraculeusement intact, le val d'Entraunes attire les visiteurs en quête de quiétude et de grands espaces dans lesquels ils peuvent espérer apercevoir un bouquetin ici, une marmotte là.

▶ Se repérer

CARTE P. 346-347 (B3)
Alpes-Maritimes (06).
De Barcelonnette à Entraunes, vous empruntez la route des Grandes Alpes et le col de la Cayolle, ou le col d'Allos, Colmars et le col des Champs. De Puget-Théniers ou Entrevaux, vous remontez les gorges de Daluis.

☺ À ne pas manquer

Les belles vues le long de la route du col des Champs ; les remarquables gorges de Daluis ; le cirque glaciaire d'Estenc et les randonnées alentour.

⏲ Organiser son temps

Prévoyez une bonne demi-journée pour découvrir le val d'Entraunes avec les arrêts, et une journée si vous vous attardez dans les gorges de Daluis.

👪 En famille

Observer les marmottes au col des Champs et au col de la Cayolle. Une randonnée à dos d'âne *(voir « Activités » dans « Nos adresses »)*.

ℹ Carnet pratique p. 379

📍 Nos adresses p. 379

Circuit conseillé

CARTE P. 346-347

Du col de la Cayolle à Puget-Théniers

▶ *Circuit de 51 km tracé en gris sur la carte.*

★★ Col de la Cayolle B3
À 2 326 m d'altitude, le col de la Cayolle marque la limite entre les Alpes-de-Haute-Provence et les Alpes-Maritimes. N'hésitez pas à laisser votre voiture au parking pour vous dégourdir les jambes. De nombreuses randonnées sont possibles, dont Le « Circuit des Lacs », notre préférée, pour ses vues superbes et les marmottes qui vous accompagneront tout du long *(voir « Randonnée »)*.

★ Estenc B3
Le Var, le plus grand cours d'eau des Alpes-Maritimes, prend sa source au cœur de **ce cirque glaciaire**★ dans un somptueux cadre montagneux où les cimes flirtent avec les 3 000 m d'altitude. Les sommets alentour sont constitués de grès d'Annot, roche qui donne aux crêtes un relief ruiniforme, conséquence d'une érosion très active.

8

.:• **Lac et source du Var** – *Départ du chemin derrière le relais de la Cayolle - boucle facile de 30mn.* 👥 *Cette balade ravit les enfants.* En faisant le tour du petit lac, on peut observer des truites que les pêcheurs viennent taquiner. Au printemps et en été, une multitude de papillons multicolores volent autour des promeneurs.

.:• **Cabanes de Sanguinière** – *1h30 AR - dénivelé 180 m - départ du parking juste avant le refuge de la Cantonnière (voir « Nos adresses », p. 379).* Le sentier grimpe dans les champs recouverts de fleurs au printemps avant de rejoindre un sous-bois qui longe le ruisseau de Sanguinière dans lequel il fait bon se tremper les pieds quand il fait chaud. On débouche ensuite dans une vaste prairie où trônent deux jolies cabanes de bergers, point d'arrivée de la balade.

Après Estenc, guettez ensuite, sur la droite après le pont St-Roch, les **cascades d'Aiglière** et du **Garreton** : peut-être verrez-vous le beau débit de l'eau (.:• *zones accessibles par un sentier balisé en jaune au départ d'Entraunes – 2h AR - dénivelé 200 m).*

Entraunes B3

Circuit du patrimoine – *Dépliant à l'office de tourisme (voir « S'informer » p. 379) ou sur le site Internet.* Commencez le tour du village par l'ancien four à pain, en face de la mairie. L'église, située au confluent du Var et du Bourdoux, présente un curieux clocher, avec un toit en demi-cercle épousant les contours de l'ancienne abside. À la sortie nord du bourg, dans la **chapelle St-Sébastien**, des fresques d'**Andrea de Cella** constituent un faux retable à décor Renaissance *(clé à récupérer à la mairie -* 📞 *04 93 05 51 26 - juil.-août : 9h-12h30).*

La route se poursuit dans un décor montagnard ; après un tunnel, la vallée s'élargit dans le bassin de St-Martin, creusé dans les marnes noires.

St-Martin-d'Entraunes B3

Le village occupe une butte verdoyante, qui contraste par sa fraîcheur avec l'aridité générale de la haute vallée du Var. Sur l'**église** romane, le cadran solaire porte une devise qui signifie : « Le soleil est mon guide, le pasteur est le vôtre. » Elle renferme un beau **retable★** de la Vierge de Miséricorde de **François Brea**. *Clé à la mairie (*📞 *04 93 05 51 04 - fermée sam. apr.-midi et dim.).*

Après Villeneuve, la D 74, à gauche, s'élève au-dessus du vallon de la Barlatte.

Châteauneuf-d'Entraunes B3

Le village est perché dans un site assez désolé dominant la haute vallée. L'**église baroque** abrite un retable rouge et or du *Christ aux cinq plaies* (1524), dans la manière de François Brea.

Revenez sur la D 2202 que vous prenez à gauche.

Guillaumes B3

Comme Entrevaux, ce bourg fut l'avant-poste défensif du royaume de France jusqu'à sa cession à la Savoie en 1760. Les ruines du château de la Reine-Jeanne (15e s.), démantelé par les Français avant leur départ, surplombent le village.

Autour du **lavoir**, panneaux et photos illustrent l'histoire de Guillaumes.

Musée des Arts et Traditions populaires – *R. Raymond-Béranger -* 📞 *04 93 05 57 76 (office de tourisme) -* ♿ *- visite guidée (40mn) sur demande à l'office de tourisme - gratuit - fermé pour travaux.* Pour ceux qui veulent découvrir la vie d'autrefois.

Chapelle N.-D.-de-Buyeï – *Rte du Plan - visite guidée (30mn) sur demande à l'office de tourisme.* Située à la sortie du village (à gauche), elle abrite un étonnant tableau de l'incendie de Guillaumes en 1682.

La route descend en corniche vers Daluis, dominant les eaux du Var supérieur.

Le col de la Cayolle.
debieux/Getty Images Plus

★★ Gorges de Daluis B4

Belvédères du Colorado niçois – *Boucle de 3h30 - dénivelé 700 m - départ du Pont de Cante, à 4,5 km de Guillaumes - randoxygene.departement06.fr.* Cet itinéraire de randonnée en boucle offre de superbes panoramas sur les gorges en balcon sur la première partie du sentier, puis dans les gorges sur la seconde partie.

Taillées par le Var dans les schistes d'un rouge profond, ponctuées de taches vertes, blanches et roses de la végétation, les gorges de Daluis (également appelées clues de Guillaumes, gorges rouges ou même Colorado niçois – *voir encadré vert p. 378*) sont d'une profondeur, d'une âpreté et d'une couleur saisissantes. Cette extraordinaire couleur rouge est due à la présence de minéraux riches en fer qui se sont oxydés au fil du temps et qui placent aujourd'hui les gorges parmi les hauts lieux de la minéralogie. Là où les lacets de la route sont trop étroits, des tunnels ont été creusés dans le rocher pour permettre le passage des voitures descendantes. À ces endroits, la route en balcon offre les plus belles **vues★★** sur les gorges, surtout dans la lumière d'une radieuse fin d'après-midi (spectacle dont profiteront les passagers, car le conducteur restera vigilant !).

Le **pont de la Mariée** les franchit audacieusement. De là, un escalier de 62 m conduit au belvédère des Gorges. À l'aval, un bloc de schiste rouge affecte la forme d'une tête de femme : c'est la « gardienne des gorges ». Non loin, le **pont de Berthéou** marque le terme de la clue de Berthéou, « spot » idéal pour s'initier au canyoning, encadré par des professionnels. Avant d'arriver au village de Daluis, ne manquez pas la nouvelle **passerelle suspendue** qui traverse les gorges.

Daluis B4

Dominé par les ruines d'un château, ce petit village perché est une agréable halte à la sortie des gorges. La route suit le fond de la vallée qui, après un coude puis un élargissement, s'étrangle à l'entrée d'Entrevaux.

On vous emmène dans le Colorado niçois

Pour explorer les gorges de Daluis autrement, rien de tel que de s'engager dans le tout nouveau **circuit des Balcons de Daluis**. Cette randonnée de 26 km qui s'organise sur deux jours permet de découvrir le site et ses étonnantes parois de pélite d'un rouge éclatant. Plusieurs belvédères aux vues spectaculaires sur le canyon ponctuent le sentier. Parmi eux, le plus ancien est le point Sublime, qui n'a pas usurpé son nom tant le panorama y est saisissant de beauté. À l'issue du premier jour et des 4h de randonnée, les marcheurs sont invités à bivouaquer sur l'aire de Roua, un campement aménagé. Le deuxième jour de rando, on atteint le col de Roua et sa superbe vue sur le bassin de la Roudoule. Et pour ne pas se perdre dans ce Colorado niçois, il vous faudra suivre pas à pas le Maillot des pélites, un des escargots endémiques du secteur, mis à l'honneur sur un pictogramme apposé sur les panneaux qui signalent le sentier.

Infos et réserv. du bivouac sur www.gorgesdedaluis.fr.

★ **Entrevaux** B4 *Voir p. 380*
En poursuivant vers Puget-Théniers par la D 4202, jetez un coup d'œil à l'arrière sur le **site**★★ d'Entrevaux.

Puget-Théniers B4 *Voir p. 387*

Randonnée

★★ Circuit des Lacs

Certains des lacs se retrouvent à sec lors des périodes des fortes chaleurs.

3h AR - dénivelé 450 m - balisage jaune - départ du parking du col de la Cayolle. Dos au parking, prenez à droite un sentier bien tracé (GR 56B Tour du haut Verdon), en montée régulière jusqu'au col de la Petite Cayolle (alt. 2 639 m). Là, obliquez à gauche, traversez le pierrier *(gare au vertige)*. On accède à un petit col, point culminant de la boucle (alt. 2 653 m), en vue du **lac des Garets** qu'on laisse sur sa gauche. Poursuivez sur la crête, repérez des cairns en contrebas à gauche, et rejoignez le sentier qui monte. Après une borne, continuez tout droit vers la crête-plateau du pas du Lausson : **panorama**★★ remarquable, à l'est, sur le lac du Lausson, la Roche Grande, la pointe Côte de l'Âne et la Tête de Sanguinière. Approchez-vous du bord du plateau *(100 m à droite)* pour découvrir le superbe **lac d'Allos** *(voir p. 367)*. Les marcheurs les plus aguerris pourront choisir de rallonger la randonnée en faisant le tour du lac d'Allos.

Redescendez au niveau d'une seconde borne, en serrant toujours à gauche (ne pas aller au lac du Lausson). Contournant le sommet des Garets, on passe deux combes successives, avant de regagner le col de la Cayolle.

ℹ️ Carnet pratique

S'informer

Office du tourisme d'Entraunes – *Rez-de-chaussée de la mairie - ☎ 04 93 05 51 40 - entraunes.fr. - ouv. seult en été.*

Office du tourisme de Guillaumes – *25 pl. de Provence - ☎ 04 93 05 50 13 - www.guillaumes.fr ; www.alpesdazur-tourisme.fr.*

Agenda

15 août – *Guillaumes.* Procession des sapeurs de l'Empire.

📍 Nos adresses

Hébergement/restauration

À Guillaumes

Budget moyen

Les Terres Rouges – *7 pl. Napoléon-III - ☎ 06 69 06 78 85 - 5 ch. 101/117 € - ☕ - 🍴.* Accueil sympathique et chaleureux dans cette grande maison reconvertie en chambres d'hôtes. Les propriétaires sont aux petits soins, les chambres sont agréables et un espace sauna-jacuzzi vient compléter le tout.

À Estenc

Premier prix

🌿 **Gîte Ferran** – *Hameau des Louiqs - ☎ 04 93 05 54 22 - www.giteferran.com - 5 ch. 78/98 € - ☕ 12 € - 1 gîte avec sdb commune - 🍴 menu 26 €.* Ce hameau familial s'est reconverti dans l'agritourisme et accueille les visiteurs dans une ambiance d'auberge de montagne tout confort où l'on profite de la vie à la ferme et de ses bons produits. Une parenthèse enchantée aux portes du Mercantour.

Refuge de la Cantonnière – *Rte du col de la Cayolle - ☎ 04 93 05 51 36 - lacantonniere.wixsite.com/refugelacantonniere - 3 ch. dont une avec douche 62/64 €, lit en dortoir à partir de 28 € - ☕ 9,50 €.* Relevant du Parc national du Mercantour, ce refuge accueille une clientèle de randonneurs en itinérance dans les Alpes. Les gérants actuels, qui connaissent bien le Mercantour, sont une mine inépuisable de conseils. Nourriture excellente. Restaurant le midi.

Shopping

🌿 **Les Gaillardises de l'Ubaye** – *Les Gaillards - Bayasse - 10 km au nord du col de la Cayolle - ☎ 04 92 81 16 23 - Facebook - nov.-mars : fermé merc. mat. et sam. mat.* Maître confiturier, Béatrice Bellon prépare de délicieux confits et confitures à partir de fleurs sauvages et de fruits produits en circuit court. Tout est délicieux.

Activités

😊 L'office du tourisme de Guillaumes vous informera sur les activités dans la vallée. Circuits de randonnées en téléchargement sur son site Internet.

Randonnée

🌿 👬 **Itinérance** – *Hameau de Villeplane - ☎ 04 93 05 56 01 - www.itinerance.net - juin-sept.* Randonnées avec un âne, accompagnées ou en liberté, sur plusieurs jours. Séjours à thème.

Activités hivernales

Espace nordique du plateau d'Estenc – *entraunes.fr.* Entre 1780 et 1850 m d'altitude, cet espace est bien préparé et balisé pour la pratique du ski de fond et les randonnées à raquettes.

Entrevaux ★

Dame Nature et M. de Vauban ont fait du site d'Entrevaux l'une de leurs plus éblouissantes réussites. Inscrit dans un paysage vert intense, ce village n'a pas changé depuis trois siècles. Ceint de remparts dont un méandre du Var forme les douves, il se blottit au pied d'une longue échine rocailleuse. Une incroyable rampe bastionnée l'escalade en zigzaguant et mène à la citadelle d'où l'on a une belle vue sur le paysage alentour.

La porte Royale à Entrevaux.
Flavio Vallenari/Getty Images Plus

▶ Se repérer

CARTE P. 346-347 (B4)
821 Entrevalais –
Alpes-de-Haute-Provence (04).
Entrevaux est situé entre Puget-Théniers (8 km à l'est) et Annot (14 km à l'ouest), sur la D 4202 (qui relie Nice à Digne). Pour un beau **point de vue★** sur Entrevaux, prenez la route du col de Felines signalisée « Col de Buis ».

⏱ Organiser son temps

Comptez environ 3h pour arpenter ce site impressionnant.

ⓘ Carnet pratique p. 382

📍 Nos adresses p. 382

Se promener

Remparts

Passé le **pont-levis** et les deux tours rondes, la porte Royale s'ouvre en plein Moyen Âge. De la salle des gardes *(office de tourisme)* située sous cette porte, le chemin de ronde en partie accessible mène vers la porte de France ou la porte d'Italie *(3 € à régler auprès de l'office de tourisme)*. Il donne également accès à des jardins secs, où poussent des plantes xérophytes et où ont été installées des photos sur Entrevaux dans les années 1900, et à une salle où sont exposés des céramiques d'un artiste local et des habits anciens.

Vieux quartiers

Trois rues principales, la Haute-Rue, la Basse-Rue et la rue du Marché, relient le quartier St-Martin, où se trouve la vaste place du même nom, et le quartier de la cathédrale. Entre les rues se dessine un réseau de ruelles sombres et fraîches. La plupart des maisons datent des 17e et 18e s. Les plus anciennes remontent même au 13e s.

Cathédrale

Le très ancien évêché de Glandèves s'installa à Entrevaux au 12e s. et s'y maintint jusqu'à la Révolution. L'église, construite entre 1610 et 1627, fut englobée dans les remparts de Vauban. L'**intérieur**★ est remarquable par la richesse de sa décoration baroque : 50 stalles sculptées ; retable monumental traité à la feuille d'or, enchâssant une belle Assomption de la Vierge ; une Descente de Croix qui serait de Philippe de Champaigne et aurait été offerte par Louis XIV ; orgue (1717) de Jean Eustache, restauré ; buste-reliquaire de saint Jean. Le samedi le plus proche du 24 juin, le patron d'Entrevaux est porté en procession jusqu'à St-Jean-du-Désert *(à 12 km)* par la corporation des saint-jeannistes.

Musée de la Moto

Rue Serpente - ✆ *06 62 16 12 70 - juil.-août : 10h30-12h30, 14h30-18h ; reste de l'année : se rens. - participation libre.*
Belle collection de motocyclettes, de tricycles, d'accessoires et de publicités. La majorité des engins date des années 1950, mais la plus ancienne moto conservée est de 1901. Toutes sont en état de marche.

★ Citadelle

5 €.
À 156 m au-dessus de la ville, vous partirez à l'assaut du château en franchissant les neuf zigzags d'une rampe fortifiée de 800 m de long, et une vingtaine de

---

Sûre, libre et belle

La ville a été créée au 11e s. par les habitants de Glandèves, antique cité aujourd'hui disparue ; située sur l'autre rive du Var, elle était exposée aux flux et reflux des envahisseurs... et des inondations. En 1542, **Florent Corelqui**, rasoir en main, tranche la gorge du lieutenant de Charles Quint qui occupe la ville. Il court exposer à la fenêtre du donjon la serviette ensanglantée. À ce signal, les Entrevalais se soulèvent et boutent les impériaux hors de leur cité. Ravi de sa vaillance, **François I**^{er} fait d'Entrevaux une ville franche. En 1690, Louis XIV, en guerre avec la Savoie, veut que cette place soit imprenable. **Vauban** s'en charge, et c'est parti pour cinquante ans de travaux...

portes bastionnées. À l'initiative de Vauban, ces ouvrages furent réalisés pour relier le château à la ville. La rampe commence devant la **poudrière** qui abrite une exposition sur l'histoire de la citadelle.

Après 20mn de montée, vous arriverez au château, dont l'une des entrées est gardée par une redoute, avec un pont-levis datant de 1693. De la maison du commandant, de la « cuisine », s'offrent des **points de vue★** remarquables sur la vallée du Var à l'amont et à l'aval et, surtout, sur les toits d'Entrevaux dessinant une poire lovée dans une boucle du Var avec, en arrière-plan, la brèche des gorges de la Chalvagne.

ⓘ Carnet pratique

S'informer

Office de tourisme – *Rue de la Porte-Royale - Entrevaux - ☏ 04 93 05 46 73 - www.verdontourisme.com.* Visite guidée l'été.

◉ Nos adresses

Restauration

Premier prix

Le Ménestrel – *Pl. le Planet - ☏ 04 93 02 76 54 - plat du jour 14 €.* Ici pas de chichi, on vient prendre sa commande directement au comptoir auprès du fils des patrons et on s'attable sur la paisible place pour déguster les petits farcis de la maîtresse des lieux, la tapenade de la maison ou l'indétrônable secca.

Budget moyen

Le Vauban – *4 pl. Louis-Moreau - ☏ 04 93 02 13 05 - www.hotel-restaurant-levauban.com - fermé lun. - plats 16/21 € - 8 ch.*

Ce restaurant en dehors des remparts propose une carte classique terre/mer et des pizzas. Terrasse ombragée avec vue sur la citadelle.

Auberge du Planet – *Pl. Charles-Panier - ☏ 04 93 05 49 60 ou 06 62 11 40 38 - www.restaurant-leplanet-entrevaux.fr - fermé lun. et soirs - plats 16/20 €.* Dans l'enceinte de la ville, face à la mairie, une sympathique terrasse ombragée sous les marronniers ou une salle à manger lumineuse de style bistrot plantent le décor d'une adresse bien agréable, souvent prise d'assaut en saison. La cuisine met en valeur les spécialités locales, comme l'agneau de Sisteron ou la secca, de la viande de bœuf séchée.

Annot ★

Bienvenue au « paradis des peintres »! Étrange site que celui d'Annot qu'entourent d'énormes blocs de grès doré, sculptés par l'érosion et immobilisés dans des poses inattendues. Formant arcs naturels et chaos, c'est vers eux que se prolongera votre flânerie dans les fraîches ruelles de ce village de caractère.

▶ Se repérer

CARTE P. 346-347 (A4)
1043 Annotains – Alpes-de-Haute-Provence (04).
Annot se situe à 14 km à l'ouest d'Entrevaux.

☺ À ne pas manquer

Les grès d'Annot où se mêlent rochers et végétation.

◷ Organiser son temps

Comptez une bonne heure pour découvrir le village et 3h pour randonner dans les grès d'Annot.

ℹ Carnet pratique p. 385

◉ Nos adresses p. 386

Se promener

★ Vieille ville

Centre de l'animation locale, le **cours Provençal** est planté de magnifiques platanes centenaires. à proximité se trouve un pont à refuge (17ᵉ s.).

Du cours, prenez la rue Basse, puis franchissez la porte fortifiée de la **Grand-Rue**, jalonnée de jolies portes sculptées des 16ᵉ, 17ᵉ et 18ᵉ s.

Un bel hôtel particulier donne sur une petite place : la **maison des Arcades** (17ᵉ s.). Sa partie basse abrite le **musée Regain** qui présente des expositions, renouvelées chaque année, sur l'histoire et les traditions du pays d'Annot. *Rue Capone -* ℘ *04 92 83 23 03 (office de tourisme) -* ♿ *- juil.-août : tlj sf merc. 10h-12h (mar. 13h), 16h-19h (vend. et dim. 14h) ; juin et sept. : se rens. - gratuit.*

L'**église** romane a un drôle d'air avec son abside surélevée formant une tour de défense. Remarquez, autour du clocher Renaissance, les statues des quatre évangélistes.

Quittez la place de l'Église par la porte de l'ancien hôtel de ville et prenez à gauche la rue des Vallasses où se trouve un **lavoir** ; en face, la **tour** du Peintre.

Suivez la rue Notre-Dame et prenez à droite la rue Capone au bout de laquelle demeure le **four** communal.

Chapelle N.-D.-de-Vers-la-Ville

👣 *20mn AR.* Du cours, prenez la rue qui se trouve à droite de la fontaine et suivez le chemin de Vers-la-Ville, jalonné de petits oratoires. La chapelle (12ᵉ s.) est bâtie au milieu d'un chaos de rochers ruiniformes *(ne se visite pas)*. Belle **vue** d'ensemble sur le village et son cadre montagneux.

★ Grès d'Annot B4

👣 *Boucle de 6 km en boucle - dénivelé 350 m - comptez 4h. Départ à l'office de tourisme où vous trouverez un livret des sentiers de découverte. Des QR codes sont disposés tout au long de la randonnée.*

La bravade

Certains habitants défilent à la **Pentecôte** en costume de grenadier pour commémorer le retour chez eux des soldats rescapés de Waterloo.
C'était à l'origine un défi aux successeurs de l'Empereur, Louis XVIII et Charles X, dont les grognards, nostalgiques de Napoléon, désapprouvaient la politique. Leurs chants et le port de leur ancien uniforme montraient leur attachement à l'Empereur.

😊 *Une option plus courte et plus facile consiste à monter jusqu'à la Chambre du Roi, puis à revenir sur ses pas. On évite ainsi le passage dans la falaise, large mais vertigineux (2h AR).*
Curiosités géologiques, biotope d'exception et légendes mystérieuses font la richesse de ce site. Dominant le village au milieu des terrasses cultivées, les rochers échappés des falaises surprennent et fascinent. Étonnante osmose du végétal et du minéral : de puissants châtaigniers paraissent relier des rochers, ou de superbes fougères naître de ces blocs aux noms évocateurs (le guardian, la dent du diable et même la chambre du roi). Ne manquez pas de prolonger cette découverte jusqu'à l'**arche de Portettes**. Des grimpeurs viennent de loin pour découvrir l'aspérité particulière de ces grès sur l'une des voies équipées *(voir « Activités » dans « Nos adresses »).*

À proximité

CARTE P. 346-347

St-Benoît B4

▶ *5 km à l'est par la N 202.*
En route pour Entrevaux, arrêtez-vous dans ce village pour jeter un œil au pont à becs, dit « pont-de-la-Reine-Jeanne ». Enjambant le Coulomp, il existait dès l'époque romaine mais il a été reconstruit après les crues de 1682 et 1733.

Circuit conseillé

CARTE P. 346-347

★ Route de la Colle-St-Michel

▶ *Circuit de 46 km, d'Annot à Colmars, tracé en bleu sur la carte. Quittez Annot au nord par la D 908.*

Le Fugeret A4

À l'entrée du village, vous passez près d'un charmant **pont** de pierre en dos d'âne (18e s.), dont l'unique arche de 14 m a été jetée au-dessus de la **Vaïre**.
Les pentes de la vallée sont encombrées de blocs de grès, dans un paysage de noyers, de châtaigniers et de pin coupé de champs de lavande.

★ Méailles A4

Ce curieux village perché aligne ses maisons sur une barre calcaire dominant la rive gauche de la Vaïre.
Dans la petite église, beau retable du début du 16e s.
À Méailles, prenez la route de la Combe et, au premier grand virage, à droite, garez la voiture sur le parking.

Grotte de Méailles A4

4h AR pour une petite exploration de l'entrée de la grotte.

Équipement nécessaire : lampes frontales et chaussures non glissantes. Ne pas entreprendre l'exploration après de fortes pluies et ne pas poursuivre au-delà de la première salle si l'on ne maîtrise pas les techniques de base de la spéléologie. Du parking, un sentier bien tracé plein nord franchit un ravin puis remonte dans une garrigue jalonnée de cairns. Dépassez la barre rocheuse et longez son versant à l'ubac jusqu'à la grotte. La galerie principale descend en pente douce. Après une progression de 150 m sans aucun effort physique, vous atteignez un affluent ayant creusé une large salle compartimentée par de nombreuses concrétions. Plus loin, d'autres salles ont le sol truffé de gours. L'**intérêt géologique** de cette grotte réside dans sa structure : son plancher est formé par le toit d'une couche crétacée, et son plafond par la limite inférieure d'un poudingue tertiaire. Ainsi, la déclivité de la grotte suit-elle exactement celle des couches géologiques et permet-elle d'atteindre la cote –100 m sans emprunter de réseau karstique, possibilité très rare en spéléologie.

Reprenez la route.

Les versants boisés contrastent avec le banc de calcaire dénudé qui domine la vallée sur la droite. Vous découvrez les pittoresques villages de la **vallée de la Vaïre** que dessert, grâce à une série d'**ouvrages d'art**, le train des Pignes de Digne à Nice *(www.cpzou.fr)*.

Tournez à droite sur la D 32 vers Peyresq.

Peyresq A4

Cet ancien village de bergers, qui s'inscrit dans un **site★** très pittoresque dominant la source de la Vaïre, a conservé une maison noble du 15e s. et une église romane du 13e s. Le village a été restauré par une colonie d'étudiants belges dans le but d'y créer un centre de rencontres culturelles et artistiques.

Revenez sur la D 908.

La Colle-St-Michel A4

Alt. 1 431 m. Les frais pâturages reposent des ravins calcinés ! En hiver, vous pourrez pratiquer le ski nordique sur plus de 50 km de pistes damées *(www.ski-la-colle-st-michel.com)*.

Le passage facile de La Colle-St-Michel relie la vallée du Var à la **haute vallée du Verdon** *(voir p. 371)*.

ℹ **Carnet pratique**

S'informer

Office de tourisme – 40 pl. du Germe - Annot - ✆ 04 92 83 23 03 - *www.verdontourisme.com.*

Agenda

Annot à bloc – *Fin mai - www.annotabloc.com.* Compétition et animations autour de l'escalade.

Annot d'Antan – *Mi-juil.* Animations autour des métiers anciens et du patrimoine dans les ruelles et sur la place du village.

📍 Nos adresses

Restauration

😊 En haute saison, réservation fortement conseillée le midi.

À Annot

Premier prix

Le Beauséjour – *Pl. du Révelly -* 📞 *04 92 83 21 08 - plats 12/16,50 € - 15 ch.* Derrière la façade colorée se cache une salle à manger au mobilier rustique. La terrasse bien ombragée est très prisée aux beaux jours. Cuisine traditionnelle. À l'étage, chambres simples bien tenues (certaines avec balcon).

Le Café du commerce – *Grand Place du Marché -* 📞 *04 92 83 21 49 - plats 10/17 €.* On vient à toute heure dans ce grand café à l'ombre des platanes où le tintement des boules de pétanque résonne dès le premier café avalé. C'est ici qu'habitants et visiteurs se retrouvent pour manger une bruschetta ou profiter de la fin de journée autour d'un apéro. L'établissement propose aussi des sandwiches pour les promeneurs.

À Méailles

Premier prix

Chez Germaine – *Pl. de l'Église -* 📞 *04 92 83 44 30 - fermé en sem. - plats env. 12/17 €.* Bienvenue dans l'institution du village, une ancienne épicerie transformée en un restaurant sans prétention où l'on déguste des plats traditionnels (pissaladière, pan-bagnat, raviolis du pays...). Que l'on choisisse de s'attabler sous la tonnelle ou d'embrasser la jolie vue sur la vallée depuis la terrasse, une chose est sûre, vous ne serez pas déçu. Réservation conseillée.

Activités

🚂 Le **train des Pignes à vapeur** relie Puget à Annot de mai à octobre *(voir « Nos adresses » à Puget-Théniers, p. 389).*

Centre équestre de Vérimande – *Quartier Vérimande -* 📞 *04 92 83 21 60 - www.centreequestreannot. fr - balade à cheval 25 €/h, balade poney 10 €/30mn.* Outre des balades, des randonnées d'un ou plusieurs jours vers des sites à la beauté sauvage préservée.

Escalade

Blocs, escalade traditionnelle, voies sportives ou familiales.
Topoguide en vente à l'office de tourisme, au café du commerce, à la boulangerie et chez le fleuriste.

Bureau des guides de Canyon – *Voir p. 338.* Basé à Castellane, ce bureau gère un site d'escalade sur grès à Annot. Voies d'initiation, escalade traditionnelle et sur voies équipées.

Hébergement

Premier prix

Hôtel Beauséjour - *Pl. du Revelly -* 📞 *04 92 83 21 08 - www.hotel-beausejour-annot.fr - 15 ch. 63/79 € -* 🛏 *11 € -* 🍴. Un hôtel familial au cœur du village, reconnaissable à sa façade colorée et ses volets bleus. Chambres simples mais confortables. Restaurant avec terrasse et cuisine maison.

Puget-Théniers

Cette petite cité méridionale cache un monde à part sur la rive droite de la Roudoule. Poste stratégique, racines médiévales..., il n'en fallait pas plus pour forger le caractère de son centre historique. Au bout de son dédale de ruelles se dévoile une nature entre vergers, garrigue et torrent clair. Non loin de là, la Roudoule a creusé des gorges et créé des vallons que vous pourrez sillonner à loisir.

▶ **Se repérer**

CARTE P. 346-347 (B4)

1892 Pugétois – Alpes-Maritimes (06). Un éperon rocheux portant les ruines d'un château des Grimaldi domine la ville, située entre Entrevaux (8 km à l'ouest) et Touët-sur-Var (10 km à l'est). Les vieux quartiers s'étendent sur la rive droite de la Roudoule, qui se jette ici dans le Var.

🕐 **Organiser son temps**

Comptez environ 1h de promenade en ville et environ 3h pour effectuer le circuit du Pays de la Roudoule.

👥 **En famille**

Le train touristique à vapeur (voir « Activités » dans Nos adresses »).

ℹ **Carnet pratique p. 389**

📍 **Nos adresses p. 389**

Se promener

★ Vieille ville

Derrière la place Adolphe-Conil, sa jolie fontaine et ses grands platanes, les maisons anciennes conservent de beaux encadrements de porte.

↪ *10mn AR.* Au bout de la rue Casimir-Boucher, suivez le vieux **canal d'irrigation** moussu vers les vignes, les vergers et les charmantes gorges de la Roudoule, ses petites cascades et ses rochers blancs.

Ne manquez pas de vous rendre à l'**église** : à gauche de l'entrée, un **groupe sculpté** frappe par les visages expressifs, le réalisme des corps des larrons et du Christ

---

Ni dieu ni maître

Né à Puget-Théniers en 1805, **Louis Auguste Blanqui**, révolutionnaire professionnel, sera de tous les soulèvements : 1830, 1848 et 1870. À la demande d'échange de son ennemi juré contre l'archevêque de Paris, Thiers répond : « Rendre Blanqui à l'insurrection serait lui envoyer une force égale à un corps d'armée. » Il passera donc plus de trente-six ans de sa vie en prison. « L'Enfermé » y croupit encore lorsqu'en 1879 il est élu député de la Gironde. Libéré, il fonde son dernier journal et lui donne pour titre sa maxime de vie : « Ni Dieu ni maître. » Il meurt un an plus tard, à 76 ans. **Aristide Maillol** lui dédia **L'Action enchaînée**★, femme puissante et nue, les mains liées dans le dos. Cette statue fut inaugurée près de l'église en 1911, en pleine bataille entre catholiques et anticléricaux. Après maintes polémiques, elle déménagea sur la Grand-Place au bord de la D 6202 !

8

porté par ses disciples ployant sous l'effort. Le retable de **N.-D.-de-Secours★** mérite un coup d'œil pour la beauté des personnages de la Vierge et de saint Jacques (*minuterie à gauche dans le sas d'entrée*).

Circuits conseillés

CARTE P. 346-347

Pays de la Roudoule B4

▶ *Circuit au départ de Puget-Théniers, tracé en rouge sur la carte.*
Au nord de Puget-Théniers, **la Roudoule** a creusé ses gorges dans un relief tourmenté. Entre mélèzes et oliviers se nichent de petits villages, dans un paysage insolite de bancs de calcaire, de marnes noires et de grès rouges.
Quittez Puget-Théniers par la D 16.
En montant, cette route offre un joli point de vue sur la vieille ville, puis s'enfonce dans les gorges.
Prenez à droite la D 116 vers Puget-Rostang.
La route suit le vallon de la Mairole puis traverse un paysage de **robines**, marnes noires sculptées par le ravinement. Sur ces sols très pauvres, seuls genêts et buis parviennent parfois à végéter.

Puget-Rostang

Ce village perché est dominé par la tour carrée d'un château restauré.
Roudoule - écomusée en terre gavotte – *Placette de l'Europe -* ℘ *04 93 05 13 25 - roudoule.com - mai-oct. : tlj sf lun.-mar. 10h-12h, 14h-18h ; reste de l'année : se rens. - 4 €.* Plus qu'un simple musée des arts populaires, il met ici en valeur les traditions et le patrimoine rural de la région, dont le maître mot fut longtemps « autosubsistance ».

☛ *De Puget-Rostang, on peut se rendre par une route en lacet à* **Auvare** *(13 km AR),* nid d'aigle accroché à un rocher, qui fut souvent un refuge pour les fugitifs.
Revenez sur la D 16 et remontez les gorges de la Roudoule.

★ Pont de St-Léger

Il s'inscrit dans un site étonnant. En contrebas, on aperçoit le pont romain et, de part et d'autre, l'ancienne voie romaine pavée.
Poursuivez vers Léouvé et tournez à droite sur la D 416 vers La Croix-sur-Roudoule.

La Croix-sur-Roudoule

Village perché, plaqué contre le rocher, dont on admire le **site★** au cours de la montée. On y entre par une vieille porte fortifiée. L'église romane renferme deux panneaux de retable de **François Brea**. Belle vue au sommet du village.
Revenez sur la D 16 et tournez à droite.

Léouvé

Le cirque de Léouvé est creusé dans les grès rouges du dôme de Barrot (alt. 2137 m). De 1861 à 1929, des mines de cuivre y étaient exploitées et l'on voit encore les cheminées des fonderies.
Musée du cuivre – *D 16 -* ℘ *04 93 05 14 64 -* ♿ *- visite guidée (45mn) sur demande.* Sur le site de la Maison de la mine, il retrace les conditions de cette production.
Revenez jusqu'au pont de St-Léger et traversez-le.
Surprise après le col de St-Léger : le paysage diffère complètement de celui des gorges. Dans un cirque montagneux et verdoyant s'étend le village de **St-Léger**.
Faites demi-tour vers Puget-Théniers.

Avant le pont de St-Léger, **point de vue** sur la voie et le pont romains, et le village de La Croix-sur-Roudoule.

★ Clue de Riolan

▶ *Circuit de 23 km, de Puget-Théniers à Roquesteron, tracé en rose sur la carte. Voir p. 340.*

Du col de la Cayolle à Puget-Théniers

▶ *Circuit de 51 km tracé en gris sur la carte. Voir p. 375.*

ⓘ Carnet pratique

S'informer

Office de tourisme – *2 r. de l'Abbé-Papon - Puget-Théniers - ℘ 04 93 05 05 05 - www.puget-theniers.fr ; www.alpesdazur-tourisme.fr.*

⚲ Nos adresses

Restauration

Budget moyen

Auberge des Acacias – *Chemin Planet - ℘ 04 93 05 05 25 - fermé merc. et le soir hors sais. (sf vend.-sam.) - menu 20 €.* À l'entrée du village, au bord de la route, cette auberge toute simple bénéficie d'une agréable terrasse couverte appréciée en toute saison. À l'intérieur, la salle à manger a un côté gentiment désuet. Côté cuisine, on met en avant les plats régionaux tels la secca de bœuf ou l'agneau des Alpes.

Shopping

⬭ **Montagnes Paysannes** – *19 r. Alexandre-Barety - ℘ 06 69 34 41 58 - www.montagnespaysannes. fr - fermé dim.-mar., jeu. soir et sam. soir en été ; dim.-mar., merc. soir, jeu. et sam. soir en hiver.* Cette épicerie gérée collectivement par des acteurs engagés et investis met à l'honneur les producteurs et les artisans des environs. Si les locaux sont les premiers à bénéficier de cette initiative, les visiteurs en profitent aussi. En entrant ici, vous aurez irrésistiblement envie de glisser du miel, du fromage, un savon à la lavande ou un joli plat en céramique dans votre valise avant de rentrer de vacances.

Activités

⚏ **Train des Pignes à vapeur** – *www.traindespignes.fr - rens. à la gare de Nice au ℘ 04 97 03 80 80, à la gare de Puget-Théniers au ℘ 04 93 05 00 46 - horaires et tarifs sur le site Internet.* Le train des Pignes à vapeur circule entre Puget-Théniers et Annot sur un tronçon de 25 km de la ligne Nice/Digne-les-Bains, réalisée entre 1890 et 1911. Conduit par des bénévoles, il assure des rotations en saison.

Miel de fleurs de lavande.
ALLEKO/Getty Images Plus

Vous aurez tout le loisir d'admirer le paysage et d'imaginer ce que représentait autrefois ce trajet.

Via ferrata

Les Demoiselles du Castagnet – *D 6202 - 📞 06 31 59 02 15 - www. via-ferrata-puget.com - juin- sept. : 8h30-17h - à partir de 10 € - sur réserv. - location du matériel possible.* Une des voies les plus recherchées de la région. Parcours 1h30 ou 3h, comporte un pont himalayen surplombant une cascade, un pont de singe et deux tyroliennes de 70 et 450 m.

Bureau des guides de Canyon – *Voir p. 338 - 9h-18h - à partir de 35 € équipement + droits d'entrée.* Il loue des équipements au point d'accueil de la via ferrata et propose les services d'un guide pour accéder à ce périple d'une rare beauté.

Hébergement

À Puget-Théniers

Premier prix
Hôtel Les Alizés – *11 av. Alexandre- Baréty -* 📞 *04 93 05 06 20 -* 🅿 🏊

♿ *- 16 ch. 79/122 € -* 🍽 *en sus.* Cette charmante bâtisse, un peu à l'écart du centre historique abrite des chambres bien tenues et protégées des bruits de la route. Propriétaire sympathique. Piscine agrémentée de fleurs en pots.

À Puget-Rostang

Premier prix
Auberge du Riou – *47 rte de Ste- Anne -* 📞 *04 93 05 08 65 - www. aubergeduriou.com -* 🅿 *- fermé déc. - 8 ch. 80 € -* 🍽 *en sus.* Sur les hauteurs de Puget, une route étroite et sinueuse mène à l'entrée du hameau où se dresse la petite auberge. Les chambres se trouvent à l'arrière du restaurant, dans une construction plus récente. Sobres, fraîches, spacieuses, en rez-de- jardin ou avec balcon, le calme absolu règne sur des nuits bien reposantes. Pour les randonneurs, le GR 510 passe devant.

Gorges du Cians ★★★

Pour rejoindre le Var, le Cians a taillé, dans les schistes rouges puis le calcaire, des gorges abruptes parmi les plus belles des Alpes. En 25 km seulement, il descend de 1600 m. Phénoménale, sa force érosive est décuplée au moment des crues. Il a façonné ici une singulière galerie de sculptures naturelles. C'est tout simplement magnifique!

◗ Se repérer

CARTE P. 346-347 (C4)
Alpes-Maritimes (06).
Les gorges du Cians, comme celles de Daluis plus à l'ouest, fendent les montagnes plein sud entre Beuil et la vallée du Var.

◔ Organiser son temps

Comptez une demi-journée pour profiter du circuit.

Circuit conseillé

CARTE P. 346-347

De Touët-sur-Var à Beuil

◗ *Circuit de 52 km tracé en vert clair sur la carte.*

★ Touët-sur-Var C4

Garez-vous en bas du village et prenez les escaliers rue Armand-Faillères.

👣 *10mn de montée.* Les hautes maisons du village, qui présentent un grenier en forme de galerie exposée au midi pour le séchage des fruits, sont plaquées contre le versant rocheux et s'échelonnent dans un dédale de ruelles en partie couvertes. L'**église** (17e s.) est bâtie sur une arche enjambant un torrent qu'on peut voir par une petite lucarne ménagée dans le sol de l'allée centrale.
Quittez Touët par la D 6202 vers l'ouest.
La route passe près de la chapelle N.-D.-du-Cians (12e s.).
Tournez à droite sur la D 28.

★★ Gorges inférieures du Cians C4

L'eau suinte des parois hérissées d'étranges aiguilles. La route épouse tous les contours de ce défilé sinueux, aussi monumental par endroits que les gorges de l'Ardèche. Remarquez la succession de couches rocheuses qui forment la montagne et qui se sont plissées au moment du soulèvement des Alpes.
À la sortie des gorges, prenez à droite la D 128.

Lieuche C4

Village montagnard perché dans un **site**★ impressionnant de schistes noirs.
Dans l'église, admirez le **retable**★, l'une des plus anciennes œuvres de **Louis Bréa**.
De la terrasse, **vue**★ sur le dôme de Barrot, l'enfilade des gorges du Cians et une partie de la vallée du Var.
Revenez sur la D 28. À 1 km, prenez à gauche la D 228.
La route domine la vallée du Cians. Impressionnant!

Les gorges du Cians.
Flavio Vallenari/Getty Images Plus

Rigaud C4

Le **site**★ est ravissant. Ce village surplombe de haut la vallée, sous les ruines de sa forteresse médiévale, ancienne commanderie des Templiers. Près de la place de la mairie, vous apprécierez un point de vue circulaire. Dans l'**église** fortifiée, joli décor baroque et plusieurs tableaux du 17e s., notamment la *Descente de Croix* du maître-autel.
Revenez sur la D 28 et tournez à gauche.

★★★ Gorges supérieures du Cians C4

Elles sont d'une grande beauté. La couleur rouge de la roche, très intense, confère au paysage une réelle majesté. Dure au toucher, cette roche est néanmoins très friable et les blocs se détachent facilement les uns des autres formant ainsi des reliefs tourmentés ou au contraire, de grandes surfaces lisses.

1,6 km après Pra-d'Astier, la vue sur le **torrent** est fabuleuse : on surplombe de 100 m son confluent avec le ruisseau de Pierlas.

Ensuite, la route tantôt borde, tantôt domine de très haut le lit du Cians, qui descend en paliers successifs. Elle est taillée dans la paroi de la gorge formant une voûte. En hiver, les nombreuses stalactites qui en pendent créent un effet saisissant.

Les passages les plus beaux sont la **petite clue**★★ et la **grande clue**★★★ dans lesquelles on peut descendre via une échelle en fer *(parkings en aval des tunnels)*. Au plus étroit, les deux parois ne sont qu'à 1 m l'une de l'autre.

Dans un virage, on découvre le **site**★ de Beuil *(voir ci-contre)*.

De Beuil, vous pouvez rejoindre directement Guillaumes *(voir p. 376)*, à l'ouest, puis redescendre vers le sud par les gorges parallèles de Daluis *(voir p. 377)*, taillées, elles, par le Var. Autrement, vous pouvez rejoindre, par une route en lacet, le village de Péone *(voir p. 394)* et de là redescendre sur Guillaumes pour finir par les gorges de Daluis.

Beuil ★

Au sortir des gorges du Cians, un clocher émerge d'un vallon enneigé l'hiver, parfumé de lavande l'été. Les Alpes à la provençale, voilà la recette authentique que vous goûterez en toute saison dans ces ruelles médiévales, au retour d'une randonnée à pied ou à raquettes, d'une piste de ski ou d'un frais canyon. Les amateurs de glisse et de sport trouveront leur bonheur à Valberg, la plus méridionale des stations de ski.

▶ Se repérer

CARTE P. 346-347 (C3)

557 Beuillois – Alpes-Maritimes (06). Beuil est situé entre le val d'Entraunes (Guillaumes est situé 20 km à l'ouest) et la vallée de la Tinée (St-Sauveur-sur-Tinée, 24 km à l'est).

⏱ Organiser son temps

Comptez 1h de promenade.

👥 En famille

Le sentier planétaire à Valberg et l'Espace Valberg Aventure *(voir « Activités » dans « Nos adresses »)*. La station de Valberg est labellisée Famille Plus Montagne.

ⓘ Carnet pratique p. 396

📍 Nos adresses p. 396

Séjourner

Station de Beuil

Dès l'hiver 1910, toute la clientèle chic de la Côte d'Azur se donnait rendez-vous dans l'aînée des stations des Alpes-Maritimes. De son heure de gloire, au début du siècle, Beuil a gardé son architecture traditionnelle et la convivialité d'une station familiale.

Station de Valberg

À 1670 m au-dessus de la Méditerranée, Valberg est la plus méridionale des stations d'hiver et d'été.

Domaine skiable Valberg-Beuil Les Launes

Bien enneigées, les pistes de Beuil et de Valberg sont reliées entre elles et satisferont tous les skieurs, fondeurs compris. Le domaine dispose de 90 km de pistes de ski alpin, étagés entre 1500 et 2011 m d'altitude (à la cime du Raton), d'un *snowpark*, d'un *family park*, de 25 km de traces pour le ski de fond et 25 km d'itinéraires de randonnée nordique et randonnée raquettes.

En été, le site ne manque pas d'atouts. Randonnées et activités de pleine nature règnent ici en maîtres, notamment grâce aux nombreux sentiers balisés et aux deux remontées mécaniques qui sont accessibles aux piétons et aux VTTistes.

👥 En famille, vous apprécierez aussi la piscine, le skatepark, la piste de **luge d'hiver** (à proximité du golf) et les deux circuits de **luge d'été** accessibles par le tapis roulant couvert du Garibeuil.

Se promener

Le haut de Beuil, autour de la rue principale commerçante, contraste avec le bas, autour de la rue Napoléon-III. Là, vous parcourrez un dédale de ruelles et passages couverts.

Église

Elle vaut le détour pour ses **peintures★**. En bas à droite, une *Adoration des Mages* de l'école de Véronèse. Au maître-autel, retable du Rosaire, primitif, en 16 compartiments. Sur le côté gauche, une prédelle figure le Christ sortant du tombeau et, sur un compartiment de retable, est représentée sainte Catherine de Sienne.

À proximité

CARTE P. 346-347

★ **Péone** B3

▶ *8,5 km au nord de Valberg par la D 29.*

De création ancienne, Péone fut repeuplé au 13ᵉ s. par **Raymond Bérenger**, comte de Provence et de Barcelone, qui aurait fait venir des familles catalanes de sa province d'origine. Les habitants se sont appelés « les Catalans » dès le début du 19ᵉ s. Ici, il faut se perdre longtemps, pour le plaisir, dans un incroyable enchevêtrement de ruelles, d'escaliers tortueux, d'étroits passages voûtés. Partez de la place Thomas-Guérin, dont la richesse de décor est surprenante : façades en trompe-l'œil, cadran solaire, portes sculptées. Les maisons à balcon, aux couleurs joyeuses, ont même un air italien. En montant toujours, vous atteindrez le chemin des Demoiselles qui longe les **cheminées de calcaire★**, véritables flammes de pierre. Vue sur les toits en bardeaux de mélèze, les montagnes et les vallées alentour.

Circuits conseillés

CARTE P. 346-347

★ Route du col de Valberg

▶ *Circuit de 20 km, de Beuil à Guillaumes, tracé en jaune sur la carte. Sortez à l'ouest de Beuil par la D 28.*

Cette route relie, au départ de Beuil, les sublimes **gorges du Cians★★★** (voir p. 391) aux **gorges de Daluis★★** (voir p. 377).

Valberg B3

Chapelle N.-D.-des-Neiges – Église moderne dont l'**intérieur★** évoque la coque d'un navire. Sa décoration colorée mêle au thème des litanies de la Vierge, des images d'enfants, de fleurs ou de skieurs.

Sentier planétaire – 4h30 AR - 9 km - départ au bout de la station. Belle randonnée en forêt ponctuée d'œuvres de land art. On peut choisir de raccourcir la randonnée en faisant demi-tour au lac du Sénateur (*1h30 AR - 3 km*).

Croix de Valberg ou croix du Sapet – *Suivez le Sentier planétaire et continuez à monter après le lac du Sénateur. Possibilité de prendre le télésiège piétons et VTT - ☎ 04 93 23 24 25 (office de tourisme) - www.valberg.com - & - juil.-août : 10h-16h50 ; juin et sept. : w.-end 10h-16h50 - 4,50 € AR.* Constituée de skis en bois, cette croix (alt. 1821 m) est éclairée le soir. **Panorama★★** immense, du Grand Coyer au mont Pelat, du mont Mounier au Mercantour. De là partent des sentiers de randonnée.

Route du col de Valberg.
Rudolf Ernst/Getty Images Plus

La descente du **col de Valberg** vers Guillaumes, très pittoresque et variée, ménage ses effets : le contraste est frappant entre le versant nord boisé et verdoyant et le versant sud où poussent blé, vignes et arbres fruitiers.

Guillaumes B3 *Voir p. 376*

★ Route du col de la Couillole C3

▶ *Circuit de 35 km, de Beuil à St-Sauveur-sur Tinée, tracé en rose sur la carte. Quittez Beuil à l'est par la D 30.*

Col de la Couillole

Alt. 1678 m. Vue étendue sur les gorges du Cians et Beuil, au milieu des épicéas et des mélèzes. C'est un haut lieu du rallye de Monte-Carlo.

Bientôt surgit le village de **Roubion**★ *(voir p. 398)* ; belle cascade après le quatrième tunnel. La route serpente au-dessus de la Vionène dans un **paysage**★ aux couleurs complémentaires, le vert des arbres et le rouge des schistes.
Prenez à gauche la D 130.

★ Roure

Ce joli petit village accroché à la montagne abrite son lot de ruelles ombragées. À deux pas de l'église, un belvédère, surmonté d'une statue de guetteur, offre un beau point de vue sur la vallée.

Église – *Pl. Jules-Mallet.* Le **retable de saint Laurent**★ (16ᵉ s.), aux beaux coloris vert et rouge sur fond or, est encadré de colonnes torsadées. Le retable de l'Assomption est dans le style de Brea.

Four à bois – *R. Centrale.* Près de l'auberge Le Robur, un four à bois est encore en activité. Vous y retrouverez le goût du bon pain, mais y goûterez aussi brioches et croissants.

★ **Chapelle St-Bernard-et-St-Sébastien** – *Clé disponible au point information pl. Jules-Mallet.* Édifiée au-dessus du village, elle abrite des fresques d'**Andrea de**

Cella, avec d'hilarants diables hallucinés aux longues langues rouges. L'ensemble est dans un état de conservation étonnant.

★ **Arboretum d'altitude Marcel-Kroenlein** – *1295 rte Raymond-Durbec - ℰ 04 93 35 00 50 ou 07 82 93 70 98 - www.arboretum-roure.org - ♿ - 10h-18h; nov.-avr. : 10h-16h - 6 € (ateliers enf. 3 €). Le Sentier aux Fougères (500 m) est aménagé pour les personnes à mobilité réduite.* Créé en 1988 par le botaniste **Marcel Kroenlein**, il rassemble sur 17 ha, entre 1200 et 1722 m d'altitude, dans un panorama grandiose, des arbres montagnards du monde entier. Jean Marais, César, Folon et d'autres artistes l'ont parrainé.

Revenez à la D 30.

La route s'enfonce dans la vallée encaissée. Ses lacets serrés traversent un décor d'une sauvage beauté.

St-Sauveur-sur-Tinée *Voir p. 406*

ℹ️ Carnet pratique

S'informer

Office du tourisme de Beuil – *1 r. du Comté-de-Beuil - ℰ 04 93 02 32 58 - beuil.fr.*

Office du tourisme de Valberg – *Pl. Charles-Ginésy - ℰ 04 93 23 24 25 - www.valberg.com.*

Alpes d'Azur – *www.alpesdazur-tourisme.fr.*

📍 Nos adresses

Restauration

À Beuil

Premier prix

Le Relais du Mercantour – *Rte de Nice - ℰ 04 93 02 35 94 ou 06 87 71 07 57 - www.lerelaisdumercantour. com - fermé le soir et mar.-merc. - plats 17/24 €.* À l'entrée du village, face à l'office de tourisme, ce relais regroupe station-service, épicerie de produits locaux, bar et restauration. Au menu : tripes à la niçoise, poche de veau farcie, pintade fermière, poisson du jour, bref un Bistrot de Pays comme on les aime ! Quelques tables en extérieur pour profiter du soleil.

Budget moyen

Hôtel-restaurant L'Escapade – *15 bd Marcel-Pourchier - ℰ 04 93 02 31 27 - www. hrlescapade.com - menu 32 € - 9 ch.* Au cœur du village, un hôtel familial aux airs d'auberge de montagne. Sobre, bon marché et accueillant. Côté restaurant, on vient de loin pour goûter à l'excellente cuisine de la maison, un délicieux mélange de spécialités de l'arrière-pays niçois, de charcuteries et de fromages de montagne. En atteste ce bocal de sanguins à l'huile servi en entrée et que l'on pose devant les clients pour qu'ils y puisent à volonté. Le même sort est réservé à la terrine de la maison et au fromage de tête. Côté plat principal, les raviolis aux blettes ont notre préférence. Une super auberge comme on en fait plus ! L'exception confirme la règle.

À Valberg

La quasi-totalité des restaurants de **Valberg** se trouve au centre de la station. Tous les goûts y trouveront leur compte.

En soirée

Toutes les infos concernant la vie de la station de **Valberg** et ses activités nocturnes sont réunies dans *Le Petit Messager,* que vous pourrez facilement vous procurer chez les commerçants, à l'office de tourisme et en téléchargement sur www.valberg.com.

Activités

À Beuil

Les Écuries de La Moute – *Rte de la Sagne - quartier Les Launes -* 04 93 02 63 84 ou 06 07 74 19 70 - *fermé nov.-mai.* Sébastien Chaix propose des promenades à cheval *(25 €/h, 90 €/j)*, à poney et à dos d'âne *(65 €/j)*. Possibilité également de louer des ânes de bât pour les randonneurs.

À Valberg

Bureau des guides – *06 85 21 60 39 - www.oeroc.com.* Hiver comme été, les guides vous accompagnent dans de multiples activités : raquettes, cascade de glace, canyoning, via ferrata, alpinisme, ski de randonnée, VTT...

Espace Valberg Aventure – *04 93 02 55 68 - juil.-août : tlj ; juin et sept. : w.-end - 10/23 €.* Ce parc aménagé entre la Croix du Sapet et le parc des sports propose cinq parcours de difficulté croissante : du Ouistiti à partir de 3 ans, au Dragon pour les grands intrépides.

Hébergement

À Valberg

Premier prix

Meublés de tourisme communaux – *Pl. du Quartier - centrale de réservation :* 04 93 23 24 32 - www.valberg. com - 43 appart. - 2 nuits mini hors vac scol., à la sem. pdt les vac. scol. Valberg Hébergement gère des logements d'une capacité de 2 à 8 personnes. Deux formules aux choix : dans la station (avec un équipement complet) ou à 500 m du centre (confort fonctionnel), au calme et avec un panorama sur la vallée du haut Var.

Roubion ★

Ce village perché au-dessus de la vallée encaissée de la Vionène occupe un site impressionnant. Surplombé par une arête rocheuse, il est accroché à la paroi d'une manière presque aérienne. Ses vieilles ruelles et ses placettes sont restées authentiques. Pour les activités sportives, rendez-vous, hiver comme été, dans la petite station familiale de Roubion-les-Buisses.

▶ Se repérer

CARTE P. 346-347 (C3)
117 Roubionnais –
Alpes-Maritimes (06).
Roubion (à 1350 m d'altitude) se situe entre Beuil (13 km à l'ouest) et Roure (13 km à l'est).

☺ À ne pas manquer

La Fête de la transhumance en octobre.

📍 Nos adresses p. 400

Se promener

ℹ *Immeuble Edelweiss, Le Village -* ✆ *04 93 02 10 30 - www.roubion.com.*
La rue principale franchit un passage voûté sous une maison et débouche sur la place de l'église. Là, un tunnel perce la falaise. C'est dans ce court tunnel que débute une piste de 9 km qui mène à **Vignols**, charmant hameau d'alpage aux granges bien conservées, ancien grenier à céréales de Roubion et de ses environs, situé dans le Parc national du Mercantour *(👣 du hameau part une boucle de 3h - compter 4h30 depuis le village).* De nombreux visiteurs choisissent de découvrir le site à vélo, au départ de Roubion *(voir « Activités » dans « Nos adresses »).*
Dans l'**église**, qui date de 1713, la chapelle de droite surprend par son décor surchargé, mais assez gai : motifs géométriques jaunes, bleus ou rouges, angelots sculptés jouant de la trompe. Promenez-vous à votre gré à travers les ruelles étroites : en haut du village, vue panoramique depuis le **jardin du Pigeonnier**. Pendant votre déambulation, remarquez les nombreuses **portes peintes**, œuvres d'une artiste du village qui s'attache à réaliser des modèles uniques, en lien avec la famille résidant dans la maison.

La réintroduction du « casseur d'os »

Décimé au 19e s. dans les Alpes, le **gypaète barbu** subsistait dans les Pyrénées et en Corse. En 1993, 1996 et 1999, à **Roubion**, l'un des quatre sites répartis sur l'ensemble de l'arc alpin, un partenariat entre le **Parc national du Mercantour** *(voir p. 368)* et le Parco Naturale delle Alpi Marittime a permis des réintroductions réussies. Des oisillons de 90 jours issus d'élevages furent placés dans des grottes : un mois plus tard, ils s'envolaient. Majestueux vautour de 2,80 m d'envergure, le plus grand oiseau alpin ne mange pas comme tout le monde ; il cherche sur les versants escarpés des pâturages les charognes de chamois ou de brebis dont il détache les gros os (jusqu'à 3 kg). Il reprend de l'altitude et les lâche sur les rochers pour les briser, d'où son surnom.

Roubion sur la route du col de la Couillole.
graziartw/Getty Images Plus

★ Chapelle St-Sébastien

En contrebas du village, dans le premier virage de la D 38 vers St-Sauveur-sur-Tinée (voir p. 406), repérez à droite un petit sentier en descente. www.roubion. com - clé disponible à l'office de tourisme - gratuit.

Douze fresques du 16ᵉ s., naïves et réalistes, illustrent la légende de saint Sébastien commentée en vieux provençal. On y retrouve le thème des Vices et des Vertus : à gauche, un dragon, gueule béante, avale les pécheurs enchaînés, à cheval sur des chimères monstrueuses.

La station

CARTE P. 346-347

Roubion-les-Buisses C3

▶ *2 km en amont. Accès par la D 30 (dir. Beuil).*
Station ouverte le w.-end de fin déc. à mi-mars et pendant les vac. scol. d'hiver.
Nichée dans un cadre naturel préservé, cette petite station familiale de sports d'hiver (alt. 1420-1920 m) compte 30 km de pistes de ski alpin et 12 km pour le ski de fond. Des circuits raquettes sont balisés au départ du col de la Couillole. Par temps clair, du sommet du mont Pommier, une vue splendide se dégage jusqu'à la mer. En été, vous pourrez dévaler les pentes à VTT en prenant le télésiège, ou emprunter les sentiers de randonnées pédestres qui traversent les forêts de mélèzes et les alpages fleuris. Pour les amateurs d'escalade, la via ferrata La Balma Negra à Roubion est parfaitement adaptée aux familles et aux débutants *(voir « Activités » dans « Nos adresses »).*

👣 **Tour du Pin Pourri** – *4 km AR - 1h30 - 150 m de dénivelé - départ du col de la Couillole.* Cette jolie balade familiale permet d'atteindre le magnifique belvédère du Pin Pourri, situé à 1826 m d'altitude. L'hiver, possibilité de découvrir le site en raquettes.

8

Circuit conseillé

CARTE P. 346-347

★ Route du col de la Couillole

◗ *Circuit de 35 km, de Beuil à St-Sauveur-sur Tinée, tracé en rose sur la carte. Voir p. 395.*

📍 Nos adresses

Restauration

Premier prix

🍃 **Auberge du Moulin** – *Pl. Récipon -* ☎ *06 70 80 43 01 - fermé nov.; merc. hors sais. - plats 16/24 €.* Au centre du village de Roubion-le-Bas, face à l'église, ce Bistrot de Pays propose des menus terroir à base de produits locaux. La quantité et la qualité sont réunies pour le bonheur des clients. En salle ou en terrasse, le service est rapide et soigné. Une bonne adresse de montagne complétée par une petite épicerie, dépôt de pain et journaux.

Une folie

🍃 **Auberge Quintessence** – *Rte du col de la Couillole -* ☎ *04 93 02 02 60 - www.auberge-quintessence.com - juil.-août : tlj le soir; sept.-juin : jeu.-lun. le soir - menu 77 € - 7 ch.* Le chef Christophe Billau et son épouse Pauline ont fait le pari de proposer dans cette superbe auberge de montagne entièrement rénovée une cuisine ultralocale et de saison, pour mettre en valeur et partager toutes les richesses de la vallée. Le défi est brillamment relevé. Chambres très agréables.

Activités

Location de VTT électriques – *À l'office de tourisme. mai-oct., 12/13 € la 1/2 j, 16/18 €/j.*

Maxime Langgartner – ☎ *06 29 39 88 11 - entrée 3 €; location de matériel 13 € - à partir de 10 ans.* Celles et ceux qui souhaitent découvrir la via ferrata de La Balma Negra à Roubion pourront faire appel à Maxime Langgartner, un moniteur diplômé d'État.

Hébergement

Budget moyen

Chambre d'hôte Le Rupicapra – *Le Haut Village -* ☎ *04 93 02 58 72 - www.rupicapra-tinee.com - fermé de mi-nov. à fin déc. - 4 ch. 90/100 € 🍽.* Les chambres, aux doux noms de fleurs, sont claires, colorées, très bien tenues, certaines jouissant d'une vue sur la montagne ou les ruelles étroites du hameau. Petite terrasse agréable de l'autre côté de la rue. Très bon petit-déjeuner.

Villars-sur-Var

Émergeant des bois de chênes et des plantations d'oliviers, le Villars médiéval se dore au soleil sur le plateau du Savel à quelque 400 m d'altitude. Étagées à flanc de colline, ses étroites ruelles pavées abritent des maisons anciennes et de jolis porches. Également doté d'un vignoble reconnu, ce havre de paix, qui donne la sensation d'être totalement hors du temps, se gagne en quarante minutes à peine de Nice !

● Se repérer

CARTE P. 346-347 (C4)

786 Villarois – Alpes-Maritimes (06). Ce village, à 9 km à l'est de Touët-sur-Var (porte d'entrée des gorges du Cians), est situé à 200 m au-dessus du Var, sur un plateau ensoleillé.

⊙ Organiser son temps

Comptez environ 1h pour apprécier Villars à sa juste mesure. Après vous être promené dans les ruelles offrant des échappées plongeantes sur le vignoble (tradition viticole qui remonte au 12ᵉ s.), vous pourrez prendre, à la terrasse d'un café, un petit verre de clos st-joseph, seul AOC côtes-de-provence des Alpes-Maritimes (à consommer avec modération !).

⦿ Nos adresses p. 402

Se promener

Laissez votre voiture sur l'un des parkings gratuits à l'entrée et en haut du village. En flânant dans les ruelles pavées à l'intérieur des anciens remparts, vous irez, de jolis porches en encadrements de porte des 18ᵉ et 19ᵉ s., jusqu'aux ruines du château de l'Espéron laissé par les Grimaldi de Beuil.

★ Église

Dressée à côté d'une place ombragée, elle renferme de remarquables trésors, notamment le grand retable (1524) du **maître-autel★** est décoré de superbes boiseries polychromes d'inspiration franciscaine ; son motif central est la **Mise au tombeau★★**, d'un tragique à la fois grandiose et paisible.

À voir également, le **retable de l'Annonciation★** (école niçoise, vers 1520) qui présente une opposition entre le mouvement du personnage de l'ange et l'attitude hiératique de la Vierge. Au-dessus, trois petits panneaux (Nativité, Pietà, Fuite en Égypte) fourmillent de détails anecdotiques. En entrant, à gauche, on peut aussi admirer un saint Jean Baptiste, en bois polychrome de Mathieu Danvers (1524) et, à droite, une toile de l'école de Véronèse : *Le Martyre de saint Barthélemy.*

À proximité

CARTE P. 346-347

★ Thiéry C4

● *14 km au nord-ouest par la D 226.*

Accroché au centre d'un cirque au-dessus des gorges du Cians, ce village isolé, déjà cité au 11ᵉ s., était un fief des seigneurs de Beuil. Vous entrez en plein Moyen Âge en parcourant ses rues étroites entrecoupées de passages voûtés.

Circuit conseillé

CARTE P. 346-347

★ Route de Tournefort

▶ *Circuit de 12 km, de Villars-sur-Var à Pont-de-Clans, tracé en vert anis sur la carte.*
Il existe un raccourci reliant le Var moyen et la Tinée : c'est la pittoresque D 26.
Elle serpente au flanc du **mont Falourde**, dans un paysage forestier ; au-delà de
la Tinée, la chapelle de la Madone-d'Utelle joue à cache-cache.

Massoins C4

De cette petite bourgade enchâssée au milieu des montagnes s'offre une belle
vue sur la vallée du Var. Remarquez, en haut du village, les ruines d'un ouvrage
défensif avec archères du 14e s.
2 km plus loin, prenez une petite route à droite.

Tournefort C4

Près de la chapelle, **vue★** sur les vallées du Var et de la Tinée dans leur cadre de
montagnes ; on aperçoit la Madone d'Utelle et le village perché de La Tour *(voir
p. 404).*
Revenez sur la D 26 qui descend vers la vallée de la Tinée.
Parcours en forêt avec de magnifiques murailles rocheuses à l'horizon. La route
atteint la Tinée à Pont-de-Clans.

📍 Nos adresses

Shopping

Le Clos St-Joseph – *168 rte du
Savel -* ☎ *04 93 05 73 29.* C'est
le seul domaine des Alpes-
Maritimes qui produit des vins AOC
Côtes de Provence. Depuis trois
générations, cette exploitation
familiale produit du vin selon des
méthodes traditionnelles. Vins
blancs et rouges vieillis en fûts de
chêne à partir des cépages syrah,
grenache, mourvèdre, vermentino
ou sémillon. Vente aux particuliers
sur rendez-vous et dégustation
dans les restaurants de la région.

Vallée de la Tinée ★★

Remonter cette vallée tapissée de châtaigniers et de mélèzes, c'est être porté par un paysage ascensionnel. Au bout de routes en lacet spectaculaires, on gagne, comme autant de récompenses, d'adorables villages, perchés de plus en plus haut. Une fois atteints ces derniers bastions ouvrant sur une nature immense, on découvre, dans la fraîcheur de leurs églises, des trésors de fresques et de retables… Ainsi les chemins du Mercantour deviennent-ils chemins de l'art sacré.

▶ Se repérer

CARTE P. 346-347 (B3/C3-4)
Alpes-Maritimes (06).
La Tinée, affluent du Var, prend sa source au col de la Bonette ; la vallée est desservie par D 2205.

😀 À ne pas manquer

Les villages perchés ont chacun leur charme, à vous de choisir…

🕐 Organiser son temps

Si vous souhaitez découvrir tous les villages, prévoyez deux jours, sachant qu'ils sont perchés au bout de routes en lacet assez éprouvantes.

ℹ Carnet pratique p. 408

📍 Nos adresses p. 408

Séjourner en station

CARTE P. 346-347

Auron B3

Village – *Voir p. 406.*
Cet ancien hameau d'alpage est désormais une dynamique station d'hiver et d'été, à un peu plus d'une heure de Nice et aux portes du Parc national du Mercantour.
Domaine skiable – La station favorite des Niçois propose 135 km de pistes réparties sur quatre secteurs à partir de 1 600 m d'altitude, et sous un soleil quasi garanti. Agréable spot pour les surfeurs, le *snowpark* divisé en 12 zones ravira débutants comme initiés. Les amateurs de ski de fond se rendront à **St-Dalmas-le-Selvage** *(voir p. 414)*, où 50 km de pistes les attendent. Si vous ne skiez pas, partez en promenade en traîneau ou allez à la patinoire.
En **été**, le terrain se prête à la pratique du VTT et du VAE. La station a aménagé un *bikepark* qui comprend près de 50 km de pistes de descente distribués sur 14 circuits tous niveaux. Si vous avez choisi de randonner en montagne, vous pourrez terminer votre journée en vous délassant les jambes à la piscine.
★★ **Las Donnas** – ☏ 04 93 23 00 02 - www.auron.com - déc.-avr. : 9h-13h, 14h-16h30 et ponctuellement en été - 5 €, gratuit l'été. Le **téléphérique** vous emporte en 5mn au pied du rocher de Las Donnas à 2 256 m. De là, **panorama** sur la haute Tinée et les Alpes franco-italiennes. En été, randonneurs et VTTistes accèdent ainsi au sommet de la piste du Colombier, puis au col du Blainon, sur le GR 5.

Isola 2000 C3

Des grandes stations de sports d'hiver des Alpes du Sud, Isola 2000 est la plus proche de la Côte d'Azur. Elle se tapit dans un beau cirque montagneux au cœur du Parc national du Mercantour, et deux atouts l'ont rendue célèbre : un ensoleillement et un enneigement excellents, favorisés par l'altitude. Elle est intégrée dans l'espace Domaine du Mercantour regroupant également les stations d'Auron et de St-Dalmas-le-Selvage.

Domaine skiable – Inauguré en 1972, Isola 2000 s'étend entre 1810 et 2 610 m d'altitude au fil de ses 42 pistes (120 km) qui combleront les passionnés de noires comme les moins expérimentés. Mais c'est avant tout une station qui fait référence dans le monde du snowboard : un handrail et un snowpark sonorisés culminent à 2 300 m d'altitude. Sur la piste du Mouflon, vous pourrez également pratiquer le *boardercross*, un parcours sur piste comportant bosses, portes et virages relevés.

Station d'été – Au cœur du **Parc du Mercantour** et près du parc italien de l'Argentera, vous quitterez Isola pour mille et une **randonnées**, à pied ou à VTT, à la rencontre des chamois et des lacs d'altitude. Golf, tennis, piscine, équitation, centre de remise en forme... Chacun trouvera une activité à son goût.

Circuits conseillés CARTE P. 346-347

Vallée de la Tinée

◐ *Circuit de 140 km, du pont de la Mescla (13,5 km à l'est de Villars-sur-Var par la D 6202) à St-Étienne-de-Tinée, tracé en violet foncé sur la carte.*
Bien que modestes, les montagnards d'ici ont fait orner leurs chapelles de **fresques★** magnifiques.
Au pont de la Mescla, prenez la D 2205.

★ **Gorges de la Mescla** C4
La route se faufile sous les rochers surplombant la Mescla (« mélange »), confluent de la Tinée et du Var.
Les villages perchés se révèlent ensuite de chaque côté de la vallée.
Au Pont-de-la-Lune, prenez à droite la D 32.

La Tour C4
Solitaire sur sa montagne, ce village médiéval possède des moulins à huile du 16e s., alimentés par l'énergie hydraulique et encore en état de marche. L'**église** est décorée de trois beaux retables Renaissance *(clé à la mairie - ℘ 04 93 02 05 27).* Vous flânerez sous des façades peintes en trompe-l'œil, entre une adorable place à arcades et une fontaine ombragée.
Chapelle des Pénitents-Blancs – *Au bord de la D 32 (sortie nord-est du village). Visite : rens. à la mairie (voir ci-dessus).* La visite vaut pour ses belles fresques. Brevesi et Nadale ont peint en 1491, parmi les Vertus et les Vices, une étonnante scène où Jésus, nu sous un manteau rouge, est assis sur un arc-en-ciel.
Revenez sur la D 2205 que vous poursuivez vers le nord jusqu'à Pont-de-Clans, puis prenez à gauche la D 56.

Bairols C4
Au milieu des oliviers, puis des chênes et des châtaigniers, 7 km de lacets mènent à Bairols (alt. 830 m), dont vous apprécierez la réhabilitation réussie. Plusieurs belvédères offrent des **vues★** tout à fait aériennes sur la vallée.
Pour les petites faims et les grandes soifs, un restaurant occupe l'ancien moulin à farine, et un bar le moulin à huile.
Revenez sur la D 2205. Prenez à droite la D 55.

Le village de Bairols.
StephanHoerold/Getty Images Plus

Clans C4

😊 Clés des églises et chapelles à récupérer à la mairie (☎ 04 93 02 90 08) ou à l'office de tourisme (☎ 09 63 66 09 78).

Juché à 641 m d'altitude, ce joli village entouré d'une belle forêt (épicéas, mélèzes, sapins) et de hautes montagnes, domine à la fois la Tinée et le vallon abrupt du Clans. L'**église**, transformée en monument baroque, contraste avec l'atmosphère médiévale qui règne ici. Passé la belle porte sculptée en 1702, la décoration est débordante : beaux retables, dont un à 17 compartiments ; buffet d'orgues (1792) d'**Honoré Grinda**, célèbre facteur niçois ; et, derrière le maître-autel, les scènes de chasse sont les plus anciennes **fresques** du comté de Nice (11ᵉ s.).

À gauche en sortant, remarquez la maison dite de la « Reine-Jeanne », qui présente une fenêtre à ogive et une à meneaux.

Dans la **chapelle St-Michel** (e*n haut du village ; longez l'église par la gauche et allez jusqu'au bout de la route carrossable*), des **fresques** du 16ᵉ s. montrent saint Michel pesant les âmes.

De la terrasse, la **vue** porte sur Clans, la vallée de la Tinée et, au-delà de celle-ci, sur la pointe des Quatre Cantons et le village perché de Bairols.

La **chapelle St-Antoine** *(à 500 m du village, à gauche de la route de Pont-de-Clans, en direction du stade)* est un petit sanctuaire rustique, avec un clocher-mur, précédé d'un large porche. L'intérieur de l'édifice est recouvert de **fresques★** savoureuses du 15ᵉ s. ; notez une rare représentation de la vielle à roue niçoise (la « sansougna »).
Revenez sur la D 2205. Plus loin, tournez à gauche.

Ilonse C4

Du haut de ce village isolé à 1210 m d'altitude dans un très beau cadre de montagne, vous apercevrez quelques villages perchés de la Tinée *(table d'orientation)*.
Revenez sur la D 2205 et poursuivez vers St-Sauveur.

À droite s'amorce la route de Valdeblore relie la vallée de la Tinée à celle la Vésubie. Les parois calcaires font alors place à des schistes rouges.

St-Sauveur-sur-Tinée C3

Vous arpenterez un dédale de ruelles tortueuses bordées de hautes maisons à auvent.

Dans l'**église**, beau retable de Guillaume Planeta (1483). La chapelle St-Joseph, fermée par une grille en fer forgé, contient une peinture du mariage de sainte Catherine : remarquez dans le fond le village primitif de St-Sauveur.

À la sortie de St-Sauveur, la route de la Vionène fait communiquer la vallée de la Tinée avec celle du Cians par le **col de la Couillole** *(voir p. 395)*.

Entre le mont Gravières, la cime des Lauses et le mont St-Sauveur, la route longe les **gorges de Valabres★**, creusées dans des roches sombres, ravinées et dénudées.

Isola C3

Avant le village à droite, beau **clocher roman** d'une église qui fut détruite par une crue de la Guerche. Vous verrez encore ici le petit patrimoine habituel : lavoirs, four communal et deux chapelles.

Auron B3

Station et domaine skiable – *Voir p. 403*

Le Vertige d'Auron – *Accès libre.* Rendez-vous au parcours de santé *(à 20mn à pied de l'office de tourisme)* pour accéder à cette **passerelle** dans le vide qui offre un panorama vertigineux sur les sommets (table d'orientation).

Chapelle St-Érige – *Bd St-Érige - ☎ 04 93 23 02 66 (office de tourisme) - ♿ - sur demande, audioguide à l'office de tourisme.* Cette chapelle romane possède une nef à double abside couverte d'une charpente de mélèze ornée de dents de scie sculptées et peintes. Son **décor★**, peint à la détrempe en 1451, fourmille de scènes piquantes. Entre les deux absides, dans une niche en cul-de-four, Marie Madeleine est « ravie » au ciel par deux anges ; sur le dais, au-dessus, elle évangélise les Provençaux dans un pré fleuri. Sur le mur de gauche, un saint Christophe géant porte l'Enfant Jésus. Autour de la chapelle, **vue★** sur le cirque de montagnes.

Revenez sur la D 2205 et poursuivez vers St-Étienne.

★ St-Étienne-de-Tinée B3 *Voir p. 410*

La route s'élève en corniche au-dessus de la Tinée, face aux plus hauts sommets de la frontière italienne.

☛ Possibilité de poursuivre la route jusqu'à Barcelonnette en passant par le col de la Bonette (voir p. 414).

Décor de la chapelle Saint-Érige, à Auron.
H. Lenain/hemis.fr

Excursion en Italie

▶ *Itinéraire de 29 km, au départ d'Isola (voir ci-contre), tracé en bleu foncé sur la carte. Quittez Isola par la D 97.*

La route traverse une zone de mélèzes et d'alpages avant de monter le long des vallons de la Guerche et du Chastillon.

La route étroite qui prolonge la D 97, au nord d'Isola 2000, mène au col de la Lombarde en 5 km.

Du **col de la Lombarde**, la route sine dans un cadre minéral grandiose, longe le lac d'Orgials puis descend à travers les mélèzes. Dans un lacet, tournez à gauche direction « Santa Anna ».

★★ Sanctuaire Santa Anna (Italie) C3

En arrivant au sanctuaire, prenez à gauche jusqu'au bout de la route goudronnée. **Vue★** sur le sanctuaire et le cirque de montagnes (de la pointe de Madalecia au col de la Lombarde).

🥾 *40mn AR.* Du bout de la route, gagnez le très beau **lac Santa Anna★**, sous les cimes du Lausfer et de l'Arène Grosse. Allez à son extrémité pour l'admirer sous son plus bel aspect. C'est le point de départ de belles randonnées. Vous passez au pied de la **cascade de Louch★** venue d'un vallon suspendu 100 m plus haut. Ensuite, la route serre de près les hautes cimes enneigées de la frontière italienne. Une multitude de torrents en descendent, ainsi que du mont Mounier qui culmine à l'ouest.

Randonnées autour d'Isola 2000

CARTE P. 346-347

★ Tête de Pélevos C3

🥾 *Accès par la télécabine du Mercantour.* 📞 *04 93 23 25 25 - www.isola2000. com - de fin juin à déb. sept. : 9h-17h. Accessible aux piétons et aux VTT.*

Alt. 2 455 m. À l'arrivée, empruntez à droite un chemin qui monte vers les téléskis des Marmottes. Au deuxième téléski, tournez à gauche et gagnez le sommet où est installé un restaurant panoramique. **Panorama★** sur le domaine skiable, la cime de la Lombarde et le mont Malinvern.

★★ Lacs de Terre Rouge C3

🥾 *4h AR - dénivelé 650 m - départ du parking de l'hôtel Chalet Marano, situé dans le hameau d'Isola, au-dessus de la station.*

Un sentier bien balisé conduit aux lacs, situés au pied de la cime de Tavels (à droite) et du mont Malinvern (à gauche).

Montez à la **baisse de Druos**★★ (alt. 2 628 m) ; très belle vue sur le parc de l'Argentera en Italie : lac Valscura et cime Valrossa sud. Côté français, remarquez le mont St-Sauveur et le mont Mounier.

★★ Mont St-Sauveur C3

3h30 AR - dénivelé 400 m.

Montez par la télécabine du Mercantour, comme pour la Tête de Pélevos. Poursuivez jusqu'au col Valette, où un étroit sentier se dirige à flanc de montagne vers le mont St-Sauveur. Caillouteux, il nécessite de la prudence au départ. À la borne 89, bifurquez à gauche et atteignez le sommet (alt. 2 711 m) par un court chemin de crêtes. Le **panorama**★★ s'étend sur une grande partie du Mercantour, les gorges de Valabres et le domaine de Valberg au sud, le mont Mounier et Auron à l'ouest et, plus au nord, les lacs de Terre Rouge, dominés par les cimes de Tavels, de Vermeil et de la Lombarde, le mont Viso et le massif du Pelvoux.

Col de la Lombarde (frontière italienne) C3

2h30 de marche facile AR par un sentier fléché, à partir de la station.

Alt. 2 350 m. Le col est encadré par la cime de la Lombarde à droite et la crête de la Lausetta à gauche, but classique de promenade à pied ou à VTT. Belle vue sur l'ensemble du cirque d'Isola 2000, dominé par la Tête Mercière, ainsi que sur la vallée italienne, plus encaissée.

ℹ️ Carnet pratique

S'informer

Office du tourisme d'Auron – *Grange Cossa - av. de Malhira - ☎ 04 93 23 02 66 - www.auron. com.*

Office du tourisme d'Isola 2000 – *Immeuble le Pelevos - ☎ 04 93 23 15 15 - isola2000.com.*

Office du tourisme de St-Étienne-de-Tinée – *Voir p. 413.*

📍 Nos adresses

☞ *« Nos adresses » à St-Étienne-de-Tinée, p. 413.*

Activités

À Auron

Pass Activités – *En vente dans les offices de tourisme d'Auron et de St-Étienne-de-Tinée - www.auron. com/pass-famille - 30/100 €. La* station d'Auron propose un pass permettant de participer à prix réduits à de multiples activités (*sur réserv. sur place ou en ligne*) d'Auron et de St-Étienne-de-Tinée.

Snakegliss – *Rens. auprès de l'office de tourisme - 30 €/pers.* La montée s'effectue en dameuse tandis que pour la descente, sur une piste de ski, vous embarquez dans une succession de luges accrochées les unes aux autres. Ambiance assurée !

À Isola 2000

👥 **Pass Activités** – *En vente à l'office de tourisme - 50 €.* Isola 2000 propose un pass qui donne libre accès à un panel d'activités.

Aquavallée – *1 chemin du Longon - ☏ 04 93 02 16 49 - www.aquavallee. fr - vac. scol. (zone B) : 10h-19h30, mar. 10h-20h30, w.-end 11h-19h30 ; hors vac. scol. : mar.-vend. 12h-19h30, w.-end 11h-19h30 - 6 €.* Espace aquatique avec eau de 28° à 31 °C : toboggan de 35 m, bassin ludique, Jacuzzi, hammam...

Traîneau des loups blancs – *☏ 06 29 46 29 46 - www. traineaudesloupsblancs.com.* Olivier, animé par la passion des huskys, est devenu musher. Il vous fera partager sa connaissance et la relation avec ses chiens lors d'un baptême en traîneau en hiver *(40mn - 65 €)* ou d'une cani-marche en été *(2h - 35 €).*

Hébergement

À Auron

Pour se faire plaisir

Hôtel L'Écureuil – *Bd Georges - Pompidou - ☏ 04 93 23 02 72 -* lecureuil.com - 🅿 - *fermé de mi-avr. à déb. juin et nov. - 19 ch. 135 € - ☐ 16 € - ✕.* Un des rares hôtels ouverts presque toute l'année à Auron. Chambres fonctionnelles avec une touche montagnarde. Cuisine du terroir et recettes originales de la région (pot-au-feu, gratin de crozets en hiver, légumes farcis, tourte de blettes en été), à déguster dans un cadre rustique.

À Isola 2000

Budget moyen

Résidence New Chastillon – *☏ 04 93 23 26 00 - www. soleilvacances.com/hotel/hotel-du-soleil-le-chastillon-isola-2000 - ⛷ ♿ - fermé mai-juin et sept.-nov. - 75 appart. 70/210 € ☐.* À l'entrée de la station et au pied des pistes, cet immeuble a été entièrement restauré. Du studio pour 2 pers. aux 2 pièces pour 6, la décoration et le confort en font une adresse de qualité. Idéal pour les séjours d'une semaine ou plus, été comme hiver. Petite piscine couverte et sauna, appréciable pour la détente.

Saint-Étienne-de-Tinée ★

Fièrement ancré dans ses traditions, le village s'épanouit au creux de hautes montagnes dont certaines culminent à près de 3 000 m. Façades pastel, chapelles aux fresques étonnantes, cadrans solaires…, son patrimoine ne manque pas d'intérêt. En été, St-Étienne-de-Tinée marque le point de départ pour le col de la Bonette et de fabuleuses randonnées, tandis qu'en hiver, son petit domaine skiable, qui culmine à 2 274 m, est relié par le téléphérique de la Pinatelle à la station d'Auron. De quoi varier les plaisirs dans un paysage époustouflant.

Cadran solaire Saint-Etienne-de-Tinée.
Yvan Tessier/Getty Images Plus

▶ Se repérer

CARTE P. 346-347 (B3)
1493 Stéphanois –
Alpes-Maritimes (06).

◷ Organiser son temps

Comptez 3h pour vous promener dans la ville et découvrir les alentours. Si vous envisagez de randonner, vous y passerez au moins une journée.

◢ En famille

La base de loisirs des Trintaires, avec son parcours accrobranche.

ℹ Carnet pratique p. 413

◉ Nos adresses p. 413

Se promener

Église

Qu'il est grand et beau, le **clocher**★ roman avec ses quatre étages de baies arrondies ! Dans le chœur, le maître-autel en bois doré est d'influence espagnole (allez savoir pourquoi) ; à gauche, admirez les boiseries sculptées : scènes de la vie du Christ et statue de la Vierge à l'Enfant.

Chapelles

☏ 04 93 02 41 96 (office de tourisme) - juil.-août (sur inscription à l'office de tourisme) : merc. et jeu. à 10h et 16h, vend. à 11h et 16h ; reste de l'année : sur demande - participation libre.

Dans la chapelle **St-Sébastien**, les **fresques** méritent une observation minutieuse : création d'Adam et Ève ; Jésus entre les larrons ; scènes de la vie bien remplie de saint Sébastien (criblé de flèches, le martyr venant au secours des pestiférés, etc.). La chapelle **St-Michel** abrite un petit musée sur les pénitents. Dans la chapelle **des Trinitaires**, parmi plusieurs fresques du 17e s., ne manquez pas la bataille de Lépante, amusante par la candeur qu'elle mêle à des intentions grandioses. Des tableaux peignent la vie des trinitaires, moines spécialisés dans le rachat des chrétiens captifs des barbaresques. Enfin, à 2 km, sur la route d'Auron, pittoresques fresques du 15e s. dans la **chapelle St-Maur**.

Musées

☏ 04 93 02 41 96 (office de tourisme).

L'ancien four communal abrite le **musée des Traditions**. Le lieu était tout indiqué pour présenter la fabrication du pain de seigle. Quant au **musée du Lait**, il expose le matériel nécessaire à la fabrication traditionnelle du fromage, vraie richesse des alpages. Enfin, le **musée de l'École** évoque un autre pan de la vie d'autrefois.

Randonnée CARTE P. 346-347

😊 La cueillette de certaines fleurs des Alpes menacées de disparition est sévèrement réglementée dans les réserves et parcs naturels : cyclamen, grand chardon bleu, lis martagon et edelweiss.

Sentier de l'eau

1h AR - départ du parking de la Maison du Parc national du Mercantour.
Cette balade facile et ombragée longe le ruisseau du Cartel et la Tinée avant de déboucher sur un belvédère qui domine la rivière. Plusieurs panneaux explicatifs jalonnent le sentier.

Chemin de l'énergie

Dans les années 1930, on le traça en vue d'y installer une conduite forcée à haute altitude, dans un relief incroyablement défavorable. Le comble, c'est que l'eau des lacs devait alimenter à St-Étienne-de-Tinée une centrale hydroélectrique qui n'a jamais vu le jour : à l'époque, chaque région devait produire sa propre énergie électrique. Aujourd'hui, ce chemin idéal domine la Tinée de 1 300 m et offre 8 km d'un circuit en balcon presque horizontal entre les lacs de Vens et le lac de Rabuons.

★★ Refuge de Rabuons B3
6h AR - dénivelé 1400 m - départ du village.

L'intérêt principal de ce circuit est de relier les deux refuges gardés les plus hauts du **Parc national du Mercantour** en offrant de superbes vues panoramiques sur un sentier en balcon au-dessus de la Tinée. Au départ, longez les lacs médian et inférieur par la droite, et après avoir franchi une passerelle, montez jusqu'à la large **crête des Babarottes**. La descente permet d'emprunter une portion du fameux « chemin de l'énergie » *(voir encadré p. 411)*, ponctué d'ouvrages d'art (murs de soutènement et tunnels), qui amène au verrou glaciaire du **lac de Rabuons**, dominé par le refuge.

Plateau de Lieuson
Prendre la télécabine de la Pinatelle (ete.auron.com) depuis St-Étienne-de-Tinée pour rejoindre le plateau.

En saison, on peut y cueillir de délicieuses framboises à déguster pour le goûter. Côté rando, la descente vers St-Étienne-de-Tinée à travers la forêt *(2h)* est très agréable. On peut aussi rejoindre le village d'Auron *(1h)*, puis prendre une navette pour rejoindre St-Étienne-de-Tinée.

Et pour prendre encore plus de hauteur, le télésiège de Lieuson *(gratuit)* permet de rallier **la cime de la Bercha** à 2274 m d'altitude et d'admirer un époustouflant panorama à 360 degrés.

Circuit conseillé CARTE P. 346-347

★★ Route de la Bonette
Circuit de 50 km, de St-Étienne-de-Tinée à Jausiers, tracé en orange sur la carte. *Voir p. 414.*

ℹ️ Carnet pratique

S'informer

Office de tourisme – *Pl. de l'Église - St-Étienne-de-Tinée - ☎ 04 93 02 41 96 - www.auron.com.*

Maison du Parc du Mercantour Tinée – *Parking de l'Ardon - St-Étienne-de-Tinée - ☎ 04 93 02 42 27 - www.mercantour-parcnational.fr - fermé de mi-sept. à mi-juin.*

Se déplacer

Service de navettes – *1,70 € - horaires sur le site Internet de l'office de tourisme.* En juil. et août, elles relient St-Étienne-de-Tinée à Auron, St-Dalmas-le-Selvage et Isola Village plusieurs fois par jour.

Agenda

Fête de la transhumance – *Juin.* Les troupeaux et les bergers investissent le village.

📍 Nos adresses

⊙ *« Nos adresses » dans la vallée de la Tinée, p. 408.*

Restauration

Le Regalivou – *8 bd Auron - ☎ 04 93 02 49 00 - leregalivou. nicebiz.fr - plats 15/26 € - 14 ch.* Situé en périphérie du bourg, cet hôtel-restaurant attire l'œil par sa façade pimpante restaurée et son agréable terrasse protégée par une pergola et des arbres fruitiers. Cuisine simple : reblochonnade pour la spécialité maison, burgers, planches et pizzas au feu de bois. Les chambres sont fraîches et très bien tenues.

Shopping

Artisans Créateurs de la Tinée – *4 r. du Portail - ☎ 06 70 63 02 78 - horaires variables, se rens.* Faites votre choix parmi les très nombreux objets d'artisanat et produits 100 % locaux qu'abrite cette petite boutique. Dans les rayons : savons, pelotes de laine, miel, tirages photos...

Activités

👪 **Base de loisirs des Trinitaires** – *Cartel - kayak 4 €/30mn - baignade gratuite.* Rien de tel que de piquer une tête dans ce plan d'eau pour se rafraîchir. Des kayaks et du matériel de badminton sont disponibles à la location. Buvette sur place.

👪 **Petit bois des lutins** – *Entrée juste à côté de la base de loisirs - 10h30-18h ; juin et sept. : w.-end 11h-17h - fermé oct.-mai - 5 €.* Tyroliennes, parcours, descente en toboggan et filet suspendu sont autant d'épreuves à affronter pour découvrir le monde du petit peuple des bois. Un vrai paradis pour les petits.

Hébergement

🛏️ **Les Toits rouges** – *Sentier de Colle-Longue, rte de Douans - à 8 km au sud-est de St-Étienne-de-Tinée - ☎ 06 50 50 82 49 - lestoitsrouges.fr - 5 ch. 100 € ⬚, 145/150 € avec repas.* Il faut garer sa voiture et grimper à la seule force de ses mollets pendant quelques minutes pour rejoindre cette maison d'hôtes hors du commun. Imaginé par un couple de globe-trotteurs désireux de poser ses valises, le lieu est un havre de paix en pleine nature où l'on prend le temps de s'adonner à la randonnée, de déguster la cuisine bio de la maison ou de se détendre dans le sauna en bois.

Route de la Bonette ★★

Citée comme « la plus haute route intervallées d'Europe », entre la Tinée et l'Ubaye, elle entretient le souvenir de l'ancien chemin muletier du col qui a vu passer les troupes espagnoles pendant la guerre de Succession d'Autriche (1740-1748) et, plus récemment, les armées allemandes jusqu'à la fin de la Seconde Guerre mondiale. Les touristes ne l'ont découverte qu'à partir de 1964… Chaque été, la fonte des neiges dégage ses cimes, entrouvrant pour quelques mois l'accès à de grandioses panoramas au cœur même du Parc national du Mercantour. Paradis des cyclistes et des motards, la route offre de superbes points de vue à mesure que la forêt, puis les vertes prairies, laissent place à un paysage rocailleux de haute altitude.

▶ Se repérer

CARTE P. 346-347 (B2-3)

Alpes-de-Haute-Provence (04). La neige obstrue la route de novembre à fin mai. Quand elle est dégagée, la deuxième plus haute route d'Europe, et plus haute route de France, établit entre l'Ubaye et la Tinée une liaison directe, mais sinueuse, mettant Barcelonnette à 149 km de Nice.

☺ À ne pas manquer

Des panneaux d'interprétation décrivant les éléments essentiels du paysage jalonnent la route du col, du camp des Fourches (côté St-Étienne-de-Tinée) aux casernes de Restefond (côté Jausiers).

⊙ Organiser son temps

Comptez environ une demi-journée avec les arrêts à la cime de la Bonette et au camp des Fourches.

⚲ Nos adresses p. 417

Circuit conseillé

CARTE P. 346-347

★★ Route de la Bonette

ⓘ *www.routedelabonette.com*
▶ *Circuit de 50 km, de St-Étienne-de-Tinée à Jausiers, tracé en jaune moutarde sur la carte.*
La route suit un torrent dans un impressionnant défilé rocheux.
Au Pont Haut, prenez à gauche la M 63 vers St-Dalmas.

★ St-Dalmas-le-Selvage B2

ⓘ *Maison de pays - Le village - ℘ 04 93 02 46 40 - saintdalmasleselvage.fr.*
Ce village, perdu dans un site majestueux et sauvage au bout de la vallée de la Tinée, est **le plus haut** des Alpes-Maritimes. À l'arrivée apparaissent l'église d'allure romane et son haut clocher, qui se détachent sur le vallon de Jalorgues.
Église – *Clé à l'office de tourisme.* Sa façade ornée de **peintures en trompe-l'œil**, dont l'une représente saint Dalmas, martyr du 3e s. qui évangélisa les Alpes, a été restaurée par le fresquiste Guy Ceppa.

Route du col de la Bonette.
Andrew_Mayovskyy/Getty Images Plus

En vous promenant dans les ruelles étroites, vous apprécierez la force tranquille des solides maisons de schiste sombre, traditionnellement couvertes de bardeaux et décorées de nombreux **cadrans solaires**. Celui de la place défie ainsi l'astre du jour : « Superbe Soleil, que ton humeur est altière, mais cet arc est capable de mesurer ta carrière. »

Sentier de découverte – *3h. Le guide (2 €), l'écoguide audio (5 €), vente et location à l'office de tourisme.* Si vous avez un peu de temps devant vous, parcourez l'intéressant sentier de découverte qui vous permettra de comprendre la vie d'autrefois dans ce village de montagne.

Faites demi-tour et tournez à gauche la D 64.

3 km au-delà du Pont Haut, on aperçoit à droite la **cascade de Vens**. Au cours de la montée, les mélèzes cèdent la place à l'herbe rase des alpages.

Camp des Fourches B2

Ce casernement en ruine établi à 2 250 m d'altitude est traversé par la route du col. Il fut occupé de 1912 jusqu'à la fin de la Seconde Guerre mondiale par le 11e bataillon de chasseurs alpins. Son implantation a suivi de peu la percée de la route stratégique reliant la vallée de l'Ubaye à celle de la haute Tinée par le col de Restefond. Des travaux de remise en état partiel, ravivent la mémoire du site grâce à de nombreux panneaux explicatifs sur la vie quotidienne du camp et le rôle dévolu à chaque bâtiment.

30mn AR. Un chemin mène au col des Fourches : superbe vue sur le vaste **cirque du Salso Moreno★** clôturé par les cimes de la Tête de l'Enchastraye et du mont Aiga, limites naturelles avec l'Italie *(table d'interprétation)*.

La route monte ensuite le long des crêtes entourant le cirque où la Tinée, affluent du Var, prend sa source.

La route arrive enfin au **col de la Bonette** (alt. 2 715 m).

★★★ Cime de la Bonette B2

30mn AR depuis le col de la Bonette. Faites absolument cette petite grimpette : nulle part ailleurs vous n'atteindrez 2 860 m en ne montant que de 60 m. Vous découvrez alors un ahurissant **panorama**, et une table d'orientation vous permet de situer plusieurs massifs des Alpes du Sud : au nord, le Queyras (la Font Sancte), le mont Viso et l'Ubaye (le Brec de Chambeyron et la Tête de Moïse) ; au nord-ouest, le massif du Pelvoux ; à l'ouest, le haut Verdon (Grande Séolane et mont Pelat) ; au sud, les Préalpes de Digne ; enfin, le Corborant et l'Argentera à l'est. Sur le versant est du col de la Bonette, à gauche, l'oratoire : N.-D.-du-Très-Haut. Le site est également un magnifique spot pour admirer le ciel étoilé, en raison de la faible pollution lumineuse. La route entame sa descente vers Jausiers et laisse à gauche le site du seuil de Restefond, tellement sauvage qu'il ferait presque peur. La descente en lacet continue vers les **pentes du Restefond**, passant devant les **casernes**, ensemble fortifié par Maginot dès 1931.

Jausiers B2 *Voir p. 351*

Randonnées

CARTE P. 346-347

★★ Pas de la Cavale B2

🥾 *3h30 AR - dénivelé env. 750 m - départ au col des Fourches. Accessible à partir de juillet en raison des névés résiduels.*
Alt. 2671 m. Descendez par un étroit sentier balisé en blanc et rouge jusqu'à une vieille baraque au pied du **cirque du Salso Moreno★**. Ce site raviné est un vrai livre ouvert de géologie : pluies et neiges ont dissous le gypse, provoquant la formation d'entonnoirs en surface. À partir de la balise 37, la montée est soutenue, caillouteuse et glissante. Au pas de la Cavalle, encadré par le rocher des Trois Évêques et la Tête Carrée, **panorama★★** au sud sur les lacs d'Agnel, la chaîne frontalière et le domaine d'Auron, et au nord sur le vallon du Lauzanier et le Brec de Chambeyron *(voir p. 354)*. Descendez de quelques mètres pour découvrir en contrebas le lac de Derrière la Croix. Revenez sur vos pas.

★★★ Lacs de Vens B2

🥾 *6h de marche pour la boucle passant par le col de Fer - dénivelé 940 m. Garez-vous au hameau du Pra (10 km au nord de St-Étienne-de-Tinée par la route de la Bonette). Ce circuit, facile mais long, exige de l'endurance.*
Le sentier *(balise jaune)* traverse les mélèzes, face aux domaines de St-Étienne-de-Tinée et d'Auron. En une heure, vous atteignez le plateau de Morgon, en vue des aiguilles de Tortisse. À la balise 33, après une courte descente, grimpez jusqu'aux maisons forestières de Tortisse.
Vous pouvez alors aller directement au refuge de Vens, mais faites plutôt le détour par le **col de Fer** (alt. 2584 m). Les bons marcheurs, bien équipés et non sujets au vertige, iront à la cime de Fer à 2700 m d'altitude *(35mn de marche supplémentaire AR)*. **Panorama★★** exaltant sur la route du col de Larche, la Tête de Moïse, le mont Vallonet et l'ensemble des lacs de Vens. Du col de Fer, montez au Collet de Tortisse, puis gagnez le refuge et les **lacs de Vens★★★**. Poursuivez le long du premier lac, dominé par la cime de Fourchas. Commencez à longer par la droite le second lac : après un amas de gros rochers, prenez à droite un sentier qui monte raide. Chaque fois qu'il se subdivise, prenez à gauche. En 5mn, vous parvenez sur une crête rocheuse et changez de versant. Dans un cadre encaissé, **vue★** sur la cime de la Bonette et la crête de la Blanche. Rejoignez en contrebas le sentier venant de Vens, et prenez-le en montée.
À la balise 23, bifurquez vers Le Pra : le sentier évolue à flanc de montagne dans un **cadre** somptueux, puis descendez sur la maison forestière de Tortisse. Rejoignez le hameau par le chemin de l'aller.

Nos adresses

Restauration

Budget moyen

Halte 2000 – *Rte du col de Restefond - à 11,5 km du col de la Bonette dir. Jausiers - ☏ 06 75 27 31 49 - Facebook - de juin à oct. : tlj à midi (juil.-août : jeu. soir, vend. soir et sam. soir sur RV) - plats 15/33 €.* Il flotte un air de vacances et de bout du monde dans cette maison en bois posée sur la route du col. Ici, on cuisine du beau, du bon et souvent du local à prix correct avec en toile de fond un superbe panorama sur les montagnes qui ouvre l'appétit. Le soir en haute saison, on dîne à la lueur des lampes à pétrole.

Budget moyen

Saveurs de Montagne – *Pl. du Village - St-Dalmas-le-Selvage - ☏ 04 93 02 67 75 - Facebook - fermé dim. soir-lun. - plats env. 15/25 €.* Ce petit restaurant sans prétention constitue la halte parfaite pour se restaurer avant de poursuivre son exploration. Planches de charcuteries locales, salades, gnocchis gratinés au feu de bois : il y en a pour tous les goûts.

Les 3 Marmottes – *Pl. du Village - St-Dalmas-le-Selvage - ☏ 04 93 03 28 34 - horaires, se rens.- plats 19/23 €.* Au cœur du village, une bien jolie table accueille les visiteurs en quête d'un lieu pour se restaurer. La cuisine est délicate et le menu varié : pastilla de canard, rougets sauce safran, foie gras... Une savoureuse surprise pour qui n'a pas peur des routes de montagne.

Hébergement

Premier prix

🍃 **La Petite Étoile** – *Au village - St-Dalmas-le-Selvage - ☏ 06 95 74 09 63 - www.la-petite-etoile-dhotes-en-mercantour.fr - 5 ch. 60/100 € - ☕ 10 € - repas 30 €.* Accueil chaleureux, repas bio et copieux, chambres simples et confortables : cette maison d'hôtes a tout pour plaire aux visiteurs désireux de passer une nuit dans la plus haute commune des Alpes-Maritimes.

Fort Queyras.
J.-P. Lescourret/hemis.fr

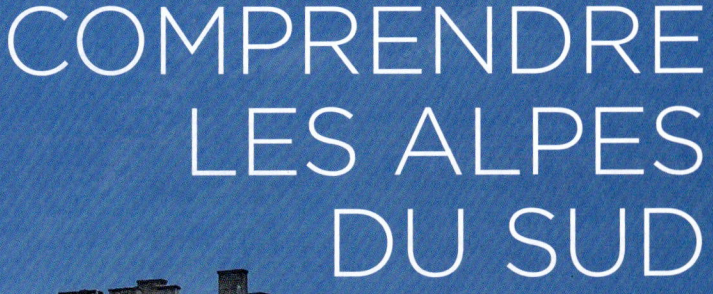

COMPRENDRE LES ALPES DU SUD

Bienvenue dans les Alpes du Sud

Vous rêvez de gravir un sommet de plus de 3 000 m ? De humer l'odeur des champs de lavandes au printemps ? D'assister à la traite des chèvres dans une ferme de montagne ? N'attendez plus : les Alpes du Sud vous ouvrent leur bras et avec eux ceux des bergers, des alpinistes, des apicultrices et des éleveurs qui ont élu domicile dans ce coin de nature.

De la Méditerranée aux Alpes

Avec un pied prêt à plonger dans la Méditerranée et un autre affairé à franchir le col de la Bonette après avoir sinué sur les 32 km de la plus haute route d'Europe (défi de plus d'un cycliste !), les Alpes du Sud offrent un grand écart climatique et géographique étonnant. Tout au long de l'année, cette région riche en parcs et en sites naturels exceptionnels attire les amoureux de nature en quête d'activités de plein air ou tous ceux qui veulent lever le pied. Car ici, le dépaysement est assuré et la sérénité au bout du chemin ! Reprenez votre souffle.

Activités à tous les étages (alpins)

L'hiver, la neige fait recette. Les amateurs de ski et de raquettes apprécient les stations à taille humaine. Le choix est vaste, du domaine phare de Serre Chevalier à la station village de St-Véran côté Hautes-Alpes, d'Isola 2000 à Roubion côté Alpes-Maritimes. L'été, c'est en famille et en chaussures de marche que l'on découvre les Alpes du Sud. Rando-refuge dans le parc du Mercantour ou promenade au cœur du Géoparc de Haute-Provence : il y en a pour tous les niveaux et tous les centres d'intérêt. La diversité des paysages fait des Alpes du Sud un paradis pour les sportifs : canyoning dans les gorges du Verdon, parapente à Montgenèvre, kitesurf sur le lac de Serre-Ponçon ou VTT dans les terres noires de Digne. Le choix est pléthorique. Et les sites toujours magnifiques.

Légumes du soleil et fromages de montagne

Les Alpes du Sud, vous réservent un bon bol d'air mais pas que. Les produits stars sont magnifiés par des chefs attachés à leur terroir. Dans les Alpes-de-Haute-Provence, on savoure l'agneau de Sisteron, le fromage de Banon et la discrète truffe noire. Dans les Alpes-Maritimes, les influences italiennes et méditerranéennes se goûtent aussi dans l'assiette avec les petits farcis ou les raviolis aux blettes du haut-pays niçois. Les Hautes-Alpes valorisent la typicité des tommes de vache, chèvre et brebis du Champsaur Valgaudemar et le croquant des pommes des Alpes de Haute-Durance. Voilà qui donne un délicieux goût de « reviens-y ».

8 CHOSES
À SAVOIR

4 DÉPARTEMENTS

Les Alpes-de-Haute-Provence (04), les Hautes-Alpes (05), le nord-ouest des Alpes Maritimes (06) et le sud-est de la Drôme (26). Joli programme ensoleillé !

300

C'est le nombre de jours d'ensoleillement par an que compte le Parc régional du Queyras, devenu le paradis des randonneurs.

Lavande

Elle fait la richesse de la Haute-Provence. Depuis 1981, la lavande fine bénéficie même d'une AOP : « huile essentielle de lavande fine de Haute-Provence ».

35 %

Longtemps considérée comme un métier d'homme, la profession de berger s'est féminisée au cours des dernières années. Aujourd'hui, on compte 35 % de bergères.

Napoléon

La route empruntée par l'Empereur lors de son retour d'exil en 1815 est aujourd'hui une route touristique : la « Route Napoléon ». Longue de 325 km, elle traverse Castellane, Barrême, Digne-les-Bains, Malijai et Sisteron.

13
DESSERTS

Servis traditionnellement le soir de Noël, les « 13 desserts » sont composés essentiellement de fruits secs. On trouve, entre autres, les raisins, les figues, les noix et noisettes, le nougat blanc et la pompe à huile.

4 102 m

La Barre des Écrins est le point culminant du massif des Écrins et des Alpes du Sud. Avant l'annexion de la Savoie en 1860, il était même le plus haut sommet français.

2 PARCS
NATIONAUX

Créé en 1973, le Parc national des Écrins compte plus de 4 000 espèces de plantes et d'animaux. Plus au sud, le Parc national du Mercantour est réputé pour être l'un des plus sauvages de l'hexagone. On peut y admirer le plus haut lac naturel d'altitude d'Europe : le lac d'Allos.

Le ciel
LE PLUS PUR
DE FRANCE

C'est celui des Hautes-Alpes ! La quasi-absence de pollution lumineuse permet d'inoubliables soirées d'observation astronomique. Une destination 5 étoiles !

Nature et paysages

Entre montagnes et Méditerranée, les Alpes du Sud restent une région peu urbanisée et peu industrialisée, constituant un sanctuaire naturel que protègent, en outre, des Parcs nationaux ou régionaux. L'homme se fait tout petit devant des paysages grandioses, sous un ciel d'une grande pureté.

Les paysages

Lavande et edelweiss, verdure et aridité, cimes et gouffres, torrents et glaciers : dans les Alpes du Sud on passe en un clin d'œil d'un environnement à l'autre. Des rivières capricieuses, tels la Durance et le Verdon, séparent des reliefs aux pentes abruptes dans une atmosphère déjà méditerranéenne. Le climat sec, le souffle du mistral et l'absence d'activité polluante font de cette région l'une des plus salubres d'Europe.

Une formation complexe

La formation des **Alpes** durant l'ère tertiaire (il y a 65 millions d'années) coïncide avec celle des Pyrénées. Au plissement alpin orienté nord-sud s'est ajouté le mouvement pyrénéo-provençal orienté est-ouest, ce qui explique l'enchevêtrement de la structure géologique des Alpes du Sud. Les Alpes ont ensuite été recouvertes d'une énorme chape de glace durant l'ère quaternaire, il y a environ 2 millions d'années. Les glaciers ont creusé des cirques et des vallées glaciaires, accumulant à leurs terminaisons les **moraines**, qui ont encombré les vallées lors du retrait des glaces. Depuis, l'érosion travaille sans relâche pour façonner les reliefs, creusant des canyons et de spectaculaires **clues** (gorges étroites), typiques de la région.

Les massifs

Situés à proximité de la frontière italienne, ils atteignent bien souvent des altitudes supérieures à 2 500 m. La **Vallouise** est l'une des plus grandes vallées du **massif des Écrins**, domaine des parois vertigineuses, des glaciers et des neiges éternelles (il culmine à 4 102 m avec la barre des Écrins). Passé le **col du Lautaret**, la montagne devient plus rocailleuse. L'influence méditerranéenne pénètre en remontant par les vallées, où apparaît une végétation méridionale. À l'emplacement des glaciers, les roches sont mises à nu par l'érosion ; les versants instables s'encombrent d'éboulis.

Le **Briançonnais**, porte du Sud, est renommé pour son climat. Ses montagnes s'élancent jusqu'à plus de 3 000 m d'altitude. Le ciel pur et l'ensoleillement exceptionnel favorisent un tourisme estival et de sports d'hiver (Serre Chevalier ou Montgenèvre).

Paradis des randonneurs, le **Queyras** est l'une des régions les plus hautes d'Europe, à l'image d'un de ses villages d'altitude, St-Véran (2 040 m). Les forêts de pins et de mélèzes, et les vastes pâturages de ce Parc naturel régional, l'un des plus réputés de France, bénéficient en moyenne de 300 jours d'ensoleillement par an.

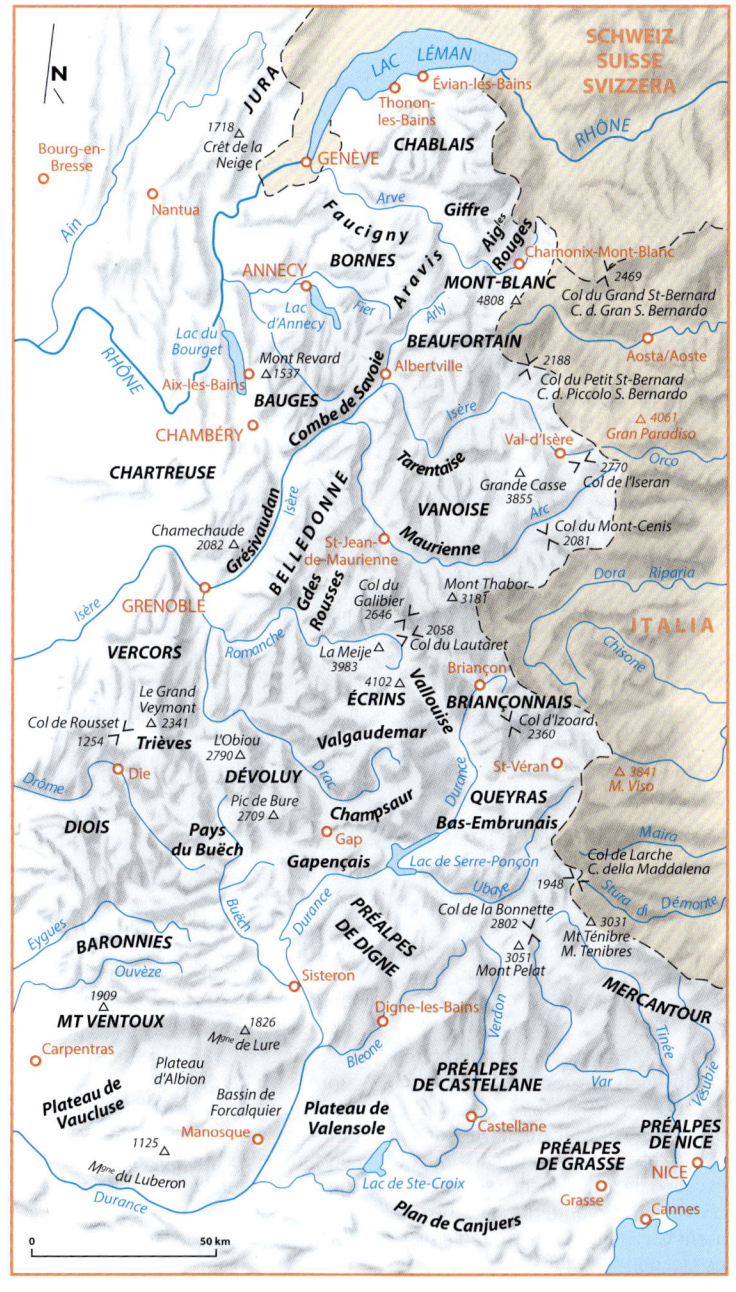

L'**Ubaye**, en lisière nord des Alpes de Provence, est connue pour ses « terres noires » et ses flyschs, sortes de « mille-feuilles » rocheux particulièrement sensibles à l'érosion. Elle s'est ouverte aux sports d'hiver, surtout autour de Barcelonnette (stations du Sauze, de Pra-Loup), et au rafting, dans la basse vallée de la rivière Ubaye.

Situé dans l'ancien comté de Nice, le massif du **Mercantour** se distingue par ses roches cristallines très dures qui ont formé des reliefs en aiguilles et de hautes croupes dépassant 3 000 m. Les glaciers, aujourd'hui largement en retrait, ont creusé de vastes cuvettes remplies par de beaux lacs aux eaux turquoise. Les skieurs apprécient les stations de St-Dalmas, Isola 2000 et Auron. Dans les vallées étroites de la Vésubie et de la Tinée, les villages aux hautes maisons étagées en gradins s'accrochent à la falaise.

Le massif calcaire du **Dévoluy**, dominé par le **pic de Bure** (2 709 m), est un pays à part. Ses paysages de falaises et de sommets dénudés surplombent de petites vallées en berceau où prospère l'élevage des ovins et des bovins.

Préalpes et moyenne montagne

Au pied des Écrins, du Briançonnais, du Queyras, puis des Préalpes, la Durance et ses affluents, les deux **Buëch**, coulent dans de larges vallées et de vastes surfaces planes, dont une partie est envahie par les eaux du lac de Serre-Ponçon.

Entre haute et moyenne montagne, l'**Embrunais** se présente comme un livre ouvert de l'histoire géologique de la région. Le **lac de Serre-Ponçon** (3 000 ha), retenue aménagée dans la vallée de la Durance, est visible de plusieurs promontoires : Embrun, le mont Guillaume (2 550 m) et le pic de Morgon (2 324 m).

Le **Diois** et les **Baronnies** sont des pays de moyenne montagne où s'épanouissent les cultures de lavande et de lavandin, les vignes (pour la clairette de Die), l'olivier et les arbres fruitiers, auxquels s'ajoutent les élevages ovin et caprin.

Les **Préalpes de Digne** sont des montagnes sauvages, arides et dépeuplées. Les plaines sont dominées par d'impressionnantes barres calcaires, la plus spectaculaire étant celle de Dourbes qui s'allonge sur plus de 12 km. Les hauts chaînons sont entaillés par des torrents capricieux au fond de gorges étroites, les **clues**. Tout autour de Digne, le pays recèle des sites géologiques classés, regroupés dans un **géoparc** unique en Europe. Les hautes terres aux villages isolés, souvent abandonnés, contrastent avec le fond des vallées irriguées où poussent des arbres fruitiers.

Les plateaux

Le **plateau de Valensole**, entre la Durance et les Préalpes de Castellane, est couvert de lavandin, dont les champs épousent les douces courbes, en alternance avec les étendues de blé. Un patchwork ponctué de parcelles d'amandiers.

Les gouffres et les grottes du **plateau d'Albion**, terminaison septentrionale du plateau du Vaucluse, récoltent l'eau. L'armée, jusqu'en 1996, en avait profité pour y placer des silos pour fusées nucléaires (*voir p. 445*).

Le spectacle grandiose des **gorges du Verdon** est sans égal en Europe. La rivière traverse les plateaux calcaires des Préalpes en un canyon vertigineux de 700 m de profondeur. Les gorges ont été aménagées pour les randonneurs et leurs eaux turquoise font le bonheur des kayakistes.

Le massif de la Meije.
Bean38/Getty Images Plus

La faune des Alpes méridionales

Les rochassiers

On reconnaît le **bouquetin** à sa silhouette trapue, dominée par d'impressionnantes cornes annelées qui dépassent parfois un mètre de longueur. Les mâles se groupent en bandes. Aux premières neiges, ils rejoignent les femelles et luttent alors pour les conquérir. De décembre à janvier, la montagne retentit du bruit de leurs affrontements. Menacés de disparition au début du 20ᵉ s., ils ont été réintroduits avec succès dans les Parcs nationaux des Écrins et du Mercantour, et régional du Queyras. On peut aussi apercevoir la silhouette typique du **chamois** sur les cimes escarpées et rocheuses. Ses petites pattes minces et robustes, ses sabots adaptés lui confèrent une extraordinaire agilité. D'une résistance de fer, il bondit de rocher en rocher et passe par les couloirs les plus abrupts. Les chamois se groupent en hardes de trois à vingt individus menées par un bouc. En été, ils se nourrissent d'herbe et, l'hiver, ils descendent dans les forêts et rongent l'écorce des arbres.

Le **mouflon de Corse** a lui été introduit dans le Mercantour et le Queyras. Il est parfaitement adapté à la végétation et au climat méditerranéens. Ce grand mouton sauvage vit en troupeaux conduits par de vieux mâles. Les mâles sont facilement reconnaissables à leurs cornes enroulées en volutes.

Les rapaces

Le **gypaète barbu** aurait pu disparaître des massifs alpins si sa réintroduction dans les Alpes du Sud n'avait pas été une complète réussite. Ce rapace aux longues ailes noires déploie sa splendide envergure (2,80 m) au-dessus des crêtes et des pitons rocheux. C'est un charognard tributaire des troupeaux d'ovins.

Majestueux prédateur, l'**aigle royal** peuple l'ensemble des massifs alpins depuis qu'il est protégé dans

La marmotte, mode d'emploi

Dans les alpages, entre 1200 m et 2700 m, c'est évidemment la **marmotte des Alpes** que l'on rencontre. De fin octobre à fin avril environ, elle hiberne ; il faut donc attendre les beaux jours pour l'apercevoir et entendre ce sifflement strident qui la caractérise. Dans certains endroits très fréquentés, elles finissent par s'accoutumer à la présence humaine. Ne les nourrissez surtout pas : la modification de leur régime alimentaire entraînerait des risques pour leur santé.

☞ *Voir également p. 99.*

tous les pays. Il vit en couple sur un domaine équivalent à une vallée de taille moyenne et niche dans des régions rocheuses, aux parois peu accessibles. Son alimentation se compose principalement de marmottes l'été et de cadavres de bouquetins l'hiver. On le reconnaît à ses voltiges en larges cercles concentriques, ailes repliées en « V ». Outre les rapaces, on trouve parmi les oiseaux le tétras-lyre, le chocard à bec jaune (qui plane souvent l'été autour des cabanes et des groupes d'alpinistes dans l'espoir de recevoir un peu de nourriture), le lagopède alpin (perdrix des neiges) aux grandes ailes blanches et la chouette de Tengmalm.

Les papillons

Les Alpes de Haute-Provence sont célèbres pour ses **papillons**. On en dénombre actuellement plus de 1300 espèces, dont près de 180 diurnes, soit les trois quarts des espèces connues en France. Plus de 600 d'entre elles se rencontrent autour de Digne, dont le Musée-promenade possède une belle collection *(voir p. 267)*. Parmi les plus remarquables, citons

le machaon, le grand et le petit apollon (plus rare), les vanesses et les érèbes. On rencontre le papillon Isabelle dans le Briançonnais et le Queyras. Ces butineurs de fleurs sont sensibles à la qualité de leur environnement (pesticides et insecticides). Nombre d'espèces disparaissent localement chaque année.

L'étagement de la végétation

L'exposition des versants est essentielle : le versant **adret** (au soleil), le plus propice aux cultures et à l'habitat, est défriché, alors que le versant **ubac** (à l'ombre), le plus souvent inhabité, bénéficie d'une humidité favorisant le développement de vigoureux plans forestiers. La végétation alpine change également en fonction de l'**altitude** : jusqu'à 1500 m se mêlent végétation et cultures. Au-dessus s'étend la forêt de conifères. À partir de 2200 m lui succèdent les alpages où poussent les herbes vivaces, les myrtilles et la flore spécifiquement alpine. Après 3000 m, on pénètre dans le domaine du minéral : seuls mousses et lichens s'accrochent aux rochers.

Les conifères

Les variétés les plus communes de conifères sont le **sapin**, reconnaissable à sa cime large et à son écorce grise, l'**épicéa**, essence caractéristique des zones d'exposition froide, le **pin sylvestre**, qui forme de vastes peuplements dans les Alpes méridionales, en général sur les adrets, le **mélèze**, qui occupe les versants ensoleillés de la haute montagne *(voir p. 120)*. Le Diois et les Préalpes de Digne sont le domaine du sapin ; le Briançonnais, le Queyras, l'Embrunais, l'Ubaye et le Mercantour, celui du sapin, de l'épicéa et du mélèze.

Faune des Alpes

Tétras-Lyre

Chamois

Bouquetin

Marmotte

Chouette
de Tengmalm

Gypaète barbu

Mouflon

Les feuillus

Ils se cantonnent à l'étage montagnard. Le **hêtre** (ou « fayard ») domine dans les Préalpes entre 700 et 1200 m. Il abrite dans ses sous-bois nombre de plantes rares : lis martagon, belladone, véronique officinale, épilobe de montagne, etc. En dehors du hêtre, on trouve l'aulne, l'érable, le bouleau, le sorbier, le saule, le cytise aux grappes de fleurs jaunes…

Au nord de la zone méditerranéenne, au-dessus de 600-800 m, chênes pubescents ou « blancs », pins sylvestres et hêtres prédominent. Ils se combinent alors à la lande de genêts, de buis ou de lavandin.

La flore alpine

La flore sauvage des Alpes du Sud est très riche. Dans le Mercantour, où tous les étages de la végétation sont représentés, poussent 2 000 espèces de plantes sur les 4 200 connues en Europe.

La flore alpine, qui pousse au-dessus de la limite supérieure des forêts (2 200 m), comporte un nombre incroyable d'espèces qui ont dû s'adapter à un environnement hostile. La fleur est souvent disproportionnée par rapport au reste de la plante et très colorée du fait de l'intensité du rayonnement ultraviolet à ces hautes altitudes. Pour se protéger de la sécheresse, ces plantes ont développé, par exemple, un feutrage de poils laineux ou des réserves d'eau (petites plantes grasses) ; elles ne sont jamais bien grandes. Enfin, la **floraison précoce** de ces espèces vivaces est commandée par la brièveté de la période végétative (juin-août).

Les fleurs symboliques

L'**anémone pulsatille** fleurit à la fonte des neiges en grandes corolles blanches et violettes, avant de se

Une nature protégée

Les Alpes du Sud font figure à bien des égards de véritable sanctuaire écologique. Une vocation renforcée par la présence sur son territoire, en tout ou partie, des **Parcs nationaux** :

- Écrins *(voir p. 98)*,
- Mercantour *(voir p. 366)*.

✆ www.parcsnationaux.fr

Des **Parcs naturels régionaux** :

- Baronnies provençales *(voir p. 216)*,
- Luberon,
- Queyras *(voir p. 117)*,
- Verdon *(voir p. 292)*,
- Vercors *(voir p. 195)*.

✆ *www.parcs-naturels-regionaux.fr*

Sans oublier l'**UNESCO Géoparc de Haute-Provence** *(voir p. 273)*.

✆ *www.geoparchauteprovence.com*

parer de sa romantique chevelure. Sa cousine, l'anémone soufrée, préfère les sols calcaires pour dévoiler sa chevelure rouge.

L'**edelweiss** est l'emblème de la haute montagne et de l'alpinisme. Cette étoile d'argent, aux pétales recouverts d'un fin duvet blanc, peut se trouver en abondance dans les roches calcaires et les pelouses d'altitude de haute Provence, entre 1800 et 3 000 m.

La **gentiane acaule** a une couleur bleue très profonde inoubliable et se voit de loin lorsqu'elle apparaît sur les pelouses alpines.

☺ De nombreuses espèces végétales sont préservées dans le périmètre des **Parcs naturels** : leur identification est signalée sur les panneaux d'information à l'entrée des secteurs protégés. La cueillette est interdite.

Fleurs des Alpes

Anémone soufrée
Terrains siliceux,
de mai à juillet

Panicaut des Alpes ou chardon bleu
Prairies sur sol calcaire,
en juillet et août

Edelweiss
Affleurements
rocailleux
des hauts alpages,
*de juillet
à septembre*

Gentiane acaule
Croupes de haute altitude,
de mai à août

Lis Martagon
Prairies humides et
ombragées d'altitude,
de juin à août

Rhododendron
Pâturages
alpestres,
en juillet et août

Lis orangé
Éboulis et
rochers,
en juin et juillet

Lavande et tilleul

Dès le 16ᵉ s., les cueilleurs colporteurs parcourent la montagne de Lure pour récolter des plantes médicinales et approvisionner les apothicaires et épiciers de Marseille. Ces derniers exportent les plantes dans la France entière et même jusqu'à Constantinople. Depuis le début du 18ᵉ s., les plantes aromatiques participent au développement de l'économie locale. La tendance actuelle au naturel et aux médecines alternatives a donné un nouveau souffle aux secteurs cosmétique, pharmaceutique et homéopathique. La lavande et le tilleul, tous deux connus pour leurs multiples propriétés, sont plus que jamais cultivés sur le territoire.

La lavande

La **lavande**, la plus provençale des fleurs est appréciée avant tout aujourd'hui pour ses qualités aromatiques ; mais sait-on assez qu'elle chasse les taupes, les mites, les mouches et les moustiques, en plus de parfumer agréablement le linge ? C'est aussi oublier ses nombreuses vertus médicinales : elle est tonique, antiseptique, stomachique, sédative et diurétique ; elle est préconisée contre l'insomnie, les vertiges, les rhumes, les digestions difficiles, les spasmes, l'asthme, l'eczéma. Diluée dans l'eau du bain, son essence hydrosoluble apporte un bien-être immense.

La petite histoire

Au début du 20ᵉ s., la cueillette des fleurs de cette plante, qui pousse entre 600 et 1 400 m sur le revers méridional du mont Ventoux et de la montagne de Lure jusqu'aux contreforts des Écrins, constitue une récolte d'appoint. Pour remplacer les céréales, alors en forte régression, on l'introduit sur les plateaux et les hauts versants. Adaptée au climat et aux sols calcaires de la Provence, la lavande fait renaître nombre d'exploitations en voie d'abandon. Plus tard, le **lavandin**, un hybride (croisement de la lavande fine et de l'aspic) de rendement bien supérieur mais d'une essence de qualité inférieure, vient peupler les bas des versants et les vallées entre 400 et 700 m d'altitude.

La récolte

Elle s'étend de mi-juin à début août selon la région et les espèces. Les champs anciens, aux rangs très rapprochés ou peu accessibles, sont encore moissonnés à la faucille et avec la « saquette » (sac de drap croisé sur le dos). Après deux ou trois jours de séchage, la « paille » est acheminée vers la distillerie. Chaque « passe » (30mn) nécessite une tonne de « paille » et fournit de 5 à 10 kg d'essence de lavande ou 25 à 40 kg d'essence de lavandin.
ⓒ *« Routes de la lavande », p. 474.*

L'utilisation

Alors que le lavandin continue de couvrir des surfaces notables sur le plateau de Valensole aux portes du Verdon, aujourd'hui la Haute-Provence se distingue par la culture de lavande de qualité. La lavande fine y est récoltée et bénéficie

Le tilleul, une culture traditionnelle dans les Baronnies provençales.
Snezhana Kudryavtseva/Getty Images Plus

depuis 1981 d'une AOP : « **huile essentielle de lavande fine de Haute Provence** ». La production annuelle d'essences pour la Provence représente près des deux tiers de la production nationale. Les essences de lavande sont réservées à la parfumerie fine, aux cosmétiques ; les essences de lavandin parfument les lessives, les produits d'entretien. La production de cosmétiques en Haute-Provence est concentrée dans le Val de Durance et plus particulièrement à Manosque où est implantée L'Occitane, le premier exportateur du département. D'autres marques font leur chemin dans la filière, comme Collines de Provence (Mane), Lothantique (Peyruis), Terre d'Oc (Villeneuve) et Nicolosi Créations (Aiglun).

Les fleurs de lavande peuvent aussi être séchées et mises en sachets qui embaument les pièces et placards de la maison.

Le tilleul

Dans les Baronnies, la culture du tilleul débute au 19e s. Grâce à un ensoleillement exceptionnel et des précipitations modérées, ce petit territoire constitue 90 % de la production française. La récolte continue de se faire à la main entre mi-juin et mi-juillet, pendant une dizaine de jours, en fonction de l'exposition, de l'altitude et des conditions climatiques. Le séchage se déroule toujours dans des greniers, à l'abri de la lumière. Les fleurs sont étalées en couches fines et retournées chaque jour à l'aide d'une fourche en bois. En moins d'une semaine, elles deviennent craquantes et sont emballées dans des « bourras » (gros sacs en toile de jute) jusqu'à leur vente.

Le tilleul présente des qualités aromatiques, gustatives et pharmacologiques. Il possède des vertus neuro-sédatives (tranquillisant) et antispasmodiques. Il est efficace contre les migraines, les indigestions ou les vertiges. Nos grands-mères ont raison, c'est bon en infusion !

Saveurs locales

D'un côté provençale, ensoleillée et exaltée par les herbes aromatiques, l'ail, l'huile d'olive, les amandes ou le miel, de l'autre montagnarde, plus simple et proche de la nature, avec ses agneaux, ses poissons de lacs et de rivières, ses champignons, son gibier, ses fromages fermiers… la haute Provence est une région où les beaux produits du terroir – parfois méconnus comme le petit épeautre – contribuent à son renom gastronomique. Ne pouvant tous les décrire, car ils sont très nombreux, en voici une sélection.

Agneau de Sisteron

La viande d'agneau de Sisteron (Label Rouge et IGP) provient d'élevages qui pâturent dans les prairies de la Crau ou des alpages. Produit saisonnier, cette viande réputée, à la chair tendre, de couleur rose clair et d'une saveur fine, se déguste de mars à fin septembre.
☞ Fête de l'agneau de Sisteron en avril.

Amandes

Bonne nouvelle : sur le plateau de Valensole, des vergers d'**amandiers** fleurissent à nouveau au printemps, et ce depuis les années 2000. Les amandes récoltées au début de l'automne sont utilisées pour confectionner croquants, pralines, nougats, etc. Et pourquoi pas les croquer nature ? Elles sont bonnes pour notre santé, car riches en magnésium, calcium et fibres.
☞ Fête de l'amande à Oraison en octobre.

Banon

Ce petit fromage (AOC) au lait cru et entier de chèvre – qui tient son nom du village de Banon – se reconnaît à son enveloppe de feuilles de châtaignier maintenues par du raphia. Il a une saveur douce, voire prononcée, suivant l'affinage. Il se marie bien à la tapenade ou au miel.
☞ Fête du fromage à Banon en mai.

Herbes aromatiques

Pour répondre au cahier des charges du Label Rouge, le fameux mélange « herbes de Provence » doit comprendre 27 % d'origan, 27 % de romarin, 27 % de sarriette des montagnes et 19 % de thym. Ces plantes poussent des Hautes-Alpes jusqu'au Var. Elles relèvent avec bonheur une ratatouille, un carré d'agneau de Sisteron, un poulet rôti, un poisson grillé, ou tout simplement une salade de tomates.
À noter, le thym de Provence fait l'objet d'une IGP et d'une AOP.

Top 5 Marchés

- **Digne-les-Bains**, les mercredi et samedi matin.
- **Forcalquier**, le lundi matin.
- **Gap**, les mercredi, vendredi et samedi matin.
- **Manosque**, le samedi matin.
- **Riez**, marché aux truffes le mercredi de début nov. à fin janv.

Assortiment d'olives.
Madzia71/Getty Images Plus

Miel

La région Provence-Alpes-Côte d'Azur est la 1ʳᵉ région apicole de France. Le Label Rouge attribué au « miel de lavande » et au « miel toutes fleurs de Provence », ainsi que l'IGP « miel de Provence » garantissent la qualité des produits.

Le plus connu des miels monofloraux est le **miel de lavande** ou **de lavandin**, crémeux, presque blanc. Il est produit de la fin juin à la mi-août sur le plateau de Valensole dans les Alpes-de-Haute-Provence, dans le Vaucluse (Banon, mont Ventoux) et dans la Drôme provençale.

Le **miel de bruyère**, blanche ou rose, et le **miel de romarin** sont typiques de la haute Provence. Les apiculteurs récoltent aussi du miel toutes fleurs, de tilleul, de sarriette, de châtaignier...

☺ Le meilleur moyen de conserver le miel est de le placer dans un endroit sombre, à une température ambiante de 14 °C. Le miel peut être utilisé dans toutes les recettes régionales à la place du sucre.

Olives et huiles d'olive

Les grandes aires de culture de l'olivier sont les Baronnies, le plateau de Vaucluse et les Préalpes de Digne.

Suite aux gels de l'hiver 1956, les oliveraies ont progressivement été replantées avec deux espèces plus résistantes : l'**aglandeau** et la **verdale**. La tradition veut que plusieurs variétés soient cultivées dans la même oliveraie.

La récolte, **olivade** ou **olivaison**, débute selon les régions dès la fin août. On cueille d'abord à la main les olives vertes pour la table, puis les olives noires (qui ont mûri) en novembre. En décembre, celles destinées au moulin sont récupérées à l'aide d'un peigne à longues dents qui passe dans les feuillages.

La **tanche** ou **olive de Nyons** fut la première olive à obtenir le label AOP. D'autres suivirent. Une appellation concernant un assemblage de variétés propres aux Alpes-de-Haute-Provence, l'**huile d'olive de Haute-Provence**, bénéficie de cette homologation. Les huiles d'olive des Baronnies (Nyons) et des Alpes-de-Haute-Provence (Digne, Les Mées) sont parmi les plus réputées.

Petit épeautre

La culture du petit épeautre de haute Provence (IGP) est peut-être l'une des plus anciennes de la région. Très apprécié dans l'Antiquité, il a été remis au goût du jour récemment, d'une part pour ses qualités nutritives et d'autre part car il pousse sur des terrains pauvres nécessitant peu d'eau, ni pesticide ni désherbant. Sa culture s'étend du Luberon au Diois et au Buëch, dans des champs à plus de 400 m d'altitude souvent à proximité de ceux de lavande. Sous forme de grain, il se cuisine comme du riz. On le trouve aussi transformé en farine, pâtes ou bière !

Picodon

Ce fromage au lait cru et entier de chèvre, en forme de petit palet, « pique » un peu lorsqu'il est affiné – en provençal, *picaou* signifie piquant. Protégé par une AOP, il est produit dans la Drôme et en Ardèche. Proposé plus ou moins sec, il est délicieux mariné à l'huile d'olive et aux herbes de Provence.

Pommes des Alpes de Haute-Durance

La vallée de la Durance produit différentes variétés de **pommes** (golden principalement) et **poires**. La qualité des fruits se traduit entre autres par une teneur en sucre élevée. Les conditions climatiques y contribuent grandement, avec plus de trois cents jours d'ensoleillement par an et une hygrométrie faible. Outre le Label Rouge, la pomme des Alpes de Haute-Durance arbore l'IGP depuis 2010.

Ravioles, tourtons et oreilles d'ânes

On doit au Champsaur deux spécialités à base de pommes de terre et fromage de pays : les **tourtons** (sorte de beignets fourrés) et les **ravioles** (préparation roulée en forme de petites quenelles et frite). Dans le Valgaudemar, un gratin porte le drôle de nom des épinards sauvages qui le composent et dont on imagine aisément la forme : les **oreilles d'âne**. Il se compose d'un mélange d'épinards donc, d'oseille, de blettes, de crème fraîche et de fromage râpé que l'on dispose en couches intercalées avec des lasagnes et de la sauce Béchamel.

Truffe de haute Provence

La **truffe noire d'hiver**, « rabasse » en provençal, est issue de la fructification d'un champignon, le *Tuber melanosporum*, qui se développe dans les racines des chênes et des noisetiers surtout. Les pays de Riez, de Forcalquier, ainsi que le haut Var constituent des lieux de production réputés. Le ramassage se déroule dans les truffières de novembre à février à l'aide de chiens truffiers, faciles à dresser et moins gourmands que les cochons que l'on utilisait auparavant.

Les treize desserts de Noël

À Noël, avant la messe de minuit, on sert un repas maigre, le « gros souper », sur une table recouverte de trois nappes blanches symbolisant La Trinité. Viennent ensuite les « **treize desserts** », à l'image du Christ et des douze apôtres : les mendiants, soit deux fruits en coque (noisettes, amandes) et deux fruits secs (raisins, figues), ainsi que des pruneaux, des pommes, des poires, du nougat noir, du nougat blanc, des calissons, et une pompe à l'huile (gâteau parfumé à l'eau de fleur d'oranger). Le tout accompagné de vin cuit.

Le poulet au pastis

Pour 4 personnes :
1 poulet fermier
1 pincée de safran
15 cl de pastis
4 pousses de fenouil
2 oignons émincés
4 tomates mondées
4 gousses d'ail
Huile d'olive
Sel, poivre

1. Mettez le poulet coupé en morceaux à mariner la veille avec du sel, du poivre, le safran, le pastis, les pousses de fenouil et de l'huile d'olive. Gardez au froid.

2. Dans la cocotte sur feu doux, faites fondre les oignons dans de l'huile d'olive. Ajoutez les tomates épépinées, coupées en morceaux. Laissez cuire.

3. Ajoutez le poulet, les gousses d'ail pelées, la marinade et de l'eau à hauteur. Couvrez et laissez cuire doucement 30mn.

4. Servez bien chaud avec un bol de rouille.

La **truffe blanche**, *Tuber magnatum pico*, à l'arôme inouï mêlant foin, miel, tilleul, originaire d'Alba en Italie, est produite depuis peu au nord de Gap. Elle se consomme crue en hiver. Ce champignon d'exception a son prix, jusqu'à 6 000 €/kg !

Clairette de Die

La clairette de Die (AOP) est un vin blanc mousseux léger et élégant, d'une belle richesse aromatique, produit à partir de deux cépages, le muscat blanc à petits grains et la clairette blanche qui allège la sucrosité du muscat. On l'apprécie fraîche à l'apéritif ou en vin de dessert.

Génépi

Le **génépi** est une liqueur dont la production a été relancée dans les Alpes méridionales sous l'appellation « produit de montagne » depuis 1989. Il est fabriqué à partir de brins d'armoise – « génépi » en savoyard –, dont la cueillette à haute altitude, notamment par les habitants de l'Ubaye, est très encadrée pour éviter sa disparition. Cette liqueur de couleur jaune doré, titrant 40° d'alcool, est dégustée pure à l'apéritif ou dans des cocktails, mais aussi comme digestif.

Pastis

En provençal, *pastaga* désigne quelque chose d'embrouillé, allusion au trouble provoqué par l'eau versée sur la liqueur anisée. Dans la vallée de l'Ubaye et dans la région de Forcalquier, les distilleries élaborent le pastis à partir d'un mélange de plantes et d'épices (dont la réglisse, l'anis vert, l'anis étoilé, le fenouil…). À Forcalquier, la distillerie Henri Bardouin utilise quelque 65 herbes et épices. Le pastis, qui se déguste surtout à l'apéritif, est aussi utilisé en cuisine pour relever le goût d'un poisson, d'une sauce, de pâtisseries.

Vins

L'AOP **pierrevert** (depuis 2010), est implantée sur la rive droite de la Durance, aux alentours de Manosque, et sur le plateau de Valensole. Les trois couleurs sont représentées, mais le rosé constitue plus de la moitié de la production. Depuis les années 2000, les vignobles des Hautes-Alpes (130 ha) ont été réhabilités, donnant naissance à l'**IGP Hautes-Alpes**. Ce microvignoble, avec 11 domaines situés essentiellement dans le Val de Durance, est par ailleurs le plus haut des Alpes françaises. La famille Allemand a réintroduit le **mollard**, un cépage rouge oublié emblématique de ce terroir et de l'IGP.

Histoire

Il n'y a pas si longtemps, les Alpes du Sud se composaient de deux provinces indépendantes, la Provence et le Dauphiné, et du comté de Nice, possession de la Maison de Savoie. Le morcellement féodal est à l'origine d'unités historiques durables, mais la frontière fut longtemps imprécise et il y eut de multiples remaniements. Des combats fréquents déchirèrent ces régions qui finirent par être intégrées au royaume de France.

Quelques faits historiques

Celtes et romains

Avant J.-C.

● **5e s.** – Les Celtes s'implantent progressivement au pied des Alpes. La tribu des **Voconces** s'installe entre l'Isère et le mont Ventoux.

● **218** – **Hannibal**, soutenu par les Gaulois cisalpins dans sa lutte contre Rome, franchit les Alpes.

● **125-122** – Les Romains soumettent la Gaule méridionale.

● **1er s.** – L'empereur Auguste achève la pacification de la région. Les Romains rattachent les Alpes du Sud à la province narbonnaise avant de créer la **province des Alpes maritimes**. Ils favorisent le commerce en fondant de nouvelles cités (Die, Sisteron, Briançon, Embrun, Riez) reliées par des routes, et administrent les campagnes.

Après J.-C.

● **Vers 400** – Alors que les Romains réorganisent la région en quatre provinces apparaissent les premiers évêchés : Digne, Riez, Senez, Glandèves et Sisteron.

● **5e s.** – Les Germains envahissent la Gaule. La région est occupée, au nord de la Durance par les Burgondes, au sud par les Wisigoths, puis par les Ostrogoths.

Francs et royaume de Bourgogne

● **534-536** – Les **Francs** se rendent maîtres de la région, avant de la disputer aux Arabes (8e s.).

● **843** – La Provence est attribuée à Lothaire, l'un des petits-fils de Charlemagne, lors du **traité de Verdun.**

● **855** – Lothaire crée, pour son fils Charles, le **royaume de Provence**, qui comprend aussi le Lyonnais, le Viennois et les Alpes.

● **879** – Boson, beau-frère de Charles le Chauve, prend la tête du royaume.

● **947** – La Provence est incorporée au **royaume de Bourgogne** qui s'étend de Bâle à la Méditerranée ; les Sarrasins sont chassés.

● **1032** – La Bourgogne cède la Provence au **Saint Empire** romain germanique. Au même moment, l'archevêque de Vienne partage son immense comté : au nord, la future Savoie, au sud, le futur Dauphiné.

Comtes de Provence et Dauphiné

● **11e s.** – Le comte d'Albon, **Guigues Ier**, reçoit le sud du Viennois, concédé par l'archevêque de Vienne.

Hannibal et son armée dans les Alpes, pastel de Raymond Sheppard.
Raymond Sheppard Collection/Mary Evans Picture Library/Photononstop

Ses successeurs prennent le nom de « dauphin », baptisant ainsi la région de **Dauphiné**.
À la fin du siècle, une famille issue des comtes de Provence crée le **comté de Forcalquier**, qui correspond à la haute Provence augmentée du Gapençais et de l'Embrunais.

● **12ᵉ et 13ᵉ s.** – On distingue trois ensembles : le Sud viennois, la haute Provence et la Provence, soumise à la fois à l'influence des comtes de Toulouse et à celle des comtes de Barcelone. En 1195, le comte de Provence **Alphonse II**, de la dynastie catalane, épouse la comtesse de Forcalquier. Leur fils, **Raymond Bérenger V** (1198-1245), réunit les deux comtés en un État doté d'une solide organisation administrative.
Le monachisme se développe. Les moines chalaisiens de l'abbaye de Boscodon sont les plus actifs dans les Alpes et en haute Provence. En même temps, l'Église doit faire face à l'hérésie des **vaudois**, qui prônent la pauvreté pour obtenir le salut et se réfugient dans les vallées reculées du Pelvoux

et du Briançonnais après leur excommunication par le pape.

● **1234-1246** – **Saint Louis** épouse Marguerite, une des quatre filles de Raymond Bérenger V, qui marie son autre fille, Béatrix, au frère de Saint Louis, Charles d'Anjou.

● **Vers 1254** – Saint Louis renonce à sa suzeraineté sur la Provence lors du **traité de Corbeil** conclu avec Jacques Iᵉʳ d'Aragon. La Provence revient à Charles d'Anjou.

● **14ᵉ s.** – Guerres du Dauphiné contre la Savoie.

● **1337** – Robert, comte de Provence, décline l'offre du dauphin **Humbert II** de lui vendre ses États pour 190 000 florins. La frontière entre les deux comtés reste floue compte tenu des inféodations.

● **1343-1382** – Le comté de Provence est aux mains de la reine de Naples, **Jeanne Iʳᵉ d'Anjou**. C'est une période dramatique qui s'ouvre pour la Provence, ravagée par la peste noire et pillée par les brigands.

● **1343** – Les communautés montagnardes des vallées briançonnaises obtiennent une charte de franchise. C'est la naissance des **escartons**, fédération

Sur les pas des huguenots

Pendant protestant du chemin de St-Jacques-de-Compostelle, le **chemin des Huguenots** est un sentier de randonnée, long de 1 600 km qui démarre du Poët-Laval, dans la Drôme, pour atteindre Genève (au départ de laquelle une portion rejoint Saluzzo, en Italie) *via* Grenoble, sillonne la Suisse, pénètre en Allemagne, traverse le Baden-Württemberg et la Hesse jusqu'à Bad Karlshafen.

Ce programme de coopération internationale, touristique et culturel, a pour but de retracer un morceau d'histoire, celui d'un exil causé par l'intolérance religieuse. En effet, en 1685, lorsque Louis XIV procède à la révocation de l'édit de Nantes – promulgué par Henri IV en 1598 et par lequel le roi garantissait la liberté de culte aux protestants – près de 200 000 huguenots cherchent à fuir les persécutions et trouver refuge sur des terres moins hostiles. Nombre d'entre eux s'installent alors en Suisse et en Allemagne, où ils décident de fonder des colonies. Les vaudois des vallées du Piémont, qui adhèrent à la Réforme, s'exilent et suivent les mêmes chemins.
www.surlespasdeshuguenots.eu

de communes en une sorte de république, dont Briançon est la capitale.

● **1349** – Le dauphin Humbert II, veuf, sans descendance et presque ruiné, vend le Dauphiné au roi de France : c'est le **transport du Dauphiné à la France**. Dans le traité, il est spécifié que le comté reviendra au fils aîné du roi de France qui portera ainsi le titre de « dauphin ». Les escartons sont maintenus.

● **1388** – Le comté de Nice se place sous la protection de la Maison de Savoie : les vallées de l'Ubaye, du haut Verdon, du haut Var et de la Tinée deviennent ainsi savoyardes.

Guerres d'Italie et guerres de Religion

● **1441** – Le dauphin Louis II (futur roi Louis XI) est envoyé par son père gouverner le Dauphiné.

● **1481** – **Louis XI** reçoit la Provence par testament. Désormais unie à la France, elle ne perd que progressivement son indépendance et l'union devient annexion sous la monarchie absolue.

● **1488** – Après la tentative de **saint Vincent Ferrier** de convertir pacifiquement les vaudois, membres d'une secte dissidente de l'Église catholique, une croisade ensanglante les vallées alpines.

● **1489-1565** – Vie de **Guillaume Farel**, enfant de Gap, propagateur de la Réforme.

● **1494** – **Charles VIII** part en campagne en Italie. Il fait passer son armée par Gap, Briançon et Montgenèvre.

● **1536** – **François Ier** s'empare de Barcelonnette et de la Savoie, qui ne demeurent que vingt-trois ans sous la tutelle française.

● **1543-1626** – Après avoir pris la tête des protestants du Dauphiné, le **duc de Lesdiguières** est nommé par Henri IV lieutenant général des armées de Piémont, de Savoie et du Dauphiné et s'illustre par sa lutte contre le duc de Savoie. Louis XIII le fait connétable de France.

● **1545** – L'**arrêt de Mérindol** condamne les vaudois à être brûlés vifs. Ces derniers se rallient à la Réforme.

● **1562** – Dès le début des **guerres de Religion**, Sisteron est disputé par les deux camps.

● **1586** – Les combats s'intensifient : Castellane et Seyne sont assiégés ; bataille d'Allemagne-en-Provence.

● **1598** – La proclamation de l'**édit de Nantes** met fin aux combats qui ravagent la région.

● **1628** – Le Dauphiné, en devenant **pays d'élection** (l'impôt est perçu par la Couronne et non par les États provinciaux), intègre davantage le royaume. Le duc de Lesdiguières contribue à son relèvement économique.

● **1634-1639** – Le tiers état dauphinois obtient de la monarchie l'établissement du cadastre, fixant ainsi les limites des terres.

De Louis XIV à la Révolution

● **1692** – Le sud des Alpes est envahi par le duc de Savoie, Victor-Amédée II. Louis XIV réagit et fait édifier des forteresses en Dauphiné par **Vauban**.

● **1707** – La Provence est envahie par le prince Eugène de Savoie.

● **1713** – **Traité d'Utrecht :** la France perd une partie du Briançonnais, mais reçoit l'Ubaye.

● **1740-1748** – Lors de la **guerre de la Succession d'Autriche**, la Provence orientale est envahie par les troupes austro-sardes.

● **1790** – La création des départements morcelle la Provence et le Dauphiné.

● **1793** – Naissance du département des **Alpes-Maritimes** ; il sera rétrocédé au royaume de Piémont-Sardaigne en 1814.

Du Premier Empire à nos jours

● **1815** – **Napoléon**, de retour de l'île d'Elbe, choisit de rejoindre Paris par les Alpes afin d'éviter la voie du Rhône qui lui est hostile. Parti de Cannes, il remonte la vallée de la Durance, puis est accueilli à Sisteron, Gap et Grenoble par une population de plus en plus enthousiaste.

● **1851** – Les Basses-Alpes opposent une vive résistance au coup d'État de **Louis Napoléon Bonaparte**.

● **1860** – Le **comté de Nice** et la **Savoie** plébiscitent le rattachement à la France.

● **Fin du 19e s.** – L'industrialisation et l'accroissement naturel contribuent à accélérer l'**exode rural** des pays montagneux.

● **1932** – La route empruntée par Napoléon lors de son retour d'exil en 1815 devient une route touristique baptisée **Route Napoléon**.

● **1945** – L'**Ubaye** s'illustre lors des combats pour la libération de la France.

● **1947** – **Traité de Paris :** l'Italie cède à la France les hautes vallées de la Roya, de la Tinée, Tende et La Brigue.

● **1955-1961** – Construction du grand **barrage de Serre-Ponçon**.

● **1956** – Le Nord, qui inclut la Drôme (Diois et anciennes Baronnies), est inséré dans la **région Rhône-Alpes** ; le Sud, englobant les Alpes du Sud et la haute Provence, est compris dans la **région Provence-Alpes-Côte d'Azur**.

● **1973** – Mise en eau de la retenue de Ste-Croix sur le Verdon.

● **1973** – Création du premier Parc national français dans le **massif des Écrins**.

● **2008** – **Briançon** et **Mont-Dauphin** sont classés au Patrimoine mondial de l'Unesco, en tant que sites majeurs de Vauban.

● **2015** – Création du **PNR des Baronnies provençales**.

● **2017** – Dans le cadre de la réforme territoriale, la région Rhône-Alpes devient **Auvergne-Rhône-Alpes**. Le périmètre de la région **Provence-Alpes-Côte d'Azur**, reste inchangé

● **2020-21** – La pandémie de covid-19, touche durement le tourisme et l'économie de la région.

● **2024** – Le Comité international olympique (CIO) attribue aux Alpes françaises l'organisation des Jeux Olympiques et Paralympiques d'hiver de 2030 (régions Auvergne-Rhône-Alpes et Provence-Alpes-Côte-d'Azur).

La Route Napoléon

Né à Ajaccio en 1769, Napoléon devient empereur en 1804. Contraint d'abdiquer en 1814, il est exilé à l'île d'Elbe, d'où il s'évade un an après, bien décidé à renverser la monarchie restaurée de Louis XVIII.

Le vol de l'Aigle

Napoléon quitte l'île d'Elbe le 26 février 1815 et débarque à Golfe-Juan le 1er mars, accompagné de deux à trois mille fidèles. Pour éviter la vallée du Rhône, ralliée aux royalistes, il sait qu'il existe, dans les Alpes, une route qu'il avait ordonné d'améliorer. Fâcheuse surprise, ses ordres ont été négligés. Aussi, au-delà de Grasse, la colonne s'engage-t-elle sur de mauvais chemins muletiers...

« Rien dans l'histoire n'a ressemblé à ce quart d'heure », écrit Victor Hugo à propos des Cent-Jours

---

Après St-Vallier et Escragnolles, Napoléon fait halte à Séranon le 2 mars. Le lendemain, Castellane le fête et le voici à Barrême. Le 4, un déjeuner à Digne précède une étape du soir au château de Malijai. Là, il attend des nouvelles de Sisteron dont la citadelle, bien armée, commande le passage étroit de la Durance et peut lui barrer la route. Or Sisteron n'est pas gardée ; Napoléon y déjeune (5 mars) dans une atmosphère de sympathie naissante. Ayant enfin rejoint la route carrossable, il arrive le soir à Gap : l'accueil est enthousiaste. Le 6 mars, il couche à Corps. Le 7, il gagne La Mure, mais trouve en face de lui, à Laffrey, des troupes régulières envoyées de Grenoble. C'est l'épisode fameux – commémoré par un monument – qui retourne la situation en sa faveur. Le soir même, Napoléon fait son entrée dans Grenoble aux cris de « Vive l'Empereur ! ».
Le 20 mars 1815, au milieu d'une foule enthousiaste, il entre aux Tuileries et reprend le pouvoir. Mais à la fin des Cent-Jours, la bataille de Waterloo sonne l'heure de l'abdication définitive, le 22 juin 1815.

Une route mythique

De Golfe-Juan à Grenoble, la N 85 suit, sur 314 km, le trajet emprunté par Napoléon. Elle n'est appelée **Route Napoléon** qu'en 1932, plus d'un siècle après le « vol de l'Aigle », en référence aux voies romaines portant un nom d'empereur. On l'inaugure dans la prairie de la Rencontre, à Laffrey. Sur les monuments du parcours figurent des aigles aux ailes déployées, symbole inspiré des paroles de Napoléon : « L'Aigle, avec les couleurs nationales, volera de clocher en clocher jusqu'aux tours de Notre-Dame. » La N 85 a été depuis déclassée en grande partie en routes départementales : D 6085 dans les Alpes-Maritimes, D 4085 dans les Alpes-de-Haute-Provence, Dans les Hautes-Alpes et en Isère, elle est restée N 85.

La route dans nos guides

La première partie du trajet de l'Empereur, de Golfe-Juan au col de Valferrière, est présentée dans *Le Guide Vert Côte d'Azur* et le dernier tronçon, de la sortie de Corps à Grenoble, est détaillé dans *Le Guide Vert Alpes du Nord*.
De Castellane à Corps *(voir p. 19)*, les étapes sont décrites dans ce guide, aux régions 4 (Lac de Serre-Ponçon, Gapençais et Dévoluy) et 6 (Moyenne Durance et préalpes de Digne).

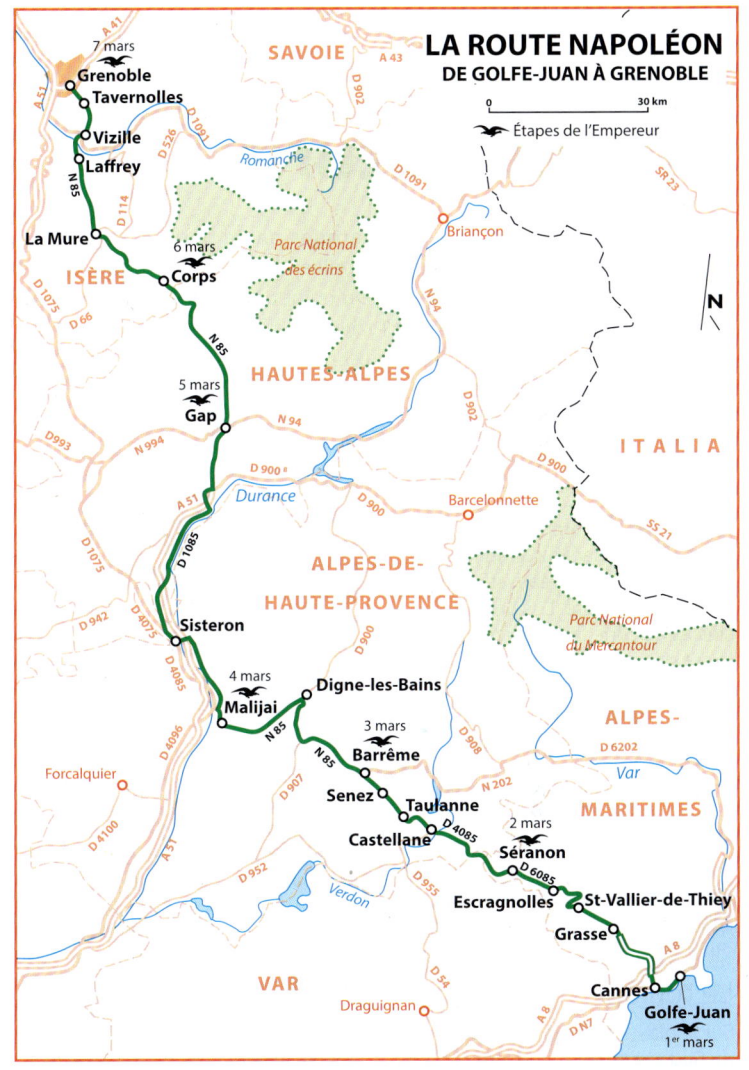

LA ROUTE NAPOLÉON
DE GOLFE-JUAN À GRENOBLE

0 _____ 30 km

Étapes de l'Empereur

7 jours pour gagner Grenoble

L'Empereur fit halte à de nombreux endroits ; voici là où il passa ses nuits avant de rejoindre Grenoble.

1er mars 1815 : débarquement à Golfe-Juan

2 mars 1815 : Golfe-Juan - Séranon

3 mars 1815 : Séranon - Barrême

4 mars 1815 : Barrême - Malijai

5 mars 1815 : Malijai - Gap

6 mars 1815 : Gap - Corps

7 mars 1815 : Corps - Grenoble

Arts et culture

Des édifices religieux fortement marqués par la période romane et des fortifications en grand nombre, telles sont deux caractéristiques de l'architecture des Alpes du Sud. Du point de vue de l'habitat, située culturellement entre Dauphiné et Provence, la région recèle aussi bien des chalets que des jas construits aux abords de villages perchés. C'est dans ce cadre qu'évolua l'écrivain Jean Giono, qui raconta la singularité d'une société à la fois montagnarde et méridionale.

Églises et prieurés

Il est des joyaux architecturaux qui élèvent l'âme par leur simplicité. La région est riche en réalisations de la période romane. Les premiers siècles du christianisme n'ont guère laissé de témoignages, hormis celui, remarquable, du baptistère de Riez, qui date de la fin du 4e s. ou du début du 5e s. Le christianisme se diffusa à travers une multitude de petits ermitages. L'organisation du réseau paroissial et le retour à la sécurité incitèrent les abbayes à construire de nombreux prieurés à la fin du 10e s. et jusqu'au 12e s., comme l'abbaye de Boscodon, édifice roman du 12e s.

Le roman

Sur le plan artistique, les Alpes du Sud se situent dans l'aire d'expansion du **premier art roman** qui se développa de la Lombardie à la Catalogne. Importé par les Italiens, il se caractérise par la simplicité du plan, l'aspect massif des volumes et la rusticité de la construction. Les églises, de dimensions modestes, possèdent rarement un transept, ont une nef unique voûtée en berceau ou charpentée, une abside en cul-de-four et des ouvertures étroites. L'appareillage est irrégulier, la décoration réduite : bandes lombardes, corniches festonnées. Les plus beaux exemples en sont les églises St-Donat, St-Martin à Volonne, les cryptes de N.-D.-de-Dromon et de Vilhosc, près de Sisteron.

Le 12e s. et le début du 13e s. voient le plein épanouissement de l'**art roman**, qui tend à privilégier l'équilibre des masses, la proportion des ouvertures, l'élégance des courbes, tandis que l'utilisation de la belle pierre de taille (parfois polychrome) se répand. Cependant, en s'élevant en altitude, le caractère rustique et archaïque persiste, et, dans le Briançonnais, le Queyras, l'Ubaye et l'Embrunais, l'architecture emprunte encore beaucoup de ses traits à la Lombardie et au Piémont. De plan basilical, les églises sont ornées d'un porche à baldaquin (le réal) reposant sur des lions accroupis comme à Embrun, Guillestre, St-Véran et La Salle- les-Alpes. Les sveltes clochers à baies sont surmontés d'un toit pyramidal.

En haute Provence, des bâtiments puissants sont ornés d'un décor antiquisant (les cathédrales de Digne, Senez et Sisteron). L'emploi du calcaire dur, difficile à sculpter, explique la sobriété

La cathédrale d'Embrun dans sa splendeur gothique.
clodio/Getty Images Plus

de la décoration. Une exception cependant : le tympan du prieuré de Ganagobie, qui possède, en outre, de remarquables mosaïques.

L'art roman se prolonge aux 13e et 14e s. avec l'édification de la cathédrale de Forcalquier, des églises de Seyne-les-Alpes et de Bayons.

◉ *Voir « ABC d'architecture », p. 451.*

Le gothique

L'art gothique n'apparaît que timidement dans quelques édifices comme les cathédrales d'Embrun et de Forcalquier. Dans le **comté de Nice**, du milieu du 15e s. au milieu du 16e s., une école de peinture gothique exécute des tableaux et des retables remarquables, comme celui de Lieuche par **Louis Bréa**.

Le baroque

Au point de vue architectural, l'art baroque et l'art classique sont peu représentés. En revanche, la décoration baroque fleurit un peu partout sous la forme de colonnes torses, de chaires sculptées, de buffets d'orgues, de retables, de niches abritant des statues aux gestes théâtraux, le tout recouvert de peintures aux couleurs vives et de dorures.

La collégiale N.-D.-et-St-Nicolas à **Briançon**, édifiée de 1703 à 1718, est une construction notable. Elle est décorée, sur sa tour de gauche, d'un magnifique cadran solaire réalisé en 1719 et, à l'intérieur, de stalles, d'une chaire, d'un buffet d'orgues dans l'esprit baroque.

Le 19e s. éleva, quant à lui, quelques pastiches, comme la cathédrale de **Gap**, dans le style gothique primitif. Cette cathédrale doit son aspect monumental aux nombreux éléments architecturaux et à la polychromie des pierres.

Les chapelles peintes

Au milieu du 15e s., alors que le pays se relève lentement de la guerre de Cent Ans, hérésies et sorcellerie sont répandues. L'Église souhaite remettre les fidèles dans le droit chemin et leur faire retrouver celui des églises. L'Italie, qui pratique

Les Alpes fortifiées

Les invasions et les nombreux conflits frontaliers ont conduit les villes, ceintes de remparts depuis l'Antiquité, à renforcer leurs fortifications. Les guerres de Religion et l'antagonisme croissant entre la Savoie et le Dauphiné rendirent les Alpes peu sûres. Une fois intégrés au royaume de France, Provence et Dauphiné sont devenus des régions frontalières avec les États de la Maison de Savoie.

Premières édifications

Au Moyen Âge, la région se couvre de châteaux en des points stratégiques qui sont autant de sites remarquables : à la confluence de deux vallées (Montbrun-les-Bains), à la jonction entre deux pays (Montmaur), dominant une vallée (Tallard, Gréoux-les-Bains, Château-Queyras). Bargème est perché à 1 097 m d'altitude sur la montagne de Brouis ; quant au château de Simiane, construit sur le rebord du plateau d'Albion, il surplombe le bassin d'Apt. Nombre de ces forteresses ont été ruinées lors des guerres de Religion. Certaines ont parfois été intégralement reconstruites tout en conservant quelques éléments anciens (Esparron-de-Verdon). Embrun a gardé une tour du 12ᵉ s., Sisteron quatre tours du 14ᵉ s. et une citadelle de la fin du 16ᵉ s. À cette époque, le **duc de Lesdiguières** (1543-1626), surnommé « le Renard du Dauphiné » pour ses qualités de stratège, entreprend de nouvelles fortifications en commençant par celles de Grenoble.

La grande époque

La grande œuvre de fortification de la frontière alpine fut réalisée par **Vauban** (1633-1707 – *voir p. 111*), commissaire des Fortifications, qui, à partir de 1693, entreprit, sur l'ordre de Louis XIV, de verrouiller le haut Dauphiné. Ce fin stratège étudia dans les moindres détails les avantages et les inconvénients de chaque site naturel – cimes, cols, vallées –, afin de choisir les emplacements les plus

sûrs. Il s'inspira de ses prédécesseurs, tel **Jean Errard** (1554-1610), auteur d'un traité sur la fortification paru en 1600, à qui on confia la reconstruction des défenses de Sisteron.
Dans les Alpes méridionales, le relief tourmenté ne permet pas à

« Toute cette frontière est si extraordinairement bossillée », explique Vauban, « qu'il m'a fallu inventer un nouveau système de fortifications pour en tirer parti. »

Vauban de réaliser des ensembles aussi parfaits que dans les Flandres ou en Alsace. Il protège ses batteries de feux plongeants en les couvrant de carapaces, enterre artilleurs et fantassins, multiplie les obstacles à l'aide de portes bastionnées, de murailles en lignes brisées, etc. En tout, il fait bâtir ou restaurer pas moins de douze places fortes, échelonnées sur la frontière alpine de Briançon à Antibes. Certaines forteresses étaient encore viables au 19ᵉ s. Ces bâtiments militaires ne manquent pas de qualités esthétiques. Vauban utilise au mieux les matériaux locaux (marbre rose à Mont-Dauphin, par exemple), qui

La citadelle de Sisteron.
Flavio Vallenari/Getty Images Plus

s'intègrent merveilleusement au paysage, témoignant ainsi d'une parfaite réussite dans ce domaine. ☞ *« Routes thématiques », p. 474.*

En avant vers l'ère nucléaire

Au 19e s., l'apparition des obus et des canons de plus grande portée conduit à préférer les forts. Ceux-ci restent inspirés de Vauban, notamment dans la vallée de la haute Ubaye : forts de Tournoux (19e s.), de Roche-la-Croix (20e s.), système défensif de St-Ours. Ces ouvrages, intégrés au **système Maginot** de défense des Alpes, ont servi durant la Seconde Guerre mondiale.

À partir de 1971, pendant la « guerre froide », le **plateau d'Albion** est aménagé en base nucléaire. La mise en place de moyens balistiques stratégiques en sol-sol est l'une des trois composantes de la dissuasion nucléaire, les deux autres étant les moyens aéroportés (Mirage 4) et les sous-marins lanceurs d'engins. Depuis 1989, le nouveau paysage stratégique international a poussé le président de la République à arrêter, puis à démanteler la base nucléaire du plateau d'Albion, où une présence militaire demeure cependant, avec la Légion étrangère notamment.

Vauban au Patrimoine mondial de l'Unesco

En 2008, les 12 sites majeurs aménagés par Vauban ont été inscrits au Patrimoine mondial. Ces sites majeurs sont les plus représentatifs du génial ingénieur de Louis XIV. Les Alpes du Sud figurent en bonne place avec **Mont-Dauphin** *(voir p. 109)* et **Briançon** *(voir p. 34)*. Mais Vauban déploya son art de la fortification sur quelque 150 sites en France : la région est particulièrement bien dotée, citons notamment les citadelles ou fortifications de Colmars *(voir p. 369)*, Sisteron *(voir p. 225)*, Seyne *(voir p. 279)*, Château-Queyras *(voir p. 131)*.

l'art des décorations murales dans les édifices religieux, n'est pas loin. Le clergé ou de généreux donateurs, en action de grâces ou en guise d'ex-voto, passent commande de peintures auprès d'artistes itinérants, souvent d'origine piémontaise. Ceux-ci exécutent, jusqu'au milieu du 16e s., des fresques aux coloris remarquablement préservés, dans un style de transition où la dernière période de l'art gothique se mêle aux prémices de l'art de la Renaissance.

Des artistes

La technique la plus utilisée est la peinture à la **détrempe**, qui permet de peindre sur un enduit sec avec des couleurs délayées dans de l'eau additionnée de caséine, de colle ou d'œuf. L'esquisse est exécutée en bistre sur un enduit blanc, et les lignes droites gravées au poinçon.
Dans le comté de Nice, certains artistes se sont bien illustrés, comme **Giovanni Canavesio** (1420-début du 16e s.) et son élève **Giovanni Baleison**, collaborant à St-Étienne-de-Tinée, **Andrea de Cella** à Clans et à Roure, **Currandi Brevisi** et **Nadale** à La Tour.
La pratique s'est ensuite perdue et les fresques ont disparu. Mais depuis plusieurs dizaines d'années, des travaux menés par les services des Monuments historiques restaurent ce formidable patrimoine.

Des images édifiantes

Ces peintures murales font œuvre de prédication, au même titre que les vitraux et les retables, auprès des fidèles souvent illettrés.
Les thèmes les plus représentés sont la **vie du Christ**, surtout la Passion (chapelles de Puy-Chalvin, de Prelles, églises de Plampinet, de Villard-St-Pancrace); et la vie des **saints intercesseurs** et **thaumaturges** : saint Christophe, le protecteur des voyageurs, saint Hippolyte qui soigne les plaies des jambes, saint Sébastien qui sait détourner la peste et le choléra de ceux qui l'invoquent, saint Érige (Auron) qui guérit la lèpre, sainte Lucie présentant ses yeux sur un plateau.
Très répandus également, on trouve les Vertus, les Vices et les Châtiments qui leur correspondent, présentés sur trois registres superposés. Les **Vertus** (humilité, générosité, chasteté, tempérance, patience, charité et diligence) sont représentées par de belles jeunes femmes. Au-dessous, les **Vices** enchaînés, montés sur des animaux, se dirigent vers la gueule d'un dragon. L'orgueil, campé sur un lion, mène ce cortège, suivi de l'avarice sur un blaireau, de la luxure, belle jeune femme se contemplant dans un miroir et chevauchant un bouc, de l'envie sur un chien, de la colère sur un léopard, de la gloutonnerie sur un loup et enfin de la paresse, femme échevelée sur un âne.
Au-dessous, les **Châtiments** ont souvent disparu à cause de leur réalisme. Ils montrent l'orgueilleux attaché à une roue, l'avare plongé dans de l'or en fusion, le luxurieux dévoré par des serpents, le glouton gavé de crapauds et le paresseux ceinturé par des serpents.
Ce thème se retrouve dans la chapelle des N.-D.-Grâces à Plampinet *(voir p. 65)*, à L'Argentière-la-Bessée *(voir p. 77)*, aux Vigneaux *(voir p. 80)*, à N.-D.-d'Entrevignes *(voir p. 341)*, près de Sigale, et à La Tour *(voir p. 404)*, dans la vallée de la Tinée.

L'habitat traditionnel

Si l'habitat traditionnel dans le haut Dauphiné change d'un pays à l'autre, voire d'une vallée à l'autre, ceux de la haute Provence et du comté de Nice sont beaucoup plus homogènes. Dans tous les cas, il reflète l'environnement naturel qui l'entoure, les activités humaines et l'organisation de la vie sociale.

Les chalets du haut Dauphiné

L'habitat rural est étroitement lié aux contraintes du milieu naturel. Les maisons sont massives, d'un seul bloc, avec un minimum d'ouvertures.

Dans les pays de neige, les **toits** débordent de tous les côtés afin de protéger la maison et ses abords. Ils sont aigus et lisses, pour laisser s'écouler la neige, ou presque plats de manière à conserver un lourd manteau de neige qui isole la maison du froid.

Traditionnellement en bois ou en schiste, ils sont aujourd'hui de plus en plus souvent remplacés par de la tôle ondulée, moins coûteuse.

Dans les pays forestiers, les constructions sont presque entièrement en **bois**. Autrefois, le choix des arbres avait lieu selon un véritable rite : ils étaient coupés un jour de novembre sans gel, sur le flanc nord de la montagne, car ils y poussent lentement ; leurs veines sont fines et ils donnent un bois plus résistant. En revanche, dans les zones d'éboulis ou sans forêts, les maisons sont construites en **pierre** et le bois n'est utilisé que pour la charpente et les balcons.

Toutes les maisons possèdent des **balcons**. Dans ces régions aux étés courts, ils permettent de profiter du moindre rayon de soleil, d'où leur nom de « solerets ». Abrités sous les auvents des toits, ils servent aussi à stocker les produits à faire sécher ou mûrir : linge, grain, fourrage, bois... ou bouses de vache.

L'**intérieur** des maisons consacre un large espace aux réserves : énormes granges à fourrage (souvent situées au-dessus de l'habitation afin d'isoler celle-ci du froid) ; greniers à grain ; pièces où sont entreposés les fromages, les viandes séchées et fumées, la charcuterie ; emplacement pour le bois. Le reste de l'habitation abrite hommes et animaux.

Les particularités des différents pays

Chaque pays développe une originalité par rapport à ce schéma. Les maisons isolées en **Briançonnais** et en **Vallouise**, imposantes constructions en pierre, sont adossées à la montagne, ce qui permet d'avoir accès de plain-pied à la grange. Le toit en pente assez forte est recouvert d'ardoises fines. Des arcades au rez-de-chaussée, et parfois à l'étage, donnent un cachet architectural à la façade ornée d'un cadran solaire.

En **Queyras**, les maisons sont construites tout en hauteur. Le rez-de-chaussée, en pierre, regroupe l'habitation (« lou casset ») et l'étable (« l'establotte »). Le reste de la maison, appelée la « fuste », est composé de rondins de mélèze posés les uns sur les autres.

Chaque étage a sa fonction : le « fenario » sert à sécher et à abriter le foin ; au-dessus sont stockés le grain et la paille. Les toits, presque plats, sont couverts de tuiles de mélèze (« tavaillons ») ou de lauzes de schiste gris. Les spécimens les plus intéressants de cette architecture se trouvent à St-Véran et datent du 18e s.

En **Embrunais** et en **Ubaye**, pays intermédiaires entre la haute montagne et la Provence, les maisons ont un plan rectangulaire, l'horizontalité l'emportant sur la verticalité. Une maçonnerie compacte se substitue souvent à l'ossature en bois. Un balcon en bois barre sur sa longueur l'édifice. La toiture, à quatre pans et couverte d'ardoises, présente une déclivité.

En haute Provence et dans le comté de Nice

La pierre, la toiture de tuiles canal (quelquefois de tuiles plates) et les génoises, frises composées de tuiles superposées fixées dans le mortier, caractérisent la maison villageoise. Les contraintes naturelles sont moins fortes qu'en haute montagne, mais il faut se défendre contre la chaleur de l'été, le froid de l'hiver et le mistral. L'orientation dominante est donc au sud-est et les sites préférés sont les adrets rocheux et secs. On a pu comparer, à juste titre, d'humbles villages ou de petites villes (Sisteron, Forcalquier, Digne, etc.), blottis à l'intérieur de leurs murailles, à de magnifiques crèches provençales grandeur nature. Leurs hautes maisons se serrent les unes contre les autres ; leurs places ombragées, leurs cafés, leur église et leur mairie sont les lieux de la sociabilité provençale.

Dans la **moyenne Durance**, la maison villageoise, construite selon la technique du blocage (moellons ou galets assemblés avec du mortier ou du plâtre), s'élève jusqu'à quatre ou cinq étages, ce qui lui donne un aspect brut et étroit. Toutes les pièces, jusqu'au grenier qui abritait jadis la **magnanerie** (où l'on élevait les vers à soie), sont réunies par un escalier raide, guère plus large qu'une échelle. Leurs sols sont en carreaux de terre cuite, les « mallons ».

« Bories » et « jas »

La région de **Forcalquier** est très riche de constructions de pierres sèches dont l'origine est souvent lointaine.

Datant probablement des 18e et 19e s., les **bories**, ou cabanons de pierre, ont un caractère énigmatique : abri pour le bétail, remise à outils, cabane de bergers, habitat temporaire, leur destination était sans doute multiple. Rondes ou quadrangulaires, elles sont entièrement construites avec des plaques calcaires, de 10 à 15 cm d'épaisseur, provenant des champs et des pâturages. Elles n'ont qu'un seul orifice : la porte. L'étanchéité

est assurée par un faîtage de dalles serrées et, à l'intérieur, par un revêtement complet de terre ou de mortier.

Les **jas** sont des bergeries situées à l'écart de l'habitation principale dans la montagne de Lure (ailleurs, ils en occupent le rez-de-chaussée). Construits en pierres sèches, ils atteignent jusqu'à 25 m de longueur. Tous sont voûtés en berceau et sont couverts de lauzes. Ils ont souvent été construits au 19e s. et continuent d'héberger les ovins.

Granges et pigeonniers

Les fermes isolées, ou **granges**, beaucoup plus vastes, possèdent des bâtiments annexes construits au fur et à mesure des besoins. Contrairement au **mas** des plaines, la grange de montagne s'élève en hauteur. Le confort et l'aisance y rendent la vie plus agréable que dans la petite maison de village.

De nombreuses nuances locales existent cependant. Dans la **montagne de Lure**, on voit des toitures de lauzes et non de tuiles ; les sols sont recouverts de dalles de pierre et non de « mallons ».

Dans la région de **Forcalquier**, les granges sont souvent flanquées de pigeonniers et se parent d'une loggia installée au sommet de l'escalier extérieur, à l'abri du toit formant un auvent.

Dans les **Préalpes de Digne** et de Castellane, les habitations sont souvent munies de « séchoirs à prunes » placés juste sous le toit. Plus à l'est, vers les hauteurs du Mercantour, le chaume et les dalles de schiste font leur apparition, tandis que les maisons deviennent plus basses et le bois plus fréquent. Nombreux dans le Diois, les Baronnies et la région de Forcalquier, les **pigeonniers** faisaient partie de l'économie vivrière. Il existe deux types de constructions : les pigeonniers « à fuie » étaient inclus dans la toiture du bâtiment d'exploitation, et les pigeonniers

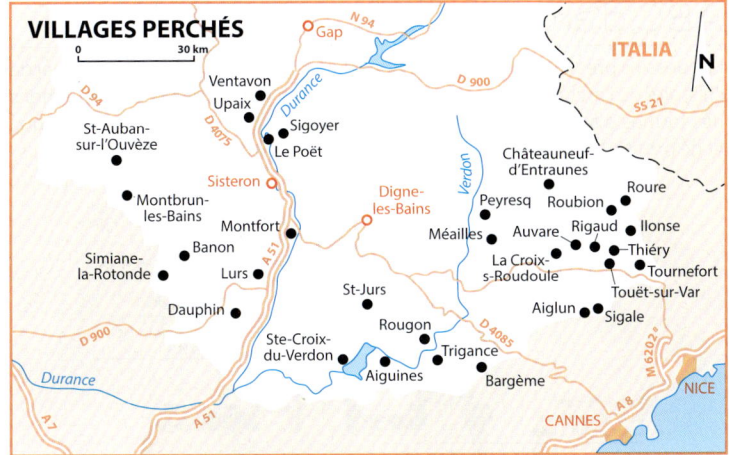

« à pied » étaient des édifices indépendants, dont les « boulins » (alvéoles correspondant aux nids) occupaient toute la surface de bas en haut. Plus rares, ces derniers étaient soumis à l'impôt.

Dans les **Baronnies**, les dessins des alvéoles n'étaient pas uniformes et offraient des motifs variés (géométriques, losanges, étoiles, cœurs, etc.) qui en faisaient de véritables marques de propriété.

Les villages perchés

L'origine des **villages perchés** remonterait aux invasions sarrasines du 9e s. En fait, c'est délibérément que les habitants ont préféré des sites en hauteur, entre les vignes (aujourd'hui disparues) et les autres cultures. Dominant la campagne environnante, les villages occupent les bords inférieurs des plateaux ou des pitons rocheux, dont ils épousent les courbes de niveau. Leur visite est très pittoresque. Bâtis avec la pierre de la colline, ils se confondent presque avec elle. Les rues et ruelles sont sinueuses et les **calades**, en pente, sont dallées et caillouteuses et coupées d'escaliers tortueux. Des voûtes ou des arcs les enjambent ; parfois, des arcades règnent au rez-de-chaussée et abritent le promeneur du soleil et de la pluie. D'agréables **placettes** s'ornent de jolies fontaines et souvent d'un **beffroi** surmonté d'un campanile en fer forgé.

Les villages sont descendus dans la plaine, se dédoublant parfois. Le paysan s'est mis à vivre au milieu de ses terres et y a bâti son « mas ».

Montbrun-les-Bains *(voir p. 210)*, Lurs *(voir p. 237)*, Banon *(voir p. 249)*, Bargème *(voir p. 338)*, Valensole *(voir p. 312)*, Simiane-la-Rotonde *(voir p. 249)* et St-Auban-sur-l'Ouvèze *(voir p. 211)* témoignent encore de l'ancien mode de vie provençal.

ABC d'architecture

Les dessins présentés dans les planches qui suivent offrent un aperçu visuel de l'histoire de l'architecture dans la région et de ses particularités. Les définitions des termes d'art permettent de se familiariser avec un vocabulaire spécifique et de profiter au mieux des visites des monuments religieux, militaires ou civils.

Architecture religieuse

SISTERON – Plan de la cathédrale Notre-Dame-des-Pommiers (12ᵉ au 15ᵉ s.)

Le premier art roman, importé d'Italie du Nord, se caractérise par un chœur à trois absides et une nef unique. Le plan est basilical, sans transept.

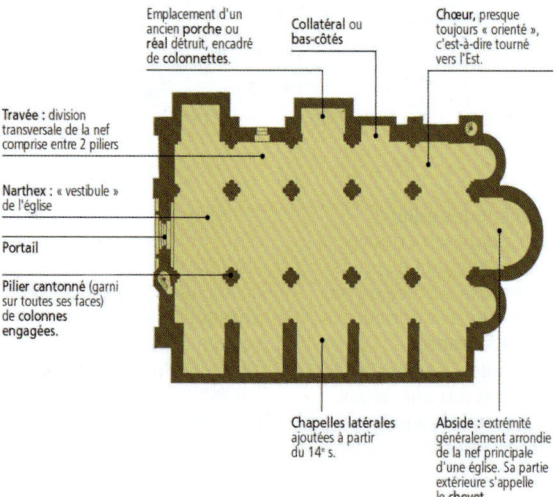

Emplacement d'un ancien **porche** ou réal détruit, encadré de **colonnettes**.

Collatéral ou bas-côtés

Chœur, presque toujours « orienté », c'est-à-dire tourné vers l'Est.

Travée : division transversale de la nef comprise entre 2 piliers

Narthex : « vestibule » de l'église

Portail

Pilier cantonné (garni sur toutes ses faces) de colonnes engagées.

Chapelles latérales ajoutées à partir du 14ᵉ s.

Abside : extrémité généralement arrondie de la nef principale d'une église. Sa partie extérieure s'appelle le chevet.

Coupe transversale d'une église

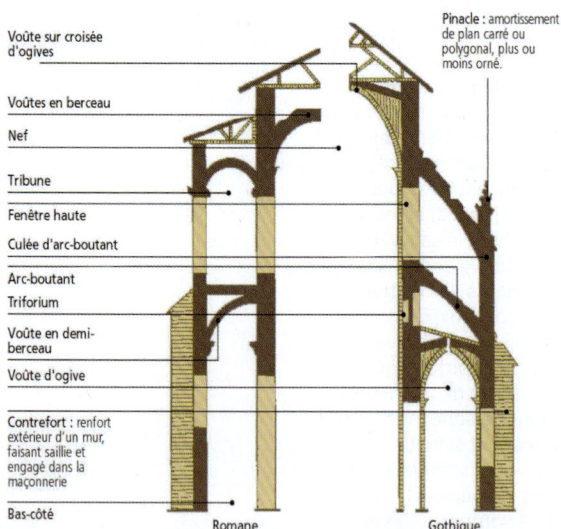

Voûte sur croisée d'ogives

Voûtes en berceau

Nef

Tribune

Fenêtre haute

Culée d'arc-boutant

Arc-boutant

Triforium

Voûte en demi-berceau

Voûte d'ogive

Contrefort : renfort extérieur d'un mur, faisant saillie et engagé dans la maçonnerie

Bas-côté

Pinacle : amortissement de plan carré ou polygonal, plus ou moins orné.

Romane

Gothique

GANAGOBIE – Portail de l'église abbatiale (12ᵉ s.)

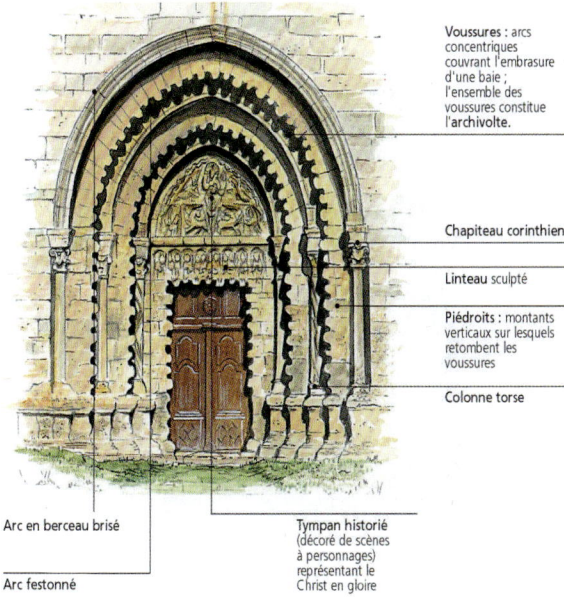

Voussures : arcs concentriques couvrant l'embrasure d'une baie ; l'ensemble des voussures constitue l'archivolte.

Chapiteau corinthien

Linteau sculpté

Piédroits : montants verticaux sur lesquels retombent les voussures

Colonne torse

Arc en berceau brisé

Arc festonné

Tympan historié (décoré de scènes à personnages) représentant le Christ en gloire

SEYNE-LES-ALPES – Église N.-D.-de-Nazareth (13ᵉ s.)

Édifice représentatif du second art roman dans les Alpes et empreint de la rusticité propre aux églises de montagne.

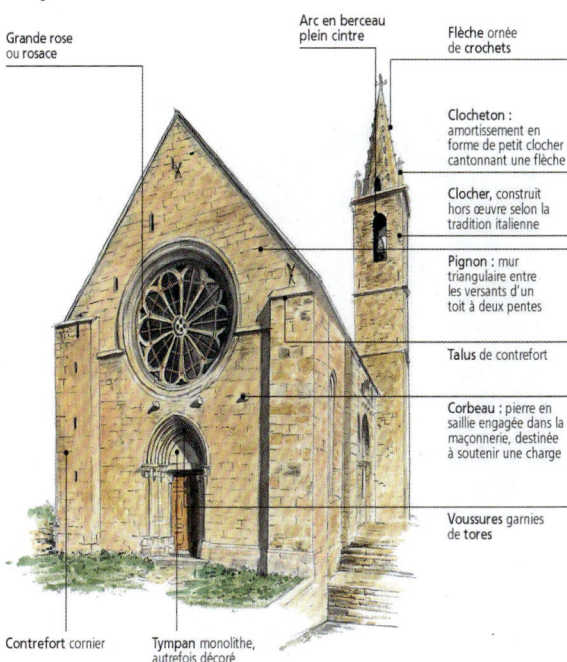

Grande rose ou rosace

Arc en berceau plein cintre

Flèche ornée de crochets

Clocheton : amortissement en forme de petit clocher cantonnant une flèche

Clocher, construit hors œuvre selon la tradition italienne

Pignon : mur triangulaire entre les versants d'un toit à deux pentes

Talus de contrefort

Corbeau : pierre en saillie engagée dans la maçonnerie, destinée à soutenir une charge

Voussures garnies de tores

Contrefort cornier

Tympan monolithe, autrefois décoré d'une fresque

EMBRUN – Chœur et croisée du transept de la cathédrale Notre-Dame (12ᵉ et 13ᵉ s.)

Cet édifice de plan basilical montre une belle union entre les parties romanes (bas-côtés voûtés en berceau et abside) et la nef centrale aux travées voûtées d'ogives gothiques.

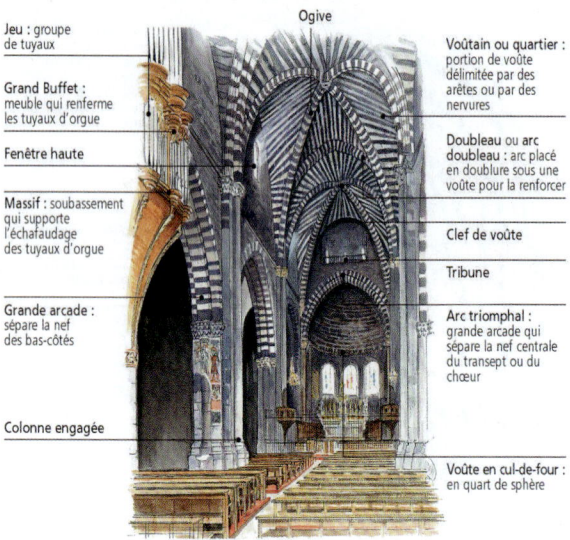

Jeu : groupe de tuyaux

Grand Buffet : meuble qui renferme les tuyaux d'orgue

Fenêtre haute

Massif : soubassement qui supporte l'échafaudage des tuyaux d'orgue

Grande arcade : sépare la nef des bas-côtés

Colonne engagée

Ogive

Voûtain ou quartier : portion de voûte délimitée par des arêtes ou par des nervures

Doubleau ou arc doubleau : arc placé en doublure sous une voûte pour la renforcer

Clef de voûte

Tribune

Arc triomphal : grande arcade qui sépare la nef centrale du transept ou du chœur

Voûte en cul-de-four : en quart de sphère

NÉVACHE – Retable baroque de l'église St-Marcellin-et-St-Antoine (15ᵉ-17ᵉ s.)

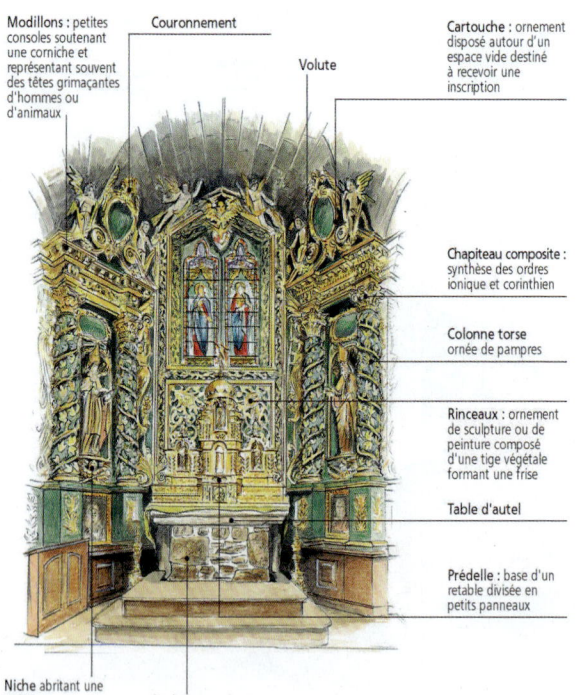

Modillons : petites consoles soutenant une corniche et représentant souvent des têtes grimaçantes d'hommes ou d'animaux

Couronnement

Volute

Cartouche : ornement disposé autour d'un espace vide destiné à recevoir une inscription

Chapiteau composite : synthèse des ordres ionique et corinthien

Colonne torse ornée de pampres

Rinceaux : ornement de sculpture ou de peinture composé d'une tige végétale formant une frise

Table d'autel

Prédelle : base d'un retable divisée en petits panneaux

Niche abritant une statue

Soubassement

L'ARGENTIÈRE-LA-BESSÉE – Chevet de la chapelle St-Jean (12ᵉ s.)

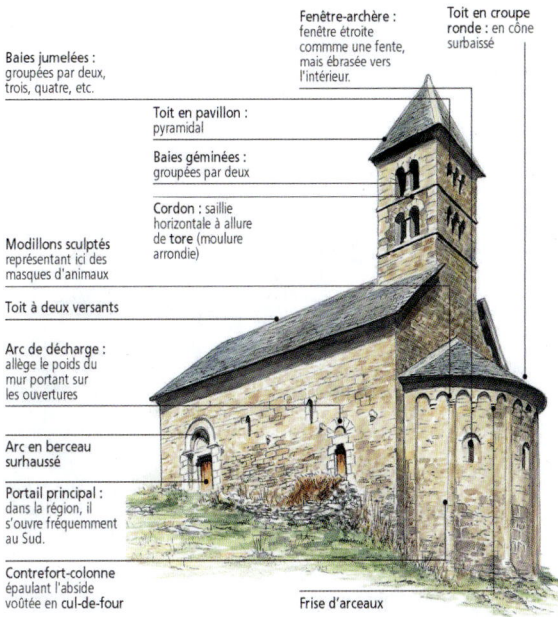

Baies jumelées : groupées par deux, trois, quatre, etc.

Fenêtre-archère : fenêtre étroite commme une fente, mais ébrasée vers l'intérieur.

Toit en croupe ronde : en cône surbaissé

Toit en pavillon : pyramidal

Baies géminées : groupées par deux

Cordon : saillie horizontale à allure de tore (moulure arrondie)

Modillons sculptés représentant ici des masques d'animaux

Toit à deux versants

Arc de décharge : allège le poids du mur portant sur les ouvertures

Arc en berceau surhaussé

Portail principal : dans la région, il s'ouvre fréquemment au Sud.

Contrefort-colonne épaulant l'abside voûtée en cul-de-four

Frise d'arceaux

EMBRUN – Réal ou porche-baldaquin (14ᵉ s.) de la cathédrale Notre-Dame

Importé d'Italie septentrionale, le réal est souvent orienté au Nord. Celui-ci se distingue par sa riche ornementation et son élégance.

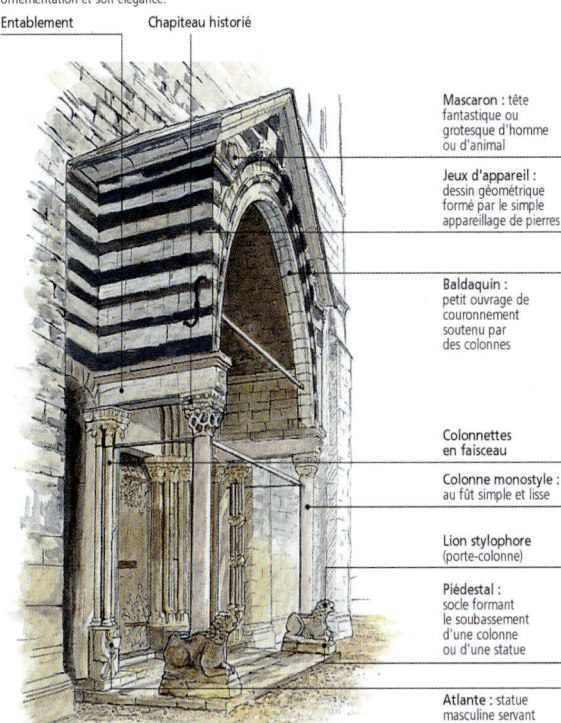

Entablement

Chapiteau historié

Mascaron : tête fantastique ou grotesque d'homme ou d'animal

Jeux d'appareil : dessin géométrique formé par le simple appareillage de pierres

Baldaquin : petit ouvrage de couronnement soutenu par des colonnes

Colonnettes en faisceau

Colonne monostyle : au fût simple et lisse

Lion stylophore (porte-colonne)

Piédestal : socle formant le soubassement d'une colonne ou d'une statue

Atlante : statue masculine servant de support

R. Corbel/MICHELIN

Architecture civile

Château d'ALLEMAGNE-EN-PROVENCE (12ᵉ au 16ᵉ s.)

Bâti sur une assise médiévale, le château d'Allemagne-en-Provence est un bel exemple de transition de l'art défensif médiéval à l'art Renaissance à vocation résidentielle.

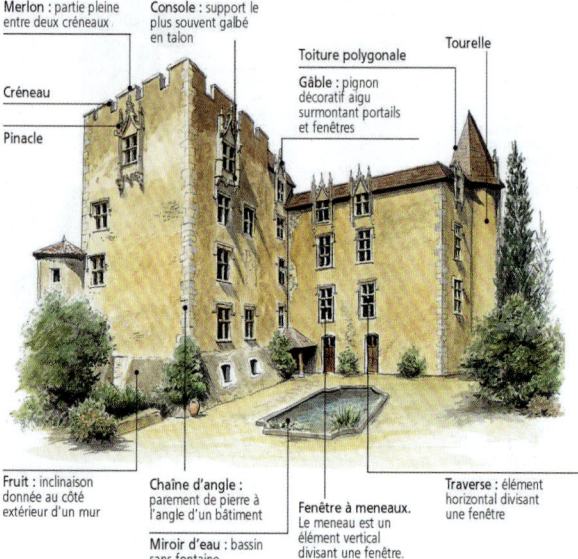

Merlon : partie pleine entre deux créneaux

Console : support le plus souvent galbé en talon

Toiture polygonale

Tourelle

Créneau

Gâble : pignon décoratif aigu surmontant portails et fenêtres

Pinacle

Fruit : inclinaison donnée au côté extérieur d'un mur

Chaîne d'angle : parement de pierre à l'angle d'un bâtiment

Fenêtre à meneaux. Le meneau est un élément vertical divisant une fenêtre.

Traverse : élément horizontal divisant une fenêtre

Miroir d'eau : bassin sans fontaine

Architecture militaire

CHÂTEAU-QUEYRAS - Fort Queyras (17ᵉ s.)

Véritable position stratégique d'accès à la Durance, ce château fut agrandi et réaménagé par Vauban qui lui donna son aspect actuel. Le donjon central du 14ᵉ s. demeure la pièce maîtresse du dispositif.

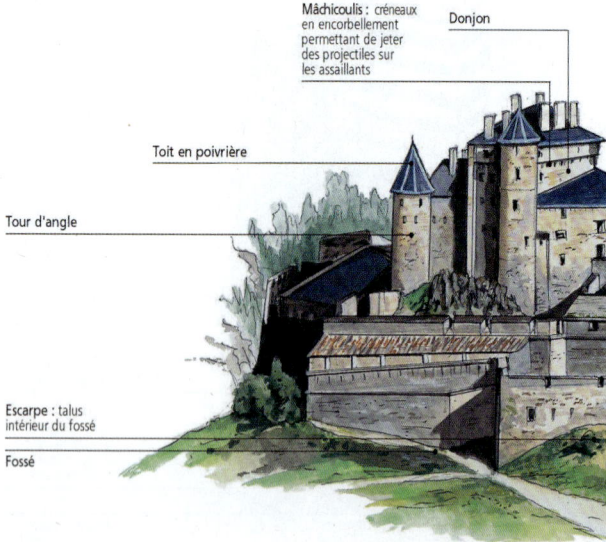

Mâchicoulis : créneaux en encorbellement permettant de jeter des projectiles sur les assaillants

Donjon

Toit en poivrière

Tour d'angle

Escarpe : talus intérieur du fossé

Fossé

MANE – Château de Sauvan (milieu du 18ᵉ s.)

Architecture classique. Surnommé le Trianon de Provence, le château a été conçu par l'architecte J.-B. Franque selon les règles strictes de symétrie des volumes chères au 18ᵉ s.

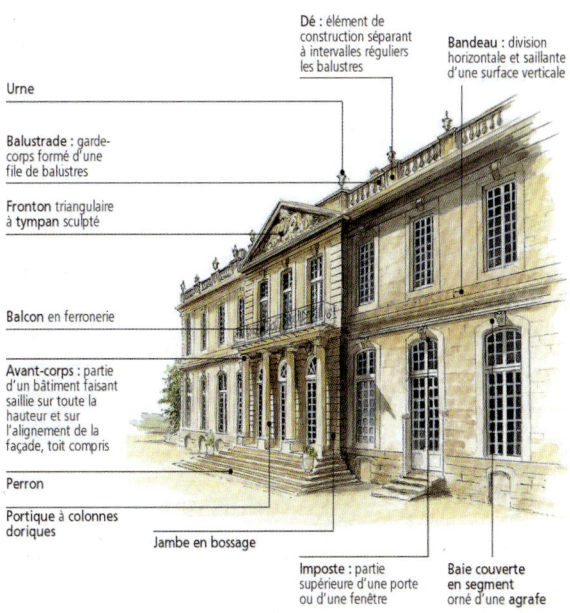

Urne

Balustrade : garde-corps formé d'une file de balustres

Fronton triangulaire à tympan sculpté

Balcon en ferronerie

Avant-corps : partie d'un bâtiment faisant saillie sur toute la hauteur et sur l'alignement de la façade, toit compris

Perron

Portique à colonnes doriques

Jambe en bossage

Dé : élément de construction séparant à intervalles réguliers les balustres

Bandeau : division horizontale et saillante d'une surface verticale

Imposte : partie supérieure d'une porte ou d'une fenêtre

Baie couverte en segment orné d'une agrafe

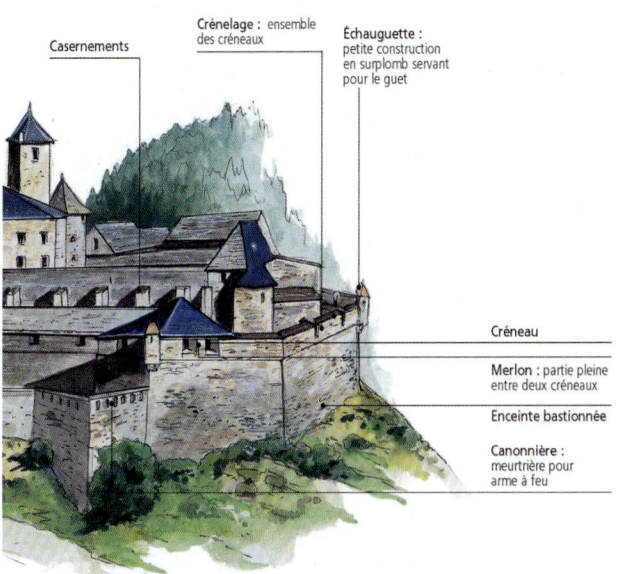

Casernements

Crénelage : ensemble des créneaux

Échauguette : petite construction en surplomb servant pour le guet

Créneau

Merlon : partie pleine entre deux créneaux

Enceinte bastionnée

Canonnière : meurtrière pour arme à feu

La littérature, mémoire du pays

L'âme et la beauté de la haute Provence se découvrent également à travers la littérature. Même si, faute sans doute d'élites urbaines, la vie littéraire et intellectuelle n'y a pas autant brillé qu'en basse Provence, elle a fait aimer la Provence au monde entier, à travers la louange d'une nature enchanteresse et une langue aux accents de troubadour.

Un pays de troubadours et de philosophes

On sait peu de choses sur la vie de **Béatrice de Die** (12ᵉ s.), épouse du seigneur Guillaume de Poitiers. En revanche, ses chansons célébrant son amour pour le seigneur Raimbaut d'Orange nous sont parvenues. Elle faisait partie du cercle restreint des femmes troubadours, les *trobaïritz*. Outre la comtesse de Die, les plus célèbres furent Marie de Ventadour, Azalaïs de Porcairagues, Na Castelloza, Clara d'Anduze et Bieiris de Romans. Quelques siècles plus tard naît à Gap l'un des futurs propagateurs de la Réforme : **Guillaume Farel** (1489-1565). Il partit pour Zurich, Strasbourg puis Neuchâtel et Genève, où il œuvra avec Jean Calvin (1509-1564).

Mathématicien, astronome, cartographe, naturaliste, théologien et philosophe : tout autres furent les préoccupations de **Pierre Gassendi** (1592-1655), né à Champtercier. Il enseigna la rhétorique à Digne, la philosophie à Aix-en-Provence et les mathématiques à Paris. Il est notamment resté célèbre pour sa correspondance et ses doctes querelles avec Descartes.

Quant au poète **Reynier de Briançon**, son œuvre *L'Âne de Paulet ou le Crève-cœur d'un paysan sur la mort de son âne*, qui a été écrite en provençal, est considérée comme une contribution à la renaissance occitane.

La renaissance des lettres provençales

En 1854, sept jeunes poètes s'unissent afin de faire renaître la **langue d'oc** (Provence, comté de Nice, Languedoc, Béarn, Gascogne, Périgord, Limousin, Auvergne). Ce sont Théodore Aubanel, Jean Brunet, Paul Giéra, Anselme Mathieu, Joseph Roumanille, Alphonse Tavan et **Frédéric Mistral** (1830-1914), le plus connu d'entre eux. Faisant référence aux sept félibres (docteurs) de la Loi qui discutèrent avec Jésus au Temple, évoqués dans un récitatif de saint Anselme, le mouvement se nommera **Félibrige**. Un *Almanach provençal*, recueil de contes et de

---

Le gavot

La France du Moyen Âge était partagée entre deux grandes langues : la langue d'oïl au nord et la **langue d'oc** au sud. Cette dernière, issue du latin vulgaire et des parlers gaulois, était la langue des troubadours du 11ᵉ au 13ᵉ s. Elle a complètement disparu et évolué vers une multitude de parlers locaux à la suite de l'édit de Villers-Cotterêts (1539) qui imposa, jusqu'à la fin du 19ᵉ s., l'usage du français pour les actes administratifs.

Le gavot est donc un parler occitan employé dans les Alpes du Sud, à l'exception de la plus grande partie de la vallée de la Durance. C'est un idiome essentiellement oral (la langue écrite a été très peu employée), qui se caractérise par la persistance du « o » atone latin, le passage du « l » au « r » devant certaines consonnes et entre les voyelles, ainsi que le maintien, original, du « r » de l'infinitif et du « s » au pluriel.

poèmes, est édité chaque année. Mistral, auteur du célèbre poème lyrique *Mireille* (mis en musique par Gounod), fait par ailleurs publier *Le Trésor du Félibrige*, dictionnaire provençal-français. L'influence de Mistral (qui reçut le prix Nobel en 1904) et du Félibrige fut et reste très importante dans le monde des lettres occitan. Le Félibrige, en tant que tel, continue aujourd'hui sa mission et publie deux revues : *Lou Felibrige* (revue trimestrielle) et *L'Armada di Felibre* (revue annuelle) ; il promeut de nombreux ouvrages en langue d'oc et en français. On notera que le poète a consacré une romance à Moustiers-Ste-Marie, *La Cadeno de Moustié*. Parmi les jeunes écrivains provençaux que Mistral encouragea, il y eut **Paul Arène** (1853-1896), natif de Sisteron. Monté à Paris, comme beaucoup d'autres, il obtint un grand succès avec une pièce de théâtre, *Pierrot héritier*. Écrivant des contes et des chroniques dans les journaux, il fréquenta les milieux littéraires parisiens. Il fit la connaissance d'Alphonse Daudet, en compagnie duquel il écrivit fréquemment (ils signaient Marie-Gaston). On dit qu'Arène contribua à la rédaction des *Lettres de mon moulin* signées par son ami. Paul Arène chanta son pays et sa ville natale à travers des contes, des poèmes et des romans écrits tant en français qu'en provençal. Ses œuvres les plus réputées sont *Domnine*, *La Chèvre d'or* et, surtout, *Jean-des-Figues*.

Les écrivains de terroir

Jean Giono (1895-1970 – *voir p. 257*), originaire de Manosque, évoque les vertus de sa haute Provence natale, celles des montagnes, de l'âme paysanne et des sensations uniques qu'elle procure, dans la *Trilogie de Pan* et *Jean le Bleu*. Son œuvre fut un merveilleux chant à la vie *(Regain)*, à la fois enthousiaste et nostalgique. Il écrit à propos de son pays : « Il y a une civilisation du désert. On ne peut pas assigner de limites à la solitude, décider qu'elle s'arrêtera là et qu'à partir d'ici nous vivrons comme des milords. Longtemps avant d'atteindre les régions du silence, la vie s'organise en fonction des espaces déshérités. Tout indique un dépeuplement, une fuite, des morts nombreuses. On habite dans la mélancolie sur le théâtre d'anciennes tragédies, ne serait-ce que celle de la splendeur disparue… » Pacifiste, dénonçant le machinisme et la ville, il écrit après la Seconde Guerre mondiale dans un style de plus en plus dépouillé. Sa carrière de grand écrivain national et international fut couronnée par *Le Hussard sur le toit* (1951), porté à l'écran comme un certain nombre de ses œuvres. Faisant partie de la même génération, **Alexandre Arnoux** (1884-1973) fut un romancier membre de l'Académie Goncourt, un scénariste de films et un des premiers critiques de cinéma. Né à Digne-les-Bains, il a laissé une œuvre féconde sur la haute Provence *(Le Chiffre, Haute Provence, Rhône mon fleuve)*.

Tout autre fut le destin d'**Émilie Carles** (1900-1979 – *voir p. 64*). Enfant, elle adora l'école ; adulte, elle devint institutrice dans les Hautes-Alpes, en 1923. Ayant pris sa retraite en 1962, elle se mit à écrire et, en 1978, parut *Une soupe aux herbes sauvages,* ouvrage décrivant la vie rude des habitants du Briançonnais. Le succès fut énorme, le livre se vendit par millions dans le monde entier. Et on continue de le lire. Disciple et ami de Giono, **Pierre Magnan** (1922-2012) a très longtemps vécu à Forcalquier (il était natif de Manosque). Il a écrit de nombreux romans policiers dont le plus célèbre, *La Maison assassinée* (1988), a été adapté au cinéma par Georges Lautner.

Traditions et art de vivre

Travail du bois dans le Queyras, réalisation de campaniles pour abriter les cloches des églises provençales et de cadrans solaires pour orner les façades des maisons, fabrication de céramiques : les Alpes du Sud peuvent s'enorgueillir de détenir un savoir-faire artisanal dans divers domaines. En fin d'année, les santonniers sont très sollicités, la tradition des crèches de Noël se perpétuant dans de nombreux villages. L'été, c'est une autre coutume qui est maintenue : celle de la transhumance qui voit les troupeaux conduits par les bergers rejoindre les estives pour profiter de l'herbe fraîche des montagnes.

Le travail du bois

Dans le Queyras, voir p. 121.
Le mobilier **haut provençal** utilise principalement le noyer. Bien qu'assez varié, il présente un style plus austère que le mobilier de basse Provence. Coffres, tables, lits sont complétés par l'**armoire-bahut**, parfois ornée d'un décor de rinceaux, de mascarons ou de pointes de diamant, la **crédence**, buffet à deux tiroirs sans gradin (lorsqu'il y a gradin, comme en Provence orientale, elle est complétée par une étagère à vaisselle, l'« estagnié ») et le **pétrin**, appelé aussi « maie » ou « mastre », qui était le meuble le plus répandu et souvent le moins orné. Superposé à un buffet bas, il servait de panetière et de garde-manger.

Dans le Parc naturel régional du Verdon, le village d'**Aiguines** renoue également avec sa tradition de **tourneur sur bois**. Une école de tourneurs a ainsi été installée dans le village ainsi qu'un musée (*voir p. 298*).

Les campaniles en fer forgé

En Provence, le campanile désigne une sorte de cage en fer abritant la ou les cloches d'une église ou d'un édifice civil ou militaire. Leurs formes sont variées : bulbe, cylindre, cône, sphère, pyramide. Ils peuvent être très simples comme à Lurs, mais, le plus souvent, ce sont de véritables chefs-d'œuvre de ferronnerie (Colmars-les-Alpes) marquant l'influence italienne. Des générations de ferronniers ont exercé leur imagination pour concevoir ces élégantes « demoiselles de fer » devant résister au vent. On trouve ainsi des campaniles dans la Provence du mistral, autour de Digne et Forcalquier, où ils ont peu à peu remplacé les lourdes flèches de calcaire dans des endroits particulièrement exposés. On remarquera, parmi l'infinie variété de ces ferronneries, la tour de l'Horloge à Sisteron (1892), la cage ouvragée des Mées et le dépouillement de la chapelle St-Jean à Forcalquier.

Cadran solaire de la chapelle des Pénitents blancs, à Beuil.
Yvan Tessier/Getty Images Plus

Les cadrans solaires

Dans le Briançonnais, le Queyras, l'Ubaye, le Buëch, la vallée de la Tinée et le moyen Verdon, de nombreuses façades de maisons, d'églises, de bâtiments publics s'ornent de cadrans solaires peints qui font le bonheur des amateurs d'art populaire et des photographes. Hommage au soleil présent dans ces régions, ces cadrans (ou gnomons, de son terme savant) furent exécutés aux 18e et 19e s. par des artistes itinérants, souvent d'origine piémontaise, comme **Giovanni Francesco Zarbula** qui, quarante ans durant, parcourut les Alpes et signa des cadrans curieusement décorés d'oiseaux exotiques aux couleurs vives. Les « cadraniers » devaient à la fois connaître la science gnomonique (art d'établir un cadran), le dessin et la technique de la fresque.

Un cadran est composé d'un tableau, orienté au sud, et d'une tige métallique et rigide matérialisant l'axe de la Terre. Les décors choisis sont souvent d'une charmante naïveté : dans un cadre rond, carré ou ovale apparaissent le cadran, les heures et les motifs évoquant la nature (corbeilles de fleurs, oiseaux) ou le ciel (soleil, lune). Les plus élaborés ont été influencés par l'art baroque : trompe-l'œil, faux marbre,

Un pays de migration

Autrefois, l'hiver, comme toute activité cessait, certains montagnards partaient sur les routes offrir leurs bras ou colporter les produits de leur région, comme les graines et les bulbes de plantes à fleurs. Pour les enfants, c'était le temps d'étudier. Les villages louaient des maîtres d'école, reconnaissables aux plumes à écrire de leur chapeau : une pour la lecture, une deuxième ajoute le calcul et une troisième complète ses compétences avec le latin. Les meilleurs venaient du Briançonnais et du Queyras, où le niveau d'instruction était plus élevé qu'ailleurs. Mais parfois les hommes partaient définitivement pour chercher fortune dans le Nouveau Monde : en Ubaye, ils partirent au Mexique et, dans le Queyras, en Amérique du Sud.

Transhumance.
Jerome Delaunay/Getty Images Plus

volutes, coquilles, rinceaux, faux pilastres, consoles forment ainsi un décor somptueux sur le cadran de la collégiale N.-D.-et-St-Nicolas à Briançon, soutenu par des atlantes peints.

Les **devises** retiennent l'attention. Souvent rédigées en latin, parfois en français, elles évoquent la brièveté du temps qui passe et de la vie humaine : « Vous qui passez, souvenez-vous en passant que tout passe comme je passe » (Villard-St-Pancrace); la mort : « Toutes les heures blessent, la dernière tue »; le soleil : « Superbe soleil, que ton humeur est altière, mais cet arc est capable de mesurer ta carrière » (St-Dalmas-le-Selvage), « Sans le soleil, je ne suis rien et toi, sans Dieu, tu ne peux rien » (Val-des-Prés). Souvent moralisatrices, elles rappellent à l'homme qu'il doit faire bon usage de son temps : « Mortel, sais-tu à quoi je sers ? À marquer les heures que tu perds » (Fouillouse). Les cadrans les plus récents sont généralement réalisés par Rémi Potey.

La faïence de Moustiers

Voir p. 321.

Les santons

Ces figurines, emblématiques de l'artisanat provençal, demeurent un pilier de la tradition des fêtes de Noël. La crèche familiale se développe à partir du 18e s. en reconstituant l'épisode de la Nativité dans un cadre provençal.

À l'origine, les personnages étaient figurés en carton-pâte, en verre ou en bois. Au 19e s., le santon en terre cuite se généralise à partir d'Aubagne et de Marseille.

Tous les membres de la communauté villageoise sont représentés, habillés en costumes d'époque provençaux. Les divers corps de métier, en activité au 19e et 20e s., sont reproduits en accentuant parfois des traits typiques.

Le village de **Champtercier**, près de Digne, accueille chaque année une foire aux santons très renommée.

Le retour de la transhumance

Hier très présente dans les massifs, elle fait aujourd'hui partie du folklore régional, même si des éleveurs se battent pour la maintenir. Preuve de cette dimension patrimoniale, elle est aujourd'hui inscrite au Patrimoine culturel immatériel de l'Unesco.

Une culture pastorale

Au 13e s., les communautés religieuses, dont les possessions sont dispersées dans toute la région, pratiquent un élevage quasi extensif. La transhumance s'organise dès lors avec ses parcours, ses étapes et ses refuges. À l'époque, elle ne concerne pas les ovins de haute Provence, qui disposent de vastes terrains de parcours et s'abritent l'hiver dans de grandes bergeries, les jas *(voir p. 448)*.

La montée dans les alpages

En juin, bergers, ânes bâtés, chiens, chèvres et moutons en longues files empruntent les drailles ou carraires, chemins aménagés pour le passage du bétail, pour ne pas empiéter sur les zones cultivées. Ils existent alors plusieurs drailles : celle qui part de la Crau arlésienne rejoint la vallée de l'Ubaye en passant par la rive droite de la Durance, Sisteron et Savines ; les autres longent la rive gauche de la Durance pour gagner la haute vallée de la Sasse, le Mercantour ou le Queyras.

En tête de l'**abéié** (le grand troupeau), les chèvres entraînent les moutons récalcitrants ; il faut surveiller sans cesse 10 000 à 40 000 bêtes. Le voyage d'un mois environ est épuisant pour les hommes comme pour les bêtes, qui cheminent au rythme des points d'eau et des villages. Les drailles passent parfois par des endroits dangereux ; il faut franchir les torrents grossis par la fonte des neiges. Les bergers perdent toujours de nombreuses bêtes. Arrivés sur place, les troupeaux gagnent les alpages qui leur sont assignés aux termes d'un contrat de location.

Être berger de nos jours

Dès la fin du 19e s. les drailles sont abandonnées au profit du chemin de fer. Les bêtes sont entassées dans des wagons qui les conduisent au plus près des alpages. Puis le transport par camion fait son apparition et se développe à partir des années 1950. Mais des bêtes meurent suite au passage trop brutal de la plaine à la montagne.

Depuis la loi Montagne de 1972, la transhumance a repris ses droits. Les troupeaux empruntent à présent des axes routiers peu fréquentés, encadrés par un véhicule à l'avant et à l'arrière, puis des chemins. Au gré des étapes, la transhumance donne lieu à des fêtes, pour la plus grande joie des visiteurs, mais aussi des habitants. La majorité des ovins recensée dans la région Provence-Alpes-Côte-d'Azur passe l'été dans les alpages de la région Rhône-Alpes. Des pistes d'accès ont été créées, les cabanes réhabilitées, des points d'eau aménagés. Une fois arrivées dans les estives, les bêtes assurent une mission de maintien des étendues sur les domaines skiables et aux abords des sentiers de randonnée.

Si le métier s'est transformé, les bergers ont eux aussi changé : âgés de 30 à 35 ans, plus de la moitié d'entre eux revendiquent un diplôme de l'enseignement supérieur. 35 % sont des femmes. Plus surprenant encore, 40 % des bergers sont des urbains, des hommes et des femmes qui ont grandi en ville, loin des montagnes et des verts pâturages et qui aspirent souvent à se reconnecter à la nature.
◉ *« La Routo », p. 472.*

Les aiguilles de Chabrières dans le Parc national des Écrins.
francois-roux/Getty Images Plus

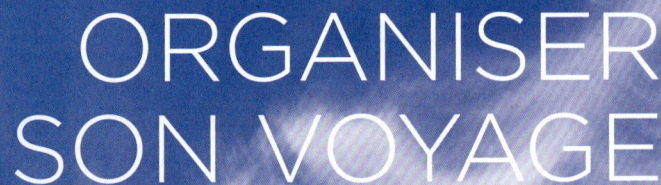

ORGANISER SON VOYAGE

Aller dans les Alpes du Sud

Par la route

Les grands axes

Par les axes de la vallée de la Durance, un automobiliste parisien met environ 7h pour atteindre Gap et 8h pour Barcelonnette. Les **autoroutes** A 48 (au nord, prolongée par la D 1075) et A 51 (à partir de Marseille) sont les principales voies de la région.

Les cartes Michelin

Cartes Départements – **332** (Drôme, Vaucluse), **334** (Alpes-de-Haute-Provence, Hautes-Alpes) et **341** (Alpes-Maritimes).
Carte Régional 527 (Provence-Alpes-Côte d'Azur).
Carte National – **725** (France Sud).
En ligne : calcul d'itinéraires sur **www.viamichelin.fr**.

Conduite en montagne

Le **Code de la route** donne la priorité à la voiture montante sauf si celle-ci se trouve à proximité d'une place d'évitement.

L'accès aux **stations** est parfois une épreuve pour le conducteur peu coutumier des routes de montagne. Attention : certains cols sont fermés en hiver (parfois même en automne et jusqu'au printemps).

Depuis 2021, du 1er novembre au 31 mars, pneus neige ou chaînes sont obligatoires dans certaines zones indiquées par des panneaux sur la route. Pensez à avoir l'équipement dans votre véhicule.

En train

Les grandes lignes

Temps approximatif des liaisons :
– Paris Gare de Lyon/Briançon : 7 à 8h (TGV + TER *via* Valence-Ville ou Valence TGV) ; train de nuit 8h30.
– Paris Gare de Lyon/Gap : 5h à 6h (TGV + TER *via* Valence-Ville, Valence TGV ou Grenoble) ; train de nuit 7h.

Distances en km						
	Barcelonnette	**Briançon**	**Castellane**	**Die**	**Digne-les-Bains**	**Gap**
Bordeaux	825	811	761	715	737	780
Lille	965	918	1025	858	977	900
Lyon	271	257	331	169	284	207
Marseille	227	260	163	247	139	181
Nantes	1011	945	1049	862	1005	928
Nice	148	214	107	289	151	230
Paris	755	686	793	630	750	673
Strasbourg	698	652	758	632	714	632
Toulouse	583	617	539	473	503	538

Avis de recherche

Vous vous poserez peut-être la question, on vous le demandera sûrement quand vous ferez des recherches sur le net à propos de la destination que vous avez choisi. Alors, le périmètre **de ce guide** couvre la partie nord de la **Région Provence-Alpes-Côte d'Azur** et comprend les départements :
- **04** : Alpes-de-Haute-Provence, en son centre ;
- **05** : Hautes-Alpes, au nord ;
- **83** : Var, au sud (la frange haute le long du Verdon) ;
- **06** : Alpes-Maritimes à l'est (la zone montagneuse du haut pays niçois).
Il aborde deux départements de la région **Auvergne-Rhône-Alpes** :
- **38** : Isère, au nord-ouest ;
- **26** : Drôme, à l'ouest.

– Paris Gare de Lyon/Manosque : 4h30 à 5h (TGV + autocar direct ou *via* Aix).
Informations et réservations – ☏ 36 35 - www.sncf-connect.com.

Le réseau régional

Zou ! est le réseau unique de transports (TER, LER et lignes de bus interurbaines) de la Région Sud. Pour vos déplacements dans la région, consultez **zou. maregionsud.fr**. Ce site propose un calculateur d'itinéraires, des fiches horaires, des informations sur les tarifs et répertorie tous les liens pour un accès direct à chaque réseau. Appli **Zou !** disponible.

🙂 Le « **train des Pignes »** assure la liaison Nice/Digne-les-Bains en 3h30 *(voir p. 480)*.

En autocar

Accès aux stations de ski

Navettes blanches – zou. maregionsud.fr - réserv. 24h à l'avance mini. Au départ de l'aéroport Marseille-Provence ou de la gare Aix TGV, elles desservent les stations des Alpes-de-Haute-Provence et des Hautes-Alpes De la gare de Thorame-Haute (sur la ligne Nice-Digne-les-Bains), une ligne Zou relie le Val d'Allos. De la gare de Grenoble, une ligne Zou relie à Serre-Chevalier.
Bus 100 % neige – www. lignesdazur.com - réserv. en ligne 24h av. au plus tard. Au départ de la gare routière Nice Vauban et de la station de tramway Nice Grand Arénas (située à un arrêt du terminal 1 de l'aéroport Nice Côte d'Azur et à deux arrêts du terminal 2, par les lignes 2 et 3 - gratuit), destination : Auron et Isola 2000 (tlj) ; La Colmiane et Roubion (w.-end). Valberg est desservie par la ligne régulière 670 (zou. maregionsud.fr - sans réserv.).
Linkbus – www.linkbus-alps.com - réserv. en ligne 24h av. au plus tard. Au départ de la gare TGV Lyon, des autocars desservent les stations du Briançonnais.

Avant de partir

Le bon moment pour partir

Saisons

Les Alpes du Sud font partie du domaine **méditerranéen**, même si la haute Provence bénéficie davantage de cette influence que les parties alpines.

Hiver – Dans les montagnes, l'ensoleillement exceptionnel et un bon enneigement ont favorisé le développement des stations de ski.

Printemps – À cette saison, de belles journées vous attendent malgré quelques pluies violentes mais de courte durée. C'est le moment de randonner en montagne pour découvrir la flore à son apogée (mai-juin).

Dans la partie sud-ouest des Alpes du Sud, le **mistral** règne en maître. Arrivant du nord-ouest par rafales, il souffle trois, six ou neuf jours, (selon un dicton local), sur les Baronnies et une partie de la haute Provence, livrant un ciel d'un bleu intense et dépourvu de nuage.

Été – Un temps chaud et sec règne sur l'ensemble de la haute Provence. Dans les régions montagneuses, les températures deviennent plus agréables à mesure que l'on prend de l'altitude. Cependant, méfiez-vous des coups de soleil. En outre, attention aux brusques orages (consultez la météo avant toute sortie).

Automne – C'est la période des orages violents après lesquels le soleil apparaît brillant, réchauffant l'atmosphère. Une saison propice à la randonnée (malgré les journées raccourcies), mélèzes et arbres à feuilles caduques offrant une palette chatoyante.

Météo France – meteofrance.com.

Adresses utiles

Informations touristiques

Pour préparer son voyage, consultez les sites web institutionnels qui fournissent des renseignements, plus ou moins détaillés selon l'échelle régionale ou départementale. Ils répertorient aussi les offices de tourisme de leur secteur où trouver des informations précises et où vous pourrez vous rendre une fois sur place.

Comités régionaux :
Provence-Alpes-Côte d'Azur – provence-alpes-cotedazur.com.
Côte d'Azur France – cotedazurfrance.fr.
Comités départementaux/agences de développement touristique :
Alpes-de-Haute-Provence – www.tourisme-alpes-haute-provence.com.
Hautes-Alpes – www.hautes-alpes.net.
Drôme – www.ladrometourisme.com.

Parcs nationaux et Parcs naturels régionaux

Voir p. 428.

Personnes en situation de handicap

Dans ce guide, les sites et établissements qui peuvent accueillir des personnes à mobilité réduite sont signalés par le symbole ♿.

Tourisme & Handicap
Liste des sites labellisés sur **www.tourisme-handicaps.org**.
☺ Procurez-vous le guide *Vacances accessibles en France*, Michelin Éditions, 2024 : 1200 sites et activités adaptés pour les personnes à mobilité réduite.

Transports

SNCF – www.sncf-connect.com.

Informations

www.alpes-haute-provence.com/tourisme-handicap – Sites et activités labellisés, mais aussi adaptés en haute Provence Luberon, Mercantour et Verdon.

handitourisme.hautes-alpes.net – Ski, activités nordiques, VTT, randonnées, promenades, bases nautiques accessibles aux personnes handicapées dans les Hautes-Alpes.

www.ecrins-parcnational.fr et **www.mercantour-parcnational.fr** – Avec le mot-clé « handicap », vous accéderez aux actualités sur le sujet et au guide en téléchargement « Les parcs nationaux accessibles à tous » édité pour chaque parc.

Handiski

Le handiski peut être pratiqué dans les stations des Alpes du Sud. Consultez le site de l'école du ski français : **www.esf.net** (rubrique « Nos écoles »).

Hébergement

Notre sélection

Retrouvez notre sélection dans les carnets d'adresses situés en fin de description des principaux sites. Ces établissements sont classés selon la fourchette : tarif mini/maxi d'une chambre double en haute saison.

Les bons plans

Les comités départementaux et agences départementales de tourisme *(voir ci-contre)*, ainsi que certains offices de tourisme proposent un service de réservation en ligne et, parfois, des formules de courts séjours clé en main et des offres promotionnelles.

Hébergement rural

Gîtes de France – www.gites-de-france.com. Gîtes, chambres d'hôte ou camping. Coordonnées des relais départementaux et possibilité de réservation en ligne.

Bienvenue à la ferme – www.bienvenue-a-la-ferme.com. Selon les départements, fermes-auberges, campings à la ferme, fermes de séjour.

Refuge en montagne – *Voir p. 473.*

Auberges de jeunesse

Fédération unie des auberges de jeunesse – www.hifrance.org. Auberges à Barcelonnette, Castellane, Guillestre et Serre Chevalier. Ouvertes à tous, sur présentation de la carte FUAJ (cotisation annuelle de 2 €).

Se loger autrement

www.abracadaroom.com – Hébergements insolites : yourte, cabane perchée, bulle...

🍃 **www.greengo.voyage** – Hébergements classiques ou insolites sélectionnés selon des critères écoresponsables.

Nos catégories de prix		
	Hébergement	**Restauration**
Premier prix	jusqu'à 80 €	jusqu'à 20 €
Budget moyen	de 80 à 120 €	de 20 à 35 €
Pour se faire plaisir	de 120 à 150 €	de 35 à 50 €
Une folie	plus de 150 €	plus de 50 €

Sur place de A à Z

Les **comités départementaux** et **régionaux** ainsi que les **agences de développement touristique** (voir p. 466) disposent de brochures, souvent en téléchargement. Sur place, les offices de tourisme mettent à disposition documentation et prospectus.

Retrouvez notre sélection de prestataires dans la rubrique « Activités » dans nos carnets d'adresses situés en fin de description des principaux sites.

Canyoning

La région décrite dans ce guide est l'une des plus riches de France en canyons équipés. Le pratiquant maîtrisant sa technique n'aura que l'embarras du choix entre la **vallée de l'Ubaye**, notamment le secteur entre Les Thuiles et Le Lauzet (le ravin de Sauze offre l'une des plus belles courses), et les **vallées du haut Var** et du Cians, sans oublier le foisonnement de sites dans le **Verdon**. Parmi les sites accessibles à l'initiation, citons le vallon du Fournel dans le **Pays des Écrins**, le canyon de Trigance et le vallon du Pas de la Tour dans l'**Ubaye**.

Comment pratiquer ?

Il est indispensable d'effectuer les sorties avec un moniteur sachant « lire » le cours d'eau emprunté et connaissant les particularités de la météo locale. Les **bureaux de guides** disposent de moniteurs brevetés et donnent des conseils.

Quand pratiquer ?

Généralement l'été, lorsque la température de l'eau est supportable et le débit des torrents moyen. Consulter la météo reste déterminant pour une sortie, car la prévision des orages en amont conditionne le passage de certaines clues et l'état des vasques. Un départ matinal s'impose afin de gérer les incidents de parcours, même mineurs, qui peuvent prendre une importance capitale dans l'environnement particulier d'un canyon, et d'éviter les orages qui ont plutôt lieu l'après-midi.

Se documenter

Le Conseil général des Alpes-Maritimes diffuse le guide *Randoxygène Clues et canyons* qui regroupe des informations pratiques et des itinéraires par secteur. Ouvrage disponible dans les offices de tourisme et en téléchargement sur randoxygene. departement06.fr.

Cyclotourisme et VTT

Avec l'avènement des **VAE** et **VTTAE**, la pratique du vélo en montagne est devenue un loisir accessible au plus grand nombre. Les cyclotouristes qui pédalent sans assistance électrique trouveront cependant des itinéraires adaptés à leur niveau. Dans tous les cas, il existe des loueurs un peu partout dans la région. Sachez que la caution demandée pour la location d'un vélo à assistance électrique est beaucoup plus élevée que pour un vélo classique.

Pour les itinérants, la liste des prestataires **« Accueil vélo »** est disponible sur les sites des comités départementaux de tourisme et sur le site de **France Vélo Tourisme** (www.francevelotourisme. com). Ce label est décerné aux professionnels (hébergeurs, restaurateurs, loueurs, réparateurs) s'engageant à mettre à disposition locaux fermés, points d'eau pour le nettoyage des vélos, mallettes de réparation, documentation, etc.

Ascensions mythiques

La **Route des Grandes Alpes**, qui passe par le Briançonnais, le Queyras et l'Ubaye, est ponctuée de grands cols (Lautaret, Granon, Izoard, Montgenèvre, Vars, Bonette) rendus célèbres par le Tour de France.

☏ www.routedesgrandesalpes.com

😊 De juin à octobre, des cols sont réservés à tour de rôle, durant une matinée ou une soirée, aux seuls cyclistes. Programme en ligne sur www.phenomenalpes.fr.

Dans les Hautes-Alpes

33 « Itinéraires partagés » (12 boucles et 21 ascensions) pour les cyclistes ont été aménagés dans le département. Carte téléchargeable sur **www.hautes-alpes.net**.

Les véloroutes **La Durance à vélo**, qui emprunte des routes secondaires de Briançon à Sisteron (170 km) traversant des paysages variés, présente moins de relief après Gap. Brochure et traces GPS téléchargeables sur **laduranceavelo.fr**.

Dans les Alpes-de-Haute-Provence

17 boucles cyclotouristiques répertoriées sur une carte et traces GPS téléchargeables sur le site **www.tourisme-alpes-haute-provence.com**.

D'autres itinéraires sillonnent le Luberon, secteur Manosque-Forcalquier, le pays de Forcalquier et la montagne de Lure et les alentours du Verdon. Descriptifs sur **www.veloloisirprovence.com**. Ceux qui n'ont pas peur d'affronter les montées les plus rudes préféreront l'**Ubaye** (voir p. 356).

VTT

L'été, certaines stations de ski ouvrent leurs remontées mécaniques aux VTT, ce qui permet d'emprunter les pistes de ski de fond et même celles de descente.

Un site, des activités

Les itinéraires de randonnées pédestres, raquettes, équestres, vélo, VTT, trail, canoë-kayak, escalade... pour tous les goûts et tous les niveaux sont répertoriés sur le site dédié aux activités des Alpes-de-Haute-Provence : **www.rando-alpes-haute-provence.fr**, et sur celui des Hautes-Alpes : **www.alpesrando.net**. Pour chaque itinéraire, fiche de présentation avec les points d'intérêts et la trace GPS en téléchargement.

Dans les Hautes-Alpes comme dans les Alpes-de-Haute-Provence, les sites et bases dédiés aux VTT sont nombreux. Dans le périmètre de ce guide, 13 sites bénéficient du **label « VTT/FFC »** (Fédération française de cyclisme). Consultez leur fiche sur **sitesvtt.ffc.fr**. Les traces GPS des circuits sont téléchargeables.

Randonnées itinérantes

3 Grandes Traversées, d'une semaine ou plus chacune, sont labellisées par la FFC : « L'Alpes-Provence », « La TransVerdon » et « Sur les chemins du soleil ». Cette dernière présente un réseau de 1 000 km de chemins balisés, de Grenoble ou Valence à Nice via Sisteron et Castellane.

☏ vtt.tourisme-alpes-haute-provence.com

La grande traversée des Hautes-Alpes (GTHA)

Ce parcours est la plus haute randonnée VTT de France. Il part de La Grave et traverse tous les territoires des Hautes-Alpes jusqu'à Laragne-Montéglin.

☏ sitesvtt.ffc.fr

Escalade

Les reliefs escarpés de la **haute Ubaye**, les célèbres murailles verticales du **Verdon** (falaise de l'Escalès), les barres abruptes des **Préalpes de Digne**, les grès particuliers d'**Annot** ou encore les contreforts des **Baronnies** (Orpierre) constituent une impressionnante palette de sites d'escalade réputés.

Via ferrata

Les quelques sites présentés dans ce guide ne nécessitent pas la maîtrise des techniques de rappel et d'escalade proprement dites. Cependant, différents niveaux de via ferrata existent : certaines ne sont pas recommandées aux jeunes enfants et aux personnes peu endurantes à un effort physique continu. Pour toute personne non familiarisée avec les règles élémentaires de sécurité en montagne, il est indispensable d'utiliser les services d'un guide ou de se joindre à un groupe constitué par un prestataire.

Lieux et prestataires sont répertoriés sur les sites Internet des comités départementaux de tourisme et agences de développement touristique (*voir p. 466*). Sur place, adressez-vous aux offices de tourisme et aux bureaux de guides.

Nautisme

Lac de Serre-Ponçon

Dans les Hautes-Alpes, la deuxième plus grande retenue artificielle d'Europe (2 800 ha), due à la construction du barrage sur la Durance, est le cadre d'activités nautiques variées (*voir p. 160*).

Lac du Sautet

En Isère, à la frontière des Hautes-Alpes, ce petit lac (305 ha) possède une base nautique à Corps (*voir p. 181*).

Lacs du Verdon

Dans les Alpes-de-Haute Provence, le cours du Verdon est ponctué de plans d'eau formés par les retenues des barrages dont ils ont hérité leurs noms. Chacun possède son caractère et sa réglementation.

Lac de Castillon – En partie réservé à la Marine nationale, ce lac (500 ha) propose des activités sur les bases de loisirs nautiques à St-André et à St-Julien (*voir p. 335*).

Lac de Ste-Croix – Le plus vaste des plans d'eau du Verdon (2 200 ha) est bien équipé en services de location d'embarcations et de matériel nautique à Bauduen, Ste-Croix-de-Verdon, Les Salles-sur-Verdon et au pont de Galetas à l'entrée du Grand Canyon (*voir p. 329*).

Lac d'Esparron-de-Verdon – Il s'étend à la sortie des basses gorges et offre un terrain de choix pour les amateurs de canoë-kayak, de voile et de planche à voile (*voir p. 330*). Les accès directs pour les véhicules (sauf 4x4) rares assurent la tranquillité de ce plan d'eau (328 ha).

Lac de Quinson – Il s'agit d'un ancien canyon envahi par les eaux (160 ha). Il a conservé un aspect très sauvage que l'on peut apprécier uniquement en kayak, paddle, pédalo (*voir p. 330*).

Pass touristique

Passeport des musées

Dans les **Alpes-de-Haute-Provence**, il est remis aux visiteurs lors de leur 1re visite dans l'un des 35 sites partenaires. La 1re visite se fait au plein tarif, les suivantes bénéficient de tarifs réduits. Les 4e, 8e et 12e visites sont gratuites. Valable pour deux sans limite dans le temps.

ⓖ www.tourisme-alpes-haute-provence.com/passeport-des-musees

Pêche

La diversité du domaine piscicole de la **partie méridionale des**

GUIDE
MICHELIN
VOYAGE & CULTURES

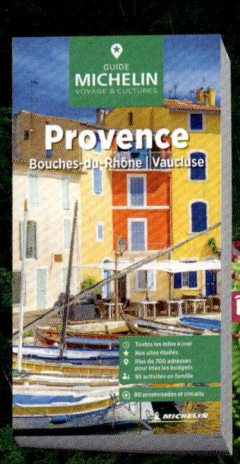

GUIDE
MICHELIN
VOYAGE & CULTURES
Corée du Sud

GUIDE
MICHELIN
VOYAGE & CULTURES
Provence
Bouches-du-Rhône | Vaucluse

GUIDE
MICHELIN
VOYAGE & CULTURES
ÎLES CANARIES

*Disponibles en
version numérique

POUR CHAQUE
DESTINATION
IL Y A
UN
GUIDE
MICHELIN
VOYAGE & CULTURES

Alpes offre un choix considérable au pêcheur néophyte comme à l'amateur de pêche sportive et technique. La pêche en **montagne** par excellence est celle de la **truite**, pratiquée soit « au toc » avec des insectes vivants ou des larves, soit à la mouche artificielle et au lancer dans les cours d'eau plus larges et dans les lacs.

Les liens vers les sites des fédérations départementales de pêche se trouvent sur **www.federationpeche.fr**. Elles présentent les sites et leur réglementation sur une carte interactive.

Pour obtenir la carte de pêche : www.cartedepeche.fr.

Randonnée pédestre

De nombreux sentiers de **grande randonnée** (GR), jalonnés de traits horizontaux rouges et blancs, sillonnent les Alpes du Sud et la haute Provence.

Les principaux itinéraires

Le **GR 5** (de Modane au col de Larche, et du col de Larche à la Méditerranée) traverse la région du nord au sud ; sur ce sentier se greffent plusieurs circuits :

– le **GR 58**, tour du Queyras, très bien équipé en refuges et gîtes, est relié au **GR 54**, tour de l'Oisans, par le **GR 541** qui suit la vallée de Freissinières ;

– le **GR 56**, tour de l'Ubaye ;

– le **GR 93** traverse le Dévoluy, et le **GR 94** parcourt le Pays du Buëch et les Baronnies ;

– le **GR 6**, « Alpes-Océan », relie l'Ubaye à Sisteron, puis au Pays de Forcalquier ;

– le **GR 946**, de Serres à Sisteron, suit une ligne de crête au-dessus de la vallée du Buëch ;

– le **GR 97** relie Châtillon à Brantes ;

– le **GR 4**, « sentier Méditerranée-Océan », traverse toute la haute Provence par Entrevaux, Castellane, Moustiers-Ste-Marie, Riez et

Gare au patou

Ce gros chien à l'air sympathique a pour tâche de garder les troupeaux de moutons. Lors de vos randonnées, veillez à ne pas vous en approcher et passez votre chemin. À l'abord des zones de pâturage, des panneaux rappellent le comportement à adopter.

Gréoux-les-Bains ;

– le **GR 653 D**, qui rejoint le chemin de St-Jacques-de-Compostelle, relie le col de Montgenèvre à Arles ;

– le **GR 406**, « Voie Impériale », entre Castellane et Digne sur le thème de Napoléon.

- le **GR 69**, « **La Routo** », emporte les marcheurs sur 540 km par les chemins de la transhumance, de la plaine de la Crau (entre Arles et Salon-de-Provence) à la vallée de la Stura, dans le Piémont.

🕾 www.larouto.eu

Des **GR de pays** (le tour du lac de Serre-Ponçon et les tours du haut Verdon) permettent de découvrir à pied des secteurs.

Les sentiers de **petite randonnée** (PR), balisés de traits horizontaux jaunes, sont des parcours de marche d'une journée maxi.

Enfin, des **sentiers de découverte**, ponctués de panneaux informatifs, sont aménagés localement.

Où se renseigner ?

rando.ecrins-parcnational. fr – Le Parc national des Écrins dispose d'un site Internet et d'une application mobile pour vous guider sur les itinéraires de randonnées du parc. Cartographie dynamique, géolocalisation et photos du patrimoine à disposition.

www.destination. marittimemercantour.eu/– Le Parc national du Mercantour a également développé un site Internet dédié à la randonnée, incluant la liste des refuges de montagne.

www.cheminsdesparcs.fr – Sur le site des Parcs naturels régionaux en Provence-Alpes-Côte d'Azur, chaque itinéraire est présenté sur une fiche, avec la trace en téléchargement.

Même principe sur les sites dédiés aux activités sportives des Alpes-de-Haute-Provence et des Hautes-Alpes *(voir encadré p. 469)*.

www.ffrandonnee.fr – Le site de la Fédération française de randonnée pédestre fourmille d'informations pratiques et de conseils. Il renvoie aussi à sa boutique en ligne de topoguides/topocartes et à son site de suggestions de randos.

Se préparer

Consultez toujours la **météo** avant de partir en randonnée et adaptez votre parcours à votre condition physique et votre expérience en la matière.

Équipez-vous de chaussures non glissantes et emportez toujours dans votre sac un coupe-vent, un vêtement chaud, de l'eau en quantité suffisante, des lunettes de soleil et de la crème solaire.

Pour dormir en **refuge**, il est obligatoire de réserver en saison, par téléphone ou en ligne. Coordonnées et liens sur le site **www.ffcam.fr**.

Randonnée en traîneau à chiens

Les sites nordiques offrent de magnifiques opportunités de balades en traîneau, une expérience magique aussi bien pour les enfants que pour les grands. Dans le **Queyras** et dans la **vallée de l'Ubaye** notamment se sont développés l'élevage et l'entraînement des meutes de chiens dont chaque race possède des caractéristiques de traction qui l'orientent vers la randonnée ou la course. Des stages d'initiation encadrés permettent de vivre une aventure dépaysante.

Pour connaître les prestataires, renseignez-vous dans les offices de tourisme du Queyras et auprès des Comités départementaux du tourisme des Alpes-de-Haute-Provence et des Hautes-Alpes *(voir p. 466)*.

☺ En été, la version **cani rando** (ou marche), proposée notamment dans le Pays des Écrins (www. paysdesecrins.com) et à Serre-Chevalier, est aussi une expérience à faire en famille.

Restauration

Retrouvez notre sélection dans nos carnets d'adresses situés en fin de description des principaux sites. Les établissements sont listés par catégories de prix.
☞ *Tableau p. 467.*

Bistrots de Pays

Les établissements bénéficiant de ce label s'engagent à prendre part à la vie des communes rurales où ils sont implantés. Outre leur activité de restauration, ils assurent des services commerciaux essentiels. Ils promeuvent les produits de leur terroir, proposent une documentation touristique et organisent des animations festives et culturelles. Ouvert toute l'année, le Bistrot de Pays joue un rôle essentiel dans le village.
☞ www.bistrotdepays.com

Pays Gourmand

Ce label distingue les restaurants et les producteurs de la vallée du Verdon et des Pays d'Annot, de Barrême et d'Entrevaux, qui privilégient les produits du terroir. Ces derniers s'inscrivent dans une démarche de soutien à l'agriculture locale et à l'identité culinaire.
☞ www.paysgourmand.com

Routes thématiques

Via Domitia

L'ancienne voie romaine traverse les Alpes du Sud. Vous pourrez la suivre de Montgenèvre à Céreste.

☞ provence-alpes-cotedazur.com

Route Napoléon

Les voies par lesquelles le
« Petit Caporal » est monté vers
Paris forment ce que l'on nomme
la **Route Napoléon** *(voir p. 171, 283
et 440)*.

Sur les pas de Vauban et de Maginot

Les citadelles de Briançon et
de Mont-Dauphin, classées au
Patrimoine mondial de l'UNESCO,
mais aussi le château de Château-
Queyras, la citadelle de Seyne-les-
Alpes et les deux forts de Colmars-
les-Alpes sont les exemples les
plus homogènes du système
défensif conçu par Vauban à partir
de 1692 dans les Alpes. La **vallée
de Briançon** offre un étonnant
panorama chronologique des styles
de défense militaire. Le service du
patrimoine de la ville de Briançon
organise des visites *(voir p. 41)*.
Les principaux ouvrages Maginot
se regroupent, quant à eux, dans
la **vallée de la haute Ubaye**,
au confluent de la route du col
de Larche et de la haute Ubaye :
forts de Tournoux, de Roche-la-
Croix, de St-Ours-Haut et St-Ours-
Bas et batteries d'époque Séré
de Rivières sont à admirer. Pour les
visites : www.ubaye.com.

☞ *« Les Alpes fortifiées », p. 444.*

Route Jean-Giono

Totalisant 152 km reliant 18 sites
littéraires, ce parcours s'effectue
en voiture mais aussi à vélo, au
long de départementales autour
de la montagne de Lure. Les
lecteurs de Giono visualiseront
ainsi ce « Haut-Pays » qui
inspira l'écrivain. 14 balades
littéraires ont été imaginées
aux abords de l'itinéraire. Carte
en téléchargement sur **www.
tourisme-alpes-haute-provence.
com/route-jean-giono/**

Route de l'olivier

L'arbre symbolique de l'univers
provençal fait l'objet d'un circuit
de 90 km dans la **Drôme** : La Route
de l'olivier en Baronnies, autour de
Nyons et de Buis-les-Baronnies.
Elle répertorie les producteurs
d'huile d'olive ans l'aire de l'AOC.
Dépliant en téléchargement sur le
site **www.nyons-aoc.com**.

☞ *« Olives et huile d'olive », p. 433.*

Routes de la lavande

Sillonnant les quatre départements,
elles sont une invitation à la
découverte de nombreux sites liés
à la culture et à l'exploitation de la
lavande. Les itinéraires proposés
vous mèneront en Pays de Digne,
sur le plateau de Valensole, dans le
Verdon, en passant par le Buëch,
la Drôme provençale et le Diois.
Traces en téléchargement sur :
routes-lavande.com.

☺ Fête de la lavande à Valensole le
3e dimanche de juillet et Corso de la
lavande à Digne début août.

☞ *« Lavande et tilleul », p. 430.*

Route des saveurs et senteurs

Sous cette appellation sont
regroupés des itinéraires allant
de un à cinq jours et invitant à
découvrir les savoir-faire d'une
vingtaine d'entreprises des Alpes-
de-Haute-Provence. Agriculteurs,
producteurs de lavande,
apiculteurs, vignerons, fabriques
artisanales... Échangez avec les
acteurs de ce territoire grâce aux
visites de sites et aux dégustations
dans leur boutique.

☞ **www.routedessaveurset
dessenteurs.com**

Route du temps

Au cœur du **Géoparc de Haute-
Provence**, cette route de 60 km,
qui part du musée Terre et Temps
à Sisteron et se termine à Digne
(voir p. 229) permet de découvrir
les grandes richesses de la réserve,
que ce soit sur le plan de ses

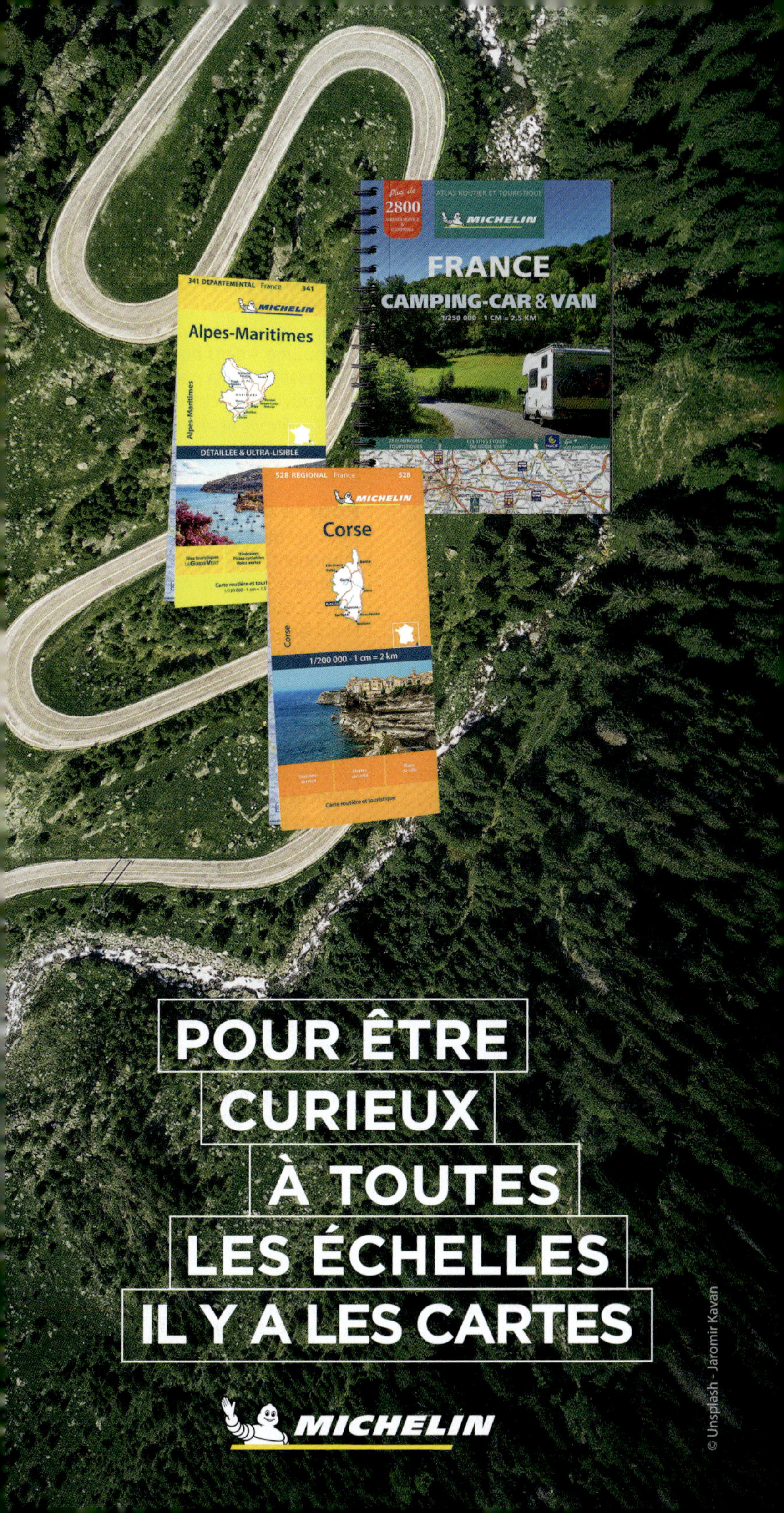

POUR ÊTRE
CURIEUX
À TOUTES
LES ÉCHELLES
IL Y A LES CARTES

splendides paysages ou sur celui de son riche patrimoine.

Sorties nature

UNCPIE (Union nationale des centres permanents d'initiatives pour l'environnement) – Les centres sensibilisent le grand public à la découverte de l'environnement et du patrimoine. Antennes départementales sur www.cpie.fr.
Itinéraires paysans – Ces circuits sont proposés dans les Alpes-de-Haute-Provence (Verdon, Pays de Haute-Provence et Sisteronnais-Buëch). Vous irez à la rencontre des agriculteurs qui proposent la visite de leur exploitation et une dégustation de leurs produits.
☏ www.itineraires-paysans.fr

Géoparc de Haute-Provence

Tout l'été, il propose des « Géotours », circuits de découverte à travers le territoire accompagnés par des géologues (1/2 j. - sur inscription).
☏ www.geoparchauteprovence. com

Parc national des Écrins

Les bureaux des accompagnateurs et guides du parc ainsi que des associations de passionnés proposent toute l'année des randonnées à thème. Détails dans les brochures « été » et « hiver ».
☏ www.ecrins-parcnational.fr

Parc national du Mercantour

Les Maisons du parc proposent en saison de nombreuses animations à destination des adultes et des enfants (sensibilisation, expositions, sorties...)
☏ www.mercantour-parcnational. fr

Les gorges du Verdon

Le Parc naturel régional du Verdon recense une dizaine de prestataires organisant des sorties accompagnées sur les sentiers, sur l'eau, des stages photos...
☏ www.parcduverdon.fr

Souvenirs

Retrouvez notre sélection « Shopping » dans nos carnets d'adresses dans la partie « Découvrir » de ce guide.
☏ *« Traditions et art de vivre », p. 458, et « Saveurs locales », p. 432.*

Pour la décoration

Dans les **Hautes-Alpes**, des ateliers fabriquent et vendent des **cadrans solaires** à St-Véran, Aiguilles, Ceillac, Guillestre et Mont-Dauphin. Meubles, jouets, panneaux, petit mobilier, objets en **bois** sont la spécialité du Queyras.
Le département des **Alpes-de-Haute-Provence**, réputé pour son artisanat d'inspiration provençale, reste identifié aux **faïences** de Moustiers et aux **santons** de Gréoux-les-Bains, Champtercier (près de Digne) et Manosque. D'autres ateliers de faïenciers sont également établis à Barcelonnette. Certaines productions ont trait à la poterie (Forcalquier, Castellane).

L'huile d'olive

La production oléicole est particulièrement active dans l'ouest du département des **Alpes-de-Haute-Provence**. Des moulins à huile vendent leur production aux visiteurs de passage, à Oraison (moulin Paschetta), à Peyruis (moulin Mardaric) et aux Mées, première commune oléicole du département (moulin Fortuné Arizzi, domaine Salvator, moulin des Pénitents). Dans les Baronnies, l'huile d'olive de Nyons est également très réputée.

Le miel

Dans le **Queyras**, plusieurs apiculteurs vendent leur production.

Tous pour un

Agriculteurs et artisans se regroupent pour diffuser leur production, une tendance bien ancrée dans les Alpes du Sud où les microstructures parsèment des territoires isolés. Ne manquez pas de pousser la porte de ces lieux uniques, vitrines de savoir-faire respectueux de l'environnement et soucieux de l'humain. Retrouvez-les dans « Nos adresses » : **Maison de Pays de l'Embrunais** *(p. 166)*, **Maison des produits de pays de Haute-Provence** *(p. 253)*, **Maison des produits du pays du Verdon** *(p. 315)*, **Maison de pays de l'Ubaye** *(p. 356)*.

Quelques spécialités

Si vous passez dans le Champsaur, goûtez **tourtons** et aux **ravioles**. Lors de pique-niques, **charcuteries** et **fromages** de montagne (tommes de vache) vous accompagneront ! N'oubliez pas le **picodon**, petit chèvre drômois, ou le **banon**, également un chèvre enveloppé dans des feuilles de châtaignier. Côté douceurs, les **croquants**, biscuits secs aux amandes et au miel, sont une spécialité du Queyras. La **confiture de genièvre** est vendue sur les marchés de l'Ubaye, tandis que celle d'**argousier** se trouve dans le Champsaur.

Les liqueurs

Citons le **génépi**, produit en Ubaye notamment, qui se trouve en boutique à Barcelonnette et à Forcalquier ; le **pastis** artisanal de Forcalquier ; la **clairette de Die**, vin pétillant et la gentiane de Lure.

Sports aériens

Le relief tourmenté et les sites abrupts deviennent autant de bases d'envol permettant une découverte différente du panorama des vallées. Des écoles, animées par des professionnels, dispensent des cours d'initiation. Les coordonnées peuvent être fournies par les Comités départementaux de tourisme *(voir p. 466)*. Autrement, vous pourrez opter pour un baptême en biplace.

Parapente

Le parapente a particulièrement bien tiré parti de la morphologie des Préalpes et de la qualité des courants d'air. Cette activité estivale s'est étendue aux stations de sports d'hiver avec départ skis aux pieds.

Vol à voile

Grâce à la stabilité des conditions climatiques et aérologiques, les compétiteurs de vol à voile ont pu battre plusieurs records du monde d'altitude en haute Provence. Le Centre national de vol à voile est installé à **Château-Arnoux-St-Auban.**

Deltaplane

Les adeptes du vol libre ont aussi développé dans la région la pratique du deltaplane, particulièrement à **St-André-les-Alpes.**

Sports d'eaux vives

Le réseau hydrographique dense et des températures estivales clémentes font des Alpes méridionales un terrain de prédilection, avec plus de 200 km de cours d'eau navigables dont la **Durance** constitue l'axe majeur.

Les bases d'activités

À L'Argentière-la-Bessée, Barcelonnette, Briançon, Eygliers, Guillestre, La Palud-sur-Verdon, Orcières-Merlette, La Salle-les-Alpes, Val-des-Prés, Veynes et Les Vigneaux, des organismes mettent à la disposition des pratiquants un large éventail d'animations de groupe.

Les Comités départementaux de tourisme *(voir p. 466)* fournissent la liste des prestataires.

Les hauts lieux de sports d'eaux vives

L'Ubaye – Ce torrent, particulièrement apprécié des amateurs d'exploits de niveaux IV et V, n'étant pas régulé par un barrage, est susceptible de brusques variations de niveau. La classe générale de difficulté le réserve à des amateurs aguerris à toutes les techniques nécessaires au franchissement des obstacles IV, V, voire VI (franchissables uniquement en basses eaux). Seul le parcours entre La Condamine et Les Thuiles (classe III) est accessible à l'amateur occasionnel et présente un intérêt de parcours.

Le haut Var – Entre le pont de Puget-Théniers et Daluis, le site présente une difficulté de classes II et III. Accès par l'un des 5 points publics d'embarquement

Le haut Verdon et l'Issole – De St-André-les-Alpes jusqu'au pont de Chaumie, à l'entrée du plan d'eau de Colmars-les-Alpes, le cours d'eau est de classes II et III et dispose de 8 points publics d'embarquement. Les 8 km de l'affluent droit, l'Issole, classés en catégorie II, constituent un bon parcours d'initiation.

Le Grand Canyon du Verdon – Les 32 km de parcours du torrent entre le Point Sublime et le pont de Galetas (à l'embouchure du lac de Ste-Croix) s'échelonnent des classes II à IV avec des rapides aux noms évocateurs : l'Imbut, le Styx et la Souricière. Le canyon constitue l'étape incontournable des amateurs d'activités d'eaux vives sportives.

Canoë-kayak

La région est bien adaptée au canoë-kayak et ses rivières offrent tous les niveaux de difficulté : sur l'Ubaye et le Verdon, mais aussi sur la Clarée, la Guisane, la Gyronde, la Biaisse, la Durance, le Guil, le Buëch, la Méouge, le Drac, la Souloise et la Séveraisse.

😊 Sur certaines rivières des Alpes-de-Haute-Provence, la navigation des canoës-kayaks est réglementée en période estivale (généralement du 1er juin au 1er octobre) et parfois au-delà. C'est le cas pour l'Ubaye, le Bachelard, le Verdon et l'Issole, le Var et le Coulomp.

ℭ canoe-provencealpescotedazur.fr.

Rafting

Les Alpes du Sud constituent le « royaume » du rafting. Sa pratique est conseillée à la période de la fonte des neiges (d'avril à juin) et, pendant l'été, sur les rivières à débit important.

Le classement des difficultés du franchissement d'obstacles des rivières s'échelonne de I à VI (soit du facile au généralement impossible). Pour les amateurs ne possédant pas une technique éprouvée, il est préférable de ne pas dépasser le classement III. Les néophytes choisiront une sortie accompagnée.

Sports d'hiver

Les stations

Les Alpes du Sud sont réputées pour leur ensoleillement. À côté des **grands complexes** comme Serre Chevalier, Pra-Loup, Vars-Risoul, Montgenèvre Voie Lactée et Val d'Allos Espace Lumière et de **stations moyennes** (La Grave, Puy-St-Vincent, Superdévoluy, La-Joue-du-Loup, Orcières Merlette 1850, Les Orres, Risoul, Valberg, Auron, Le Sauze 1400, Le Sauze 1700, Isola 2000), on trouve de petites **stations-villages** comme Abriès, Ancelle, Arvieux, Ceillac, Cervières, Chabanon-Selonnet, Chaillol, Crévoux, La Joue-du-Loup, Larche, Laye, Montclar, Pelvoux, Réallon,

RETROUVEZ LES POINTS D'INTÉRÊTS DU

GUIDE
MICHELIN
VOYAGE & CULTURES

ET PLANIFIEZ VOS VOYAGES AVEC

VIA MICHELIN

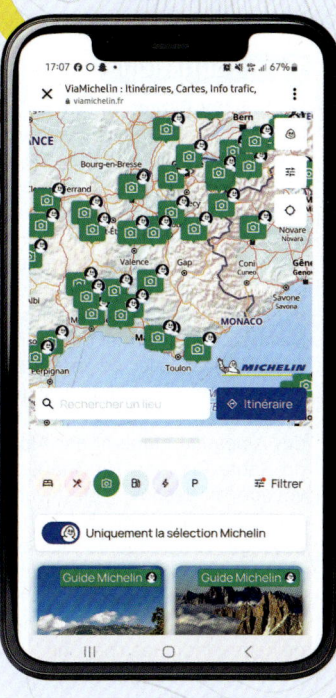

VIA MICHELIN

POUR FAIRE DE VOS ITINÉRAIRES DES MOMENTS UNIQUES.

MICHELIN

Ristolas, Roubion, St-Dalmas-le-Selvage, St-Léger-les-Mélèzes, St-Paul-sur-Ubaye, St-Véran, Ste-Anne la Condamine, Val d'Allos Le Seignus, Valgaudemar, Vallouise, Villar-d'Arène, Villard-St-Pancrace.

☞ www.france-montagnes.com
☞ *Rejoindre les stations en autocar, p. 465.*

Le ski de fond

La plupart des stations offrent un balisage pour les fondeurs dans la partie basse des versants skiables. Des secteurs comme le **massif du Queyras, la vallée de Névache** et la **vallée de la Guisane** se prêtent bien à cette activité.

☞ www.nordicalpesdusud.com
☺ Les plus sportifs pourront entreprendre la **Haute Route des Escartons** qui relie St-Véran à Névache (soit 115 km, comptez 4 jours).

Le ski de randonnée

Le relief des Alpes du Sud est tout à fait adapté à ce sport, et de nombreuses stations constituent des points de départ intéressants. Le Queyras, la haute Ubaye, le haut Verdon (et le pays d'Annot), par exemple, disposent de plus de 1000 km d'itinéraires, mais les secteurs plus méridionaux, tels les versants du Contadour, peuvent également présenter d'intéressantes courses quand la neige est au rendez-vous. Adressez-vous aux bureaux des guides si vous souhaitez être accompagné.

Les raquettes

La plupart des bureaux de guides de montagne proposent des randonnées-découvertes aux paysages variés dans un milieu préservé, sans pratique préalable nécessaire.

☺ Pour pratiquer cette activité, portez des chaussures de randonnée souples, mais à tige montante; les après-ski sont à proscrire.

Thermalisme

Les deux principales stations thermales, célèbres depuis l'Antiquité, proposent des soins de bien-être : **Digne-les-Bains** *(voir p. 270)* et **Gréoux-les-Bains** *(voir p. 310)*. Deux autres stations retrouvent l'essor qu'elles avaient connu il y a quelques décennies : **Montbrun-les-Bains** *(voir p. 212)* et **Le Monêtier-les-Bains** *(voir p. 50)*.

Train touristique

Le **train des Pignes**, qui va de Nice à Digne-les-Bains, parcourt l'arrière-pays niçois et la haute Provence sur 150 km *via* Puget-Théniers, Entrevaux, Annot et St-André-les-Alpes. Construite de 1890 à 1911, sa voie métrique et unique franchit une soixantaine d'ouvrages d'art remarquables. De nos jours, il permet de rejoindre, toute l'année, le lac de Castillon et les gorges du Verdon ainsi que certaines stations de sports d'hiver des Alpes-Maritimes et des Alpes-de-Haute-Provence. En 3h30, ce voyage fait découvrir, en suivant le cours de cinq vallées, de très beaux paysages et de coquets villages perchés, parfois difficilement accessibles par la route. En dehors des gares, l'aménagement de haltes, indiquées par une signalisation, permet aux randonneurs d'organiser leur itinéraire en quittant le train à un point donné pour le reprendre en fin de journée à un autre arrêt.

☺ Sur la section entre Puget-Théniers et Annot circule en saison un **train à vapeur** *(voir p. 389)*.

☞ www.cpzou.fr et www.traindespignes.fr.

Agenda

Janvier

Serre Chevalier – Trail blanc : course à pied en milieu nordique (10 ou 20 km). www.trail-serre-chevalier.com.

Février

Mane – Fête de la truffe (1er w.-end). www.haute-provence-tourisme.com.

Val d'Allos – L'obs by night : course nocturne de ski alpinisme (montée sèche). www.valdallos.com.

Mars

Le Sauze - Festival du film de montagne Regards d'Altitudes (fin mars). www.regards-altitudes.com

Avril

La Grave – Le Derby de la Meije (déb. avr.) : course en équipe de *freeriders*, sur n'importe quel engin glissant (ski, snowboard, etc.). www.hautesvallees.com.

Digne-les-Bains – Rencontres cinématographiques. www.rencontrescinedigne.com.

Sisteron – Fête de l'agneau (mi-avr.), transhumance des moutons dans les rues de la ville, danses et chants provençaux. www.agneaudesisteron.fr

Vars – Gliss and mix : slalom géant et DJ set au profit de la lutte contre le cancer. www.gliss-mix.com.

Mai

Annot – Annot à bloc (fin mai). Fête de l'escalade : compétition et animations. www.annotabloc.com

Banon – Fête du fromage (fin mai). fetedufromage-banon.fr.

La Grave – Transhum' en fête (fin mai) : journée de partage et de découverte autour de la montée en alpage d'un troupeau de vaches. www.hautesvallees.com

Simiane-la-Rotonde – L'Abbaye en Roses à l'abbaye de Valsaintes : animations autour de la floraison (de mi-mai à déb. juin). www.valsaintes.org.

Juin

Briançon – Fête médiévale des Escartons (dernier w.-end) : 3 jours d'animations, spectacles, marchés. www.medievale-briancon.fr

Castellane – Fête de la transhumance. www.castellaneverdon.com

Château-Arnoux-St-Auban – Les Escapades (mi-juin) : deux jours de concerts gratuits, en plein air avec de nombreux artistes ! www.theatredurance.fr

Diois – Fête de la transhumance (2e quinz.) - défilés, animations, expositions… www.fete-transhumance.com

Les Orres – Fête de l'Amontagnage (fin juin ou déb. juil.) : fête traditionnelle au Grand Vallon. www.lesorres.com.

Plateau de Valensole et alentours – Festival poésie et chansons au pays des lavandes : concerts et spectacles. poetesdeshautesterres.fr.

St-Étienne-de-Tinée – Fête de la transhumance : troupeaux et bergers investissent le village. www.saintetiennedetinee.fr

Juillet

Abriès-Ristolas – Artitude : fête de l'artisanat et de l'art (mi-juil.). www.envie-de-queyras.com Musi'Queyras : festival de musiques du monde (2e quinz.). www.musiqueyras.org.

Annot – Annot d'Antan (mi-juil.) : animations autour des métiers anciens et du patrimoine. www.annot.com.

L'Argentière-la-Bessée – Autour de Brassens : festival de musique sur 3 j. fin juil. (chanson française : reprises de Brel, Piaf, Aznavour, Brassens…). autour-de-brassens.blogspot.com.

Barcelonnette – Festival des enfants du jazz (2e quinz.), au parc de la Sapinière. www.ubaye.com.

Barrême – Fête de la lavande (dernier dim.). www.fetesdelalavande.fr.

Briançon – Mondial de l'escalade (3e sem.) : semaine de l'escalade et de la montagne, avec des manifestations gratuites. www.mondial-escalade.fr.

Buis-les-Barronies – Tilleul en fête (déb. juil.) : marché au tilleul, plantes aromatiques, livres, randonnées. www.baronnies-tourisme.com.

Forcalquier – Cooksound Festival (3e sem.) : musique, gastronomie et arts visuels. www.cooksound.com. Les Ateliers (4e w.-end) : les artistes et artisans d'art ouvrent leurs ateliers. www.les-ateliers-forcalquier.fr.

Manosque – Musiks à Manosque (3e sem.). www.dlva.fr.

Prieuré de Salagon - Rencontres musicales de Haute-Provence (4e sem.) : concerts de musique classique. www.rmhp.fr.

Quinson – Journée de la préhistoire (3e dim.). Manifestation sur un thème lié à la préhistoire. www.museeprehistoire.com.

St-Véran – Rencontres en Ciel pur (déb. juil.) : festival autour de l'astronomie ; programmation culturelle et scientifique variée. www.lequeyras.com

Valensole – Fête de la lavande (3e dim.). www.fetesdelalavande.fr.

Juillet-août

Ceillac – Festivols (fin juil./déb. août) : démonstrations d'acrobatie en parapente, vols en montgolfière, ateliers pour enfants, concours de cerfs-volants, spectacles nocturnes. www.lequeyras.com

La Grave – Festival Messiaen au pays de la Meije (fin juil.-déb. août) : musique classique contemporaine. www.festivalmessiaen.com.

Savines-le-Lac – Les Mercredis de feu : spectacle pyrotechnique au bord du lac à 22h30 (de mi-juil. à mi-août). www.serreponcon.com.

St-Disdier-en-Dévoluy – Musique en Dévoluy : musique classique et traditionnelle dans les refuges du Dévoluy jusqu'au Mercantour et à Mère-Église. www.musiqueendevoluy.com.

St-Michel-l'Observatoire – L'été astro (jusqu'à mi-sept.) : observation du soleil et des étoiles, séances de planétarium. www.centre-astro.com.

Sisteron – Nuits de la citadelle : théâtre, musique, danse. www.nuitsdelacitadelle.fr.

Vallouise – Musiques en Écrins : musique de chambre et du monde (fin juil. à mi-août). www.musiques-en-ecrins.com.

Août

Barcelonnette – Fêtes latino-mexicaines (2e sem.). Musiques, défilés, folklore, danses latinos… www.barcelonnette.com.

Briançon – Danse des épées en chaîne « Bacchu-Ber » et danses folkloriques (le 16). www.ville-briancon.fr

Buis-les-Barronies – Parfum de Jazz : festival de jazz itinérant en Drôme provençale. www.parfumdejazz.com.

Cervières – Grand Trail de l'Izoard (fin août). www.izoard-tourisme.fr

Colmars-les-Alpes – Fête médiévale (déb. août). www.verdontourisme.com.

Cruis – Cruis en jazz (1re sem.). www.cruisenjazz.fr.

Digne-les-Bains – Corso de la lavande (1er w.-end), puis fête du terroir avec marché paysan (jeu. après le corso).

Embrun – Fêtes médiévales (3e sem.) : marché médiéval, bal, ateliers, animations et spectacles. www.ville-embrun.fr.

Guillaumes – Fête des sapeurs de l'Empire (le 15) et Vœux de l'Empire (reconstitution, années impaires). www.guillaumes.fr.

Guillestre – Potes de Marmots (fin août) : festival dédié au jeune public. www.montdauphin-vauban.fr.

La Grave – Fête de la montagne et des guides (2 j. autour du 15 août). Trail de la Meije (fin août). www.hautesvallees.com.

Manosque – Les Rencontres Giono (déb. août) : spectacles littéraires, conférences, lectures… www.ville-manosque.fr.

Mont-Dauphin – Vertical'été (déb. août) : danse contemporaine et chorégraphie en plein air. verticalete.free.fr.

Névache – Festival international de la Haute Clarée (mi-août) : grands noms de la musique classique. www.festivalclaree.com.

Pont-du-Fossé – L'écho des mots (autour du 15) : festival du conte, marionnettes, théâtre, cirque… www.festivalechodesmots.fr.

Riez – Fête du blé (1er dim.).

Ristolas – Les musicales de Ristolas (déb. août) : musique classique dans l'église. www.musicales-de-ristolas.org.

Selonnet – Fête des moissons (2 j. mi-août).

Seyne – Fête du concours mulassier (2e sam.).

Simiane-la-Rotonde – Les Riches Heures musicales de la Rotonde : festival de musique ancienne (1re quinz.). www.festival-simiane.com.

Sisteron – Fête médiévale Le Passage du Fort (3e sam. les années paires) : marché médiéval, spectacle de feu et animations. www.sisteron.com.

La Foux d'Allos – Fête du cheval : spectacle équestre (déb. août). www.valdallos.com.

Val d'Allos – Journée franco-italienne. www.valdallos.com.

Septembre

Ceillac – La Folie Bergère : fête pastorale. ceillac.fr.

Digne-les-Bains – Festival de l'outdoor et de la randonnée. www.dignelesbains-tourisme.com.

Gréoux-les-Bains - Gréoux Jazz Festival (mi-sept.) : ensembles de jazz régionaux et nationaux. greouxjazzfestival.com

Manosque – Les Correspondances : rencontres littéraires. correspondances-manosque.org.

Val d'Allos – Week-end Écotourisme Mercantour. www.valdallos.com.

Octobre

Oraison – Fête de l'amande (2e dim.).

Colmars-les-Alpes – Revendran (1er w.-end des vac. de la Toussaint) : fête du retour de la transhumance.

Gréoux-les-Bains – Foire aux santons (vac. de la Toussaint). www.greoux-les-bains.com.

Guillestre – Foire de la St-Luc : une des plus anciennes foires avec un marché aux bestiaux et des forains (3e lun.). www.envie-de-queyras.com.

Novembre

Isola – Fête des châtaignes (1er w.-end). www.isola2000.com

Décembre

Champtercier – Foire aux santons (1re sem.). champterroir.fr.

Digne-les-Bains – Fête de l'âne gris de Provence. www.dignelesbains-tourisme.com.

Livres et série

Livres

Littérature

Presque toute l'œuvre de **Jean GIONO** (1895-1970) a pour cadre la haute Provence. Citons quelques-uns de ses ouvrages :
Regain, 1930
Que ma joie demeure, 1935
Le Hussard sur le toit, 1951
Œuvres romanesques complètes disponibles à « La Pléiade », 1977.
Pierre MAGNAN, lui aussi natif de Manosque (1922-2012) fait évoluer les héros de ses romans policiers et autres ouvrages en pays manosquin :
Le Sang des Atrides, 1977
La Maison assassinée, 1984
Pour saluer Giono, 1990
La Folie Forcalquier, 1995
Chronique d'un château hanté, 2008
André BUCHER, « écrivain-paysan » (1946-2022), vécut dans une ferme dans la Drôme, près de Montfroc où il fonda la foire aux produits bio *(voir encadré p. 211)*. La nature occupe une place importante dans ses romans :
Le Pays qui vient de loin, 2003
Le Cabaret des oiseaux, 2008
Tordre la douleur, 2021
Quelques autres romanciers :
Alain DUGRAND et Anne VALLAEYS, **Les Barcelonnettes**, tomes I, II et III, 2003. L'histoire romancée des Barcelonnettes partis faire fortune au Mexique.
Émilie CARLES, **Une soupe aux herbes sauvages**, 1977. Le célèbre témoignage autobiographique de l'institutrice de la vallée de la Clarée.
René FREGNI, romancier né à Marseille, installé à Manosque, a découvert la littérature lors d'une incarcération. Ses romans font écho à ses expériences.
Les chemins noirs, 1988
L'été, 2002
Tu tomberas avec la nuit, 2008
Sous la ville rouge, 2013
Minuit dans la ville des songes, 2022

BD

Jean-Marc ROCHETTE, **Ailefroide. Altitude 3 954**, 2018. Récit autobiographique d'un amoureux de la haute montagne.
Du même auteur, **La dernière Reine**, 2022. Histoire d'amour, questionnements écologiques et féministes, avec pour décor le cirque d'Archiane

Série TV

Alex Hugo, série policière française tournée dans les Hautes-Alpes et interprétée par Samuel Le Bihan. 2024 marque la saison 10 de la série.

Briançon : villes, curiosités et régions touristiques.
Gassendi, Pierre : noms historiques ou termes faisant l'objet d'une explication.
Les sites isolés (châteaux, abbayes, grottes, etc.) sont répertoriés à leur propre nom.

Nous indiquons par son numéro, entre parenthèses, le département auquel appartient chaque ville ou site. Pour rappel :
04 : Alpes-de-Haute-Provence
05 : Hautes-Alpes
06 : Alpes-Maritimes
26 : Drôme
38 : Isère
83 : Var

N

O

P

Carte générale

Premier rabat de couverture

Cartes des microrégions

Plans de ville

Cartes thématiques

Cartes des circuits

Collection sous la direction de Philippe Orain

Responsable d'édition et rédactrice en chef du guide : Hélène Payelle

Suivi éditorial : Stéphanie Vinet

Rédaction : Philippe Bourget, Sylvie Kempler, Michel Doussot, Sandrine Favre, Élodie Ganneau, Serge Guillot, Guylaine Idoux, Marion Liautaud, Laurence Michel, Fabien Spillmann, Hélène Storelli, Aurélie Thépaut, Magali Triano

Ont contribué à ce guide : Steluța Anghel, Gabriel Dragu (**Cartographie**), Véronique Aissani, Carole Diascorn (**Couverture**), Marion Capera, Marie Simonet (**Iconographie**), Andra-Florentina Ostafi, Claudiu Spiridon (**Données objectives**), Bogdan Gheorghiu, Cristian Catona, Hervé Dubois, Pascal Grougon (**Prépresse**), Dominique Auclair (**Pilotage**)

Plans et cartes : © MICHELIN 2024

Remerciements : Agence de Développement Touristique des Alpes-de-Haute-Provence, Agence de Développement Touristique des Hautes-Alpes

Conception graphique
Christelle Le Déan, Sandro Borel, Justeciel (maquette intérieure)
Véronique Aissani (couverture)

Fabrication : Sandrine Combeau (**Direction**), Renaud Leblanc

Régie publicitaire et partenariats
contact.clients@editions.michelin.com
Le contenu des pages de publicité insérées dans ce guide n'engage que la responsabilité des annonceurs.

Contacts
Vous souhaitez nous contacter ? Rendez-vous dans la rubrique contact de notre site internet : editions.michelin.com

Parution 2025

Au sein de ce guide, MICHELIN EDITIONS peut être amené à mentionner des données personnelles. MICHELIN EDITIONS vous informe que vous disposez de droits sur les données personnelles vous concernant, conformément aux articles 15 et suivants du RGPD. Vous pouvez les exercer en vous adressant à contact@editions.michelin.com. Pour plus d'informations, merci de consulter notre Charte pour la protection des données personnelles à l'adresse suivante : https://editions.michelin.com/politique-de-confidentialite/

MICHELIN Éditions
Société par actions simplifiée au capital de 487 500 EUR
57 rue Gaston-Tessier – 75019 Paris (France)
R.C.S. Paris 882 639 354

Toute reproduction, même partielle et quel qu'en soit le support, est interdite sans autorisation préalable de l'éditeur.

© 2025 MICHELIN Éditions - Tous droits réservés
Dépôt légal : 04-2025 – ISSN 0293-9436
Compograveur : MICHELIN Éditions, Voluntari (Roumanie)
Imprimeur : Chirat, 744 rue de Sainte-Colombe,
42540 Saint-Just-la-Pendue
Imprimé en France : 02-2025

Sur du papier issu de forêts bien gérées